金融硕士（MF）考试辅导用书

金融学综合习题精编

（第12版）

科兴教育　编

中国石化出版社

内 容 提 要

本丛书是配合教育部命制的431金融学综合考试大纲而编写的考试辅导用书，整个系列有《金融学综合复习指南》《金融学综合习题精编》《金融学综合真题汇编及详解》《金融学综合计算专题24讲》《金融学综合热点突破》五本，分别适用于第一、二和三轮复习。

《金融学综合习题精编》包括金融学、公司财务两部分，共23章。每一章分为考查要点、命题预测两个模块，命题预测按考点为序，通过统计历年金融学考研试题，总结各考点的命题思路，精编了若干练习题。并且增加了约5%的超纲考点，这些考点虽在大纲之外，但均是从各名校金融学历年真题中归纳的常考考点，或是理解大纲内考点所必备的知识点。所有练习题均提供了参考答案与解析。

本书所选习题难度适宜，选题与时俱进，包括监管沙箱、社会融资规模、蚂蚁金融暂缓上市等最新考题。

本书适用于参加金融硕士(MF)考试的考生，也可供高等院校金融学专业的师生参考。

图书在版编目(CIP)数据

金融学综合习题精编／科兴教育编．—12版．—北京：中国石化出版社，2022.2(2022.8重印)
金融硕士(MF)考试辅导用书
ISBN 978-7-5114-6644-0

Ⅰ.①金… Ⅱ.①科… Ⅲ.①金融学-研究生-入学考试-习题集 Ⅳ.①F830-44

中国版本图书馆CIP数据核字(2022)第055538号

中国石化出版社出版发行

地址：北京市东城区安定门外大街58号
邮编：100011　电话：(010)57512500
发行部电话：(010)57512575
http://www.sinopec-press.com
E-mail:press@sinopec.com
北京柏力行彩印有限公司印刷
全国各地新华书店经销

*

787×1092毫米 16开本 23 印张 572千字
2022年5月第12版　2022年8月第2次印刷
定价：58.00元

前　言

本书是配合教育部命制的431金融学综合考试大纲而编写的考试辅导用书，整个系列有《金融学综合复习指南》《金融学综合习题精编》《金融学综合真题汇编及详解》《金融学综合计算专题24讲》《金融学综合热点突破》五本，其中，复习指南适用于第一轮复习，习题精编适用于第二轮复习，其余三本适用于第三轮复习。

迄今为止，《金融学综合习题精编》已经连续出版12年，深受读者好评，累积销售10万余册。本书相对于市面上的其他习题集主要有以下几个特点：

一、题源的权威性

本书题目70%来源于各大高校2011—2022年431真题，20%来源于国外经典教材课后习题，10%源于CPA、CFA历年真题，这从源头上保证了试题的权威性和应试性。

二、解析的准确性

关于431考试，市面上林林总总的习题集很多，但是对每道题目都做出详细解析的，实际上只有这一本。为了保证解析的准确性，我们广泛采纳读者的意见，并延请上海财经大学的教授对相关争议习题的答案进行校订和完善。

三、选题的科学性

1. 习题难度适宜。本书是按照教育部考试中心431大纲编排的，适用于绝大多数目标院校为211以上高校的考生，因此太难或太简单的题目，都与这个初衷相悖。

2. 精选经典习题。题目贵在精，而不在多。所谓的精，是指通过做题可以强化对概念的理解。本书精选习题，强调对核心概念、知识点的理解和运用，简单的识记题目不多。

3. 以客观题为主。第二轮复习主要以客观题训练为主，因此本书选题主要以单选和计算等客观题题型为主，名词解释仅选取了部分热门知识点，简答以比较和辨析为主，不多的论述题也是与热点紧密关联。

考虑到大纲覆盖的内容比较少，对于掌握金融学和公司理财知识体系而言，部分知识点是不可或缺的，并且，还有一些知识点虽然不在大纲范围内，但它们是学习大纲范围内知识所必备的基础，所以编者在大纲范围外酌情增加了少许超纲内容，超纲内容大约占 5%的篇幅。

我们会在 9 月和 12 月各免费发布 ABC 三套 431 模拟试卷，分别适用于一般高校、211 高校和 985 以上高校进行学习，需要的同学可以在本书读者 QQ 答疑群 883680756 中下载。同时，我们也会在答疑群中定期提供勘误。

由于编者水平有限，本书肯定还存在诸多不当之处。如果您在学习的过程中发现错误或有其他建议，请发邮件至 275443204@ qq. com 进行沟通。

科兴教育

2022 年 4 月

目　录
CONTENTS

第一部分　金融学

第二部分 公司财务

第一部分 金 融 学

第1章 货币与货币制度

一、考查要点

1. 货币的本质是固定充当一般等价物的特殊商品。

2. 货币职能包括价值尺度、流通手段、贮藏手段、支付手段和世界货币。其中，价值尺度和流通手段是货币的基础职能。

3. 货币制度是指一个国家以法律形式确定的该国货币流通的结构与体系。简称为“币制”。它主要包括货币材料、货币单位、货币的铸造、发行和流通程序、准备制度。

4. 银本位制是指以白银作为本位货币的一种金属货币制度。银本位制的特点有：白银可以自由铸造和自由熔化，白银具有无限法偿的效力，白银可以自由输出输入。银本位制又可分为银两本位制和银币本位制。前者是指以白银的重量单位(两)作为价格标准，实行银块流通的货币制度。后者是指以一定重量和成色的白银，铸成一定形状的本位币，实行银币流通的货币制度。

5. 金银复本位制是由国家法律规定的以金币和银币同时作为本位币，均可自由铸造，自由输出、输入，同为无限法偿的货币制度。又进一步分为：平行本位制是金币和银币按其实际价值流通，其兑换比率完全由市场比价决定，国家不规定金币和银币之间的法定比价。双本位制是指国家规定金币和银币之间的法定比价。

6. 格雷欣法则指在实行金银双本位制条件下，金银有一定的兑换比率，当金银的市场比价与法定比价不一致时，市场比价比法定比价高的金属货币(良币)将逐渐减少，而市场比价比法定比价低的金属货币(劣币)将逐渐增加，形成良币退藏，劣币充斥的现象。

7. 金本位制是指以黄金作为本位币的货币制度。它又分为：(1)金币本位制是指国家法律规定以黄金作为货币金属，即以一定重量和成色的金铸币充当本位币。其特点有：金币可以自由铸造和自由熔化；辅币或银行券可以自由兑换金币；黄金可以自由地输出入国境。(2)金块本位制是在一国内不准铸造、不准流通金币，只发行代表一定金量的纸币(如银行券)来流通的制度。在这种货币制度下，货币当局发行以金块为准备的纸币用于流通，纸币的发行量不能超过一国的黄金储备。(3)金汇兑本位制是指以银行券作为流通货币，通过外汇间接兑换黄金的制度。它的特点有：金币不能自由铸造、在国内不能自由兑换黄金，但是可以通过兑换外汇，在另一个国家兑换黄金。它与金块本位制最大的区别在于：金汇兑本位制允许货币兑换成外汇，在国外间接兑换黄金。

8. 不兑现的信用货币制度是以纸币为本位币，且纸币不能兑换黄金的货币制度。在这种货币制度下，纸币是由中央银行发行的，并由国家法律赋予无限法偿的能力；纸币不与任何金属保持等价关系，纸币发行一般不以金银作为准备，因而该货币制度不受金银数量的限制。

9. 国际货币制度，又称国际货币体系，是指各国政府为适应国际贸易与国际结算的需要，通过协商对货币的兑换、国际收支的调节等方面所确定的原则和组织形式及组织机构的总称。其主要内容包括：①汇率决定机制和政策。②货币兑换性政策。③对国际储备资产的规定。④对国际收支的调节，并明确顺差国与逆差国的责任。⑤对国际金融事务的协调、安排、磋商与管理。国际货币体系大体可分为：国际金本位制度、布雷顿森林体系和牙买加体系。

10. 布雷顿森林体系崩溃的内在原因——特里芬难题。要满足世界经济和国际贸易的不断增长之需，作为国际清偿货币，美国就必须不断向国外输出美元，这就会使美元发生不能兑换黄金的危险，从而发生信心问题；而美元供给量太少，就会发生国际清偿力不足的问题。信心和清偿力是一对难以同时满足的难题。

11. 布雷顿森林体系是一种“美元直接与黄金挂钩，其他国家货币与美元挂钩”的“双挂钩”货币体系。

12. 牙买加体系是以美元为中心的多元化国际储备和浮动汇率体系。牙买加协议的主要内容：汇率安排多样化、黄金非货币化、增加成员国在基金组织中的基金份额、增加对发展中国家的资金融通数量和限额、加强特别提款权的作用。

13. 最适货币区是由若干国家组成的货币集团，集团成员国货币由永久固定的汇率联结在一起，对非成员国则实行共同浮动。具体而言，最适度通货区的判断标准大致有以下几种：

（1）蒙代尔提出用生产要素的高度流动性作为确定最适度通货区的标准；

（2）麦金农提出，应以经济的高度开放性作为确定最适度通货区的标准；

（3）凯南提出，应以产品多样性程度作为确定最适度通货区的标准；

（4）英格拉姆提出，应以国际金融高度一体化作为确定最适度通货区的标准；

（5）托尔和维莱特提出，应以政策一体化作为确定最适度通货区的标准；

（6）哈伯勒和弗莱明提出，应以通货膨胀率的相似性作为确定最适度通货区的标准。

二、2023 年命题预测

本章是货币银行学的基础，也是各大高校命题的重点。由于与现实金融热点结合密切，不少名校也会借此考查考生对教材知识点的理解与运用能力，比如数字货币、纪念币。

考点1　货币职能

（一）命题思路

“货币职能”属于基础知识点，难度不大，一般以基本概念题考查。从命题角度来看，主要命题思路是：(1)考查对货币五种不同职能的理解和辨析。在实际考试中，常会给出若干具体交易活动，要求辨析货币在这些交易活动中充当了怎样的职能。(2)考查执行不同职能的货币属性辨析。比如，执行价值尺度职能的货币可以是观念货币、执行储藏手段职能的货币必须是退出流通领域的真实的足值货币等。

（二）习题精编

1. (中科大 2021)如果以茅台作为交易的媒介、记账单位和价值储藏手段，那么茅台的功能就类似于(　　)。

A. 货币　　B. 可贷资金　　C. 存款　　D. 准备金

2. 在下列经济行为中，属于货币执行流通手段职能的是(　　)。

A. 顾客用 10 元钱可购买 5 公斤大米

B. 顾客用 10 元钱购买了 5 公斤苹果

C. 顾客购买了 5 公斤大米，一周后付款 10 元

D. 顾客持有 10 元，择日购买大米

3. 货币作为价值尺度所要解决的是(　　)。

A. 实现商品的交换　　B. 表现特定商品的价值

C. 在商品之间进行价值比较的难题　　D. 使人们不必对商品进行比较

4. 货币执行支付手段职能的特点是(　　)。

A. 货币是商品交换的媒介

B. 货币运动伴随商品运动

C. 货币是一般等价物

D. 货币作为价值的独立形式进行单方面转移

5. (上海财大 2014)纸币的发行是建立在货币(　　)职能基础上的。

A. 价值尺度　　B. 流通手段　　C. 支付手段　　D. 储藏手段

6. 代用货币与信用货币的主要区别在于(　　)。

A. 货币的制造成本不同　　B. 货币的材质不同

C. 和贵金属的关系不同　　D. 和商品的关系不同

7. (上海财大 2018)在现代货币制度下，纸币的职能是来自于(　　)。

A. 纸币可以和任何商品兑换　　B. 信用货币的代表

C. 经济主体对发行货币的信任　　D. 货币的无限法偿

8. (上海财大 2020)关于 Libra，以下不正确的是(　　)。

A. Libra 是由 Facebook 公司首先提出来的虚拟加密货币

B. Libra 与美元挂钩，追求对美元汇率的稳定性

C. 将对央行管理的主权货币带来很大挑战

D. 能够促进支付体系的效率

9. 下列关于我国央行数字货币的说法，正确的是(　　)。

A. 是对 M_1 的替代　　B. 采用去中心化的区块链技术

C. 会引起金融脱媒　　D. 具有无限法偿能力

10. (中南大学 2015)比特币(Bitcoin)是否能够成为货币，为什么？

11. (华师大 2021)简述通货膨胀对货币职能的影响。

考点 2　货币制度及其演变

（一）命题思路

“货币制度及其演变”属于基础知识点，难度不大，但非常重要，一般以基本概念题考

查。从命题角度来看，主要命题思路是：(1)考查不同货币制度(银本位制、金本位制等)的主要特点。在实际考试中，往往将不同货币制度的特点混在一起，要求判断哪个说法是正确的，哪个说法是错误的。(2)考查不同国际货币制度的主要特点。此外，考生还要特别注意布雷顿森林体系、双本位制的内在缺陷(分别为特里芬难题、格雷欣法则)。

(二) 习题精编

1. 下面哪项是货币制度的基础？(　　)

A. 货币材料(货币金属)　　B. 发行标准
C. 发行程序　　D. 准备制度

2. 通常，在一国货币制度中，(　　)具有无限法偿。

A. 辅币　　B. 本位币　　C. 符号货币　　D. 金属货币

3. (中国人大 2012)下列关于货币有限法偿说法正确的是(　　)。

A. 在交易支付中，收款人有权拒绝接受辅币
B. 有限法偿主要是针对辅币而言的
C. 在法定限额内，收款人有权拒绝接受辅币
D. 有限法偿一般是指对单次最高支付总额的规定

4. (中国人大 2018)“奸钱日繁，正钱正亡”描述的是(　　)。

A. 格雷欣法则　　B. 恶性通货膨胀
C. 特里芬难题　　D. 米德冲突

5. 1791 年美国实行双本位的金银复本位制度，法定金银比较为 1∶15，而当时国际金银市场的比较为 1∶15.5，假设运费为 0.01 单位白银，则(　　)。

A. 退化成金本位制　　B. 退化成银本位制
C. 退化成平行本位制的金银复本位制　　D. 仍然是双本位的金银复本位制

6. 最早实行金本位制的国家是(　　)。

A. 美国　　B. 英国　　C. 法国　　D. 日本

7. 金银复本位制之所以被单本位制取代，主要原因是(　　)。

A. 金银价格波动难以与铸币平价保持一致　　B. 金银价格波动易产生套利
C. 劣币驱逐良币　　D. 金银产量限制

8. 金本位制之所以被信用货币制度取代，主要原因是(　　)。

A. 纸币流通的便利性　　B. 政府法律的强制规定
C. 黄金储量有限　　D. 黄金携带不便利

9. 在纸币本位制下，容易产生通货膨胀危机，这是因为(　　)。

A. 纸币本身没价值　　B. 政府货币政策失误
C. 纸币违背了纸币流通的规律　　D. 失去了金币的自动调节作用

10. 金银两种货币按国家规定的比例流通的货币制度是(　　)。

A. 平行本位制　　B. 双本位制　　C. 金块本位制　　D. 金汇兑本位制

11. (中央财大 2015)金银复本位制的不稳定性源于(　　)。

A. 金银的稀缺　　B. 生产力的提高
C. 货币发行管理混乱　　D. 金银同为本位币

12.（上海财大 2018）我国清朝的货币制度为（　　）。

A. 金本位制度　　B. 银本位制度　　C. 金银复本位制度　D. 铜本位制度

13.（湖南大学 2015）最早的货币制度是（　　）。

A. 金币本位制　　B. 金块本位制　　C. 银本位制　　D. 金银复本位制

14.（中国人大 2015）自由铸造、自由兑换及黄金自由输出是（　　）制度的三大特点。

A. 金块本位　　B. 金币本位　　C. 金条本位　　D. 金汇兑本位

15.（中山大学 2015）金本位制下决定汇率的基础是（　　）。

A. 金平价　　B. 铸币平价　　C. 法定平价　　D. 黄金输出入点

16.（中国人大 2012）国内只流通银行券且不能兑换黄金，国际储备除黄金还有一定比重外汇，外汇在国外才可兑换黄金，黄金是最后的支付手段，这是（　　）制度的特点。

A. 金块本位　　B. 金币本位　　C. 金条本位　　D. 金汇兑本位

17.（复旦大学 2019）简述格雷欣法则及其在日常生活中的运用。

18. 简述货币制度的内容及构成要素。

19. 历史上有过哪几种主要的货币本位制？

20. 试从金本位制的特点，说明货币制度从金币本位制到金块本位制及金汇兑本位制的演变，以及金本位制为不兑现的信用货币制度所取代的原因。

考点 3　国际货币体系

（一）命题思路

“国际货币体系及货币层次”属于重要的知识点，有一定难度，主要是考查对国际货币体系的变迁过程的理解。从命题角度来看，主要命题思路是：（1）考查不同的国际货币体系的变迁过程。在实际考试中，考查不同情况下的国际货币体系的对比。（2）考查不同的国际货币体系的特点，并强调各自的优缺点。

（二）习题精编

1.（浙江工商 2012）金本位制崩溃的根本原因是（　　）。

A. 经济危机　　B. 第一次世界大战

C. 黄金储备不足且分布不平衡　　D. 纸币的产生

2.（上海理工 2015）布雷顿森林体系崩溃的根本原因是（　　）。

A. J 曲线效应　　B. 原罪论　　C. 米德冲突　　D. 特里芬难题

3.（中央财大 2022）以下关于牙买加体系的叙述，正确的是（　　）。

A. 解决了特里芬难题

B. 汇率安排以浮动汇率为主

C. 牙买加体系可以进行国际收支的自动调节

D. 牙买加体系创设的 SDR 是重要的国际储备货币

4.（中央财大 2017）关于国际货币制度描述正确的是（　　）。

A. 国际金本位制和布雷顿森林体系都属于黄金货币化

B. 国际金本位制和布雷顿森林体系都是以金平价为基础、具有自动调节机制的固定汇率制

C. 布雷顿森林体系和牙买加体系都是黄金非货币化

D. 布雷顿森林体系和牙买加体系下的固定汇率都由金平价决定

5. (江西财大 2017)麦金农主张用(　　)作为确定最适货币区的标准。

A. 政策一体化　　B. 生产要素的流动性

C. 经济开放程度　　D. 通货膨胀相似性

6. (华东师大 2015)简述布雷顿森林国际货币体系的主要内容。

7. (中央财大 2011)简述“最适度通货区理论”的内容。

8. (华东师大 2020)简述现行国际货币体系的主要特征及其缺陷。

9. 试比较国际金本位制、布雷顿森林体系、牙买加体系的异同。

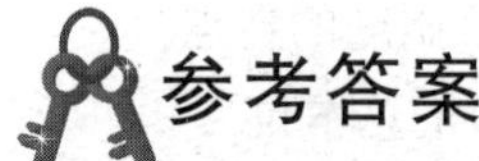

参考答案

考点 1　货币职能

1. A　如果茅台具备了价值尺度、流通手段、贮藏手段职能，它就具有一般等价物，即货币的某些特征。

2. B　流通手段即“一手交钱，一手交货”的支付形式。

3. C　货币作为一般等价物主要是解决商品之间进行价值比较的难题。

4. D　货币作为支付手段，不再是作为商品之间的媒介，不再沟通不同商品之间的交换。

5. B　货币持有者在交易中仅仅关心的是货币是否能按照其所代表的价值买到所需要的商品，而并不关心用于交换中货币的实际价值是多少。不足值的铸币仍然当作足值的货币使用的事实，隐含着一种可能性：贵金属铸币可以用价值符号来代替，于是产生了纸币。纸币代替金属货币执行流通手段的职能，因此，纸币的流通是以金属货币的流通规律为基础的。

6. C　代用货币阶段可以被认为是从足值的金属货币阶段到本身几乎没有任何价值的信用货币制度阶段的一个过渡阶段。它既保留了金属本位制下货币直接与一定数量的贵金属挂钩的特征，又具有了信用本位制下信用货币流通的特征。代用货币与信用货币最本质的区别是代用货币还没有完全脱离贵金属数量的限制，代用货币的发行者仍要保证随时将代用货币兑换成规定数量的贵金属，因此代用货币制度还没有完全摆脱贵金属数量对货币供应量的限制。

7. C　在现代货币制度下，纸币是由国家发行的，强制流通的货币符号。由此可见纸币的职能的行使主要源于公众对发行主体的信用认可。

8. B　Libra 是一种不追求对美元汇率稳定，而追求实际购买力相对稳定的加密数字货币。最初由美元、英镑、欧元和日元这 4 种法币计价的一篮子低波动性资产作为抵押物。

9. D　我国央行数字货币是对 M_0 的数字化，选项 A 错误；央行数字货币并没有采用区块链技术，因为区块链去中心化的特征会增加监管的难度，选项 B 错误；在运营上，银行数字货币采用“中央银行-商业银行/其他运营机构”的双层运营体系，因此不会造成金融脱媒，选项 C 错误；DCEP 由央行发行，国家信用背书使其具有官方赋予的价值特征，因而具有稳定性和无限法偿性，选项 D 正确。

10. 比特币不能够成为真正意义上的货币，原因有：

（1）缺乏国家信用支撑，难以作为本位币履行商品交换媒介职能。

① 比特币不具备作为货币的价值基础。比特币是利用复杂算法产生的一串代码。它不同于黄金，本身不具有自然属性的价值，这是所有虚拟货币最大的特点，即“虚拟性”。比特币能否具有价值，能否成为交换媒介，完全取决于人们的信任度。

② 比特币没有法偿性和强制性，流通范围有限且不稳定。

③ 比特币具有很强的可替代性，很难固定地充当一般等价物。

（2）数量规模设定了上限，难以适应现代经济发展需要。

① 比特币有限的数量与不断扩大的社会生产和商品流通之间存在矛盾，若成为本位币，必然导致通货紧缩，抑制经济发展。

② 数量的有限性使比特币作为流通手段和支付手段的功能大打折扣，更容易成为投机对象而不是交换媒介。

（3）缺少中央调节机制，与现代信用货币体系不相适应。

① 比特币没有集中发行方，容易被过度炒作，导致价格波动过大。

② 比特币不受货币当局控制，难以发挥经济调节手段的作用。

11. 货币职能是指货币在社会经济生活中的作用，它是货币本质的体现。概括而言，货币职能主要包括价值尺度、流通手段和贮藏手段。

通货膨胀对货币职能的影响主要包括：

（1）对价值尺度的影响。货币作为计价单位是我们用来衡量经济交易的尺度。当发生通货膨胀时，计价单位的价值下降，在短期内会给经济生活带来混乱。

（2）对流通手段的影响。通货膨胀使得货币的实际购买力下降，在市场上进行交易时，人们不愿意接受与原来同样数量的货币作为交换，因而货币充当交易媒介的职能下降。

（3）对贮藏手段的影响。当发生通货膨胀时，货币不再具有贮藏价值，因为货币的实际价值由于通货膨胀而减少，因此人们将尽量减少货币的持有量。

考点 2　货币制度及其演变

1. A　考点记忆：在货币制度四个内容中，货币材料是货币制度的基础。通常根据不同的金属作为货币材料，就构成了不同的货币本位。比如，以白银作为货币材料，就是银本位制。如果用黄金作为货币材料，就是金本位制。

2. B　无限法偿是指国家规定本位币具有无限支付的能力，不论支付额多少，出售者和债权人都不得拒绝接受。有限法偿是指国家以法令形式固定在一定限额内，辅币可与主币自由兑换，但超过一定数量后出售者或债权人有权拒绝接受。本位币具有无限法偿，而辅币只具有有限法偿。这也是二者关键性区别之一。

3. B　所谓的有限法偿，其实就是有限的法定偿付或者说支付能力，就是说如果支付方用辅币支付的数额达到了法律规定的有限法偿标准，那么收款方可以拒绝接受。也是指在一次支付中，若超过规定的数额，收款人有权拒受，但在法定限额内不能拒受。有限法偿主要是针对辅币而言的。

4. A　论及私铸和盗铸的危害时，西汉大文学家贾谊在《铸钱》篇中尖锐地指出了“奸钱日繁，正钱日亡”的货币流通现象，深刻地揭示了“劣币驱逐良币”规律，成为“格雷欣法则”在世界货币史上的最早版本，是中国货币思想史上具有世界意义的重要贡献。

5. B　此题按照这样的法定和市场比较，套利者可以先将 15 单位银兑换 1 单位金币，在将金币融化后并在市场上出售，收回 15.5 单位白银，扣除 0.01 单位白银，还剩 0.49 单位白银的利润。由于这是无风险的利润，则吸引大量套利者进行套利交易，使得黄金退出了流通市场，最终金银复本位制退化成银本位制。简言之，法定金银比高估哪种货币，则哪种货币便充斥市场；低估了哪种货币，则哪种货币退出流通。

6. B　英国于 1816 年最早实行金币本位制，之后欧洲国家也纷纷效仿，美国到 1900 年才实行金币本位制。

7. C　金银复本位货币制度的主要缺陷就是劣币驱逐良币，即格雷欣法则。

8. C　由于世界经济交易的规模越来越大，黄金的产量不能适应经济的发展，此时，各国政府发行不可兑换的纸币作为本位币，并颁布法律强制实行。但是，在信用货币制度下，货币的发行量应该与国家经济发展速度保持一致。

9. A　由于纸币本身没有价值，从而不能像黄金那样起到自动调节通货和价格的效用，当纸币发行量超过经济中实际需要的货币量的时候，就会发生通货膨胀。纸币也存在自动调节机制，干扰项 D 本身就错误。

10. B　在双本位制下，金银两种货币按照国家和法律规定的比例进行流通，而不随金、银市场比价的变动而变动。

11. D　金银复本位制是一种不稳定的“平行本位”货币制度，当金银铸币各按其自身所包含的价值并行流通时，市场上的商品就出现了金价银价两种价格，容易引起价格混乱，给商品流通带来许多困难。

12. B　春秋战国时期，白银铸币已经出现。两宋时期，白银的货币性质进一步增强，政府正式规定白银为租税和官俸的法定货币。元代以后，白银已成为流通中的主要货币。虽然元、明两朝建国初期都曾经明令民间交易禁止使用白银，而推行纸币。但这种禁令收效甚微，未能阻止白银的流通。白银已成为日常生活中的价值尺度。在清代，政府明确规定：“以银为本，以钱为末”，政府财政收支一律以银为准，白银成为流通中最主要的货币。

13. C　银本位制是以白银为本位货币的货币制度。在货币史上，银比金更早地充当本位货币。

14. B　金币本位制下，各国政府以法律形式规定货币的含金量，两国货币含金量的对比即为绝对汇率基础的铸币平价，黄金可以自由输出或输入国境，其特点是：自由铸造、自由兑换、自由流通。

15. A　金平价是指金本位制下，货币的汇价应该等于货币的含金量之比，是决定汇率的基础。金平价包括铸币平价和法定平价，前者适用于金币本位制，后者适用于金块本位制和金汇兑本位制。

16. D　金汇兑本位制，该国货币一般与另一个实行金本位制或金块本位制国家的货币保持固定的比价，并在后者存放外汇或黄金作为平准基金，从而间接实行了金本位制。实际上，它是一种带有附属性质的货币制度。

17. (1)格雷欣法则指在实行金银双本位制条件下，金银有一定的兑换比率，当金银的市场比价与法定比价不一致时，市场比价比法定比价高的金属货币(良币)将逐渐减少，而市场比价比法定比价低的金属货币(劣币)将逐渐增加，形成良币退藏，劣币充斥的现象。在任何市场竞争中，突破基本底线的恶性竞争必然导致商品质量的整体降低，是格雷欣法则不断演绎成为现实的核心。

（2）格雷欣法则在婚恋中运用

假定优男 A，劣男 B，美女 C。若从资源配置来看，A 和 C 结合符合大多人预期。然而现实并非如此简单。A 男因自身禀赋或客观条件好，选择面比较广，“吊死在一棵树上”的机会成本过大，而 B 男则相反，可能是“一无所有”，索性“孤注一掷，拼命一搏”。这样 B 男在追求美女 C 的努力程度上显然会大于 A 男，而 C 女只能凭借对方的行为表现来评判其爱恋自己的程度。往往会被 B 男刻意粉饰的“海枯石烂，一心一意”的倾慕和忠诚而迷惑，被 B 男拖入婚姻的“围城”。于是婚恋角逐画上了句号。

18.（1）货币制度，简称“币制”，是指为了适应经济发展的需要，一国政府以法律或法令形式对货币的发行与流通等所作的一系列规定，是货币运动的规范和准则。

（2）货币制度的主要内容有：确定本位货币和辅币的材料；确定货币的单位；规定货币的流通程序和流通办法；确定发行准备和货币的对外关系。

① 货币材料。简称“币材”，是指用来充当货币的物质。不同的货币本位制度建立在不同的货币材料基础上。如用黄金充当货币材料，就构成金本位，用白银充当货币材料，就构成银本位。一国建立货币制度，首先要确立以哪一种物质作为币材。币材虽然由国家确定，但国家并不能任意为之，仍然要受到客观经济条件的制约，往往只是对已经形成的客观现实从法律上加以肯定。

② 规定货币单位。货币单位是指货币制度中规定的货币计量单位，主要包括两个方面：一是规定货币单位的名称，在国际上，一国货币单位的名称，往往就是该国货币的名称，如美元、日元等。二是确定货币单位的“值”。在金属货币条件下，货币的值就是每一货币单位所包含的货币金属重量，即铸币平价。在流通可兑换货币时，货币单位的值是货币单位的含金量，即金平价。在黄金非货币化后，则主要表现为本国货币的购买力。

③ 规定流通中的货币种类。主要是规定本位币和辅币。本位币，是一国货币制度中规定的标准货币，是一国法定的计价、结算货币，是该国的基本通货。在金属货币制度下，本位币可以自由铸造。在纸币制度下，本位币由国家垄断发行。在支付上本位货币具有无限法偿的能力。即在商品劳务的交易支付中和在债务的清偿上，债权人不得拒绝接受。辅币，是本位币以下的小额通货，供小额周转使用，通常用贱金属铸造。各国货币制度一般规定辅币限制铸造。辅币只具有有限法偿力，即超过一定数量，债权人可以拒绝接受。

④ 规定货币铸造或发行的流通程序。在金属货币流通条件下，一般规定辅币由国家铸造发行，本位币则可能是自由铸造也可能是限制铸造。信用货币流通条件下，最初是分散发行的，例如银行券在早期是由各个商业银行自主发行的，但银行券分散发行难以保证币值稳定，使经济生活出现混乱，各国逐渐通过法律把银行券的发行权收归中央银行或指定发行机构，以对货币供应量进行宏观调控。

⑤ 货币发行准备制度的规定。货币发行准备制度，是指在货币发行时须以某种金属或某几种形式的资产作为其发行货币的准备，从而使货币的发行与某种金属或某些资产建立起联系和制约关系。在不同的货币制度下，货币发行准备的内容不同。在金属货币制度下，货币发行以法律规定的贵金属（金或银）作为准备；在现代信用货币制度下，货币发行已与贵金属脱钩，转而与外汇、物资等联系。目前各国货币发行准备的构成一般有两大类：一类是现金准备，包括黄金、外汇等具有极强流动性的资产；二是证券准备，包括短期商业票据、财政短期国库券及政府公债券等在金融市场上高度可流通的证券。

19. 货币制度的演变发展主要经历了下面几个阶段：银本位制、金银复本位制、金本位制和信用货币本位制。

银本位制是最早的金融货币制度，在16世纪以后开始盛行，至19世纪末期被大部分国家放弃。此后出现的金银复本位制是指金币和银币同时作为一国本位币的货币制度。又可将其细分为平行本位制、双本位制和跛行本位制。平行本位制是银币和金币均按其所含金属的实际价值流通和相互兑换的一种复本位制。在平行本位制下，市场中有两种价值，为克服这一缺陷，规定银币金币按法定比率流通，这就是所谓的双本位制。在双本位制下，当金银币的法定比价与其市场比价背离时，市场上会产生“劣币驱逐良币”现象，又称为“格雷欣法则”，即法律上低估的货币必然被人收藏、熔化或者输出国外，而法律上高估的货币则独占市场，市场上往往只有一种货币流通。复本位制末期，英、美等国家为了继续维持银币的本位地位以及金银币之间的法定比价，停止银币的自由铸造，以消除劣币驱逐良币所造成的货币流通混乱。这时，金币和银币都规定为本位币并有法定兑换比率，但金币可以自由铸造而银币则不能自由铸造，这就是所谓的跛行本位制。

从18世纪末到19世纪初，主要资本主义国家先后从复本位制过渡到金本位制，最早实行金本位制的是英国。金本位制经历了金币本位制、金块本位制和金汇兑本位制几个阶段。金币本位制是典型的金本位制。其基本特点是：只有金币可以自由铸造，有无限法偿能力；辅币和银行券和金币同时流通，并可按其面值自由兑换成金币，黄金可以自由输出输入；货币发行准备金全部是黄金；金块本位制又成生金本位制，是不铸造、不流通金币，银行券只能达到一定数量后才能兑换金块的货币制度，英国于1925年率先实行此制度，规定银行券兑换金块的最低限是1700英镑，金汇兑本位制又称虚金本位制，是将本国货币依附于某个实行金本位制的国家的货币，并与其保持固定比价，同时将黄金存放在该国。

金块本位制和金汇兑本位制没有维持几年，20世纪30年代世界经济大危机后，各国的金本位制事实上已经不存在，取而代之的是信用货币本位制。这种货币制度有三个特点：现实经济中的货币都是信用货币，主要由现金及银行存款构成。现实中的货币都是通过金融机构的业务投入到流通中去的，国家对信用货币的管理调控成为经济正常发展的必要条件。

20. 金本位制是指以黄金作为本位货币的货币制度，它包括三种主要形式，即金币本位制、金块本位制和金汇兑本位制。

金币本位制是典型的金本位制度。它是以黄金作为货币制度的基础，并实行金币流通的一种货币制度。它具有三个基本特点：第一，金币可以自由铸造和熔化。这样，金币数量可以自发地满足流通中的货币需求，并保证金币的名义价值与其实际价值相符；第二，金币与价值符号(辅币和银行券)同时流通并可自由兑换，既节约了大量黄金，又保证了价值符号的稳定，从而稳定了货币流通；第三，黄金可以自由输出、输入国境。黄金在国与国之间自由流动，并起着世界货币作用，促进了国际贸易的发展及外汇汇率的稳定。

金币本位制盛行于1816~1914年间，是历史上一种较为稳定的货币制度。在金币本位制下，币值相对稳定，促进了资本主义各国的商品生产和商品流通的发展，也促进了信用制度以及国际贸易、国际资本流动的发展。但由于经济发展，黄金的存量相对不足，而黄金在各国之间分配的不均更加剧了这个矛盾。20世纪初，一些国家因黄金短缺，开始限制黄金的自由兑换与输出，从而削弱了金币本位制的基础。第一次世界大战后，大多数国家开始实行金块本位制与金汇兑本位制。

金块本位制下，没有金币流通，但国家为纸币或银行券规定含金量，对黄金的兑换也做出了限制，规定居民持有的货币量达到一定限度后才可向银行兑换黄金。这样既节省了货币性的黄金用量，又减少了黄金外流，在一定程度上缓解了黄金短缺与商品经济发展的矛盾，但也使黄金的货币职能逐步缩小了范围。

金汇兑本位制下，没有金币流通，但规定货币单位的含金量，本国货币不能直接兑换金币或金块。本国将黄金与外汇存于另一实行金本位制的国家，允许以外汇间接兑换黄金。金汇兑本位制进一步节省了黄金的使用，扩大了各国的信用创造能力，使黄金的货币职能进一步减弱。

金块本位制与金汇兑本位制都取消了金币的流通，而代之以价值符号，这样就失去了货币自动调节流通需要量的作用，货币流通不如金币本位制时稳定。在经历了 1929~1933 年的世界性资本主义经济危机后，各种金本位制相继为信用货币制度所取代。

从以上可以看出，由金币本位制到金块本位制和金汇兑本位制的演变，以及它们最终为不兑现的信用货币制度所取代的过程，是一个货币制度与商品经济发展之间的矛盾不断产生以及解决的辩证过程。

考点 3　国际货币体系

1. C　黄金生产量的增长幅度远远低于商品生产增长的幅度，黄金不能满足日益扩大的商品流通需要，这就极大地削弱了金铸币流通的基础。

2. D　作为建立在黄金-美元本位基础上的布雷顿森林体系，其根本缺陷还在于，美元既是一国货币，又是世界货币。它的发行必须受制于美国的货币政策和黄金储备。由于黄金产量和黄金储备量增长跟不上世界经济发展的需要，在“双挂钩”原则下，美元便出现了一种进退两难的境地：世界经济增长对国际支付手段和储备货币的增长需要，美元的供应应当不断地增长，但这又会导致美元同黄金的兑换性日益难以维持。

3. B　牙买加体系并没有解决特里芬难题，选项 A 错误；牙买加体系的三大特征是：黄金非货币化、储备多元化、浮动汇率制度，选项 B 正确；牙买加体系黄金非货币化，不具备国际收支的自动调节，选项 C 错误；SDR 发行于 1969 年，而牙买加体系 1973 年才开始，选项 D 错误。

4. A　布雷顿森林体系从本质上来说，属于金汇兑本位制，A 选项正确。布雷顿森林体系采用的是可调整的固定汇率制度，实行美元-黄金双挂钩，即美元与黄金挂钩，各国货币与美元挂钩。可知 B 和 C 选项是错误的。牙买加体系最大的特点是黄金非货币化，储备货币多样化和汇率制度多样化，可知 D 选项错误。

5. C　最适货币区是由若干国家组成的货币集团，集团成员国货币由永久固定的汇率联结在一起，对非成员国则实行共同浮动。

6. 布雷顿森林体系包括五点内容：即是本位制度、汇率制度和汇率制度的维持、储备制度、国际收支调整制度以及组织形式。

① 在本位制方面，布雷顿森林体系规定，美元与黄金挂钩。

② 在汇率制度方面，它规定货币基金组织的成员国货币与美元挂钩。即各国货币与美元保持稳定的汇率。

③ 在储备制度方面，美元取得了与黄金具有同等地位的国际储备资产的地位。

④ 在国际收支调整机制方面，会员国对于国际收支经常项目的外汇交易不得加以限制。不得施行歧视性的货币措施或多种货币汇率制度。

⑤ 为了保证上述货币制度的贯彻执行，1945 年 12 月建立了国际货币基金组织。

7. 最适度货币区理论是关于通货区的认定、范围、成立的条件以及加入通货区的成本和收益等内容的一整套理论的统称。最适度通货区理论的主要思路是：在实行固定汇率政策的通货区内，找出调节国际收支的途径和条件，并将调节条件转化为具体指标，根据各国是否符合这些指标而判断各国是否应该加入通货区。具体而言，最适度通货区的判断标准大致有以下几种：

（1）蒙代尔提出用生产要素的高度流动性作为确定最适度通货区的标准；

（2）麦金农提出，应以经济的高度开放性作为确定最适度通货区的标准；

（3）凯南提出，应以产品多样性程度作为确定最适度通货区的标准；

（4）英格拉姆提出，应以国际金融高度一体化作为确定最适度通货区的标准；

（5）托儿和维莱特提出，应以政策一体化作为确定最适度通货区的标准；

（6）哈伯勒和弗莱明提出，应以通货膨胀率的相似性作为确定最适度通货区的标准。

8. 现有的国际货币体系称作牙买加体系，其特点是：黄金非货币化、储备货币多样化、汇率制度多样化。在牙买加体系下，美元不再是单一的、公认的储备货币，也不再承诺与黄金的可兑换性，各国的外汇储备仅仅是他国中央银行发行的债务，其价值(购买力)受到他国物价水平、汇率政策和货币政策的影响。牙买加体系是松散的，不存在会崩溃的问题，但仍然存在种种缺陷，储备货币国之间、储备货币国和非储备货币国之间的协调仍然有较多困难。

首先，多种储备货币和浮动汇率制加大了非储备货币国的汇率风险。由于实行了浮动汇率制，主要的储备货币(不论是美元、欧元还是日元)之间的汇率经常波动，其幅度远远大于经济基本因素的波动，致使短期资金移动频繁，增加了各国储备资产管理的复杂性。对非储备货币国家而言，如果其汇率和某种储备货币挂钩，则与其他储备货币之间的汇率就会随挂钩的货币变动而变动，这些交叉变化大大增加了非储备货币国和世界其他国家进行经济交流的不确定性和汇率风险。

其次，多种储备货币并没有从本质上解决储备货币的两难。在多种储备货币体系下，储备货币仍然既是主权国家(或国家集团)的货币，又是被世界接受的货币，储备货币的发行国也仍然面临两难：维护世界金融秩序与维护国内经济平衡的冲突。由于储备货币不再要求和黄金兑换，储备货币发行国必然侧重于后者的实现，这将对别国乃至世界经济带来负面影响。

最后，现有的储备货币体系仍然是有利于发达国家的安排。由于成为储备货币需要较为严格的条件，所以具有储备货币国地位的都是发达国家(或货币区)，只有它们能享受包括铸币税和非对称货币政策在内的发行国特权；而大多数的非储备货币发行国，尤其是其中的发展中国家，其对外经济交流的基本形式是输出较低级产品，用实际资源换取储备货币国无成本发行的货币。在发达国家的货币纪律和财政纪律缺乏国际约束的情况下，这样的制度安排明显有利于发达国家而不利于发展中国家。

9. 国际金本位制、布雷顿森林体系、牙买加体系是三个不同的国际货币制度。国际金本位制是指黄金充当国际货币，该货币体系在1929~1933年经济大危机冲击下瓦解。布雷顿森林体系是第二次世界大战后建立的以美元作为国际货币的国际货币制度。牙买加体系是20世纪70年代中期形成的国际货币制度。

（1）相同点。它们都是国际货币制度，为国际交往提供国际支付手段，都包含了三个内容：①都确定了国际货币的类型；②都涉及汇率制度的安排；③都有相应的国际收支调节方式。

(2) 区别。

① 国际货币不同。国际金本位制由黄金充当国际货币；布雷顿森林体系以美元作为国际储备货币，实行“双挂钩”：美元与黄金挂钩，其他国家货币与美元挂钩；牙买加体系下国际货币多元化。

② 汇率制度不同。国际金本位制下各国货币之间的汇率由各自的含金量比例决定，黄金可以在各国间自由输出输入，在“黄金输送点”的作用下，汇率相对平稳，是具有自我调节机制的固定汇率制。布雷顿森林体系实行固定汇率制，但通过人为的干预实现，美国承诺美元固定兑现黄金，其他国家政府在市场上对本国汇率进行干预，不存在自我稳定机制。牙买加体系汇率制度多样化，既有固定汇率也有浮动汇率，各国自主选择，实现固定汇率都需要政府干预。

③ 国际收支调节方式不同。国际金本位制下国际收支具有自动调节的机制，布雷顿森林体系下国际货币基金组织在国际收支调节中发挥了重要作用，牙买加体系下国际收支调节方式多样化。

④ 存在的问题不同。国际金本位制的实现需要国内实行金本位制和黄金自由输出输入为保证，布雷顿森林体系存在特里芬难题，牙买加体系下维持固定汇率成本高，浮动汇率则风险过大。

第2章 利息与利率

一、考查要点

1. 商业信用是指工商企业之间相互提供的、与商品交易直接相联系的信用形式，包括企业之间的赊销、分期付款等形式提供的信用，以及在商品交易的基础上以预付定金等形式提供的信用。其特点：(1)伴随真实交易发生而产生，买卖关系与借贷关系的统一(基本特点)。(2)商业信用的对象既包括商品资本也包括货币资本。但是，信贷资本仍处于产业资本循环过程之中。缺陷主要表现为：(1)受产业资本限制，规模有限。(2)受商品使用价值流转方向的限制，具有严格的方向性。(3)商业信用风险较大。

2. 银行信用是指银行以存贷款等多种业务形式提供货币形态的信用。其特点：(1)银行信用所提供的信贷资金是从产业资本中独立出来的，它可以不受个别企业资金数量的限制。(2)银行可以通过信息的规模效应，降低信息成本和交易成本，从而有效改善信用过程借贷双方信息不对称问题。(3)不存在流转方向的限制。

3. 国家信用是指国家及其附属机构作为债务人或债权人，依据信用原则向社会公众或国外政府举债或向债务国放债的一种信用形式。国家信用又称公共信用制度，是一种古老的信用形式，伴随着政府财政赤字的发生而产生。

4. 消费信用是指为消费者提供，用于满足其消费需求的信用形式。

5. 利息是指在信用关系中债务人支付给债权人的报酬。利率是指一定时期内利息额同贷出资本额的比率。它是衡量利息高低的指标。

6. 利率按照不同的标准，可以划分为不同的种类，常见的利率类别主要有以下几种：

(1) 按照利率的表示方法可划分：年利率、月利率与日利率；

(2) 按照利率的决定方式可划分：官方利率、公定利率与市场利率；

(3) 按照借贷期内利率是否浮动可划分：固定利率与浮动利率；

(4) 按照利率的作用可划分：基准利率与差别利率；

(5) 按照信用行为的期限长短可分：长期利率和短期利率；

(6) 按照利率的真实水平可划分：名义利率与实际利率；

(7) 按照利率是否带有优惠性质划分：一般利率与优惠利率；

(8) 按照信用的方向划分：存款利率和贷款利率。

7. 利率的计算有单利、复利和连续复利三种。连续复利的终值计算公式为：

$$FV = \lim_{m\to\infty} A\left(1+\frac{r}{m}\right)^{mn} = \lim_{m\to\infty} A\left(1+\frac{r}{m}\right)^{\frac{m}{r}\cdot rn} = \lim_{m\to\infty} A\left[\left(1+\frac{r}{m}\right)^{\frac{m}{r}}\right]^{rn} = Ae^{rn}$$

其中，A 为本金，r 为名义利率，n 为投资期，m 为一年内计息次数。

8. 有效年利率(Efficient Annual Rate)指在按照给定的计息期利率和每年复利次数计算利息时，能够产生相同结果的每年复利一次的年利率。

有效年利率的计算公式为：

$$EAR = \left(1 + \frac{r}{m}\right)^m - 1$$

其中，EAR 为有效年利率，r 为名义利率，m 为一年内计息次数。

9. 不同债券收益率的概念和计算公式有：

（1）当期收益率是债券的年息除以债券当前的市场价格所计算出的收益率。其计算公式为：

$$i_c = \frac{C}{P_b}$$

其中，i_c表示当期收益率，C 表示年息票利息，P_b 表示息票债券的价格。债券的当期收益率只是衡量一笔利息的收益状况，无法反映持有债券的总体收益。

（2）到期收益率是使得某一债务工具所有未来偿付额的现值等于它今天价值的利率，是最精确的利率计量指标。运用这一原则，可以发现债券价格与利率是负相关的：当利率上升时，债券价格下跌；反之亦然。

到期收益率复利计算公式为：

$$P = \frac{C}{1+k} + \frac{C}{(1+k)^2} + \cdots + \frac{C}{(1+k)^T} + \frac{A}{(1+k)^T}$$

其中，P 为债券市场价格，C 为票面收益（年利息），A 为债券面值，k 为债券到期收益率，T 为债券到期期限。

到期收益率的单利计算公式为：

$$y = \frac{\frac{A - P_0}{T} + C}{P_0}$$

其中，y 为到期收益率，A 为债券面值，P_0为债券买入价格，C 为票面收益（年利息），T 为债券到期年限。

（3）持有期收益率是指从购入到卖出这段特有的期限里所能得到的收益率。持有期收益率和到期收益率的差别在于将来值不同。债券持有期收益率是指债券持有人在持有期间获得的收益率，能综合反映债券持有期间的利息收入情况和资本损益水平。有时间较短（不超过1年）的，直接按债券持有期间的收益额除以买入价计算持有期收益率：

$$y = \frac{\frac{P_n - P_0}{T} + C}{P_0}$$

其中，y 为到期收益率：C 为票面收益（年利息），P_n为债券的卖出价，P_0为债券的买入价格，T 为买入债券到卖出债券的时间（以年计算）。

（4）即期收益率更多地被称为即期利率，是指对于未来只有一笔现金流的债券，使其未来现金流的现值等于债券当前市场价格的折现率。其计算公式为：

$$y = \sqrt[n]{\frac{C + A}{P}} - 1$$

其中，y 为即期收益率，C 为债券到期利息，A 为债券面值，P 为债券的市场价格，n 为债券剩余期限。如果债券没有票面利率，即贴现发行，$C=0$。

由于零息债券的到期收益率也只对应于一笔现金流，所以，零息债券的到期收益率也就是其即期利率。

（5）远期收益率也更多地被称为远期利率，是指当前时刻双方约定好的未来某个日期开始的一段时间的借款利率。如果第 n 期的远期利率为 f_n，可以用下式定义 f_n：

$$(1+f_n)=\frac{(1+y_n)^n}{(1+y_{n-1})^{n-1}}$$

远期利率被定义为“损益平衡”的利率，它相当于一个 n 期零息债券的收益率等于 $(n-1)$ 期零息债券在第 n 期再投资所得到的总收益率。如果第 n 期的短期利率等于 f_n，两种 n 年期投资策略的总收益将会是相等的。

远期利率与未来的即期利率是两个不同的概念。未来的即期利率是指未来时点上由市场决定的即期利率，只有到未来时点才可知，当前是不知道的，因此它是有风险的，它会随着市场行情变化而变化。远期利率是当前时刻已经确定下来的，是根据上面的公式推断出来的。一般来说，远期利率可以看成是未来即期利率的无偏估计，如果它们之间相差太大，就会有投机者进行交易，缩小利差。

10. 银行和其他金融机构报出的利率，以及用于折现现金流的利率都是名义利率，它表明将货币投资一定时期后货币增长的比率。当然，经济中的价格也会由于通货膨胀而上涨，因此名义利率就无法表示投资引起的购买力的增加。调整通货膨胀因素的购买力的增长率，是由实际利率决定的，我们以 r_r 标注实际利率。如果 r 为名义利率，i 为通货膨胀率，可计算购买力的增长率为：

$$\text{购买力的增长率}=1+r_r=\frac{1+r}{1+i}=\frac{\text{货币的增长}}{\text{价格的增长}}$$

当预期通胀率很低的时候，实际利率可以近似表示为：$r_r \approx r-i$。

11. 古典学派的利率决定理论

学者、学说名称	核心观点
庞巴维克的时差论	由于现在的物品通常比同类、相同数量的未来物品更具有价值，所以只有给予利息补贴才能使人们放弃现在消费，而选择未来消费。
马歇尔的等待说（资本收益说）	利息是人们等待的报酬。
维克塞尔的自然利率说	将利率决定分为自然利率的决定和货币市场利率的决定。均衡的自然利率相当于实物投资的预期收益率，反映实物投资市场中的均衡关系。而均衡的货币利率是货币市场中资金的均衡价格，反映货币市场中的均衡关系。
费雪的时间偏好（投资机会说）	利息产生于现在物品与将来物品的贴水，它是由主观因素和客观因素共同决定的。所谓主观因素就是社会公众对现在物品的时间偏好。所谓客观因素是指企业家的投资安排。

12. 凯恩斯的流动性偏好理论认为，利率属于货币经济范畴，而不属于实物经济范畴。所以，他主张利率是由货币需求和供给决定的观点。

影响货币供求关系曲线的若干因素

影响因素	作用途径	利率变化①
收入	收入增加——财富增加——货币需求增加——货币需求曲线右移	利率增加
价格水平	价格上升——实际货币余额减少——货币需求上升——货币需求曲线右移	利率增加
货币政策	扩张性的货币政策——货币供给增加——货币供给曲线右移	利率下降

①假定其他条件不变的情况下。

13. 可贷资金理论认为利率是由可贷资金市场中的供求关系决定的。

影响货币供求关系曲线的若干因素

影响因素	作用途径	利率变化②
财富	财富↑⇒债券需求↑⇒可贷资金供给↑⇒(在可贷资金需求不变时)利率↓	利率下降
通货膨胀率	通货膨胀率↑⇒债券需求↓⇒可贷资金供给↓⇒(可贷资金需求不变时)利率↑	利率上升
预期收益率	预期收益率↑⇒债券需求↓⇒可贷资金供给↓⇒(可贷资金需求不变时)利率↑	利率上升
风险	风险↑⇒债券需求↓⇒可贷资金供给↓⇒(可贷资金需求不变时)利率↑	利率上升
流动性	流动性↑⇒债券需求↑⇒可贷资金供给↑⇒(可贷资金需求不变时)利率↓	利率下降
政府赤字	政府赤字↑⇒债券供给↑⇒可贷资金需求↑⇒(可贷资金供给不变时)利率↑	利率上升

②假定其他条件不变的情况下。

14. IS-LM 模型从商品市场和货币市场全面均衡的角度来阐述利率的决定机制。仅商品市场和货币市场同时达到均衡，即同时满足储蓄等于投资、货币供应量等于货币需求量时，均衡收入和均衡利率才能确定。

15. 利率期限结构是指不同期限债券利率之间的关系，它可以用债券的收益曲线来表示。债券的收益曲线是指把期限不同，但风险、流动性和税收等因素都相同的债券的收益率连成的一条曲线。

不同类型的利率期限结构理论

理论名称	核心观点	解释力评价
预期理论	长期债券的利率等于当期利率与预期短期利率的平均数。	(1) 能解释为什么存在向上、平缓和向下三种收益率曲线形态的存在。 (2) 能解释为什么不同期限的利率成同向变动。
市场分割理论	长期债券和短期债券各自的利率均由各自市场的供求关系决定。	能解释为什么收益率曲线通常是向上的。
偏好理论	长期债券的利率等于当期利率与预期短期利率的平均数，再加上一个流动性溢价。	(1) 能解释为什么存在向上、平缓和向下三种收益率曲线形态的存在。 (2) 能解释为什么收益率曲线通常是向上的。 (3) 能解释为什么不同期限的利率成同向变动。

利率的风险结构是指相同期限的债券具有不同的利率，反映债券所承担的风险大小对其收益率的影响。违约风险、流动性和税收情况导致相同期限的债券有不同的利率：债券违约风险越大，人们要求的补偿越大，它的利率相对于其他债券越高；债券流动性越强，即债券越容易变现，人们对它的需求越大，它的利率将越低；有些债券的利息收入可以免税，这样的债券利率相对于其他债券较低。

二、2023 年命题预测

利率基础是微观金融和宏观金融的交叉知识点，也是考查的重点。其中，各种信用之间的比较、各种收益率的计算、利率决定理论之间的比较、利率期限结构几个理论之间的比较是本章的难点。

考点1 信用

（一）命题思路

信用部分的考点主要有：信用的不同形式及发展意义；各种信用工具的含义以及相互之间的区别。本节的主要命题思路：(1)考查对信用发展过程的了解；(2)主要考查信用的基本概念，以及不同类型之间的辨析。

（二）习题精编

1.(浙江财大2017)信用的基本特征是(　　)。

A. 无条件的价值单方面让渡　　B. 以偿还为条件的价值单方面转移

C. 无偿的赠与或援助　　D. 平等的价值交换

2.(中央财大2017)关于商业信用以下描述正确的是(　　)。

A. 商业票据可以发挥价值尺度的职能

B. 商业信用属于间接融资形式

C. 商业信用规模大，是长期融资形式

D. 商业信用一般由卖方企业向买方企业提供

3.(重庆大学2016)在现代信用的多种形式中，与交易相伴而生的、最基本的信用形式是(　　)。

A. 银行信用　　B. 商业信用　　C. 消费信用　　D. 国家信用

4.(中央财大2012)下列信用形式属于银行信用的是(　　)。

A. 商业汇票和银行承兑汇票　　B. 商业本票和银行汇票

C. 商业汇票和银行本票　　D. 银行承兑汇票和银行本票

5.(对外经贸2012)由一些信用等级较高的大型工商企业及金融公司发行的一种短期无担保的期票，称为(　　)。

A. 商业汇票　　B. 银行支票　　C. 商业票据　　D. 银行本票

6. 既属于直接融资也属于间接融资种类的是(　　)。

A. 国家信用　　B. 消费信用　　C. 商业信用　　D. 银行信用

7. 在我国企业中存在的三角债现象，本质上属于(　　)。

A. 商业信用　　B. 银行信用　　C. 国家信用　　D. 消费信用

8.(上海财大2013)将商业信用转化为银行信用可以通过(　　)。

A. 票据的贴现　　B. 股票质押贷款　　C. 票据的背书　　D. 不动产的抵押贷款

9. 商业信用有哪些局限？

10. 什么是信用？它是怎样产生和发展的？

11. 试比较商业信用与银行信用的特点，并说明两者之间的相互关系。

12. 简述金融与信用的联系和区别。

考点2 利息与利率

（一）命题思路

利率的种类与计算是本章重要的基础知识点。从命题角度来看，主要命题思路是：(1)考查不同种类利率概念的辨析；(2)不同种类利率的换算，比如远期利率与即期利率的换算、名义利率与实际利率的换算、不同期限利率的换算；(3)利率计算的基本原理，比如单利与复利，当期收益率、到期收益率和持有期收益率。

（二）习题精编

1. 假设你今年投资了 100 万的国债，票面利率为 3%，预期名义收益率为 8%，如果预期通货膨胀率为 2%，则你所投资的国债预期实际收益率为(　　)。

A. 1%　　B. 5%　　C. 6%　　D. 10%

2. 假设 1 年期的即期利率为 4%，2 年期的即期利率为 6%。那么，第 1 年末到第 2 年末的远期利率为(　　)(题中所有利率均为连续复利的利率)。

A. 5%　　B. 8%　　C. 10%　　D. 12%

3. 假如借贷者和存款者的利息都是按照固定名义利率计算而得的，如果通货膨胀率为正，则(　　)。

A. 借贷者受益，存款者损失　　B. 借贷者损失，存款者受益

C. 借贷者和存款者都既未损失也未受益　　D. 借贷者和存款者都受益

4. 关于固定利率和浮动利率，下列说法正确的是(　　)。

A. 按固定利率借贷，由于在期初就约定利率，所有固定利率借贷不存在风险

B. 按固定利率借贷有利于财务预算和决策

C. 在市场利率波动较大时，贷款者(银行)更偏爱于固定利率

D. 以上说法均不正确

5. 某人借款 2000 元，如果年利率为 10%，两年后到期，按复利计算，到期时借款人应支付利息为(　　)。

A. 210 元　　B. 420 元　　C. 1210 元　　D. 2420 元

6. 张先生 2000 年 2 月 1 日存入 2000 元，原定期 1 年。由于张先生急需用钱，于 2000 年 11 月 1 日提取该笔存款，假设一年定期存款月利率为 9‰，活期储蓄存款月利率为 3‰，则张先生可以获得利息为(　　)。

A. 20 元　　B. 50 元　　C. 55 元　　D. 270 元

7. 假设你投资了 10 万股的深发展股票，当期每股股价为 20 元，一年后你可以收到 1 元/股的红利，假设一年后该股票的市价为 24 元，则你的持有期收益率为(　　)。

A. 10%　　B. 20%　　C. 25%　　D. 30%

8. 某基金经理预测白云机场股票一年后的股价分布如下：

状　态	概　率	股　价
Ⅰ	0.2	30
Ⅱ	0.5	40
Ⅲ	0.3	50

如果现在你以 35 元建仓，并且一年内可以得到 1 元/股的红利，那么白云机场股票预期持有期收益率为(　　)。

A. 10%　　B. 15%　　C. 20%　　D. 3.24%

9. 某养老金账户中年实际到期收益率为 7%，两年后将降到 6%，如果在该账户投资 4000 万元，则 5 年末的余额为(　　)。

A. 5610.2 万元　　B. 5352.9 万元　　C. 5481.6 万元　　D. 5454.4 万元

10. 某人到银行存入1000元，第一年他的存折上余额为1050元，第二年余额为1100元，请问第1年和第2年的到期收益率各为(　　)。

A. 5%，5%　　B. 5%，4.76%　　C. 4.76%，5%　　D. 4.76%，4.76%

11. 有一笔国债，5年期，平价发行，票面利率为12.22%，单利计息，到期一次还本付息，到期收益率(复利按年计息)是(　　)。

A. 9%　　B. 11%　　C. 10%　　D. 12%

12. 我国习惯上将年息、月息、日息都经以"厘"作单位，但实际含义却不同，若年息6厘，月息4厘，日息2厘，则分别是指(　　)。

A. 年利率为6%，月利率为4%，日利率为2%

B. 年利率为6‰，月利率为4‰，日利率为2‰

C. 年利率为6‱，月利率为4‱，日利率为2‱

D. 年利率为6%，月利率为4‰，日利率为2‱

13. 衡量利率最精确的指标通常是(　　)。

A. 存款利率　　B. 贷款利率　　C. 到期收益率　　D. 基准利率

14. 某人期望在5年后取行一笔10万元的货币，若年利率为6%，按年计息，复利计算，则现在他应该存入他的银行账户的本金为(　　)。

A. 74725.82元　　B. 7472.58元　　C. 76923元　　D. 7692.3元

15. (东华大学2017)由政府或政府金融机构确定并强令执行的利率是(　　)。

A. 公定利率　　B. 一般利率　　C. 官定利率　　D. 固定利率

16. (上海财大2014)从消费者的角度看，当利率上升的时候，会(　　)。

A. 抑制消费，增加储蓄　　B. 刺激消费，减少储蓄

C. 刺激消费，刺激储蓄　　D. 抑制消费，抑制储蓄

17. (复旦大学2013)以下几个中收益率最高的是(　　)。

A. 半年复利利率10%　　B. 年复利利率8%

C. 连续复利利率10%　　D. 年复利利率10%

18. (南京大学2013)100元贷款，期限3年，半年计复利一次，到期一次还本付息118元，该贷款的简单利率和复合利率为多少？

19. (对外经贸2015)某债券面值100，票面利率8%，5年期，发行价格为105，若小张此时买进，持有三年后卖出，假设卖出价格为117。

(1) 计算当期收益率；

(2) 计算持有期收益率；

(3) 计算到期收益率(按单利计算)；

(4) 说明到期收益率和执行价格的相关关系。

20. (上海财大2020)A国和B国名义利率均为15%，但A国通货膨胀率严重，为100%，B国则为5%，请计算：

(1) A国的实际利率为多少？

(2) B国的实际利率为多少？

(3) 如果要用费雪效应简单估算名义利率和实际利率的关系，应当满足什么条件？

21. (宁波大学2020)简述利率在宏观经济中的作用。

22. (上海财大2022)2019年8月，央行启动贷款市场报价利率(LPR)改革，贷款端"利率并

轨”工作正式完成。

(1) 央行为何对 LPR 定价机制进行改革?

(2) LPR 定价机制改革的主要内容是什么?

(3) LPR 定价机制改革的成效如何?

考点3 利率决定理论

(一) 命题思路

利率决定理论是重要考点，该理论主要包括古典利率理论、可贷资金利率理论与 IS-LM 分析的利率理论。从命题角度来看，主要命题思路是:(1)考查不同理论观点之间的辨析。针对此类题，考生要能够非常熟练和准确的记忆各个理论的主要观点和结论。(2)在某一具体理论背景下，要求判断某项因素的变动对利率的影响。重点掌握流动性偏好理论和可贷资金理论的相关结论。

(二) 习题精编

1. “利息是由资本所有者对目前享乐和满足的牺牲”属于(　　)的观点。

A. 资本生产力论　B. 节欲论　C. 时差论　D. 流动性偏好论

2. “当资本供给和资本需求的均衡决定了利率水平，利息是人们等待的报酬”是(　　)的观点。

A. 马歇尔　B. 庞巴维克　C. 马克思　D. 维克塞尔

3. (中国人大 2011)强调投资与储蓄对利率的决定作用的利率决定理论是(　　)。

A. 马克思的利率论　B. 流动偏好论　C. 可贷资金论　D. 实际利率论

4. (中央财大 2011)认为利率纯粹是一种货币现象，利率水平由货币供给与货币需求均衡点决定的理论是(　　)。

A. 马克思的利率决定理论　B. 实际利率理论

C. 可贷资金论　D. 凯恩斯的利率决定理论

5. (中央财大 2013)认为利率是由商品市场与货币市场同时实现均衡条件决定的经济学派是(　　)。

A. 古典经济学派　B. 凯恩斯主义学派　C. 新古典综合学派　D. 新剑桥学派

6. 下列说法错误的是(　　)。

A. 凯恩斯的流动性偏好理论是从货币因素角度研究利率是如何决定的

B. 古典利率理论是从实物因素角度研究利率是如何决定的

C. IS-LM 是从货币因素角度研究利率是如何决定的

D. 可贷资金理论是综合实物因素和货币因素两个角度研究利率是如何决定的

7. 下面观点不属于凯恩斯流动性偏好理论的是(　　)。

A. 货币需求取决于人们的流动性偏好

B. 在充分就业的条件下，储蓄和投资均是利率的函数

C. 货币供给是由央行决定，属于外生变量

D. 货币的供给与需求是决定利率的因素

8. 根据可贷资金理论，通货膨胀率上升，其他条件不变的情况下，利率会(　　)。

A. 上升　B. 降低　C. 不变　D. 无法判断

9. 简述利率决定的五个常用理论。

10. 简述凯恩斯的流动性偏好理论的基本内容。

11. 简述可贷资金理论的基本内容。

12. 简述决定和影响利率变化的因素。

13. 试述利率变动的经济效应。

14. 简述流动偏好利率理论与可贷资金理论的主要差异。

15. (浙江财大 2020)根据债券供求理论，在下列情况下，市场利率将发生怎样的变化？

(1) 下调股票交易印花税，股票市场变得更为繁荣。

(2) 股票市场波动性升高，公众对股票投资风险预期增强。

(3) 房地产市场交易火热，公众对未来房价上涨预期强烈。

(4)政府增加公共投资，财政赤字扩大。

考点 4　利率的期限结构和风险结构

(一) 命题思路

利率的期限结构主要包括预期假说、市场分割理论以及偏好理论。从命题形式看来，本节的命题思路是考查对不同的理论的理解，依据短期利率的变化判断长期利率变化，流动性报酬是考试的重点。利率的风险结构主要受违约风险、流动性和所得税的影响，利率的风险结构不是重点，大致掌握即可。

(二) 习题精编

1. (中央财大 2012)以下关于利率的期限结构说法错误的是(　　)。

A. 利率期限结构通常表现出短期利率波动大，长期利率波动小的特征

B. 市场分割理论不能解释收益率曲线通常向上倾斜的特征

C. 预期理论能够解释短期利率和长期利率的联动关系

D. 流动性升水理论假设不同期限的债券之间存在不完全的替代性

2. (南京大学 2015)收益率曲线有多种状态(　　)。

A. 为下倾或水平状态时一般预示经济将进入衰退期

B. 为下倾或水平状态时一般预示经济将进入扩张期

C. 其变化完全由债券的市场风险决定

D. 其变化反映了市场信用风险的变化

3. (对外经贸 2013)美国地方政府发行的市政债券的利率低于联邦政府债券，其原因可能是(　　)。

A. 违约风险因素　　B. 流动性差异因素

C. 税收差异因素　　D. 市场需求因素

4. (中国人大 2012)以下哪个假设是流动性溢价理论在纯粹预期理论基础上的拓展(　　)。

A. 投资者机构偏好　　B. 期限的风险补偿

C. 不同期限债券的替代性差　　D. 投资者具有不同预期

5. (中山大学 2011)根据流动性溢价理论，以下说法错误的是(　　)。

A. 当收益率曲线陡峭上升时，预期短期利率在未来将上升

B. 当收益率曲线向下倾斜时，预期未来短期利率将下降

C. 当收益率曲线水平时，预期未来短期利率保持不变

D. 在收益率曲线陡峭上升时，市场预期未来可能会有通货膨胀

6. (湖南大学 2011) 利率期限结构的预期假定认为(　　)。

A. 远期利率大于预期利率　　B. 远期利率等于预期利率

C. 远期利率小于预期利率　　D. 远期利率和预期利率的关系不确定

7. (中山大学 2015) 下列观点哪个属于流动性偏好理论(　　)。

A. 远期利率是未来的预期即期利率的无偏估计

B. 远期利率不是未来的预期即期利率的无偏估计

C. 流动性溢价的存在使得收益率曲线为向上的情况要少于为向下的情况

D. 预期利率上升，利率期限结构并不一定是向上的

8. 简述预期理论的基本内容。

9. 简述市场分割假说的基本内容。

10. 简述流动性溢价理论。

11. (中国人大 2015) 比较分析两到三种利率期限结构理论，并说明他们之间的关系。

12. (对外经贸 2013) 假定流动补偿理论解释利率期限结构是合理的，已知下列条件：

未来 5 年内的一年期利率分别是：5%，6%，7%，7%，7%

未来 1 至 5 年的流动补偿率分别是：0，0.25%，0.5%，0.75%，1%

(1) 求 2 年期至 5 年期的利率分别是多少？

(2) 画出收益曲线(Yield Cruve)图。

13. (上海财大 2014) 公司有三种零息债券，剩余期限 1 年期的到期收益率为 10%，剩余期限 2 年期的到期收益率为 11%，剩余期限 3 年期的到期收益率为 12%，求：

(1) 隐含的 1 年以后的 1 年远期利率及 2 年以后的 1 年期远期利率是多少？

(2) 若无偏预期理论证券，市场预期正确，求下一期的利率期限结构(1 年期零息债券与 2 年期债券的到期收益率)

(3) 若购入了 3 年期的零息债券，则下一年的预期收益率为？(提示：从当前价格与未来价格考虑)

参考答案

考点 1　信用

1. B　信用这个范畴是指借贷行为，这种经济行为的形式特征是以收回为条件的付出，或以归还为义务的取得，而且贷者之所以贷出，是因为有权取得利息，借者之所以借入，是因为承担了支付利息的义务。

2. D　商业票据通过“背书”可以流通转让，因而可以发挥货币流通手段的职能。A 选项错误。商业信用是指工商企业之间相互提供的、与商品交易相联系的信用形式，属于直接融资形式。B 选项错误。商业信用是短期融资形式，C 选项错误。商业信用一般是由卖方提供给买方，受商品流转方向的限制。D 选项正确。

3. B　商业信用是社会信用体系中最重要的一个组成部分，由于它具有很大的外在性，因此，在一定程度上它影响着其他信用的发展。

4. D　银行信用是指以银行为中介，以存款等方式筹集货币资金，以贷款方式对国民经济各部门、各企业提供资金的一种信用形式。与商业信用不同，银行信用属于间接信用。汇

票是分为银行汇票和商业汇票。银行汇票是由出票银行签发的。商业汇票是由出票人签发的，出票人一般是企业。商业汇票又分为商业承兑汇票(由银行以外的付款人承兑)和银行承兑汇票(由银行承兑)两种。银行本票是银行签发的，承诺在见票时无条件支付确定金额给收款人或者持票人的票据。

5. C 商业票据是指由金融公司或某些信用较高的企业开出的无担保短期票据。商业票据的可靠程度依赖于发行企业的信用程度，可以背书转让，可以承兑，也可以贴现。商业票据的期限在 1 年以下，由于其风险较大，利率高于同期银行存款利率，商业票据可以由企业直接发售，也可以由经销商代为发售。

6. B 直接融资主要包括商业信用、国家信用、消费信用、民间个人信用；间接融资包括银行信用和消费信用；所以消费信用是它们共有的种类。

7. A “三角债”是人们对企业之间超过托收承付期或约定付款期应当付而未付的拖欠货款的俗称，其本质上属于商业信用。

8. A 票据贴现的实质是商业信用向银行信用转化的一种形式。

9. 商业信用的局限性是：

(1) 商业信用的规模受工商企业所拥有的资本量的限制。商业信用是工商企业之间相互提供的，各工商企业职能对现有资本总额进行再分配，所以商业信用的最高限度仅仅是工商企业现有资本的利用。

(2) 商业信用具有严格的方向性。商业信用提供的商品只能由生产该商品的部门向需要该商品的部门提供，而不能相反。

(3) 商业信用具有对象上的局限性。工商企业一般只会向与自己有经济业务联系的企业发生商业信用关系。

10. (1) 从经济意义上看，信用是以借贷为特征的经济行为，是以还本付息为条件的，体现着特定的经济关系，是不发生所有权变化的价值的单方面的暂时让渡或转移。

(2) 信用产生于原始社会末期，是商品经济发展到一定阶段的产物。信用的产生与存在同市场经济的产生、发展以及有关特征高度相关。

社会化大生产过程中，产业资金以及社会总资金在其循环周转过程中，存在大量的闲置资金，闲置资金在客观上具有再使用的本能要求。

在大量货币资金因各种原因被闲置起来的同时，社会再生产过程中又产生了对货币资金的临时性需求，需要借入资金。

可见，信用的产生起因于这样一个基本事实：一个经济单位出现资金盈余，而另一个经济单位出现收支不抵时，便形成了双方借贷关系的基础。通过信用，将这些资金在社会范围内抽余补缺，以一方面的闲置抵补另一方面的短缺，就会使整个社会资金的使用效益大大提高，社会的产出规模增大，人们的福利也会因此而增加。

11. (1) 商业信用的主要特点有：

① 商业信用所提供的资本是商品资本，仍处于产业资本循环过程中，是产业资本的一部分。

② 商业信用体现的是工商企业之间的信用关系。

③ 商业信用与产业资本的变动是一致的。

(2) 商业信用也有一定的局限性，它的局限性主要表现在：

① 商业信用的规模受工商企业所拥有的资本量的限制。

② 商业信用具有严格的方向性。商业信用只能由生产商品的企业向需要该商品的企业提供。

③ 商业信用具有对象上的局限性。工商企业一般只会和与自己有经济业务联系的企业发生商业信用关系。

(3) 银行信用的特点有：

① 从资本类型上看，银行信用中贷出的资本是从产业资本循环中独立出来的货币资本，因此银行信用能够超越商业资本只限于产业内部的界限；此外，银行信用是以货币形式提供的，能够克服商业信用在方向上的局限性。

② 银行信用是一种间接信用，它以银行及其他金融机构为中介，以货币形式对社会提供信用。

③ 银行信用与产业资本的变动不一致。银行信用克服了商业信用的某些缺点，成为当代经济中信用的主要形式，但它还不能完全取代商业信用。

(4) 商业信用与银行信用的关系表现在：

① 商业信用先于银行信用而存在，是银行信用产生和发展的基础。例如，一些银行信用业务就是在商业信用的基础上产生的。

② 商业信用与银行信用互相补充，共同促进经济发展。商业信用与商品生产和流通有密切关系，能直接为产业资本循环服务，因而在一定范围内发挥重要作用。在商业信用无能为力的地方，银行信用能够了发挥自身优势，促进商品生产和流通，从而促进整个经济发展。

12. (1)二者的联系

金融产生于信用与货币的结合，信用是金融的基础。一般来说，金融活动都要建立在一定的信用关系的基础上，因为金融资产总是存在于债权债务关系之中。在信用货币流通条件下，货币流通也是一种信用活动。

(2) 二者的区别

① 产生的时间不同。从产生的时间来看，信用在前，金融在后，信用伴随着商品经济的产生而产生，金融则是商品经济发展到一定阶段的产物。

② 范围不同。信用包括所有的具有债权债务关系的经济活动，既包括实物信用又包括货币信用；金融则专指货币融通和资金运动而不包括实物借贷，而且金融中的股票融资在严格意义上也不属于信用范畴。

③ 与资金运动的关系不同。信用活动通常与资金的余缺联系在一起，现代的金融活动则不一定与资金的余缺联系在一起。

④ 涉及的主体范围不同。信用活动通常反映的是信用主体双方的权利义务关系；金融活动有时不仅反映当事人双方的权利义务关系，还会涉及第三方的权利义务关系。

考点 2 利息与利率

1. C 费雪方程揭示了这三者的关系：名义利率=实际利率+通货膨胀率。此题给出了“票面利率”“预期收益率”“预期通货膨胀率”，要求预期实际收益率，则应该用预期名义收益率减去预期通货膨胀率，而与债券票面利率无关。故此预期实际收益率为 8%−2%=6%。

2. B 即期利率是指某个给定时点上无息债券的到期收益率。远期利率是指未来两个时点之间的利率水平。远期利率可以根据即期利率换算可得，计算公式为：$e^{t_1 \cdot r_1} \cdot e^{t_2 \cdot \hat{r}} = e^{t_3 \cdot r_3} \Rightarrow \hat{r} = \frac{t_3 \cdot r_3 - t_1 \cdot r}{t_2}$。将已知条件代入公式得到：$\hat{r}=8\%$。

3. A 在名义利率一定时，若通胀率为正，则实际利率<名义利率，存款者将受损，而借

贷者将受益。

4. B　A 按固定利率借贷时，若利率下跌，则存在多付利息的风险，所以错误。C 在市场利率波动较大时，贷款者(银行)更偏爱浮动利率贷款，所以错误。

5. B　利息额 $=2000\times(1+0.1)^2-2000=420$ 元。

6. C　银行针对定期提前支取，则按活期利息计息。因此，本题张先生获得的利息额 $=2000\times(1+0.003)^9-2000=55$ 元。

7. C　持有期计算公式：(持有期资本利得+持有期所获得的红利)/期初投资额。此题深发展股票的持有期收益率为 $(24-20+1)/20=25\%$。

8. C　首先，根据白云机场股票的股价的概率分布，计算该股票 1 年后的预期股价为 $30\times0.2+40\times0.5+50\times0.3=41$ 元。然后，计算预期持有期收益率为 $(41-35+1)/35=20\%$。

9. D　5 年后账户余额为 $4000\times(1+0.07)^2\times(1+0.06)^3=5454.4$。

10. B　第一年到期收益率为 $(1050-1000)/1000=5\%$。第二年的到期收益率为 $(1100-1050)/1050=4.76\%$。

11. C　设面值为 P，则：$P=P\times(1+5\times12.22\%)/(1+y)^5$ 可得 $y=10\%$。

12. D　中国传统喜欢用“厘”作单位，年息 1 厘是指年利率为 1%，月息 1 厘是指月利率为 1‰，日息 1 厘则是指日利率为 1‱。在民间，被经常使用的利率单位还有“分”，分为厘的 10 倍，如月息 2 分是指月利率为 20‰(即 2%)。

13. C　到期收益率是指来自某种信用工具的收入的现值总和与其当前的价格相等时的利率水平。到期收益率是信用工具的内部收益率，考虑了时间价值，反映了市场的合理报酬率。当预期市场利率上升时，持有债券的机会成本会上升，从而使债券的需求下降，导致债券价格下降，由于价格与到期收益率成反比，从而债券的到期收益率会上升。相反，当预期市场利率下降时，持有债券的机会成本会下降，从而使债券的需求上升，导致债券价格上升，从而债券的到期收益率会下降。即到期收益率的变动反映了预期市场利率的变化，二者呈同方向变化，所以到期收益率是衡量市场利率水平的有效指标。

14. A　假设现在需要存进 M 元，5 年后才可以使得本金和利息之和为 10 万元。则 $M(1+6\%)^5=100000$，求解得到 $M=74725.82$ 元。

15. C　官定利率(也叫官方利率、法定利率)是由政府金融管理部门或者中央银行确定的利率，是国家实现宏观调控目标的一种政策手段。公定利率是介乎市场利率与官定利率之间、由非政府部门的金融行业自律性组织(如银行公会)所确定的利率 。这种利率对其会员银行也有约束性。

16. A　利率上升，消费者会抑制消费，进行储蓄。

17. C　在年化利率相等的情况下，连续复利收益率最高。

18. (1) 设该贷款的年利率为 r，则：$118=(1+3r)\times100$，计算可得 $r=6\%$。

(2) 计算该贷款的有效年利率：

$$EAR=\left(1+\frac{y}{m}\right)^{mn}-1=\left(1+\frac{y}{2}\right)^{3\times2}-1=\left(1+\frac{y}{2}\right)^{6}-1$$

根据题意可知：

$$\left[\left(1+\frac{y}{2}\right)^{6}-1\right]\times100=118-100$$

计算可得，$y=5.6\%$。

19.（1）当期收益率是债券的年息除以债券当前的市场价格所计算出的收益率。它并没有考虑债券投资所获得的资本利得或是损失，只在衡量债券某一期间所获得的现金收入相较于债券价格的比率。即当期收益率=年利息÷债券价格=$\frac{100\times 8\%}{105}$=7.62%。

（2）债券持有期收益率是指债券持有人在持有期间获得的收益率，能综合反映债券持有期间的利息收入情况和资本损益水平。其计算公式为：

$$HPR=\frac{\text{卖出价格}-\text{买入价格}+\text{持有期间的利息}}{\text{买入价格}\times\text{持有期限}}=\frac{100\times 8\%\times 3+117-105}{105\times 3}\approx 11.43\%$$

（3）到期收益率就相当于投资者按照当前市场价格购买并且一直持有到满期时可以获得的年平均收益率。按单利计算的到期收益率={年利息+(面值-买入价格)÷剩余年数}÷购买价格=[8%×100+(100-105)÷5]÷105=6.67%。

（4）由到期收益率的公式可以看出，到期收益率与发行价格呈负相关关系，发行价格越高，到期收益率越低。

20. 名义利率和实际利率的关系如下：

(1+名义利率)=(1+实际利率)×(1+通货膨胀率)

（1）(1+15%)/(1+100%)-1=-42.5%

（2）(1+15%)/(1+5%)-1=9.52%

（3）费雪效应的简单公式为：名义利率=实际利率+通货膨胀率

其前提条件是实际利率和通货膨胀率均较小。

以前面的两个国家为例：

B 国的近似实际利率=15%-5%=10%，与真实情况相差不大。

A 国的近似实际利率=15%-100%=-95%，与真实情况的误差较大。

21. 从宏观角度来看，利率的经济杠杆功能主要表现在以下几个方面：

（1）积累资金。利息是使用资金的报酬，通过调整利率，可以吸引社会上的闲散资本投入生产，以满足经济发展的需求。

（2）调整信贷规模。当银行体系的贷款利率、贴现利率上升时，有利于缩小信贷规模；反之，当贷款利率、贴现利率下降时，有利于扩大信贷规模。

（3）调节国民经济结构。通过利率的高低差别与升降，可以直接影响资金的流向，从而有目的地进行产业结构的调整，使国民经济结构更加合理。

（4）合理分配资源。利息作为使用资金的成本，可以通过成本效应使资源在经济各部门间得到合理配置，一定的利率水平，总是促使资源向使用效率高的部门流动，从而改善了资源配置。

（5）抑制通货膨胀。通过提高贷款利率，可以收缩信贷规模，减少货币供应量，使社会需求趋于稳定，从而有助于抑制通货膨胀。

（6）平衡国际收支。当国际收支发生严重逆差时，可以调高本国的利率水平，从而减少资金外流，吸引资金内流，使国际收支趋于平衡。

22.（1）LPR 改革提出的背景就是我国存贷款基准利率与市场化利率长期存在着双轨制问题。这与中国银行业对传统银行业务和金融市场业务分开运营有关，两者分别对应商业银行的资产负债部和金融市场部，资金分别来源于客户存款和金融市场。不同的资金来源意味着不同的资金成本，这导致存贷款利率与市场利率之间存在分割，也阻碍了基准利率向实体经济的传导。因此，未来要提高基准利率传导效率，必须继续深化利率市场化改革，解决利率双轨制问题。

(2) 此次改革完善 LPR 形成机制，体现了六个“新”：

① 新的报价原则。要求各报价行真正按照自身对最优质客户执行的贷款利率报价，充分体现市场化报价形成原则。

② 新的形成方式。LPR 改革按公开市场操作利率加点形成的方式报价，其中公开市场操作利率主要指中期借贷便利(MLF)利率，LPR 报价的市场化和灵活性明显提高。

③ 新的期限品种。在原有 1 年期一个期限品种基础上，增加了 5 年期以上的期限品种，为银行发放住房抵押贷款等长期贷款的利率定价提供参考。

④ 新的报价行。在原有 10 家全国性银行基础上，增加城市商业银行、农村商业银行、外资银行和民营银行各 2 家，扩大到 18 家，有效增强了 LPR 报价的代表性。

⑤ 新的报价频率。将原来的 LPR 每日报价改为每月报价一次，提高报价行的重视程度，提升 LPR 的报价质量。

⑥ 新的运用要求。要求各银行尽快在新发放的贷款中主要参考 LPR 定价，同时坚决打破过去部分银行协同设定的贷款利率隐性下限，并将 LPR 运用情况纳入宏观审慎评估(MPA)和自律机制管理中。

(3) 此次 LPR 改革，对推动货币政策框架转型、利率市场化改革及降低企业融资成本均有较大现实意义。

① 推动货币政策框架转型，强化政策利率体系作用。在中国经济逐步转向高质量发展后，我国货币供应量增速与 GDP 增速相关性明显减弱，冲击来源逐步转向货币需求。由于货币需求函数变得不稳定，因此利率机制更适合作为货币政策框架转型后的中介目标。近些年来，央行货币政策执行报告多次提出要推动货币政策框架从数量型调控转向价格型调控，进一步强化利率机制的作用。

② 继续推进利率市场化改革，破除利率双轨。2015 年 10 月，央行解除存款利率上限约束，我国有管制利率品种已全部放开，名义上的利率市场化已经完成，但存贷款基准利率一直保留。新 LPR 报价机制将增强银行贷款利率与市场利率之间的互动，最终贷款利率将更加市场化，这有助于利率市场化改革推进，破除利率双轨。

③ 降低企业融资成本，支持经济高质量发展。近些年来，由于强监管、去杠杆等政策强力推进，企业融资渠道有所收缩，融资难、融资贵问题出现抬头。LPR 机制改革后，商业银行贷款将主要参考 LPR 定价，最终贷款利率将直接与政策利率挂钩，这有助于推动金融供给侧改革，有效降低企业融资成本，缓解企业融资难、融资贵，助力新旧动能转换，支持经济高质量发展。

考点 3　利率决定理论

1. B　A 资本生产论认为，资本、土地和劳动力是生产的三要素，具有生产力，类似工资和地租，利息就是资本提供服务的报酬。B 节欲论利息是资本借出者牺牲自己的当前消费来增加资本的收入。C 时差论认为利息是时间的报酬。D 流动性偏好论认为货币的流动性会给人们带来正的效用，人们更偏好于货币的流动性，所以，利息便是人们放弃货币流动性的一种报酬。

2. A　A 马歇尔认为，当资本供给和资本需求的均衡决定了利率水平，利息是人们等待的报酬。B 庞巴维克认为，利息是补贴人们放弃现在消费，而选择未来消费。C 利息是银行资本家从产业资本家那里分割来的一部分剩余价值。利息量的多少取决于利润总额，利率取决于平均利润率。D 威克塞尔对自然利率和货币利率加以区分，均衡的自然利率相当于实物投资的预期收益率，反映实物投资市场中的均衡关系。而均衡的货币利率是货币市场中资金的均衡价格，反映货币市场中的均衡关系。

3. D　古典利率理论又称实际利率理论，是指从 19 世纪末到 20 世纪 30 年代的西方利率理论，认为利率为储蓄与投资决定的理论。

4. D　凯恩斯完全抛弃了实际因素对利率水平的影响，其利率决定理论基本上是货币理论。凯恩斯认为，利率决定于货币供求数量，而货币需求量又基本取决于人们的流动性偏好。如果人们对流动性的偏好强，愿意持有的货币数量就增加，当货币的需求大于货币的供给时，利率上升；反之，人们的流动性偏好转弱时，那将是对货币的需求下降，利率下降。

5. C　在西方利率决定理论发展过程中，先后出现了实际利率理论、凯恩斯流动性偏好理论、可贷资金理论和新古典综合派的 IS-LM 理论等利率决定理论。其中，新古典综合派的 IS-LM 模型将市场划分为商品市场和货币市场，认为国民经济均衡是商品市场和货币市场同时出现均衡，该模型在进行利率分析时，加入了国民收入这一重要因素，认为利率是在既定的国民收入下由商品市场和货币市场共同决定的。

6. C　IS-LM 与可贷资金理论一样，都是综合实物因素和货币因素两个角度来研究利率是如何决定的。

7. B　B 选项属于古典利率理论的观点。所以错误。

8. A　根据可贷资金理论，通货膨胀率↑⇒债券需求↓⇒可贷资金供给↓⇒(可贷资金需求不变时)利率↑。

9. (1) 马克思的利率决定理论基本观点：利息是贷出资本的资本家从借入资本的资本家那里分割出来的一部分剩余价值，利率是利润的一部分。

(2) 古典学派的“实际利率理论”基本观点：利率的变化则取决于投资流量与储蓄流量的均衡。

(3) 凯恩斯的“流动性偏好理论”基本观点：凯恩斯认为，利率取决于货币供求数量的对比，货币供给量由货币当局决定，而货币需求取决于人们的流动性偏好。

(4) 新剑桥学派的“可贷资金理论”基本观点：该理论认为利率是借贷资金的价格，因而取决于可贷资金的供求状况。可贷资金的供给来自某一时期的储蓄流量 S 和货币供给的增量 ，与利率水平正相关；借贷资金的需求则取决于同一时期的投资流量 I 和人们希望保有的货币余额的变化 ，与利率水平负相关。

(5) 新古典综合派的“IS-LM 模型”基本观点：IS-LM 模型将市场划分为商品市场和货币市场，认为国民经济均衡是商品市场和货币市场同时出现均衡。该模型在进行利率分析时，加入了国民收入这一重要因素，认为利率是在既定的国民收入下由商品市场和货币市场共同决定。

10. 凯恩斯学派认为货币的需求是一个内生变量，取决于人们的流动性偏好，利息是对放弃流动性的补偿，因此利率就是对人们的流动性偏好的衡量指标。所谓的流动性偏好就是指人们持有货币以获得流动性的意愿程度。人们的流动性偏好的动机有三个：交易动机、谨慎动机和投机动机。其中，因交易动机和谨慎动机带来的货币需求与利率没有直接关系，它是收入的函数，并且与收入成正比；而投机带来的货币需求与利率成反比，因为利率越高人们持有货币就行投机的机会成本也就越高。凯恩斯用 L_1 表示交易动机和谨慎动机带来的货币需求，$L_1(y)$ 是收入 y 的增函数；L_2 表示投机动机带来的货币需求，$L_2(r)$ 是利率的减函数；而货币总需求为：$L=L_1(y)+L_2(r)$。

相对而言，货币的供给则是外生变量，它是由中央银行控制的一个常量。如果用 M_1 表示满足 L_1 的货币需求的货币供给量；用 M_2 表示满足 L_2 的货币供给量；那么总的货币供给量为 $M=M_1+M_2$，M 与 L 两条曲线共同相交于一点，也就是货币供给和货币需求达到均衡的那一点，实现均衡利率。

流动性偏好理论中还有一种特殊的极端情况，就是流动性陷阱。流动性陷阱产生的原因是人们认为只有可能上升而不会下降，因此他们将只持有货币，对货币的需求就会无限大。而这种情况下，即使是货币供给增加，也不会导致利率的下降。

11. 可贷资金理论又称为新古典利率理论，产生于20世纪30年代，以剑桥学派的罗伯逊和瑞典学派的俄林为主要代表。该理论认为利率不是由储蓄和投资决定的，而是取决于可贷资金的需求和供给的相互作用。可贷资金的需求有三个构成要素：一是购买实物资产的投资者的实际资金需求；二是政府必须通过借款来集资弥补的实际赤字数额；三是有些家庭和企业为了增加实际货币持有量而借款或减少贷款。供给也有三个构成要素：一是家庭、企业和政府的实际储蓄；二是实际资本流入，即外国人购买本国的债券或提供贷款；三是实际货币供给量的增加。利率水平决定于可贷资金的总需求和总供给的均衡点，但商品市场和货币市场取得同时的均衡几乎是不可能的，因此利率无法保持长期稳定。

在可贷资金模型中，影响债券需求曲线位移的因素主要有财富量、风险、流动性和预期报酬率。在每个给定的债券价格（或利率水平）上，上述每个因素的变化都会导致债券需求量的变化，从而使需求曲线发生位移。与此同时，影响债券供给曲线位移的因素主要有预期有利可图的投资机会、预期通胀以及政府活动的规模等，在每个给定的债券价格（或利率水平）上，上述每个因素的变化都会导致债券价格量的变化，从而使债券供给曲线发生位移。在均衡利率的决定中，预期通胀率的上升会导致名义利率的上升；同时利率水平是顺周期波动的，即在经济扩张阶段上升而在经济衰退时期下降。

12. 从宏观角度来说，决定和影响利率的因素有：平均利润率、借贷资本供求关系、经济发展周期、政策因素、国际利率水平及变动、通货膨胀率等。

① 平均利润率：这是最基本的决定因素。只有资金所有人让渡资金的使用权给资金持有人，持有人才能凭借对资金的运用取得利润。对于所有人来说，其资金的增值要求必然要求参与利润的分割，但其分割的份额不能超过取得的所有行业的平均利润。即：$0 \leqslant r \leqslant$ 平均利润率。

② 借贷资本供求关系：这是利率具体水平的确定因素。资金作为一种特殊的商品，其价格——利率必然受到市场上资金供求关系的影响。当供给大于需求时利率趋于下降；当需求大于供给时利率趋于上升。

③ 经济发展周期：这是利率波动的影响因素。在萧条时期，物价暴跌，利率将下降至最低点；而在繁荣阶段，物价上涨，利率将上升至最高。

④ 政策因素：利率是国家进行宏观调控、干预经济的最常用的手段之一。在市场化国家，政府将通过制定基准利率的方法引导利率变动。

⑤ 国际利率水平：在经济全球化的时代，资本可以自由流动。资本的逐利性将迫使国际利率差异缩小，因此一国利率尤其是市场利率必然要受到国际利率变化的影响。

⑥ 通货膨胀率：在通胀的环境中，当投资人对实际收益率要求不变时，名义利率必然要上升。

从微观角度说，利率水平由风险决定，高的利率将对高的风险起到补偿作用。当金融资产或项目投资的风险比较大时利率水平将上升，反之则下降。

13. 利率作为一个重要的经济杠杆，对经济有着极其重要的调节作用。利率的这种经济杠杆的作用，主要是通过利息的支付及调整所引起的经济利益关系的变化来实现的。

（1）利率变动的微观效应。表现在以下方面：

① 利率变动对投资的影响。在其他因素不变的情况下，利率通过作用投资成本可以影响投资。就实物投资而言，利率提高，意味着企业投资成本越大，投资后的利润相对减少，从而会抑制投资规模的增长。反之，利率下降会降低企业投资成本，刺激投资的增加。就证券投资而言，利率降低，使证券投资变得有利可图，需求增加，证券价格上涨；反之亦然。

② 利率变动对消费和储蓄的影响。利率对个人收入在消费与储蓄之间分配的影响是非常直接的。由于利率是储蓄者提供生息资产的收益，当利率较高时，生息资产的收益提高，即期消费的机会成本增加，居民就会减少即期消费，增加储蓄，而高利率也会缩减企业的生产规模，这会导致居民个人的收入下降，消费减少。

③ 利率变动与金融机构的资产结构。利率变动可以促进金融机构资产结构的调整。当代金融机构的资产运作形式呈多样化趋势。贷款已不是唯一的资产运用方式。由于政府债券信誉好，安全性高，成为金融机构主要的流动性资产。而政府债券利率由中央银行根据金融政策要求确定，贷款利率则由金融机构根据市场的资金供求等因素确定，这样，政府债券利率与贷款利率之间就存在一定的差异，当利率变动后，金融机构的资产就会在企业贷款与政府债券之间进行调整，这就使得中央银行将利率指标作为宏观经济调控的工具成为可能和有效。

（2）利率变动的宏观效应。表现在以下方面：

① 利率变动对货币供求的影响。一般情况下，利率与货币供给成正比，与货币需求成反比。对筹资者来说，贷款利率下降，会刺激他们借入货币的动机，使货币需求上升；反之则相反。对投资者来说，存款利率下降，会抑制他们储蓄货币的动机，使部分储蓄性货币转化为流通性货币；反之则相反。所以，利率是调节货币供求的杠杆，提高利率可以紧缩银根，而降低利率则会放松银根。

② 利率变动与通货膨胀。在一个市场化程度较高的社会中，利率可作为预防和调节通货膨胀的重要手段之一。运用高利率可抑制投资的过度增长，从而防止通货膨胀的发生；当经济萧条时，通过降低利率，则可防止通货紧缩的发生。

③ 利率变动对国际收支状况的影响。利率变动将影响一国的对外经济活动，这表现在两个方面：一是对进出口的影响；二是对资本输出输入的影响。当利率水平较高时，企业生产成本增加，产品价格提高，出口竞争力下降，出口量减少，从而会引起一国对外贸易的逆差；相反，降低利率会增加出口生产企业的竞争力，改善一国的对外贸易收支状况。从资本输出输入看，在高利率的诱惑下，外国资本会迅速地流入，特别是短期套利资本，可以暂时改善一国国际收支状况。但是在高利率情况下的外国资本注入也会带来许多不良的后果。如国内基础货币投放增加，这又会减弱提高利率紧缩银根的政策效果。

总之，利率是重要的经济杠杆，对宏微观经济运行都发挥着重要的调节作用。

14.（1）流动偏好利率理念是凯恩斯的利率决定理论，凯恩斯认为，人们之所以偏好流动性，是因为流动性能给自己带来安全感和灵活性。利息是对可能给货币贷出者带来的不便的一种补偿。或者说，利率是为诱使货币持有者自愿放弃对货币的灵活控制权而支付的价格。由于货币是流动性最强的资产，所以，流动偏好利率理念可以理解为货币供求决定利率理论。所以，当货币需求等于货币供给时，即当公众愿意持有的货币量刚好等于现有货币存量时，均衡利率就形成了。

（2）可贷资金利率理论是由英国的罗伯逊与瑞典的俄林等提出的利率决定理论。所谓“可贷资金”，是指可以贷放出去的资金。该理论认为，利率是由可贷资金的供给和需求决定的。显然，可贷资金供给与利率呈正相关关系，可贷资金需求与利率呈负相关关系。利率取决于可贷资金的供给与需求的均衡点。

（3）流动偏好利率理论与可贷资金理论是两大主流的利率决定理论，二者在以下方面存在着差异：

① 在利率决定因素上的区别：流动偏好利率理论强调货币因素，认为货币的供求决定利率水平，与储蓄、投资等实际因素无关。可贷资金利率理论则认为不仅货币供求决定利率水平，储蓄、投资等实际因素也对利率起决定作用。

② 在分析方法上的区别：流动偏好利率理论采取存量分析方法，其货币供给是指在某时点经济中的货币存量，货币需求是指同一时点人们希望持有的货币数量。认为利率由某一既定瞬间的货币的现存供应量和需求量决定。可贷资金利率理论则采用流量分析方法，注重对某一时期储蓄流量、投资流量和货币供求的增量变化的分析。

③ 在分析时期上的区别：流动偏好利率理论是短期货币利率理论，它强调短期货币供求因素的决定作用。可贷资金利率理论则注重长期的利率水平的决定，它强调借助货币分析实际经济变量的决定作用，认为在长期分析中，短期货币因素的作用是微不足道的。

④ 对利率的自发调节作用理解不同：流动偏好利率理论认为，利率难以发挥自动调节经济的作用，因为，货币可以影响实际经济活动水平，只是在它首先影响利率这一限度之内。即货币供求的变化引起利率的变动，再由利率的变动影响投资，从而影响国民经济。如果货币供给曲线与货币需求曲线的平坦部分(即“流动性陷阱”)相交，则利率不受任何影响。可贷资金利率理论则认为，利率会随着储蓄的增加而下降，从而刺激投资。利率的调整活动要到资本的增加与储蓄的增加量相等时为止。因此，储蓄、投资等实际变量的变化会决定市场利率，再通过利率的波动来调整整个经济的消费和投资，最终必将使趋于均衡。

15. (1)下调股票印花税，作为替代投资产品的债券投资机会回报率下降，债券供给下降，可贷资金需求下降，利率下降。

（2）股票市场波动性增强，作为替代投资产品的债券投资机会回报率上升，债券供给上升，可贷资金需求上升，利率上升。

（3）房地产火爆，则财富上升，债券需求上升，可贷资金供给上升，利率下降。

（4）财政赤字上升，债券供给增加，可贷资金需求上升，利率上升。

考点 4　利率的期限结构和风险结构

1. B　B 项，市场分割理论认为资金在不同期限市场之间基本是不流动的。当长期市场上资金供不应求，导致利率上升的同时，短期市场资金供过于求，导致利率下降，就会形成向上倾斜的收益率曲线。A 项，一般来说，利率波动可能随期限增加而递减，也可能以 1 年左右为拐点，先随期限递增而后随期限递减。但总体而言短期利率的波动大于长期利率。C 项，预期理论认为，长期债券的现期利率是短期债券的预期利率的函数，长期利率与短期利率之间的关系取决于现期短期利率与未来预期短期利率之间的关系。D 项，流动性偏好认为不同期限债券的风险程度与利率结构的关系，较为完整地建立了流动性偏好理论。根据流动性偏好理论，不同期限的债券之间存在不完全的替代性。

2. A　正常情况下，债券收益率曲线会向上倾斜，因为短债的利率往往低于较长期债券。但近期新兴经济体的收益率曲线趋向于变平，或甚至倒挂，即长债与短债的利差缩窄，或变为负数。从历史的角度来看，这反映出投资者相信长期经济前景疲弱，经济放缓且通胀走低，而长债提供的收益率将下滑。

3. C　美国地方政府发行的市政债券免征联邦所得税，而联邦政府债券需要交纳联邦所得税，这样联邦政府债券的实际税后收益率 $=R\times(1-b)$，而地方政府债券的税前收益率 $=R/(1-b)$。

4. B　流动性溢价理论比预期理论的拓展在于人们偏好流动性较强的短期资产，因此长期资产需要有风险补偿。流动性溢价理论与预期理论的关系如下图所示：

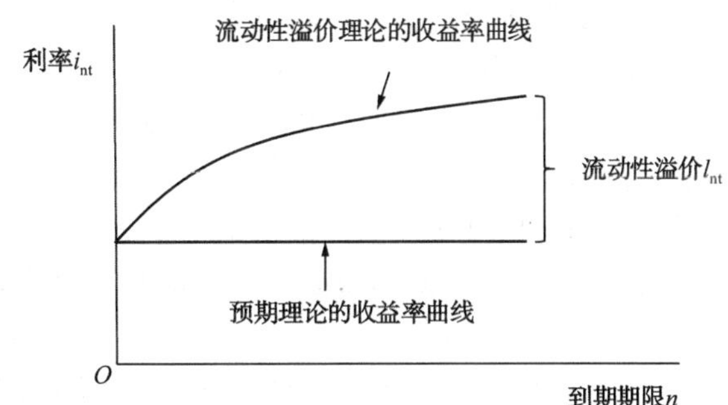

5. C　由于流动性偏好理论是在预期理论的基础上增加了风险溢价补偿，当收益率曲线水平时，说明风险溢价补偿正好抵消了短期利率下降的水平，即未来短期利率下降。

6. B　预期理论认为远期利率等于预期短期利率的平均值。

7. B　由于风险溢价补偿的存在，远期利率不是未来预期即期利率的无偏估计。

8. 预期理论是利率期限结构理论中最主要的理论。它认为任何证券的利率都同短期证券的预期利率有关。预期理论首先假定：①持有债券和从事债券交易时没有税收和成本的影响；②没有违约的风险；③货币市场完善，资金的借贷双方对于短期利率的未来值能够预期，并且这种预期是合理的；④对债券未来利率水平的预期是确定的；⑤投资者追求利润最大化，货币市场可以自由套利。如果预期未来短期利率上升，则长期利率会高于现时的短期利率；如果预期未来短期利率下降，则长期利率就会低于现时的短期利率。相应地，就表现出不同形状的收益期限结构曲线。当然，预期收入理论的假设是较为严格的，实际生活中，由于风险的存在，预期的不准确问题，长期证券利率很可能高于现时短期利率和预期未来短期利率的几何平均数，因为长期证券的投资者需要得到补偿。

9. 市场分割假说认为不同期限的利率水平是由各自的供求情况决定的，彼此之间互不影响。这种理论认为不同期限证券的市场是互相分割开来的，不同期限的证券难以相互替代。产生市场分割的原因有：①法律上的限制；②缺少易于在国内市场上销售的统一的债务工具；③危机引起收益的巨大变动；④缺少能足够提供给未来购买者和出售者的连续的现期价格自由市场；⑤风险的不确定性；⑥投资者不能掌握足够的知识。有些投资者偏好短期债券，有的偏好长期证券，前者看重流动性，后者看重收入的稳定性，从而使得短期资金市场各有其独立性。而资金的借入者常在需要资金的期限内到适当的资金市场上去寻找所需资金，为避免承担风险贴水，他不会借入期限更长的资金。资金的贷出者买进同期证券，为避免资本风险，他不会买进较之更长期限的证券。因此资金的借贷双方都会在运用或需要资金的期限内借贷资金。各个市场决定各自的利率水平。

10. 流动性溢酬理论很好地解释了利率期限结构的形态。由于通货膨胀和将来利率的不确定性，即使是无违约风险的债券也存在风险。这些风险是理解债券收益率曲线的关键。债券持有者面临着通货膨胀和利率的风险。债券的期限越长，这两种风险就越大。

通货膨胀风险随时间而增加的原因是明显的。比如三个月期的债券，我们所关心的只是未来三个月的通货膨胀率，而对于10年期的债券要预测10年中的通货膨胀率，这肯定会带来更大的不确定性。

利率风险产生于投资者的投资期限与债券的到期时间之间的不匹配。债券的期限越长，对于一个给定的利率变动，债券的价格变动就越大。既然一些债券的持有者想要在债券到期之前出售债券，那么就存在利率风险。这些投资者要求对于他们购买长期债券所承担的风险进行补偿。正如在通货膨胀的情形下，到期时间越长，风险越大，因此补偿也必须随之上升。

我们假设债券的收益率由两个部分组成，一部分是无风险利率，另一部分是风险溢酬。预期理论解释了无风险利率这一部分，通货膨胀和利率风险解释了风险溢酬这一部分。他们共同形成了利率期限结构的流动性溢酬理论。

11. 预期理论、市场分割理论和偏好理论是利率期限结构理论中的重要理论。

（1）预期理论认为，任何证券的利率都同短期证券的预期利率有关。认为长期利率与短期利率形成这样一种关系：如果预期未来短期利率上升，则长期利率会高于现时的短期利率；如果预期未来短期利率下降，则长期利率就会低于现时的短期利率。相应地，就表现出不同形状的期限结构曲线。

（2）市场分割理论则认为，不同期限的利率水平是由各自的供求情况决定的，彼此之间互不影响。因为不同期限证券的市场是互相分割开来的，不同期限的证券难以相互替代。有些投资者偏好短期证券，有些偏好长期证券，从而使得长短期资金市场各有其独立性，各个资金市场决定各自的利率水平。

（3）流动性偏好理论则是预期理论和市场分割理论的折中，它接受了前者关于未来收益的预期对收益曲线有影响的论点，但同时也认为不同期限的证券收益和相对风险程度也是影响收益曲线形状的一个很重要的因素。它认为，市场可能更偏好某些期限的证券，但是不同期限和不同性质的信贷在一定程度上提供了相互替代的可能性。一般而言，长期利率受短期利率的影响，并且前者应高于后者，作为风险的补偿。

12. 流动性偏好假说的基本命题是：长期债券的利率水平等于在整个期限内预计出现的所有短期利率的平均数，再加上由债券供给和需求决定的期限溢价。用公式表示为：

$$r_{nt}=\frac{r_t+r_{e(t+1)}+r_{e(t+2)}+\cdots+r_{e(t+n-1)}}{n}+K_{nt}$$

其中，K_{nt}为n期债券在t期时的时间溢价，是一个正值。

（1）$i_2=(5\%+6\%)/2+0.25\%=5.75\%$

$i_3=(5\%+6\%+7\%)/3+0.5\%=6.5\%$

$i_4=(5\%+6\%+7\%+7\%)/4+0.75\%=7.0\%$

$i_5=(5\%+6\%+7\%+7\%+7\%)/5+1\%=7.4\%$

（2）根据计算可知，该收益率曲线是向右上方倾斜的，具体图形如下：

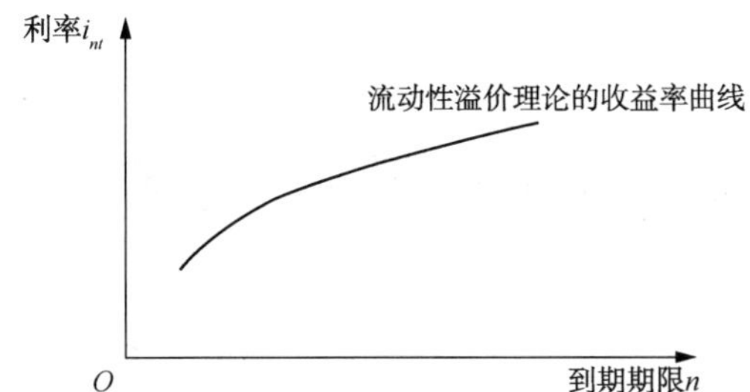

13.（1）根据即期利率与远期利率的换算关系可知：

$$(1+10\%)(1+f_{1,2})=(1+11\%)^2$$

$$(1+11\%)^2(1+f_{2,3})=(1+12\%)^3$$

得出$f_{1,2}=12.01\%$，$f_{2,3}=14.03\%$。

（2）如果无偏预期理论成立且市场预期准确，则下一期的1年期和2年期零息债券的到期收益率分别是现在时刻计算的$f_{1,2}$和$f_{1,3}$。

由$(1+10\%)(1+f_{1,3})^2=(1+12\%)^3$，得出$f_{1,3}=13.01\%$。

因此，下一期的利率期限结构为：1年期零息债券到期收益率为12.01%，2年期零息债券的到期收益率为13.01%。

（3）对于3年期零息债券，现在的价格$P=100/(1+12\%)^3=71.18$元，1年之后的价格$=100/(1+13.01\%)^2=78.30$元，到期收益率$=(78.30-71.18)/71.18=10.01\%$。

第3章　外汇与汇率

一、考查要点

1. 外汇具有动态和静态两方面的含义。外汇的动态含义是指把一国货币兑换成另一国货币的国际汇兑行为和过程，即借以清偿国际间债权债务关系的一种专门性经营活动。外汇的静态含义则是指以外币表示的可用于对外支付的金融资产。外汇主要包括外国货币、外币支付凭证、外币有价证券、特别提款权、欧洲货币单位等。

2. 外汇的三个基本特征：(1)外汇是一种金融资产；(2)外汇必须以外币表示；(3)用作外汇的货币必须具有较充分的可兑换性。

3. 汇率是一个国家的货币折算成另外一个国家货币的比率。汇率是两种不同货币之间的比价，它反映一国货币对外的价值。汇率有两种标价法，即直接标价法和间接标价法。直接标价法是指一国以整数单位(一、一百、一万等)的外国货币为标准，折算为若干数额的本国货币的标价法。在直接标价法下，汇率数值的波动方向与相应的外币的价值变动在方向上是一致的，而与本币的价值的变动在方向上却是相反的。间接标价法是指一国以整数单位的本国货币为标准，折算为若干数额的外国货币的标价法，间接标价法的特点与直接标价法相反。目前，除了英国、美国、澳大利亚和欧元区外，国际上绝大多数国家都采用直接标价法。

4. 按计算方式不同，划分为实际汇率、名义汇率和有效汇率。名义汇率就是现实中两国货币兑换的比率，可以由市场决定，也可以由官方制定。实际汇率是将名义汇率用价格水平调整后得到的汇率，反映了两国商品的兑换比率。有效汇率不是反映两种货币之间的汇率，即双边汇率的指标，而是综合反映一种货币兑多种货币的多边汇率平均值，利用有效汇率指数，即不同时期的有效汇率比值，还可以考察一国货币在不同时期地变动幅度。

5. 影响汇率的因素有：国际收支(最直接、最主要)、相对通货膨胀率、相对利率(影响短期汇率)、总需求与总供给、预期、财政赤字、外汇市场投机和中央银行干预。

6. 传统汇率决定理论包括国际借贷理论、购买力平价理论、利率平价理论。

(1) 国际借贷论认为：一国汇率的变化是由外汇供求决定，而外汇供求取决于由国际收支所引起的国际债权债务关系。

(2) 购买力平价是根据各国不同的价格水平计算出来的货币之间的等值系数。购买力平价分为绝对购买力平价和相对购买力平价。

在直接标价法下，绝对购买力平价的一般形式为：

$$e=\frac{P_d}{P_f}$$

式中，P_d和P_f分别表示国内和国外的一般物价水平。它意味着汇率取决于以不同货币衡量的两国一般物价水平之比，即不同货币的购买力之比。

在直接标价法下，相对购买力平价的一般形式为：

$$e_t = \frac{PI_{d,t}}{PI_{f,t}} \cdot e_0$$

式中，$PI_{d,t}$、$PI_{f,t}$分别是国内和国外在 t 期的物价指数的变动，e_0是基期的汇率，e_t是计算期的汇率。相对购买力平价的含义是：尽管汇率水平不一定能反映两国绝对物价水平的对比，但可以反映两国物价的相对变动。物价上升速度较快的国家，其货币就会贬值。

（3）利率平价理论分为抛补利率平价理论和无抛补利率平价理论。

在直接标价法下，抛补利率平价的基本公式为：

$$\frac{f - e}{e} = \frac{i_d - i_f}{1 + i_f}$$

式中，f 表示远期汇率，e 表示即期汇率，i_d表示本国利率，i_f表示外国利率。抛补利率平价的经济含义是：外币汇率的远期升(贴)水率等于两国利率之差。如果本国利率高于外国利率，则外币远期汇率必将升水，这意味着本币在远期贬值；如果本国利率低于外国利率，则外币远期汇率将贴水而本币在远期将升值。也就是说，汇率的变动会抵消两国间的利率差异，从而使金融市场处于平衡状态。

在直接标价法下，无抛补利率平价的基本公式为：

$$\frac{E e_f - e}{e} = \frac{i_d - i_f}{1 + i_f}$$

式中，i_d和 i_f分别表示在 t 到 t+1 时期本国货币和外国货币的利率，e 代表外汇市场上的即期汇率(直接标价法)，用 Ee_f表示投资者在 t 期预期 t+1 期的即期汇率。无抛补利率平价的经济含义是：预期汇率不变时，两国货币的即期汇率由两国利率差异决定，高利率国货币即期汇率必将升水，低利率国货币即期汇率必将贴水。汇率预期贴水率近似地等于两国间的利差。

7. 现代汇率决定理论是 20 世纪 70 年代后问世的汇率决定理论，其特点是用一般均衡的分析方法探讨均衡的名义汇率，而且侧重于资产市场分析。比较著名的有弹性价格货币模型、黏性价格货币模型和资产组合余额模型。

8. 汇率制度，是指一国货币当局对本国汇率水平的确定，汇率变动方式等问题作出的一系列安排和决定。最主要的汇率制度是固定汇率制和浮动汇率制。其他汇率制度还有爬行钉住制，汇率目标区制，货币局制等。

9. 英国经济学家詹姆斯·米德于 1951 年在其名著《国际收支》中最早提出了固定汇率制下的内外均衡冲突问题。这被称为“米德冲突”，即在汇率固定不变时，政府只能主要运用影响社会总需求的政策来调节内外均衡，在开放经济运行的特定区间便会出现内外均衡难以兼顾的情形。在米德的分析中，内外均衡的冲突一般是指在固定汇率下，失业增加、经常账户逆差或通货膨胀、经常账户盈余这两种特定的内外经济状况组合。

10. 丁伯根法则是由丁伯根提出的关于国家经济调节政策和经济调节目标之间关系的法则。其基本内容是：政策工具的数量或控制变量数至少要等于目标变量的数量；而且这些政策工具必须是相互独立(线性无关)的。

11. 蒙代尔-弗莱明模型的基本结论是：货币政策在固定汇率下对刺激经济毫无效果，在浮动汇率下则效果显著；财政政策在固定汇率下对刺激经济效果显著，在浮动汇率下则效果甚微或毫无效果。

12. 三元悖论，是由美国经济学家保罗·克鲁格曼(一说蒙代尔)就开放经济下的政策选择问题所提出的，其含义是：在开放经济条件下，本国货币政策的独立性，汇率政策，资本的自由流通不能同时实现，最多只能同时满足两个目标，而放弃另外一个目标来实现调控的目的。

13. 2005 年 7 月 21 日人民币放弃单一钉住美元，我国开始实行以市场供求为基础、参考一篮子货币进行调节、有管理的浮动汇率制度。“以市场供求为基础的”、“有管理的浮动”，其主要内容包括：①指定准许经营外汇的银行，称为外汇指定银行，在全国外汇交易中心按市场交易规则买卖外汇；②汇率波动超过政府认定的一定幅度，中国人民银行通过买卖外汇进行人为干预；③根据前一日银行间外汇交易市场形成的价格，中国人民银行公布当日人民币兑美元及其他主要货币的汇率；④各指定准许经营外汇的银行以此为依据，在中国人民银行规定的浮动幅度内自行挂牌，对客户买卖外汇。

二、2023 年命题预测

汇率基础是整个国际金融学的理论基础，因此也是考查的重点。本章的难点是汇率决定理论，尤其是购买力平价理论和利率平价理论，不少高校采用计算题的形式进行考查。

考点1　外汇

（一）命题思路

从命题角度来看，主要命题思路是：(1)外汇的基本概念与基本特征，判断某项资产是不是外汇。(2)外汇管理的概念，关键是区分外汇可兑换程度的几个概念。

（二）习题精编

1. 作为外汇的资产必须具备的三个特征是(　　)。

A. 安全性、流动性、盈利性　　B. 可得性、流动性、普遍接受性

C. 自由兑换性、普遍接受性、可偿性　　D. 可得性、自由兑换性、保值性

2. 以下几种外汇资产，属于狭义外汇的是(　　)。

A. 外国货币　　B. 外币支付凭证　　C. 外币有价证券　　D. 特别提款权

3. 发达市场经济国家的货币通常都是完全可兑换的，这大体是指(　　)。

A. 本币可以自由进出境

B. 外汇可携入、汇入境内，并在境内兑换为本币

C. 无论居民还是非居民，均可在境内持有外汇；彼此之间可相互授受

D. 允许外汇在境内自由流通和支付

4. 哪些情况下会出现汇率的黑市？(　　)

A. 完全市场经济下　　B. 严厉的外汇管制下

C. 转型经济期　　D. 新兴工业化国家

5. 当一国的流动债权多于流动负债，即外汇应收多于外汇应付的，会有(　　)。

A. 外汇供给大于外汇需求，外汇汇率上升

B. 外汇供给大于外汇需求，外汇汇率下跌

C. 外汇供给小于外汇需求，外汇汇率下跌

D. 外汇供给小于外汇需求，外汇汇率上升

6. 所谓外汇管制就是对外汇交易实行一定的限制，其基本出发点在于(　　)。

A. 防止资金外逃　　B. 限制非法贸易

C. 平衡国际收支、限制汇价　　D. 奖出限入

7. (清华大学 2017) 如果可以在国内自由持有外汇资产，并可自由的将本国货币兑换成外币资产，则(　　)。

A. 经常项目可兑换　B. 资本项目可兑换　C. 对内可兑换　D. 对外可兑换

8. 什么是货币完全自由兑换？简述货币自由兑换的利弊。

考点 2　汇率与汇率制度

(一) 命题思路

本知识点常考的内容有直接标价法和间接标价法的概念，各种汇率制度的利弊以及内外均衡的短期调节。常以选择题、名词解释和简答题的形式进行命题。

(二) 习题精编

1. (中山大学 2016) 以外币数量标明单位本币的价格，比如在美国外汇市场，1 美元 = 6. 35 人民币，这种标价方法是(　　)。

A. 直接标价法　B. 间接标价法　C. 美元标价法　D. 本币标价法

2. (华东师大 2015) 长期以来一直采用间接标价法来表达其官方汇率的国家是(　　)。

A. 美国　B. 日本　C. 英国　D. 德国

3. (湖南大学 2015) 国际银行间外汇市场采用(　　)。

A. 直接标价法　B. 间接标价法　C. 美元标价法　D. 英镑标价法

4. (湖南大学 2015) 香港采用的汇率制度是(　　)。

A. 联系汇率制　B. 浮动汇率制　C. 爬行钉住　D. 类似爬行钉住

5. 目前，我国人民币实施的汇率制度是(　　)

A. 固定汇率制　B. 弹性汇率制

C. 有管理浮动汇率制　D. 钉住汇率制

6. 布雷顿森林体系下的汇率制度属于(　　)

A. 浮动汇率制　B. 可调整的浮动汇率制

C. 联合浮动汇率制　D. 可调整的固定汇率制

7. (中国人大 2018) 以下汇率制度中，按照汇率波动受到限制的程度从高到低排列，正确的是(　　)。

A. 美元化、管理浮动、货币局安排、自由浮动

B. 美元化、货币局安排、盯住汇率、浮动汇率

C. 货币局安排、美元化、盯住汇率、浮动汇率

D. 货币局安排、管理浮动、自由浮动、美元化

8. (上海财大 2022) 以下关于固定汇率制度的说法，错误的是(　　)。

A. 比起固定汇率制，浮动汇率制下货币政策独立性更强

B. 固定汇率制有更严格的货币发行纪律

C. 固定汇率制容易引发单向投机

D. 固定汇率制更有可能实现内外收支平衡

9. (重庆大学 2018) 米德冲突主要分析的是(　　)。

A. 固定汇率制度下，失业与经常账户逆差并存或者通货膨胀与经常账户顺差并存两种经济状况下的政策困境

B. 浮动汇率制度下，失业与经常账户逆差并存或者通货膨胀与经常账户顺差并存两种经济状况下的政策困境

C. 浮动汇率制度下，资本自由流动和货币政策自主性之间的政策冲突

D. 固定汇率制度下，资本自由流动和货币政策自主性之间的政策冲突

10. 美元指数是综合反映美元在国际外汇市场汇率情况的指标，用来衡量美元兑一揽子货币的汇率变化程度。据此判断美元指数是(　　)。

A. 双边汇率　　B. 实际汇率　　C. 有效汇率　　D. 基础汇率

11. 在浮动汇率制度下影响汇率的主要因素有哪些？

12. 汇率的波动对一国经济和金融会产生什么样的影响？

13. 浮动汇率制度与固定汇率制度各自的利弊是什么？汇率市场化是否意味着实现完全的浮动汇率？

14. (对外经贸 2016)名词解释：三元悖论

15. (南京大学 2014)2008 年 6 月 21 日，中国工商银行人民币即期外汇牌价为：

	现汇买入价	现钞买入价	卖出价
美元 100	686.63	681.13	689.39

请问美国游客持 1000 美元的旅行支票在工行可以兑换多少人民币？

16. (湖南大学 2017)已知：

即期汇率 GBP1 = USD 1.5735/40，3 个月掉期率 15/25

即期汇率 AUD1 = USD 0.7310/20，3 个月掉期率 20/10

计算：

(1) GBP 对 USD，AUD 对 USD 的 3 个月远期汇率；

(2) 3 个月 GBP 对 AUD 的汇率；

(3) 如果有一家公司想买入 3 个月 AUD10 万，应该使用什么汇率，付出多少 GBP？

考点 3　币值、利率与汇率

(一) 命题思路

本节的知识包括利率与汇率的关系，本外币价值的变化，从命题角度来看，主要命题思路是：(1)考查国内外利差对汇率的影响的理解；(2)判断本外币是升水还是贴水并且能够计算出具体值，以及关于远期汇率或套汇的计算等。

(二) 习题精编

1. 利率对汇率变动的影响是(　　)

A. 国内利率上升，则本国汇率上升

B. 国内利率下降，则本国汇率下降

C. 须比较国内外的利率和通货膨胀率后确定

D. 没有关系

2. 2005 年 7 月 21 日，中国人民银行宣布人民币对美元的汇率从 8.2765 一次性调整到 8.11。这意味着人民币汇率(　　)。

A. 升值 2.01%　　B. 贬值 2.01%　　C. 升值 2.05%　　D. 贬值 2.05%

3. 在下列几组汇价中，存在直接套汇机会的是(　　)。

A. 纽约 USD1 = JPY120.72 ~ 120.79　伦敦 USD1 = JPY120.76 ~ 120.83

B. 纽约 USD1 = JPY120.52 ~ 120.60　伦敦 USD1 = JPY120.62 ~ 120.69

C. 纽约 USD1 = HKD7.7201 ~ 7.7355 伦敦 USD1 = HKD7.6950 ~ 7.7205

D. 纽约 USD1 = HKD7.6905 ~ 7.7355 伦敦 USD1 = HKD7.7201 ~ 7.7205

4. 关于升水，下列说法中正确的是(　　)。

A. 在直接标价法下，远期汇率高于即期汇率，为本币在远期升水

B. 在直接标价法下，远期汇率高于即期汇率，为外币在远期升水

C. 在间接标价法下，远期汇率高于即期汇率，为外币在远期升水

D. 在间接标价法下，远期汇率低于即期汇率，为本币在远期升水

5. (中山大学 2013)采用直接标价时，如果需要比原来更少的本币就能兑换一定数量的外币，则表明(　　)。

A. 本币币值上升，外币币值下降，本币升值外币贬值

B. 本币币值下降，外币币值上升，本币贬值外币升值

C. 本币币值上升，外币币值下降，外币升值本币贬值

D. 本币币值下降，外币币值上升，外币贬值本币升值

6. (中国人大 2011)在间接标价法下，汇率升降与本国货币价值的高低呈(　　)。

A. 正比例　　B. 反比例　　C. 无法确定　　D. 以上都不对

7. (上海大学 2014)某日纽约的银行报出的英镑买卖价为£ 1 = $ 1.6783/93，3 个月远期贴水为 80/70，那么 3 个月远期汇率为(　　)

A. 1.6703/23　　B. 1.6713/23　　C. 1.6783/93　　D. 1.6863/73

8. (中央财大 2012)假设 2012 年 1 月 8 日外汇市场汇率行情如下：伦敦市场 1 英镑 = 1.42 美元，纽约市场 1 美元 = 1.58 加元，多伦多市场 100 英镑 = 220 加元，如果一个投机者投入 100 万英镑套汇，那么(　　)。

A. 有套汇机会，获利 1.98 万英镑　　B. 有套汇机会，获利 1.98 万美元

C. 有套汇机会，获利 1.98 万加元　　D. 无套汇机会，获利为零

9. (对外经贸 2016)已知 2015 年 10 月 30 日美元兑人民币汇率为 6.3495，当日欧元兑人民币汇率为 6.9771。2008 年 10 月 30 日美元兑人民币汇率为 6.8270，当日欧元兑人民币汇率为 8.9297。

(1) 计算 2008 年 10 月 30 日至 2015 年 10 月 30 日期间人民币兑美元的汇率变动率和人民币兑欧元的汇率变动率。

(2) 计算欧元兑美元在 2008 年 10 月 30 日至 2015 年 10 月 30 日期间的汇率变动率，欧元相对美元是升值了还是贬值了？

10. (中央财大 2019)简述汇率变动对国内物价的影响机制。

考点 4　汇率决定理论

(一)命题思路

汇率决定理论中比较重要的是购买力平价说与利率平价理论，本节的主要命题思路是：(1)考查不同的汇率决定理论的基本思想、主要观点及其相关评述。(2)对各大理论的特征、主要观点和评价加以异同辨析。

（二）习题精编

1. (中央财大 2011)解释金本位制度时期外汇供求与汇率形成的理论是(　　)。

A. 国际借贷说　　B. 购买力平价说　　C. 货币分析说　　D. 金融资产说

2. (中国人大 2012)根据相对购买力平价理论，通胀率高的国家的货币远期有(　　)。

A. 贬值趋势　　B. 升值趋势

C. 先升值后贬值趋势　　D. 不能确定

3. (中央财大 2014)假设相对 PPP(相对购买力平价)在长期内成立，若一篮子可交易商品的价格在美国为 20 美元，在墨西哥为 100 比索，汇率为 7 比索/美元，以下的变化哪个可能在未来发生？(　　)

A. 在美国的价格会上升　　B. 在墨西哥的价格会下降

C. 比索的名义水平升值　　D. 比索的名义水平贬值

4. (金融联考 2009)关于绝对购买力平价和相对购买力平价之间的关系，下列哪一个说法正确(　　)。

A. 绝对购买力成立并不意味着相对购买力成立

B. 相对购买力成立意味着绝对购买力也成立

C. 二者之间没有必然联系

D. 绝对购买力成立意味着相对购买力也成立

5. (复旦大学 2021)关于利率平价，下列说法正确的是(　　)。

A. 根据非套补利率平价，当本国利率高于外国时，在远期交割的合约中，本币将贬值

B. 根据套补利率平价，当本国利率高于外国时，在远期交割的合约中，本币将升值

C. 根据套补利率平价，当本国利率高于外国时，反映了市场对本国货币在未来升值的预期

D. 根据非套补利率平价，本国利率高于外国，反映了市场对本国货币在未来贬值的预期

6. (对外经贸 2017)根据多恩布什的汇率超调模型，当本国货币供给增加时，本币汇率将按照先贬值后升值的路径达到新的均衡水平，导致这一现象发生的原因是(　　)。

A. 利率和商品价格的调整速度快于汇率

B. 汇率的调整速度快于利率和商品价格

C. 商品价格的调整速度快于利率和汇率

D. 汇率和利率的调整速度快于商品价格

7. (对外经贸 2013)根据汇率决定的资产组合余额模型，当国内的债券供给增加，本币将会(　　)。

A. 升值　　B. 贬值　　C. 不变　　D. 以上都有可能

8. (对外经贸 2014)根据汇率决定理论中的弹性价格货币模型，以下引起本币升值的因素是(　　)。

A. 本国货币供给相对于外国增加　　B. 外国产出水平相对于本国增加

C. 本国利率水平相对于外国增加　　D. 外国利率水平相对于本国增加

9. (上海财大 2020)根据国际费雪效应的观点，如果英国利率高于美国利率，则(　　)。

A. 英镑的价值将保持不变

B. 英镑相对于美元而言将会有远期贴水

C. 英国的通货膨胀率将下降

D. 英镑相对于美元的即期汇率将贬值

10. 简述利率平价说的基本思想，并对该理论作简要评述。

11. 简述国际收支说的基本思想，并对该理论作简要评述。

12. 什么是购买力平价说？其内容主要包括哪些？

13. 请指出弹性价格货币分析法和购买力平价理论之间的联系和区别。

14. 关于本国国民收入上升和本国利率上升对本国汇率的影响，为什么国际收支说和弹性价格货币分析法会得到相反的结论？

15. (复旦大学 2018) 简述一价定律和购买力平价的区别与联系。

16. (江西财大 2018) 已知即期汇率为 1 欧元 = 1.1850 美元，6 个月的美元年利率为 3%，6 个月的欧元年利率为 1.5%。

(1) 计算正常情况下欧元兑美元的 6 个月远期汇率。

(2) 若银行报出的 6 个月远期汇率为 1 欧元 = 1.1915/25 美元，试以 100 万欧元进行套利投资，计算套利收益。

17. (江西财大 2016) 下列为中美两国消费者物价指数

	2010 年	2011 年	2012 年	2013 年
中国	100.4	100.7	99.2	101.2
美国	100.0	102.8	104.5	106.8

假使以 2010 年为基期，2010 年人民币名义汇率为 1 美元 = 6.2784 元人民币，根据相对购买力平价原理，试分别计算出 2011、2012、2013 年的购买力平价汇率。

18. (对外经贸 2020) 已知外汇市场上美元兑人民币即期汇率为 6.8000，美元年利率为 4%，人民币的年利率为 6%。

(1) 请计算 1 年后达到非抛补利率平价的预期即期汇率？

(2) 如果某投机者预测 1 年后美元升值，使得美元兑人民币汇率达到 7 以上，那么他将如何在即期外汇市场进行投机套利？若 1 年后美元升值到 6.9000，请问该项投机的收益率为多少？

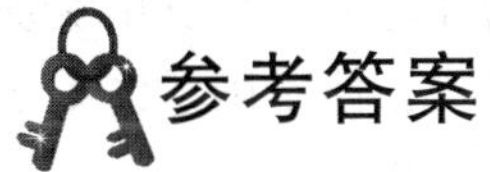

参考答案

考点 1　外汇

1. C　外汇的三个基本特征：(1) 外汇必须是一种金融资产；(2) 外汇必须以外币表示；(3) 外汇必须具有充分的可兑换性。即可偿性、普遍接受性、自由可兑换性。所以答案选 C。

2. B　狭义外汇是指外币支付凭证。

3. B　境内可以使用外汇会导致流通货币的混乱，不利于管理，所以 C、D 均错。

4. B　在严厉的外汇管制下，官方汇率与实际汇率相差甚远，从而投机者会在黑市上进行外汇买卖来获得收益。

5. B　外汇供求大于需求，相对而言，本国货币升值，外币贬值，从而本国汇率上升，外国汇率下跌。

6. C　一国政府一般在迫不得已的情况下才会采用外汇管制，因为其他国家也会采取外汇管制，从而削弱了其原来预期得到的效用。外汇管制的目的就是平衡国际收支。

7. C　请区分以下五个概念：

(1) 货币可兑换是指一国货币持有者可以为任何目的而将所持有的货币按市场汇率兑换成另一国货币的权利。货币可兑换包括经常项目下可兑换和资本项目下可兑换。

(2) 经常项目可兑换，是指一国对经常项目下的国际支付和转移支付不实施限制，不实行歧视性货币政策或多重货币制度，能够自由兑付外国通过经常项目下交易获得的本币。

(3) 资本项目可兑换是指一种货币不仅在国际收支经常性往来中可以本国货币自由兑换成其他货币，而且在资本项目上也可以自由兑换。

(4) 对内可兑换是指居民可以在国内自由持有外币资产，并可自由地在国内把本国货币兑换成外币资产。对内可兑换有利于杜绝外汇黑市和促使外汇资源流入银行系统。

(5) 对外可兑换是指居民可以在境外自由持有外汇资产和自由对外支付。对外可兑换的目的和实质是消除外汇管制。通常所说的可兑换是指对外可兑换。

8. (1) 货币完全自由兑换是指取消外汇交易的所有限制，任何一个持币者都可以按照市场汇率将本币自由兑换成某一国际货币。当一国货币在经常账户及资本金融账户下都实现了可兑换时，该货币被称为完全自由兑换货币。

(2) 货币完全自由兑换的利率分析：

① 有利影响：

第一，有利于完善金融市场，增强国内金融服务竞争力和经济效率。当资本和金融账户开放后，一国国内金融机构不仅在吸引外国资本方面与国外金融机构展开竞争，也与外来的金融机构在本国金融市场上展开竞争。面对这两方面的竞争，国内金融机构必然要不断改进服务质量，提高经营效率，并在产品开发、设计、定价和创新方面加大力度。

第二，有利于不同经济实体实现资产组合多元化，分散风险。当一国资本和金融账户放开后，个人、企业和政府可以选择在国内外不同的货币市场和证券市场上运作，进行资产多元化组合，降低风险，提高投资回报。

第三，有利于进一步开放和发展国内经济。二战后西方发达国家的经验证明，货币实现自由兑换后，无疑将使一国的对外贸易、金融和国际投资出现大幅度增长，使本国经济更多地融入整个国际经济中，各国优势互补，实现多赢。

第四，有利于合理配置社会资源和引进外资。货币的自由兑换，意味着一国的资本流出和流入更为自由。当国家经济高速增长并出现资金缺口时，可以通过扩大利用外资来增强投资能力和生产能力，进而增强综合国力。

第五，有利于节省审批成本。货币实现自由兑换后，国家外汇管理机构只需负责对外汇交易的合规性监督，取消大量烦琐的审批事务，既节约成本又提高效率。

② 不利影响：

第一，容易遭到国际投机资本的冲击。从国际投机资本的本质来看，它们在一国经济和金融出现问题时，很可能对该国货币发起冲击。

第二，国内金融市场容易发生动摇。货币自由兑换后，资本的流出和流入更加频繁，这势必会使国内的外汇市场、货币市场和资本市场等出现大量的金融风潮，并对央行的货币政策效力产生不利影响。

第三，有可能出现大量资本外逃。短期资本是国际资本流动中最活跃且破坏性很强的一种资本。货币自由兑换后，一旦国家经济指标恶化，很可能导致资本出现大量外逃。

考点2　汇率与汇率制度

1. B　间接标价法，又称应收标价法，是指以一定单位的本国货币为基准，将其折合为一定数额的外国货币的标价方法。美元除了与欧元、英镑、新西兰元等币种兑换时用直接标价法，其他情况都采取间接标价法，即一单位美元可兑换多少单位外币。

2. C　美国在1978年9月1日才改用间接标价法，四个选项中只有英国一直使用间接标价法表达官方汇率。

3. C　随着国际金融市场之间外汇交易量的猛增，为了便于国际间进行交易，银行之间报价时采用统一的美元标价法的汇率表示法。目前各大国际金融中心已普遍使用。

4. A　香港于1983年成功实行的联系汇率制度。从1983年10月17日起，发钞银行一律以1美元兑换7.8港元的比价，事先向外汇基金缴纳美元，换取等值的港元“负债证明书”后，才增发港元现钞。同时政府亦承诺港元现钞从流通中回流后，发钞银行同样可以用该比价兑回美元。实行联系汇率制度后，维护稳定的汇率成为香港货币政策的唯一目标。

5. C　从2005年7月21日起，我国开始实行以市场供求为基础、参考一篮子货币进行调节的有管理的浮动汇率制度，人民币不再钉住单一美元。

6. D　布雷顿森林体系实际上就是以美元为中心的国际汇率制度，各国的货币与美元有确定的比例关系，各国有义务采取措施维持本国货币与美元的比值，由于可以波动的幅度为1%，幅度不算大，所以，仍然属于固定汇率制度，或称为可调整钉住汇率制度。

7. B　按照IMF的分类，美元化和货币局安排属于硬盯住，汇率波动受到的限制很多，其中美元化是没有独立法币的汇率安排，受到的限制最大；盯住安排属于软盯住，限制稍小些；自由浮动所受的限制最小。

8. D　固定汇率制度下，难以使用支出转换政策，因此更难实现内外均衡。

9. A　英国经济学家詹姆斯·米德于1951年在其名著《国际收支》中最早提出了固定汇率制下的内外均衡冲突问题。在米德的分析中，内外均衡的冲突一般是指在固定汇率下，失业增加、经常账户逆差或通货膨胀、经常账户盈余这两种特定的内外经济状况组合。

10. C　根据题意可知美元汇率是多边汇率加权平均值，因而是有效汇率。其他几个选项均为双边汇率。

11. 在浮动汇率制度下影响汇率的主要因素有：

(1) 国际收支状况：当一国国际收支顺差时，该国货币有升值趋势；当一国国际收支逆差时，该国货币趋于贬值。

(2) 相对通货膨胀率：一般而言，相对通货膨胀率持续较高的国家，表示其货币的国内价值的持续下降的速度相对较快，其汇率也必然下降。

(3) 相对利率：如果一国的利率水平相对于他国较高，就会刺激国外资金流入增加，本国资金流出减少，由此改善资本账户，提高本国货币的汇价；反之一国的利率水平相对于他国水平下降，就会恶化资本账户，造成本币汇率下跌。

(4) 总需求与总供给：如果总需求的整体增长快于总供给的整体增长，满足不了的那部分总需求将转向国外，引起进口增长，从而导致本国货币汇率下降。当总需求的增长从整体上快于总供给增加时，还会导致货币的超额发行和赤字的增加，从而间接导致本国汇率的下降。

(5) 心理预期：心理预期有时候能对汇率产生重要影响。

12. 汇率是一项重要的经济杠杆，其变动能反作用于经济，对进出口、物价、资本流动和产出都有一定的影响。

(1) 汇率对进出口的影响

一般地说，本币汇率下降，即本币对外的币值贬低，能起到促进出口、抑制进口的作用；若本币汇率上升，即本币对外的币值上升，则有利于进口，不利于出口。此外，汇率变化影响进出口，还要求进出口需求要有价格弹性——进出口需求对汇率和商品价格变动的反应灵敏，即需求弹性大，进而才会因为价格变化而引起交易数量的改变。当然，就出口商品来说，还有一个出口供给弹性的问题，即汇率下降后出口商品量能否增加，还要受商品供给扩大的可能程度的制约。

(2) 汇率对物价的影响

从进口消费品和原材料来看，汇率下降要引起进口商品在国内的价格上涨。至于它对物价总指数影响的程度，则取决于进口商品和原材料在国民生产总值中所占的比重。反之，本币升值，其他条件不变，进口品的价格有可能降低，从而可以起到抑制物价总水平的作用。从出口商品看，汇率下降有利于扩大出口。但在出口商品供给弹性小的情况下，出口扩大会引发国内市场抢购出口商品并从而抬高出口商品的国内收购价格，甚至有可能波及国内物价总水平。

(3) 汇率对资本流动的影响

由于长期资本的流动主要以利润和风险为转移，因而受汇率变动的影响较小；但短期资本流动则常常受到汇率的较大影响。在存在本币对外币贬值的趋势下，本国投资者和外国投资者就不愿持有以本币计值的各种金融资产，并会将其转兑成外汇，发生资本外流现象。同时，由于纷纷转兑外汇，加剧外汇供求紧张，会促使本币汇率进一步下跌。反之，则可能引发资本的内流，促使本币汇率进一步上升。如果金融体制不健全，短期内汇率剧烈变动有可能会引起金融危机。

(4) 汇率对产出和就业的影响

汇率的变动既然能够影响进出口、物价和资本流出入，不难看出，它对一国的产出和就业也会产生重要作用。

当汇率有利于刺激出口和抑制进口时，出口品生产的增长和进口替代品生产的增长会带动总的生产规模的扩大和就业水平的提高。同时，生产出口品和进口替代品行业的利润增长，甚至会引起一国生产结构的改变。相应地，不利的汇率会使出口急速缩减，而该国的出口又关系整体经济的发展，给生产和就业带来极大的困难；不利的汇率会使进口增长，严重时则会冲击本国的生产并从而增大失业队伍。

有利于资本流入的汇率，对于缺少资本的国家是好事；有利于资本流出的汇率，则是资本过剩的国家所期望的。缺资本，有资本流入；资本过剩，可以找到有利的投资机会，这无疑有利于经济的发展，有利于促进生产和就业。

13. (1) 固定汇率指一国货币的汇率基本固定，同时又将汇率的波动限制在一个规定的范围内的汇率制度。浮动汇率制度是指汇率水平完全由外汇市场的供求决定的、政府不加任何干预的汇率制度。

固定汇率制的利弊：

① 固定汇率制的优点是有利于世界经济的发展。由于在固定汇率制下两国货币比价基本固定，或汇率的波动范围被限制在一定幅度之内，这就便于经营国际贸易、国际信贷与国际投资的经济主体进行成本和利润的核算，也使进行这些国际经济交易的经济主体面临的汇率波动风险损失较小，从而有利于国际经济交易的进行与开展，从而有利于世界经济的发展。

② 固定汇率制的缺点：

第一，汇率基本上不能发挥调节国际收支的经济杠杆作用。汇率变动有着影响国际收支的经济作用，因而汇率可充作调节国际收支的经济杠杆。既然货币比价基本固定或汇率的波动范围被限制在一定幅度之内，汇率自然就基本不能发挥其调节国际收支的经济杠杆作用。

第二，固定汇率制有牺牲内部平衡之虞。由于汇率基本不能发挥调节国际收支的经济杠杆作用，当一国国际收支失衡时，就需采取紧缩性或扩张性财政货币政策，这会使国内经济增长受到抑制和失业扩大化，或者使通货膨胀与物价上涨严重化。另外，维持汇率波动官定上下限所采取的干预外汇市场的措施，也会有同样的后果：软货币(汇率有下降趋势的货币)发行国货币当局进行干预，一方面会使其外汇储备流失，另一方面又会形成紧缩性的经济影响；硬货币(汇率有上升趋势的货币)发行国货币当局进行市场干预，会形成扩张性经济影响，使该国通货膨胀与物价上涨加快。

第三，易引起国际汇率制度的动荡与混乱。当一国国际收支恶化，进行市场干预仍不能平抑汇价时，该国最后有可能采取法定贬值的措施。这会引起同该国有密切经济关系的国家也采取法定贬值的措施，从而导致外汇市场和整个国际汇率制度的动荡与混乱。只有经过一段时期以后，才会平静下来。在未恢复相对平静以前的这段时期内，经营国际贸易、国际信贷与国际投资的经济主体，都可能抱观望态度，从而出现国际经济交易在某种程度的中止、停顿现象。

(2) 浮动汇率制度的利弊：

① 浮动汇率制度的主要优点：

第一，汇率能发挥其调节国际收支的经济杠杆作用。一国的国际收支失衡，可以经由汇率的上下浮动而加以消除。

第二，只要国际收支失衡不是特别严重，就没有必要调整财政政策和货币政策，从而不会以牺牲内部平衡来换取外部平衡的实现。

第三，减少了对储备的需要，并使逆差国避免了外汇储备的流失。这是因为，在浮动汇率制度下，各国货币当局没有干预外汇市场和稳定汇率的义务。这一方面使逆差国避免了外汇储备的流失，另一方面又使各国不必保持太多的外汇储备，从而能把节省的外汇资金用于本国经济的发展。

② 浮动汇率制度的主要缺点是汇率频繁与剧烈地波动，使进行国际贸易、国际信贷与国际投资等国际经济交易的经济主体难以核算成本和利润，并使他们面临较大的汇率波动所造成的外汇风险损失，从而对世界经济的发展产生不利影响。浮动汇率制的另一个主要缺点是为外汇投机提供了土壤和条件，助长了外汇投机活动，这必然会加剧国际金融市场的动荡与混乱。

(3) 汇率市场化并不意味着实现完全的浮动汇率。汇率市场化是指由供求力量决定汇率水平。但是，由于汇率对一国经济和政治的重要作用，政府对于汇率通常是或多或少会加以适度调节，不进行任何有目的的干预是少见的。在实际的经济生活中，完全的浮动汇率是不存在的。

14. 三元悖论认为，在开放经济条件下，一国的经济目标有三种：货币政策的独立性、汇率的稳定性和资本的完全流动性。这三者，一国只能三选其二，而不可能三者兼得。具体来说：在固定汇率制度下，资本的自由流动，会使一国的货币供应量受资本进出的影响，使本国无法维持与国际利率水平的差距，货币政策失去独立性；要维持货币政策的独立性和资本自由流动，就必须允许汇率自由浮动；如果既要维持固定汇率制度，又要执行独立的货币政策，就要限制由于国内外利率不同而发生的资金流动。

15. 现汇是指由国外汇入或由境外携入、寄入的外币票据和凭证，在我们日常生活中能够经常接触到的主要有境外汇款和旅行支票等。现钞主要指的是由境外携入或个人持有的可自由兑换的外国货币，简单地说就是指个人所持有的外国钞票。在本题中，我们显然应该使用银行的现汇买入价来计算，即可兑换的人民币数量 = 1000/100×686.63 = 6866.3 元。

16. (1)若远期汇水前小后大时，表示单位货币的远期汇率升水，计算远期汇率时应用即期汇率加上远期汇水。故 GBP 对 USD 的 3 个月远期汇率为：

$$\begin{array}{r} \text{GBP1.5735} \sim 1.5740 \\ +0.0015 \sim 0.0025 \\ \hline \text{3 个月远期汇率 GBP1 = USD1.5750} \sim 1.5765 \end{array}$$

若远期汇水前大后小时，表示单位货币的远期汇率贴水，计算远期汇率时应用即期汇率减去远期汇水。故 AUD 对 USD 的 3 个月远期汇率为：

$$\begin{array}{r} \text{AUD0.7310} \sim 0.7320 \\ -0.0020 \sim 0.0010 \\ \hline \text{1 个月远期汇率 AUD1 = USD0.7290} \sim 0.7310 \end{array}$$

(2) 如果两种货币的即期汇率都以美元作为单位货币，那么计算这两种货币比价的方法是交叉相除。故 GBP 对 AUD 的 3 个月远期汇率为：

$$\text{GBP1} = \text{AUD}\,\frac{1.5750}{0.7310} \sim \frac{1.5765}{0.7290} = \text{AUD2.1549} \sim 2.1626$$

(3) 简单计算交叉汇率可知 3 个月远期汇率为：GBP1 = AUD2.1549 ~ 2.1626。买入 3 个月 10 万 AUD，要付出 10/2.1549 = 4.6406 万英镑，2.1549 是 GBP 的银行买入价。

考点 3　币值、利率与汇率

1. C　利率平价理论认为当本国实际利率高于外国实际利率时，本币将贬值。所以单纯的本国利率上升与否与汇率并没有直接的关系，要考虑国内外利率变化及通货膨胀综合状况。

2. C　先将直接标价法下的人民币汇率转换成间接标价法下的人民币汇率，这样就可以很明显地看出人民币是升值还是贬值，人民币汇率变化率：

$$\rho = \frac{\dfrac{1}{8.11} - \dfrac{1}{8.2765}}{\dfrac{1}{8.2765}} = 2.05\%$$

所以人民币汇率升值 2.05%。

3. B　直接套汇的交易准则是：在汇率较低的市场买进，同时在汇率较高的市场卖出。观察可知，只有选项 B 符合条件，投资者先在纽约市场以 120.60 买入美元，同时在伦敦市场上以 120.62 卖出美元，期间每美元套利获得 0.02 日元。

4. B　在直接标价法下，本币价值与汇率变动呈反向关系，外币价值与汇率变动呈正向关系。在间接标价法下，外币价值与汇率变动呈反向关系，本币价值与汇率变动呈正向关系。

5. A　直接标价法是获得单位外币需要的本币数量，如果需要比原来更少的本币就能兑换相同数量的外币，则说明本币升值了，相应地外币贬值了。

6. A　间接标价法是指以一定单位的本国货币为基准，将其折合为一定数额的外国货币的标价方法。根据概念可知在间接标价法下，汇率升降与本国货币价值呈正比例关系。

7. A　在间接标价法下，远期汇率前大后小，直接用即期汇率减去远期汇水即可。

8. A　这是一道典型的三角套汇题目。我们先把三个汇率都转换为间接标价法，连乘可得 $1.42\times1.58\times\frac{100}{220}\approx1.0198\neq1$，因此存在套汇机会。由于连乘结果大于 1，所以我们按照连乘的方向进行套汇。先在伦敦市场上把 100 万英镑兑换为 1.42×100 万美元，然后在纽约市场上把 1.42×100 万美元兑换为 1.42×100×1.58 万加元，最后在多伦多市场上把 1.42×100×1.58 万加元兑换为 $1.42\times100\times1.58\times\frac{100}{220}\approx101.98$ 万英镑。对比可知套汇收益 1.98 万英镑。

【科兴提示】三角套汇的流程：

(1) 判断是否有套汇机会：将三个市场汇率折算为同一标价法后，汇率相乘，如果不等于 1 就有机会。

(2) 在间接标价法下，如果大于 1，用套汇货币（A 货币）在该货币为基准货币的市场上兑换成 B 货币，再在 B 货币为基准货币的市场兑换成 C 货币，再在 C 货币为基准货币的市场兑换成 A 货币。如果乘积小于 1，兑换方向相反。

(3) 收益：最后兑换的 A 货币减去套汇投入的 A 货币。

9. (1) 人民币对美元的汇率变动率为：

$$\frac{\frac{1}{6.3495}-\frac{1}{6.8270}}{\frac{1}{6.8270}}=\frac{6.8270-6.3495}{6.3495}\approx7.5\%$$

人民币对欧元的汇率变动率为：

$$\frac{\frac{1}{6.9771}-\frac{1}{8.9297}}{\frac{1}{8.9297}}=\frac{8.9297-6.9771}{6.9771}\approx28\%$$

即在 2008—2015 年间，人民币对美元升值 7.5%，人民币对欧元升值 28%。

(2) 2008 年 10 月 30 日，欧元对美元的汇率为：

$$\frac{8.9297\text{ 人民币}}{6.8270\text{ 人民币}}\approx1.31$$

2015 年 10 月 30 日，欧元对美元的汇率为：

$$\frac{6.9771\text{ 人民币}}{6.3495\text{ 人民币}}\approx1.10$$

则 2008—2015 年，欧元对美元的汇率变动率为：

$$\frac{1.10-1.31}{1.31}\approx-16\%$$

即在 2008—2015 年间，欧元对美元贬值 16%。

10. 一般来说，汇率变动影响国内物价水平的渠道主要有以下几种：

（1）货币工资机制。以本币升值为例，本币升值使进口品价格下降，引起居民生活费用下降，从而在名义工资不变的情况下，使得实际工资上升。

（2）生产成本机制。本币升值带动进口原材料价格下跌，将推动本国出口加工企业或者大量依靠进口投入品进行生产的企业生产成本下降，从而推动一般物价水平下跌。

（3）货币供应机制。本币升值后，由于货币工资机制和生产成本机制的作用，货币供应量可能下降。另外，在外汇市场上，本币升值后，净出口的下降或贸易逆差可能使中央银行在结汇方面减少本国货币投放，也会导致本国货币供应的下降，货币供给的减少倾向于降低国内的一般物价水平。

（4）收入机制。如果国内对进口品的需求弹性较高，从而本币的升值会导致进口总量增加。同样，如果外国对本国出口产品的需求弹性较高，本币升值会导致出口总量减少。两方面共同作用的结果是使贸易收支恶化，本国收入减少和物价水平降低。

（5）替代机制。比如，一国货币升值使得进口品价格降低，那么国内消费者将用进口品替代国内近似产品消费，使国内进口替代品的需求下降，从而带动国内一般物价水平下跌。

（6）预期机制。本币升值预期本身引致物价水平下降。一种货币升值趋势一旦形成，短期内往往难以逆转。在这种背景下，生产者把升值预期纳入特殊的生产成本，把升值对物价水平可能的负面影响纳入生产函数，进而影响生产的积极性。消费者因本币的升值预期而倾向于减少消费，这两方面的作用使得社会总需求相对不足，物价水平趋于下跌。

（7）债务效应。本币升值后，偿还同等数量外债所需要的货币会减少，从而减轻外债负担，提高国内的有效需求，总需求的过剩对国内物价水平具有潜在提升和推动效应。

考点 4 汇率决定理论

1. A 国际借贷说，是在金本位制度盛行时期流行的一种阐释外汇供求与汇率形成的理论。该理论认为，外汇汇率变动由外汇供给与需求对比变动所引起，而外汇供求状况又取决于国际贸易和资本流动所引起的债权债务关系。当一国的流动债权多于流动负债时，外汇的供给大于需求，因而本币将升值；反之将贬值。这一理论中的国际借贷关系，实际是指国际收支，故又称为国际收支说。

2. A 相对购买力平价的含义是，汇率的升值与贬值是由两国的通货膨胀率的差异决定的。以中美两国为例，若中国通货膨胀率超过美国，则人民币将贬值；反之人民币将升值。

3. C 由相对购买力平价理论可知，$e_1/e_0=P_b/P_a$，其中 e_1 是未来汇率，e_0 是即期汇率，P_b 是墨西哥的商品价格，P_a 是美国的商品价格，代入数值解得 $e_1=5$ 比索/美元，由此可知未来比索的名义水平升值。

4. D 从两个理论的前提假设可以看出，相对购买力平价理论对于绝对购买理论的假设有了很大的放松。比如说，绝对购买力平价理论要求一价定律成立，无交易和运输成本，商品篮子权重相同等等，而以上的三个条件在相对购买力平价理论中都可以不成立。因此绝对购买力理论条件更严格，所以不可能推导出条件更加宽松的相对购买力；换句话说绝对购买力理论是相对购买力理论在一定条件下的子集。

【科兴提示】我们也可以从计量公式角度进行推导。从公式中，很显然可以推导出绝对购买力理论是相对购买力理论的充分条件：

因为 $R=P/P^*$ 恒成立，所以

$$R_t=P_t/P_t^* \quad (1)$$

$$R_0=P_0/P_0^* \quad (2)$$

两式做商可得 $R_t/R_0=(P_t/P_0)/(P_t^*/P_0^*)$

得证。

但是若已知 $R_t/R_0=(P_t/P_0)/(P_t^*/P_0^*)$ 无法得出 $R_t=P_t/P_t^*$

原因是不知道 $R_0=P_0/P_0^*$ 是否成立，这个式子正是基年的绝对购买力理论。换句话说，由于不能确定基年的绝对购买力($R_0=P_0/P_0^*$)是否成立，所以无法推导出 t 年的绝对购买力平价理论。这也正好印证了实证中，验证相对购买力的技术上的困难：无法找到合适的基年汇率，或基年汇率的选择带有强烈的主观性。

5. D　非抛补利率平价并没有锁定远期汇率，没有远期合约需要交割，选项 A 错误；根据套补利率平价，当本国利率高于外国时，在远期交割的合约中，本币将贬值，选项 B 错误；选项 C 是错在两点，一是抛补利率平价没有考虑预期因素，二是，本国利率高于外国时，本币将贬值。

6. D　当市场受到外部冲击时，货币市场和商品市场的调整速度存在很大的差异，多恩布什认为，这主要是由于商品市场因其自身的特点和缺乏及时准确的信息。一般情况下，商品市场价格的调整速度较慢，过程较长，呈黏性状态，称之为黏性价格。而金融市场的价格调整速度较快，因此，汇率对冲击的反应较快，几乎是即刻完成的。汇率对外部冲击做出的过度调整，即汇率预期变动偏离了在价格完全弹性情况下调整到位后的购买力平价汇率，这种现象称之为汇率超调。由此导致购买力平价短期不能成立。经过一段时间后，当商品市场的价格调整到位后，汇率则从初始均衡水平变化到新的均衡水平。由此长期购买力平价成立。

7. D　本币债券供应量的增加会增加对外币债券的需求，其结果是汇率上升(财富效应)；本币债券供应量增加使本币债券价格下降，国内利率上升，国内收益率的上升会相对削弱对外币债券的需求，导致汇率下降(替代效应)。替代效应的大小与本外币债券之间的替代程度有密切的正相关关系，当本外币债券的替代程度较低时，则财富效应会超过替代效应，此时本币债券供应增加的结果是汇率上升；反之，当替代程度较高时，结果是汇率下降。因此，在汇率决定中，财政政策对汇率的影响并不明确。

BB 曲线表示本国债券市场处于平衡状态时本国利率与汇率的组合。本国债券供给增加会使 BB 曲线向右移动。因为在汇率既定时，本国债券市场上的供给超过需求，将导致本国债券价格下降，即本国利率上升。

8. D　汇率理论的弹性价格货币分析法的基本模型为：$e=(Ms-Ms_1)-\alpha(y-y_1)+\beta(i-i_1)$，其中 y、y_1 分别代表本国的国民收入和其他国家的国民收入；i，i_1 分别代表本国和其他国家的利率水平；Ms，Ms_1 分别代表本国和其他国家的货币供应量。因此，导致本国货币对外升值也即 e 变小的原因有：本国的货币供应量相对于其他国家减少，本国的国民收入相对于其他国家增加，本国的利率相对其他国家减少。

9. D　根据国际费雪效应可知，即期汇率的变动幅度与两国利率之差相等，但方向相反。题干中，英国即期利率高于美国，意味着英镑未来贬值。利率平价针对的是时段，而购买力平价针对的是时点，所以选项 B 错误。

10.（1）基本思想

利率平价说认为，远期差价是由两国利率差异决定的，并且高利率国货币在期汇市场必定贴水，低利率国货币在期汇市场上必定升水。在两国利率存在差异的情况下，资金将从低利率流向高利率国牟取利润。利率平价又分为抛补利率平价和非抛补利率平价。前者是指套利者在将低利率国家货币兑换成高利率国家货币，以转移到高利率国家进行金融投资获取利差的同时，在远期进行方向相反的外汇交易，即卖出高利率国家货币买入低利率国家货币，以规避汇率风险。后者是指套利者在将低利率国家货币兑换成高利率国家货币，以转移到高利率国家进行金融投资获取利差时，并不在远期进行方向相反的外汇交易。

（2）理论评述

利率平价说阐明了外汇市场上即期汇率、远期汇率以及相关国家利率变动之间的相互关系，把汇率决定因素扩展到了货币资本领域，从而填补了 20 世纪 30 年代以来传统的购买力平价说衰落后的汇率决定理论的空白，反映了 20 世纪 70 年代以后货币资产因素在国际金融领域内起着日益重要的作用的必然趋势。但是，利率平价说也存在缺陷，主要表现在以下几个方面：

① 从实际的角度来看，远期汇率的决定除了取决于利差外，还受到预期通货膨胀率、货币供给量、国民收入水平、国际储备水平、资本流动、进出口贸易、心理预期等因素的影响。单纯从利差角度讨论汇率决定的利率平价说是无法为错综复杂的远期汇率决定机制提供完美解释的。

② 依据利率平价说的观点，外汇市场上的汇率波动与各国货币市场上的利差有密切的关系，因此要实现汇率稳定，应依靠各国中央银行进行相互配合的公开市场业务操作或采取协调的利率政策。而现实中，各国经济利益、发展水平上的差距，必然导致其政策上的差异，协调的货币政策难以付诸实践。所以利率平价说在其政策含义上也存在着难以克服的局限性。

③ 在利率平价关系式中，并没有能够说明到底是利率决定汇率，还是远期汇率和即期汇率决定利率。也就是说，在利率平价关系式中，并没有说明即期汇率、远期汇率和利率三个变量谁是内生的，谁是外生的，利率平价说是一个汇率决定理论还是一个利率决定理论。虽然大多数人认为利差是引起资本流动和外汇供求的重要原因，所以利差决定远期汇率。但是，当发生货币危机时，货币的预期贬值反过来就决定了本国金融资产的收益率。

④ 忽略了利率结构问题。一国的利率是多样的且错综复杂。如果两国之间的金融资产不具有完全替代性，利率结构就会出现差异，利率平价就不可能成立。而且人们很难凭借名义利率变动来迅速判断市场利率的变动是由实际利率的变化引起的，还是由通货膨胀预期因素引起的。

11. 基本思想：国际收支说认为，汇率是由外汇供求决定的，而外汇供求又由国际收支来决定，外汇供求平衡是国际收支均衡的一种表现。凡是影响国际收支均衡的因素都会影响汇率变动。当一国国际收支处于均衡状态时，由此决定的汇率水平也就是均衡汇率。

理论评述：

（1）理论贡献

① 国际收支说具有浓厚的凯恩斯主义色彩，是凯恩斯主义的国际收支理论在浮动汇率制度下的表现形式。它指出了汇率与国际收支的密切关系，有利于全面分析短期内汇率的变动与决定。

② 由于国际收支说将国际收支所引起的外汇供求流量当成了决定短期汇率水平及其变

动的主要因素，因此，该理论是一个关于汇率决定的流量理论。

③ 尽管国际收支说不能称之为完整的汇率决定理论，但是它在进行更深入的分析时是可以利用的一种工具。

（2）理论缺陷

① 国际收支说对各变量如何影响汇率的分析是在其他变量不变的条件下进行的，而实际这些变量之间存在着复杂的关系，从而它们对汇率的影响是难以简单确定的。

② 基本公式中的汇率预期是难以估计的，导致国际收支说的实际应用价值受影响。

③ 国际收支说没有形成完整的理论体系，它只是揭示汇率与其他经济变量存在的联系。从国际收支说来看，影响国际收支众多变量之间的关系，这些变量与汇率之间的关系都是错综复杂的，国际收支说并没有对此进行深入分析，得出具有明确因果关系的结论。

④ 国际收支说核心基础是要求国际收支平衡，但实际经济中，经常是出于国际收支不均衡的状态，因而该理论的适用性受到限制。

12. 1916 年，瑞典经济学家卡塞尔(Gustav Cassel)在总结前人学术理论的基础上，系统地提出：两国货币的汇率主要是由两国货币的购买力决定的。这一理论被称为购买力平价说(Theoryof Purchasing Power Parity，简称 PPP 理论)。购买力评价说分为两种形式：绝对购买力平价(Absolute PPP)和相对购买力平价(Relative PPP)。绝对购买力平价认为：一国货币的价值及对它的需求是由单位货币在国内所能买到的商品和劳务的量决定的，即由它的购买力决定的，因此两国货币之间的汇率可以表示为两国货币的购买力之比。而购买力的大小是通过物价水平体现出来的。根据这一关系式，本国物价的上涨将意味着本国货币相对外国货币的贬值。相对购买力平价弥补了绝对购买力平价一些不足的方面。它的主要观点可以简单地表述为：两国货币的汇率水平将根据两国通胀率的差异而进行相应地调整。它表明两国间的相对通货膨胀决定两种货币间的均衡汇率。从总体上看，购买力平价理论较为合理地解释了汇率的决定基础，虽然它忽略了国际资本流动等其他因素对汇率的影响，但该学说至今仍受到西方经济学者的重视，在基础分析中被广泛地应用于预测汇率走势的数学模型。

13. 弹性价格货币分析法是以购买力平价成立为条件的。其基本思路是找到本国和外国货币市场平衡的条件：

$$p_{\mathrm{d}}=m_{\mathrm{d}}^{i}-a y_{\mathrm{d}}+\beta i_{\mathrm{d}}$$

$$p_{\mathrm{f}}=m_{\mathrm{f}}^{i}-a y_{\mathrm{i}}+\beta i_{\mathrm{f}}$$

并利用绝对购买力平价的公式：

$$e=p_{\mathrm{d}}-p_{\mathrm{f}}$$

将汇率水平表示成为两国货币供给、国民收入和利率水平的函数。

$$e=(m_{\mathrm{d}}^{i}-m_{\mathrm{f}}^{i})-a(y_{\mathrm{d}}-y_{\mathrm{f}})+\beta(i_{\mathrm{d}}-i_{\mathrm{f}})$$

在弹性价格货币分析法中，本国与外国之间的实际国民收入水平、利率水平以及货币供给水平通过影响各自的物价水平，决定了两国各自货币市场的平衡。而两国之间的联系则是绝对购买力平价，因此，购买力平价是弹性价格货币分析法推导的重要步骤和前提。

但是，弹性价格货币分析法的内容比购买力平价更为复杂和丰富。首先，购买力平价是基于商品市场均衡所提出的理论，而弹性价格货币分析法则还引入了货币市场和外汇市场的均衡，具备了一般均衡分析的特征；其次，购买力平价理论只描述了两国物价水平之间的关系，却没有进一步讨论决定物价水平的是哪些因素，而弹性价格货币分析法所使用的货币供给、国民收入、利率等变量则更具有可操作性；最后，弹性价格货币分析法进一步假设了非套补的利率平价成立，从而成功地将预期因素引入了汇率水平的决定中。

14. 根据国际收支说，本国国民收入上升，会增加本国对进口产品的需求，从而恶化本国国际收支，带来本币贬值；本国利率上升，会吸引外国资金进入，从而改善本国国际收支，带来本币升值。

根据弹性价格的货币分析法，本国国民收入上升会带来本国货币需求的上升，在本国货币供给不变的情况下，这会导致本国物价水平的下降，进而通过购买力平价，导致本币升值；本国利率上升会带来本国货币需求的下降，在本国货币供给不变的情况下，这会导致本国物价水平的上升，进而通过购买力平价，导致本币贬值。

两者结论相反的原因在于：

首先，国际收支说是局部均衡的分析方法，它仅仅考虑国际收支，并且其各个变量之间还存在着一定的相关性，而对每一个变量进行分析时，却又隐含着其他变量不变的假定。以本国国民收入上升为例，国际收支说既没有考虑到本国物价是否变动、是否也会改变本国的国际收支情况，又没有考虑本国国民收入上升，若引起进口上升，本币贬值，则是否又会带来国民收入的进一步上升等。而弹性价格货币分析法是一种一般均衡的分析方法，本国国民收入、货币供应和利率这些因素都同时被纳入了分析框架，通过货币市场的平衡条件，带来物价的弹性变动，再经商品市场上的购买力平价成立为条件，决定汇率变动，在此过程中，商品市场和货币市场的均衡条件都已经被考虑到了。

其次，国际收支说中利率发挥的作用是通过两国之间的利率差异吸引国际资金流动，直接影响汇率。而弹性价格的货币分析法中，资金并不会因为两国间的利率差异而直接流动，而是通过非套补利率平价，表现为货币的升值预期或贬值预期。

15. (1) 一价定律简而言之就是指在自由贸易条件下，世界上商品无论在什么地方出售，扣除运输费用后，价格都相同。

(2) 绝对购买力平价说的是某一时点上汇率的决定。应该说购买力平价就是一价定律的国际表现。绝对购买力平价数学表达式是：$e=p/p*$。绝对购买力平价理论的得出就是根据一价定律推导出来的，因此，没有一价定律就没有绝对购买力平价理论的出现。反之则不然，这是因为一价定律一开始是通过国内一价定律来体现的，一旦贸易的进行超过了一国的范畴，贸易的主体变成了几个国家，这个时候一价定律就可以表现为绝对购买力平价了。

(3) 相对购买力平价指两国货币间汇率在两个时期的变化，反映着两国在两个时期物价指数的变化。相对购买力平价认为各国间存在交易成本，同时各国的贸易商品和不可贸易商品的权重存在差异，因此各国的一般物价水平以同一种货币计算时并不完全相等，而是存在一定的偏离，即：

$$e=\theta p/p*$$

对上式取变动率，即可得到下式：

$$\Delta e = \Delta p - \Delta p^*$$

上式就是相对购买力平价的公式。从上面的公式可以看出，它与一价定律的关系。如果$\theta=1$的时候，则相对购买力平价就是通过绝对购买力平价推导出来的，因此，相对购买力平价就是一价定律的变形。但是如果θ不等于1的时候，则此时一价定律与相对购买力平价就没有任何的关系。只能说如果一价定律能够成立的话，相对购买力平价就能成立；相对购买力平价成立的话，则不能保证一价定律是一定成立的。

16. (1)在直接标价法下，美元是本币，欧元是外币，则假定即期汇率为e，远期汇率为f，根据利率平价理论有：

$$\frac{f}{e} = \frac{1 + i_d}{1 + i_f}$$

变形可得$f = e \cdot \frac{1 + i_d}{1 + i_f}$，代入数据可得：

$$f = 1.1850 \times \frac{1 + 3\% \times 0.5}{1 + 1.5\% \times 0.5} \approx 1.1938$$

（2）将当前的 100 万欧元兑换为 118.5 万美元，然后用这笔钱在美国金融市场进行投资，则 6 个月收益为 118.5×(1+3%×0.5)= 120.2775 万美元。同时，签订 6 个月远期协议卖出 120.2775 万美元，可获得 100.8616 万欧元，从而套汇收益 0.8616 万欧元。

17. 根据相对购买力平价的公式可得：

$$e_t = e_0 \cdot \frac{P_t}{P_t^*} \cdot \frac{P_0^*}{P_0}$$

代入数字可得：

$$e_{2011} = 6.2784 \times \frac{100.7}{102.8} \times \frac{100}{100.4} = 6.1256$$

$$e_{2012} = 6.2784 \times \frac{99.2}{104.5} \times \frac{100}{100.4} = 5.9362$$

$$e_{2013} = 6.2784 \times \frac{101.2}{106.8} \times \frac{100}{100.4} = 5.9255$$

18. (1) 1 年后达到非抛补利率平价的预期即期汇率为E_e^f，则：

$$E_e^f = e\frac{1+i_d}{1+i_f} = 6.8000 \times \frac{1+6\%}{1+4\%} = 6.9308$$

（2）若预期 1 年后美元对人民币的汇率达到 7，当前的汇率水平为 6.8，说明美元被低估，按照低买高卖的原则，应按 6.8 的汇率水平买入美元。假设投资 x 元人民币，则期初可兑换 $x/6.8$ 美元，在美国投资 1 年后收入为 $(x/6.8)(1+4\%)$。然而，实际上汇率只达到 6.9，1 年后可以兑换$(x/6.8)(1+4\%)\times 6.9$，因此，其投资收益率为：

$$y = \frac{\left(\frac{x}{6.8}\right)(1+4\%) \times 6.9 \quad x}{x} = 5.53\%$$

第4章　金融市场与机构

一、考查要点

1. 金融是指货币银行或货币信用以及与此直接相关的经济活动的总称。它涉及货币、信用和银行三个范畴。

2. 直接融资是指政府、企业等主体直接从社会上(如企事业单位、居民等)筹资。一般来说，是通过发行债券、股票以及商业信用等形式融通所需资金。

3. 间接融资是指以金融部门为中介，由金融部门(如商业银行、信用中介、储蓄机构)通过吸收存款、存单等形式积聚社会闲散资金，然后以贷款等形式向非金融部门(如企业等)提供资金。

4. 金融市场是指以金融资产为交易对象而形成的供求关系及其机制的总和。其内涵包括：①它是金融资产进行交易的一个有形和无形的场所；②它反映了金融资产的供应者和需求者之间所形成的供求关系；③它包含了金融资产交易过程中所产生的运行机制，其中最主要的是价格(包括利率、汇率及各种证券的价格)机制。

5. 金融市场的功能主要有：①聚敛功能。②配置功能。③调节功能。④反映功能。

6. 金融市场的基本类型：①按标的物标准：金融市场可分为货币市场、资本市场、外汇市场和黄金市场。②按中介特征标准：金融市场可分为直接金融市场与间接金融市场。③按金融资产的发行和流通特征标准：金融市场可分为初级市场、二级市场、第三市场和第四市场。④按成交与定价的方式标准：金融市场可分为公开市场与议价市场。⑤按有无固定场所标准：金融市场可分为有形市场与无形市场。⑥按交割方式标准：金融市场可分为现货市场与衍生市场。⑦按地域标准：金融市场可分为国内金融市场和国际金融市场。

7. 货币市场是指一年期以内的短期金融工具交易所形成的供求关系及其运行机制的总和。主货币市场主要类型有：①短期信贷市场；②同业拆借市场；③回购市场；④票据市场；⑤大额可转让定期存单市场；⑥短期政府债券市场。

8. 同业拆借市场产生于存款准备金政策的实施，伴随着中央银行业务和商业银行业务的发展而发展。

9. 大额可转让定期存单产生于Q条例的存款利率上限的限制。大额定期可转让存单是指银行发行的有固定面额、可转让流通的存款凭证。

10. 货币市场共同基金市场的主要特征：①货币市场基金投资于货币市场中高质量的证券组合。②货币市场共同基金提供一种有限制的存款账户。③货币市场共同基金所受到的法规限制相对较少。

11. 资本市场是指期限在一年以上的中长期金融市场。资本市场的基本功能是促进资本的形成，它有效地动员民众的储蓄，将其合理地分配于经济部门。它主要包括股票市场、债券市场和基金市场等。

12. 债券是投资者向政府、公司或金融机构提供资金的债权债务合同。可转换债券是指其持有者可以在一定时期内按一定比例或价格将之转换成一定数量的另一种证券的证券。可转换债券通常是转换成普通股票，当股票价格上涨时，可转换债券的持有人行使转换权比较有利。因此，可转换债券实质上嵌入了普通股票的看涨期权。

13. 股票是投资者向公司提供资本的权益合同，是公司的所有权凭证。股票的基本类型是普通股和优先股。优先股是一种混合证券，既具有普通股的某些特征，没有到期日，股东不能要求公司收回优先股股票，股利要从税后利润中支付，因此它是企业自有资金的一部分；又与债券有相似之处，有固定的股利率，在公司清算时以股票面值为限获得清偿，股东也没有参与公司经营管理的权利。

14. 公募发行是指公开向不特定多数的投资者募集资金的股票发行方式。私募发行是指向特定投资者募集资金的一种股票发行方式。

15. 做市商交易制度，又称报价驱动制度，在该制度下，证券交易的买卖价格均由做市商给出，买卖双方并不直接成交，而向做市商买进或卖出证券。做市商的利润主要来自买卖差价。竞价交易制度，也称委托驱动制度。在此制度下，买卖双方直接进行交易或将委托通过各自的经纪商送到交易中心，由交易中心进行撮合成交。

16. 信用交易，又称垫头交易或保证金交易，是指证券买者或卖者通过交付一定数额的保证金，得到证券经纪人的信用而进行的证券买卖。信用交易可以分为信用买进交易和信用卖出交易。

17. 投资银行是在资本市场专门从事证券承销、证券代理交易和自营买卖、投资顾问、财务顾问、金融顾问、公司并购中介、资产证券化等资本市场业务的金融机构。在美国，称为投资银行；在英国，称为商人银行；在中国、日本等国，称为证券公司。投资银行具有提供金融中介服务、推动证券市场发展、提高资源配置效率、促进产业竞争和集中的功能。

18. 商业银行是以多种金融负债筹集资金，以多种金融资产为其经营对象，能利用负债进行信用创造，并向客户提供多功能、综合性服务的金融企业。商业银行是各国金融体系中最重要的组成部分。

19. 投资基金，是通过发行基金券(基金股份或收益凭证)，将投资者分散的资金集中起来，由专业管理人员分散投资于股票、债券或其他资产，并将投资收益分配给基金持有者的一种投资制度。投资基金的特点有：①规模经营——低成本；②分散投资——低风险；③专家管理——更多的投资机会；④服务专业化——方便。

20. 远期外汇交易，又称期汇交易，是指买卖外汇双方先签订合同，规定买卖外汇的数量、汇率和未来交割外汇的时间，到了规定的交割日期买卖双方再按合同规定办理货币收付的外汇交易。

21. 掉期交易，又称时间套汇，是指同时买进和卖出相同金额的某种外汇但买与卖的交割期限不同的一种外汇交易，进行掉期交易的目的也在于避免汇率变动的风险。

22. 金融衍生工具，又称衍生证券，是指其价值依赖于基本标的资产价格的金融工具，如远期、期货、期权、互换等。

23. 远期合约是指双方约定在未来的某一确定时间，按确定的价格买卖一定数量的某种金融资产的合约。多头是指在合约中规定在将来买入标的物的一方。空头是指在未来卖出标的物的一方。远期合约主要有远期利率协议、远期外汇合约和远期股票合约三种。

24. 期货合约是指协议双方同意在约定的将来某个日期按约定的条件(包括价格、交割地点、交割方式)买入或卖出一定标准数量的某种金融工具的标准化协议。合约双方都缴纳保证金，并每天结算盈亏。合约双方均可单方通过平仓结束合约。金融期货主要分为利率期货、外汇期货和股价指数期货三种。当无风险利率恒定，且对所有到期日都不变时，具有相同交割日的远期价格和期货价格应相等。当标的资产价格与利率呈正相关时，期货价格应高于远期价格；当标的资产价格与利率呈负相关时，期货价格应低于远期价格。但大多数情况下，均假定远期价格与期货价格相等。随着交割月份的逼近，期货价格收敛于标的资产的现货价格。

25. 期权是指赋予其购买者在规定期限内按双方约定的价格(又称执行价格)购买或出售一定数量某种标的资产的权利的合约。基本类型包括：①按期权买者的权利划分，期权可分为看涨期权和看跌期权。②按期权买者执行期权的时限划分，期权可分为欧式期权和美式期权。③按标的资产划分，期权分为利率期权、货币期权、股票期权等。期权买者只有权利没有义务，卖者只有义务没有权利。

26. 权证是发行人与持有者之间的一种契约，允许持有人在约定的时间(行权时间)，可以用约定的价格(行权价格)购买或卖出标的资产。

27. 互换是约定两个或两个以上当事人按照商定条件，在约定的时间内，交换一系列现金流的合约。互换是利用比较优势理论进行的，主要有利率互换和货币互换两种基本类型，并可派生出众多品种。互换具有降低筹资成本，提高资产收益，管理利率风险和汇率风险，逃避外汇管制、利率管制和税收限制等功能。

二、2023 年命题预测

金融市场与金融机构是基础章节，知识点比较零散，因此命题也以名词解释和选择题为主。431 考试大纲对衍生品的要求不高，因此本章只选录了一部分衍生工具的基础题目。至于期权和期货定价的内容，我们在本书最后独立成章，供部分准备报考名校的考生使用。

考点1　金融市场及其要素

(一) 命题思路

从命题角度来看，主要命题思路是：(1)考查对金融市场的含义、特点与功能的了解。(2)金融市场的不同的划分标准以及金融市场类型，特别注意不同类型的金融市场之间比较。(3)金融市场中各要素的定义、特点以及相互之间的区别。

(二) 习题精编

1. (湖南大学 2017)(多选)《新帕尔格雷夫经济学大辞典》里，“金融”一词被定义为“资本市场的运营，资本资产的供给与定价”，以下属于“金融”基本内容的有(　　)。

   A. 有效率的市场　B. 风险与收益　C. 替代物与套利　D. 期权定价

2. 根据(　　)标准，金融市场可能分为直接金融市场和间接金融市场。

   A. 交易对象　B. 中介特征　C. 价格形成方式　D. 交割方式

3. (浙江财经 2017)下列不属于直接金融工具的是(　　)。

   A. 可转让大额定期存单　B. 公司债券　C. 股票　D. 政府债券

4. (上海财大 2021)下列关于直接融资和间接融资的说法正确的是(　　)。

   A. 间接融资无须通过金融机构　B. 直接融资无须通过金融机构

   C. 间接融资需要间接证券　D. 只有股票、债券是直接融资

5. (中国人大 2018) 下列不属于一级市场活动的是(　　)。

A. 发行股票　　B. 发行债券　　C. 定向增发　　D. 股票转售

6. 某投资者在上海证券交易所购买了一家股份有限公司首次公开出售的股票，该笔交易所在的市场属于(　　)。

A. 流通市场　　B. 发行市场　　C. 期货市场　　D. 期权市场

7. 下面不属于离岸市场业务的是(　　)。

A. 英国公司在纽约的汇丰银行存入英镑

B. 日本的银行在伦敦的花旗银行借入美元

C. 中国公司在巴黎向新加坡星展银行借贷 2 亿美元

D. 中国政府在美国发行扬基债券

8. (中国人大 2013) 对金融市场的功能说法错误的是(　　)。

A. 调剂资金，配置资源　　B. 清除和转移风险

C. 定价　　D. 转移风险

9. (中国人大 2013) 金融市场国际化对国内影响说法错误的是(　　)。

A. 提高金融资源配置效率　　B. 促进国际合作协调

C. 削弱本国货币政策独立性　　D. 减少金融风险扩散

10. (南京大学 2015) 美国股票市场的市值占 GDP 的比例远大于欧盟和日本，(　　)。

A. 这说明美国公众更偏好高风险的投资

B. 这说明美国公民普遍对银行不信任

C. 这说明在美国股票融资相对于信用市场融资有优势

D. 这说明了美国股市的国际中心地位

11. (复旦大学 2013) 现代经济中的金融系统具有哪些功能？

12. (江西财大 2016) 简述直接融资与间接融资的差异。

13. 简述金融市场形成的基本条件。

考点 2　货币市场

(一) 命题思路

从命题角度来看，主要命题思路是：(1) 考查货币市场工具的种类、功能和特征。(2) 货币市场套期保值是本知识点的难点所在。

(二) 习题精编

1. (复旦大学 2015) 货币市场的主要功能是(　　)。

A. 短期资金融通　　B. 长期资金融通　　C. 套期保值　　D. 投机

2. 国库券是各国政府筹集短期资金的常用工具，由于计算利率不便，国库券一般是采用(　　)发行的方式。

A. 溢价　　B. 平价　　C. 折价　　D. 付息

3. (湖南大学 2011) 从本质上说，回购协议是一种(　　)协议。

A. 担保贷款　　B. 信用贷款　　C. 抵押贷款　　D. 质押贷款

4. 自 2016 年 6 月 6 日起，我国个人投资人认购大额存单起点金额不低于(　　)万。

A. 20　　B. 30　　C. 40　　D. 50

5. 购买证券并约定未来某个时候回售的方式称为(　　)。

A. 公开市场业务　　B. 正回购　　C. 逆回购　　D. 同业拆借

6.(对外经贸2013)银行间同业拆借市场的交易目的主要是为了(　　)。

A. 满足金融机构的长期投资需求　　B. 满足金融机构筹集资本金的需求

C. 弥补金融机构准备金头寸的缺口　　D. 为投资者提供衍生产品

7.(中国人大2013)计算并公布LIBOR利率的组织是(　　)。

A. 国际货币基金组织　　B. 国际清算银行

C. 英国银行家协会　　D. 世界银行家协会

8.(上海财大2016)在国际货币市场上，经常交易的短期金融工具是(　　)。

A. 股票　　B. 银行贷款　　C. 点心债券　　D. 国库券

9.(浙江财经2017)下列属于短期资金市场的是(　　)。

A. 票据市场　　B. 债券市场　　C. 资本市场　　D. 股票市场

10.(浙江财经2017)银行买进一张未到期票据，那面额为1万元，年贴现率为10%，票据50天后到期，则银行应向客户支付(　　)。

A. 9000元　　B. 9800元　　C. 10000元　　D. 9863元

11. 名词解释：货币市场基金

12.(中山大学2011)美国某跨国公司于某年12月1日向一家德国公司出口了一批货物，合同金额1000万欧元，按照合同约定，货款将于6个月后的第二年6月1日以欧元支付。外汇市场上，欧元的即期汇率为买入价为1.2205USD/EUR，卖出价为1.2235USD/EUR。为了规避欧元可能贬值的风险，该美国跨国公司试图利用货币市场进行套期保值。已知在货币市场上，半年期美元贷款利率为5%(单利)，半年期美元投资利率(如购买半年期的债券)为3%(单利)；半年期欧元贷款利率为6%(单利)，半年期欧元的投资利率为4%(单利)。请问该跨国公司具体应如何利用货币市场来规避外汇风险？采用货币市场套期保值手段后，该跨国公司6个月后最终能得到多少美元？

考点3　资本市场

(一) 命题思路

从命题角度来看，主要命题思路是：(1)考查资本市场工具的种类，重点掌握各种资本市场工具的含义、特征和基本原理，还要加强同其他资本市场工具相区别。(2)资本市场相关交易制度的基本含义。概念之间的区别比较是命题的重要角度。

(二) 习题精编

1.(东北财大2012)境内上市外资股是股份公司向境外投资者募集并在我国境内上市的股票，该股票称为(　　)。

A. H股　　B. N股　　C. A股　　D. B股

2. 在下列哪种制度中，股票买卖双方并不是直接进行交易的？(　　)

A. 竞价交易制度　　B. 连续竞价制度

C. 间断性竞价交易制　　D. 做市商交易制度

3. 在连续竞价制度下，假设当前买入委托价为30元，如果李先生按28元下了卖出委托指令，则(　　)。

A. 能成交，成交价28元　　B. 能成交，成交价30元

C. 能成交，成交价29元　　D. 不能成交

4. (南京大学 2013) 限价委托方式的优点是(　　)。

A. 成交迅速

B. 没有价格上的限制，成交率高

C. 在委托执行后才知道实际的执行价格

D. 股票可以投资者预期的价格或更有利的价格成交

5. (清华大学 2020) 对于 A 股市场，(　　)。

A. 有做市商，无买卖差价

B. 有做市商，有买卖差价

C. 无做市商，无买卖差价

D. 无做市商，有买卖差价

6. (湖南大学 2011) 可转换债券实质上是一种(　　)。

A. 债券的看涨期权

B. 债券的看跌期权

C. 股票的看涨期权

D. 股票的看跌期权

7. (南京大学 2011) 关于可转换债券，下列描述错误的是(　　)。

A. 可转换债券是指公司债券附加可转换条款，赋予债券持有人按预先确定的比例(转换比率)转换为该公司普通股的选择权。

B. 大部分可转换债券是没有抵押的低等级债券，并且常由风险较大的小型公司所发行的。

C. 发行可转换债券的公司筹措债务资本的能力较低，使用可转换债券的方式将增强对投资者的吸引力。

D. 可转换债券不能被发行公司提前赎回。

8. (中山大学 2011) 优先股的"优先"是指(　　)。

A. 在剩余控制权方面较普通股优先

B. 在表决权方面较普通股优先

C. 在剩余索取权方面较普通股优先

D. 在配股权方面较普通股优先

9. 下列哪种债券不受通货膨胀因素影响？(　　)

A. 担保信托债券　　B. 零息债券　　C. 指数债券　　D. 中央政府债券

10. (上海财大 2015) 垃圾债券一般是指信用评级在 BBB(Baa) 以下的债券，又称为(　　)。

A. 无法上市交易的债券

B. 低收益债券

C. 高收益债券

D. 破产企业债券

11. (上海财大 2015) 迅达公司发行可转换债券，面值为 1000 元，其转换价格为 40 元，目前该公司的股价为 50 元，则每张债券能够转换为股票的股数为(　　)股。

A. 40　　B. 20　　C. 25　　D. 50

12. (上海理工 2017) 在我国出借资金供其买入上市证券或出借上市证券供其卖出，并收取担保物的经营活动为(　　)。

A. 融资融券业务　　B. 证券经纪业务　　C. 公司自营业务　　D. 资产管理业务

13. (上海财大 2015) 某投资者参与保证金买空交易，初始保证金比率为 40%，保证金最低维持率为 20%，投资者以 20 元价格买入 500 股，则当股票价格跌破每股多少时，该投资者必须追加保证金？(　　)

A. 12.5 元　　B. 10 元　　C. 15 元　　D. 17.5 元

14. (复旦大学 2012) 指令驱动交易机制

15. (中央财大 2016) 累积优先股

16. (复旦大学 2012) 证券交易机制设计的目的和原则是什么？

17. (复旦大学 2016) 分析做市商报价驱动机制和指令驱动机制的差异性。

18. 比较股票发行的注册制和核准制。

19. (上海财大 2019)结合上市的利弊谈谈华为不上市的原因。

考点4　衍生工具市场

(一)命题思路

衍生工具市场主要考查各衍生工具的概念与区别，命题多以选择题和名词解释形式出现。衍生品套期保值是本知识点的难点所在。

(二)习题精编

1. (中央财大 2022)衍生品的基本特征不包括(　　)。

A. 杠杆效应　　B. 高风险性　　C. 跨期交易　　D. 存续期长

2. (中央财大 2017)关于衍生金融工具市场描述正确的是(　　)。

A. 远期交易合约的交易单位是交易所规定的标准化单位

B. 期货交易既可以在场内市场也可以在场外市场进行

C. 期权交易中看跌期权的买方具有决定是否买入合同标的物的权利

D. 期货是在远期的基础上产生的，期权是在期货的基础上产生的

3. (对外经贸 2011)期货市场的主要功能是(　　)。

A. 降低交易成本并提高收益率　　B. 风险转移与价格发现

C. 提供流动性并增加交易量　　D. 风险分担与投机获利

4. (对外经贸 2014)投资者可以选择放弃执行合同的金融交易是(　　)。

A. 远期利率协议　　B. 择期交易　　C. 期货交易　　D. 期权交易

5. (南京大学 2011)以下关于股指期货的表述中正确的是(　　)。

A. 股指期货只能做多，不能做空

B. 股指期货只能做空，不能做多

C. 股指期货既可以做多，也可以做空

D. 股指期货的空方需缴纳保证金，而多方则不需要缴纳保证金

6. (中国人大 2011)以下产品进行场外交易的是(　　)。

A. 股指期货　　B. 欧式期权　　C. ETF 基金　　D. 外汇掉期

7. (中山大学 2011)先在期货市场卖出期货，当现货价格下跌时，以期货市场的盈利弥补现货市场的损失从而达到保值的期货交易方式是(　　)。

A. 多头套期保值　　B. 空头套期保值　　C. 交叉套期保值　　D. 平行套期保值

8. (南京大学 2014)在期货合约中，期货的价格是(　　)。

A. 由买方和卖方在商品交割时确定的　　B. 由期货交易所确定的

C. 由买方和卖方在签订合约时确定的　　D. 由标的资产的提供者独立确定的

9. (中央财大 2015)以下属于利率衍生工具的是(　　)。

A. 债券期货　　B. 货币互换　　C. 外汇期货　　D. 外汇期权

10. (南京大学 2011)下面关于外汇看跌期权的表述中，错误的是(　　)。

A. 合约买方拥有卖出外汇的权利　　B. 合约买方拥有买入外汇的权利

C. 合约卖方承担买入外汇的义务　　D. 合约买方支付的期权费不能收回

11. (中国人大 2011)如果你购买了 W 公司股票的欧式看涨期权，协议价格为每股 20 元，合

约期限为 3 个月，期权价格是每股 1.5 元。若 W 公司股票市场价格在到期日为每股 21 元，则你将(　　)。

A. 不行使期权，没有亏损　　B. 行使期权，获得盈利

C. 行使期权，亏损小于期权费　　D. 不行使期权，亏损等于期权费

12. (中山大学 2011)对于看涨期权，设 S 为标的资产的市场价格，X 为协议价格，把 S>X 时的看涨期权称为(　　)。

A. 平价期权　　B. 虚值期权　　C. 实值期权　　D. 虚拟期权

13. (南京大学 2014)看跌期权的卖方(　　)。

A. 购买了按约定价格购买某种特定资产的权利

B. 出售了按约定价格购买某种特定资产的权利

C. 购买了按约定价格出售某种特定资产的权利

D. 出售了按约定价格出售某种特定资产的权利

14. (上海财大 2014)现在股价 62.5 元，买入 6 个月欧式看涨期权，允许以 65 元的执行价格买入 100 股，期权费 200 元，到期涨到 75 元，则净利润为(　　)元。

A. 800　　B. 1000　　C. 1200　　D. 1400

15. (复旦大学 2018)在 Black-Scholes 期权定价模型的参数估计中，最难估计的变量是(　　)。

A. 执行价格 X　　B. 连续复利的无风险收益率 r_f

C. 标的资产波动率 σ　　D. 期权的到期时间 T

16. (上海财大 2016)到期日相同的期权，执行价格越高(　　)。

A. 看涨期权的价格越高　　B. 看跌期权的价格越低

C. 看涨期权的价格越低　　D. 看涨期权与看跌期权的价格均越低

17. ABC 公司是一家美国企业。它从法国进口了价值 \$1000000 的商品，账期为 60 天。与此同时，它还向德国出口了 \$3000000 的商品，账期也是 60 天。为了套期保值，ABC 公司应该(　　)。

A. 购入 \$1000000 的期货合约　　B. 出售 \$3000000 的期货合约

C. 购入 \$1000000 的看涨期权　　D. 购入 \$2000000 的看跌期权

18. 假设英镑即期汇率为 1.6550 美元/英镑，6 个月期英镑期货合约价格为 1.6600 美元/英镑，合约面值为 62500 英镑。6 个月期美元和英镑无风险年利率(连续复利)分别为 6% 和 8%。则投资者应采取的套利策略为(　　)。

A. 借入美元，换成英镑；同时卖出英镑期货

B. 卖出美元，换成英镑；同时卖出英镑期货

C. 借入美元，换成英镑；同时买入英镑期货

D. 卖出美元，换成英镑；同时买入英镑期货

19. 阐述远期合约与期货合约二者之间的异同。

20. 阐述期权与期货二者之间的异同。

21. (上海外国语 2016)目前，国际原油市场是怎样的定价机制？

22. (中国人大 2012)隔夜指数掉期(OIS：Overnight Index Swap)，是一种将隔夜利率交换成为固定利率的利率掉期，彭博资讯(Bloomberg)等各种资讯系统平台定期都会发布 OIS 数

据信息，这一指标本身反映了隔夜利率水平。2011 年以来，美元、英镑与欧元的 3 个月期伦敦同业拆放利率(LIBOR)与 OIS 的利差持续扩大。请回答：

(1) OIS 实质上是一种利率掉期，请简要说明利率掉期的基本过程；

(2) 具体说明为何近年来 LIOBOR-OIS 利差会出现增大的趋势。

23. 假设芝加哥 IMM 交易所 3 月期的英镑期货价格为 $ 1. 5020/£ ，某银行报同一交割期的英镑远期合约价格为 $ 1. 5000/£ 。

(1) 如果不考虑交易成本，是否存在无风险套利机会？

(2) 应当如何操作才能谋取收益？计算最大可能收益率。

(3) 套利活动对两个市场的英镑价格将产生何种影响？

(4) 结合以上分析试论证外汇期货市场与外汇远期市场之间存在联动性。

24. (对外经贸 2013) A 公司需要浮动利率资金，它可以在信贷市场上以半年 Libor 加上 30 个基点或在债券市场上以 11. 15%的年利率筹措长期资金，与此同时，B 公司需要固定利率资金，它能够在信贷市场上以半年 Libor 加上 50 个基点或在债券市场上以 11. 95%的年利率筹措长期资金。试分析：

(1) 这两家公司是否存在利率互换交易的动机？

(2) 如何互换？

(3) 这笔互换交易的总成本节约是多少？

考点 5 金融机构体系

(一) 命题思路

本知识点主要围绕金融机构的功能和分类来命制题目，由于知识点比较琐碎，命题多以选择题和名词解释形式出现。

(二) 习题精编

1. (南京大学 2012) 非存款性金融机构不包括(　　)。

A. 信用合作社　　B. 投资银行　　C. 保险公司　　D. 投资基金

2. (中央财大 2016) 下列属于存款类金融机构的是(　　)。

A. 金融租赁公司　　B. 财务公司　　C. 资产管理公司　　D. 小额贷款公司

3. (上海财大 2012) 下列(　　)属于契约型金融机构。

A. 投资银行　　B. 封闭型基金　　C. 保险公司　　D. 信用社

4. (中央财大 2011) 投资银行在各国的称谓不同，在英国称为(　　)。

A. 证券公司　　B. 商人银行　　C. 长期信贷银行　　D. 金融公司

5. (华东师大 2018) 亚投行的全称是(　　)。

A. 亚洲投资发展银行　　B. 亚洲投资银行

C. 亚洲基础设施投资银行　　D. 亚洲基础设施投资发展银行

6. (中国人大 2018) 以下哪个不是政策性银行的资金来源？(　　)

A. 吸收公众存款　　B. 发行债券

C. 同业拆解　　D. 财政拨款

7. (上海财大 2020) 根据金融机构的资产负债表，市场短期利率上升，对下列哪个金融机构产生不利影响？(　　)

A. 投资银行　　B. 保险公司　　C. 商业银行　　D. 共同基金

8.（华东理工 2021）下列不属于投资银行业务的是（　　）。

A. 证券承销　　B. 企业并购　　C. 吸收存款　　D. 资产管理

9. 金融公司与商业银行的主要区别是（　　）。

A. 金融公司的规模比商业银行小　　B. 金融公司不提供存款业务

C. 金融公司不提供商业贷款　　D. 金融公司的经营目标不是利润最大化

10.（对外经贸 2011）美国于（　　）通过了《金融服务现代法案》，标志着美国进入混业经营时代。

A. 1999 年　　B. 1998 年　　C. 2000 年　　D. 2008 年

11.（南京大学 2013）商业银行在国民经济中的最重要职能是（　　）。

A. 代理国库和充当货币政策的传递渠道

B. 发放贷款，在间接融资中充当投资中介

C. 集中社会暂时或永久闲置的小额货币资金，然后将其转化为巨额的信贷资金

D. 通过存贷款业务和其他金融业务为公众提供金融服务

12.（中国人大 2013）公认的现代银行的萌芽起源于（　　）。

A. 美国　　B. 德国　　C. 英国　　D. 意大利

13. 下面哪一家银行（　　）的建立，标志着西方现代商业银行制度的建立。

A. 英格兰银行　　B. 汉堡银行

C. 威尼斯银行　　D. 阿姆斯特丹银行

14. 我国第一家股票上市的商业银行是（　　）。

A. 上海浦东发展银行　B. 招商银行　　C. 深圳发展银行　　D. 福建兴业银行

15.（湖南大学 2011）变金融排斥为金融倾斜的成功经验是（　　）。

A. 格莱珉银行　　B. 英格兰银行　　C. 欧洲中央银行　　D. 中国银行

16.（南京大学 2012）契约型基金反映的是（　　）。

A. 产权关系　　B. 所有权关系　　C. 债权债务关系　　D. 信托关系

17.（东北财大 2012）简述商业银行的主要职能。

18. 比较契约型基金与公司型基金的异同。

19. 比较开放式基金与封闭式基金的异同。

20.（浙江工商 2015）投资银行从证券承销中获得大量收益。在首次公开发行股票时，为什么公司一般不会省掉投资银行承销环节，直接向最终的购买者销售股票呢？

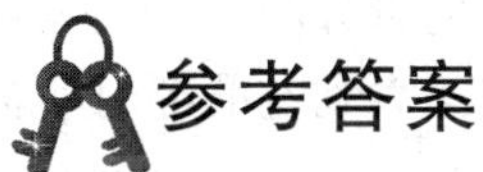

参考答案

考点 1　金融市场及其要素

1. ABCD　国外的金融学核心是从微观角度研究不确定条件下，能够实现资本最优配置的金融资产的均衡价格。因此，四个选项都符合这个定义。

2. B　金融市场的基本类型参见考查要点。

3. A　股票、债券都是直接融资，而定期存单是通过银行筹集，所以是间接融资方式。

4. C　直接融资和间接融资均需要金融中介，只是二者在其间的作用不一样，选项 AB

均错误；间接证券是指金融机构所发行的钞票、存款、可转让存单、人寿保单、金融债券等，间接融资需要间接证券，选项 C 正确；直接融资的工具主要有商业票据和直接借贷凭证、股票、债券，选项 D 错误。

5. D　一级市场的功能是发行，二级市场的功能是流通。显然，股票转让是二级市场的内容。

6. A　流通市场又称二级市场、次级市场，是已发行的金融工具在投资者之间买卖流通的市场。投资者可以在二级市场上出售持有的金融资产，以满足其对现金的需求。流通市场符合题意。易混项为：发行市场又称一级市场、初级市场，是金融工具首次出售给公众所形成的交易市场。在一级市场中，投资银行、经纪人和证券商为经营者，承担政府和公司企业新发行债券的承购和分销业务。

7. D　离岸市场提供离岸金融业务：交易双方均为非本地居民、以外币计价的业务称为离岸金融业务。而扬基债券是在美国债券市场上发行的外国债券，即美国以外的政府、金融机构、工商企业和国际组织在美国国内市场发行的、以美元为计值货币的债券。

8. B　金融市场只能分散和转移风险，并不能消除风险。

9. D　金融国际化是指一国的金融活动超越本国国界，脱离本国政府金融管制，在全球范围展开经营、寻求融合、求得发展的过程。金融国际化会增加金融风险的扩散。

10. C　由于现实中不同国家的金融制度差异较大，因此很多研究认为，存在着不同的金融体系。一是以英美为代表的市场主导型金融体系，二是以法德日为代表的银行主导型金融体系。在美国，银行资产对 GDP 的比重为 53%，只有德国的三分之一；相反，美国的股票市值对 GDP 的比重为 82%，大约比德国高三倍。因此，美国英国的金融体制常常被称为“市场主导型”，而德国、法国、日本则被称为是“银行主导型”。

11. 金融市场是指资金供应者和资金需求者双方通过信用工具进行交易而融通资金的市场，广而言之，是实现货币借贷和资金融通、办理各种票据和有价证券交易活动的市场。金融市场具有资本积累、资源配置、经济调节和经济反映等主要功能。

（1）资本积累

金融市场的积累功能是指金融市场引导众多分散的小额资金汇聚成可以投入社会再生产的资金集合的功能。金融市场之所以具有资金的积聚功能，一是由于金融市场创造了金融资产的流动性；二是由于金融市场上多样化的融资工具为资金供应者的资金寻求合适的投资手段找到了出路。

（2）资源配置

金融市场的配置功能表现在三个方面：一是资源的配置，二是财富的再分配，三是风险的再分配。一般地说，资金总是流向最有发展潜力，能够为投资者带来最大利益的部门和企业，这样，通过金融市场的作用，有限的资源就能够得到合理的利用。政府、企业及个人通过持有金融资产的方式来持有的财富，在金融市场上的金融资产价格发生波动时，社会财富就通过金融市场价格的波动实现了财富的再分配。金融市场同时也是风险再分配的场所，通过利用各种金融工具，厌恶金融风险的人可以把风险转嫁给厌恶风险程度较低的人，从而实现风险的再分配。

（3）调节经济

调节功能是指金融市场对宏观经济的调节作用。金融市场一边连着储蓄者，另一边连着投资者，金融市场的运行机制通过对储蓄者和投资者的影响而发挥着调节宏观经济的作用。

（4）反映经济

金融市场历来被称为国民经济的“晴雨表”和“气象台”，是公认的国民经济信号系统。这实际上就是金融市场反映功能的写照。

12.（1）直接融资，也称“直接金融”，是指拥有暂时闲置资金的单位（包括企业、机构和个人）与资金短缺单位，相互之间直接进行协议，或者在金融市场上前者购买后者发行的有价证券，将货币资金提供给资金需求单位，从而完成资金融通的过程。间接融资，也称“间接金融”，是指拥有暂时闲置货币资金的单位通过存款的形式，或者购买银行、信托、保险等金融机构发行的有价证券，将其暂时闲置的资金先行提供给这些金融中介机构，然后再由这些金融机构以贷款、贴现等形式，或通过购买需要资金的单位发行的有价证券，把资金提供给这些单位使用，从而实现资金融通的过程。其基本特点是资金融通通过金融中介机构来进行，它由金融机构筹集资金和运用资金两个环节构成。

（2）直接融资与间接融资的不同点：

① 融资工具不同。直接融资是通过资金需求者发行有价证券，如股票、债券等，由资金盈余者购买有价证券，以此来融通资金。间接融资是通过金融机构发行间接凭证，如银行存款凭证、保险凭证等筹集资金，然后再将资金贷放给资金需求者的一种融资方式。

② 融资工具特点不同。间接融资具有比直接融资的风险小、成本低、流动性好等优点。

③ 金融中介机构的功能不同：直接融资也需要借助于金融中介机构的服务，如证券公司、投资银行、会计师事务所等。但他们的作用主要是牵线搭桥并以此收取佣金。间接融资中的中介机构主要是商业银行，商业银行主要以储蓄的形式筹集资金，然后再将其贷放给资金需求者，并以此赚取存贷利差。

13. 金融市场是商品经济高度发达的产物。随着商品生产和流通的发展，社会资本迅速转移，资金融通的方式日趋多样化，各种信用工具不断涌现，信用工具作为金融商品在金融市场上交易就自然而然地出现了，多重信用工具的流通以及多重融资方式的运用，导致了金融市场的形成。具体来说，金融市场的形成需要具备以下条件：

① 商品经济高度发达，商品生产和流通十分活跃，社会上存在着庞大的资金需求和供给，这是金融市场得以建立和有效运行的前提条件。

② 健全完善的金融机构体系以及丰富多样的信用工具和交易形式，是金融市场形成的内部条件。金融机构是金融交易的主体，它通过提供灵活有效的金融服务，作为资金供求双方的媒介，赋予金融市场活力。信用工具是金融交易的客体，只有交易工具丰富，形式多样化，才能满足社会上众多资金供求者的需求，充分调动社会资金。

③ 健全的金融立法、合理的市场管理，是金融市场健康发展的外部条件。健全的立法，使交易双方有了可以遵守的规则，并能保障双方的正当权益，保证金融工具的信用。另一方面。金融当局通过合理的市场管理，可以运用适当的金融手段来调控市场的运营。

考点 2　货币市场

1. A　货币市场是期限在一年之内的资金融通的市场，所以主要功能是保持金融资产的流动性。货币市场一般指国库券、商业票据、银行承兑汇票、可转让定期存单、回购协议、联邦资金等短期信用工具买卖的市场。

2. C　在大部分国家，国库券作为一种政府的短期融资工具一般是采取折价发行，或者说是贴现发行。

3. D　回购协议的抵押物是有价证券，从本质上来说，是一种质押贷款协议。

【科兴提示】抵押贷款就是用房子、车子等有一定价值的固定资产作为担保措施向银行借款，而质押贷款是用存单、国债、股票的股权等流动性较强的资产作为担保措施向银行借款。两者的区别在于用于担保的资产是否发生转移。用房子抵押贷款，你仍然使用可以住在房子里，质押贷款，你的存单或股权在贷款期限内要交给银行，你不再拥有(虽然所有权仍是你的)。

4. A　我国大额存单于 2015 年 6 月 15 日正式推出，以人民币计价，个人投资人认购大额存单起点金额不低于 30 万元。为推进大额存单业务发展，拓宽个人金融资产投资渠道，增强商业银行主动负债能力，我国央行发布公告，自 2016 年 6 月 6 日起，我国个人投资人认购大额存单起点金额不低于 20 万元。

5. C　逆回购为 A 向 B 购买有价证券，并约定在未来特定日期将这个有价证券卖回给 B 的交易行为。正回购是一方以一定规模债券作抵押融入资金，并承诺在日后再购回所抵押债券的交易行为。

6. C　同业拆借市场，是指金融机构之间以货币借贷方式进行短期资金融通活动的市场。同业拆借的资金主要用于弥补银行短期资金的不足，票据清算的差额以及解决临时性资金短缺需要。

7. C　LIBOR 是伦敦同业拆借利率，由英国银行家协会公布。

8. D　短期金融工具是指偿还期限在 1 年或者 1 年以内的各种金融工具，包括票据、借据、短期国库券等。由于风险小，流动性强的特性，短期国库券已成为货币市场上最重要的信用工具。股票和债券属于资本市场工具，银行贷款由于贷款年限没有界定，不好划分是属于资本市场还是货币市场工具。

9. A　票据市场属于货币市场工具。所谓货币市场工具，是指期限小于或等于 1 年的债务工具，它们具有很高的流动性，属固定收入证券的一部分。

10. D　根据题意可知，贴现利息为：$50/365\times10\%\times10000\approx137$ 元，则银行应向客户支付$10000-137=9863$ 元。

【科兴提示】在计算贴现利息时，分母部分一般使用的是 360，但这里明显要求使用 365，应该是不同的教材在表述上没有形成统一。

11. 货币市场基金是指投资于货币市场上短期(一年以内，平均期限 120 天)有价证券的一种投资基金。该基金资产主要投资于短期货币工具如国库券、商业票据、银行定期存单、银行承兑汇票、政府短期债券、企业债券等短期有价证券。货币市场基金与其他投资于股票的基金最主要的不同在于基金单位的资产净值是固定不变的，通常是每个基金单位 1 元。投资该基金后，投资者可利用收益再投资，投资收益就不断累积，增加投资者所拥有的基金份额。

12. 货币市场套期保值的基本思路是：先借入外币兑换成本币进行投资，然后用将来收到的外币偿还外币借款或应付账款。如果美国公司采用货币市场进行套期保值，则公司应该在销售合约签收后立即借入一笔欧元，然后将其转换成美元进行投资，6 个月后德国公司偿还的货款正好用来归还借入的欧元。德国市场半年贷款利率为 6%，因此美国公司从德国市场借入欧元的金额为 1000 万/(1+6%)= 943. 3962 万欧元，然后在即期市场上按即期汇率$S=$ 1. 2205 美元/欧元兑换成 943. 3962×1. 2205 = 1151. 4151 万美元，再将这笔美元投资到美国市场，半年投资回报率为 3%，6 个月后在美国市场上的投资本金和利息为 1151.4151×(1+3%)= 1185.9575 万美元，同时将从德国公司收到的应收账款 1000 万欧元偿还德国市场的借款。

考点 3　资本市场

1. D　我国上市公司的股票有 A 股、B 股、H 股、N 股和 S 股等的区分。这一区分主要依据股票的上市地点和所面对的投资者而定。

A 股的正式名称是人民币普通股票。它是由我同境内的公司发行，供境内机构、组织或个人(不含台、港、澳投资者)以人民币认购和交易的普通股股票。

B 股的正式名称是人民币特种股票，它是以人民币标明面值，以外币认购和买卖，在境内(上海、深圳)证券交易所上市交易的。它的投资人限于：外国的自然人、法人和其他组织，香港、澳门、台湾地区的自然人、法人和其他组织，定居在国外的中国公民。

H 股，即注册地在内地、上市地在香港的外资股。香港的英文是 HongKong，取其字首，在港上市外资股就叫作 H 股。依此类推，纽约的第一个英文字母是 N，新加坡的第一个英文字母是 S 纽约和新加坡上市的股票就分别叫作 N 股和 S 股。

2. D　做市商交易制度，又称报价驱动制度，在该制度下，证券交易的买卖价格均由做市商给出，买卖双方并不直接成交，而向做市商买进或卖出证券。

3. B　所谓连续竞价是指对买卖申报逐笔连续撮合的竞价方式。电脑交易系统按照以下两种情况产生成交价：①最高买进申报与最低卖出申报相同，则该价格即为成交价格；②买入申报价格高于即时揭示的最低卖出申报价格时，以即时揭示的最低卖出申报价格为成交价；③卖出申报价格低于即时揭示的最高买入申报价格时，以即时揭示的最高买入申报价格为成交价。

4. D　限价委托是指客户要求证券经纪商在执行委托指令时，必须按限定的价格或比限定价格更有利的价格买卖证券。限价委托的优点是，投资者可以按预期的价格或更有利的价格买卖证券，从而获得较大利润。

5. C　我国 A 股市场的股票流动性比较高，主要是通过系统撮合进行交易，没有买卖差价。但是，新三板等流动性较差的股票市场则采用做市商制度。

6. C　可转换债券是指其持有者可以在一定时期内按一定比例或价格将之转换成一定数量的另一种证券的证券。可转换债券通常是转换成普通股票，当股票价格上涨时，可转换债券的持有人行使转换权比较有利。因此，可转换债券实质上嵌入了普通股票的看涨期权。

7. D　可转换债券是指在约定的期限内，在符合约定条件之下，其持有者有权将其转换(也可以不转换)为该发债公司普通股票的债券。由于具有可转换的性质，债券利率低于普通债券，这有利于发行者降低筹资成本；也正是由于具有可转换的选择，增加了投资者的兴趣。可转换债券持有人还享有在一定条件下将债券回售给发行人的权利，发行人在一定条件下拥有强制赎回债券的权利。

8. C　优先股是相对于普通股而言的，主要指在利润分红及剩余财产分配的权利方面，优先于普通股。优先股股东一般没有选举权和被选举权，对股份公司的重大经营无投票权。

9. C　指数债券是通过将利率与通货膨胀率挂钩来保证债权人不致因物价上涨而遭受损失的公司债券，挂钩办法通常为：债券利率=固定利率+通胀率。

10. C　根据风险与收益匹配原则可知，垃圾债券是一种高风险高收益债券。

11. C　转换比例是指一定面额可转换证券可转换成普通股的股数。用公式表示为：转换比例=可转换证券面值/转换价格=1000/40=25。

12. A　融资融券交易又称"证券信用交易"或保证金交易，是指投资者向具有融资融券业务资格的证券公司提供担保物，借入资金买入证券(融资交易)或借入证券并卖出(融券交易)的行为。包括券商对投资者的融资、融券和金融机构对券商的融资、融券。

13. C　根据维持保证金率的定义，当自有资金占总财富的比率低于维持保证率时，主体必须补充保证金到初试保证金率的水平。可设价格为 x 时，达到维持保证金率的水平。则有 $[4000-(20-x)\times500]/500x=20\%$，计算可得 $x=15$。

14. 指令驱动交易机制分为集合竞价和连续竞价两种。集合竞价是将数笔委托报价或一时段内的全部委托报价集中在一起，根据不高于申买价和不低于申卖价的原则产生一个成交价格，且在这个价格下成交的股票数量最大，并将这个价格作为全部成交委托的交易价格。连续竞价市场中，一旦按照有关竞价规则存在与交易指令相匹配的订单，该订单就可以成交，投资者通过网络，把买卖指令传输到交易所，交易所的电脑主机根据时间优先、价格优先的原则，将买卖指令撮合成交，形成连续的成交价格。根据这种交易方式下价格的形成机理，又可以叫作指令驱动制度。

在指令驱动制度下，市场价格通过投资者下达的买卖指令驱动并通过竞价配对而产生。竞价配对方式可以是传统的公开喊价方式，也可以是计算机自动撮合方式。竞价市场的基本特征是，证券交易价格的形成是由买卖双方直接决定的，投资者交易的对象是不确定的其他投资者，而不是做市商。买卖指令的流量是推动市场运行和价格形成的根本动力。现国内两大证券交易所和三家期货交易所均采用此交易制度。

15. 累积优先股是指当公司在某个时期内所盈利不足以支付优先股股息时，则累积到次年或以后某一年盈利时，在普通股的红利发放之前，连同本年优先股的股息一并发放。股份公司发行累积优先股票的目的，主要是为了保障优先股股东的收益不致因公司盈利状况的波动而减少。由于规定未发放的股息可以累积起来，待以后年度一起支付。因此，对于股东来说，股息收入只是时间迟早的问题，这就有利于保护优先股投资者的利益。

16. 通常，证券交易机制的目标和原则是多重的。主要的目标有：

第一，流动性。证券的流动性是证券市场生存的条件。如果证券市场缺乏流动性，或者说不能提供充分的流动性，证券市场的功能就要受到影响。从积极的意义上看，证券市场流动为证券市场有效配置资源奠定了基础。证券市场流动性包含两方面的要求，即成交速度和成交价格。

第二，稳定性。证券市场的稳定性是指证券价格的波动程度。一般来说，稳定性好的市场，其价格波动性比较小，或者说其调节平衡的能力比较强。从证券市场健康运行的角度看，保持证券价格的相对稳定、防止证券价格大幅度波动是必要的。证券市场的稳定性可以用市场指数的风险度来衡量。由于各种信息是影响证券价格的主要因素，因此，提高市场透明度是加强证券市场稳定性的重要措施。

第三，有效性。证券市场的有效性包含两方面的要求：一是证券市场的高效率；二是证券市场的低成本。其中，高效率又包含两方面内容。首先是证券市场的信息效率，即要求证券价格能准确、迅速、充分反映各种信息。低成本也包含两方面：一是直接成本；二是间接成本。

第四，透明性。指市场能及时披露交易信息和上市公司信息，不存在信息隐瞒和内幕交易的制度漏洞，保证交易信息获取的公开性和方便性；

第五，公平性。指所有投资者具有同等准入资格，享受同等公开信息、纳入同等监管保护，不存在优先劣后的身份层次划分；

第六，可靠性。技术系统应有足够的系统容量和处理能力，并且能够针对各种突发事件设定预案，不会因为偶然性因素出现系统故障而对金融交易市场造成严重冲击。

17. 报价驱动交易（quote-driven），又称做市商交易方式。特点是证券成交价格的形成有做市商决定，且投资者无论买进或卖出证券，都直接与做市商进行交易，与其他投资者无关。做市商通过买卖报价的适当差额来补偿所提供服务的成本费用，并实现一定的利润。

指令驱动交易（order-driven），又称做订单驱动交易方式，是指买卖双方直接进行交易，或将委托交给各自的代理商，由代理经纪商将投资者的委托呈交到交易市场，在市场的交易中心以买卖双向价格为基准进行撮合，按照一定的规则直接匹配撮合，完成交易。特点是证券成交价格的形成是由买卖双方直接决定，投资者买卖证券的对象是其他投资者。

（1）价格形成方式不同

指令驱动机制中的开盘与随后的交易价格均是竞价形成的，所有投资者买卖指令都汇集到交易所的主机中，电脑自动让可以匹配的买卖单成交，成交价格是在交易系统内部生成的。而报价驱动机制中，证券的开盘价格和随后的交易价格是由做市商报出的，成交价格是从交易系统外部输入的。

（2）信息传递的范围与速度不同

采用做市商机制，投资者买卖指令首先报给做市商，做市商是唯一全面及时知晓买卖信息的交易商，成交量与成交价随后才会传递给整个市场。在指令驱动交易机制中，买卖指令、成交量与成交价格几乎同步传递给整个市场。

（3）交易量与价格维护机制不同

在报价驱动机制中，做市商有义务维护交易量与交易价格。而指令驱动机制则不存在交易量与交易价格的维护机制。

（4）处理大额买卖订单的能力不同

报价驱动制度能够有效处理大额买卖指令；而在指令驱动制度中，大额买卖指令要等待交易对手的买卖盘，完成交易常常要等待较长时间。

（5）交易成本不同

在指令驱动市场上，证券价格是单一的，投资者的交易成本仅仅是付给经纪人的手续费。在报价驱动市场中，同时存在着两种市场报价：卖出价格（ask price）与买入价格（bid price），而两者之间的价差则是做市商的利润，是做市商提供“即时性服务”所索取的合理报酬。但投资者被迫担负了额外的交易成本-价差。

18. 注册制，是指证券监管机构公布发行上市的必要条件，企业只要符合所公布的条件即可发行上市区。核准制，是指发行人在申请发行股票时，不但要充分公开企业的真实情况，而且必须符合有关法律和证券监管机构规定的必备条件，证券监管机构有权否决不符合规定条件的股票发行申请。二者的主要区别有以下几点：

（1）依据不同。注册制依据较完善和健全的法律法规，它充分体现了市场经济条件下“无形之手”自我调节的本质特性。核准制则依据证券主管部门的实质性管理，它更体现了行政权力对股票发行的参与，是“国家之手”干预股票发行的具体体现，这种制度在市场经济发育不太完善的情况下较注册制更有利于对广大投资者利益的保护。

(2) 面对发行对象情况不同。注册制对市场参与主体的综合素质有较高的要求，如发行人和承销商及其他的中介机构要有较强的行业自律能力；投资者要有一个良好的投资理念；管理层的市场化监管手段较完善。核准制对以上要求程度较低。

(3) 证券监管部门职责不同。注册制发行人申请发行股票时，必须依法将公开的各种资料完全准确地向证券监管机构申报。证券监管机构的职责是对申报文件的全面性、准确性、真实性和及时性作形式审查，而将发行公司股票的良莠留给市场来决定。而在核准制下，证券监管机构除进行注册制所要求的形式审查外，还对发行人的营业性质、财力、素质、发展前景、发行数量和发行价格等条件进行实质审查，并据此作出发行人是否符合发行条件的价值判断和是否核准申请的决定。

(4) 管理原则不同。注册制遵循的是强制性信息公开披露原则，核准制遵循的是实质性管理原则。

(5) 适用市场不同。注册制适用于市场发展历史较长、市场法规较健全的国家或地区。而核准制则适用于市场发展历史较短、市场法规尚待进一步完善的国家或地区。

19. (1) 企业上市的好处

① 降低融资成本。企业上市能够获得直接融资渠道，企业可以通过资本市场获得更多的低成本资金。这不仅能够使企业迅速扩大规模，促进企业更快发展；

② 激发员工热情。一个上市企业的股票认购权或配送，对员工具有极大的吸引力。上市不仅可以吸纳和留住优秀人才，可以激发员工的工作热情；

③ 提高知名度。上市可以使企业的形象大为改善、知名度大幅提升，企业信誉、竞争力、影响力都会随之增强，更容易获得社会的信任与认同；

④ 企业治理更为规范。随着企业上市，企业变成了受社会关注的公众上市公司，企业有了更好的发展机遇，能够得到更多的发展机会之外，也要接受监管部门和公众的严格监管与监督，促使公司在治理方面更加规范。

(2) 企业上市的代价

① 失去财务自由。由于变成公众企业，财务就得变得透明，而且，上市后就需对股民负责，股民对利润和增长率有一定的要求，这给管理层带来短期业绩的压力；

② 必须遵守上市有关的法律法规并接受监管。法定披露使企业必须公开有关资料，这虽然增加了企业透明度，但也会造成一些成本的增加，比如公关、律师费用等；

③ 创始人容易失去掌舵权，甚至有法律风险。上市之后，股东就会以利益为重，企业创始人容易失去掌舵权。

(3) 华为不上市的原因

① 现金流充足。对于华为来说，上市融资根本就没有必要。华为仅靠经营就获取了很多公司靠资本运作都无法达到的巨大现金流。

② 股权机制特殊。华为的薪酬和福利是出了名的好，优秀员工都可以持股，这种激励机制为华为吸引了一批又一批的优秀人才。这一激励机制也导致了华为的股权极其分散，华为拥有一万多名股东，而任正非虽然是华为掌门人，但是他也仅仅占有华为百分之一点多的股份。公司上市要求股东在 200 名以内，所以华为这么分散的股权很难上市。

③ 企业发展受限。上市之后的华为就会失去财务自由，并且股东会因此以股价利益为驱动，迫使华为横向发展，任正非就会失去华为的控制权，华为的核心价值观会受到挑战。

考点4　衍生工具市场

1. D　衍生工具的合约都有期限，从签署生效到失效的这段时间为存续期。衍生工具的存续期限都是短期性的，一般不超过1年。

2. D　远期交易没有固定的场所，A选项错误。期货交易必须在场内进行，B选项错误。期权交易中看跌期权的买方没有决定是否买入合同标的物的权利，C选项错误。

3. B　期货的主要功能就是锁定未来标的资产的价格，因此主要作用就是风险转移，将未来标的资产价格的变动风险转嫁给交易方。从宏观市场角度来看，期货的交易是确定标的物远期价格，体现了价格发现的功能。

4. D　期权合约是买卖双方签订的一种协议，该协议赋予期权购买者在未来某一时刻以事先约定的价格购买(或出售)某一资产的权利。投资者只有权力，没有义务，所以投资者也可以选择放弃。

5. C　股指期货既能做多也能做空，为分散市场风险提供了可能。股指期货的空方和多方都需要缴纳保证金。

6. D　场外交易市场即业界所称的otc市场，又称柜台交易市场或店头市场，是指在证券交易所外进行证券买卖的市场。它主要由柜台交易市场、第三市场、第四市场组成。掉期交易和远期交易是具有代表性的柜台交易的衍生产品。

7. B　空头套期保值又称卖出套期保值，是指交易者先在期货市场卖出期货，当现货价格下跌时以期货市场的盈利来弥补现货市场的损失，从而达到保值的一种期货交易方式。交叉套期保值，就是当套期保值者为其在现货市场上将要买进或卖出的现货商品进行套期保值时，若无相对应的该种商品的期货合约可用，就可以选择另一种与该现货商品的种类不同但在价格走势互相影响且大致相同的相关商品的期货合约来做套期保值交易。一般地，选择作为替代物的期货商品最好是该现货商品的替代商品，两种商品的相互替代性越强，套期保值交易的效果就越好。

8. C　期货合约是指由期货交易所统一制订的、规定在将来某一特定的时间和地点交割一定数量和质量实物商品或金融商品的标准化合约。其中期货价格是在合约签订时由买卖双方商定的。

9. A　利率衍生工具是以利率或利率载体为基本工具，包括远期利率协议、利率期货、利率期权、利率互换等，其中债券期货是以利率载体为基础工具的衍生工具。其他三项均属于汇率衍生产品。

10. B　外汇期权指合约购买方在向出售方支付一定期权费后，所获得的在未来约定日期或一定时间内，按照规定汇率买进或者卖出一定数量外汇资产的选择权。外汇看跌期权的买方拥有卖出外汇的权力，在买方执行合约时期权卖方承担买入外汇的义务，若买方放弃执行合约其支付的期权费也不能收回。

11. C　在到期日市场价格高于协议执行价格，那么我们知道，该期权为价内期权，即执行对投资者有利的期权，但是，执行后的收益为1元，低于期权价格即期权费用1.5元，那么投资者亏损，但亏损小于期权费。

12. C　期权就是一份合约，合约规定在某一特定的时间，签订合约的双方已某一确定的价格(执行价格)买入或者卖出某一特定数量的标的物。看涨期权的买入者，预测标的物价格在合约到期时会上涨，所以只有到期时标的物价格真的上涨，那么期权购买者才会执行期权，这时期权也就有了价值。

13. D　看跌期权是指期权的买方向卖方支付一定数额的权利金后，即拥有在期权合约的有效期内，按执行价格向期权卖方卖出一定数额标的物的权利，但不负有必须卖出的义务。在买方要求行权时，卖方有按执行价格向期权买方买入一定数额标的义务。

14. A　净利润=(75-65)×100-200=800 元。

15. C　在 Black-Scholes 期权定价模型中，通常需要估计的变量是标的资产的价格波动率。价格波动率用于度量资产所提供收益的不确定性，可以用资产价格的历史数据来估计。价格波动率是指标的物价格的波动程度，它是期权定价模型中最重要的变量。在其他因素不变的条件下，标的物价格的波动增加了期权向实值方向转化的可能性，权利金也会相应增加。

16. C　到期日相同的期权，执行价格越高，涨价的可能空间少，所以看涨期权的价格越低，而执行价格越高，降价的可能空间多，看跌期权的价格越高。

【科兴提示】影响期权价值的因素

增　加	看涨期权	看跌期权
标的资产的价值(股票价格)	+	-
执行价格	-	+
股票的波动性	+	+
利率	+	-
距到期日的时间	+	+

17. D　ABC 公司 60 天后会有应付账款 \$1000000 和应收账款 \$3000000。由于是同一种货币，所以 ABC 公司 60 天有净应收账款 \$2000000。为了规避汇率波动的风险，应出售 \$2000000的期货或远期合同，购入欧元的看跌期权。

18. A　计算美元/英镑的理论价格=即期汇率×[(1+美元无风险利率×6/12)÷(1+英镑无风险利率×6/12)]=1.6550×[(1+6%×6/12)÷(1+8%×6/12)]=1.655×1.03/1.04=1.639，1.639<1.660，因此，英镑期货价格偏高，套利操作需卖出英镑期货。卖出英镑期货合约为建立英镑空头，约定将来以固定汇率用英镑换取美元，因此期初应先借入美元，并换成英镑。

因此，应采取的套利策略为借入美元，换成英镑；同时卖出英镑期货。

19.(1) 标准化程度不同。远期合约中的相关条件如标的物的质量、数量、交收地点和交割月份都是根据双方的需要确定的。而期货合约则是标准化的。期货交易所设计好标准化的数量、质量、交割地点、交割时间、交割方式、合约规模等条款，只有价格是在成交时根据市场行情确定的。

(2) 交易场所不同。远期交易是在交易所外进行的，属于 OTC 市场。而期货交易在交易所内进行的，属于场内交易市场。

(3) 违约风险不同。远期交易违约风险大于期货交易。

(4) 价格确定的方式不同。远期合约的交割价格是由交易双方直接谈判并私下确定的。而期货交易的价格则是由市场参与者公开竞价确定的。

(5) 履约方式不同。远期合约需要进行实物交割，而期货交易可以在到期日前“对冲”掉头寸，而无须进行实物交割。

（6）合约双方关系不同。远期交易双方彼此相互接触和了解，而期货交易双方无须接触。无论期货多头还是空头都是在和期货交易所和清算公司进行交易。

（7）结算方式不同。远期交易只有到期时才进行结算交割，而期货交易采取的是逐日结算的制度。

20.（1）权利和义务。期货合约的双方都被赋予相应的权利和义务，而期权合约赋予买方只有权利、没有任何义务（除购买期权时交纳期权费外），卖方则只有义务、无任何权利。

（2）标准化。期货都是标准化合约，而期权既有标准化合约，也有非标准化合约。

（3）盈亏风险。期货交易双方所承担的盈亏风险都是无限的。而期权交易买方盈利无限，而亏损有限。

（4）保证金。期货交易的买卖双方都须交纳保证金。期权的买者则无须交纳保证金，但是期权卖方仍需交纳保证金。

（5）买卖匹配。期货合约的卖方到期必须卖出标的资产或到期前对冲掉所持有的头寸，而期权合约的卖方在到期日或到期前则有根据买方意愿相应卖出或买入标的资产的义务，即期权买方可以执行，也可以不执行期权。

（6）风险管理。运用期货进行的风险管理，除了把不利风险转移出去，也将有利风险转移出去。而运用期权进行风险管理，只把不利风险转移出去而把有利风险留给自己。

21. 目前原油定价市场已经进入期货定价阶段。国际石油市场历经上百年的发展，形成了西北欧、地中海、美国、加勒比海及新加坡等五个主要的原油现货市场，以及纽约商业交易所（NYMEX）、伦敦国际石油交易所（IPE）及迪拜商品交易所（DME）等三大主要原油期货交易所。从近年来原油价格波动情况看，期货市场已经在很大程度上发挥了价格发现功能，期货价格已经成为国际原油价格变化的预先指标。原油期货交易所的公开竞价交易方式形成了市场对未来供需关系的信号，交易所向世界各地实时公布交易行情，原油贸易商可以随时得到价格资料，这些因素促使原油期货价格成为原油市场的基准价格。当前，以上述三大期货市场与五大现货市场为主的国际原油市场格局，决定了其定价机制，通过期货价格决定现货价格的“间接定价方式”，即选用一种或几种参照原油的价格为基础，再加上升贴水，例如 WTI 原油和 BRENT 原油，以基准油在交货或提单日前后某一段时间的现货交易或期货交易价格加上升贴水作为原油贸易的最终结算价格。由于不同贸易地区所选用的基准油不同，且不同的基准油之间由于品质的差异、不同地区之间运费和供需关系的不同而存在一定的价差，原油定价方式又可细分为北美地区定价方式、中东地区定价方式、欧洲地区定价方式和亚太地区定价方式等。

22.（1）利率掉期，就是两个主体之间签订一份协议，约定一方与另一方在规定时期内的一系列时点上按照事先敲定的规则交换一笔借款，本金相同，只不过一方提供浮动利率，另一方提供的则是固定利率。利率的大小也是按事先约定的规则进行，固定利率订约之时就可以知晓，而浮动利率通常要基于一些有权威性的国际金融市场上的浮动利率进行计算，如 LIBOR（伦敦银行间同业拆借利率），或 SHIBOR（上海银行间拆放利率），在其基础上再加上或减去一个值等等方法可以确定当期的浮动利率。

（2）OIS（隔夜指数互换）是将一段时间的固定利率与隔夜利率（由经纪商促成交易的）的几何平均值进行交换的合约。市场上的 OIS 利率指的是互换合约中的固定利率。OIS 虽然也可能出现违约的可能性导致并非完全无风险，但是相比于 LIBOR，它更接近于无风险，因为借出方可以在每一天结束时评估对手方信用并有权决定是否终止贷款。LIBOR-OIS 利差扩大主要是因为国际宏观经济形式不明朗，风险不断积聚主要，世界经济下行风险加大。从目前情况看，世界经济增速可能长期低位徘徊，面临下行的严重风险。

一是发达国家主权债务风险上升。欧洲问题国家债务规模史无前例，目前欧洲主权债务危机正在从希腊等边缘国家向意大利、西班牙等核心国家扩散，从公共财政领域向银行体系扩散，市场信心极其脆弱，引发金融市场持续大幅震荡。

二是世界经济复苏动力依然不足。主要发达经济体失业率居高难下，房地产市场持续低迷，消费投资需求疲弱，以技术创新为代表的新增长点尚未形成；财政金融政策空间已十分有限。新兴经济体则面临通胀上升和经济增速回落的双重压力。

三是全球性通胀压力短期内难以缓解。目前，主要发达国家普遍强化宽松货币政策。未来一段时期，国际资本大规模无序流动风险增大，大宗商品市场可能频繁大幅震荡，全球通胀形势不容乐观。

四是非经济因素干扰不断增多。国际金融危机阴霾不散可能进一步影响相关国家社会稳定，一些国家通胀、失业、社保和两极分化加剧等问题相互叠加，可能导致政局不稳、社会矛盾冲突加剧，各种风险触发点增多，都可能对世界经济产生难以预料的冲击。

23.（1）由于远期外汇合约和期货合约之间存在差价，因此存在无风险套利机会。

（2）买入远期外汇合约，卖出期货合约。计算可得最大可能收益率为（1.5020－1.5000）/1.5000 ×100%＝0.13%。

（3）远期市场英镑价格上升，期货市场英镑价格下降。

（4）期货市场和与远期市场上的价格应该趋于一致，否则会存在套利机会，套利行为会使得价格差异消失，比如远期市场的外汇价格低于期货市场的外汇价格，则可以在远期市场买入外汇，同时在期货市场卖出外汇，这样就可以获得无风险收益。如果考虑到远期市场流动性相对较差，远期市场的外汇价格可能略低，而期货市场的流动性较好，外汇价格可以略高。

24.（1）根据已知对两个公司的贷款利率情况进行分析：

	固定利率	浮动利率
A 公司	11.15%	半年期 LIBOR+0.3%
B 公司	11.95%	半年期 LIBOR+0.5%
绝对优势	A 公司：0.8%	A 公司：0.2%
相对优势	A 公司	B 公司

从表中数据知，A 的借款利率均比 B 低，即 A 在两个市场都具有绝对优势，但是在固定利率市场上，A 比 B 的绝对优势为 0.8%，而在浮动利率市场上，A 比 B 的绝对优势为 0.2%，这就是说，A 在固定利率市场上有比较优势，而 B 在浮动利率市场上有比较优势，这样，双方就可以利用各自的比较优势为对方借款，然后互换，从而达到共同降低筹资成本的目的。

（2）通过发挥各自的比较优势，双方总的筹资成本降低了 0.6%（即 11.95%+半年期 LIBOR+0.3%－11.15%－LIBOR－0.5%＝0.6%），这就是互换的利益，互换利益时双方合作的结果，理应由双方分享，具体分享比例由双方谈判决定，我们假定双方各享受一半，则双方都将使筹资成本降低 0.3%，具体互换过程是：A 以 11.15%的固定利率借款，B 以 LIBOR+0.5%的利率借款，然后 A 向 B 支付浮动利率半年期 LIBOR（半年期 LIBOR+0.3%－0.3%），B 向 A 支付固定利率 11.15%，双方最终实际筹资成本分别为：A 支付 LIBOR 浮动利率，B

支付 11.65%的固定利率。如下图所示：

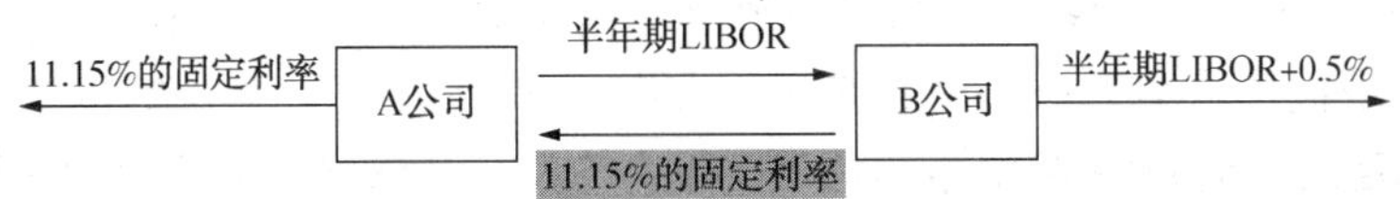

（注意：灰色底纹部分的 11.15%怎么来的？先设成 x，则 B 的筹资总成本为：半年期 LIBOR+0.5%+x−半年期 LIBOR = 11.65%，得到 x = 11.15%。也只有 x = 11.15%，A 的筹资成本才能是 LIBOR。）

（3）互换交易的总成本节约是 0.6%。

考点 5　金融机构体系

1. A　金融机构按照是否能够接受公众存款，可划分为存款性金融机构与非存款性金融机构。存款性金融机构主要通过存款形式向公众举债而获得其资金来源，如商业银行、储蓄贷款协会、合作储蓄银行和信用合作社等。非存款性金融机构则不得吸收公众的储蓄存款，如保险公司、信托金融机构、政策性银行以及各类证券公司等。

2. B　选项 ACD 的业务内容都是只贷不存。财务公司的业务有存款、贷款、结算、票据贴现、融资性租赁、投资、委托以及代理发行有价证券等。

3. C　契约型金融机构指以契约方式在一定期限内从合约持有者手中吸收资金，然后按契约规定向持约人履行赔付或资金返还义务的金融机构。包括各种保险公司、养老基金和退休基金等。这类机构的特点是资金来源可靠而且稳定，资金运用主要是长期投资。

4. B　投资银行是与商业银行相对应的一类金融机构，主要从事证券发行、承销、交易、企业重组、兼并与收购、投资分析、风险投资、项目融资等业务的非银行金融机构，是资本市场上的主要金融中介。世界各国对证券公司的划分和称呼不尽相同，美国的通俗称谓是投资银行，英国则称商人银行。以德国为代表的一些国家实行银行业与证券业混业经营，通常由银行设立公司从事证券业务经营。日本等一些国家和中国一样，将专营证券业务的金融机构称为证券公司。

5. C　亚洲基础设施投资银行（Asian Infrastructure Investment Bank，简称亚投行，AIIB）是一个政府间性质的亚洲区域多边开发机构。重点支持基础设施建设，成立宗旨是为了促进亚洲区域的建设互联互通化和经济一体化的进程，并且加强中国及其他亚洲国家和地区的合作，是首个由中国倡议设立的多边金融机构，总部设在北京，法定资本 1000 亿美元。截至 2017 年 5 月 13 日，亚投行有 77 个正式成员国。

6. A　政策性银行有其特定的资金来源，主要依靠发行金融债券、财政拨款或向中央银行举债，一般不面向公众吸收存款。

7. C　四个选项中，只有商业银行是存款型金融机构，其他几个选项均是投资型金融机构。对商业银行来说，市场短期利率上升，意味着短期利息支出增加，显然是不利的。

8. C　吸收存款属于存款性金融机构的经营业务，而投资银行并不属于存款性金融机构。

9. B　金融公司是通过在公开市场上发行商业票据和债券筹集资金或从银行贷款获得资金，其与商业银行和存款机构的主要不同点是，金融公司不提供存款业务。

10. A　随着美国金融业的发展和扩张，1933 年的《格拉斯-斯蒂格尔法案》已经成为发展的障碍。商业银行不满足于低利润的银行零售业，开始向投资银行渗透，很多商业银行都有变相的投资银行部门。1999 年，由克林顿政府提交监管改革绿皮书，并经国会通过，形成了《金融服务现代化法案》，亦称《格雷姆-里奇-比利雷法案》。《金融服务现代化法案》废除了 1933 年制定的《格拉斯-斯蒂格尔法案》有关条款，从法律上消除了银行、证券、保险机构在业务范围上的边界，结束了美国长达 66 年之久的金融分业经营的历史。

11. B　信用中介是商业银行最基本的功能，它在国民经济中发挥着多层次的调节作用：将闲散货币转化为资本，使闲置资本得到充分利用，将短期资金转化为长期资金。

12. D　人们公认的早期银行的萌芽，起源于文艺复兴时期的意大利。“银行”一词英文称之为“Bank”，是由意大利文“Banca”演变而来的。

13. A　西方典型的商业银行的产业，是以 1694 年英格兰银行的建立为标志的。作为一家私人股份公司，英格兰银行筹集了 120 万英镑的资本，开始的业务主要是对政府贷款以支持英国的对法战争，后来则主要从事资金存放这一典型的商业银行业务，利润来源主要是票据业务、对公司的短期贷款和政府债券的流通管理。

14. C　深圳发展银行于 1991 年 4 月 3 日上市，是我国上市最早的商业银行。

15. A　孟加拉乡村银行最早起源于孟加拉国。1974 年，穆罕默德·尤努斯在孟加拉国创立小额贷款，1983 年，正式成立孟加拉乡村银行-格莱珉(孟加拉语：乡村)银行。孟加拉乡村银行模式是一种利用社会压力和连带责任而建立起来的组织形式，是当今世界规模最大、效益最好、运作最成功的小额贷款金融机构，在国际上被大多数发展中国家模仿或借鉴。2006 年 10 月，尤努斯因其成功创办孟加拉乡村银行，荣获诺贝尔和平奖。它作为一种成熟的扶贫金融模式，主要特点为：瞄准最贫困的农户，并以贫困家庭中的妇女作为主要目标客户；提供小额短期贷款，按周期还款，整贷零还，这是模式的关键；无须抵押和担保人，以五人小组联保代替担保，相互监督，形成内部约束机制；按照一定比例的贷款额收取小组基金和强制储蓄作为风险基金；执行小组会议和中心会议制度，检查项目落实和资金使用情况，办理放、还、存款手续，同时还交流致富信息，传播科技知识，提高贷款人的经营和发展能力。

【科兴提示】格莱珉银行的成功是普惠金融的一次探索，考生可以结合我国的现状深入拓展这个知识点。

16. D　契约型基金又称单位信托基金，是指把投资者、管理人、托管人三者作为当事人，通过签订基金契约的形式发行受益凭证而设立的一种基金。基金合同是规定基金当事人之间权利义务的基本法律文件。在我国，契约型基金依据基金管理人、基金托管人之间所签署的基金合同设立；基金投资者自取得基金份额后即成为基金份额持有人和基金合同的当事人，依法享受权利并承担义务。因此契约型基金反映的是一种信托关系。

17. 商业银行在现代经济活动中有信用中介、支付中介、金融服务、信用创造和调节经济等职能，并通过这些职能在国民经济活动中发挥着重要作用。

(1) 信用中介是指商业银行充当将经济活动中的赤字单位盈余单位联系起来的中介人的角色。信用中介是商业银行最基本的功能，它在国民经济中发挥着多层次的调节作用：将闲散货币转化为资本；使闲置资本得到充分利用；将短期资金转化为长期资金。

(2) 支付中介是指商业银行借助支票这种信用流通工具，通过客户活期存款账户的资金转移为客户办理货币结算、货币收付、货币兑换和存款转移等业务活动。商业银行发挥支付中介功能主要有两个作用：节约了流通费用；降低银行的筹资成本，扩大银行的资金来源。

(3) 信用创造是指商业银行通过吸收活期存款、发放贷款，从而增加银行的资金来源、扩大社会货币供应量。商业银行发挥信用创造功能的作用主要在于通过创造存款货币等等流通工具和支付手段，既可以节省现金使用，减少社会流通费用，又能够满足社会经济发展对流通手段和支付手段所需要。

(4) 金融服务是指商业银行利用在国民经济中联系面广、信息灵通等的特殊地位和优势，利用其在发挥信用中介和支付中介功能的过程中所获得的大量信息借助电子计算机等先进手段和工具，为客户提供财务咨询、融资代理、信托租赁、代收代付等各种金融服务。

18. (1) 证券投资基金根据其组织形式不同，可分为契约型投资基金与公司型投资基金。契约型基金是基于一定的信托契约而成立的基金，一般由基金管理公司(委托人)、基金保管机构(受托人)和投资者(受益人)三方通过信托投资契约而建立。契约型基金的三方当事人之间存在这样一种关系：委托人依照契约运用信托财产进行投资，受托人依照契约负责保管信托财产，投资者依照契约享受投资收益。契约型基金筹集资金的方式一般是发行基金受益凭证或者基金单位，这是一种有价证券，表明投资人对基金资产的所有权，凭其所有权参与投资权益分配。

(2) 公司型基金是具有共同投资目标的投资者依据公司法组成以盈利为目的、投资于特定对象的股份制投资公司。这种基金通过发行股份的方式筹集资金，是具有法人资格的经济实体。基金持有人既是基金投资者又是公司股东。公司型基金成立后，通常委托特定的基金管理人或者投资顾问运用基金资产进行投资。

(3) 公司型基金与契约型基金的主要区别有以下几点：①法律依据不同。公司型基金组建的依据是公司法，而契约型基金的组建依照基金契约，信托法是其设立的法律依据。②基金财产的法人资格不同。公司型基金具有法人资格，而契约型基金没有法人资格。③发行的凭证不同。公司型基金发行的是股票，契约型基金发行的是受益凭证(基金单位)。④投资者的地位不同。公司型基金的投资者作为公司的股东有权对公司的重大决策发表自己的意见，可以参加股东大会，行使股东权利。契约型基金的投资者购买受益凭证后，即成为契约关系的当事人，即受益人，对资金的运用没有发言权。⑤基金资产运用依据不同。公司型基金依据公司章程规定运用基金资产，而契约型基金依据契约来运用基金资产。⑥融资渠道不同。公司型基金具有法人资格，在一定情况下可以向银行借款。而契约型基金一般不能向银行借款。⑦基金运营方式不同。公司型基金像一般的股份公司一样，除非依据公司法规定到了破产、清算阶段，否则公司一般都具有永久性；契约型基金则依据基金契约建立、运作，契约期满，基金运营相应终止。

19. (1) 根据基金单位是否可以增加或赎回，证券投资基金可分为开放式基金和封闭式基金。开放式基金是指基金发起人在设立基金时，基金单位或股份总规模不固定，可视投资者的需求，随时向投资者出售基金单位或股份，并可应投资者要求赎回发行在外的基金单位或股份的一种基金运作方式。大多数的投资基金都属于开放式的。

(2) 封闭式基金，是指采用封闭式运作方式的基金。即基金的发起人在设立基金时，限定了基金单位的发行总额，筹足总额后，基金即宣告成立，并进行封闭，在一定时期内不再接受新的投资。基金单位可以在依法设立的证券交易场所交易，但基金单位持有人不得申请赎回的基金。

(3) 开放式基金与封闭式基金的主要区别有以下几点：①基金规模的可变性不同。开放式基金发行的基金单位是可赎回的，而且投资者可随时申购基金单位，所以基金的规模不固定；封闭式基金规模是固定不变的。②基金单位的交易价格不同。开放式基金的基金单位的买卖价格是以基金单位对应的资产净值为基础，不会出现折价现象。封闭式基金单位的价格更多地会受到市场供求关系的影响，价格波动较大。③基金单位的买卖途径不同。开放式基金的投资者可随时直接向基金管理公司购买或赎回基金，手续费较低。封闭式基金的买卖类似于股票交易，可在证券市场买卖，需要缴手续费和证券交易税。一般而言，费用高于开放式基金。④投资策略不同。开放式基金必须保留一部分基金，以便应付投资者随时赎回，进行长期投资会受到一定限制。而封闭式基金不可赎回，无须提取准备金，能够进行长期投资，取得长期经营绩效。⑤所要求的市场条件不同。开放式基金的灵活性较大，资金规模伸缩比较容易，所以适用于开放程度较高、规模较大的金融市场；而封闭式基金正好相反，适用于金融制度尚不完善、开放程度较低且规模较小的金融市场。

20. 公司直接向最终购买者出售股票而省掉投资银行的承销环节，确实可以给投资银行的一大笔承销费用，但是相比于公司直接发行股票，由投资银行承销发行的优势也很明显。

第一，投资银行是专门从事股票发行的机构，经验更丰富，具备相关专业知识和技能，拥有证券发行的人力、物力的条件，可以更合理地确定发行时间、条件、价格等。为发行者提供发行的利弊分析，风险状况、和市场预期等信息。投资银行还能为证券发行者提供其所需的相关资料，包括宏观经济分析、行业分析、同行业公司股票状况等。这是公司直接发行所做不到的。

第二，投资银行承销发行可以把股票发行的风险转移给投资银行，因为发行失败的成本比较高，当投资银行承销发行后，这笔风险就全部由投资银行承担。公司的总体风险降低。

第三，投资银行具备很强的营销团队、营销策略和营销力量。也有很强的客户资源，承销发行的成功率也会得到显著提高。

第5章　商业银行业务与管理

一、考查要点

1. 银行负债业务分为广义和狭义两种。广义的银行负债业务是指除银行自有资本以外的一切资金来源，包括资本期票和长期债务资本等二级资本的内容；狭义的银行负债业务是指银行存款、借款等一切非资本性的债务。主要包括：活期存款、定期存款、储蓄存款。

2. 商业银行资产业务主要包括贷款业务、证券投资业务、贴现业务及其他资产业务。

3. 表外业务是指那些未列入资产负债表，但同表内资产业务和负债业务关系密切，并在一定条件下可能会转为表内资产业务和负债业务的经营活动。主要包括：贷款承诺、担保业务、贷款出售及资产证券化等资产转换业务、金融衍生工具的交易、投资银行业务。

4. 中间业务是指银行不需要运用自己的资金，而只代理客户承办收付或其他委托事项，收取手续费的业务。主要包括：传统的汇兑业务，信用证业务，信托业务，租赁业务，代理业务等。

5. 商业银行经营原则包括：盈利性、流动性和安全性原则。①盈利性原则是指商业银行作为一个企业，其经营追求最大限度的盈利。②流动性是指商业银行随时应付客户提现和满足客户借贷的能力，包含两层含意：资产的流动性和负债的流动性。③安全性是指银行的资产、收益、信誉以及所有经营生存发展的条件免遭损失的可靠程度。

6. 资产管理理论主要包括：真实票据理论、转换理论和预期收入理论。负债管理理论主要包括：存款理论、购买理论和销售理论。资产负债综合管理理论认为，在融资计划和决策中，银行主动地利用对利率变化敏感的资金，协调和控制资金配置状态，使银行维持一个正的净利息差额或正的资本净值。

7. 商业银行风险是指商业银行在经营活动中，因不确定因素的单一或综合影响，使商业银行遭受损失或获取额外收益的机会和可能性。商业银行风险主要受客观经济环境、经营决策和管理水平决定。银行面临的风险主要有：流动性风险、利率风险、信用风险、投资风险、汇率风险、资本风险。

8. 衡量商业银行利率风险的方法有：

(1) 重定价缺口(利率敏感性缺口)用于衡量金融机构净利息收入对市场利率的敏感程度。用 GAP 表示，即重定价缺口(GAP)=利率敏感性资产(RSA)-利率敏感性负债(RSL)。

(2) 期限缺口(到期日缺口)，它是建立在金融机构资产和负债平均加权到期日的差值的基础上的。其计算公式为：$M_{GAP}=M_A-M_L$，其中，M_A 指资产加权平均到期日，M_L 指负债加权平均到期日。

(3) 久期缺口(存续期缺口)：它考虑了金融机构资产负债表的杠杆程度，也考虑了资产和负债现金流的支付时间，是一种更全面测量利率风险的模型。久期缺口的计算公式为：$D_{GAP}=D_A-D_Lk$，即久期缺口=资产加权平均久期-(总负债/总资产)×负债加权平均久期。

9. RAROC(Risk Adjusted Return on Capital)即风险调整资本收益，是国际先进银行用于

评价经营管理绩效的改进型技术手段。RAROC 的计算公式为：RAROC＝风险调整收益÷经济资本，其中：风险调整收益＝净收入－经营成本－预期损失－税项，预期损失＝违约率×违约损失率×违约风险暴露。RAROC 的核心思想是：将未来可预计的风险损失量化为当期成本，对当期收益进行调整，衡量经过风险调整后的收益大小；考虑为非预期损失做出资本储备，进而衡量资本的使用效率，使银行的收益与所承担的风险挂钩。

10. 所谓信息不对称是指交易的一方对另一方不充分了解，这种信息的不平等称为不对称，由此将影响到交易双方的准确决策，这是金融市场上的一个重要现象。信息不对称的存在所造成的问题可能发生在两个阶段：交易之前和交易之后。在交易之前，称为逆向选择；在交易之后称为道德风险。

二、2023 年命题预测

商业银行业务与管理是基础章节，知识点比较零散。商业银行的业务辨析是本章的重点，考生务必掌握。商业银行风险的量化分析，是本章的难点，常常会涉及计算。好在大多数高校并不考查相关的内容。

考点 1　商业银行的负债业务

（一）命题思路

商业银行的负债业务就是商业银行在经营活动中尚未偿还的经济业务，它是商业银行介意形成资金来源的业务。主要考查负债业务的基本概念以及负债的途径。只需要理解这部分知识就行。

（二）习题精编

1. 目前，在商业银行的全部资金来源中占最大比例的是(　　)。
   A. 负债　　B. 借款　　C. 自有资本　　D. 存款
2. 我国商业银行办理个人整存整取定期存款的起点金额是(　　)元。
   A. 1000　　B. 500　　C. 50　　D. 100
3. 下面属于银行主动负债的业务是(　　)。
   A. 活期存款　　B. 大额定期可转让存单
   C. 定期存款　　D. 国债
4. (上海财大 2011)商业银行与其他金融机构的主要区别之一在于其能接受(　　)。
   A. 派生存款　　B. 定期存款　　C. 储蓄存款　　D. 活期存款
5. (重庆大学 2018)可转让支付命令账户(NOW)是对(　　)签发的类似于支票的凭证。
   A. 活期存款　　B. 储蓄存款
   C. 定期存款　　D. 活期存款+定期存款+储蓄存款
6. (上海财大 2013)以下不属于商业银行负债创新的是(　　)。
   A. NOW 账户　　B. ATS 账户　　C. CDs 账户　　D. 票据便利发行
7. 下面不属于负债管理思想的是(　　)。
   A. 销售理论　　B. 购买理论　　C. 存款理论　　D. 预期收入理论
8. (浙江财经 2016)20 世纪 50 年代中后期至 60 年代初，金融市场出现“脱媒”现象，商业银行经营管理的重点转向(　　)。

A. 资产管理　　B. 负债管理
C. 资产负债综合管理　　D. 资产负债表内外统一管理

9. 商业银行的负债项目主要包括哪些？商业银行如何扩大自身的负债能力？
10. 简述负债管理理论产生的背景及内容。
11. 简述银行负债管理理论的基本观点。

考点 2　商业银行的资产业务

（一）命题思路

商业银行的资产业务主要包括贷款业务、证券投资业务、贴现业务以及其他资产业务。我国的商业银行的资产可以分为现金资产、贷款、证券投资、其他资产四类。本节主要考查对商业银行资产业务的基础知识，要能够辨别出某项业务是否属于资产业务。

（二）习题精编

1. 商业银行的资产业务是指(　　)。
   A. 资金来源业务　B. 资金运用业务　C. 中间业务　D. 存款业务
2. (清华大学 2016)以下不属于商业银行资产业务的是(　　)。
   A. 贴现　B. 贷款　C. 信用证　D. 证券投资
3. 贴现与透支(　　)。
   A. 均属于银行的贷款业务
   B. 前者属于贷款业务，后者属于中间业务
   C. 前者属于中间业务，后者属于贷款业务
   D. 两者均属于中间业务
4. (中央财大 2011)认为银行只宜发放短期贷款的资产管理理论是(　　)。
   A. 可转换理论　B. 预期收入理论　C. 真实票据理论　D. 可贷资金论
5. (中央财大 2013)银行可以通过项目评估依据借款人投资的未来现金流状况发放中长期贷款的资产管理理论是(　　)。
   A. 可转换理论　B. 预期收入理论　C. 真实票据理论　D. 可贷资金论
6. (对外经贸 2016)面对国内经济步入“新常态”，以及利率市场化改革，汇率形成机制改革，人民币国际化，新资本管理办法实施和互联网金融的兴起，创新驱动已经成为商业银行面对市场竞争的新常态。面对经济转型升级，商业银行要创新经营方式，从主要发行信贷资产迈向全资产经营，经营方式也将更加多样化。全资产经营强调各类资产的组合配置，注重发挥资产负债管理作为盈利性风险管理工具的作用。请回答以下问题：
   (1) 商业银行资产管理理论经历了哪些发展阶段，其主要观点是什么？
   (2) 资产管理理论如何推进商业银行资产业务的多样化？
7. 试述商业银行资产负债管理理论的发展脉络。
8. 试述抵押贷款与质押贷款的异同。
9. 试述商业银行信贷经营的基本原则及它们之间的关系如何。

考点 3　商业银行的中间业务和表外业务

（一）命题思路

商业银行的中间业务与表外业务是考试的重点，也是难点，主要考查中间业务和表外业

务的联系与区别。给出一些具体的银行业务，要求判断应该属于中间业务还是表外业务。

（二）习题精编

1. 下列业务中不属于商业银行的表外业务是(　　)。
   A. 贷款承诺　　B. 担保业务　　C. 票据发行便利　　D. 租赁业务
2. 下列业务属于中间业务的是(　　)。
   A. 票据发行便利　　B. 代理业务　　C. 担保业务　　D. 证券投资业务
3. 中间业务与狭义的表外业务的最大区别在于(　　)。
   A. 业务范围不同　　B. 业务性质不同　　C. 承担的风险不同　　D. 获取的利润不同
4. (上海财大 2012)信托与租赁属于商业银行的(　　)。
   A. 资产业务　　B. 负债业务　　C. 中间业务　　D. 表外业务
5. (复旦大学 2018)在商业银行的业务中，可能会带来或有负债增加的是(　　)。
   A. 托收业务　　B. 基金产品销售　　C. 备用信用证　　D. 并购咨询
6. 简述商业银行的中间业务和表外业务的区别。
7. 在 2007 年全国股份制商业银行行长联席会议上，中国光大银行行长郭友表示："国内银行主要依赖存贷款传统业务不同，中间业务是国际银行的最大利润来源之一，大力发展中间业务已成为国内银行提高综合竞争力的必然要求，为此中国银行业应改变目前的传统客户结构，并加速金融创新。"

   与欧洲、美国，甚至亚洲等国家或地区的银行相比，国内银行中间业务的整体发展水平较低，在量和质上都有所体现：一方面，大部分国内商业银行的中间业务收入占总收入的比例大约为 10%，远远低于美国和欧洲，与亚洲其他较为成熟的市场如日本、新加坡等相比，也存在一定差距；另一方面，国内商业银行中间业务品种少，范围窄，集中于传统的结算、汇兑、代收代付以及信用卡、信用证、押汇等产品，咨询服务类、投资融资类及衍生金融工具交易等高技术含量、高附加值中间业务发展不足，覆盖面窄。

   请运用相关知识，分析我国商业银行大力发展中间业务的必要性及其相应采取的措施。

考点 4　商业银行的风险特征与管理

（一）命题思路

商业银行的风险及其管理，是一个重要的知识点，会涉及不少的计算。只是，我们常用的参考教材中很少涉及。因此除了上海财经大学、中山大学、对外经贸大学、湖南大学、南京大学外，一般高校对该知识点的要求都比较低，能简单识别各种风险类型即可。

（二）习题精编

1. (南京大学 2014)不稳定资金(　　)。
   A. 是重要客户存入的资金，是银行利润的重要来源
   B. 是银行存款中费用最低的部分，对银行的利润率影响重大
   C. 是利率敏感性极高因而易流出银行的存款
   D. 就是期限长、利率低和账户余额大的存款
2. (湖南大学 2015)银行发放贷款后，客户改变自己用途，由此可能造成的风险应归类于(　　)。
   A. 财务风险　　B. 决策风险　　C. 管理风险　　D. 道德风险
3. (南京大学 2014)甲、乙两家银行总资产均为 1000 亿元，ROA 均为 1%。但甲银行的 ROE

为 10%，乙银行 ROE 为 16%。下列说法正确的是(　　)。

A. 乙银行用相同的资产为股东创造了更高的回报，因此乙银行的业绩好于甲银行

B. 甲银行的资本乘数低于乙银行，破产风险小，因而其业绩好于乙银行

C. 不能仅凭 ROA、ROE 和资本乘数来评价银行的业绩，还要看银行的资产质量

D. 因为银行业绩本质上是由 ROA 衡量的，所以这两家银行的业绩相同

4. (中国人大 2012)以下不属于贷款风险五级分类管理中的类型的是(　　)。

A. 正常　　B. 次级　　C. 不良　　D. 损失

5. (湖南大学 2013)下列贷款中不能依靠正常经营收入归还贷款本息但注定要发生损失的贷款是(　　)。

A. 关注类贷款　　B. 可疑类贷款　　C. 次级类贷款　　D. 正常类贷款

6. (对外经贸 2012)如果某商业银行存在一个 20 亿元的正缺口，则 5%的利率下降将导致其利润(　　)。

A. 增加 10 亿元　　B. 增加 1 亿元　　C. 减少 10 亿元　　D. 减少 1 亿元

7. 目前，(　　)是我国商业银行面临的最大、最主要的风险种类。

A. 信用风险　　B. 市场风险　　C. 操作风险　　D. 系统风险

8. (上海财大 2022)考虑到银行的负债，商业银行日常经营中主要面临(　　)。

A. 信用风险　　B. 利率风险　　C. 市场风险　　D. 流动性风险

9. (复旦大学 2019)下列不属于银行信用风险管理措施的是(　　)。

A. 建立长期客户关系　　B. 抵押品

C. 补偿余额　　D. 购买利率衍生品

10. 什么是利率敏感性缺口？如何利用利率敏感性缺口模型对商业银行的资产负债加以管理？

11. 什么是持续期缺口？持续期缺口模型对商业银行资产负债管理有何影响？

12. 简述商业银行风险管理的流程。

13. 银行解决信息不对称的方法有哪些？

14. 银行经营中面临的主要风险有哪些？

15. 商业银行的经营方针是什么？怎样理解这些方针既有统一的一面又有矛盾的一面？

16. 什么是信用评估的 6C 原则？

17. (上海财大 2013)某银行发放了两笔贷款，其相关风险要素如下：

	贷款 1	贷款 2
违约概率	0.8%	5%
风险暴露	120000 元	60000 元
违约时贷款回收率	50%	80%

(1) 则哪一笔贷款预期损失更大？

(2) 何种方法可减少预期损失？

18. (上海财大 2017)RAROC 指经风险调整的收益率，常用净收益与经济资本的比值来衡量。某笔贷款的相关风险要素为：违约概率 30 个基点，违约损失率 50%，违约风险暴露为 150 万元，该笔贷款的收益为 1 万元，假设经济成本为违约风险暴露的 5%，求该笔贷款的 RAROC。

19. (南京大学 2014)ABC 银行有如下的资产负债表。试计算：

(1) 该银行的持续期缺口；

(2) 市场利率同步上升 1 个百分点，该银行的权益市场价值将发生何种变化？

资产	市场价值	利率	持续期	债务和权益	市场价值	利率	持续期
现金	100		0	1 年期存单	620	5%	1.00
3 年期企业贷款	700	12%	2.69	3 年期存单	300	7%	2.81
6 年期国债券	200	8%	4.99	总负债	920		1.59
				权益	80		
总额	1000		2.88		1000		

20. (上海财大 2015)以下是某银行的资产负债情况。

资产	数额(亿)	负债+权益	数额(亿)
现金	60	活期存款	140
5 年期中期国库券	60	1 年期大额可转让存单	160
30 年期抵押贷款	200	股权资本	20
总资产	320	总负债加股东权益	320

请计算该银行的期限缺口。判断该银行是有利率上行风险还是利率下行风险，并说明原因。

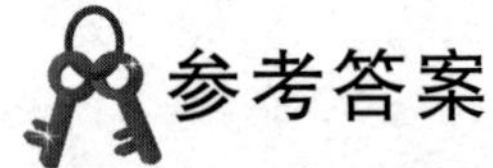

参考答案

考点 1　商业银行的负债业务

1. D　存款是商业银行最主要的资金来源，存款业务也是银行的传统业务。

2. C　定期存款是个人事先约定偿还期的存款，其利率视期限长短而定。根据不同的存取方式，定期存款分为整存整取、零存整取、整存零取、存本取息四种。其中，整存整取最为常见，整笔存入到期一次支取本息，起存金额为 50 元。

3. B　主动负债是指商业银行通过发行各种金融工具主动吸收资金的业务。

4. D　在金融体系中，商业银行最重要的特征是，商业银行能以派生存款的形式创造和收缩货币，从而非常强烈地影响货币供应量。因为商业银行是唯一可以经营活期存款(支票存款)的金融中介机构，而活期存款是货币的组成部分。商业银行通过其经营活期存款的机制，创造出活期存款，从而创造了货币，这个特征也是商业银行与其他金融机构最大的区别。

5. A　NOW 账户亦称附息支票账户。NOW 账户有一个明显优势，就是存款余额可以生息，而商业银行是不能为活期存款支付利息的。同时，NOW 账户是参加存款保险的。

6. D　票据便利发行是属于商业银行资产创新。A、B、C 选项均属于负债创新。NOWs 是可转让支付命令账户(Negotiable Order of Withdrawal Account)的缩写，是西方商业银行的一种新型存款账户。可转让支付命令账户有一个明显优势，就是存款余额可以生息，而商业银行是不能为活期存款支付利息的。自动转账服务账户(ATS)作为传统活期存款账户基础上诞生的一种新型账户，可以使客户兼得活期账户和储蓄账户的双重优点，即一方面可以利用活期账户开支票对外支付；另一方面又可以利用储藏账户获取利息收入。大额可转让定期存单(CDs)市场首创于美国。1961 年 2 月，为了规避“Q 条例”对银行存款利率的限制，抑制银行活期存款数量因通货膨胀的发生而持续下降的局面，花旗银行开始向大公司和其他客户发行大额可转让定期存单。

7. D 负债管理理论的核心思想是，负债不是既定的，而是可以由银行加以扩张的，资金来源银行是可以控制的。负债理论包括销售理论、购买理论和存款理论。预期收入理论属于资产管理思想。

8. B “脱媒”现象是指资金不通过商业银行这一传统的信用中介直接进入金融市场的现象，它的出现对商业银行吸收存款的业务构成了较大的冲击。在这种状况下，商业银行若不调整资产负债管理的策略，一味地强调从资产方考察资金配置组合，必将使银行陷入严重的困境，银行负债管理思想源于利率管制下的金融创新。

9.（1）负债业务是商业银行最基本和最主要的业务，它是银行的资金来源，是银行经营的基础。商业银行的负债主要由存款和其他负债构成。

① 活期存款。活期存款是可以签发支票并根据需要提取的存款，它是商业银行的重要资金来源，也是商业银行创造信用的重要条件。

② 交易账户。交易账户是指可以通过支票、股金提款单或电子设备随时提款的存款，它只对消费者和非营利组织开放，一般商业企业必须使用活期存款。在美国，交易账户包括：A. 可以转让提款单账户；B. 可转让定期存单；C. 消费者存单；D. 货币市场存单。

③ 储蓄存款。储蓄存款多是个人为积蓄货币和取得利息收入而开立的存款账户，一般使用存折，不能使用支票。

④ 定期存款。定期存款是指在存入银行便规定了存款期限，一般不能提前支取的存款。近年来，定期存款的创新形式包括：A. 定期存款开放账户；B. 可转让定期存单；C. 消费者存单；D. 货币市场存单。

⑤ 非存款性负债。它是指商业银行在存款之外的各种借入款，作为短期或长期的资金来源。它包括：A. 银行同业拆借：B. 向中央银行借款；C. 回购协议；D. 欧洲美元借款；E. 银行持股公司发售的商业票据。

（2）商业银行为了扩大自身的负债能力，应当注意以下几个方面：

① 保持良好的信誉。在激烈的竞争的经营环境当中，信誉是银行生存和发展的关键。商业银行应十分注重自身在客户中的形象，在任何时候，随时满足客户提款和合理借款的需要都是商业银行最起码的业务要求。

② 实现服务的多样化。一般来说，能提供多样化金融服务的商业银行在存款竞争中能取得优势。多样化的服务对客户来说意味着更多的方便，对银行来说则可以带来存款的增加。全面性的服务，在现代经济中已成为客户选择银行的重要条件。

③ 维持良好的人际关系。在众多的因素中，与客户的关系是十分重要的。在激烈的存款竞争中，职员的礼貌、热情、周到的服务能对客户心理产生极大影响。

④ 实行有竞争力的利率和服务费用。利率与服务费用的高低意味着客户的收益与成本的多少，因此是影响存户选择银行的重要因素。在存在利率限制的情况下，银行要特别注意采用降低服务费用、提供更周到的服务等方式来竞争。

⑤ 在便利的位置选址经营以及完备服务设施。存户一般倾向于在附近银行存款，因此，在人口稠密的交通中心设立网点将会吸收到更多的存款。另外，服务设施的完备能极大地方便客户，从而对存户有更大的吸引力。

10. 首先，伴随西方战后经济的增长，金融市场迅速发展，非银行金融机构在资金的来源渠道和数量上与银行展开了竞争，银行为了在竞争中生存和发展，必须开辟新的资金来源渠道，扩大资产规模。其次，20 世纪 30 年代大危机以后，各国都加强了金融管制，制定银行法，对利率实施管制，使银行不能以利率手段来吸收更多的资金。60 年代以后的通货膨胀，不断攀升的货币市场利率吸引了大量投资者。投资渠道的多元化使银行存款受到威胁，使银行不得不重整管理策略，从各种渠道筹措资金。再次，金融创新为商业银行扩大资金来源提供了可能性。最后，西方各国存款保险制度的建立和发展，更激发了银行的冒险精神和进取意识，在这种情况下，负债管理理论兴起并在六七十年代盛行。

此理论主张银行可以积极主动通过借入资金的方式来维持资产的流动性，支持资产规模的扩大，获取更高的盈利水平。此理论改变了长期以来资产管理仅从资产运用角度来维持流动性的传统做法。

11. 银行负债管理理论主要包括存款理论、购买理论、销售理论。

(1) 存款理论认为：存款是商业银行最主要的资金来源，是其资产业务的基础；银行在吸收存款过程中是被动的，为保证银行经营的安全性和稳定性，银行的资金运用必须以其吸收存款沉淀的余额为限；存款应当支付利息，作为对存款者放弃流动性的报酬，付出的利息构成银行的成本。该理论强调应该按照存款流动性来组织贷款，将安全性原则摆在首位，反对盲目存款和贷款，反对冒险谋取利润。

(2) 购买理论认为：商业银行对存款不是消极被动，而是可以主动出击，购买外界资金，除一般公众外，同业金融机构、中央银行、国际货币市场及财政机构等，都可以视为购买对象；商业银行购买资金的基本目的是为了增强其流动性；商业银行吸收资金的适宜时机是在通货膨胀的情况下，此时，实际利率较低甚至为负数，意味着银行的资金成本较低。

(3) 销售理论认为：商业银行是金融产品的制造企业，银行负债管理的中心任务就是迎合顾客的需求，努力推销金融产品，扩大商业银行的资金来源和收益水平。

考点 2　商业银行的资产业务

1. B　商业银行的资产业务是指商业银行将吸收的资金加以运用的业务，这是商业银行取得收入的主要途径。

2. C　贴现、贷款和证券投资属于商业银行的资产业务，信用证属于中间业务。

3. A　贴现就是商业银行根据客户的要求，买进未到付款日期票据的业务。透支指银行通过允许客户在其账户上透支的方式向客户提供贷款。二者均是商业银行的资产业务。

4. C　真实票据理论又称商业款理论，该理论认为为了保持资金的高度流动性，贷款应是短期和商业性的；用于商品生产和流通过程的款要是具有自偿性，最为理想。

5. B　预期收入理论强调借款人的预期收入是银行选择资产投向的主要标准之一，即商业银行不仅根据短期商业性需要发放贷款和投资于有价证券，而且只要借款人具有可靠的预期收入用于归还款，银行就可以对其发放贷款。

6. (1) 资产管理理论又称流动性管理理论，是最传统的商业银行管理理论。早期商业银行家认为银行的负债主要取决于客户的存款，银行对此没有决定权，是被动的。而商业银行可以主动安排自己的资金运用，合理安排资产结构，通过资产业务获得尽量高的利润，并保证资产的流动性和安全性。银行管理关键在资产管理，在既定负债所决定的资产规模前提下，实现资产结构的最优化。

根据资产管理理论的分类，主要可以分为商业贷款理论、可转换理论和预期收入理论三个发展阶段：

① 商业贷款理论又叫真实票据理论。该理论认为，银行的资金，来源于客户的存款，而这些存款是要经常提取的。银行只能将资金短期使用，而不能发放长期贷款或进行长期投资。只有商业贷款能满足银行的既能保持安全性，又有收益，并具有短期贷款性质的要求。

② 可转换理论认为：银行的贷款不能仅依赖于短期和自偿性。只要银行的资产能在存款人提现时随时转换为现金，维持银行的流动性，就是安全的，这样的资产不管是短期还是长期，不管是否有自偿性，都可以持有。

③ 预期收入理论认为：商业银行的贷款，应当根据借款人的预期收入或现金而制定的还款计划为基础。只要借款人的预期收入有保证，即使它是长期贷款，或是不能很快转换的资产，也不会给银行带来流动性问题。

（2）三种资产管理理论，分别反映了商业银行在不同发展阶段经营管理的特点，不论商业银行以什么样的经营理论为指导，短期放款仍然是商业银行的重要资产业务，三种理论都反映了商业银行资产业务不断完善和发展的演进过程，都为银行的资产管理提供了新的思路，推动了资产业务的不断拓展。

① 商业贷款理论的思想为早期商业银行进行合理的资金配置与稳健经营提供了理论基础。它提出银行资金的运用受制于其资金来源的性质和结构，并强调银行应保持其资金来源的高度流动性，以确保银行经营的安全性。

② 可转换理论的产生，使商业银行资产的范围扩大，业务经营更加灵活多样。但在人们竞相抛售证券的时候，银行也很难不受损失地将所持证券顺利转让以达到保持流动性的预期目的。

③ 预期收入理论为银行拓展盈利性的新业务提供了理论依据，使银行资产运用的范围更为广泛，巩固了商业银行在金融业中的地位。预期收入理论依据借款人的预期收入来判断资金投向，突破了传统的资产管理理论依据资产的期限和可转换性来决定资金御用的做法，丰富了银行的经营管理思想。

7. 西方商业银行的经营管理理论经历了资产管理、负债管理、资产负债综合管理以及资产负债表内表外统一管理四个阶段。

（1）资产管理（The Asset Management）20 世纪 60 年代以前，在商业银行为信用中介的间接融资占主导地位环境下，在当时较稳定的资金来源的基础上，对资产进行管理。资产管理依其提出的顺序又有以下三种理论：商业性贷款理论、资产可转换理论、预期收入理论。

（2）负债管理（The Liability Management）20 世纪 60 年代，西方商业银行资产负债管理的重心有资产管理转向负债管理为主。负债管理的基本内容是：商业银行的资产负债管理和流动性管理，不仅可以通过加强资产管理来实施，也可以通过在货币市场上主动性负债，即通过“购买”资金来实施。

（3）资产负债综合管理（Asset-Liability Management）资产负债综合管理于 20 世纪 70 年代、80 年代初，伴随着金融自由化浪潮而产生的。资产负债综合管理的基本思想：在资金的配置、运用以及在资产负债管理的整个过程中，根据金融市场的利率、汇率及银根松紧等变动情况，对资产和负债两个方面进行协调和配置，通过调整资产和负债双方在某种特征上的差异，达到合理搭配的目的。

（4）资产负债表内表外统一管理（In Balance-Sheet and Off Balance-Sheet Management）

资产负债表内表外统一管理产生于 20 世纪 80 年代末。

为了对商业银行的经营风险进行控制和监管，同时也为了规范不同国家的银行之间同等运作的需要，1987 年 12 月巴塞尔委员会通过了《统一资本计量与资本标准的国际协议》，即著名的《巴塞尔协议》。

《巴塞尔协议》的目的：一是通过协调统一各国对银行资本、风险评估及资本充足率标准的界定，促使世界金融稳定；二是将银行的资本要求同其活动的风险，包括表外业务的风险系统地联系起来。

《巴塞尔协议》的通过是西方商业银行资产负债管理理论和风险管理理论完善与统一的标志。

8.（1）抵押贷款和质押贷款的共性。担保贷款细分为抵押贷款、质押贷款和保证贷款。①抵押贷款和质押贷款都是为担保债权的清偿，而由债务人或第三方向债权人提供的物质担保。②抵押贷款和质押贷款的担保物都必须符合合法性原则、易售性原则、稳定性原则和易测性原则。③对担保物都必须经过科学合理的估价，在确定抵押率或质押率时都必须考虑贷款风险，借款人的信誉、担保物的品种和贷款期限。④担保物都必须经过产权的设定和登记。⑤担保物的处分都主要有拍卖、转让、兑现三种方式。

（2）抵押贷款和质押贷款的区别有：①抵押是指债务人或第三者不转移对抵押财产的占有，而将该财产作为债权的担保的一种行为。抵押贷款就是以抵押行为为背景发放的贷款。债务人或第三者通常称为抵押人，债权人即银行，为抵押权人，提供担保的财务为抵押物。抵押贷款的基本特征是转移抵押物的所有权而不转移其占有权。②质押是为了担保债权的清偿而由债务人或第三方向债权人移交的动产或其他权利。质押贷款就是以质押行为为背景发放的贷款。债务人或第三者通常称为质押人，债权人即银行，为质押权人。质押有两种基本形式：动产质押和权利质押。质押的一个重要特征，是要将质押品或权利凭证转移给质权人，在质押期内，出质人不能占有、使用质物。这也是抵押贷款与质押贷款最重要的区别。

9. 商业银行经营的三原则：流动性、安全性和盈利性。

商业银行经营的基本原则就是保证资金的安全性、保持资产的流动性、争取最大的盈利，这又简称为“三性”原则，即“安全性、流动性、盈利性”。商业银行的“三性”原则是由其经营的特殊商品——货币资金的特殊要求及商业银行在社会经济活动中的特殊地位所决定的。作为资本，首先银行必须保证本金的安全，不能让本金流失或损失；其次银行必须保持借贷资本运用所形成的资产有足够的流动性；第三，银行必须使资本运动不仅能保证本金安全，还必须在运动中增值，给银行带来利润。银行在经营活动中必须满足这三个特殊要求，

（1）安全性原则要求银行在经营活动中，必须保持足够的清偿力，经得起重大风险和损失，能随时应付客户提存。保证安全性的要点有：①合理安排资产规模和结构，注重资产质量。通过保持一定比例的现金资产和持有一定比例的优质有价证券来改善银行的资产结构，提高银行抗风险的能力。②提高自有资本在全部负债中比重。③必须遵纪守法，合法经营，一旦发生风险便可以得到中央银行的援助而免受更大的风险打击。

（2）流动性原则要求商业银行保证随时可以以适当的价格取得可用资金的能力，以便随时应付客户提存从银行支付的需要。流动性实际上包括资产的流动性和负债的流动性两个大的方面。商业银行要保持足够的流动性，以适当的价格取得可用资金的方法有两种，一是实行资产的变现，二是通过负债的途径，或者以增资的方式取得资金，或者以吸收存款或借款方式筹得资金。资产的流动性是指资产的变现能力，衡量资产流动性的标准有两个，一是资产变现的成本，某项资产变现的成本越低，则该资产的流动性就越强；二是资产变现的速

度，某项资产变现的速度越快，即越容易变现，则该项资产的流动性就越强。商业银行主要通过主动性负债和潜力养成法来提高负债的流动性。

(3) 盈利性原则是商业银行经营活动的最终目标，这一目标要求商业银行的经营管理者在可能的情况下，尽可能地追求利润最大化。商业银行实现盈利的途径主要有：①尽量减少现金资产，扩大盈利资产的比重；②以尽可能低的成本，获得更多的资金；③减少贷款和投资损失；④加强内部经济核算，提高银行职工的劳动收入，节约管理费用开支；⑤严格操作规程，完善监管机制，减少事故和差错，防止内部人员因违法和犯罪活动等造成银行的重大损失。

实现“三性”原则是商业银行实现自身微观效益和宏观经济效益相一致的要求所决定的。但在实现这些原则时又存在一定的矛盾。实现安全性原则要求商业银行扩大现金资产，减少高风险、高盈利资产。而实现盈利性目标则要求商业银行尽可能减少现金资产。协调矛盾的正确做法是在对资金来源和资产规模及各种资产的风险、收益、流动性全面权衡的基础上，首先考虑安全性，在保证安全的前提下，争取最大的利润。实现安全性和盈利性的最好选择是提高银行经营的流动性。

考点3　商业银行的中间业务和表外业务

1. D　表外业务是指那些未列入资产负债表，但同表内资产业务和负债业务关系密切，并在一定条件下可能会转为表内资产业务和负债业务的经营活动。主要包括：贷款承诺、担保业务、金融衍生工具、投资银行业务。租赁业务属于商业银行的中间业务。

2. B　中间业务是指银行不需要运用自己的资金，而只代理客户承办收付或其他委托事项，收取手续费的业务。主要类型有转账结算业务、代理业务、信托业务、租赁业务和财务顾问业务。

3. C　中间业务又称无风险的表外业务。狭义的表外业务是指有风险的表外业务，这类业务的开展将引起银行资产、负债的增减变化，带来银行损失的可能性。

4. C　中间业务是银行利用自身在机构网点、技术手段和信息处理等方面的优势，代理客户承办收付和委托事项，并收取手续费的业务。它不需要动用银行自己的资金，且具有收入稳定、风险度低的特点，集中体现了商业银行的服务功能。很明显信托和租赁属于商业银行的中间业务，因为这两个业务的收益主要是相关的手续费。

5. C　表外业务是指商业银行从事的不列入资产负债表，但能影响银行当期损益的经营活动。表外业务会带来或有负债。托收业务、基金产品销售和并购咨询都属于商业银行的中间业务。备用信用证 简称 SBLC（standby letters of credit）又称担保信用证，是指不以清偿商品交易的价款为目的，而以贷款融资，或担保债务偿还为目的所开立的信用证。备用信用证属于商业银行的表外业务，这类业务会增加银行经营的风险。

6. 中间业务是指银行接受客户委托，为客户提供各种服务，收取佣金、手续费、管理费等费用的一种业务。而表外业务是指所有不在银行资产负债表内直接反映的业务。它们之间的区别是：

(1) 从会计处理角度而言，所有的中间业务都属于外表业务，表外业务不在资产负债表内反映；而中间业务虽然大部分属于表外业务，但也有少部分(如信用证、租赁业务等)是在表内反映的。

(2) 从银行开展业务的角度而言，银行在办理传统的中间业务(如信用证、信托、代理、咨询等)时，一般充当中介人的角色；而在办理衍生金融工具交易等表外业务时，银行既可以作为经纪人，又可以作为自营商，即作为交易的直接当事者。

(3) 从与表内业务的关系和银行承担的风险角度而言，传统的中间业务一般不会发生由表外业务向表内业务的转化，承担的风险相对较小；而许多创新的表外业务，如票据发行便利、衍生金融工具交易等业务，都构成了银行的或有负债，即在一定条件下(如银行履约贷款承诺，或在衍生工具交易对手违约时)，相应的表外业务就会向表内业务转化，成为银行的现实负债。因此，银行在办理这类具有或有负债性质的表外业务时，承担的风险就越大。

7. (1) 中间业务是指银行不需要运用自己的资金，而只代理客户承办收付或其他委托事项，收取手续费的业务。中间业务最常见的是传统的汇兑业务，信用证业务，信托业务，租赁业务，代理业务等。

(2) 我国商业银行大力发展中间业务的必要性分析：①中间业务是银行生存发展的需要。未来银行之间的竞争是服务的竞争，中间业务能为客户提供各种服务，并且能收取一定的手续费。②中间业务是商业银行与国际银行业接轨的需要。中间业务不受资本充足率的限制，银行可以在不改变资产负债表的情况下增加利润。③中间业务是增强资金安全性，分散业务风险的需要。中间业务主要是接受客户的委托，以中介人的身份进行代理业务，其风险主要由委托人来承担，是一种安全的银行业务。④可以对传统业务的发展发挥联动效应。开拓中间业务，可以服务客户、联系客户，可以对银行的传统业务起到稳定的作用。⑤可以创造新的信用形式，开拓新的业务经营领域。

(3) 我国商业银行中间业务发展的现状及问题：①品种少，层次低。目前西方国家普遍实行混业经营制度，其中间业务品种不仅包括传统的商业银行业务，还将信托业务、证券业务、保险业务等囊括其中。而我国商业银行由于受分业经营所限，只能从事传统商业银行业务。②规模小，效益差。1986 年美国银行业中间业务量就已达 121880 亿美元，其中 7 家最大银行的中间业务比贷款业务高一倍有余。从收入来看，国外同业的中间业务收入一般占到总收入的 40%~50%。而我国以中间业务水平在同行中名列前茅的工行为例，2000 年该行上述指标仅为 7. 48%。由此可见，差距之大。③服务手段落后。国外银行中间业务的服务手段科技化程度高。相形之下，我国银行业缺乏高效、快捷的结算、支付系统，计算机网络基础设施建设滞后，应用软件配套能力差。④市场竞争秩序混乱。国外银行由于具有符合市场经济发展要求的现代企业制度、经营机制和内控机制以及完善的法律法规体系和有效的监管体制，所以银行业的竞争激烈但有序。而我国由于相应方面的发展滞后，中间业务市场竞争秩序比较混乱，比如把中间业务当作吸收和稳定存款的手段，而非一种相对独立的创利途径，从而竞相压价，演变成无偿服务，个别地方甚至出现银行为争夺中间业务办理权而为客户倒贴费用等异常现象。

(4) 相应措施：①改变观念，把发展中间业务摆到战略位置。②加大宣传，提升市场营销实力。③加大科技投入，加快业务创新，不断拓展服务领域。④加强中间业务的培养，适应业务迅速发展的需要。

考点 4　商业银行的风险特征与管理

1. C　不稳定资金是指那些受利率等经济因素影响较大的银行资金来源，如大面额定期存单、国外存款、回购协议下卖出的债券、经纪人存款、可转让定期存单及各类借入的短期资金等。这类负债受资金供求关系、市场利率、银行信誉等多种因素影响，其融资成本、规模均难以为银行所控制，是银行最不稳定的资金来源。当市场利率发生对银行不利的变动，这一部分的资金来源容易流失。

2. D　事前为逆向选择，事后为道德风险。因此银行发放贷款后，客户改变自己用途，由此可能造成的风险应归类于道德风险。

3. C　ROA 是指资产收益率，衡量的是每一美元资产所带来的利润；ROE 是指权益收益率，度量的是一年来股东的回报。但 ROA 和 ROE 都是会计收益率，银行业绩不仅取决于财务指标，银行资本金的总体规模、风险加权以及它们的流动性资产缓冲强度都是非常重要的。

4. C　贷款五级分类制度是指 1998 年 5 月起，中国人民银行参照国际惯例，结合中国国情，制定《贷款分类指导原则》，要求商业银行依据借款人的实际还款能力进行贷款质量的五级分类，即按风险程度将贷款划分为五类：正常、关注、次级、可疑、损失，后三种为不良贷款。

5. C　1998 年 5 月，中国人民银行参照国际惯例，结合中国国情，制定了《贷款分类指导原则》，要求商业银行依据借款人的实际还款能力进行贷款质量的五级分类，即按风险程度将贷款划分为五类：正常、关注、次级、可疑、损失，后三种为不良贷款。借款人的还款能力出现明显问题，完全依靠其正常营业收入无法足额偿还贷款本息，即使执行担保也可能会造成一定损失的贷款应归为次级类贷款。

6. D　正缺口在利率下降时会导致损失，损失额为利率下降与缺口的乘积。即 $5\%\times 20=1$ 亿元。

【科兴提示】商业银行的缺口是对利率敏感性资产和利率敏感性负债之间的差额的称呼。正缺口意味着利率敏感性资产多于利率敏感性负债，因此在利率上升时会多收利息从而实现收益，在利率下降时会少收利息从而引致损失。

7. A　我国商业银行最大的资产业务是贷款，而贷款的最大、最主要的风险是信用风险，故信用风险是我国商业银行面临的最大、最主要的风险。

8. D　商业银行的主要负债是存款，因此其面临的主要问题就是挤兑。信用风险主要涉及的是商业银行的资产业务，利率风险和市场风险对资产和负债都有影响。

9. D　信用风险管理是指通过制定信息政策，指导和协调各机构业务活动，对从客户资信调查、付款方式的选择、信用限额的确定到款项回收等环节实行的全面监督和控制，以保障应收款项的安全及时回收。很明显，选项 D 属于利率风险管理措施。

10. 利率敏感性缺口是指一个计划期内银行利率敏感性资产与利率敏感性负债之间的差额。利率敏感性资产大于利率敏感性负债，为正缺口；利率敏感性资产小于利率敏感性负债，为负缺口；利率敏感性资产等于利率敏感性负债，为零缺口。

商业银行运用利率敏感性缺口模型，主要是根据对利率波动趋势的预测，相机调整利率敏感性资产和负债的配置结构，从而实现银行净利息收入的稳定或增长。对一家保守型的银行来说，会努力使利率敏感性资产和负债的差额接近于零，从而把利率风险降至最低，保持银行收益的稳定。对一家积极进取型的银行来说，如果预测利率上升，可采用正缺口战略；如果预测利率下降，则可采用负缺口战略，实现净利息收入最大化。

11. 持续期缺口等于银行资产持续期与负债持续期和资产负债率乘积的差额。

持续期缺口模型用公式表示如下：$\Delta NW=-D_{GAP}\times A\times\frac{\Delta i}{1+i}$

公式表明：影响银行净资产价值的因素包括：(1)持续期缺口；(2)银行资产规模；(3)市场利率的变动。其中，银行资产规模会影响到银行净值变动幅度的大小，而利率的变动和持续期缺口的值会影响银行净值的变动方向。

在市场利率上升的情况下，保持一个正的持续期缺口，则银行净值减少；保持一个负的持续期缺口，则银行净值增加。相反，在市场利率下降的情况下，保持一个正的持续期缺口，则银行净值增加；保持一个负的持续期缺口，则银行净值减少。

根据持续期缺口模型可以得出银行的持续期缺口策略，也就是银行应随着市场利率的变动相机调整资产和负债结构，使银行控制或实现一个正的权益净值以降低投资或融资的利率风险。对一家保守型银行来说，他会努力保持持续期缺口为零的策略。对一家进取型银行来说，其持续期缺口管理的策略应该是：如果预测市场利率上升，调整资产负债结构，维持负的持续期缺口；如果预测市场利率下降，调整资产负债结构，维持正的持续期缺口。如果银行持续期缺口不为零，资产规模越大，随着市场利率的变动，净资产价值变化越大，所以银行还要注意调整资产规模。持续期缺口模型指导了商业银行资产负债管理的实践，为商业银行的资产负债管理提供了一种新的途径和方法。

12. 商业银行风险管理的流程包括：

(1) 商业银行风险的识别与预警。风险识别是商业银行风险管理的基础。商业银行风险识别是对商业银行经营活动中面临的风险进行系统的、连续的识别和归类，对风险诱因进行分析，测算风险大小，为商业银行风险决策提供依据。商业银行风险识别必须做到：确认是否存在风险，存在风险的类型及其原因，测量风险的大小。

(2) 商业银行风险的处理。商业银行在明确可能遭受的风险及其强度后，必须对风险进行有效的处理。商业银行处理风险的方法主要有回避风险、分散风险、减少风险和转移风险。

(3) 商业银行风险的补救。商业银行通过提高风险识别、估价和处理水平，能够有效降低风险发生的概率。但各类风险仍然会不时发生，甚至有时商业银行可能会面临比较大的危机。在风险发生后，商业银行必须采取措施进行补救，避免风险对商业银行的正常经营产生不利影响。

13. 银行如何解决信息不对称问题，使用的方法有：

① 信用审核。这是一种银行生产自己所需要的信息的活动。贷款市场上存在着逆向选择问题，要求银行将风险小的人从风险大的人们中筛选出来，从而使银行放款有利可图。为了进行有效的筛选，银行必须从每一位借款人那里收集到可靠的信息。有效地筛选和收集信息，是构成信用风险管理的一项重要原则。

当银行进行消费者贷款时(如汽车贷款或购房抵押贷款)，首先将调查申请者的信用状况：工薪、银行账户、其他资产(如汽车、保险单和家具)、未清偿贷款、贷款记录、信用卡、应付账单、工作年限以及雇主、年龄、婚姻状况、子女数等。银行运用这些信息算出“信用点”。在此之上，银行再进行判断，决定是否发放这笔贷款。

当银行进行工商贷款时，其筛选和收集信息的过程大致与上述相同：收集有关企业损益(收入)以及资产和负债的信息，估量该企业至少在还款期限内成功的可能性。因此，除了收集诸如销售之类的信息之外，银行还会询问诸如企业未来的计划、如何使用贷款以及行业竞争之类的情况，甚至会实地访问公司，以掌握第一手材料。

② 贷款专业化。指的是一些银行常常专门对当地企业，或者是某一特定的行业发放贷款。从某一角度来说，这种行为是不合理的，因为这意味着银行没有把它们的贷款组合分散化，从而使自己面临更多的风险。然而，从另一角度来看，这样专业化又是非常有道理的。

由于存在着逆向选择问题，银行分辨风险高低是必要的。对于银行来说，收集当地企业的信息并确定它们的信用度，较之对一家遥远的企业做同样的事，要容易得多。同样，将自己的贷款集中于特定的行业，银行对这些企业会拥有更多的知识，从而更容易判断哪些企业具有按时偿还贷款的能力。

③ 限制性条款。当贷款发出后，借款者就有从事那些可能会使贷款难以偿还的风险活动的动力。为了减少这种道德风险，银行必须坚持风险管理的原则，在贷款合约中写入限制借款者从事风险活动的条款(限制性契约)。通过对借款者从事的活动进行监控，审视借款者否遵守限制性契约，一旦他们不执行则强制他们执行。这样，银行就能保证借款者不从事那些从银行角度来看有损于银行利益的风险活动。

④ 与客户的长期联系。银行得到有关其借款人信息的另一条途径是同客户们建立长期联系，这是信用风险管理的另一重要原则。与客户的长期联系，减少了收集信息的成本，因此，监控长期客户的成本就比监控新客户的成本低得多。同时，长期联系也能使客户受惠。一家与银行保持长期联系的企业将发现，它们能以低利率取得贷款，因为银行的信息监控成本很低。对于银行来说，长期的客户联系还有另一项好处。限制性契约不能设想到所有的风险活动的可能，然而，如果一名借款者想同一家银行保持长期联系，以便其在未来较容易地以低利率取得借款，他将主动地规避风险活动。这样，与客户的长期联系，甚至可以使银行防范那些未预见到的道德风险。

⑤ 贷款承诺。银行可以通过向商业客户提供贷款承诺，来创造长期联系和收集信息。所谓贷款承诺，就是银行同意在未来某一时期中，以某种与市场利率相关联的利率，向企业提供某一限额之内的贷款承诺。大部分工商业贷款都是在贷款承诺安排下发放的。这样做对企业的好处，就是当它需要贷款时便能得到。对银行的好处则在于，贷款承诺开创了一种长期联系，便利了它的信息收集工作。此外，提供贷款承诺，要求企业连续不断地提供其收入、资产和负债状况、经营活动等的信息，因此，贷款承诺安排是一种减少银行收集信息成本的有力手段。

⑥ 抵押和补偿性余额。对于贷款来说，抵押要求是信用风险管理的重要工具，因为抵押物弱化了逆向选择的后果。银行在发放工商业贷款时，所要求的一种特殊的抵押叫作补偿余额。在这种安排下，取得贷款的企业必须在其银行支票存款账户上保留某一最低规模的资金。例如，一家得到1000万元贷款的企业可能被要求在其银行支票账户上至少保留100万元的补偿余额。一旦企业违约，银行可用这100万元补偿余额来弥补部分贷款损失。

除了发挥抵押功能之处，补偿余额还将提高贷款偿还的可能性，因为它有助于银行进行监控，从而使道德风险降至最小。特别是，要求贷款者使用其在该银行的支票账户，这家银行可以观察企业的支付活动，由此可以得到大量有关贷款者财务状况的信息。例如，贷款者支票账户余额的持续减少，可能说明它在财务上遇到了麻烦：其账户发生的变化可以说明贷款者正从事高风险活动；或者，供应商的变化意味着贷款者正在从事一项新的经营活动。对银行来说，借款者支付过程的任何重要变化都提供了一个信号，促其去进行调查。所以，补偿余额安排使得银行能更容易地对借款者进行有效监控，因而它是信用风险管理的另一件重要工具。

14. 在银行经营中，一共面临如下几种风险：

① 信用风险，又称违约风险。这是对银行的存亡至关重要的风险。主要源于两种情况：一种是存款者挤兑而银行没有足够的现金可以支付；另一种是贷款逾期不能归还，出现呆账、坏账，导致银行资产损失。

② 市场风险，又称利率风险。这是一种因市场利率变化引起资产价格变动，或银行业

务使用的利率跟不上市场利率变化所带来的风险。当市场利率上升时，银行持有现金的机会成本上长，原长期贷款由于利率相对下降蒙受损失，同时存款资金的成本也会上升；如果不提高存款利率，将面临存款流失。

③ 外汇风险，也称汇率风险。这是因汇率变动而出现的风险。主要又分为四种：一是买卖风险，源于外汇敞口头寸在汇率变化时出现损失的可能性；二是交易结算风险，源于已定的外币交易额在实际交割之前所面临的风险；三是评价风险，是会计处理中汇率变动带来的损益不确定性；四是存货风险，指以外币计价的库存资产因汇率变动可能贬值。

④ 购买力风险，又称通货风险。这是因通货膨胀引起的货币贬值而带来的风险。银行作为借款者和放款者的统一，通胀带来的损益可以相互抵消，但不会完全抵消，因为存贷不会完全相等。同时，通胀导致实际利率下降，可能影响银行的资金来源。

⑤ 内部风险，又称管理风险。主要有：战略决策失误风险，新产品开发风险、营业差错风险、贪污盗窃风险，它们主要与经营管理不当有关。

⑥ 政策风险，也称国家风险。国家政府的更替、政府的变更都可能导致银行经营大环境的变化，可能直接影响到银行的效益。

在以上六种风险中，信用风险是时常发生的，市场风险在经济波动时较明显，外汇风险对于浮动利率下的有大量外汇业务的银行尤其重要，购买力风险体现在高通胀时期，管理水平低下的银行面临较大的内部风险，而政局动荡下的政策风险最为重要。

15. (1)商业银行的经营原则包括盈利性、流动性和安全性：

① 盈利性。盈利是银行经营的基本目的，能否盈利关系到银行的生存和发展，是银行从事各种活动的动力所在。如果不能盈利，股东利益将会受到损害，银行的信誉与实力也将大为下降，甚至破产。银行的一切经营活动都要服务于盈利这一目标，这是由商业银行的性质所决定的。

② 安全性。是指商业银行在经营中，使资产免遭风险的程度。银行在经营活动中会遇到许多风险，如违约风险、市场风险、外汇风险、管理风险等。商业银行不能只顾追求利润而忽视其资产安全，银行承担的风险过大，除了危及自身的资产以外，还会失去信誉以及客户，从而危及银行的生存。

③ 流动性。商业银行的资金来源主要是存款，因此，银行能否做到要求即付，是银行信誉高低的主要标志。同时，银行对客户提出的正常贷款要求，也应予以满足，否则，在激烈的竞争环境中，可能会永远丧失这个客户。因此，银行必须保持一定的流动性资产。

(2) 然而，这三项原则在银行的经营过程中经常会发生矛盾。例如，收益性较高的资产，往往安全性和流动性较低，而安全性和流动性较好的资产，往往又收益很低。银行应当在兼顾三者的基础上，平衡这三者之间的关系，达到这三个目标的最佳组合。

16. 银行在运用资金时，必须对债务人的资信和投资项目的盈利前景进行充分评估，然后择优授信。西方各国银行在实践的基础上，形成了一套完善的信用评估原则，称为“6C”。

① 品德(character)。它主要考察借款人是否具有清偿债务的意愿以及是否能够严格履行合同条件，还款的愿望是否强烈，是否能够正当经营。无论借款者是个人还是公司，其履行合同条款的历史记录，在评价其品德情况上，具有非常重要的意义。

② 能力(capacity)。它主要是指借款人的偿还能力。偿还能力用借款者的预期现金流量来测定。

③ 资本(capital)。它是指借款者的货币价值，通常用净值衡量。资金反映借款者的财富积累，并在某种程度上表明了借款者的成就。需要注意的是，账面价值有时不能准确反映

市场价值。

④ 担保或抵押品(collateral)。是指贷款申请者可以用作担保贷款抵押品的任何资产。当贷款者无法偿还到期贷款时，银行可以根据协议处置该资产，获得收入以抵偿贷款。

⑤ 环境条件(condition)。是指厂商得以在其中运营的经济环境或贷款者的就业环境。必须将厂商经营所面临的经济环境，整个贷款使用期间的经济规划，以及使借款者对经济波动特别敏感的任何特征都包括在信用评估分析之内。

⑥ 连续性(continuity)。事业的连续性，是指借款企业持续经营的前景。现代科技飞速发展，产品更新换代的周期越来越短，产业结构的调整也日趋迅速．市场竞争异常激烈。企业只有适应经济形势以及市场行情的变化，才能继续生存发展下去。只有这样，银行的贷款才能如愿收回。

17. (1) 贷款一的预期损失为 $120000 \times 0.8\% \times 0.5 = 480$；

贷款二的预期损失为 $60000 \times 0.05 \times (1-80\%) = 600$。

可见，贷款二的预期损失更大。

(2) 有问题贷款的有效管理取决于两个方面：一是问题的早期发现；二是立即采取有效的措施。贷款发放给贷款人后，商业银行应及时跟踪贷款人的各种财务指标，尤其是负债权益比率。同时，也要关注贷款人的经营风格、产品系列和管理层的变动。一旦发现贷款人无法偿还贷款，可以采取以下几种方式来最大限度地挽回损失：①督促企业整改，积极催收到期贷款。②签订贷款处理协议，借贷双方共同努力，确保贷款安全。处理不良贷款的措施通常有：贷款展期，借新还旧，追加新贷款，追加贷款担保，对借款人的经营活动做出限制性规定，银行参与企业的经营管理。③落实贷款债权债务，防止企业逃废银行债务。④依靠法律武器，收回贷款本息。⑤呆账冲销。经过充分努力，最终仍无法收回的贷款，应列入呆账，由以后计提的贷款呆账准备金冲销。按目前我国的做法，呆账准备金按年初贷款余额的1%差额提取。

18. 预期损失=违约概率×违约损失率×违约风险暴露 $= 0.3\% \times 50\% \times 150 = 0.225$ 万元。则 $RAROC$ =(收益-预期损失)÷经济资本 $= (1-0.225) \div (150 \times 5\%) = 10.33\%$。

19. (1) 存续期缺口(久期缺口)指商业银行的资产和负债存续期按各自比例调整后所得的差额，等于商业银行净值存续期按照其在总资产中比例调整后的结果。记 $\{A, L, N\}$ = {商业银行资产，负债，净值}，$\{D_A, D_L, D_N\}$ = {资产存续期，负债存续期，净值存续期}，则存续期缺口 $DGAP$ 定义为：

$$DGAP = \frac{A-L}{L} \times D_N = D_A - \frac{L}{A} \times D_L$$

由于题干中已经给出 $D_A = 2.88$，$D_L = 1.59$，这里就不用另外再加权去算了。而 $\frac{L}{A} = \frac{920}{1000} = 0.92$，则 $DGAP = 2.88 - 0.92 \times 1.59 \approx 1.42$ 年。

(2) 设 $k = L/A$，则利率变化对金融机构股权资本的市值或净值的影响公式表示为：

$$\Delta E = -(D_A - D_L \times k) \times A \times \frac{\Delta R}{1+R} = -1.42 \times 1000 \times 0.01 = -14.2 \text{ 亿元}$$

由于杠杆调整有效期限缺口大于零，所以当利率上升时，银行资产净值会减少 14.2 亿元。

20. 该银行的期限缺口=资产加权平均期限-负债加权平均期限 $= (60 \times 0 + 60 \times 5 + 200 \times 30)/320 - (140 \times 0 + 160 \times 1)/300 = 19.69 - 0.53 = 19.16$。故得到一个正的期限缺口。

根据期限缺口的性质可知，期限缺口为正，当利率上升时，资产市值减少幅度大于负债市值减少幅度，故导致净资产市值减少。从而该银行拥有利率上行的风险。

第6章　现代货币创造机制

一、考查要点

1. 中央银行产生的原因主要有：①货币统一的需要；②票据清算的需要；③最后贷款人的需要；④金融管理的需要。

2. 中央银行制度的主要类型有：目前，各国实行的中央银行制度大致可以分为四种类型：①单一式中央银行制度。单一式中央银行制度是指国家建立单独的中央银行机构，使之全面行使中央银行职能的中央银行制度。单一中央银行制度又分为一元式和二元式。②复合式中央银行制度。复合式中央银行制度是指国家不单独设立专司中央银行职能的中央银行机构，而是由一家集中中央银行和商业银行职能于一身的国家大银行兼行中央银行职能的中央银行制度。这一制度往往与中央银行初级发展阶段和国家实行计划经济体制相适应。③准中央银行制度。准中央银行制度是指有些国家或地区只设立类似中央银行的金融管理机构或授权若干商业银行执行部分中央银行职能的中央银行制度。④跨国中央银行制度。跨国中央银行制度是指由若干国家联合组建一家中央银行，由这家中央银行在其成员国范围内行使全部或部分中央银行职能的中央银行制度。这一制度与区域性多国经济的相一致性和货币联盟制相对应。

3. 中央银行是不以营利为目的、统管全国金融机构的半官方组织，是全国金融体系的核心和最高管理机关。西方主要国家的中央银行有四大宗旨：提供良好的信用流通工具、制定和推行货币政策、管理全国金融和调节国际金融关系。

4. 中央银行的独立性是指中央银行在制定和实施货币政策时，不受政府干预的权利，一般包括两个方面：第一，中央银行有必要对政府保持一定的独立性；第二，中央银行的独立性是一种相对独立性。中央银行拥有不接受政府命令的权力，在制定或者更改货币政策时，不必与政府交涉。但事实上，哪怕是最为独立的中央银行也不可能在完全没有政府干预的情况下自行运作。

5. 中央银行的主要职能有：(1)发行的银行。它是指中央银行是国家货币的发行机构。它集中货币发行权，统一全国的货币发行。(2)国家的银行。它是指中央银行无论其表现形式如何，都是管理全国金融的国家机构，是制定和贯彻国家货币政策的综合部门，是国家信用的提供者，并代理国家执行国库出纳职能。(3)银行的银行。它是指中央银行的地位处于商业银行和其他金融机构质上，即中央银行代表政府管理和监督商业银行以及其他金融机构的货币信用业务。

6. 中央银行的负债是指金融机构、政府、个人和其他部门持有的对中央银行的债权。广义上说，中央银行的负债业务主要是由存款业务、货币发行业务、其他负债业务和资本业务构成。

7. 中央银行资产指中央银行在一定时期所拥有的各种债权。中央银行的资产业务是指中央银行运用其货币资金的业务。主要有：贷款业务、再贴现业务、证券买卖业务、黄金和外汇储备业务。

8. 商业银行最重要的特征是：商业银行能以派生存款的形式创造和收缩货币，而且其创造和收缩货币的功能非常强劲，因而它成为各国中央银行控制的重点。部分准备金制度和非现金结算制度构成商业银行创造信用的基础，也是商业银行存款创造的前提条件。在不考虑现金漏损、银行不保留超额准备金、存款扩张或者收缩的过程不中断的情况下，存款的变动会导致整个银行体系的存款总额的变动$\frac{1}{r_d}$（r_d为法定存款准备金率）。

9. 货币供应方程式是：货币供应量=基础货币×货币乘数。在货币乘数一定时，如果基础货币增加，货币供应量将成倍地扩张；如果基础货币减少，货币供应量将成倍地减少。

10. 影响基础货币的主要因素有：政府的财政收支、黄金储备变化与国际收支状况、技术和制度性因素，以及中央银行的政策操作。

11. 货币乘数是基础货币增加或减少一个单位所引起的货币供应量增加或减少的倍数。在基础货币一定的情况下，货币乘数就决定了货币供给的总量。狭义货币乘数为：$m_1=\frac{M_1}{B}=\frac{k+1}{k+r_d+r_t\cdot t+e}$，$m_2=\frac{M_2}{B}=\frac{k+t+1}{k+r_d+r_t\cdot t+e}$，其中$B$表示基础货币，$k$表示现金漏损率，$t$表示公众持有的定期存款与活期存款的比例，$r_d$表示活期法定存款准备金率，$r_t$表示定期存款准备金率，$e$表示超额准备金率。与货币乘数有差别，活期存款乘数为：$d=\frac{1}{k+r_d+r_t\cdot t+e}$。

12. 影响货币乘数的因素有：超额准备金率、现金漏损率、定期存款与活期存款比率、法定存款准备金率。超额准备金率影响主体是商业银行，其影响因素有：市场利率、接入资金的便利程度以及借入成本和贷款需求。现金漏损率的影响主体是非银行公众，其影响因素主要有：公众的流动性偏好程度、持有通货的机会成本和其他因素如税率、地下非法经济活动、支付习惯等。定期存款与活期存款比率的影响主体也是非银行公众，其影响因素主要有：存款利率、收入和财富。法定准备金率的影响主体是中央银行，主要由中央银行货币政策决定。

二、2023年命题预测

现代货币创造机制是重点章节。一般的教材里面是把本章和货币供给结合起来进行阐述的，431大纲这里把它独立成了一个章节。本章的重点是计算存款乘数和货币乘数，理解现代货币多倍创造机制和收缩机制，命题的主要形式为选择题和计算题。

考点1　存款货币的多倍创造机制

（一）命题思路

存款货币的多倍创造机制也就是存款货币的多倍扩张与多倍紧缩。由原始存款创造出数倍于原始存款的派生存款，派生存款的形成过程与总量是考试的重点。就命题形式而言，主要考查给定的原始存款的条件下要求能够判别出派生存款的数量。

（二）习题精编

1. (重庆大学 2016) 商业银行准备金通常是指(　　)。
   A. 商业银行的库存现金加上商业银行在中央银行的存款
   B. 发行在外的现金加上商业银行在中央银行的存款
   C. 公众持有的现金加上商业银行在中央银行的存款
   D. 银行的拨备
2. (上海财大 2018) 下列哪项会使商业银行的准备金减少？(　　)
   A. 中央银行在国外的资产增加　　B. 政府对中央银行债权增加
   C. 金融机构对中央银行的债务增加　　D. 中央银行的政府存款减少
3. (重庆大学 2016) 商业银行派生存款的能力一般(　　)。
   A. 与原始存款成正比，与法定存款准备率成正比
   B. 与原始存款成正比，与法定存款准备率成反比
   C. 与原始存款成反比，与法定存款准备率成正比
   D. 与原始存款成反比，与法定存款准备率成反比
4. (中央财大 2016) 以下不属于现代货币供给条件的是(　　)。
   A. 信用货币流通　　B. 部分存款准备金制度
   C. 非现金结算　　D. 现金结算
5. 下列银行中，(　　) 对货币扩张影响最小。
   A. 中国人民银行　　B. 浦东发展银行　　C. 中国工商银行　　D. 中国进出口银行
6. 假设某商业银行原始存款总额为 1 万亿，最低存款准备率为 20%，则存款创造总额为(　　)。
   A. 0.2 万亿　　B. 1 万亿　　C. 4 万亿　　D. 5 万亿
7. 假定活期存款不变，如果定期存款提高，则银行体系存款创造能力(　　)。
   A. 增大　　B. 减小　　C. 无影响　　D. 不确定
8. (华东师大 2013) 现金漏损率越高，则存款货币创造乘数(　　)。
   A. 不一定　　B. 不变　　C. 越大　　D. 越小
9. (南京大学 2014) 假定同一的 100 万元货币，在一定期限内媒介了 5 次商品交易，其中 3 次卖家将收入全部存入了银行，银行留下准备金后又将余额贷出(存款准备金率为 10%)，则下列说法正确的是(　　)。
   A. 这 100 万元现金总共创造了 300 万元的存款
   B. 这 100 万元现金总共创造了 271 元的存款
   C. 这 100 万元现金总共创造了 270 元的存款
   D. 这 100 万元现金总共创造了 190 元存款
10. (南京航空航天 2012) 原始存款 1000 万元，法定存款准备金率 22%，提现率 8%，超额准备金率 5%，试计算整个银行的派生存款。
11. 假设某商业银行的资产负债表如下所示。

某商业银行资产负债表　　单位：亿元

资产		负债	
在央行存款	500	活期存款-现金	2000
贷款	1500		

假定该存款为原始存款，客户不提现，也不转为定期存款，其他因素不予以考虑，若活期款法定准备率为10%，则：

（1）该商业银行现在的超额准备金是多少亿元？

（2）该商业银行最大可能创造出的派生存款是多少亿元？

12. 假设某商业银行吸收到500万元的原始存款，经过一段时间的派生后，银行体系最终形成存款总额2500万元。若商业银行的存款准备金率为15%，试计算提现率。

13. 简述原始存款和派生存款之间的关系。

14.（重庆大学2016）试简述现代货币创造过程的两个基本条件及影响因素。

15. 如果中央银行规定的法定存款准备金比率为20%，有人将1000元现金存入一家商业银行，在没有任何“漏损”的假设下，试说明存款货币的多倍扩张与多倍收缩（包括过程与结果）。

考点2　中央银行及其职能

（一）命题思路

我们这里把中央银行的各种基本知识点都归类到这个考点，包括中央银行的历史、分类、职能和独立性。总体而言，本考点比较零碎，题型也多以选择题和简答题形式出现。

（二）习题精编

1.（中国人大2011）标志着现代中央银行制度产生的重要事件发生在（　　）。

A. 意大利　　B. 瑞典　　C. 英国　　D. 美国

2.（中央财大2011）从中央银行制度看，美国联邦储蓄体系属于（　　）。

A. 单一中央银行制度　　B. 复合中央银行制度

C. 跨国中央银行制度　　D. 准中央银行制度

3.（东华大学2017）新加坡实行的是（　　）。

A. 准中央银行制度　　B. 单一型中央银行制度

C. 复合型中央银行制度　　D. 高度集中的中央银行制度

4.（清华大学2016）中央银行的独立性集中反映在中央银行与（　　）的关系上。

A. 财政　　B. 政府　　C. 商业银行　　D. 其他监管部门

5.（上海财大2016）下列中央银行中，独立性最大的是（　　）。

A. 英格兰银行　　B. 美联储

C. 中国人民银行　　D. 欧洲中央银行

6.（湖南大学2011）再贴现属于中央银行的（　　）。

A. 负债业务　　B. 资产业务　　C. 中间业务　　D. 表外业务

7.（中央财大2012）以下业务属于中央银行资产业务的是（　　）。

A. 货币发行、存款业务、发行中央银行票据

B. 货币发行、再贷款、证券业务

C. 再贴现、证券业务、外汇储备

D. 外汇储备、再贴现、发行中央银行票据

8.（浙江财经2016）下列属中央银行负债业务的是（　　）。

A. 货币发行　　B. 再贷款　　C. 再贴现　　D. 证券买卖

9.（中央财大2013）中央银行业务的服务对象是（　　）。

A. 企业与金融机构　　B. 居民与金融机构
C. 金融机构与政府　　D. 政府与居民

10. (中央财大 2016) 以体现中央银行“银行的银行”职能的是(　　)。
A. 集中存款准备金和充当最后贷款人
B. 充当最后贷款人和制定货币政策
C. 监督管理金融业和垄断货币发行
D. 组织管理清算业务和为政府提供融资

11. 作为国家的银行，下列不属于中央银行的职责范围是(　　)。
A. 垄断货币发行权　　B. 向政府提供信用
C. 充当政府金融政策的顾问和参谋　　D. 代理国库

12. 下列属于中央银行“发行的银行”职能的是(　　)。
A. 最后贷款人　　B. 发行货币　　C. 票据清算中心　　D. 管理存款准备金

13. 下面属于中央银行的基础职能是(　　)。
A. 政府的银行　　B. 发行的银行　　C. 银行的银行　　D. 监管的银行

14. (上海财大 2013) 下列(　　)最能体现中央银行是“银行的银行”。
A. 发行货币　　B. 最后贷款人　　C. 代理国库　　D. 集中存款准备金

15. 中央银行制度有哪些类型？

16. 与商业银行相比，中央银行负债业务有哪些特点？

17. 简述中央银行的主要职能。

18. (华南理工 2017) 结合中国人民银行的发展历程，试论述中央银行的基本特征及其重要职能。

考点 3　中央银行体制下的货币创造过程

(一) 命题思路

本考点主要是中央银行的角度看待货币创造过程，考生要重点掌握基础货币和货币乘数相关的概念。就命题角度而言，考生应特别重视乔顿货币乘数的计算，这是中央银行学中为数不多可以出计算题的考点。

(二) 习题精编

1. (中国人大 2011) 我国货币当局资产负债中的“储备货币”就是指(　　)。
A. 外汇储备　　B. 基础货币　　C. 法定准备存款　　D. 超额准备存款

2. (南京大学 2013) 以下哪些项目不是基础货币(　　)。
A. 商业银行在央行的存款　　B. 财政部在央行的存款
C. 流通中货币通货　　D. 商业银行持有的库存现金

3. (江西财大 2016) 关于基础货币的准确说法是(　　)。
A. 流通中现金加上存款准备金　　B. 库存现金不属于基础货币的范畴
C. 中央银行的货币发行就是流通中现金　　D. 流通中现金包括金融机构持有的库存现金

4. (中央财大 2018) 中央银行资产负债业务对基础货币的影响是(　　)。
A. 其他存款性公司存款增加，基础货币减少
B. 国外资产减少，基础货币增加
C. 对政府债权增加，基础货币增加

D. 再贷款减少，基础货币增加

5. (中央财大 2012)假设一个经济中流通中现金有 20 亿元，存款有 100 亿元，准备金有 30 亿元，法定存款准备金率是 0.2，那么经济中商业银行持有超额存款准备金和货币乘数分别是(　　)。

A. 10 亿和 3.3　　B. 20 亿和 2.4　　C. 10 亿和 2　　D. 10 亿和 2.4

6. (中山大学 2011)决定货币 M1 的数量时，主要由商业银行控制的因素有(　　)。

A. 法定存款准备金率　B. 基础货币　　C. 超额准备金率　　D. 现金漏损率

7. (上海财大 2012)某大银行遭挤兑，影响为(　　)。

A. 通货比率下降　　B. 货币乘数上升　　C. 货币供应上升　　D. 通货比率上升

8. (中国人大 2012)假定其他条件不变，以下关于货币乘数说法正确的是(　　)。

A. 与法定准备金率正相关　　B. 与超额法定准备金率正相关

C. 与现金比率正相关　　D. 与贴现率负相关

9. (浙工商 2015)假定现金比率为 10%，法定存款准备金率为 20%，超额存款准备金率为 3%，请计算货币乘数。如果流通中的现金为 100 亿元，请计算基础货币的数量。

10. (华东师大 2019)某经济体，流通中的现金 10 亿，活期存款 100 亿，超额准备金率为 5%，法定存款准备金率为 10%。求货币乘数，并用两种方法求 M1。

11. (上海财大 2011)某国家共有基础货币 400 亿元，中央银行对活期存款和定期存款规定的法定存款准备金率分别为 15%和 10%。据测算，流通中的现金漏损率为 25%，商业银行的超额准备金率为 5%，而定期存款比率为 50%。试计算：该国银行体系共持有多少准备金？

12. 假定经济体中流通的现金 C 为 500 亿元，银行存款总量 D 为 2000 亿元，法定存款准备金率为 10%，超额存款准备金率为 5%。(注：题中货币供给量是广义概念，包括准货币)

(1) 求现金比率、基础货币总量和货币乘数。

(2) 央行通过公开市场操作向某商业银行购买 10 亿元有价证券，货币供给量将如何变化？

(3) 某储户将一笔 200 万元的活期存款取现，货币供给量将如何变化？

13. (中央财大 2017)简述存款扩张倍数与货币乘数的区别及联系。

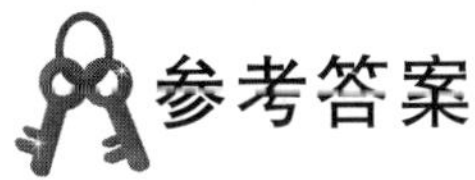

参考答案

考点 1　存款货币的多倍创造机制

1. A　在现代金融制度下，金融机构的准备金分为两部分，一部分以现金的形式保存在自己的业务库，另一部分则以存款形式存储于央行，后者即为存款准备金。

2. B　存款机构准备金存款=资产总额-(其他负债+资本)，根据等式可知：中央银行资产项目的增加是导致商业银行准备金增加的基本因素；中央银行负债项目的任何增加，都将导致银行准备金的减少。

3. B　商业银行派生存款是由原始存款经过不同的商业银行的资产运用而创造出来的，它是原始存款的派生和扩大。原始存款越多，其派生存款也越多，而法定存款准备金率越高，说明商业银行向中央银行缴纳准备金越多，派生存款越少。

4. D　银行系统供给货币的过程必须具备三个基本条件：一是实行完全的信用货币流通，即流通中不存在金属货币和国家纸币(由政府直接发行的货币)；二是实行比例存款准备金制度；三是广泛采用非现金结算方式。

5. D　中国进出口银行是政策性银行，经营过程中都得按政策指示来执行，从而对货币的扩张的影响力较小。

6. D　$D=A/r=1/0.2=5$ 万亿元。

7. B　我们运用创造乘数来分析：$K=\frac{\Delta D}{\Delta R}=\frac{1}{r_d+\frac{\Delta T}{\Delta D}\times r_t}$，在 ΔD 不变，ΔT 增加的情况下，显然会造成创造乘数 K 的下降。

8. D　我们运用创造乘数来分析：$K=\frac{\Delta D}{\Delta R}=\frac{1}{r_d+r_{t+c}}$，随着漏损率 c 的增长，K 在缩小。

9. B　第一次 100 万元全部存入银行，第二次银行贷出 90 万元，又全部存入银行，第三次银行贷出 81 万元，也全部存入银行，第四次银行贷出 72.9 万元，不再存入银行。所以总共的存款 = 100+90+81 = 271(万元)。

10. 根据题意可知：存款总额 = 原始存款 $\times\frac{1}{\text{法定存款准备金率}+\text{提现率}+\text{超额存款准备金率}}=1000\times\frac{1}{22\%+8\%+5\%}\approx2857$ 万元，则派生存款为：2857-1000 = 1857 万元。

11. (1) 超额准备金 = 500-2000×10% = 300(亿元)

(2) 派生存款 $=2000\times\frac{1}{10\%}-2000=18000$(亿元)

12. 存款总额 = 原始存款 $\times\frac{1}{\text{法定存款准备金率}+\text{提现率}}$，变换算式可得：提现率 $=\frac{500}{2500}-15\%=5\%$。

13. (1) 原始存款是指银行吸收的现金存款或中央银行对商业银行贷款所形成的存款。

(2) 派生存款是相对原始存款而言的，是指由商业银行以原始存款为基础发放贷款而引申出的超过原始存款的存款部分。

(3) 当企业实行转账结算制度时，二者的关系可以用下列公式表达：

$$\text{最大存款创造总额}=\frac{\text{原始存款总额}}{\text{准备金比率}}$$

$$\text{派生存款总额}=\text{最大存款创造总额}-\text{原始存款总额}$$

通过上述公式分析可得结论：①如果准备金比率为 100%时，则最大存款创造总额等于原始存款总额，此时派生存款总额为零。这意味着当准备金率为 100%时，银行的存款创造能力为零。②如果准备金比率为零时，则最大存款创造总额无穷大，此时派生存款总额也为无穷大。这意味着当准备金率为零时，银行的存款创造能力最大。

14. (1) 在金融体系中，商业银行与其他金融机构的基本区别在于商业银行是唯一可以经营活期存款(支票存款)的机构。活期存款是货币的重要组成部分，商业银行通过经营活期存款，又创造出派生存款，从而创造了货币，这个过程称为信用创造。

现代银行采用的部分准备金制度和非现金结算制度是商业银行信用创造的基础。部分准备金制度是指根据法律规定，商业银行须将存款的一定比例交存中央银行作为准备的制度。留存法定准备金之后，其余部分可用于放款。若准备率是100%，则商业银行不可能有资金用来创造存款。在部分准备金制度下，准备比例越大，信用创造的规模越小；准备比例越小，信用创造的规模越大。

在非现金结算制度下，人们无需用通货进行支付。如果完全用现金结算，银行就不可能以转账形式去发放贷款，一切贷款必须付现，则产生不出派生存款，银行也就没有创造信用的可能。所以，非现金结算制度也是商业银行创造信用的前提条件。

（2）在现实中，由于诸多因素的存在，存款乘数并非 $1/r_d$ 这样简单，在考虑到这些因素的情况下，存款乘数变为 $d=1/(k+r_d+t\times r_t+e)$，其中 k 是通货比率，r_d 是法定活期存款准备金率，r_t 是法定定期存款准备金率，t 是定期存款比率，e 是超额准备金率。

由上式可以看出，r_d，e，k，t 及 r_t，都是影响商业银行信用创造规模的因素。在经济生活中，由于财富和利率是决定 e，k 和 t 的因素，所以它们也影响着商业银行信用创造的规模大小。

15. 存款货币的多倍扩张过程是商业银行通过贷款、贴现和投资等行为引起成倍的派生存款的过程。

（1）假设商业银行只有活期存款，没有定期存款，且不保留超额准备金，存款货币多倍扩张如下：

商业银行接受这1000元现金原始存款后提取其中的20%即200元作为法定存款准备金，剩余的800元发放贷款，由于不考虑现金漏损，贷款客户必将全部贷款用于支付，而收款人又将把这笔款存入另一家银行，这将使另一家银行获得存款800元，另一家银行在提取20%准备金后将剩余的640元作为贷款发放，这又将使第三家银行获得存款640元……通过整个银行体系的连锁反应，一笔原始存款将形成存款货币的多倍扩张，一直到全部原始存款都已成为整个银行体系的存款准备金为止（如表所示）。

单位：元

银　　行	存款增加额 D	按20%提取的法定准备金 R_d	贷款增加额
	①	②=①×20%	③=①-②
第一银行	1000	200	800
第二银行	800	160	640
第三银行	640	128	512
…	…	…	…
合计	5000	1000	4000

把表中存款增加额相加，整个银行体系的存款增加额 D 为：

$$D=1000+1000(1-20\%)+1000(1-20\%)^2+1000(1-20\%)^3+\cdots$$

$$\approx 1000\times\frac{1}{1-(1-20\%)}=5000(\text{元})$$

如果以 D 表示存款总额，A 表示原始存款，r 表示法定存款准备金率，则存款货币的多倍扩张可用 $D=A\times\frac{1}{r}$ 表示，而 $\frac{1}{r}=\frac{D}{A}$ 就是我们通常所说的存款乘数，即法定存款准备金率的倒数，全部银行存款货币为 $D=1000/20\%=5000$ 元，故存款货币乘数为 5 倍。

（2）修正：如果考虑“漏损”、定期存款比率和超额准备率，则存款乘数 $d=1/(k+r_d+t\times r_t+e)$，其中 k 是通货比率，r_d 是法定活期存款准备金率，r_t 是法定定期存款准备金率，t 是定期存款比率，e 是超额准备金率。

（3）存款货币多倍收缩过程与多倍扩张过程正好相反，在银行没有剩余准备金时，如某存款人以现金形式提取其存款 1000 元，将使该银行的准备金减少 1000 元，但由于 20%的法定存款准备金率，它只能减少 200 元准备金，此时它就发生准备金短缺 200 元，必须通过收回贷款 800 元予以弥补，这样将使其他银行因此而减少存款 800 元进而准备金短缺 160 元，并同样通过收回贷款予以弥补，如此将在部分准备金制度下引发一系列连锁反应，存款总额将成倍减少。减少的倍数与存款扩张的倍数是一致的。

考点 2　中央银行及其职能

1. C　英格兰银是世界上最早形成的中央银行，为各国中央银行体制的鼻祖。1694 年根据英王特许成立，股本 120 万镑，向社会募集。成立之初即取得不超过资本总额的钞票发行权，主要目的是为政府垫款。到 1833 年英格兰银行取得钞票无限法偿的资格。1844 年，英国国会通过《银行特许条例》，规定英格兰银行分为发行部与银行部；发行部负责以 1400 万镑的证券及营业上不必要的金属贮藏的总和发行等额的银行券；其他已取得发行权的银行的发行定额也规定下来。此后，英格兰银行逐渐垄断了全国的货币发行权，至 1928 年成为英国唯一的发行银行。

2. A　单一中央银行制度是指国家单独建立中央银行机构，有如下两种具体情形：①一元式中央银行制度，这种体制是在一个国家内只建立一家统一的中央银行，机构设置一般采取总分行制。目前世界上绝大部分国家的中央银行都实行这种体制，我国也是如此。②二元式中央银行制度，这种体制是在一国国内建立中央和地方两级中央银行机构，中央级机构是最高权力或管理机构，但地方级机构也有一定的独立权力，这是一种带有联邦式特点的中央银行制度。属于这种类型的国家有美国，德国等。

3. A　准中央银行制度是指国家不设通常完整意义上的中央银行，而设立类似中央银行的金融管理机构执行部分中央银行的职能，并授权若干商业银行也执行部分中央银行职能的中央银行制度。采取这种中央银行组织形式的国家有新加坡、马尔代夫、斐济、沙特阿拉伯、阿拉伯联合酋长国、塞舌尔等。

4. B　“中央银行独立性”是指中央银行履行自身职责时法律赋予或实际拥有的权力、决策与行动的自主程度，反映在中央银行与政府的关系。中央银行的独立性集中反映为：在中央银行和政府的关系上，两者的宏观经济目标是一致的，但又存在分工和协作，在实际目标的措施选择上有所不同。

5. D　欧洲中央银行属于跨主权机构，其货币政策的制定和执行高度独立于欧元区各国政府。

6. B　再贴现指商业银行或其他金融机构将贴现所获得的未到期票据，向中央银行作的票据转让。再贴现是中央银行向商业银行提供资金的一种方式，是一种资产业务。

7. C　中央银行的业务可以分为负债业务、资产业务和中间业务。其中资产业务包括：

贷款、再贴现、证券买卖、保管金银外汇储备等。负债业务包括：货币发行、代理国库、集中存款准备金、占用清算资金、其他负债业务等。

8. A　中央银行的负债业务是指金融机构、政府、特定部门持有的中央银行的债券。中央银行负债业务主要包括货币发行、代理国库、集中存款准备金、占用清算资金、其他负债业务等。

9. C　中央银行是银行的银行，是指中央银行充当一国(地区)金融体系的核心，为银行及其他金融机构提供金融服务、支付保证，并监督管理各金融机构与金融市场业务动态的职能。中央银行作为银行的银行，它只与商业银行和其他金融机构发生业务往来，并不与工商企业和个人发生直接的信用关系。

10. A　银行的银行指中央银行的地位处于商业银行和其他金融机构质上，即中央银行代表政府管理和监督商业银行以及其他金融机构的货币信用业务。主要职责包括：①吸收与保管存款准备金，以确保存款机构的清偿能力；②充当最后贷款人，对商业银行提供信贷；③作为全国票据清算中心，组织全国票据清算事宜。

11. A　所谓国家的银行，是指中央银行代表国家贯彻执行财政金融政策，代理国库收支以及为国家提供各种金融服务。作为国家银行的职能，主要体现在：代理国库、代理国家债券的发行、对国家财政给予信贷支持、保管外汇和黄金储备、制定和实施货币政策、制定并监督执行有关金融管理法规。选项 A 属于发行银行的职能。

12. B　所谓发行的银行是指中央银行垄断货币发行权，是一国或某一货币联盟唯一授权的货币发行机构。A、C、D 选项都属于银行的银行职能。

13. B　央银行垄断货币发行权即发行的银行是中央银行的基础职能。这是因为：

① 只有垄断货币发行权，才能统一国内的通货形式，避免由于多头发行货币造成货币流通的混乱。

② 只有垄断货币发行权，才能根据经济形式的客观需要，灵活调控货币流通量。

③ 只有垄断货币发行权，才能有效地制定和执行货币政策。

14. B　“最后贷款人”原则的提出确立了中央银行在整个金融体系中的核心地位和主导地位。

15. 中央银行的结构随各国具体国情不同而存在较大差异，根据中央银行组织形式和组织结构的不同，可以将中央银行制度分成四种类型。

(1) 单一中央银行制度。单一中央银行制度是最土要的也是最典型的中央银行制度形式。它是指国家设立专门的中央银行机构，使之全面、纯粹地行使中央银行职能的制度。单一中央银行制又可分为一元式和二元式两种类型。

① 一元式中央银行制度。这种体制是指在一个国家内只建立一家统一的中央银行，机构设置一般采取总分行制。目前世界上绝大部分国家，如英国、日本的中央银行都实行这种体制。我国自 1984 年之后也是实行这种中央银行制度。

② 二元式中央银行制度。这种体制是在一国国内建立中央和地方两极中央银行机构，中央级机构是最高权力或管理机构，地方级机构受中央级机构的监督管理，但它们在各自的辖区内有较大的独立性。实行联邦制的国家多采用这种中央银行制度，如美国、德国等。

(2) 复合中央银行制度。复合中央银行制度，是指在一个国家不设立专门的中央银行机构，而是由一家大银行集中中央银行职能和一般存款货币银行职能于一身的银行体制。这种体制主要存在于过去的苏联和东欧等国。我国在 1983 年以前也实行这种中央银行制度。

（3）跨国中央银行制度。跨国中央银行制度，是指由参加货币联盟的所有成员国联合组成的中央银行制度。第二次世界大战后，许多地域相邻的一些欠发达国家建立了货币联盟，并在联盟内成立参加国共同拥有的统一的中央银行。这种跨国的中央银行发行共同的货币，执行统一的金融政策。比如，由贝宁、象牙海岸、尼日尔、塞内加尔、多哥和上沃尔特等国组成的西非货币联盟所设的中央银行，由喀麦隆、乍得、刚果、加蓬和中非共和国组成的中非货币联盟所设立的中非国家银行等。1998 年 7 月成立的欧洲中央银行，这是一家由欧洲经济货币联盟的成员国共同设立的中央银行，框架结构采用德国中央银行的二元制模式，其主要职责是发行统一的货币——欧元，并制定和实施欧元区的货币政策。

（4）准中央银行制度。准中央银行制度，是指某些国家或地区只设立类似中央银行的机构，或由政府授权某个或某几个商业银行，行使部分中央银行职能的体制。例如，新加坡设有金融管理局与货币发行局两个机构来行使中央银行的职能。中国香港实行的也是准中央银行制度，金融管理局(1993 年 4 月 1 日由香港外汇管理基金和银行监管处合并而成)是香港的金融监管机构，但不拥有发钞权，发钞权掌握在汇丰、渣打、中国银行手中。

16. 与商业银行相比，中央银行的负债业务具有以下特点：

（1）其负债业务中的流通中货币是其所独有的项目，这是由其独享货币发行权所形成的垄断的负债业务。商业银行均无此项负债，并且与此相反，现金在商业银行的资产负债表中属于资产项目。

（2）其业务对象不同，虽然中央银行的负债业务也有存款，但其存款对象主要有两类：一类是政府和公共机构，另一类是商业银行等金融机构。不同于商业银行以普通居民和企业为存款业务对象。

（3）其存款业务具有一定的强制性。不同于商业银行的存款自愿原则，法律要求商业银行必须在中央银行存有一定量的存款准备金，具有强制性。

17. 中央银行的职能主要表现为：

（1）发行的银行。它是指中央银行垄断货币发行权。中央银行垄断货币发行权是中央银行的基础职能。

（2）国家的银行。所谓国家的银行，是指中央银行代表国家贯彻执行财政金融政策，代理国库收支以及为国家提供各种金融服务。作为国家银行的职能，主要体现在：代理国库、代理国家债券的发行、对国家财政给予信贷支持、保管外汇和黄金储备、制定和实施货币政策、制定并监督执行有关金融管理法规。

（3）银行的银行。它是指中央银行向商业银行和其他金融机构提供的金融服务。作为银行的银行，中央银行主要职责包括：①吸收与保管存款准备金，以确保存款机构的清偿能力；②充当最后贷款人，对商业银行提供信贷；③作为全国票据清算中心，组织全国票据清算事宜。

18.（1）中国人民银行是新中国的中央银行，1948 年 12 月 1 日在华北银行、北海银行和西北农民银行的基础上合并组成的。总行设在石家庄，新中国成立后迁至北京。

从新中国成立到 1978 年的 30 年间，我国实行的是“大一统”银行体制。在这一体制下，中国人民银行既行使中央银行职能，又办理具体银行业务。1979—1983 年，随着经济体制和金融体制改革的深入，中央银行体制也发生了深刻的变化。首先，陆续恢复和建立了中国农业银行、中国银行、中国人民建设银行(后改名中国建设银行)、中国人民保险公司等专业银行和金融机构，分担了中国人民银行承担的部分金融业务。但此时中国人民银行仍然兼办工商信贷和储蓄业务，这就不可避免地削弱了对金融的宏观调控和管理。同时，我国在参加货币基金组织和世界银行等国际金融机构后，国际金融活动日益频繁，需要一个名副其实的中央银行代表政府参加国际金融活动。

为适应形势发展的需要，国务院于 1983 年 9 月 17 日决定，从 1984 年 1 月 1 日起，中国人民银行专门行使中央银行职能。中国人民银行此时才成为真正的中央银行，在我国金融体系中处于核心地位。1993 年，按照国务院《关于金融体制改革的决定》，中国人民银行进一步强化金融调控、金融监管和金融服务职责，划转政策性业务和商业银行业务。1995 年 3 月 18 日，全国人民代表大会通过《中华人民共和国中国人民银行法》，首次以国家立法形式确立了其作为中央银行的地位，标志着中央银行体制走向了法制化、规范化的轨道，是中国中央银行制度建设的重要里程碑。

(2) 结合中国人民银行的发展历史，我们发现中央银行所具备的基本特征是:

① 不以营利为目的。如果以营利为目的，势必会导致其为追求利润而忽略、甚至背弃以金融调整为己任，稳定货币、促进经济发展的宗旨。

② 不经营普通商业银行业务，即不对社会上的企业、单位和个人办理存、贷、结算业务，只与政府或其他金融机构发生资金往来关系，其业务对象也仅限于政府机关、商业银行和其他金融机构。

③ 中央银行处于超然地位。这是由中央银行要发挥其特殊的职能所决定的。在制订和执行国际金融方针政策时，中央银行具有其相对独立性，不受其他部门或机构的行政干预和牵制。

(3) 同时，我们发现，中央银行的职能是指中央银行应该担负和履行的职责，它既是中央银行性质的具体体现，也是中央银行作用发挥的重要依据。中央银行是发行的银行、银行的银行、国家的银行，这是中央银行职能最典型的概括。

① 发行的银行，是指国家赋予中央银行集中与垄断货币发行的特权，中央银行是国家唯一的货币发行机构。

② 银行的银行，是指作为国家的金融管理机构，中央银行在整个金融体系中居于领导地位，并与商业银行和其他金融机构进行存、放、汇等业务上的往来。

③ 国家的银行，是指中央银行代表国家贯彻执行货币金融政策，代为管理政府财政收支以及为政府提供各种金融服务。

考点 3　中央银行体制下的货币创造过程

1. B　央行资产负债表中的储备货币，即基础货币，包括货币发行和其他存款性公司存款。其中货币发行由金融机构库存现金和流通中的货币两部分组成。

2. B　基础货币等于流通中的现金加上银行体系中的准备金总额。准备金包括商业银行库存的现金和按比例存放在中央银行的存款。

3. A　基础货币包括库存现金，因为库存现金是商业银行准备金的一部分，B 和 D 选项错误。中央银行的货币发行除了流通中的现金，还包括商业银行的库存现金，C 选项错误。

4. C　中央银行资产负债表的基本关系式：资产＝负债＋自有资本。A 选项，负债增加，对应的央行资产也会增加，基础货币增加；B 选项，国外资产减少，意味着对应的央行负债的减少，基础货币减少；C 选项，对政府债权增加，意味着对应的央行负债的增加，基础货币增加；D 选项，再贷款减少，意味着央行负债的减少，基础货币减少。

5. D　由题可知，商业银行的法定存款准备金为：100×0.2＝20（亿元），因此其超额存款准备金为：30－20＝10（亿元）。货币乘数 $m=\frac{1+k}{r_d+e+k}$，其中 $k=20/100=0.2$，代表通货与存款的比率；$r_d=0.2$，代表法定存款准备金率；$e=10/100=0.1$，代表超额存款准备金率，由货币乘数 $m=(0.2+1)/(0.2+0.1+0.2)=2.4$。

6. C　超额准备金率由商业银行根据自身需要而决定。

【科兴提示】狭义货币乘数的影响因素分类

变　量	变量的影响主体
超额准备金率 e	商业银行
公众持有的通货比率 k，定期存款和活期存款的比率 t	非银行公众
法定存款准备金率（包括定期和活期存款）r_t，r_d	中央银行

7. D　大银行遭挤兑，说明有更多的货币流入到公众手中，此时通货比率上升，货币乘数下降，货币创造降低。

8. D　对货币乘数的各个因素逐个求一阶偏导，可得 A、B、C 选项均错误。D 选项，贴现率越高，商业银行的超额准备金率越高，从而货币乘数越小。

9. 依题意有现金比率 $k=10\%$，法定存款准备金率 $r_d=20\%$，超额准备金率 $e=3\%$。根据乔顿货币乘数公式可得：

$$m=\frac{1+k}{r_d+e+k}=\frac{1+10\%}{10\%+20\%+3\%}\approx 3.06$$

由于现金比率为 10%，我们可以计算出活期存款 D：

$$D=\frac{100}{10\%}=1000\text{ 亿元}$$

基础货币为货币供应量与货币乘数的比值，即

$$B=\frac{M}{m}=\frac{C+D}{m}=\frac{1000+100}{3.33}\approx 330\text{ 亿元}$$

10.（1）通货比率 k = 流通中的现金 C/ 活期存款 D = 10/100 = 10%，超额存款准备金率 e =5%，法定存款准备金率 r_d = 10%，则货币乘数为：

$$m_1 = \frac{1+k}{r_d+e+k} = \frac{1+10\%}{10\%+5\%+10\%} = 4.4$$

（2）狭义货币供应量 M1 有两种算法：

① 运用货币乘数：货币乘数是站在中央银行的角度来看待货币创造，由于 $B=C+R=10+100\times10\%+100\times5\%=25$ 亿元，则：

$$M_1 = m_1 \cdot B = 25\times4.4 = 110 \text{ 亿元}$$

② 根据狭义货币的概念可知：$M_1=C+D=10+100=110$ 亿元。

11. 根据货币乘数的计算公式：$m=\dfrac{1+k}{r_d+t\times r_t+e+k}$，可知该国家的货币乘数为 $m=\dfrac{1+25\%}{15\%+50\%\times10\%+5\%+25\%}=2.5$。因此，该国的货币供给总量为：$M=m\times B=2.5\times400=1000$ 亿元。

因为 $M=C+D=0.25D+D=1.25D=1000$ 亿元，可知 $D=800$ 亿元，$C=200$ 亿元。

$B=C+R=200+R=400$ 亿元，则 $R=200$ 亿元。

12.（1）现金比率 $k=C/D=500/2000=0.25$，基础货币 $B=C+R=500+2000\times(10\%+5\%)=800$ 亿元，货币乘数为：

$$m=\frac{1+k}{r_d+e+k}=\frac{1+0.25}{0.1+0.05+0.25}=3.125$$

（2）央行购买有价证券，会增加基础货币投放，则货币供给量会增加 $3.125\times10=31.25$ 亿元。

（3）储户提现 200 万元活期存款，将不会改变货币供应量。货币供应 $M=C+D$，储户提现行为只是将 D 转化为 C，不影响 M 的大小。

13.（1）货币乘数是指货币供给量对基础货币的倍数关系，亦即基础货币每增加或减少一个单位所引起的货币供给量增加或减少的倍数；存款扩张倍数又称存款乘数，是指总存款（或银行资产总额）与原始存款之间的比率。

（2）货币乘数和存款货币扩张倍数的相同点为：二者都是用以阐明现代信用货币具有扩张性的特点。

（3）二者的差别主要在于两点：

一是货币乘数和存款货币扩张倍数的分子分母构成不同，货币乘数是以货币供应量为分子、以基础货币为分母的比值；存款货币扩张倍数是以总存款为分子、以原始存款为分母的比值。

二是分析的角度和着力说明的问题不同，货币乘数是从中央银行的角度进行的宏观分析，关注的是中央银行提供的基础货币与全社会货币供应量之间的倍数关系；而存款货币扩张倍数是从商业银行的角度进行的微观分析，主要揭示了银行体系是如何通过吸收原始存款、发放贷款和办理转账结算等信用活动创造出数倍原始存款货币的。

第 7 章　货币供求与均衡

一、考查要点

1. 货币需求是指在一定时期内，社会各阶层(个人、企业单位、政府)愿以货币形式持有财产的需要，或社会各阶层对执行流通手段、支付手段和价值贮藏手段的货币需求。

2. 货币需求函数是表达货币需求量与决定货币需求的各种因素之间关系的方程式，通常将决定和影响货币需求的各种因素作为自变量，而将货币需求本身作为因变量。数学表达如下：$M^d=f(x_1, x_2\cdots x_n)$。

3. 传统货币数量论以古典学派的经济理论为前提，认为经济的运行只与实际因素有关，而与货币因素无关。即实际变量(包括实际收入、实际工资、实际利率、实际货币供给量、就业率等)由实际因素(例如技术、资源)决定，名义变量(包括名义收入、名义工资、价格水平、名义利率、名义货币供给量等)由货币因素(主要指货币发行量)决定，二者之间没有联系，货币好像蒙在实体经济表面的一层“面纱”，不对经济产生影响，即货币中性，所有名义量与实际量之间都保持稳定的倍数关系。古典学派的这种分析经济的方法称为“两分法”。

4. 美国经济学家欧文·费雪在 1911 年出版的《货币的购买力》一书中提出了著名的现金交易数量说(又称“费雪方程”)，它是对传统货币数量论做了系统清晰的阐述，揭示了交易总量 T，价格水平 P 与货币数量 M，以及货币流通速度 V 之间的关系，即：$M\cdot V=P\cdot T$。

5. 现金余额数量说认为货币的财富贮藏功能关系到人们的财富水平，也影响到人们的货币需求。庇古率先将现金余额理论用数学方程式的形式予以解释，在 1917 年他发表的《货币的价值》一文中，提出了著名的剑桥方程式：$M=k\cdot P\cdot Y$，式中，Y 表示总收入，k 表示以货币形式持有的财富占名义总收入的比率，P 表示价格水平。从公式中我们同样可以得出货币数量决定物价水平的结论。

6. 凯恩斯的流动性偏好理论认为，人们的流动性偏好的动机有三个：交易动机、谨慎动机和投机动机。其中，因交易动机和谨慎动机带来的货币需求与利率没有直接关系，它是收入的函数，并且与收入成正比；而投机带来的货币需求与利率成反比，因为利率越高人们持有货币就行投机的机会成本也就越高。用 L_1 表示交易动机和谨慎动机带来的货币需求，$L_1(y)$ 是收入 y 的增函数；L_2 表示投机动机带来的货币需求，$L_2(r)$ 是利率的减函数；而货币总需求为：$L=L_1(y)+L_2(r)$。

7. 流动性偏好理论中还有一种特殊的极端情况，就是流动性陷阱。当一定时期的利率水平降低到不能再低时，人们就会产生利率上升而债券下跌的预期，货币需求弹性就会变得无限大，即无论增加多少货币，都会被人们储存起来。

8. 1952 年，鲍莫尔运用存货理论分析了交易性需求问题，将利率变量进入凯恩斯的交易性货币需求函数之中。其货币需求函数形式为：$M^d=\frac{1}{2}\sqrt{\frac{2bY}{r}}$。惠伦分析了预防性货币需求问题，将利率变量进入凯恩斯的预防性货币需求函数之中。其货币需求函数形式为：$M^d=\sqrt[3]{\frac{2\sigma^2\cdot b}{r}}$。

9. 弗里德曼认为以货币这种资产持有其财富主要受以下因素的影响：恒久收入（Y_P）、非人力财富占总财富的比率（W）、持有货币的预期报酬率（r_m）、其他资产的预期报酬率$\left(\text{债券的预期报酬率 } r_b\text{、股票的预期报酬率 } r_e\text{、商品价格的预期变动率 }\frac{1}{P}\cdot\frac{dP}{dt}\right)$。据此，弗里德曼的货币需求函数是：$\frac{M_d}{p}=f\left(Y_p,\ W,\ r_b,\ r_e,\ \frac{1}{P}\cdot\frac{dP}{dt},\ u\right)$，$u$ 代表其他因素。弗里德曼认为，由于作为财富代表的恒久收入在长期内取决于真实生产因素的状况，其变动是相对稳定的；银行竞争使利率变化对货币需求的影响很少，货币需求对利率不敏感。因而，货币需求函数是稳定的，是可以预测的。

10. 货币中性论与非中性论所争论的焦点问题是：货币对实体经济是否有影响以及是如何影响的。货币中性，指在长期中，货币供应量的一次性、一定百分比的上升，将被价格水平相同比例的上升所抵消，从而使实际货币供应量和利率等其他所有经济变量保持不变。此时，货币只是一种面纱，货币经济类似于物物交易经济。这一观点从根本上否定了规则的货币政策对经济周期的调节作用，并认为只有对未被预期到的通货膨胀采取适当的货币政策才可以提高实际经济水平。

11. 根据流动性，现阶段我国货币供应量分为以下三个层次：

M0＝流通中的现金

M1＝M0+活期存款

M2＝M1+准货币（定期存款+储蓄存款+其他存款）

12. 货币外生性指货币供给由货币当局决定，并非决定于经济运行中的经济变量的变化。如果认为货币供给是外生变量，那么货币当局就能够有效地通过对货币供给的调节影响经济过程。货币内生性是指货币供给的变动，受经济体中的实际变量（如收入、投资、消费等因素）以及微观经济主体的经济行为的影响。如果货币供给是内生变量，那么货币供给总是要被动地决定于客观经济过程，货币当局并不能按照自己的意愿有效地控制其变动。

13. 通货膨胀是商品和劳务的货币价格总水平持续明显上涨的过程。按照不同的划分标准，通货膨胀可以划分为不同的类型。

14. 通货膨胀对经济的影响，有促进论、促退论和中性论三种观点。实践检验表明支持中性论的例子最多。这三种观点与菲利普斯曲线的三个阶段相对应：短期的菲利普斯曲线支持促进论；当货币幻觉消失，人们形成了通货膨胀预期，实业与通货膨胀之间不再存在替代关系，通货膨胀就是中性的；如果通货膨胀使得经济变得不稳定，市场信号失灵，加深经济功能的失调，会导致自然失业率上升，则通货膨胀对经济而言就是促退的。

15. 通货紧缩是指一般物价水平持续下跌、币值不断升值的一种货币现象。在货币超发的情况下，仍旧可能存在通货紧缩。

16. 凯恩斯认为，有效需求不足是产生通货紧缩的根本原因。以弗里德曼为代表的货币主义认为，与通货膨胀一样，通货紧缩也是一种货币现象。通货紧缩发生的主要原因是，货币流量的增加不能满足经济增长的需要而出现的价格水平的持续下跌。在弗里德曼看来，通货紧缩首先不是物价水平的持续下降而是货币流量的增长不适应经济增长的需要。

二、2023年命题预测

就整个学科体系而言，“货币供求与均衡”一章一直是431考试命题的重点。就本章考点内容而言，(1)“货币供给理论”“货币需求理论”属于考题重点，很可能与我国近些年货币供给的实际情况结合起来命题，旨于考查考生对该理论理解和运用掌握的熟练程度。(2)“货币均衡”是非重点，考生大致了解相关概念即可。(3)货币供求的不均衡造成的通货膨胀和通货紧缩，由于和现实结合密切，也有望成为命题的重点。

考点1 货币需求理论

(一)命题思路

从命题角度来看，主要命题思路是：(1)考查不同理论下货币需求函数形式的辨析；(2)考查影响货币需求因素的简单定量分析；(3)各学派货币需求理论的主要内容、结论以及特点；(4)各个理论之间的比较，比较的角度有内容、结论、贡献、缺陷。

(二)习题精编

1. (南京大学2011)下面的经济学家中，(　　)不是传统货币数量说的代表人物。

A. 弗里德曼　　B. 费雪　　C. 马歇尔　　D. 庇古

2. (对外经贸2015) $M=KPY$ 是哪项学说的观点？(　　)

A. 现金交易说　　B. 现金余额说　　C. 可贷资金理论　　D. 流动性溢价理论

3. (中国人大2018)以下哪一项货币需求理论没有考虑微观主体对货币需求的动机是(　　)。

A. 费雪方程式　　B. 剑桥方程式

C. 凯恩斯的货币需求理论　　D. 弗里德曼的货币需求理论

4. 下面哪个学派的货币需求的决定因素包括了人的偏好因素？(　　)

A. 货币主义学派　　B. 现金交易数量说

C. 凯恩斯的货币需求理论　　D. 新凯恩斯的货币需求理论

5. (上海财大2011)在决定货币需求的诸因素中，收入水平的高低和收入获取时间越长对货币需求的影响分别是(　　)。

A. 负相关、负相关　　B. 负相关、正相关

C. 正相关、负相关　　D. 正相关、正相关

6. (中央财大2017)凯恩斯的货币需求理论认为(　　)。

A. 商品价格取决于商品价值和黄金的价值

B. 货币需求仅指作为交易媒介的流通中货币的需求

C. 交易动机的货币需求与收入水平存在正相关关系

D. 货币需求具有稳定性的特点

7. 根据古典学派的货币需求理论，货币政策的任务是(　　)。

A. 稳定物价　　B. 促进经济增长　　C. 调控失业率　　D. 维持国际收支均衡

8. (上海财大2013)根据传统货币数量论，货币供应增加50%，则(　　)。

A. 短期产出增加50%，物价水平在长期上涨50%

B. 短期产出增加 50%，物价水平在长期下降 50%

C. 物价上涨 50%

D. 产出增加 50%

9. (湖南大学 2013)凯恩斯认为交易动机的货币需求主要取决于(　　)。

A. 收入水平　　B. 利率水平　　C. 人们的预期　　D. 制度因素

10. (中央财大 2015)弗里德曼认为货币需求函数的特点是(　　)。

A. 不稳定　　B. 不确定　　C. 相对稳定　　D. 稳定

11. (上海财大 2022)实物资产的收益率是弗里德曼货币需求函数的(　　)。

A. 规模变量　　B. 机会成本变量　　C. 其他变量　　D. 都不是

12. 根据凯恩斯流动性偏好理论，当预期利率上升时，人们会(　　)。

A. 只持有货币　　B. 只持有债券

C. 抛售债券而持有货币　　D. 抛售货币而持有债券

13. "流动性陷阱"是凯恩斯理论中的一个概念，它是出现在以下哪一个传递机制中的环节(　　)。

A. 货币供应量增加导致利率趋于下降　　B. 利率趋于下降导致投资需求上升

C. 就业量上升导致产出和收入增加　　D. 投资需求上升导致就业量上升

14. 弗里德曼货币需求理论与凯恩斯货币需求理论最大的区别在于(　　)。

A. 货币需求函数形式　　B. 恒久性收入对货币需求的影响

C. 利率对货币需求影响的程度不同　　D. 货币是否有收益的分歧

15. 根据凯恩斯的货币理论，当市场利率相对稳定时，人们的货币需求决定因素是(　　)。

A. 交易动机　　B. 预防动机　　C. 投机动机　　D. 交易动机与预防动机

16. 鲍莫尔模型对凯恩斯的货币需求理论做了(　　)发展。

A. 强调了收入对交易动机货币需求的正相关

B. 强调了收入对预防动机货币需求的正相关

C. 强调了利率对交易动机货币需求的负相关

D. 强调了利率队预防动机货币需求的负相关

17. 托宾资产选择理论对凯恩斯的货币需求理论做了(　　)发展。

A. 将利率因素引入了交易性需求函数中

B. 将利率因素引入了预防性需求函数中

C. 证明了货币需求函数的稳定性

D. 解释了现实中人们为什么同时持有货币和债券

18. (上海财大 2015)把凯恩斯的货币需求公式改为 $M=L(y, r)+L(r)$ 的是(　　)。

A. 托宾　　B. 弗里德曼　　C. 鲍莫尔　　D. 卢卡斯

19. 如何理解古典学派的两分法?

20. (对外经贸大学 2013)请证明鲍莫尔-托宾的平方根公式，并说明其政策意义。

21. 简述弗里德曼的货币需求理论。

22. 试述凯恩斯主义和货币主义的货币需求理论的异同点。

23. (中央财大 2013)简述货币需求理论发展的脉络及其规律。

考点2 货币供给

（一）命题思路

货币供给理论是货币银行学的理论难点。由于与现实关系密切，因此经常会结合货币政策相关知识点命制论述题。货币层次的划分是热点考查内容，经常以选择题形式出现。

（二）习题精编

1. 根据我国最新货币层次划分，货币市场基金应归入(　　)。

A. M0　　B. M1　　C. M2　　D. M3

2. (复旦大学 2019)下列不纳入中国货币供应量 M1 统计口径的是(　　)。

A. 某大学活期存款　　B. 某工商企业活期存款

C. 某个人持有的现金　　D. 某银行库存现金

3. (复旦大学 2022)在其他条件不变的情况下，美联储卖出国债回收流动性，资产负债表规模收缩，而中国人民银行卖出(发行)央行票据回收流动性，资产负债表规模(　　)。

A. 收缩　　B. 扩张　　C. 不变　　D. 不能确定

4. 下列各项中，(　　)会导致现实购买力增加。

①活期存款增加；②定期存款增加；③储蓄存款增加；④现金增加；⑤支票存款增加

A. ④⑤　　B. ③④⑤　　C. ①④　　D. ①④⑤

5. 如果商业银行向中央银行申请 100 亿元的再贷款，并同时降低超额准备金与存款的比率，假定公众偏好行为未发生系统性变化，则会导致货币供给(　　)。

A. 减少 100 亿　　B. 增加 100 亿

C. 增加超过 100 亿　　D. 增加 100 亿、也有可能超过 100 亿

6. 根据货币乘数模型，下面哪个变量是由公众决定的？(　　)

A. 超额准备金率 r_e　　B. 通货比率 C/D

C. 法定存款准备金 r_r　　D. 基础货币 H

7. 下面哪项是主张货币供给内生性的理论学派？(　　)

A. 凯恩斯主义学派　　B. 货币主义学派

C. 托宾“新观点”　　D. 理性预期学派

8. (华东师大 2015)金融创新增强了货币供给的(　　)。

A. 外生性　　B. 内生性　　C. 可控性　　D. 可测性

9. (上海财大 2016)货币中性是指货币数量变动只会影响(　　)。

A. 实际工资　　B. 物价水平　　C. 就业水平　　D. 商品的相对价格

10. (浙工商 2016)为什么利率的顺周期变动(利率在经济周期扩张时上升，在萧条时下降)会导致货币供应量的顺周期变动？

11. (浙工商 2015)根据流动性偏好理论，货币供给增加会降低利率。然而，现实情况常常表明，随着货币供给增加，利率会上升。请论述产生这种现象的原因。

12. 20 世纪 80 年代以来，随着金融证券化的发展，为创造一个更加宽松的金融竞争环境，西方国家开始放松金融管制，采取金融自由化措施，各国政府纷纷放松对银行管制。1980 年，美国率先飞出了 30 年代后制定的 Q 条例，允许商业银行向支票存款支付利息。到了 20 世纪末，随着计算机网络技术对金融领域的影响不断加深，电子货币和信用卡等金融工具不断被创新和被使用。请结合相关理论，分析 20 世纪 80 年代以来，金融环境

的新变化对货币供给产生了怎样的影响？中央银行地位又发生了哪些变化？

13. (中科大 2019)针对我国 M2/GDP 不断增高并且居高不下的现象，你怎么看待？

14. (上社科 2021)试述金融创新对货币供给的影响。

考点 3　货币均衡

(一) 命题思路

货币均衡即货币的供给与货币需求总体上相等，货币均衡的自我实现方式就是利率的自动调节机制。该知识点比较冷门，只有个别学校曾经考查过。从命题角度看来，命题思路是：(1)考查对货币均衡定义的理解；(2)考查货币均衡与社会总供求之间的关系。

(二) 习题精编

1. 从货币需求方面看，利率越高(　　)。

   A. 持币的机会成本越大　　B. 持币的机会成本越小

   C. 持币的收益越大　　D. 持币的效用越大

2. (浙江财经 2015)货币均衡的自发实现主要依靠(　　) 的调节。

   A. 利率机制　　B. 价格机制　　C. 汇率机制　　D. 中央银行宏观调控

3. 如果货币供给是外生变量，当货币需求增大时，利率将(　　)。

   A. 上升　　B. 下降　　C. 不变　　D. 先上升后下降

4. (中山大学 2015)根据凯恩斯主义的分析方法，总需求可以写成(　　)。

   A. $Y=C+I+G+NX$　　B. $F=C+I+G-NX$

   C. $Y=C-I-G-NX$　　D. $Y=C+I-G-NX$

5. (浙江财经 2017)对总需求和货币供给之间关系的正确理解是(　　)。

   A. 总需求决定货币供给　　B. 总需求等于货币供给

   C. 货币供给是总需求的载体　　D. 货币供给决定总需求

6. 当经济中的潜在资源已被充分利用但货币供给仍在继续扩张，经济体系会出现(　　)。

   A. 实际产出水平提高　　B. 实际产出水平减少

   C. 价格总水平上涨　　D. 价格总水平不变

7. 什么是货币均衡？什么是社会总供给和总需求？试述货币供求均衡与社会总供求之间的关系。

考点 4　通货膨胀与通货紧缩

(一)命题思路

由于同我国当前经济形势密切联系，“通货膨胀”属于命题重点，通货紧缩一般不是命题重点，但要注意它与通货膨胀的区别。从命题角度来看，主要命题思路是：(1)考查通货膨胀涵义的准确全面理解；(2)考查不同通货膨胀类型之间的辨析；(3)考查通货膨胀产生原因的理论分析；(4)考查通货膨胀效应以及治理措施分析；注意结合我国当前经济形势，综合考查通货膨胀产生的原因、影响及治理措施。(5)考查通货紧缩的确切含义、对社会经济的影响以及治理措施

(二)习题精编

1. 需求政策治理的是下列哪种类型的通货膨胀？(　　)

   A. 需求拉上通货膨胀　　B. 成本推进通货膨胀

C. 结构性通货膨胀　　D. 暂时性的通货膨胀

2. “通货膨胀率达到两位数字，不愿保存货币，抢购商品用以保值”现象属于(　　)。

A. 温和的通货膨胀　　B. 爬行式通货膨胀

C. 跑马式通货膨胀　　D. 恶性的通货膨胀

3. 由于进口商品的物价上升导致普遍物价上涨的通货膨胀属于(　　)。

A. 输入型通货膨胀　　B. 输出型通货膨胀

C. 结构型通货膨胀　　D. 供给型通货膨胀

4. 下列说法错误的是(　　)。

A. 成本推动型通货膨胀和利润推动型通货膨胀都属于供给型通货膨胀

B. 由于经济中存在二元结构而导致的通货膨胀属于结构型通货膨胀

C. 上游产品成本和工资率的过渡上升而导致通货膨胀属于成本推动型通货膨胀

D. 本质上，财政赤字型通货膨胀属于供给型通货膨胀

5. 假设2004年美国平均家庭购买的市场篮子产品和服务在2004年的价格为14000美元，而同样一篮子在2009年值21000美元。然而，在2009年平均家庭实际上购买的产品和服务的篮子在2009年的价格为20000美元，而这一篮子按2004年的价格核算为15000美元。按照以上数据，以2004年为基年，2009年的拉氏指数为(　　)。

A. 1.05　　B. 大约1.07　　C. 大约1.33　　D. 1.50

6. 假设1950年各类商品价格总水平基础为100，测算2007年的物价指数为286.2，则1950年至2007年间物价总水平(　　)。

A. 降低了186.2%　　B. 提高了186.2%

C. 降低了286.2%　　D. 提高了286.2%

7.(对外外经贸2016)自然失业率是指(　　)。

A. 长期内使得劳动力供给等于劳动力需求的失业率

B. 当通货膨胀没有变化倾向时的失业率

C. 商品市场处于均衡状态时的失业率

D. 经济处于内外均衡时的失业率

8. 根据凯恩斯的需求拉上理论，产生“真正的通货膨胀”的前提条件是(　　)。

A. 经济未达到充分就业水平　　B. 经济达到充分就业水平

C. 利率水平非常低　　D. 利率水平非常高

9. 根据货币主义的需求拉上理论，产生通货膨胀的原因是(　　)。

A. 有效需求不足　　B. 有效供给不足

C. 货币供给过多　　D. 货币需求不足

10.(中科大2016)在通货膨胀预期的作用下，菲利普斯曲线发生整体向(　　)移动。

A. 左上方　　B. 右上方　　C. 左下方　　D. 右下方

11. 下列属于通货膨胀中性论观点的是(　　)。

A. 凯恩斯　　B. 卢卡斯　　C. 托宾　　D. 费雪

12. 下列主体属于通货膨胀“获利者”的是(　　)。

A. 债权人　　B. 固定收入者

C. 货币财富持有者　　D. 负债经营者

13. 在通货膨胀治理政策中，收入政策主要是针对(　　)。

A. 需求拉上型通货膨胀　　B. 成本推进型通货膨胀

C. 结构型通货膨胀　　D. 需求移动型通货膨胀

14. 理性预期学派认为，通货膨胀与失业之间(　　)。

A. 可以此消彼长　　B. 不可以此消彼长

C. 不存在关系　　D. 或可以此消彼长，或不可以此消彼长

15. (上海财大 2020)受非洲猪瘟影响，至 2019 年 10 月 31 日，我国猪肉批发价涨幅为 177%，下列说法错误的是(　　)。

A. 猪肉价格上升，将引起成本推进型的通货膨胀

B. 受猪肉价格的影响，核心 CPI 上升

C. 牛羊禽蛋类商品的价格将上涨

D. 大规模进口猪肉有利于缓解物价水平上涨

16. (湖南大学 2013)1993—1996 年间，为抑制通货膨胀，我国实行了保值储蓄，该政策属于(　　)。

A. 紧缩性财政政策　B. 紧缩性货币政策　C. 利润管制　D. 收入指数化政策

17. 费雪认为，通货紧缩产生于(　　)。

A. 经济周期　B. 有效需求不足　C. 过度负债　D. 货币因素

18. (中国人大 2022)通货紧缩的后果最不可能是以下哪个(　　)。

A. 实际利率上升　　B. 提前消费支出增加

C. 证券市场萎缩　　D. 推迟当前投资

19. 假定社会在某年按不变价格计算的商品价格总额为 4000 亿元，货币流通速度为 4 次，货币供应量(M_1)为 1300 亿元。求这一年的物价变化率与币值的变化率。

20. 简述通货膨胀的基本含义与基本类型。

21. 简述衡量通货膨胀的主要标准。

22. 简述通货膨胀与通货紧缩的区别。

23. (华东师大 2016)简述费雪“债务通缩”效应。

24. (上海财大 2012)设统计部门选用 A、B、C 三种商品来计算消费者价格指数，所获数据如下表：

品　种	数　量	基期价格	本期价格
A	365	0.30	0.50
B	500	1.00	1.50
C	12	20.00	25.00

(1) 试计算当年 CPI；

(2) CPI 能否真实度量物价水平变化？为什么？

(3) CPI 往往会高估还是低估实际的通货膨胀率？为什么？

25. 试述治理通货膨胀的主要措施。

26. (复旦大学 2015)当考虑了人们的预期因素之后，菲利普斯曲线将发生怎样的变化？这种变化有什么样的政策意义？

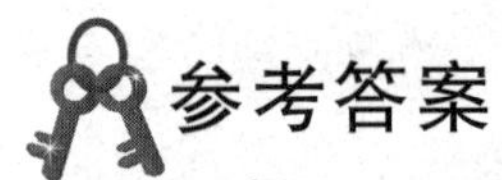

参考答案

考点1　货币需求理论

1. A　弗里德曼是现代货币数量论(货币主义学派)的代表人物。

2. B　传统的货币数量论包括现金交易数量说和现金余额数量说，$M=KPY$ 是现金余额数量说的公式。

【科兴提示】费雪交易方程式和剑桥余额方程式的不同点

项　目	费雪交易方程式	剑桥余额方程式
货币需求动机不同	强调货币的交易手段功能	重视货币作为一种资产的功能
分析角度不同	宏观角度	微观角度
货币需求决定因素不同	客观因素，如制度因素	主观因素，重视人的持币动机
利率作用	货币需求只受收入水平影响	货币需求也受利率水平影响

3. A　西方货币需求理论沿着货币持有动机和货币需求决定因素这一脉络，经历了传统货币数量学说、凯恩斯学派货币需求理论和货币学派理论的主流沿革。费雪方程式的缺陷在于没有考虑微观主体动机对货币需求的影响。

4. A　货币主义一个很重要的特征就是把人的偏好引入货币需求函数中。

5. D　根据经典的凯恩斯货币需求函数 $M=ky-hr$，可知货币需求 M 与收入水平 y 正相关关系。根据鲍莫尔模型 $M=\frac{1}{2}\sqrt{\frac{2bY}{r}}$ 可知，每次收入 Y 与货币需求也呈正相关关系。

6. C　凯恩斯的货币需求理论认为货币需求由交易性动机、预防性动机和投机性动机三种。其中，交易性动机取决于收入，收入越高，交易需求的货币量越大。选项 C 正确。选项 A 是马克思的货币需求理论。凯恩斯认为货币需求函数受未来利率不确定性的影响，因而是不稳定的。D 选项错误。

7. A　根据古典学派的理论，货币是覆盖在经济上的一层面纱，因而不会对实体经济产生影响，货币政策的任务只是在于控制货币数量，稳定物价水平，维持货币的购买力。

8. C　传统货币数量论认为货币是中性的，货币供给的增加不会引起实际产出的增加，只会带来物价的增长。

9. A　凯恩斯货币需求理论由下列两个部分组成：$M=M_1+M_2=L_1(Y)+L_2(r)$ 式中 $L_1(Y)$ 代表与收入 Y 相关的交易需求，$L_2(r)$ 代表与利率 r 相关的投机性货币需求。

10. C　在弗里德曼的货币需求理论中，实际货币余额需求由永久收入决定，利率影响相当小。由于永久收入的相对稳定性，因此，弗里德曼强调货币需求的稳定性。

11. B　货币的预期名义收益率，债券的预期收益率，股票的预期收益率，物价水平的预期变动率，也就是实物资产的预期收益率，在弗里德曼货币需求函数中统称为机会成本变量。

12. C　如果预期利率上升，则债券预期价格下跌，从而导致债券投资者的资本利得为负，如果利率上升幅度超过一定量，资本损失将超过利息收入，债券的预期回报率将为负，则人们减少对债券资产的需求，而增加货币资产的需求。

13. A　“流动性陷阱”是指当一定时期的利率水平降低到不能再低时，人们就会产生利率上升而债券价格下降的预期，货币需求弹性就会变得无限大，即无论增加多少货币，都会被人们储存起来。发生流动性陷阱时，再宽松的货币政策也无法改变市场利率，使得货币政策失效。它发生在货币供应量增加导致利率趋于下降这一环节。

14. B　在弗里德曼以前，经济学家都用当前收入来分析货币需求函数，由于当前收入的易变性，从而导致货币需求函数的非稳定性。弗里德曼引入了恒久性收入概念对此问题有了新的突破。

15. D　根据凯恩斯流动性偏好理论的结论可知：交易动机与预防动机所产生的货币需求与收入水平呈正相关关系；投机动机所产生的货币需求与利率呈负相关关系。由此，当市场利率相对稳定时，则影响人们货币需求的因素主要由交易动机与预防动机构成。

16. C　将利率引入交易动机货币需求函数是鲍莫尔模型的重要特征，是对凯恩斯流动性偏好理论的重要拓展。

17. D　托宾资产选择理论对凯恩斯的货币需求理论的发展是解释了现实中人们为什么会同时持有货币和证券而不是像凯恩斯说的那样，只能持有货币和债券中的一种。

18. C　鲍莫尔发展了凯恩斯货币需求公式中的交易动机，将 $L(y)$ 发展为 $L(y, r)$。鲍莫尔模型论证了交易性货币需求也在很大程度上受到利率变动的影响。

19. 由于古典学派将统一的经济整体机械地分为实物方面和货币方面，并将经济理论与货币理论截然分来，因而形成了传统的两分法。古典学派认为货币只是便利商品交换的工具，是实际经济的外生变量，具有中性特质，即货币量并不影响就业、产出等实际变量。据此而论，个别商品的相对价格决定于该商品的供求关系，绝对物价则决定于货币的数量，所以货币只不过是覆盖在经济之上的一层面纱。古典学派认为，货币对实际经济活动完全不起作用。货币供给只影响价格水平等名义变量，不影响实际产出和就业量等实际变量。因此，货币政策对经济是不起作用的。由此看来，经济的长期发展完全是由实物部门决定，因而政府任何积极的货币政策都是多余的，甚至是有害的，货币政策的任务只是在于控制货币数量，稳定物价水平，维持货币的购买力。

20. (1) 鲍莫尔-托宾模型的公式是：

$$M=\frac{C}{2}=\frac{1}{2}\sqrt{\frac{2bY}{r}}$$

推导过程如下：

假设：① 人们有规律地每隔一段时间获得一定量的收入，而支出是连续的和均匀的；

② 人们将预期收入的大部分先投资于债券以获取收益，然后每隔一段时间卖出一部分债券收回现金以应付日常交易；

③ 每次出售债券与前一次的时间间隔及变现量相等。

设 Y 为交易者收入，每次支取数量 C，从而总共将支取的次数为 Y/C。每期持有现金来满足交易货币需求会发生两类成本：一是机会损失，为 $(C/2)r$；二是转换成本，为 $(Y/C)b$，

其中 b 为每次转换现金时发生的经纪人费用。设总成本为 TC，有 $TC=(C/2)r+(Y/C)b$。

交易者将通过选择 C 来使上式最小化。为此，我们求上式关于 C 的一阶导数，并令其等于零：可得：$\frac{\partial TC}{\partial C}=-\frac{bY}{C^2}+\frac{r}{2}=0$，解此式得：$C=\sqrt{\frac{2bY}{r}}$。

由于人们在整个支出期间的平均交易余额为 $C/2$。若将物价因素考虑在内，实际平均交易余额为：

$$\frac{M}{P}=\frac{1}{2}\sqrt{\frac{2bY}{r}}\text{或改写为 }M=2^{-0.5}b^{0.5}Y^{0.5}r^{-0.5}P$$

这就是著名的“平方根公式”。

(2) 政策意义在于：第一，它论证了交易货币需求也在很大程度上受到利率变动的影响。这一论证不仅进一步证明了凯恩斯主义以利率作为货币政策的传导路径的合理性，而且，向货币政策的制定者们表明，不能影响利率的货币政策，其作用是有限的。第二，根据平方根公式，假定利率和其他因素不变，收入增长要快于货币供给量的增长。反过来说，一定比例的货币供应量会导致收入的更高比例的增长。鲍莫尔模型因此强调了货币政策的重要性。

21. 作为现代货币主义的代表人物，弗里德曼基本上承袭了传统货币数量论的观点，即非常看重货币数量与物价水平之间的因果联系。同时，他也接受了剑桥学派和凯恩斯学派以微观主体行为作为分析起点和把货币数量看作是受到利率影响的一种资产的观点。对于货币需求的决定问题，他曾用过不仅一个函数式，下面是一个具有代表性的公式：

$$\frac{M_d}{P}=f(y,\ w;\ r_m,\ r_b,\ r_e,\ \frac{1}{P}\cdot\frac{\mathrm{d}p}{\mathrm{d}t};\ u)$$

式中，$\frac{M_d}{P}$为实际货币需求；y 为实际恒久性收入；w 为非人力财富占个人总财富的比率或得自财产的收入在总收入中所占的比率；r_m 为货币预期收益率；r_b 为固定收益的债券利率；r_e 为非固定收益的证券利率；$\frac{1}{p}\cdot\frac{\mathrm{d}p}{\mathrm{d}t}$为预期物价变动率；$u$ 为反映主观偏好、风尚及客观技术与制度等因素的综合变数。

① 恒久性收入是弗里德曼分析货币需求中所提出的概念，可以理解为预期未来收入的折现值，或预期的长期平均收入。货币需求与它正相关。

② 弗里德曼把财富分为个人财富和非人力财富两类。他认为，对大多数财富持有者来说，他的主要资产是个人的能力。但人力财富很不容易转化为货币，如失业时人力财富就无法取得收入。所以，在总财富中人力财富所占的比例越大，出于谨慎动机的货币需求也就越大；而非人力财富所占的比例越大，则货币需求相对越小。这样，非人力财富占个人总财富的比率与货币需求为负相关关系。

③ r_m，r_b，r_e，$\frac{1}{P}\cdot\frac{\mathrm{d}p}{\mathrm{d}t}$在其货币需求分析中被统称为机会成本变量，亦即能从这几个变量的相互关系中衡量出持有货币的潜在收益或损失。物价变动率同时也是保存实物的名义报酬率。物价向上的变动率越高，其他条件不变，货币需求量越小。把物价变动纳入货币需求函数，是通货膨胀的现实反映。在其他条件不变时，货币以外其他资产如债券、证券收益率

越高，货币需求量越小。

④ u 是一个代表多种因素的综合指数，因此可能从不同的方向上对货币需求产生影响。

⑤ 弗里德曼认为，货币需求解释变量中的四种资产——货币、债券、股票和非人力财富的总和即是人们持有的财富总额，其数值大致可以用恒久性收入 y 作为代表性指标。因此，强调恒久性收入对货币需求的重要作用是弗里德曼货币需求理论的一个特点。在弗里德曼看来，在货币需求分析中，究竟哪个决定因素更重要些，这要用实证研究方法来解决；恒久性收入对货币需求的重要作用就可以用实证方法得到证明。对于货币需求，他最具有概括性的论断是：由于恒久性收入的波动幅度比现期收入小得多，且货币流通速度(恒久性收入除以货币存量)也相对稳定，因而，货币需求也是比较稳定的。

22. (1) 英国经济学家凯恩斯在货币需求理论的突出贡献是关于货币需求动机的分析。他将人们持币的动机归纳为交易动机、预防动机和投机动机。其中，交易动机与预防动机的货币需求是收入的函数，可把这两种需求合二为一，即第一类货币需求，$M_1=L_1(Y)$，其中，M_1代表为满足交易动机和预防动机而持有的货币量，Y 代表收入水平。L_1代表 M_1与 Y 之间的函数关系。而投机动机的货币需求是当前利率水平的减函数，称为第二类货币需求，即 $M_2=L_2(r)$，其中，M_2代表为满足投机动机而持有的货币量，r 代表市场利率水平，L_2代表 M_2与 r 之间的函数关系。因此，凯恩斯货币需求函数可表示为：$M=M_1+M_2=L_1(Y)+L_2(r)$。

现代货币主义的代表人物弗里德曼创立了现代货币数量论。他认为以货币这种资产持有其财富主要受以下因素的影响：恒久收入(Y_P)、非人力财富占总财富的比率(W)、持有货币的预期报酬率(r_m)、其他资产的预期报酬率债券的预期报酬率 r_b、股票的预期报酬率 r_e、商品价格的预期变动率$\frac{1}{P}\frac{dP}{dt}$。据此，弗里德曼的货币需求函数是：

$$\frac{M_d}{p}=f\left(Y_p,\ W,\ r_b,\ r_e,\ \frac{1}{P}\cdot\frac{dP}{dt};\ u\right)$$，u 代表其他因素

虽然凯恩斯和弗里德曼都是从资产选择的角度来讨论货币需求的，弗里德曼与凯恩斯一样，也看重流动偏好，如其引入非人力财富概念后指出的，为避免其滞销而需要增加货币需求。

但是，弗里德曼的现代货币数量论与凯恩斯的货币需求理论还是有着明显的不同。主要表现在以下几点：

① 关于“资产”的范围不同。弗里德曼的“资产”概念要宽泛得多。凯恩斯所考虑的仅仅是货币与作为债券的生息资产之间的选择；而弗里德曼关注的资产除货币以外还有股票、债券和实物资产。与凯恩斯不同，弗里德曼认为货币与实物是相互替代的，因此，他将实物资产的预期收益率作为影响货币需求的一个因素。这暗示着货币供给量的变化会直接地影响社会总支出的变化。

② 对于货币的预期收益率的看法不同。凯恩斯认为，货币的预期收益率为零，而弗里德曼则把它当作一个会随着其他资产预期报酬率的变化而变化的量。

③ 关于“收入”的内涵不同。凯恩斯货币需求函数中的收入，是指“实际收入水平”。而弗里德曼货币需求函数中的收入是指“恒久收入水平”，即一定时间内的平均收入水平。

④ 货币需求函数的性质不同。凯恩斯认为货币需求函数受未来利率不确定性的影响，因而是不稳定的，而弗里德曼认为，由于作为财富代表的恒久收入在长期内取决于真实生产

因素的状况，其变动是相对稳定的；银行竞争使利率变化对货币需求的影响很少，货币需求对利率不敏感。因而，货币需求函数是稳定的，是可以预测的。

⑤ 影响货币需求的侧重点不同。凯恩斯的货币需求理论非常强调利率的主导作用，认为，利率的变动会直接影响到就业和国民收入的变动，最终必然影响到货币需求量。而弗里德曼则强调恒久收入对货币需求的重要性，认为利率对货币需求的影响是微不足道的。

⑥ 关于货币流通速度稳定与否的看法不同。凯恩斯的货币需求函数 $M_d/P=f(Y,\ r)$ 可以进行转换：$P/M_d=1/f(Y,\ r)$，进一步地：$V=PY/M=Y/f(Y,\ r)$。因此，由于货币需求与利率是负相关关系，当利率 r 上升时，$f(Y,\ r)$ 下降，进而货币流通速度上升。而利率是经常波动的，因此，凯恩斯的货币需求理论认为，货币流通速度也是经常波动的。弗里德曼货币需求理论隐含的货币流通速度公式是 $V=Y/f(Y_P)$，由于 Y 与 Y_P 之间的关系通常是相对可预测的，所以 V 也是很好预测的。

23. 西方货币需求理论沿着货币持有动机和货币需求决定因素这一脉络，经历了传统货币数量论、凯恩斯学派货币需求理论和现代货币主义货币需求理论的主流发展。

（1）传统的货币数量论。传统的货币数量论分为早期货币数量论和近代货币数量论。由现金交易说和现金余额说构成的近代货币数量论对货币需求理论的影响更为深远。

① 美国经济学家欧文·费雪在 1911 年出版的《货币的购买力》一书中，对古典的货币数量论进行了最好的概括，建立了著名的费雪交易方程式，揭示了名义收入（Y）与货币数量（M）、物价水平（P）以及货币流通速度（V）之间的关系：$MV=PT$ 或者 $P=MV/T$。上式是由传统货币数量论导出的货币需求函数，它表明人们持有货币仅为了满足交易之需要，货币需求量取决于货币流通速度和名义国民收入。而根据其假设，货币流通速度是一个相对固定的量，所以货币需求取决于名义国民收入。

② 由剑桥学派经济学家马歇尔和庇古等人发展起来的现金余额数量论也得出了与现金交易说完全相同的结论，但分析的出发点却完全不同，并提出了现金余额方程式：$M=kPY$，其中 k 代表持币比例，即以货币形态保有的财富占名义总收入的比例。

（2）凯恩斯的货币需求理论。凯恩斯对货币需求理论的突出贡献在于货币需求动机的分析。他认为，人们的货币需求行为是由三种动机决定的，即交易动机、预防动机和投机动机。

其中，交易动机与预防动机的货币需求是收入的函数，可把这两种需求合二为一，即第一类货币需求，$M_1=L_1(Y)$，其中，M_1 代表为满足交易动机和预防动机而持有的货币量，Y 代表收入水平。L_1 代表 M_1 与 Y 之间的函数关系。而投机动机的货币需求是当前利率水平的减函数，称为第二类货币需求，即 $M_2=L_2(r)$，其中，M_2 代表为满足投机动机而持有的货币量，r 代表市场利率水平，L_2 代表 M_2 与 r 之间的函数关系。因此，凯恩斯货币需求函数可表示为：$M=M_1+M_2=L_1(Y)+L_2(r)$。

凯恩斯认为货币需求函数受未来利率不确定性的影响，因而是不稳定的。

（3）对凯恩斯货币需求理论的发展。20 世纪 50 年代后期，一些后凯恩斯学派深入研究和扩展了凯恩斯的货币需求理论。

① 鲍莫尔-托宾模型发展了凯恩斯的交易货币需求理论。他们认为，即使交易货币需求同样对利率敏感，交易货币需求的收入弹性和利率弹性分别为 0.5 和-0.5，而不是凯恩斯

所说的 1∶1 的关系。

② 惠伦模型发展了凯恩斯的预防货币需求理论。他们发现，预防货币需求也与利率相关，并且与利率成反向变化关系。预防性货币需求的利率弹性为−1/3。利率越高，此项货币需求越小；利率越低，此项货币需求越大。而收入对预防性货币需求的影响是通过净支出的方差间接表现出来的。

③ 托宾的“资产选择理论”对凯恩斯投机货币需求的发展。托宾认为，人们选择财富持有形式的主要依据是各种资产的预期报酬率和风险。

(4) 弗里德曼的现代货币数量论。弗里德曼认为以货币这种资产持有其财富主要受以下因素的影响：恒久收入(Y_P)、非人力财富占总财富的比率(W)、持有货币的预期报酬率(r_m)、其他资产的预期报酬率(债券的预期报酬率 r_b、股票的预期报酬率 r_e、商品价格的预期变动率$\frac{1}{P}\frac{\mathrm{d}P}{\mathrm{d}t}$)。据此，弗里德曼的货币需求函数是：

$$\frac{M_d}{p}=f(Y_p,\ W,\ r_b,\ r_e,\ \frac{1}{P}\cdot\frac{\mathrm{d}P}{\mathrm{d}t};\ u)$$ ，u 代表其他因素

弗里德曼认为，由于作为财富代表的恒久收入在长期内取决于真实生产因素的状况，其变动是相对稳定的；银行竞争使利率变化对货币需求的影响很少，货币需求对利率不敏感。因而，货币需求函数是稳定的，是可以预测的。

考点 2　货币供给

1. C　2018 年 1 月开始，我国将非存款机构的货币市场基金纳入 M_2，意在反映真实货币供给。

2. D　我国目前货币层次的划分标准为：M_0 = 流通中的现金，$M_1=M_0$+活期存款，$M_2=M_1$+定期存款+储蓄存款+其他存款。其中，定期存款和活期存款主要指企业机关存款，储蓄存款主要指居民活期存款。因此，选项 A、B、C 均应纳入 M_1 统计口径。至于选项 D，已经被印刷但尚未流通的现金不是任何人的资产和负债，当然不能影响任何人的行为，因此，不将其包括在货币供给中也是合情合理的。

3. C　国债的发行主体是财政部，美联储卖出国债回收流动性，会造成央行资产负债表两端同步收缩。央票的发行主体是中央银行，发行央票则是在保持央行资产总额不变的情况下，通过对负债结构调整来回收流动性，具体表现为央票规模提升，准备金下降。

4. D　在货币层次划分中，M_1 属于现实购买力，M_2 属于潜在购买力。很明显，企业活期存款、支票存款和现金都属于 M_1。

5. C　根据货币供给乘数模型 $M=H\cdot\frac{1+C/D}{r_r+r_e+C/D}$，因为假定公众偏好行为未发生系统性变化，即意味着 C/D 值不变。因为$\frac{1+C/D}{(r_r+r_e)+C/D}>1$，所以货币供给将增加超过 100 亿。

6. B　通货比率是指流通中的现金与商业银行活期存款的比率。这一比率的高低反映了居民和企业等部门的持币行为。通货−存款比率越高，表明居民和企业等部门持有的现金越多，商业银行创造存款货币的能力就越弱。影响通货比例的因素主要有：(1)社会公众的流动性偏好。(2)其他金融资产的收益率。(3)银行体系活期存款的增减变化。(4)收入或财

富的变动。(5)其他因素，如信用发达程度、人们的心理预期、各种突发事件及季节性因素。

7. C　凯恩斯理论和货币主义学派理论属于外生论；而托宾“新观点”、温特劳尔-卡尔多模型、莫尔水平主义理论均属于内生论。

8. B　如果说“货币供给是内生变量”，就是说货币供给的变动，货币当局的操作起不了决定性的作用，起决定作用的是经济体系中的实际变量以及微观主体的经济行为等因素。由于金融创新，货币当局对于货币供给的控制能力在逐渐减弱，比如出现了比特币、Q币，都在某种程度上发挥了货币的功能，而中央银行对此类“币”没有影响控制能力。

9. B　货币中性是指名义货币存量的改变不会影响消费、产出、投资等实际变量，从选项中可以看出A、C、D均为实际变量，只有物价水平是名义变量。

10. 经济扩张时，市场利率较高，商业银行持有超额准备金的机会成本较大，同时商业银行有动力向中央银行借款，已将借款和超额准备金尽可能地投放金融市场。因此，超额存款准备金率下降，这是能够用来支持支票存款的准备金增加，增加了基础货币。结果，经济扩张时，货币供给增加。类似的，经济衰退时利率下降，超额准备金率增加，货币供给趋于下降。

11. 凯恩斯提出的“流动性偏好理论”认为，利率水平是由货币的供给曲线与需求曲线的交叉点决定的。货币供给的增加一定会导致利率水平的下降，反之则会导致利率水平的上升。同时，又因为货币供给的增加会使物价水平上升，货币供给的减少会使物价水平减少。所以，按照这样的逻辑，物价水平与利率之间应该会存在反向关系，即物价水平越高，利率也就会越低；反之，如果物价水平越低，则利率水平会越高。然而，事实情况与此并不相符。英国经济学家吉布逊在对1791年至1928年长达137年的名义利率与物价水平的统计中发现，物价水平与利率水平之间基本呈现同向变化，即物价水平越高时，利率水平也会越高，反之，物价水平越低，则利率水平会越低。物价水平与利率水平之间的这种正向关系与“流动性偏好理论”分析相去甚远，这种现象叫作“吉布逊谜团”。

究其原因是因为，虽然凯恩斯强调的流动性效应会导致利率水平和物价呈现反向关系，但收入效应、价格水平效应和通货膨胀预期效应却会导致利率水平上升。

(1) 收入效应：造成消费长期低迷的症结不是老百姓热衷储蓄“不愿花钱”，而是居民收入水平跟不上经济发展速度。居民收入水平与财富的增加，会增加其交易性货币的需求。因而，央行在适度增加货币供应量时，会促使人们增加对货币的需求，从而使利率水平因收入水平的增加而上升。

(2) 价格水平效应：一般而言，当中央银行增加了货币供应量，社会总产出和价格水平都会上升，人们投入生产或消费商品需要花费更多的钱，因此对货币的需求也会增加，而对货币需求的增加又会使得利率上升。这一点也正是流动性偏好理论所强调的，物价水平的上升会导致利率的上升。

(3) 通货膨胀预期效应：货币供给的增加也可能使人们预期未来价格水平会更高，预期通货膨胀率的上升也会提高人们对货币的需求，从而导致利率水平的上升。

12. (1) 对支票存款支付利率的措施提高了支票存款相对于通货的预期回报率，增加了支票存款对公众的吸引力，公众相应减少通货的持有，在其他条件不变的情况下，C/D下降。C/D 下降意味着公众手持通货的减少和商业银行基础货币的增加，因此也使得商业银行存款创造能力提升，从而货币供给增加。从货币供给乘数模型也可以得出同样的结论：根据 $m_1=\frac{1+C/D}{(r_r+r_e)+C/D}=\frac{1+k}{r_r+r_e+k}$，可以得到 $k\downarrow\Rightarrow m\uparrow\Rightarrow M\uparrow$。

（2）随着网络技术的发展，电子货币和信用卡等产品的创新，在安全性、便利性等方面提高了对公众金融服务的质量，也满足了公众更高的金融服务需求。一方面，这一趋势和创新使得公众对通货的需求下降，更多的使用电子货币支付，即 C/D 下降。根据货币供给乘数模型 $m_1=\frac{1+C/D}{(r_r+r_e)+C/D}=\frac{1+k}{r_r+r_e+k}$，可以得到 $k\downarrow\Rightarrow m\uparrow\Rightarrow M\uparrow$，即货币供给增加。另一方面，信用卡给公众一定额度透支的服务，这相当于提高了银行存款创造能力，这必然使得货币供给增加。

（3）从上述两方面的变化，可以得到结论：商业银行和公众对货币供给的影响越来越大。相对中央银行对货币供给的控制下降。

13. M_2/GDP 作为经济学术语始于金融发展理论，一般被用于分析经济的货币化程度和经济发展水平。该理论认为，一国金融业发展与经济增长之间存在正相关关系，因而在经济发展中常表现出金融资产以快于非金融财富积累的速度而积累。在一国经济发展过程中，货币供应量与国内生产总值之间会形成一定的数量关系。

改革开放以来，我国经济的货币化程度有了很大提高。但是，我国 M_2 的增长速度明显快于名义 GDP 的增长速度，出现了 M_2 与 GDP 的不匹配增长现象。M_2 与 GDP 比率过高表明单位 GDP 的产出需要更多货币量的支持。M_2/GDP 比率的持续上升，其直接原因是货币供应量的增长速度持续地快于名义 GDP 增长速度的结果，其主要原因有以下方面：

第一，货币流通速度下降导致 M_2/GDP 上升。M_2/GDP 的倒数是收入的货币流通速度，通过对影响货币流通速度的因素进行分析也能解释 M_2/GDP 的变动。由于货币流通速度可以表示为 $V=Y/M_2$（V 代表货币流通速度、Y 代表名义收入、M_2 代表货币需求），因此，M_2/GDP 的变动又可以通过对货币需求的分析来把握。它在理论上解释了我国货币流通速度持续下降的根源。导致广义货币流通速度快速下降的原因主要有准货币的比重过高、金融市场不发达、金融工具单一、银行不良债权比重过高等，而这些因素都将导致 M_2/GDP 水平的上升。

第二，存款货币快速增长使 M_2/GDP 持续上升。从货币供应量的构成来看，存款货币的增长一直快于流通中现金的增长；在存款货币中，定期存款的增长又是最快的，尤其是储蓄存款。在货币供应量的增长中，交易需求不是主要的，储蓄需求是主要的推动力量。间接证明 M_2 与 GDP 比率过高，并不能真正代表货币化提高的程度。存款货币的两个主要来源是居民储蓄和企业存款，这两类存款占总存款的比重极高，它们的快速增长成为推动 M_2 增长的主要力量，从而推高了 M_2 与 GDP 的比率。

第三，银行不良资产过多致使 M_2/GDP 比率过高。在我国经济发展过程中，企业的资金大部分来自投资，而投资资金又依赖于高比例的银行贷款，容易引发银行信贷危机。在我国经济转型时期，政府和商业银行各方行为作用的结果导致我国商业银行出现了大量此类不良贷款并持续存在。这表明大量贷款难以形成有效供给，商业银行注入企业的资金产生无效沉淀，一方面使货币存量虚增，另一方面只有靠不断新增的贷款才能满足企业的资金需求，

这样就导致 M_2/GDP 水平持续上升。

第四，货币供应中存在的迷失货币是影响 M_2/GDP 上升的因素。Goldsmilh 的货币化路径假说认为，我国改革开放以来货币供给除满足经济增长需要外，还需要满足市场化扩张所带来的新货币化的需要，因而在总量上会出现一部分货币的迷失。在我国的货币供给 M_2 中，存在着大量的超额货币供给，使 M_2/GDP 以非正常的状态持续增长。在货币供给中，由于存在的迷失货币没有按货币政策目标之间作用于实体经济，而是在货币政策传导过程中渗漏出去并迷失于非实体经济，因此货币供给远大于实体经济所需要的货币数量，M_2/GDP 水平必然上升。

14. 货币供给由两个因素决定，一是货币乘数，二是基础货币，金融创新对这两个因素及货币供给特性等方面都产生影响。

（1）金融创新使货币供给的层次划分变得更加困难

各国中央银行根据金融资产的流动性不同将货币供给划分为 M_0、M_1、M_2、M_3等，然后根据宏观调控的需要，有重点地进行控制。但金融创新后，由于不断出现新的金融工具，金融资产的相互替代性也在增大，如 NOW 账户、ATS 账户等，使得货币的层次划分变得困难，导致各国对货币层次的划分不断进行修改。但金融创新活动并未停止，使得中央银行对货币供给无法准确计量。

（2）金融创新使基础货币的可控程度降低

一般地，基础货币由流通中的通货和银行准备金构成，它是中央银行投放的货币，是一国货币供应的基数，而且，一般是通过向存款机构（商业银行）贷款和在公开市场上买卖证券来控制基础货币的。金融创新使存款机构的筹资渠道大大拓宽，技术进步提高了存款机构的临时调拨资金的能力，各种金融创新工具也在整体上提高了存款机构的资产流动性，从而使存款机构向中央银行贷款的意愿降低，中央银行通过向存款机构贷款调控基础货币的效应大大减弱。结果，中央银行只能以在公开市场上买卖证券为主，使其调控基础货币的能力削弱了。

（3）金融创新加大了货币乘数的作用

货币供应量，可以看作是基础货币和货币乘数的乘积，因此，基础货币既定时，货币乘数决定了货币供应量的大小。而对货币乘数起决定性作用的因素是通货比率、定期存款比率、法定存款准备金和银行超额储备，金融创新使这四个因素都发生了不同程度的变化。

① 金融创新使通货比率降低。通货比率是指公众持有的通货与其持有的活期存款的比率，它与货币乘数是反比关系。金融创新使各种新工具大量涌现，提高了金融资产的报酬率，从而使公众的持币机会成本提高，减少其通货持有量。另一方面，金融交易、支付及清算技术的创新降低了转账清算的成本，也使公众持有通货比例下降。

② 金融创新使法定存款准备金的实际提缴率下降。由于各国央行一般对不同提缴对象采用差别准备金率，这就为金融创新通过模糊对象界限，减少商业银行活期存款实际提缴法定准备金提供了余地。金融创新出现了不少介于活期存款和定期存款之间的新型负债类账户，导致传统活期存款的实际余额下降，而一般的规律是活期存款的法定准备金比率高于定期存款的法定准备比率，金融创新导致传统活期存款的下降就导致了法定准备金的实际提取率下降，货币乘数加大。

③ 金融创新使银行超额储备下降。超额储备是银行持有的全部准备金扣除法定准备金后的余额，它与货币乘数是反向变动关系，金融创新主要从两方面降低银行超额储备：一是金融创新使存款机构建立储备的供给更为方便，即在需要时可轻而易举地从货币市场上及时补充其准备；二是金融创新使社会公众持有通货的机会成本提高，公众对通货的偏好减弱，存款机构持有库存通货的需求减少。这两方面使得银行超额准备金下降，从而加大了货币乘数。

④ 金融创新使定期存款比率有所变化。定期存款比率是指公众所持有的定期存款与其持有的活期存款之间的比率，与货币乘数存在着反方向变动关系。随着金融创新的推进和金融市场的发展，存款性金融机构的证券服务日益完善，从而提高了银行存款之外其他金融资产的安全性、流动性和盈利性。使得银行定期存款作为价值贮藏手段的吸引力降低，定期存款比率降低，加大了货币乘数。但若银行在创新中也不断推进新型的定期存款工具，增加对公众的吸引力，在活期存款不变时，该比率又会有所上升，从而货币乘数降低。

（4）金融创新增加了货币供给主体

金融创新推动了金融业务综合化和金融机构同质化趋势，模糊了商业银行和非银行金融机构之间的业务界限，混淆了这两大类金融机构在创造存款货币功能上的本质区别。随着融资证券化程度的提高，金融市场的日益发达，支票账户电子资金划拨系统、可转让存单、电话存款、证券化货款等业务的逐渐完善，使得存款货币的创造不再局限于商业银行，各类非银行金融机构也有创造货币的功能。金融创新以后，在开始混业经营的国家里，货币供给由过去的中央银行提供通货和商业银行提供存款货币两类主体扩展为中央银行、商业银行、非银行金融机构三类主体。

考点3　货币均衡

1. A　利率的本质是使用货币的机会成本。利率越高，投资的机会成本就越大。

2. A　货币均衡的自发实现方式是通过利率的变化来改变货币供给与货币需求，最终达到货币均衡。

3. A　货币需求增大，而货币供给又是外生变量，不能够自动的实现货币均衡，所以利率会上升，直至货币供求实现新的均衡。

4. A　在凯恩斯主义经济理论中，把经济划分为家庭、企业、政府和国外部门，相应地，总需求分为四部分，即总需求(Y)＝消费(C)+投资(I)+政府购买(G)+净出口(NX)。

5. C　货币供给＝现实中流通的货币+现实中不流通的货币；市场需求＝现实中流通的货币×货币流通速度。总需求的载体是货币。如果由货币供给承载的总需求可以保证产出得以出清，说明货币供给是适当的。

6. C　当经济中的潜在资源已被充分利用但货币供给仍在继续扩张，经济体系会出现物价总水平上涨但实际产出不变的情况。具体可用右图说明。

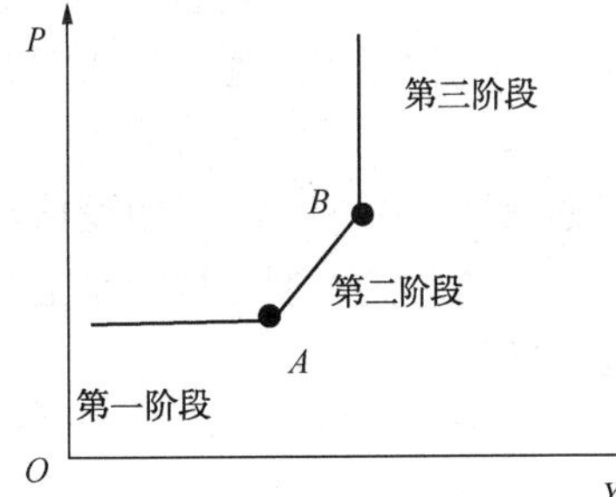

在图中，横轴代表产出增长率，纵轴代表物价上涨率。A点是货币供给只具有实际产出效应而无物价上涨的临界点；B点是货币供给增加既有实际产出效应又有物

价上涨效应的终点，也是货币供给只具有物价效应而无产出效应的起点。B 点实际上是一定时期产出增长的极限点。达到只一点，意味着经济体系中的现实可利用资源都得到了充分利用。

7.（1）货币均衡是指实际货币供给与真实货币需求的基本一致。包含三层意思：

① 指实际货币供给量与真实货币需求量的相等。

② 指货币供给与真实货币需求在结构上基本一致。

③ 允许货币供求有一定偏离度的广义均衡。

（2）社会总供求是社会总供给和社会总需求的合称。社会总供求平衡指的是二者基本上相适应。关于社会总供求平衡的涵义，可从以下几方面来把握：

① 社会总需求与总供给的平衡是货币均衡，而不是实物均衡。

② 社会总需求与总供给的平衡是市场的总体均衡。

③ 社会总需求与总供给的平衡是动态的均衡。

（3）货币供求和社会总供求之间的关系：

在一定时期内，社会的货币收支流量就构成了当期的社会总需求。社会总需求的变动，一般说来，首先是来源于货币供给量的变动。货币供给和货币需求之间有一种相互制约和影响的关系，货币供给在一定条件下改变货币需求，而货币需求的变动，也可以在一定程度上改变货币的供给。而联系货币供给与货币需求的纽带就是国民收入和物价水平。实现总需求和总供给之间的平衡，只是反映了简单再生产的客观要求，而现代商品经济发展的一个内在动因是要求现实的总需求略大于现实的总供给。如果把总供求平衡放在市场的角度研究，它包括了商品市场的平衡和货币市场的平衡，也就是说，社会总供求平衡是商品市场和货币市场的统一平衡。商品供求与货币供求之间的关系可以用下面的图来表示：

图中包括了几层含义：

一是商品的供给决定了一定时期的货币需求。

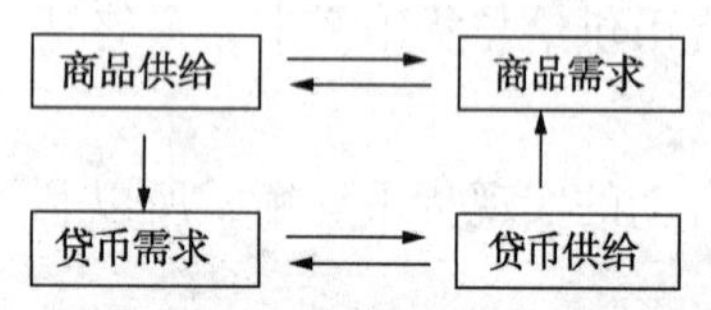

二是货币的需求决定了货币的供给。

三是货币的供给形成对商品的需求。

四是商品的需求必须与商品的供应保持平衡，这是宏观经济平衡的出发点和复归点。

考点4　通货膨胀与通货紧缩

1. A　需求政策主要是运用财政紧缩政策和货币紧缩政策来抑制通货膨胀，主要针对的是总需求过度膨胀引起的通货膨胀。

2. C　①爬行式通货膨胀是指允许物价水平每年按一定比率缓慢而持续上升的一种通货膨胀，又称温和的通货膨胀。②跑马式通货膨胀是指通货膨胀率达到两位数字，在这种情况下，人们对通货膨胀有明显厌恶，不愿保存货币，抢购商品用以保值。③恶性的通货膨胀是指通货膨胀率更大，货币贬值达到天文数字，整个经济处于混乱状态。

3. A　输入型通货膨胀是指由于进口商品的物价上升，费用增加而使得物价上涨，导致通货膨胀。

4. D　本质上，财政赤字型通货膨胀属于需求拉动型通货膨胀。所以 D 选项表达错误。

5. D　用拉氏指数计算，则：

$$拉氏指数 = \frac{\sum P_1Q_0}{\sum P_0Q_0} = \frac{21000}{14000} = 1.5$$

6. B　计算过程为：(286.2-100)/100=186.2%。

7. A　自然失业率指在没有货币因素干扰的情况下，让劳动市场和商品市场的自发供求力量起作用时，总需求与总供给处于均衡状态下的失业率。所谓没有货币因素干扰，指的是失业率的高低与通货膨胀的高低之间不存在替代关系。

8. B　凯恩斯主义认为，当经济达到充分就业水平，通货膨胀不会促进产出增加，直接导致物价水平与货币数量同比例上升，即“真正的通货膨胀”。

9. C　货币主义的“需求拉上”强调货币供给对通货膨胀的决定作用，认为“通货膨胀无论何时何地都是一种货币现象”。货币主义认为，如果货币数量与产出以同一比率增长，就不会引起通货膨胀。但如果货币数量的增长率超过产量的增长率，则势必造成通货膨胀。

10. B　原来没有通货膨胀预期的菲利普斯曲线的方程形式是：$\pi = -a(u-u^*)$，加上通货膨胀预期时候的方程形式是：$\pi = \pi^* - a(u-u^*)$，所以应该向右上方移动。

11. B　卢卡斯认为，当政府宣布采取扩张性政策增加有效需求时，人们就已经预测这会产生通货膨胀，工人事先要求提高工资，厂商提高价格。因此扩张性政策除提高价格水平外，对产出没有任何影响。

12. D　在通货膨胀环境下，①债务人获利，债权人损失；②实际财富持有者获利，货币财富持有者损失；③浮动收入者获利，固定收入者损失；④国家获利，居民损失。

13. B　①“需求政策”主要是针对需求拉上型通货膨胀；②“收入政策”主要是针对成本推进型通货膨胀；③“结构性调整政策”主要是针对结构型通货膨胀。

14. C　理性学派认为，当存在通货膨胀预期时，人们会根据通货膨胀调节实际价格以及消费决策和投资决策。最终，通货膨胀对失业的影响消失，从长期来看，菲利普斯曲线是一条垂直的曲线。

15. B　中国的CPI核心价格指数，他是扣除食品和能源的核心价格指数，之所以会扣掉食品和能源价格，是因为从经济发展经验来看，食品和能源价格更容易受到一些季节性因素和非经济因素的影响，所以从观测经济运行的角度来讲，采用核心价格指数衡量全社会的价格水平是国际上通用的做法。国家统计局公布这个指标已经很多年了，包括月度的和累计的数据，您可以继续关注核心CPI，尤其是在目前食品价格涨幅较大的情况下，要合理使用核心CPI来衡量全社会的通胀水平。我们也是根据大家的需要，在分析时把受到供给冲击的猪肉价格拿掉后的数据提供给大家参考，也给全社会判断经济形势提供一个依据。

16. D　收入指数化是指使各种名义收入，如工资、利息等，部分或全部地与物价指数相联系，自动随物价指数的升降而升降。通常，这种联系及调整被以法律或合同的形式加以制度化和自动化。比如，政府规定，工人工资的增长率等于通货膨胀率加上经济增长率。收入指数化可以是百分之百指数化，即工资按物价上升的比例增长，也可以是部分指数化，即工资上涨的比例仅为物价上升的一个部分。

17. C　根据费雪的观点，通货紧缩产生的原因主要是过度负债。

18. B　通货紧缩，名义利率刚性，则会引发实际利率上升，选项A不符合；同时，证券价格由于折现率上升而下降，证券市场萎靡，选项C不符合；对消费者而言，收入降低则会推迟消费，选项B符合，选项D不符合。

19. 按可变价格计算的商品价格总额 = 1300×4 = 5200(亿元)

设商品数量为 Q，则不变价格 $P_0 = 4000/Q$，可变价格 $P = 5200/Q$

所以，物价变化率 = $(P-P_0)/P_0 = 30\%$

$$币值的变化率=\frac{\frac{1}{P}-\frac{1}{P_0}}{\frac{1}{P_0}}=\frac{\frac{Q}{5200}-\frac{Q}{4000}}{\frac{Q}{4000}}=-23.1\%$$

这一年物价上涨了 30%，币值下降了 -23.1%。

20. (1) 定义：商品和劳务的货币价格总水平持续明显上涨的过程。①通货膨胀不是一次性或短期的价格总水平的上涨，而是一个持续的过程。②在萧条、价格下跌以后出现的周期性复苏阶段的价格上涨也不能认为是通货膨胀。③通货膨胀不是指个别商品价格的上涨，而是价格总水平上涨。④通货膨胀是指价格总水平的持续大幅上涨，轻微上涨也不能认为是通货膨胀现象。

(2) 根据成因标准来划分，通货膨胀可以分为：①需求拉上型通货膨胀；②供给型通货膨胀；③结构型通货膨胀；④供求混合型通货膨胀；⑤财政赤字型通货膨胀；⑥信用扩张型通货膨胀；⑦输入型通货膨胀。据程度标准来划分，通货膨胀可以分为：①爬行式通货膨胀；②跑马式的通货膨胀；③恶性的通货膨胀。根据是否预期的标准来划分，通货膨胀可以分为：①预料到的通货膨胀；②未预料到的通货膨胀。

21. 度量通货膨胀的程度主要采取三个标准：消费物价指数、批发物价指数和国内生产总值(GDP)平减指数。

(1) 消费者价格指数(Consumer Price Index，CPI)。又称零售物价指数，是综合反映一定时期内居民生活消费品和服务项目价格变动的趋势和程度的价格指数。以 CPI 度量通货膨胀，其优点在于直接与公众的日常生活相联系。其局限性在于消费品只是社会最终产品的一部分，从而不足以说明全面的情况。

(2) 生产者价格指数(Producer Price Index，PPI)又称批发物价指数，是反映全国生产资料和消费资料批发价格变动程度和趋势的价格指数。以 PPI 度量通货膨胀，其优点是能在最终产品价格变动之前获得工业投入品及非零售消费品的价格变动信号，进而能够判断其对最终进入流通的零售商品价格变动可能带来的影响。这个指标的变动规律同消费物价的变动规律有显著区别。但是，该指数没有反映劳务价格的变化，因而不能用以反映整个物价的变动情况。

(3) GDP 冲减指数。它是一个能反映综合物价水准变动情况的指标。其优点是覆盖范围全面，能度量各种商品价格变动对价格总水平的影响。但编制该指数所需资料的收集比较困难。

22. (1) 通货膨胀的定义。通货膨胀指一般物价的持续上涨过程。主要体现在如下三个方面：①通货膨胀是价格总水平的上涨，而不是单个商品的上涨；②通货膨胀是物价持续上涨过程，而不是物价水平的一次上涨过程；③通货膨胀反映了商品和劳务的"货币价格"的变化。

(2) 通货紧缩的定义。通货紧缩是与通货膨胀相对立的概念，它是指由于货币供应量相对于经济增长和劳动生产率增长等要素减少而引致的有效需求严重不足，一般物价水平持续下跌，货币供应量持续下降和经济衰退等现象。

通货紧缩是一种实体经济现象。它通常与经济衰退相伴随，表现为投机机会相对减少和投资的边际收益下降，由此造成银行信用紧缩，货币供应量增长持续下降，信贷增长乏力，消费和投资需求减少，企业普遍开工不足，非自愿失业增加，收入增长速度持续放慢，各个市场普遍低迷。

（3）通货膨胀与通货紧缩的区别。通货膨胀与通货紧缩的区别表现在如下几个方面：

① 表现方式不同。通货膨胀表现为物价的持续上涨，通货紧缩表现为物价的持续下降。

② 经济环境不同。通货膨胀一般发生在经济繁荣阶段，当经济出现过热时容易出现通货膨胀，此时表现为消费和投资需求不断高涨；通货紧缩一般发生在经济萧条阶段，消费和投资需求不足，失业率上升，物价持续低迷。

③ 产生原因不同。通货膨胀是一种货币现象，其原因虽然可能是需求拉动，或成本推动，或结构性原因，但根本原因都是货币供给量的大量增加；通货紧缩不能简单地归于货币供应量，在很大程度上，通货紧缩是一种实体经济现象，而不是货币现象。

④ 治理方法不同。治理通货膨胀一般采用紧缩性财政政策和货币政策，而治理通货紧缩一般采用扩张性财政政策和货币政策。

23. 美国经济学家欧文·费雪在 1933 年大萧条时提出了“债务—通货紧缩”理论。该理论是从某个时点经济体系中存在过度负债这一假设入手分析的。

（1）费雪认为，新发明、新产业的出现或新资源的开发等导致利润前景看好，企业因此过度投资，导致过度负债。

（2）债权人一旦注意到这种过度借债的危险就会趋于债务清算；这种清算会导致企业为清偿债务而廉价销售商品，企业利润下降，存货减少。

（3）结果带来货币流通速度降低，物价水平下降。这又引起产出、就业减少，信心下降，人们追求更多的货币储藏和积蓄，结果名义利率下降、实际利率上升，资金盈余者不愿贷出、资金短缺者不愿借入，通货紧缩发生。

（4）费雪还认为，过度负债和通货紧缩二者之间会产生相互作用。过度负债这种较轻的疾病会导致通货紧缩这种较重的疾病；反过来，由过度债务所导致的通货紧缩也会反作用于债务。当发生通货紧缩时，实际债务增加。而且，如果初始的负债规模足够大，债务的清偿甚至会跟不上它所欠的债务价值的上升，从而导致“正是人们减轻其债务负担的努力反而增加了债务负担。”这种悖论。

尽管费雪的“过度负债”债务导致通货紧缩的观点为大萧条提供了一个较为合理的解释，但由于罗斯福新政的原因和人们对古典理论的逆反，使得凯恩斯的观点流行于市，费雪的这一思想被忽视了。

24.（1）当年的 CPI 为：

$$CPI=\frac{365\times0.5+500\times1.5+12\times25}{365\times0.3+500\times1.0+12\times20}\times100=145.09$$

（2）CPI 并不能准确真实度量物价水平的变化。

CPI 是统计部门选择一定数量的有代表性的货物和服务项目即经济学家所说的“消费篮子”，追踪并记录它们的价格变化。统计部门还要根据大多数居民的消费结构，确定消费篮子里各大类货物和服务的比重，即权重。根据每样商品和服务的价格变动幅度，并根据权重，加权计算初人们生活费用价格的综合变化。这就是 CPI 如何衡量物价水平的原理。

事实上，没有哪个物价指数能够完全准确衡量通货膨胀水平，CPI 也一样，它并非包罗万象，对于住房之类投资品的价格它就不能及时反映。研究表明，它还有偏高的倾向，一般会高估通胀率一个百分点。而且，CPI 不一定能反映未来价格走势。因此，考察物价走势还要看其他物价指数，比如生产价格指数。生产价格指数可以帮助人们预测不久的将来消费物价指数将会发生的情况。从离最终消费更远的生产环节看，原材料、燃料和动力购进价格和农业生产资料价格的变化对几个月后的 CPI 也有重要影响，这类价格指数被称为“先行指标”。

（3）CPI 会高估通货膨胀，原因在于：

① 替代偏差。由于 CPI 衡量固定的一篮子产品的价格，所以，它没有放映出消费者用相对价格下降的产品进行替代的能力，所以相对价格变动时，其真是生活费用的上升比 CPI 慢。

② 新产品的引进。当一种新产品进入市场时，消费者的状况变好了，因为消费者有了更多可供选择的产品。实际上，新产品的引进提高了本币的实际价值，但本币购买力的提高并没有体现在 CPI 的下降上。

③ 无法衡量的质量变化。当一个企业改变自己出售的产品质量时，产品的价格全部变化并不是对生活费用变化的反应，如果无法衡量的质量改变是有代表性的，衡量的 CPI 的上升就比事实上快。

25. 归纳起来，治理通货膨胀的措施可分为以下五大类。

（1）紧缩性财政政策。通货膨胀的一个基本原因在于总需求超过了总供给，因此政府可以采取紧缩总需求的政策来治理通货膨胀。紧缩总需求的政策包括紧缩性财政政策和紧缩性货币政策。

紧缩性的财政政策直接从限制支出、减少需求等方面来减轻通货膨胀压力，一般包括以下措施：①减少政府支出。包括两个方面：一是削减购买性支出，包括政府投资、行政事业费等；二是削减转移性支出，包括各种福利支出、财政补贴等。②增加税收。增加税收可以直接减少企业和个人的收入，降低投资支出和消费支出，以抑制总需求膨胀。同时，增加税收还可以增加政府收入，减少因财政赤字引起的货币发行。③发行公债。政府发行公债后，可以利用“挤出效应”减少民间部门的投资和消费，抑制社会总需求。

（2）紧缩性货币政策。许多经济学家都认为通货膨胀是一种货币现象，货币供应量的无限制扩张引起了通货膨胀。因此，他们建议采用紧缩性的货币政策来减少社会需求，促使总需求与总供给趋向一致。

紧缩性的货币政策主要有以下措施：①提高法定存款准备率。中央银行提高法定存款准备率，降低商业银行创造货币的能力，从而达到紧缩信贷规模、减少货币供应量的目的。②提高再贴现率。提高再贴现率可以增加商业银行的借款成本，迫使商业银行提高贷款利率和贴现率，结果企业因贷款成本增加而减少投资，货币供给量也随之减少。③公开市场卖出业务。中央银行在公开市场向银行等金融机构出售有价证券，从而达到紧缩信用，减少货币供给量的目的。④直接提高利率。利率的提高会增加信贷资金的使用成本，降低借贷规模，减少货币供给量；同时，利率的提高还可以吸收储蓄存款，减轻通货膨胀压力。

（3）紧缩性收入政策。确切地说，收入政策应被称为“工资—价格政策”。紧缩性收入政策主要针对成本推动型通货膨胀，通过对工资和物价上涨进行直接干预来降低通货膨胀。

从发达国家的经历来看，紧缩性收入政策主要采取了以下几种措施：①自愿工资—物价指导线。政府根据长期劳动生产率的平均增长率来确定工资和物价的增长标准，并要求各部门将工资—物价的增长控制在这一标准之内。“工资—物价”指导线是政府估计的货币收入的最大增长限度，每个部门的工资增长率均不得超过这个指导线。②以税收为基础的收入政策。政府规定一个恰当的物价和工资增长率，然后运用税收的方式来惩罚物价和工资超过恰当增长率的企业和个人。如果工资和物价的增长保持在政府规定的幅度内，政府就以减少个人所得税和企业所得税作为奖励。如果全国的工资适度增长，政府将降低所得税。③工资—价格管制及冻结。政府颁布法令强行规定工资、物价的上涨幅度，甚至在某些时候暂时将工资和物价加以冻结。

（4）收入指数化政策。收入指数化政策是指将工资、利息等的各种名义收入部分地或全部地与物价指数相联系，使其自动随物价指数的升降而升降，从而避免通货膨胀所带来的损失，并减弱由通货膨胀带来的分配不均问题。显然，收入指数化政策只能减轻通货膨胀给收入阶层带来的损失，但不能消除通货膨胀本身。

（5）改善供给政策。这是一种增加供给的一种积极的治理通货膨胀的措施。

主要有：①减税。减税即降低边际税率(指增加的收入中必须向政府纳税的部分所占的百分比)。一方面，边际税率的降低提高了人们的工作积极性，增加了劳动供给，另一方面，它提高了储蓄和投资的积极性，增加资本存量。从而彻底降低和消除由供给小于需求所造成的通货膨胀。②削减社会福利开支。削减社会福利开支是为了激发人们的竞争性和个人独创性，以促进生产的发展，增加有效供给。③适当增加货币供给。适当增加货币供给会降低利率，从而增加投资，增加产量，导致总供给曲线向右移动，使价格水平下降，从而抑制通货膨胀。④精简规章制度。精简规章制度就是给企业等微观经济主体松绑，减少政府对企业活动的限制，让企业在市场经济原则下更好地扩大商品供给。

26.（1）预期是对未来经济情况的估计，所有的经济主体在作出决策之前，都会对决策的影响进行预期，这种预期最终会影响到决策的效果。

（2）“凯恩斯革命”以来，预期概念得到了普遍运用。凯恩斯的《通论》对货币需求、投资、就业等的分析，无一不取决于经济主体对未来的预期。在凯恩斯的理论体系中，对预期的论述还是假设性和零散的，而不是系统的和分析性的；而且，在凯恩斯的模型中，预期的形成似乎还被置于经济学之外，属于心理学的范畴。凯恩斯的预期主要还是指经济主题的主观情绪与心理状况，与基于经济模型之上的理性的经济预测还有很大的差距，因此被称为“非理性的预期”。而非理性预期对菲利普斯曲线的影响是不确定的，相当程度上是不明的不可测量的，而菲利普斯曲线是倾斜的，表示失业率和通货膨胀在长期内是呈相反方向变化的，而此时凯恩斯的政策观点是“相机抉择”，指政府在进行需求管理时，可以根据市场情况和各项调节措施的特点，机动地决定和选择当前究竟应采取哪一种或哪几种政策措施。

（3）20 世纪 50~60 年代，资本主义经济现实越来越与菲利普斯曲线相背离。货币主义兴起，用费里德曼的话说是，对失业与通货膨胀实际问题(菲利普斯曲线)的研讨进入了第二个阶段，提出所谓的“自然失业率说”。弗里德曼的预期观点是“适应性预期”，即人们根据以前的经验预测未来。适应期预期认为，在短期内通货膨胀尚未被人发现时，通货膨胀与失业率之间有相互替代的关系，即短期内菲利普斯曲线是倾斜的。但是长期内，一旦通胀的预期形成，工会要求足以补偿物价上涨的更高的名义工资，而雇主则不愿意在这个工资水平上提供就业，于是失业率回到“自然失业率”水平，长期内，菲利普斯曲线是垂直的，通货膨胀政策是无效的。因此，费里德曼的政策观点是“单一规则”，即以币值稳定作为唯一的政策目标。

(4) 20世纪70年代开始，菲利普斯曲线进入第三阶段。理性预期学派发展出所谓的“理性预期”，即，经济主体对未来事件的预期是合乎理性的，把预期看着是使用所有可知信息的最佳预测(即对未来的最佳估计)。在此观点下，任何时期的通货膨胀预期都会被人们预测，任何扩张性政策除了提高价格水平以外，即使是短期内也对产出没有作用；短期内菲利普斯曲线也是垂直的，通货膨胀政策是无效的。在此观点下有著名的“卢卡斯批判”，认为不仅传统的计量经济模型不能用于评价政策效果，而且某一特定政策的效果也在很大程度上取决于公众对政策的信心。理性预期的存在降低了积极干预主义成功的概率，使得经济学家对积极干预主义的政策效果不太乐观；同时，考虑到理性预期的存在，政策成功与否的一个重要因素是公众对政策的信任。

第8章　货币政策

一、考查要点

1. 货币政策的最终目标包括：物价稳定、充分就业、经济增长、国际收支平衡。货币政策的最终目标之间的关系较复杂，除了充分就业与经济增长在一定程度上是一致的，其他几个之间都存在不同程度的矛盾。

2. 我国的货币政策目标是：货币政策的目标是保持人民币币值稳定，并以此促进经济增长。

3. 货币政策中间目标是指中央银行为了实现货币政策的最终目标而设定的可观测的调整指标。一般而言，货币政策中间目标具有两项功能：一是衡量货币政策实施的进度；二是为中央银行提供可追踪、可观测的指标，便于根据需要随时调整货币政策。通常，货币政策中间目标选择标准有可测性、可控性和相关性。几种常见的货币政策中间目标：利率、货币供应量、准备金、基础货币、社会融资规模。

4. 社会融资规模是指一定时期内(每月、每季或每年)实体经济从金融体系获得的全部资金总额，是增量概念。社会融资规模是全面反映金融与经济关系，以及金融对实体经济资金支持的总量指标。

5. 央行的三大货币政策工具是指再贴现政策、存款准备金政策和公开市场操作。

(1) 再贴现政策是央行传统的货币政策工具，指中央银行直接调整或制定对合格票据的贴现利率，来干预和影响市场利率以及货币市场的供给和需求，从而对市场货币供应量进行调节的一种货币政策。

(2) 存款准备金政策指的是中央银行在法律赋予的权力范围内，通过调整商业银行交存中央银行的存款准备金比例，以改变货币乘数，控制商业银行的信用创造能力，间接地控制社会货币供应量的活动。

(3) 公开市场操作指的是中央银行在证券市场上公开买卖各种政府证券以控制货币供给量及影响利率水平的行为。公开市场操作主要是通过影响商业银行体系中的，是由准备金来进一步影响的商业银行信贷量的扩大和收缩，进而影响货币供应量的变动。同时，通过影响证券市场价格的变动，来影响市场利率水平。公开市场操作也可以用来调整长期证券市场和短期证券市场的利率结构和水平。

6. 货币政策规则是指中央银行基于宏观经济和金融调控的要求，运用货币政策工具和手段，来有效达到或实现货币政策目标的行为共识。近年来常见的货币政策规则有：单一规则、泰勒规则、利率走廊机制和通货膨胀目标制。

7. 弗里德曼是20世纪60年代货币单一规则的主要倡导者。他通过对美国货币增长与通货膨胀率、经济增长的相互关联及时滞特征的实证分析，认为货币数量变化是导致经济波动的关键因素。因此，他建议货币当局只需要实行“单一规则”的货币政策，把控制货币供应量作为唯一的货币政策工具。

8. 泰勒规则也称利率规则，是由泰勒经过长期的研究和实证分析，于 1993 年提出的一条货币政策调整规则，改规则表明了中央银行的短期利率工具依经济状态而进行调整的方法。以泰勒规则的方程为代表，其基本公式为：

$$i_0 = r_f + \pi_t + \alpha(\pi_t - \pi^*) + \beta\Delta y_t$$

其中，i_0 为名义利率，r_f 为均衡实际利率（长期内和充分就业相适应的利率），π_t 为 t 期实际通货膨胀率，π^* 为目标通货膨胀率，$\pi_t - \pi^*$ 为通货膨胀缺口，Δy_t 为产出缺口，即实际 GDP 与潜在充分就业水平下的 GDP 估计值的百分率偏差，α 和 β 为管理层分别对通货膨胀、产出调控目标重视程度的权重，且 $0 \leqslant \alpha \leqslant 1$，$0 \leqslant \beta \leqslant 1$。

9. 利率走廊是中央银行设定和变动自己的存贷款利率，构建形似“走廊”的利率操作空间，将同业拆借利率限定在利率区间的一种新型货币政策。其中，走廊上限为中央银行对商业银行的贷款利率，商业银行以此利率申请抵押贷款补充流动性；下限为中央银行对商业银行的存款利率。

10. 通货膨胀目标制的基本含义是：货币当局明确以物价稳定为首要目标，并将当局在未来一段时间所要达到的目标通货膨胀率向外界公布，同时，通过一定的预测方法对目标期的通货膨胀率进行预测得到目标期通货膨胀率的预测值，然后根据预测结果和目标通货膨胀率之间的差距来决定货币政策的调整和操作，使得实际通货膨胀率接近目标通货膨胀率。如果预测结果高于目标通货膨胀率，则采取紧缩性货币政策；如果预测结果低于目标通货膨胀率，则采取扩张性货币政策；如果预测结果接近于目标通货膨胀率，则保持货币政策不变。

11. 凯恩斯的货币政策传导机制是以利率为核心，而货币主义学派的货币政策传导机制是以货币供给量为核心。

12. 托宾认为，当央行增加货币供给，导致利率下降，从而引发债券和股票价格上升，此时，托宾 Q 值也增大。根据托宾 Q 理论，当托宾 Q 大于 1 时，社会投资在增加，从而社会总产出增加。

13. 莫迪利安尼认为，当央行增加货币供给时，导致利率下降，进而提高股票等金融资产价格上升，个人总财富也将随之上升，最终促进个人消费和总产出增加。

14. 米什金认为，在通货膨胀率不变的条件下，当本币利率下降，国内货币的存款相对于国外货币存款缺乏吸引力，结果资本外逃而导致本国货币贬值。当本币贬值时，国内产品价格相对国外产品便宜，则导致出口增加，进口减少，即净出口得以增加，最终带来总产出增加。

15. 货币政策时滞是指从货币当局需要采取一定的货币政策到该政策行动最终发挥作用所需要的时间过程。货币政策时滞分为内部时滞和外部时滞。其中，内部时滞包括：①认识时滞，指从经济形势变化需要货币当局采取行动到它认识到这种需要的时间距离。这种时滞的长短取决于货币当局对信息收集的程度、对经济形势发展的预测能力。②行动时滞，指从认识到需要改变政策，到新政策的出台并加以实施所需要的时间。这种时滞取决于货币当局制定政策的效率和行动的决心。外部时滞包括：①决策时滞，指货币政策调整后，企业、个人等经济主体决定调整其资产总量与结构的时间过程；②产出时滞，指企业、个人等经济主体决定调整其资产总量与结构到整个社会的产出、就业、物价、收入等经济变量发生变化的时间过程。

16. 货币流通速度与货币供给负相关，如果货币流通速度增加，而货币当局在制定货币政策时未加以考虑，仍按以往的货币流通速度进行货币供给，则会导致实际的货币供给增加，从而未能达到预期政策目标。

17. 货币政策传导机制

(1) 凯恩斯的传导机制：$M \to i \to I \to Y$

(2) 货币主义的传导机制：$M \to E \to \{I, P\} \to Y$

(3) 托宾 Q：$M \to S \to Q \to I \to Y$

(4) 财富传导机制：$PE \to W \to C \to Y$

(5) 信贷传导机制：公开市场操作$\to R \to D \to L \to I \to Y$

(6) 汇率机制：$M \to i \to e \to NX \to Y$

18. 财政政策和货币政策对总需求的影响方向不同，在不同的经济形势下，可以采取不同的财政政策与货币政策组合：第一，如果经济发生严重的衰退，需要极大地刺激总需求，使经济快速增长，则采取宽松的财政政策刺激需求增加，同时，采取宽松的货币政策降低利率，刺激投资需求增加，从而促进经济快速回升。第二，如果经济过度繁荣，并引发通货膨胀，则需要压缩总需求，使经济增长速度放缓。此时，实行紧缩性的财政政策和紧缩性的货币政策，同时压缩消费需求和投资需求，抑制通货膨胀。第三，如果经济衰退不严重，则采取扩张性的财政政策，刺激总需求增加，同时，采取紧缩性的货币政策，提高利率，防止经济增长过热出现通货膨胀问题。第四，如果经济处于上升阶段时，则实行紧缩的财政政策，压缩总需求，抑制经济过热，避免财政赤字，同时，实行扩张性的货币政策，降低利率，刺激投资，避免由于需求减少过度而引起经济衰退。

二、2023 年命题预测

货币政策是整个货币银行学最核心的章节，高校在命题的时候一般会结合金融热点进行考查。一般性货币政策工具始终是考查的重点，但是我国近年来采用的结构性货币政策工具和西方国家采用的非常规性货币政策工具是考查的热点。这些内容一般会以论述题的形式进行命题。本章货币政策规则和货币政策传导机制也是当前重要的考点，一般以选择题和简答题的形式命题。

考点 1　货币政策及其目标

（一）命题思路

“货币政策及其目标”属于重点章节，由于其和时事金融结合十分密切，成为各大高校命题的热点。本章主要的命题思路是：(1)在选择项中列举相关具体的货币政策目标，让考生从中辨析出所属类型，即是最终目标，还是中间目标？(2)结合我国当前经济背景，论述我国货币政策目标选择问题及其政策建议。(3)阐述各种发达国家近年来使用的各种货币政策规则，并说明其在我国的适用性。

（二）习题精编

1. (对外经贸 2017)货币政策四大目标之间存在矛盾，任何一个国家要想同时实现是很困难的，但其中(　　)是一致的。

A. 充分就业与经济增长　　B. 经济增长与国际收支平衡

C. 物价稳定与经济增长　　D. 充分就业与物价稳定

2. 我国货币政策最终目标是(　　)。

A. 国际收支平衡、充分就业　　B. 物价稳定、国际收支平衡
C. 内外均衡、经济增长　　D. 人民币币值稳定、经济增长

3. (中国人大 2013) 下面哪项不是美联储的货币政策目标？(　　)
A. 稳定物价　　B. 稳定联邦基金利率
C. 促进就业　　D. 保持适度水平的长期利率

4. 下列各项中，(　　)通常不包括在货币政策的三要素中。
A. 传导机制　　B. 政策工具　　C. 中介指标　　D. 政策目标

5. (复旦大学 2019) 如果资金可以自由借贷，银行间市场利率的下限是(　　)。
A. 存款准备金率　　B. 央行再贴现率率
C. 存款基准利率　　D. 存款准备金利率

6. (中山大学 2018) 如果美联储遵循的是泰勒定理，它就会(　　)。
A. 提高名义利率的幅度小于通货膨胀率的上升幅度
B. 提高名义利率的幅度大于通货膨胀率的上升幅度
C. 当通货膨胀率低于名义利率时，实施泰勒规则
D. 当通货膨胀率高于名义利率时，实施泰勒规则

7. (中国人大 2018) 我国社会融资规模不包括(　　)。
A. 社会新增贷款　　B. 股票融资额　　C. 企业净债发行额　　D. 同业拆借额

8. 名词解释：利率走廊

9. 简述货币政策最终目标的内涵及各目标之间的矛盾与统一。

10. (浙江大学 2012) 作为货币政策框架的通货膨胀目标制的含义是什么？它与传统的货币政策体系有什么不同？

11. (中国人大 2017) 20 世纪 90 年代的“泰勒规则”刻画了现代货币政策的反应机制，其主要内容是什么？

考点 2　货币政策工具

(一) 命题思路

“各种货币政策工具的辨析”是基础知识点，难度不大，却是常考考点。从命题角度来看，主要命题思路是：(1) 在选择项中列举相关具体的货币政策工具，让考生从中辨析出所属类型，即是一般性货币政策工具还是选择性货币政策工具？是传统性货币政策工具还是新型货币政策工具？(2) 阐述三大货币政策工具的含义、运作机制和特征。(3) 阐述新型货币政策工具与传统货币政策工具的区别。

(二) 习题精编

1. (清华大学 2017) 央行货币政策工具不包括(　　)。
A. 中期借贷便利　　B. 抵押补充贷款　　C. 公开市场操作　　D. 银行票据承兑

2. (暨南大学 2017) 传统的货币政策工具不包括(　　)。
A. 再贴现政策　　B. 公开市场操作　　C. 量化宽松　　D. 存款准备金政策

3. (中国人大 2011) 美联储的主要货币政策工具是(　　)。
A. 货币供应增长率　　B. 联邦基金利率
C. 再贴现率　　D. 银行法定存款准备率

4. 在以下货币政策工具中，属于一般性货币政策工具的是(　　)。

A. 信贷配给　　B. 消费信用控制　　C. 公开市场业务　　D. 窗口指导

5. (对外经贸 2016)在下列货币政策工具之中，由于(　　)对经济具有巨大的冲击力，中央银行在使用时一般比较谨慎。
A. 公开市场操作　　B. 窗口指导
C. 再贴现率政策　　D. 法定存款准备金政策

6. (中央财大 2017)关于中央银行再贴现政策描述正确的是(　　)。
A. 中央银行可以自主决定再贴现率，因此具有充分的主动性
B. 再贴现政策调控效果和缓，对市场震动小
C. 再贴现政策既可用于结构调整也可用于规模调整
D. 再贴现政策实施效果不受经济周期的影响

7. (中山大学 2013)中央银行进行公开市场业务操作的工具主要是(　　)。
A. 大额可转让存款单　　B. 银行承兑汇票
C. 金融债券　　D. 国库券

8. (上海理工 2017)下列货币政策操作中，可以增加货币供给的是(　　)。
A. 增加法定存款准备金率　　B. 提高再贴现率
C. 提高超额存款准备金率　　D. 央票回购

9. (中山大学 2013)当中央银行在公开市场上卖出政府债券时，以下说法中正确的是(　　)。
A. 中央银行的负债保持不变　　B. 银行体系内的资金将增加
C. 中央银行的负债减少　　D. 银行体系内的资金保持不变

10. 关于公开市场业务，下列说法错误的是(　　)。
A. 公开市场业务具有主动性优点
B. 公开市场业务具有温和性优点
C. 中央银行进行公开市场操作具有“相机抉择”特点
D. 中央银行进行公开市场交易的原则是盈利性、政策性和流动性的统一

11. (中央财大 2022)以下属于法定存款准备金率政策局限性的是(　　)。
A. 对商业银行扰动大　　B. 作用效果慢
C. 需要发达的金融市场　　D. 中央银行主动性弱

12. 简述法定存款准备金政策的作用机制及特点。

13. 简述再贴现政策的作用机制及特点。

14. 简述公开市场业务的作用机制及特点。

15. 什么是逆回购？什么是 MLF？二者有什么区别？

16. (武汉大学 2015)2008 年金融危机之后，西方发达国家中央银行纷纷通过压低市场利率的方法来促进本国经济复苏与实体经济发展，这导致了超低利率环境的出现，例如目前美国的联邦基金利率就稳定在 0%至 0.25%之间。超低利率环境改变了常规货币政策的传导渠道，导致了常规货币政策的传导效果失真，并催生了一大批非常规货币政策的诞生。请利用凯恩斯的流动性陷阱理论对发达国家央行实施的非常规货币政策的理论依据进行解释。

17. (中山大学 2013)有学者认为，法定存款准备金率的调整会改变货币乘数，从而对货币供应量带来较大影响，因此是效力很猛的药方，通常不应轻易使用。然而，2006 年以来，为抑制经济过热，中国人民银行连续近 20 次上调法定存款准备金率。直到 2008 年

9 月下旬，为应对金融危机对我国经济所造成的负面影响，中国人民银行转而多次下调法定存款准备金率。请结合相关公式，回答以下问题：

(1) 上述学者的观点是否正确？请首先推导反映货币供应量、基础货币与货币乘数三者之间关系的公式，并结合该公式进行分析论述。

(2) 央行如此频繁地调整法定存款准备金率，你认为是否有必要和有用，原因何在？

考点 3　货币政策传导机制及中介目标

(一) 命题思路

货币政策传导机制理论主要研究货币政策是通过怎样的过程来影响实际产出，以实现货币政策目标的理论，不同学派对此问题也有着不同的观点。因而，该考点的重要命题思路有：(1)针对具体某个货币政策传导理论，考查它的理论观点；(2)辨析主要学派(凯恩斯主义学派和货币主义学派)的货币政策传导机制及其政策主张。

(二) 习题精编

1. (　　)属于利率传导机制的表达形式。

A. $Ms\uparrow\ i\downarrow\ I\uparrow\ AD\uparrow\ Y\uparrow$　　B. $Ms\uparrow\ i\downarrow\ Ps\uparrow\ q\uparrow\ I\uparrow\ Y\uparrow$

C. $Ms\uparrow\ i\downarrow\ Ps\uparrow\ FW\uparrow\ FR\uparrow\ C\uparrow\ Y\uparrow$　　D. $Ms\uparrow\ i\downarrow\ E\downarrow\ NX\uparrow\ Y\uparrow$

2. (对外经贸 2014)凯恩斯学派的货币政策传导机制中，起关键作用的指标是(　　)。

A. 利率　　B. 货币供给量

C. 基础货币　　D. 超额存款准备金

3. (浙江财经 2017)货币学派认为(　　)在货币政策传导机制中起主要作用。

A. 货币供应量　　B. 基础货币　　C. 利率　　D. 超额准备

4. (南京大学 2012)根据托宾的 q 理论，企业在下列哪一情况下会增加投资？(　　)

A. 企业资产的市场价值超过企业资产的重置价值

B. 企业资产的重置价值超过企业资产的市场价值

C. 企业资产的市场价值超过企业金融资产的面值

D. 企业金融资产的市场价值超过企业资产的面值

5. (上海财大 2018)托宾 q 理论是影响下列哪一个中间变量而作用于实体经济？(　　)

A. 股票价格　　B. 利率　　C. 货币供应　　D. 房地产价格

6. 什么是货币政策传导机制？并比较凯恩斯主义和货币主义在货币政策传导机制方面的观点差异。

7. (中山大学 2011)货币政策传导是指从运用货币政策工具到实现货币政策目标的过程。货币政策传导机制是否完善直接影响到货币政策的实施效果和对国民经济的调控效率。请问：

(1)货币政策传导的渠道主要有哪些？

(2)你对我国货币政策传导效率的现状作何评价和解释？

(3)你认为应如何提高进一步提高我国的货币政策传导效率？

8. (上海财大 2013)仔细阅读下列材料，并回答相关问题，

材料 1：美联储的量化宽松政策

自 2008 年 11 月至今，美联储为缓解次贷危机对实体经济的不利影响，共实施了三轮量化宽松货币政策，以下为主要内容：

2008 年 9 月，雷曼兄弟倒闭时，美国银行体制的基础货币为 8750 亿美元。

QE1：2008 年 11 月 24 日，美联储宣布购买 房地美、房利美、联邦住宅存款银行发行的价值 1000 亿美元债券及其担保的 5000 亿美元的资产支持证券。

QE2：2010 年 11 月 3 日，美联储宣布买入 6000 亿美元政府长期债券。

QE3：2012 年 9 月 13 日，美联储决定每月购买 400 亿美元抵押支持证券。

材料 2：美国基础货币及宏观经济指标(2008 年 6 月—2012 年 6 月)

时间	基础货币(亿美元)	M2(亿美元)	CPI	失业率
2008. 6	8331	77511	4. 8%	5. 8%
2008. 12	16541	83416	0. 1%	7. 4%
2009. 12	20177	85244	2. 7%	9. 3%
2010. 12	20085	88170	1. 5%	9. 6%
2011. 12	26107	96177	2. 8%	8. 9%
2012. 6	26150	99189	1. 6%	8. 2%

根据以上材料 1 和材料 2 回答下列问题：

(1) 为什么在 QE2 中，美联储选择购买的金融资产与 QE1 和 QE3 完全不同？

(2) 在 2008. 6—2012. 6 期间，美国的货币政策有何变化？可能是什么原因造成的？对货币政策的效果有什么影响？

(3) QE3 要实现刺激实体经济、降低失业水平的目标，其可能的货币政策传导机制是什么？试写出 3 种不同的货币政策传导机制。

(4) 量化宽松政策作为非传统的货币政策，受到很大质疑，它有哪些负面影响？你是如何看待美联储一再采用这一政策的？

9. (上海财经 2020)2010~2018 年中国社会融资规模增长率与广义货币供应量 M2 增长率如下图，请结合近年中国宏观经济运行及货币政策实践回答下列问题。

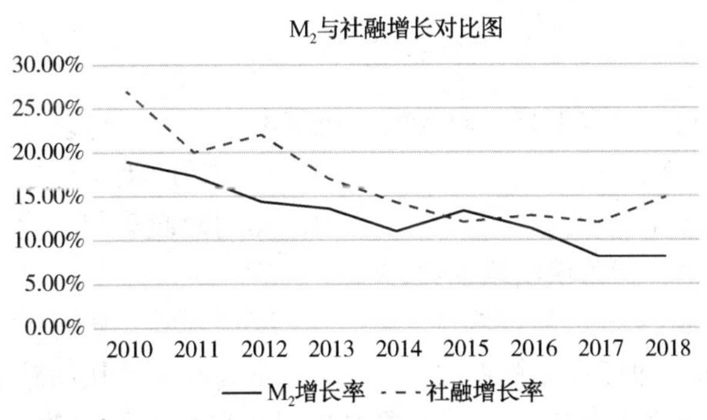

(1) 社会融资规模与货币供应量有何差别？为何需要统计社会融资规模。

(2) 我国广义货币供应量增幅下降的原因是什么？为何 2015 年出现异常情况？

(3) 2015 年之后社会融资规模增长率与 M_2 增长率出现背离的主要原因。

10. 常见的货币政策传导机制有哪些？我国现阶段主要通过什么机制来传导？为什么？

考点4 货币政策的有效性

（一）命题思路

该知识点不是命题重点，偶尔有高校考查，主要的命题思路有：(1)考查时滞、预期因素和货币流通速度对货币政策有效性的具体作用关系；(2)考查时滞的基本概念及其分类，能够熟练交易辨析

（二）习题精编

1. 中央银行从采取措施到措施对经济体系产生影响的时间被称为(　　)。

A. 内部时滞　　B. 认识时滞　　C. 行政时滞　　D. 生效时滞

2. (清华大学 2018)长期的零基准利率并未导致经济增长，很可能表明(　　)。

A. 量化宽松货币政策有一定效果　　B. 货币政策并非总能奏效

C. 利率目标应该比货币供应目标更要　　D. 只有财政政策能促进经济增长

3. (上海财大 2016)货币政策的时间不一致性意味着(　　)。

A. 中央银行出于公众利益的考虑，会改变自己事先宣布的政策

B. 中央银行的政策制定，经常超出社会公众的预期

C. 社会公众对中央银行的信任度并不重要

D. 货币政策的效果存在时滞

4. 名词解释：卢卡斯批判

5. (东北财大 2012)简述货币政策的时滞及其构成。

6. (华东师大 2015)什么是“时间不一致性问题”？中央银行通常采取怎样的办法解决这一问题？

考点5 货币政策与财政政策

（一）命题思路

该考点要求考生熟练掌握货币政策和财政政策的相关内容，以及两者之间的搭配使用策略。主要命题思路有：(1)货币政策的类型及作用，财政政策的类型及作用；(2)货币政策和财政政策在某些情况下的协调配合。

（二）习题精编

1. 何种政策组合会使利率肯定下降，收入的变化却不确定(　　)。

A. 松财政政策与紧货币政策　　B. 紧财政政策与松货币政策

C. 松财政政策与松货币政策　　D. 紧财政政策与紧货币政策

2. 根据凯恩斯货币理论，货币供给增加将(　　)。

A. 降低利率，从而减少投资和总需求　　B. 降低利率，从而增加投资和总需求

C. 提高利率，从而增加投资和总需求　　D. 提高利率，从而减少投资和总需求

3. 假定货币供给量和价格水平不变，货币需求为利率和收入的函数，则当收入增加时，下列说法正确的是(　　)。

A. 货币需求增加，利率上升　　B. 货币需求增加，利率下降

C. 货币需求减少，利率上升　　D. 货币需求减少，利率下降

4. 如果中央银行意在使用货币政策将失业率降低 2 个百分点，那么(　　)。

A. 政府支出会增加　　B. 利率会下降

C. 居民消费会下降　　D. 潜在 GDP 会增加

5. 当政府为克服经济衰退采用扩张性财政政策而出现挤出效应时，可以配合使用以消除挤出效应的政策手段是(　　)。

A. 增加货币供给　　B. 减少货币供给

C. 增加收入税　　D. 增加政府转移支付

6. (湖南大学 2013)在经济过热、需求过旺的经济形势下，国家应该应用的财政政策和货币政策是(　　)。

A. 松的货币政策和紧的财政政策　　B. 紧的货币政策和松的财政政策

C. 紧的货币政策和紧的财政政策　　D. 松的货币政策和松的财政政策

7. (浙江财经 2013)下列属于扩张性货币政策操作的是(　　)。

A. 发行央行票据　　B. 降低法定存款准备金率

C. 在公开市场上进行正回购操作　　D. 在公开市场上进行现券卖断操作

8. 我国是如何利用财政政策和货币政策治理通货膨胀的？

9. 简述财政政策和货币政策的区别和联系。

10. (中国人大 2019)货币政策为什么在治理通货膨胀有效，治理通货紧缩时作用不明显，结合国内外实践阐述观点？

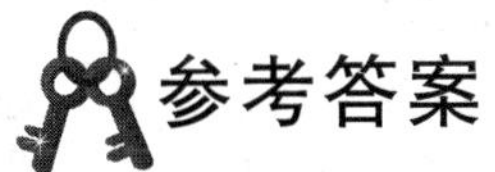

参考答案

考点 1　货币政策及其目标

1. A　货币政策的最终目标之间的关系较复杂，除了充分就业与经济增长在一定程度上是一致的，其他几个之间都存在不同程度的矛盾。

2. D　根据《中华人民共和国中国人民银行法》的第三条中规定："货币政策的目标是保持人民币币值稳定，并以此促进经济增长。"

3. B　1913 年，美联储成立的时候，没有规定目标，只说它的作用是维持货币弹性。1946 年《就业法》规定美联储的货币政策目标是促进最大就业。1977 年和 1978 年的《全面就业和预算平衡法》规定，货币政策有三个："完全就业，价格稳定，中长期利率平稳"。联邦基金利率是美联储货币政策的中介目标。

4. A　货币政策是指中国人民银行为实现其特定的经济目标而采用的各种控制和调节货币供应量和信用量的方针、政策和措施的总称。故货币政策三要素是货币政策工具，货币政策中介目标，货币政策目标。

5. D　存款准备金利率是央行支付给金融机构缴存的存款准备金(法定存款准备金和超额存款准备金)所支付的利率。对于商业银行来说，存款准备金利率相当于无风险利率，银行间同业拆借的利率不能低于此利率。如果低于此利率，还不如把资金存在央行，因为同业拆借还是有风险的。

6. B　将两期泰勒规则公式相减可得：

$$\Delta i = (\pi_2 - \pi_1) + \alpha(\pi_2 - \pi_1) = (1 + \alpha)\Delta\pi$$

由于 $0 \leqslant \alpha \leqslant 1$，所以 $\Delta i \geqslant \Delta\pi$，即名义利率上升的幅度大于通货膨胀的上升幅度。

7. D　社会融资规模强调的是实体经济从金融体系获得的全部资金总额。同业拆借额是金融机构之间的账目，显然不应包含于社会融资规模。

8. 利率走廊是中央银行通过设定和变动自己的存贷款利率，构建形似“走廊”的利率操作空间，将同业拆借利率限定在利率区间的一种新型货币政策。其中，走廊上限为中央银行对商业银行的贷款利率，商业银行以此利率申请抵押贷款补充流动性；下限为中央银行对商业银行的存款利率。商业银行同业拆借利率之所以会被限定在走廊之中，并不是政策强制的结果，而是利率走廊机制本身所具有的“自动稳定器”的功能，这种功能来自金融机构的套利行为。

9. 货币政策目标是指货币政策的制定者期望达到的政策实施效果。从世界各国情况看，货币政策目标大致包括下述四项内容：经济增长、充分就业、稳定物价和国际收支平衡。货币政策各项目标之间的关系是比较复杂的，有的是相互统一的，有些又是相互矛盾的。

（1）经济增长与充分就业二者是相互统一的，即经济增长，就业增加；经济衰退，则失业增加。

（2）充分就业和稳定物价二者是相互矛盾的。充分就业和稳定物价的关系可以由“菲利普斯曲线”说明。该曲线表明：要控制失业率，就要增加货币供给量以刺激社会总需求，而

总需求的增加则会引起物价水平上涨；要稳定物价，就需要减少货币供给量以抑制社会总需求，就会导致失业率提高。所以，二者的关系是此消彼长。

（3）物价稳定与经济增长的关系则比较复杂。由于促进经济增长需要增加货币供给量，而货币供给量增加会刺激社会总需求增加，从而引起物价上涨。所以，从经济机制上看，稳定物价与经济增长是相互矛盾的。但是，也有关于二者并不矛盾的理论和实践。比如，一些学者认为，适度物价上涨能够刺激投资和产出的增加，从而促进经济增长。

（4）经济增长与国际收支的关系也是较为复杂。在经常项目中，经济增长通常会由于国民收入的增加和支付能力的增强而引起国内总需求的增长，从而增加对进口商品的需求，以及提出对一部分本来用于出口的商品的需求，这样会使一国出口减少而进口增加，使贸易收支恶化。而在资本项目中，由于一国经济的增长离不开资金的支持，在国内社会积累不足的情况下，就需要引进外资，外国资金的注入可能会使资本项目中出现顺差，这在一定程度上可以弥补贸易逆差造成的国际收支失衡，但并不能保证经济增长与国际收支平衡一定是相统一的。二者究竟是统一还是矛盾取决于两种力量的大小。

10.（1）通货膨胀目标制的基本含义是：货币当局明确以物价稳定为首要目标，并将当局在未来一段时间所要达到的目标通货膨胀率向外界公布，同时，通过一定的预测方法对目标期的通货膨胀率进行预测得到目标期通货膨胀率的预测值，然后根据预测结果和目标通货膨胀率之间的差距来决定货币政策的调整和操作，使得实际通货膨胀率接近目标通货膨胀率。如果预测结果高于目标通货膨胀率，则采取紧缩性货币政策；如果预测结果低于目标通货膨胀率，则采取扩张性货币政策；如果预测结果接近于目标通货膨胀率，则保持货币政策不变。

（2）在通货膨胀目标制下，传统的货币政策体系发生了重大变化，在政策工具与最终目标之间不再设立中间目标，货币政策的决策依据主要依靠定期对通货膨胀的预测。由政府或中央银行根据预测提前确定本国未来一段时期内的中长期通货膨胀目标，中央银行在公众的监督下运用相应的货币政策工具使通货膨胀的实际值和预测目标相吻合。

11. 泰勒（Taylor）规则是常用的简单货币政策规则之一，由泰勒于 1993 年针对美国的实际数据提出。泰勒规则描述了短期利率如何针对通胀率和产出变化进行调整的准则，其从形

式上看来非常简单，但对后来的货币政策规则研究具有深远的影响。泰勒规则启发了货币政策的前瞻性。如果中央银行采用泰勒规则，货币政策的抉择实际上就具有了一种预承诺机制，从而可以解决货币政策决策的时间不一致问题。只有在利率完全市场化的国家才有条件采用泰勒规则。

泰勒规则论证了美联储联邦基金利率的确定应取决于四个因素：一是当前的通货膨胀率；二是均衡实际利率；三是现实的通货膨胀率与目标通货膨胀率之差；四是现实的 GDP 产出与潜在 GDP 产出之差。一般方程是：

$$r = \pi + r^{*} + \alpha(\pi - \pi^{*}) + \beta y$$

式中，r 为联邦基金利率；π 为通货膨胀率；$r*$ 为均衡的实际联邦基金利率；$(\pi-\pi^{*})$ 为通货膨胀缺口；y 为产出缺口；α 和 β 分别为通货膨胀缺口和产出缺口的权重(一般均规定为 1/2)。

泰勒规则的大致思路是：①存在通货膨胀，则联邦基金利率的基准利率应是均衡利率加上通货膨胀率。②如果现实的通货膨胀率高于目标通货膨胀率，那么联邦基金利率应从基准利率相应调高，以抑制通货膨胀；反之，则应从基准利率相应调减。③现实产出高于潜在产出，说明经济偏热，联邦基金利率应从基准利率相应调高，以抑制过热；反之，则应从基准利率相应调整，以促成可能的潜在产出得以实现。

考点 2　货币政策工具

1. D　中期借贷便利和抵押补充贷款属于新型的结构性货币政策工具，公开市场操作是传统货币政策工具。票据承兑属于银行的一项授信业务，不属于货币政策工具。

2. C　量化宽松主要是指中央银行在实行零利率或近似零利率政策后，通过购买国债等中长期债券，增加基础货币供给，向市场注入大量流动性资金的干预方式，以鼓励开支和借贷，也被简化地形容为间接增印钞票。一般来说，只有在利率等常规工具不再有效的情况下，货币当局才会采取这种极端做法。我们一般称其为非常规性货币政策工具。

3. B　美国联邦基金利率是指美国同业拆借市场的利率，其最主要的隔夜拆借利率。这种利率的变动能够敏感地反映银行之间资金的余缺，美联储瞄准并调节同业拆借利率就能直接影响商业银行的资金成本，并且将同业拆借市场的资金余缺传递给工商企业，进而影响消费、投资和国民经济。

4. C　一般性的货币政策工具包括法定存款准备金、再贴现率和公开市场操作。而选择性的货币政策工具主要包括消费信用控制、证券市场信用控制、不动产信用控制、信贷配给、道义劝告、窗口指导。

5. D　通过调整存款准备金率，影响货币乘数，从而间接调控货币供应量，因此即使法定准备金率调整很小，也会引起货币供应量的巨大波动。

6. C　再贴现政策已经不再是一个理想的货币政策工具。因为尽管中央银行可以通过变动贴现率使商业银行的融资成本发生变化，并影响其准备金数量，但不能强制或阻止商业银行向中央银行申请再贴现，商业银行还可以通过其他渠道获得资金。A 选项错误。再贴现率易于调整，但随时调整引起市场利率的经常波动，使商业银行无所适从。B 选项错误。再贴现不但能调控货币总量，还能调整结构。央行可以规定哪些票据可以被再贴现，哪些机构可以申请再贴现，由于具有针对性，可以使得政策效果更加精确。C 选项正确。再贴现政策受经济周期影响很大，在经济繁荣或经济萧条时期，再贴现率无论高低，都无法限制或阻止商业银行向中央银行再贴现或借款。D 选项错误。

7. D　公开市场业务是指中央银行在公开市场上买进或卖出二级市场债券(主要是政府债券)用以增加或减少货币供应量的一种政策手段。

8. D　根据货币乘数公式可知，法定存款准备金率和超额存款准备金率与货币乘数呈反比例关系。再贴现率是商业银行将其贴现的未到期票据向中央银行申请再贴现时的预扣利率。提高再贴现率，会增加商业银行的申请贴现时的成本，所以会减少货币供给。央票回购是央行公开市场操作的常用手段，用来增加市场上的流动性。

9. C　央行债券正回购，旨在回笼货币，减少市场上的流动性，此时央行的产负债表中负债减少。

10. D　央行进行公开市场操作的目的等价于货币政策的目标。因此，央行进行公开市场操作不包括盈利性。其实，央行的一切行为都不是以盈利为目的。

11. A　法定存款准备金率政策调整效果强烈，增加了商业银行流动性风险和超额准备金管理难度。

12. (1) 存款准备金政策，是指在国家法律所给予的权利范围内，通过规定和调整商业银行交存中央银行的存款准备金率，控制商业银行的信用创造能力，间接地调节社会货币供应量的政策工具。

(2) 作用机制。如中央银行认为存在通货膨胀压力时，就可能提高法定存款准备金率，使商业银行交存中央银行的法定准备金增加，用于发放贷款的超额准备金减少，促使商业银行收缩信贷规模，使货币供应量减少，利率回升；另外，准备金率的提高，还会引起货币乘数的下降，从而引起货币供应量的倍数收缩。从而达到紧缩货币供应量的目的。反之亦然。

(3) 特点。法定存款准备金率，被认为是货币政策中最猛烈的工具之一，其特点表现在：①法定准备金率是通过货币乘数来影响货币供给量的，因此，即使法定准备率调整幅度很小，也会引起货币供应量的巨大波动。②即使法定准备率不变，它也在很大程度上限制了存款机构创造派生存款的能力。③即使商业银行等存款机构由于种种原因持有超额准备金，法定准备率的调整也会产生效果，如提高法定准备率将冻结一部分超额准备金。

但是，法定存款准备金制度也存在着以下局限性：①由于效果过于强烈，不宜作为中央银行日常调控货币供给的工具。②由于同样的原因，它的调整对整个经济和社会心理预期都会产生显著的影响，以致使它有了固定化的倾向。③存款准备金对各类银行的影响不同，因而货币政策实现的效果可能因为这些复杂情况的存在而不易把握。

13. (1) 再贴现政策，是指中央银行通过制定或调整再贴现利率和条件来干预和影响市场利率及货币供应量，从而调节宏观经济的一种金融手段。再贴现率是指，商业银行将未到期票据出售给中央银行融通资金时，中央银行所扣除金额占票据面额的比率，也就是商业银行再贴现资金时的所支付的利息率。中央银行通过调整再贴现利率来干预和影响市场利率及货币供应量，从而促使宏观经济扩张或收缩。

(2) 作用机制。再贴现政策的作用，在于影响银行融资成本，从而影响商业银行的准备金，以达到松紧银根的目的。如中央银行要实现经济增长和充分就业目标，可以降低再贴现率，使其低于市场一般利率水平，商业银行通过再贴现获得资金的成本下降，促使其增加向中央银行借款或贴现，结果商业银行超额准备金增加，相应地扩大对社会大众的贷款，从而引起货币供给量的增加和市场利率的降低，达到经济增长和充分就业的目的。反之，可采用提高贴现率的办法来促使物价稳定目标的实现。再贴现率还可与规定向中央银行再贴现票据的资格配合使用。

(3) 特点。再贴现政策的特点表现为：①它是通过影响商业银行的资金成本和超额储备来影响商业银行的融资决策的。②再贴现率的变动，在一定程度上反映了中央银行的政策意向，具有一种告示效应。

但是，再贴现政策局也存在着一定的限性：①缺乏主动性。商业银行是否愿意向中央银行申请贴现贷款，决定于商业银行。如果商业银行可以通过其他渠道融资而不依赖中央银行，则再贴现政策的效果势必大打折扣。②利率高低有限度。如在经济调整增长时期，无论再贴现率多高，都很难抑制商业银行向中央银行再贴现或借款；反之亦然。③再贴现率是市场利率的重要参照，再贴现率的频繁调整会导致市场利率的经常性波动，使企业和银行无所适从。因此，在货币政策工具中，再贴现政策不处于主要地位。

14. (1) 公开市场业务，是指中央银行在公开市场上买进卖出有价证券(主要是政府债券)借以调控货币供应量的一种政策手段，是中央银行的三大传统法宝之一。

(2) 作用机制。当经济停滞或衰退时，中央银行就在公开市场上买进有价证券，从而向社会投放一笔基础货币。无论基础货币是流入社会大众手中，还是流入商业银行，都必将使银行系统的存款准备金增加，银行通过对准备金的运用，扩大了信贷规模，增加了货币供应量。反之，当利率、物价不断上升时，中央银行则在公开市场上卖出有价证券，回笼货币，收缩信贷规模，减少货币供应量。

(3) 特点。公开市场业务的特点表现为：①传递过程的直接性。中央银行通过公开市场业务可以直接调控银行系统的准备金总量，进而直接影响货币供应量。②操作的主动性。通过公开市场业务，中央银行可以“主动出击”，避免了贴现政策的“被动等待”。③可以进行微调。由于公开市场操作的规模和方向可以灵活安排，中央银行有可能对货币供应量进行微调，从而避免法定存款准备金政策的震动效应。④可进行频繁操作。中央银行可以在公开市场上进行联系性、经常性及试探性操作，也可以进行逆向操作，以灵活调节货币供应量。

然而，公开市场业务要有效地发挥作用，必须具备一定的条件：①中央银行必须具有强大的、足以干预和控制整个金融市场的资金实力；②中央银行对公开市场业务的操作必须具有弹性操纵权，可以根据经济需要和货币政策目标自行决定买卖证券的种类和数量；③金融市场必须具有相对的广度和深度，这样，中央银行的公开市场操作才能顺利进行。

15. (1) 央行逆回购，指中国人民银行向一级交易商购买有价证券，并约定在未来特定日期，将有价证券卖给一级交易商的交易行为。逆回购为央行向市场上投放流动性的操作。中期借贷便利(Mcdium-term Lending Facility，MLF)，是指中央银行提供中期基础货币的货币政策工具，对象为符合宏观审慎管理要求的商业银行、政策性银行，采取质押方式发放，并需提供国债、央行票据、政策性金融债等优质债券作为合格质押品。

(2) 二者的区别在于：

① 发放形式不同。央行逆回购是央行向一级交易商购买有价证券；MLF 发放形式为质押方式，并需提供国债、央行票据、政策性金融债等优质债券作为合格质押品。

② 主要作用不同。央行逆回购向市场释放流动性；MLF 发挥中期政策利率的作用，通过调节向金融机构中期融资的成本来对金融机构的资产负债表和市场预期产生影响，引导其向符合国家政策导向的实体经济部门提供低成本资金，促进降低社会融资成本。

③ 时间周期不同。央行逆回购为短期行为，一般为一天、三天或者七天；MLF 周期一般比较长，三个月或六个月不等。

④ 操作方式不同。央行逆回购央行把钱借给商业银行，商业银行把债券质押给央行；MLF 通过招标方式开展。

16. 凯恩斯在指出投机性货币需求是利率的减函数，即利率下降会导致投机性货币需求增加的情况下，进一步说明利率下降到一定程度，或者说某种临界点的时候，投机性货币需求将趋于无穷大。因此，利率与债券价格反方向变动，利率的最低点就是债券价格的最高点，此时只要利率小有回升，债券价格就会下跌，债券的持有者就会面临亏损的极大风险。在这种情况下，不管中央银行的货币供给有多大，人们都宁肯将货币拿在手中，也不买进债券。而没有债券的购买，就没有债券价格的上升，也没有利率的下降。这种利率不会下降，投机性货币需求趋于无穷大的现象就是凯恩斯所说的“流动性陷阱”。“流动性陷阱”原本只是凯恩斯在其著作《就业、利息和货币通论》中的一种理论假设，在此之前并未出现过现实佐证的经济现象，其具体表现为名义利率已趋近于零，但经济仍处于通货紧缩或通缩威胁中。

克鲁格曼继承并发展了凯恩斯的“流动性陷阱”理论，引入现代预期管理理论，认为对抗流动性陷阱的最佳策略是制造通胀预期，以非常规货币政策为主要手段。以央行购买国债票据等资产的形式向经济体注入流动性制造通货膨胀预期。这就是发达国家央行实施的非常规货币政策的理论依据。

美联储通过量化宽松修复了商业银行的资产负债表，稳定了金融机构并压低了市场利率从而促进借贷来拉动消费与投资。实际上已经为了创造了通货膨胀的预期，此举还有利于美国债务问题的解决，以适度隐形的通胀税来弥补财政收入的不足。现在我们可以认为，美国量化宽松政策的理论依据就是克鲁格曼的流动性陷阱理论。所以美联储在国际上各国的指责与国内通胀鹰派的怀疑下仍然宣称还有可能有第三轮量化宽松政策即 QE3 的出台。这样做的目的就是为了创造通货膨胀政策被公众预知，甚至更正公众认为美联储应该稳定物价的传统观念，以有利于通货膨胀预期的建立，并通过其把美国经济带出流动性陷阱。

17. (1) 当只有法定准备金一种漏损因素时，存款存量为 $D=\frac{1}{r_d}\cdot R$，其中r_d 为法定活期存款准备金比率，R 是存款准备金额，这时的货币供给为 $D=\frac{1}{r_d}\cdot R$。当出现现金漏损(中央银行对商业银行的负债就有一部分转化为中央银行对通货持有者的负债)后，这时中央银行的基础货币就包括商业银行准备金 R 和公众所持有的通货 C，即 $H=R+C$，这里 H 表示基础货币，也被称为强力货币。银行系统活期存款货币就有 $D_d=\left(\frac{1}{r_d+r_t\cdot t+e+k}\right)H$。

以 M_1 表示狭义货币供应量，根据定义有 $M_1=D+C$。由于 k 是公众手持现金的比率，得 $C=k\cdot D$。

所以，$M_1=D+C=\left(\frac{1+k}{r_d+r_t\cdot t+e+k}\right)\cdot H$

其中，$\left(\frac{1+k}{r_d+r_t\cdot t+e+k}\right)$ 为货币乘数，用 m 表示，则

$$M_1=m\cdot H$$

这表明，货币供应量 M_1 等于基础货币与货币乘数的乘积。

由上述推导可知，法定存款准备金与货币乘数成反比关系。调整法定存款准备金率，会

直接影响货币乘数的大小。一般而言，央行为了刺激消费，拉动经济增长，会采用宽松的货币政策，此时会下调法定存款准备金率。当央行紧缩银根时，则会上调存款准备金。由此可见，该学者的说法是有道理的。

(2) 在传统的货币政策工具理论中，存款准备金被认为是货币政策中最猛烈的工具，被学界称为一剂猛药，因为其微小变化能够通过货币乘数的变化引起货币供应量更大的变化，被国外的货币管理当局认为不宜作为日常的货币政策工具使用。但与此形成鲜明对比的是，我国近年来在进行宏观经济调控时，通常将法定存款准备金率的调整作为货币政策工具的首选，调整的幅度虽小却很频繁，但是调控效果却并非立竿见影，与传统理论中所描述的结果存在较大差距。

我国近年来如此密集连续地调控存款准备金率，把存款准备金率作为惯用的货币调控工具的原因主要有两个方面。一方面，与我国的整个宏观经济环境和相关制度的不完善有关。我国汇率制度弹性较弱，无法通过灵活调整汇率来解决我国出口增加和短期资本大量流入的问题。持续的贸易顺差是我国宏观经济领域存在的一个突出特征。外汇大量流入我国，而外汇占款的持续增加势必造成被动性的货币投放增加、市场流动性过剩，随之就是通货膨胀压力加大。同时，我国金融市场不发达，公开市场操作工具不多、操作技术的局限等客观约束又制约了通过公开市场操作对冲流动性的操作空间。诸多因素造成人民银行只能依赖存款准备金制度作为主要的货币政策操作工具，以此回笼流动性，降低通货膨胀预期。另一方面，相比公开市场业务和再贴现政策，存款准备金政策本身具有一定的优势。其调整效应猛烈，只需较小的变动就可以给经济带来巨大的影响，更快地实现货币政策目标。与公开市场业务相比，使用调整法定存款准备金率这一工具的成本远远低于发行中央银行票据的成本，且不用面对到期赎回的压力。而且，在实施中能够起到良好的告示作用以连续小幅度的调整，在政策预期方面起到明显的提示作用，及时给公众释放信号，各经济主体会在理性预期的基础上作出经济决策并调整其经济行为，从而实现中央银行的预期政策目标。总之，调整存款准备金率是目前我国中央银行能够主动采取的、操作相对简便的一种货币政策工具。

考点 3　货币政策传导机制及中介目标

1. A　A 属于凯恩斯的利率传导机制的表达形式；B 属于托宾 Q 理论的货币传导机制的表达形式；C 属于莫迪利安尼恒常收入效应理论的货币政策传导机制的表达形式；D 属于货币政策的国际传导机制。

2. A　凯恩斯学派的传导机制可以简单描述为：通过货币供给 M_s 的增减影响利率 i 的增减，利率的变化则通过资本边际效率使投资发生变化，进而影响社会总收入 Y。以扩张性的货币政策为例，凯恩斯的货币政策传导路径表示为：$M_s\uparrow\rightarrow i\downarrow\rightarrow I\uparrow\rightarrow Y\uparrow$。所以，其关键指标是利率。

3. A　货币学派的货币政策传导机制理论认为，货币供应量在货币政策传导机制中起主要作用，其传导机制为：M→E→I→y。

4. A　托宾 q 理论中的 q 表示企业的市场价值与其资产的重置成本之比，即 q =公司的市场价值/资产重置成本。托宾认为，当 q>1 时，即当资本的市场价值大于其重置成本时，新厂房设备的资本要低于企业的市场价值。这种情况下，公司可发行较少的股票而买到较多的投资品，投资支出便会增加；反之，当 q<1 时，即公司市场价值低于资本的重置成本，

厂商将不会购买新的投资品。如果公司想获得资本，它将购买其他较便宜的企业而获得旧的资本品，这样投资支出将会降低。

5. A　托宾的 Q 理论提供了一种有关股票价格和投资支出相互关联的理论。如果 Q 高，那么企业的市场价值要高于资本的重置成本，新厂房设备的资本要低于企业的市场价值。这种情况下，公司可发行较少的股票而买到较多的投资品，投资支出便会增加。如果 Q 低，即公司市场价值低于资本的重置成本，厂商将不会购买新的投资品。如果公司想获得资本，它将购买其他较便宜的企业而获得旧的资本品，这样投资支出将会降低。反映在货币政策上的影响就是：当货币供应量上升，股票价格上升，托宾的 Q 上升，企业投资扩张，从而国民收入也扩张。根据托宾 Q 理论的货币政策传导机制为：货币供应↑ → 股票价格↑→ Q↑→投资支出↑→总产出↑。

6.（1）货币政策传导机制是指货币政策的各种措施的变动，作用于经济体制内的各种经济变量，最终影响整个经济活动的过程。由于所处的经济环境和所坚持的基本货币理论不同，各经济学派对货币政策传导机制问题的认识也存在着差异。

（2）凯恩斯关于货币变动影响经济变量的分析主要是以利率为核心而展开的。以扩张性的货币政策为例，当中央银行通过各种货币政策增加货币供给，则会引起市场利率水平下降。根据利率与投资的负相关关系，利率下降，又导致投资增加，进而引起总需求增加，最终导致国民收入增加。凯恩斯的利率传导机制可以表述为：

$$Ms\uparrow \Rightarrow r\downarrow \Rightarrow I\uparrow \Rightarrow AD\uparrow \Rightarrow Y\uparrow$$

（3）货币主义学派认为，货币供给量是货币政策传导机制的核心。如果货币供给量增加到供过于求得状况，导致人们增加消费或金融资产投资，减少货币存量，这样进而导致利率下降，金融资产价格上涨、消费需求拉升，从而促进投资和经济增长。货币主义的利率传导机制可以表述为：

$$Ms\uparrow \Rightarrow A\uparrow \Rightarrow C\uparrow \Rightarrow I\uparrow \Rightarrow \cdots \Rightarrow Y\uparrow$$

其中，A 表示金融资产，C 表示消费。

（4）从上述内容看，二者的主要区别在于：①中间变量不同，凯恩斯认为货币政策传导的中间变量是利率，而货币主义认为是货币供给量。②作用模式不同，凯恩斯认为货币政策传导过程是间接的，而货币主义认为货币政策传导是直接的。

7.（1）尽管货币政策传导机制理论在不断发展，各种学派对货币政策的传导机制有不同看法，但归纳起来货币政策影响经济变量主要是通过以下四种途径：第一，利率传递途径。利率传导机制的基本途径可表示为：货币供应量 M↑→实际利率水平 i↓→投资 I↑→总产出 Y↑。第二，信用传递途径。信用传导机制的基本途径可表示为：货币供应量 M↑→贷款供给 L↑→投资 I↑→总产出 Y↑。第三，非货币资产价格传递途径。资产价格传导理论强调资产相对价格与真实经济之间的关系，其基本途径可表示为：货币供应量 M↑→实际利率 i↓→资产(股票)价格 P↑→投资 I↑→总产出 Y↑。第四，汇率传递途径。货币政策的汇率传导机制的基本途径可表示为：货币供应量 M↑→实际利率 i↓→汇率 E↓→净出口 NX↑→总产出 Y↑。

（2）中国货币政策传导的途径包括：货币供应量、信贷机制、利率机制等，但是利率机制并不是我国货币政策主要传导机制，利率政策在调节我国实际经济中存在阻滞因素，使其无法正常发挥效应。国内许多学者也通过研究论证得出，利率机制在我国不起主要作用，而信贷传导渠道和货币渠道在实际中发挥的作用更大。从以上两点的差异分析可知，利率市场化的完成是运用利率政策调节的基础和前提，通畅的利率传导机制是利率政策能够发挥作用的有力保证。

(3) 提高我国货币政策传导效率，要从以下几个方面着手：

第一，适度增强传统货币政策工具灵活性，增强欠发达地区基层央行贯彻实施货币政策的效力。第二，创造条件，降低门槛，成立地区性商业银行，使货币政策传导的渠道更为广泛和深入。第三，推动金融市场建设，强化货币政策传导载体。引导金融机构通过多种方式有序地参与货币市场，培育和壮大交易主体。第四，规范金融客体行为，提高其对货币政策反应的灵敏度。

8. (1) QE2 与 QE1 及 QE3 的最大区别在于，美联储在 QE2 中购买的是长期国债，而在 QE1 和 QE3 中购买的是资产支持证券。总的来说，资产支持证券是短期证券，而国债的长期证券。通过购买长期国债，QE2 可以向市场大量释放流动性，压低长期利率，以刺激消费和投资。

(2) 美国的货币政策在此期间变为极为宽松，基础货币巨额扩张，同时 M_2 大幅扩张。这是由于美联储实行量化宽松和扭曲操作，向市场注入了巨额的流动性。这个货币政策扼制了金融危机的蔓延，同时保持了低通胀。

(3) 尽管货币政策传导机制理论在不断发展，各种学派对货币政策的传导机制有不同看法，但归纳起来货币政策影响经济变量主要是通过以下三种途径：

① 利率传递途径

利率传导理论是最早被提出的货币政策传导理论，但从早期休谟的短期分析、费雪的过渡期理论、魏克赛尔的累积过程理论中所涉及的利率传导理论均未得到关注。直到凯恩斯的《通论》问世及 *IS-LM* 模型的建立才正式引起学术界对利率传导机制的研究。利率传导机制的基本途径可表示为：货币供应量 $M\uparrow\rightarrow$实际利率水平 $i\downarrow\rightarrow$投资 $I\uparrow\rightarrow$总产出 $Y\uparrow$。

② 非货币资产价格传递途径

托宾的 Q 理论与莫迪利亚尼的生命周期理论则提出了货币政策的非货币资产价格传递途径。资产价格传导理论强调资产相对价格与真实经济之间的关系，其基本途径可表示为：货币供应量 $M\uparrow\rightarrow$实际利率 $i\downarrow\rightarrow$资产(股票)价格 $P\uparrow\rightarrow$投资 $I\uparrow\rightarrow$总产出 $Y\uparrow$。

③ 汇率传递途径

汇率是开放经济中一个极为敏感的宏观经济变量，因而它也引起了众多学者的研究，而关于货币政策的汇率传导机制的理论主要有购买力平价理论、利率平价理论和蒙代尔—弗莱明模型等。货币政策的汇率传导机制的基本途径可表示为：货币供应量 $M\uparrow\rightarrow$实际利率 $i\downarrow\rightarrow$汇率 $E\downarrow\rightarrow$净出口 $NX\uparrow\rightarrow$总产出 $Y\uparrow$。

(4) 潜在风险：

① 对微观经济的扭曲。与日本当年一样，目前各国央行一旦介入国债甚至是企业债的资产，将给经济带来扭曲。中央银行直接购买资产，等于是行使了商业银行的职能，一定程度参与到微观经济主体如企业的经营中，很难确定中央银行有没有这种能力，如果没有这种能力，那么必然带来对经济的扭曲。日银购买国债在未来如何卖出的难题同样也将考验各国央行，目前央行买入国债抬升了国债的价格，而未来再卖出国债，其买卖差价将可能给各国央行带来损失。特别是，如果央行买人长期国债而无人跟随的话，那么等于是将经济风险都集中在中央银行身上。

② 逆向操作和通货膨胀的威胁。中央银行未必希望产生通货膨胀，因为这将使经济产

生混乱，而至少希望通胀在自己能够控制的范围内。但是，能否做到有效地控制通胀又是另一回事。如前所述，量化宽松的逆向操作很复杂，因为央行需要确保经济实现可持续的复苏，这意味着中央银行将长时间地保持低利率和量化宽松，因而会增大通胀风险。货币政策的逆向操作存在着相当大的难度，未来回收流动性的时机和方式都将是一个大问题。如果经济恢复，央行在短期内需要在市场卖出大量的债券，而大量的财政赤字国债充斥市场，那么又有可能造成经济大幅的波动。

9.（1）社会融资规模与 M_2 作为一个硬币的两个面，虽然走势接近，但仍存在差异，这主要是由于两者统计的角度、范围和创造的渠道并不一致。

① 两者统计的角度不同。社会融资规模统计和反映的是整个金融体系的资产方（对应的是实体经济的负债方），M_2 统计的是金融机构的负债方（对应的是实体经济的资产方）；社会融资规模衡量的是货币如何被创造出来，M_2 衡量的是经济总共创造了多少货币。

② 两者统计的范围不同。社会融资规模统计涉及包括存款类和非存款类金融机构在内的整个金融体系提供的资金支持，M_2 则仅针对存款类金融机构提供的存款；社会融资规模统计的是住户部门和非金融企业部门获得的融资，M_2 则既包括住户和非金融企业部门的存款，也涵盖了非银机构的存款。

理论上，社会融资规模与 M_2 仅部分内容有对应关系，互有不对应项目，因而二者并不存在数量上的对等关系。

③ 两者创造的渠道有差异。外汇占款、财政投放、银行投放非银能够派生 M_2，但不能增加社会融资规模；股票、债券等直接融资，以及发放未贴现的银行承兑汇票和信托贷款等，能增加社会融资规模，但不能派生 M_2；银行发放人民币贷款、购买企业债等，以及银行投放非银（投向实体经济部分），既能派生 M_2，又能增加社会融资规模。

当前统计社会融资规模的原因在于：

① 社会融资规模有利于推动金融创新，扩大直接融资规模。贷款对利率敏感度较低，金融创新产品对利率敏感度较高，社会融资规模作为货币政策中介目标，有利于提高直接融资的比例。

② 社会融资规模与宏观经济、货币政策指标的相关性较高。其与 GDP、固定资产投资完成额、社会消费品零售总额、CPI 等主要经济指标，以及基础货币、利率等货币政策主要操作目标的关系密切。

③ 社会融资规模作为货币政策中介目标，符合国内金融经济发展的客观实际。社会融资规模涵盖多种金融机构，多个金融市场，表内和表外业务，可以更全面地反映货币政策传导路径。

（2）2015 年我国 M_2 增幅下降的原因有：

① 外汇占款同比明显少增。2015 年以来，外汇占款下降幅度屡创纪录，只有 1 月和 10 月外汇占款出现小幅上升，其余月份全部呈现下降状态。之前几年央行投放货币的主要渠道是外汇占款，外汇占款的大幅下降是广义货币供应量增幅下降的重要原因。

② 同业资金运用减少导致货币派生减少。2014 年以来，为有效防范和控制风险，监管部门规范金融机构同业业务，导致同业资金运用减少，货币派生相应减少。

③ 表外融资减少导致货币派生减少。由于经济增速下降，实体经济信贷需求有所减弱，表外融资需求相应减少，导致表外融资减少。同时，商业银行表外业务监管加强，部分表外融资逐渐向表内转移。表外融资减少导致货币派生相应减少，拉低了 M_2 增速。

（3）金融去杠杆是社会融资规模与 M_2 增速背离的主要原因有：

① 金融去杠杆导致银行体系投向非银金融机构的资金减少。银行购买非银机构发行的资管等金融产品将派生 M_2，但是否增加社会融资规模，则要看非银机构有没有将这笔资金投入实体经济。如果非银机构从银行体系拿到钱后没有投入到实体经济，就发生了资金空转，这时仅体现为 M_2 增长而社会融资规模没有变化；只有非银机构将通过资管等产品融来的资金投入到实体经济，才能增加社会融资规模。

② 金融去杠杆导致表外融资渠道减少，货币创造的途径压缩。金融去杠杆导致表外融资渠道减少，虽然部分表外融资转移到表内(表现为银行信贷增加)，但贷款以外的表外融资压缩更多，货币派生的渠道被抑制，这使得 M_2 增速下降。而萎缩的表外融资中有些没有统计到社会融资规模中去，或转移到社会融资规模统计的其他表外项目中(如信托贷款)，因此社会融资规模增速表现得相对平稳。

③ 金融部门在去杠杆，实体部门相对不明显。M_2 增速下降意味着银行体系的负债下降，表明去杠杆主要发生在金融部门；而社会融资规模反映了实体经济获得的资金支持，社会融资规模增速平稳，意味着实体部门融资状况依然良好。

10.(1)常见的货币政策传导渠道有：

① 凯恩斯学派的货币政策传导机制理论。其思路是：通过货币供给 M 的增减影响利率 r，利率的变化则通过资本边际效益的影响使投资 I 以乘数方式增减，投资的增减进而影响总支出 E 和总收入 Y。在这个传导机制发挥作用的过程中，主要环节是利率。

② 货币学派的货币政策传导机制理论。在货币学派看来，货币供应量的变动可以直接引起名义收入的变动。

③ 资产价格渠道理论。该理论认为，货币政策将通过影响各种金融资产的价格，尤其是股票的价格传导至实体经济，从而达到货币政策的最终目标。这类理论大致有三种，一是托宾的 q 理论，二是莫迪利安尼的财富效应理论，三是汇率渠道理论。

④ 信用渠道理论。信贷传导机制理论强调信贷传导有其独立性，不能由诸如利率传导、货币数量传导的分析所代替。信用渠道主要包括银行贷款渠道和资产负债表渠道。

（2）目前，货币供应量作为货币政策的中介目标已受到越来越多的质疑，而利率作为我国货币政策的中介目标又似乎缺乏应有的条件。其中，尚未完成的利率市场化改革制约了利率指标的适用性。从货币政策的使用传导来看，目前我国金融市场的规模不大，货币政策要通过资产负债表渠道来传导恐怕难以取得预期的效果。相比之下，银行贷款渠道可能是我国现阶段货币政策传导的主渠道。

① 我国现阶段资金融通的主要方式仍然是间接融资，直接融资的比重相对有限。而在间接融资中，充当金融中介机构的依然是商业银行，尤其是国有四大银行。目前，企业资金的 80%以上来自银行贷款。

② 在金融市场不够完善、金融产品比较单一的情况下，我国居民的储蓄仍以银行存款作为主要的选择。而对于银行来说，包括居民储蓄存款在内的各类存款在银行负债中占有 80%的比重。在以间接融资为主导的情况下，银行贷款的能力与意愿无疑将对经济主体的行为产生重要影响。在这种情况下，中央银行通过运用各种货币政策工具以影响商业银行的存款准备金，就有可能影响商业银行的贷款能力，从而达到宏观调控的目的。

③ 从信贷市场的结构来看，我国目前的信贷市场具有显著的国家所有制的垄断性。尽管我国商业银行的所有制形式具有国有独资形式和股份制形式等多种形式，但如果将国家直

接控股的股份制银行计算在内，则80%以上的股权归国家所有，90%以上的银行市场被四大国有商业银行和其他由国家直接控股的商业银行所占据。信贷市场的这种高度垄断性进一步加大了银行贷款渠道作为我国货币政策传导的主渠道的有效性。

考点4　货币政策的有效性

1. D　时滞是影响货币政策效果的重要因素，通常货币政策的时滞大致有三种：第一种是认识时滞，即从需要采取货币政策行动的经济形势出现到中央银行认识到必须采取行动所需要的时间；第二种为决策时滞，即从央行认识到必须采取行动到实际行动所需的时间，上述两种通称为货币政策的内在时滞。第三种为货币政策的生效时滞，即从央行采取货币政策措施到经济活动发生影响取得效果的时间。

2. B　影响货币政策效力的因素有：(1)货币政策时滞；(2)合理预期因素的影响；(3)其他因素的影响：客观经济条件、政治因素等。

3. A　货币政策的时间不一致性指 t 期为 $t+i$ 期计划的行动方案，在 $t+i$ 期到来时，实施该行动方案不再是最优的，故意味着央行出于公众利益的考虑，会改变事先宣布的政策，以达到货币政策的最优化。

4. 卢卡斯批判是卢卡斯提出的一种指出传统政策分析没有充分考虑到政策变动对人们预期影响的观点。卢卡斯指出，由于人们在将来的事态做出预期时，不但要考虑过去，还要估计现在的事件对将来的影响，并且根据他们所得到的结果而改变他们的行为。这就是说，他们要估计当前的经济政策对将来事态的影响，并且按照估计的影响来采取政策，即改变他们的行为，以便取得最大的利益。行为的改变会使经济模型的参数发生变化，而参数的变化又是难以衡量的，因此经济学者用经济模型很难评价经济政策的效果。

5. 货币政策时滞是指从需要采取货币政策行动的情况出现，经过制定政策过程，直至政策部分乃至全部发挥效力的时间分布间隔。货币政策时滞可以分为内部时滞和外部时滞两个阶段：

① 内部时滞，指从需要采取政策行动的情况出现，直至货币当局采取该行动之间的一段时间。内部时滞的长短取决于货币当局对经济形势的把握程度、推行货币政策的主动程度，以及它的信息和决策系统运行效率的高低。这种时滞可以是短的，但实际上却往往很长。

② 外部时滞，指从货币当局采取政策行动到国民收入发生变动的时滞分布。它指的并不是一个特定的时间间隔，而是指货币政策渐次发挥效力的一个时间分布序列。因此，对于某一项货币政策行动的外部时滞，一般只应说该政策行动在(比如)4个月后产生了30%的效应，12个月后产生了60%的效应，18个月后则全部产生效应。货币政策时滞的结构如下图所示。

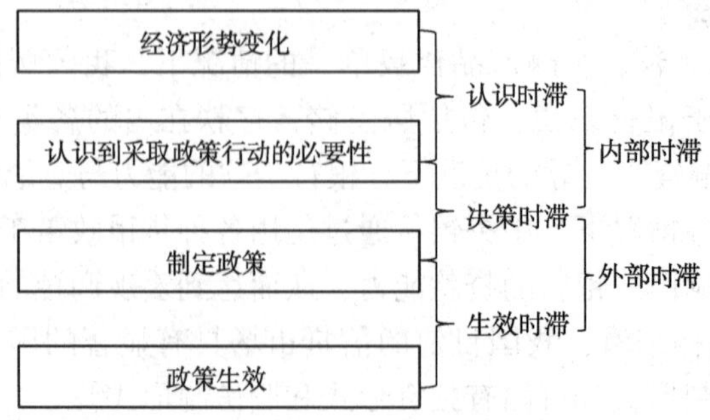

6. (1) 所谓的时间不一致性，又称“动态不一致性”，是指政策当局在 t 时按最优化原则制定一项 $t+n$ 时执行的政策，但这项政策在 $t+n$ 时已非最优选择。政府在相机抉择下的政策选择不同于预先承诺下的政策选择会导致时间不一致性，这是由于在 t 期不能够做出承诺的政府会宣布其在 $t+1$ 期所选择的政策与在承诺下所选择的最优政策相同，但当 $t+1$ 期到来时，重新最优化而背叛其所做出的宣告将是政府的最优选择。由于私人部门的参与人具有理性预期，他们预期到政府会这样做，因而政府的宣告是不可信的。私人部门在 t 期做出决策时会把政府的这种欺骗行为考虑进去，导致的结果类似于囚徒困境。

(2) 货币政策动态不一致性问题提出以后，大量的文献著作对此问题进行了研究，并提出了很多种解决该问题的方法建议，大致来讲主要有以下两种：

① 引入中央银行的信誉；

② 允许中央银行的偏好不同于公众偏好；

③ 对中央银行政策的灵活性强加限制。

考点 5　货币政策与财政政策

1. B　财政政策和货币政策的组合效应如下表所示：

政策混合	产　出	利　率
松财政和紧货币	不确定	上升
紧财政和紧货币	减少	不确定
紧财政和松货币	不确定	下降
松财政和松货币	增加	不确定

2. B　根据凯恩斯货币理论，货币供给增加将使 LM 曲线向右移动，此时利率下降，从而引起投资增加，带动总需求的增加。

3. A　收入增加，会增加人们的交易性货币需求，从而使货币总需求增加。在货币供给保持不变的情况下，货币需求的增加会导致利率水平的提高。

4. B　中央银行用货币政策来降低失业率，会使货币供给增加，从而使利率水平下降。

5. A　当政府为克服经济衰退采用扩张性财政政策而出现挤出效应时，会出现因利率提高而对私人投资产生挤出效应的现象，此时配合的货币政策应旨在降低利率。故采用增加货币供应量的扩张性货币政策能够达到这一效果。

6. C　经济过热，为抑制通胀压力，需采取紧的财政政策，需求过旺国内供给不能满足国内需求，从而进口增加，本币有贬值压力，需采取紧的货币政策。

7. B　降低法定存款准备金率放大了货币乘数，使得货币通过存款创造大幅扩张，属于扩张性货币政策。发行央行票据、在公开市场上进行正回购操作、在公开市场上进行现券卖断操作都是央行减少流动性、收回货币的措施，属于紧缩性货币政策。

8. 通货膨胀通俗地讲就是流通中的货币过剩，导致商品交易价格上升。那么治理通货膨胀就得从收紧流动性中入手。

所谓的财政政策是指国家通过财政支出与税收政策来调节总需求，调节流动性。那么治理通胀的财政政策就有：提高税率、收紧财政支出、发放债券。其实这也是近年来国家正在做的，比如在 2011 年第二季度国家提高了部分城市的二手房交易税，6 月份招商局拟发行 3 年期、5 年期离岸人民币债券，国家也连年收紧了财政支出扩张幅度，2010 年全国财政支出预算增速为 11.4%，扣除价格因素后 2010 年财政支出的实际增速可能不足 7%，仅相当于 2009 年实际财政支出增速(24.1%)的 30%，相当于 2005~2008 年期间财政支出实际增速均值(14.4%)的 50%。

国家除了对财政政策的适度运用外，对于货币政策的运用也相应地进行着，到目前为止央行进行了多次加息，目前一年期定期存款利率已升至 3.5%；多次提高存款准备金率，2011 年以来，央行以每月一次的频率，连续四次上调存款准备金率，如此频繁的调升节奏历史罕见。2011 年 6 月 14 日，央行宣布上调存款准备金率 0.5 个百分点。这也是央行在 2011 年内第六次上调存款准备金率。这些强有力的货币政策的出击，虽然对于治理通胀有一定的滞后性，但是相信货币政策和财政政策的有效结合，会使 CPI 增长率有一个小幅度的回落。

9. 财政政策和货币政策作为国家宏观经济调控的两大基本政策手段，主要是通过实施扩张性或收缩性政策，来调整社会总供给和总需求的关系。二者各有侧重，既有区别又有紧密联系。

区别：(1) 含义不同。财政政策是指政府通过对财政收入和支出总量的调节来影响总需求，使之与总供给相适应的经济政策。它包括财政收入政策和财政支出政策。货币政策是指一国中央银行(货币当局)为实现一定的宏观经济目标而对货币供应量和信贷量进行调节和控制所采取的指导方针及其相应的政策措施。其特点是通过利息率的中介，间接对宏观经济发生作用。

(2) 内容不同。凡有关财政收入和财政支出的政策，如税收的变动、发行国库券、国家规定按较高的保护价收购粮食、政府对公共工程或商品与劳务的投资的多少等都属于财政政策。而和银行有关的一系列政策，如利率的调整则属于货币政策。

(3) 政策的制定者不同。财政政策是由国家制定的，必须经全国人大或其常委会通过。而货币政策是由中央银行直接制定的。

联系：(1) 财政政策和货币政策都是国家宏观经济调控的经济政策。二者主要是通过实施扩张性或收缩性政策，调整社会总供给和总需求的关系，保持经济总量的平衡，促进经济结构的优化，实现国民经济持续、快速、健康发展。

(2) 财政政策与货币政策的终极目标具有一致性。两者都要求达到货币币值的稳定，经济稳定增长，劳动者充分就业和国际收支平衡，以推动社会主义市场经济的发展。

(3) 在一般条件下，财政政策与货币政策是相互配合起作用的。财政政策以政策操作力度为特征，有迅速启动投资、拉动经济增长的作用，但容易引起过度赤字、经济过热和通货膨胀，因而，财政政策发挥的是经济增长引擎作用，用以对付大的与拖长的经济衰退，只能作短期调整，不能长期大量使用。货币政策则以微调为主，在启动经济增长方面明显滞后，但在抑制经济过热、控制通货膨胀方面具有长期成效。它通过货币供应量和信贷量进行调节和控制，具有直接、迅速和灵活的特点。由于财政政策和货币政策的协调配合是两种长短不同的政策时效搭配，因而两者可形成合力，对市场经济的有效运行发挥调控作用。

(4) 财政政策与货币政策的实现手段具有交叉性。财政政策能否顺利实施并取得效果与货币政策的协调配合有着千丝万缕的联系。国债把本来分别由财政机关和中央银行执行的相互独立的财政政策和货币政策联结起来，成为财政政策与货币政策的最佳结合点。

10. (1) 自由资本主义时期的货币政策是要求创造稳定的金融环境，以保证市场机制发挥作用；凯恩斯主义的货币政策是要求主动通过金融工具逆风向地调节有效需求，并认为在与其他政策配合下可以克服经济波动。货币学派认为，相机调节货币供给的金融政策，由于要在长期时滞之后才能生效，那么是否有效实际上难以肯定。理性预期学派认为，由于微观主体预期对货币政策的对消作用，货币政策无效。现代批判凯恩斯主义的各流派是在凯恩斯主义政策虽曾一度取得某种成功但也同样陷入困境的背景下，反对相机抉择的政策，主张货币政策稳定，并相信只有依靠市场机制才能走出困境。

(2) 利用货币政策治理通货膨胀，成效显著

虽然导致通货膨胀的初始原因可能不尽相同，但通货膨胀最终都表现为货币供给过多。所以，只要中央银行采取适当的紧缩政策，控制货币供给增长，通货膨胀会程度不同地得到抑制。而中央银行在抑制货币供给增长方面的作用是强而有力的：中央银行有很多可以运用的工具，对于创造存款货币的商业银行能够起强而有力的制约作用，并进而制约投资支出和消费支出。严峻的紧缩货币政策也能实现压缩现有货币供给量的要求。在 20 世纪，各国利用货币政策治理通货膨胀取得比较丰富的经验。

在治理通货紧缩方面，货币政策的效果不很明显。主要原因可从两方面分析：一是从经济基本面分析，导致需求不足、物价下跌的原因本身比较复杂，货币政策不大可能直接作用于这些基础层面。比如，收入差距的拉大，消费者未来收支预期的改变等可能导致消费增长缓慢；技术进步、产品创新等加快了老产品的淘汰和新产品价格的降低；某些改革措施，如降低关税等，也必然降低进口品的价格，等等。二是从中央银行扩张货币供给的能力来看，与紧缩货币供给的能力来比，不可同日而语。货币政策目标的实现，除了货币当局的决心和行动还要取决于两个环节：一是商业银行；二是厂商和消费者。为了扭转经济的过冷，货币当局力求扩张；而在过冷的经济形势下，商业银行正是缺乏扩大信贷业务的积极性，厂商正是缺乏扩大投资支出的积极性，消费者也同样正是缺乏扩大消费支出的积极性。不仅他们的行为意向与货币当局不必一致，而且也不听命于货币当局。所以，即使中央银行执行扩张性的货币政策，也不易收到扩张的实际效果。

(3) 我国改革开放二十几年的情况基本支持上述判断

1994 年，中央银行根据年初确定的方针和政策进行宏观调控运作，金融形势总体上是平衡和健康的。但物价过高、通胀严重的状况仍然存在。1994 年底中央经济工作会议正式提出“适度从紧”的货币政策。根据这一政策方针，中国人民银行采取收缩专业银行信贷能力、调高对金融机构贷款利率等措施，同时着力减轻外汇储备增长对货币供给的影响，加强金融监管，整顿金融秩序，从而抑制了通货膨胀的上升势头。在此基础上，1995 年和 1996 年，央行继续实行适度从紧的货币政策，使国民经济实现了“软着陆”，经济增长率逐步恢复到适度区间，有效地避免了在国民经济发展过程中曾出现过的大起大落。

从 1997 年、1998 年开始，经济发展的态势出现了明显的转变，过去一直令人忧心的通货膨胀被通货紧缩所代替。为了摆脱通货紧缩趋势的困扰，自 1996 年 5 月至 1999 年 6 月，中国人民银行先后宣布 7 次降息。但货币政策实施的效果却没有人们想象的那样突出。2002 年 2 月 21 日，中国人民银行再一次宣布降息。经过连续 8 次降息，以一年期存款利率为例，它已经从 1996 年开始下调前的 10.98%下降到 1.98%，下调幅度达 80%以上。不仅是利率，在直接用资金支持商业银行扩大信贷方面，中央银行的政策取向同样是很积极的。但显然可见的是，连续数年实施的实质是扩张性的货币政策，在扭转经济疲软的状态中所起的作用并非强而有力。这表明宏观经济理论一再论证的货币政策本身的局限性：对于治理通货紧缩，不能期望它能发挥在治理通货膨胀时所能发挥的同等作用。

第9章　国际收支和国际资本流动

一、考查要点

1. 国际收支是指一国在一定时期内全部对外往来的系统的货币记录。它体现的是一国的全部对外经济交往，是货币的、流量的、事后的概念。国际收支平衡表是将国际收支根据复式记账原则和特定账户分类原则编制出来的会计报表。国际收支采用复式记账法，每笔交易都由两笔价值相等、方向相反的账目表示。

2. 按交易动机划分，国际收支不平衡是自主性交易的不平衡。按口径划分，国际收支不平衡的口径有贸易收支差额、经常项目收支差额、基本账户差额、综合项目差额和外汇收支的不平衡。按国际收支不平衡的性质分，国际收支有临时性、结构性、收入性、货币性、周期性和预期性的不平衡。国际收支的不平衡是经济发展过程中常见的现象，对连续巨额的国际收支逆差或顺差进行政策调节。

3. 国际收支的调节可以分为自动调节和政策调节。自动调节机制包括“货币-价格机制”“利率机制”和“收入机制”。国际收支的自动调节机制只适用于完全的自由市场经济。

4. 国际收支的调节政策分为需求政策、供给政策、融资政策和道义与宣示型政策。对总需求的调节又可分为需求增减型政策(主要是财政政策、货币政策)与需求转换型政策(主要是汇率政策、直接管制政策)。对总供给的调节政策又称为产业政策和科技政策。融资政策主要体现为国际储备政策。由于每一种调节政策都存在调节成本，一般要将这几种政策进行有效的搭配。

5. 西方具有代表性的国际收支调节理论包括弹性论、吸收论、货币论。弹性论运用局部均衡分析法指出，进出口商品的弹性必须满足一定条件，货币贬值才能起到改善贸易收支的作用；吸收论特别重视从宏观经济的整体角度来考察贬值对国际收支的影响，指出贬值引起国际收支改善的条件是国内边际吸收倾向小于1；货币论的核心思想是，国际收支是本国居民意愿持有货币和实际货币供给的差额，在国际收支发生逆差时，应注重国内信贷的紧缩和货币供给的减少。

6. 国际储备有广义和狭义之分。广义的国际储备又可称为国际清偿力，狭义的国际储备就是人们通常所说的国际储备，它是指一国货币当局自有的储备，包括一国货币当局持有的黄金储备、外汇储备、在IMF的储备头寸，以及在IMF的SDR。其中，外汇储备是国际储备中最主要的部分。

7. 国际储备管理的主要任务是外汇储备的数量管理和币种构成管理。传统的外汇储备数量管理主要从外部平衡的角度来分析最优储备数量的确定，而进一步的分析表明，外汇储备的数量还充当着一国货币总供给与总需求之间的调节作用。因此，从更全面的角度来看，最优外汇储备数量的确定是由可持续条件下的经济增长和国际收支平衡共同决定的。

8. 特别提款权(Special Drawing Right，SDR)，亦称“纸黄金”(Paper Gold)，最早发行于1969年，是国际货币基金组织根据会员国认缴的份额分配的，可用于偿还国际货币基金组织债务、弥补会员国政府之间国际收支逆差的一种账面资产。其价值目前由美元、欧元、人民币、日元和英镑组成的一篮子储备货币决定。

9. 国际金融市场是资金在国际间流动或金融产品在国际间进行买卖和交换的场所，包括国际货币市场、国际资本市场、外汇市场、黄金市场、衍生品市场以及欧洲货币市场等。

10. 欧洲货币市场是经营境外货币业务的市场，它的交易规模巨大，业务范围广阔，是国际金融市场的主体。按交易主体的不同，欧洲货币市场的业务可分为在岸交易和离岸交易。欧洲货币市场的基准利率是伦敦银行同业拆放利率(LIBOR)。

11. 国际间的资金流动分为两种：一种是和实际生产、贸易有密切关系的资金流动，称作国际资本流动；另一种是和实际生产、贸易、投资活动无密切关系，主要以获取资产差价和金融收益为目的而在国际间进行的、纯“金融”性质的流动，称作国际资金流或国际游资。不同金融市场间收益率和风险的差异是影响国际资金流动的主要因素。

12. 托宾税是指对现货外汇交易课征全球统一的交易税，旨在减少纯粹的投机性交易。该税种的提出主要是为了缓解国际资金流动尤其是短期投机性资金流动规模急剧膨胀造成的汇率不稳定。托宾税的特征是单一税率和全球性。

13. 货币危机在广义上是指一国货币的汇率变动在短期内超过一定幅度，在狭义上是指市场投机者与参与者通过外汇市场的投机导致该国固定汇率制度崩溃和外汇市场持续动荡的事件。

14. 引发货币危机的原因主要有：宏观经济基本因素的不健全、政府的扩张性政策、心理预期作用引起的投机冲击、其他国家爆发的货币危机的传播。第一代货币危机理论主要强调政府信贷扩张引起的基本面恶化是货币危机的原因。第二代货币危机理论认为是由自我实现的货币贬值预期导致的。第三代货币危机理论强调宏观经济基础变量的恶化和经济政策的不协调是产生货币危机的原因。

二、2023 年命题预测

就整个学科体系而言，“国际收支”和“国际储备”是考试命题的重点，“国际资本流动”不是考试命题的重点。就本章考点内容而言，(1)国际收支平衡表的内容是命题重点，考生需要熟练掌握。(2)由于人民币加入 SDR，国际储备相关知识点需要重点掌握，各种题型都可以命题。(3)国际资本流动章节，需要重点掌握各种常见的名词，比如欧洲美元，欧洲债券，欧洲资本市场等。

考点1　国际收支

(一)命题思路

本节是各大高校命题的重点章节，主要命题思路是：(1)考查国际收支平衡表的编制原则，各账户之间的关系；(2)考查各类国际收支理论的主要思想、评价及其辨析；(3)考查国际收支不平衡的原因及其调节机制。

(二)习题精编

1. (清华大学 2016)目前，世界各国普遍使用的国际收支概念是建立在(　　)基础上的。

A. 收支　　B. 交易　　C. 现金　　D. 贸易

2. (中国人大 2011)国际收支平衡表中不包括(　　)。

A. 经常项目　　B. 资本项目　　C. 结算项目　　D. 金融项目

3. (暨南大学 2017)根据国际收支平衡表的记账原则，属于借方项目的是(　　)。

A. 出口商品　　B. 官方储备的减少
C. 本国居民收到国外的单方向转移　　D. 本国居民偿还非居民债务

4. 关于国际收支平衡表记账原理，下列说法正确的是(　　)。
A. 外国购买本国政府债券应记入借方　　B. 进口商品应记入贷方
C. 本国购买国外矿山应记入贷方　　D. 外汇储备增加应记入借方

5. (清华大学 2016)关于国际收支平衡表述不正确的是(　　)。
A. 是按复式簿记原理编制的　　B. 每笔交易都有借方和贷方的账户
C. 借方总额与贷方总额一定相等　　D. 借方总额和贷方总额并不相等

6. (中山大学 2013)判断一国国际收支是否平衡的标准是(　　)。
A. 经常账户借贷方金额相等　　B. 资本和金融账户借贷方金额相等
C. 自主性交易项目的借贷方金额相等　　D. 调节性交易项目的借贷方金额相等

7. (复旦大学 2019)关于国际收支平衡表，下列说法正确的是(　　)。
A. 官方储备差额为正值，说明该国为债权国
B. 官方储备差额为负值，说明该国为债权国
C. 资本与金融账户差额为负值，则官方储备增加
D. 假定错误与遗漏项为 0，若经常项目顺差，则资本与金融账户(含官方储备)差额一定为负值

8. (清华大学 2016)经常账户中，最重要的项目是(　　)。
A. 贸易收支　　B. 劳务收支　　C. 投资收益　　D. 单方面转移

9. (华东师大 2018)国内某公司在海外直接投资取得并汇回的利润，应计入国际收支平衡表中经常账户的(　　)项目。
A. 收益　　B. 经常转移　　C. 直接投资　　D. 资本转移

10. (上海财大 2014)商品黄金记录在国际收支平衡表的(　　)。
A. 经常项目　　B. 储备资产项目　　C. 统计误差项目　　D. 资本项目

11. (中山大学 2015)来自休斯敦美国公民鲍勃购买一股新发行的英国石油公司的股票，这项交易应该记在美国国际收支平衡表的哪个账户？(　　)
A. 经常账户　　B. 资本账户　　C. 金融账户　　D. 直接投资账户

12. (对外经贸 2022)我国对津巴布韦的债务减免记录在国际收支平衡表中的哪类账户(　　)。
A. 经常账户　　B. 金融账户
C. 资本账户　　D. 误差和遗漏账户

13. (中央财大 2013)从局部均衡(贸易项目)方面来考察国际收支的理论是(　　)。
A. 吸收分析法　　B. 弹性分析法
C. 货币分析法　　D. 资产市场分析法

14. 下列哪种国际收支理论考虑了国际资本流动的影响(　　)。
A. 弹性分析法　　B. 乘数分析法　　C. 吸收分析法　　D. 货币分析法

15. (上海财大 2012)国际收支的弹性理论认为，与其他因素相比，影响一国贸易收支的最重要因素是(　　)。
A. 实际利率　　B. 实际汇率　　C. 价格水平　　D. 货币供应

16. 以凯恩斯的国民收入方程式为基础来分析国际收支的方法是(　　)。
A. 弹性分析法　　B. 吸收分析法　　C. 货币分析法　　D. 结构分析法

17. 按照国际收支的货币论，一国基础货币的来源是(　　)。
A. 央行的国内信贷　　B. 央行的国内信贷与外汇储备之和

C. 央行的外汇储备　　　　D. 央行的国内信贷与外汇储备之差

18. (中山大学 2011) J 曲线效应反映的是(　　)。

A. 汇率变动对国际收支调节的时滞效应

B. 利率变动对国际收支调节的时滞效应

C. 收入变动对国际收支调节的时滞效应

D. 货币供给变动对国际收支调节的时滞效应

19. (东华大学 2017) 马歇尔-勒纳条件指当一国的出口需求弹性与进口需求弹性之和(　　)时，该国货币贬值才有利于改善贸易收支。

A. 大于 0　　B. 小于 0　　C. 大于 1　　D. 小于 1

20. (中央财大 2017) 关于汇率的影响以下描述正确的是(　　)。

A. 本币贬值有利于吸引资本流入

B. 马歇尔-勒纳条件是指当进出口商品需求弹性等于 1 时，本币贬值才能改善国际收支

C. J 曲线效应说明本币升值使出口出现先降后升的变化

D. 本币升值会增加对本币金融资产的需求

21. (南京大学 2012) 最不发达国家的国际收支不平衡主要是由于(　　)引起。

A. 货币价值变动　　B. 经济结构落后　　C. 国民收入变动　　D. 经济循环周期

22. (南京大学 2014) 国际收支中的周期性不平衡是由(　　)造成的。

A. 汇率的变动　　B. 国民收入的增减

C. 经济结构不合理　　D. 经济周期的更替

23. (复旦大学 2018) 一般而言，由(　　)引起的国际收支失衡是长期且持久的。

A. 经济周期更迭　　B. 货币价值变动

C. 预期目标的改变　　D. 经济结构滞后

24. (南京大学 2011) 在下列宏观经济政策中，属于支出变更政策的是(　　)。

A. 汇率政策　　B. 外汇管制政策　　C. 供给调节政策　　D. 货币政策

25. (上海财大 2022) 已知 A 国的货币相对 B 国的货币升值 10%。A 国商品的 A 币价格，与 B 国商品的 B 币价格均未发生改变。A 国的出口需求弹性为 -0.7，进口商品需求弹性为 -0.4。A 国居民的边际消费倾向为 0.8，边际进口倾向为 0.3。

(1) 根据贸易弹性理论，计算 A 国货币升值对 A 国国际收支的影响。

(2) 根据贸易乘数论，在(1)问的基础上，讨论升值对 A 国国民收入变动幅度的影响。

26. 在固定汇率制和浮动汇率制下，国际收支自动调节的“货币—价格”机制各自是如何发挥作用的？在什么情况下这一机制会失效？

27. (复旦大学 2015) 开放经济在运行中的自动平衡机制有哪些？

28. 简述国际收支弹性分析法的基本思想，并作简要评述。

29. (复旦大学 2020) 什么是国际收支的货币分析法？分析小国经济条件下货币贬值如何影响国际收支。

考点 2　国际储备

(一) 命题思路

国际储备是近几年命题的重点，主要涉及我国国际储备过多和人民币加入 SDR，命题形式主要有：(1) 考查国际储备的含义、主要形式、基本职能。(2) 结合现实阐述人民币

加入 SDR 带来的各种影响。(3)我国近年来外汇储备变动现象及其原因分析。

（二）习题精编

1.（暨南大学 2017）下列不属于一国国际储备的有(　　)。

A. 中央银行持有的外汇资产　　B. 商业银行持有的外汇资产
C. 黄金　　D. 特别提款权

2.（东华大学 2017）一国持有国际储备的首要用途是(　　)。

A. 支持本国货币汇率　　B. 维护本国的国际信誉
C. 保持国际支付能力　　D. 赢得竞争利益

3. 一国国际储备最主要的来源是(　　)。

A. 经常项目顺差　　B. 中央银行在国内收购黄金
C. 中央银行实施外汇干预　　D. 一国政府或中央银行对外借款净额

4.（南京大学 2012）国际清偿力不包括一国的(　　)。

A. 自有储备　　B. 借入储备　　C. 国际银行同业拆借　　D. 在 IMF 的 SDR

5.（清华大学 2018）与一国国际储备需求正相关的因素是(　　)。

A. 持有国际储备的成本　　B. 一国经济的对外开放程度
C. 货币的国际地位　　D. 外汇管制的程度

6. 当今国际储备资产总额中所占比重最大的是(　　)。

A. 黄金储备　　B. 特别提款权　　C. 外汇储备　　D. 普通提款权

7.（复旦大学 2018）仅限于会员国政府之间和 IMF 与会员国之间使用的储备资产是(　　)。

A. 黄金储备　　B. 外汇储备　　C. 特别提款权　　D. 普通提款权

8. 下列哪个账户能够较好地衡量国际收支对国际储备造成的压力？(　　)

A. 贸易收支差额　　B. 经常项目收支差额
C. 资本和金融账户差额　　D. 综合账户差额

9. 下列不属于特别提款权具有的职能的是(　　)。

A. 价值尺度　　B. 支付手段　　C. 贮藏手段　　D. 流通手段

10.（华东师大 2013）第一次世界大战前，主要的国际储备资产是(　　)。

A. 美元资产　　B. 黄金资产　　C. 英镑资产　　D. 德国马克资产

11.（湖南大学 2013）被称作普通提款权的是(　　)。

A. 黄金储备　　B. 外汇储备
C. 借款总安排　　D. 在 IMF 的储备头寸

12.（清华大学 2017）国际货币基金组织特别提款权货币篮子中，占比最低的是(　　)。

A. 日元　　B. 英镑　　C. 欧元　　D. 人民币

13.（南京大学 2012）关于 SDR，下列说法正确的是(　　)。

A. SDR 是由美元、欧元，日元和瑞士法郎四种货币来定值的
B. SDR 总共分配过两次
C. SDR 是基金组织创造的账面资产
D. SDR 可以充当储备资产，用于国际贸易支付和国际投资

14. 国际储备运营管理有三个基本原则是(　　)。

A. 安全、流动、盈利　　B. 安全、固定、保值
C. 安全、固定、盈利　　D. 流动、保值、增值

15. 在固定汇率制度中，当本币高估时，为保持汇率不变，央行必须(　　)。

A. 卖出本币，这将导致国际储备的增加　　B. 卖出本币，这将导致国际储备的减少

C. 买入本币，这将导致国际储备的增加　　D. 买入本币，这将导致国际储备的减少

16. (华东师大 2018)简述国际清偿力与国际储备的关系。

17. (华东师大 2014)简述国际储备管理的主要内容。

18. (重庆大学 2016)材料分析题：

人民币加入 SDR

2015 年 11 月 13 日，国际货币基金组织(IMF)总裁拉加德发表声明说，IMF 工作人员建议将人民币纳入 SDR 货币篮子，她对此表示支持。

拉加德在声明中说，IMF 工作人员当天向执董会提交了一份关于五年一次的 SDR 审议的文件。在文件中，IMF 工作人员经过评估认为，人民币符合“可自由使用”货币的要求。因此，工作人员建议执董会认定人民币可自由使用，并将其作为除英镑、欧元、日元和美元之外的第五种货币纳入特别提款权篮子。

纳入 SDR 的一篮子货币需满足两个标准：一是货币发行国家的出口贸易规模；二是货币可自由使用。在 IMF2010 年 SDR 评审时，人民币满足了第一个标准，但未达到第二个标准。

IMF 在 2015 年 8 月发布的 SDR 初期评估报告中表示，自 2010 年对 SDR 货币篮子进行评估以来，人民币国际使用规模大幅增长，其间其他货币并未经历如此明显的变化；人民币国际使用规模增长也反映在人民币全球货币互换网络的扩大和离岸清算中心相关人民币业务的快速增长中。这些迹象表明，人民币国际使用规模和国际交易的不断增长是长远趋势。

2015 年以来，中国出台一系列措施加快人民币市场化进程，为人民币“入篮”做准备。这些措施包括：公布外汇储备中的货币构成，向外国央行、国际金融组织和主权财富基金开放银行间债券市场和外汇市场，完善人民币汇率中间价报价机制。中国还采纳了 IMF 数据公布特殊标准，得按照这一特殊标准公布相关统计数。

阅读上述材料后，回答下列问题：

(1) 何谓 SDR?

(2) 请你简要分析人民币加入 SDR 对汇率的影响。

(3) 请您简要分析人民币加入 SDR 对资本市场的影响。

19. (华东师大 2019)自 2015 年以来我国外汇储备规模持续下降，试分析其原因并给出相应的对策建议。

20. (复旦大学 2016)什么是国际储备货币分散化？原因是什么？人民币成为国际货币对当前国际储备货币格局有什么影响？

考点 3　国际资本流动

(一) 命题思路

从命题角度来看，主要命题思路是：(1)考查国际债务的衡量指标的含义；(2)考查债务危机的成因及启示；(3)考查欧洲货币市场、欧洲债券、外国债券、熊猫债券等概念。

(二) 习题精编

1. (中山大学 2013)资本流入是指外国资本流到本国，它表示(　　)。

A. 本国对外国的负债减少　　B. 本国对外国的负债增加

C. 外国在本国的资产减少　　D. 本国在外国的资产增加

2. (上海财大 2016)衡量一国外债期限结构是否合理的指标是(　　)。

A. 偿债率　　B. 负债率
C. 外债余额与 GDP 之比　　D. 短期债务比率

3. (暨南大学 2018) 2017 年 10 月 26 日，中国财政部在香港发行 20 亿美元的主权债，这个债券可以被称为(　　)。
A. 木兰债券　　B. 扬基债券　　C. 欧洲债券　　D. 熊猫债券

4. (重庆大学 2016) 欧洲货币市场一般是指(　　)。
A. 经营欧洲货币单位的国家金融市场　　B. 经营境外货币的国际金融市场
C. 欧洲国家国际金融市场的总称　　D. 经营欧洲国家货币的国际金融市场

5. (中国人大 2013) 下列哪项不属于欧洲货币市场的特点(　　)。
A. 经营自由，不受所在国管制
B. 资金来自世界各地，规模庞大
C. 利率结构独特，贷款利率相对高，存款利率相对低
D. 借款条件灵活，手续简便

6. 当一个国家货币受到投机性攻击时，(　　)。
A. 它的国际储备会减少，可能会被迫升值　　B. 它的国际储备会增加，可能会被迫升值
C. 它的国际储备会减少，可能会被迫贬值　　D. 它的国际储备会增加，可能会被迫贬值

7. 名词解释：托宾税

8. 在金银复本位制下，有一个著名的命题是“劣币驱逐良币”。而在当代某些发展中国家出现的货币替代现象则可以称作“良币驱逐劣币”，这两者之间存在矛盾吗？为什么？

9. (南京大学 2012) 下图为希腊 10 年期国债收益率及希腊 5 年期国债 CDS 走势：

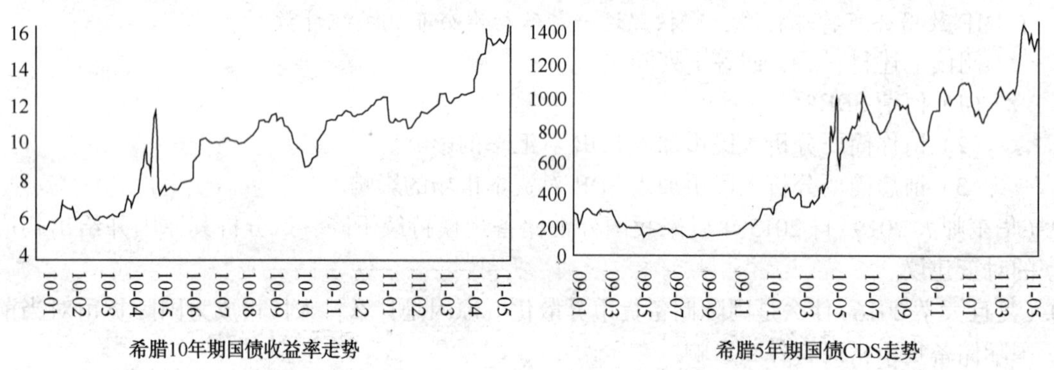

希腊10年期国债收益率走势　　希腊5年期国债CDS走势

“1999 年欧元作为第一个超主权货币诞生，被盛赞为凝聚了欧洲大陆千年历史的光荣和梦想，但‘欧洲一统’的梦想背后，是欧元至今没能克服、并引发危机的先天缺陷……”

“……包括欧盟委员会前主席德洛尔在内的欧元区设计者们在欧元建立之初就曾发出警告：引入统一货币，需要建立各国统一的经济政策，涉及税收、就业甚至社会政策。……”

请根据上面的图及文字陈述回答以下问题：

(1) 这两张图表明希腊经济发展面临什么样的困境？产生这一困境的原因是什么？

(2) 根据上述两段文字，阐述为什么会爆发欧洲主权债务危机。

(3) 欧洲主权债务危机对中国经济发展有哪些影响？

参考答案

考点1 国际收支

1. B 国际收支，是指一国在一定时期内全部对外经济往来的系统的货币记录。国际收支反映的内容以交易为基础，而不像其字面所表现的那样以货币收支为基础。这些交易既包括涉及货币收支的对外往来，也包括未涉及货币收支的对外往来。选项D是强干扰项，交易比贸易的范围更大，包括物物交换、金融资产之间的交换等。

2. C 国际收支平衡表主要分为三个一级账户：(1)经常账户；(2)资本与金融账户；(3)错误与遗漏账户。

【科兴提示】从2015年起，国家外汇管理局按照国际货币基金组织最新国际标准《国际收支和国际投资头寸手册》(手册第六版)编制和发布国际收支平衡表。与手册第五版相比，主要变化：

一是将储备资产纳入金融账户统计，并在金融账户下增设“非储备性质的金融账户”，与原金融项目包含的内容基本一致；

二是项目归属变化，如将经常账户下的转手买卖从原服务贸易调整至货物贸易统计，将加工服务(包括来料加工和出料加工)从原货物贸易调整至服务贸易等；

三是项目名称和细项分类有所调整，如将经常项目、资本项目和金融项目等重新命名为经常账户、资本账户和金融账户，将收益和经常转移重新命名为初次收入和二次收入等；

四是借方项目用负值表示；

五是引入新的项目，如直接投资资产和负债项下新增“股权”和“关联企业债务”，从证券投资项下分离出“金融衍生工具”，在其他投资下新增“其他股权”和“保险和养老金”等。

3. D 国际收支复式记账法中，记入借方的项目包括：反映进口实际资源的经常项目，反映资产增加或负债减少的项目。记入贷方的项目包括：反映出口实际资源的经常项目，反映资产减少或负债增加的项目。ABC选项显然都应记入贷方项目。

4. D 外汇储备增加相当于本国持有的外国资产增加，因此，应该记入借方。

5. D 国际收支平衡表是按照复式记账法编制的，有借必有贷，借贷必相等。

6. C 在国际收支的理论研究中，所有交易都可以按照发生的动机分为自主性交易和补偿性交易。所谓自主性交易是指企业和个人为某种自主性目的而从事的交易，而补偿性交易是指为弥补国际收支不平衡而发生的交易。根据复式记账法可知，国际收支始终是平衡的。所谓国际收支差额就是指自主性交易的差额。当这一差额为零时，称为国际收支平衡。

7. D 国际收支平衡表是一个流量表，只能反映一定时期的金额变化，但是无法表示某个时点的存量数据。债务属于存量表，选项A和B错误。经常账户+资本金融(不含储备)+储备+错误与遗漏=0，无法通过资本金融账户逆差判断国际储备的状况，选项C错误。

8. A 我们在统计的过程中，往往将贸易收支作为国际收支的近似代表。自然，贸易收支也是经常项目中最重要的项目。

9. A 经常账户的收益项目，包括职工报酬和投资收益两类，职工报酬是指本国居民在国外工作(一年以下)而得到并汇回的收入以及支付外籍员工(一年以下)的工资福利，投资收益包括直接投资项下的利润利息收支和再投资收益、证券投资收益(股息、利息等)和其他投资收益(利息)。

10. A　因为是商品黄金，故属于经常项目。

11. C　经常账户反映一国与他国之间的实际资产的流动，包括货物、服务、收入和经常转移四个项目。资本账户包括资本转移和非生产、非金融资产的收买或出售。金融账户包括直接投资、证券投资(间接投资)和其他投资(包括国际信贷、预付款等)。购买国外的股票属于证券投资，应记入金融账户。

12. C　债务减免和投资捐赠记录在资本账户；经常转移记录在经常账户。

13. B　罗宾逊以马歇尔的局部均衡分析为基础，在研究外汇市场供求时不仅考虑进出口需求弹性，还加入了进出口供给弹性。20 世纪 40 年代初，美国经济学家勒纳特别探讨了既定进出口供求弹性下货币贬值政策的国际收支效应问题，提出著名的马歇尔—勒纳的(ML)条件，另一位美国经济学家梅茨勒，集前人思想之大成，为 ML 条件补充了进出口有限供给弹性的假，从而形成被称为国际收支弹性分析理论核心的马歇尔—勒纳—罗宾逊(MLR)条件。

14. D　货币分析法将经常账户和资本与金融账户进行统一考察，认为资本的国际流动原因和商品劳务的国际流动原因一样，都是为了对一国的货币存量进行自发调整，反映货币供求的不平衡。货币分析法有独到的前提假定与分析理论，它认为改善国际收支的关键在于控制货币供给。

15. B　弹性分析理论把汇率水平的调整作为调节国际收支不平衡的基本手段，紧紧围绕进出口商品的供求弹性来探讨货币贬值改善国际收支的条件。

16. B　弹性分析法是以微观经济学为基础的，货币分析法具有货币主义色彩，结构分析法则包含了经济发展水平、供给结构等发展经济学因素在内，主要用来解释发展中国家的国际收支问题

17. B　货币分析法采用最简单的数学模型来表示其中心理论，即：$H=R+D$，式中 H 代表货币供给，R 代表国际储备，D 代表货币当局持有的国内金融资产即国内信贷。从上式可以看出，一国的货币供给分成两部分：国内创造部分 D 和来自国外的部分 R。

18. A　J 曲线效应的原因在于最初的一段时期内由于消费和生产行为的“黏性作用”，进口和出口的贸易量并不会发生明显的变化，但由于汇率的改变，以外国货币计价的出口收入相对减少，以本国货币计价的进口支出相对增加，从而造成经常项目收支逆差增加或是顺差减少。

19. C　马歇尔-勒纳条件认为：本币贬值会改善贸易逆差，但需要的具体条件是进出口需求弹性之和必须大于 1。

20. D　本币贬值，意味着本币的相对预期回报率下降，会导致资金外流，A 选项错误。马歇尔-勒纳条件认为，本币贬值会改善贸易逆差，但需要的具体条件是进出口需求弹性之和必须大于 1，B 选项错误。J 曲线效应说明本国货币贬值后，经常项目收支状况反而会比原先恶化，进口增加而出口减少，经过一段时间，贸易收入才会增加，C 选项错误。

21. B　造成一国国际收支不平衡的原因有：临时性不平衡、结构性不平衡、货币性不平衡、收入性不平衡以及预期性不平衡。其中结构性不平衡是指国内经济、产业结构不能适应世界市场的变化而发生的国际收支失衡。经济结构落后带来的国际收支不平衡在经济不发达的国家中表现尤为突出，因此最不发达国家的国际收支不平衡主要是由于经济结构落后引起的。

22. D　周期性不平衡是指由经济周期变化而造成的国际收支不平衡。当一国的经济处在繁荣和高涨的阶段时，国际贸易和国际投资会非常活跃，短期内会导致进口需求增加，国际收支可能出现逆差。但从长期来看，一国经过繁荣的经济发展后，其自身的科技程度、生产力水平都会得到提升，从而改善一国的出口状况和国际收支状况，商品和劳务的出口也将加大，因此国际收支可能出现顺差。相反，在经济出现衰退和萧条时，经济增长放慢，贸易和投资活动可能减少，国际收支可能出现顺差。

23. D　选项 A，只要经济周期不太长，程度不太深，这种失衡就是短期的、较轻微的。选项 B，货币价值变动不能理解成币值扭曲，就是一种货币性失衡，可以是短期的，也可以是中期或长期的。选项 C 是预期性失衡，是一种中短期的失衡。

24. D　根据凯恩斯学派的有关理论，国际收支不平衡是商品市场或者货币市场供求不平衡的产物，为了实现国际收支平衡，一国可以采取两大类政策工具：①支出变更政策，这是控制总需求或者总吸收的政策，包括财政政策与货币政策。凯恩斯学派主张以财政政策为主、货币政策为辅。②支出转移政策，包括汇率政策与外汇、贸易直接管制政策。

25.（1）马歇尔-勒纳条件的含义是：一国通过调低本国货币汇率以改善贸易收支的前提条件是必须满足进口需求的价格弹性的绝对值和出口需求的价格弹性的绝对值相加之和大于1。根据题意可知：$|E_m|+|E_x|=|-0.4|+|-0.7|=1.1>1$，显然 A 国货币贬值可以改善国际收支。假定最初贸易是平衡的，即 $M=EX$，可以有：$\partial B/\partial E=\Delta B/\Delta E=X(1-|E_m|-|E_x|)\Rightarrow \Delta B=\Delta E\times X(1-|E_m|-|E_x|)=10\%X(1-0.7-0.4)=-1\%X$，可见，A 国出口减少 1%。（注：$X$ 是以 A 币计算的出口额）

（2）由乘数论可知：

$$\frac{\Delta Y}{\Delta X}=\frac{1}{1-c+m}\Rightarrow\Delta Y=\frac{\Delta X}{1-c+m}=\frac{-1\%}{1-0.8+0.3}=-2\%$$

可见，A 国货币升值，A 国国民收入下降 2%。

26. 以国际收支发生逆差为例（顺差情况正好相反）。国际收支逆差意味着本国对外支付大于收入，从而对外汇的需求大于外汇的供给。对此有两种可能的结果，一种是外汇数量调整，即保持汇率不变，通过本币外流换得外汇，增加外汇供给，另一种是外汇价格调整，即允许汇率浮动，通过本币贬值减少外汇需求。

在固定汇率制下，为了维护固定汇率，市场自发的调整结果是本国货币外流。由货币数量论可知，本国货币外流，本国国内流通的货币减少，在其他条件不变的情况下，会使物价水平下降，由此导致本国出口商品相对便宜，进口商品相对昂贵，出口相对增加，进口相对减少，以贸易差额为代表的国际收支得到改善。

在浮动汇率制下，本币将会贬值，在本国出口商品本币价格和进口商品外币价格不变的情况下，也能够导致本国出口商品相对便宜，进口商品相对昂贵，出口相对增加，进口相对减少，以贸易差额为代表的国际收支得到改善。（需要指出的是，在浮动汇率制下，通过本币外流进行的收支自动调节依然可能存在）

在信用货币时代，本国货币的发行不再需要准备，从而，货币当局可以通过扩大货币发行来弥补货币的外流，从而，固定汇率制下的货币—价格机制就会失效。当本国货币当局采取稳定汇率的政策时，浮动汇率制下的货币—价格机制也就会自然失效。

27. 国际收支不平衡的自动调节机制有货币-价格机制、收入机制和利率机制。

（1）货币-价格机制：当一个国家国际收支发生逆差时（顺差情况正好相反），意味着对外支付大于收入，货币外流，在其他条件既定下，本国物价水平下降，由此导致本国出口商品相对便宜，进口商品相对昂贵，出口相对增加，进口相对减少，贸易差额因此得到改善。货币-价格机制自动调节的另一种表现形式是汇率(而不是一般价格)水平变动对国际收支的影响。当国际收支发生逆差时，对外支出大于收入，外汇的需求大于外汇的供给，本国货币贬值，由此引起本国出口商品价格相对下降、进口商品价格相对上升，从而出口增加、进口减少，贸易收支得到改善。

(2) 收入机制：当国际收支逆差时，对外支付增加，国民收入水平下降。国民收入水平下降引起社会总需求下降，进口需求下降，从而贸易收支得到改善。国民收入下降不仅能改善贸易收支，而且能改善经常项目收支和资本项目收支。国民收入下降会使得对外国劳务和金融资产的需求都不同程度地下降，从而整个国际收支得以改善。

(3) 利率机制与货币-价格机制和收入机制一样，也是在自由经济的假定下存在的。当国际收支发生逆差时，本国货币的存量(供应量)相对减少，利率上升；而利率上升，表明本国金融资产收益率上升，从而对本国金融资产的需求相对上升，对外国金融资产的需求相对减少，资金外流减少或资金内流增加，国际收支增加。

28. (1) 基本思想

弹性分析法研究的是在收入不变的条件下，汇率变动对一国国际收支调整的作用。它的基本思想是：汇率变动通过国内外商品之间，以及本国生产的贸易品与非贸易品之间的相对价格变动，影响一国进出口供给和需求，从而作用于国际收支。本币贬值对国际收支改善的条件是 $Ex+Em>1$，即进出口商品需求弹性越大，本币贬值对国际收支改善的作用越大。(此为马歇尔-勒纳条件)

(2) 理论评述

国际收支的弹性分析法以微观经济学为基础，从分析汇率变动对进出口商品市场的影响入手，揭示了货币贬值引起进出口商品价格与贸易数量的变化，进而作用于国际收支的调节过程。它弥补了古典国际收支调节理论失效后西方国际收支调节理论的空白。

但是，弹性分析法也存在若干缺陷，主要表现在以下几个方面：

① 从国际收支平衡表来看，弹性分析法研究的仅仅是贸易收支问题，忽略了资本流动。在资本流动十分庞大的今天，这一理论的局限性就表现得更为突出。实际上，汇率贬值还会影响资本账户收支。如果一国货币持续贬值，则国际资本便会流出，致使本国资本账户出现逆差。如果其逆差程度大于经常账户下的顺差程度，则贬值对国际收支的净效果可能是加剧逆差程度。

② 弹性分析法只是一种比较静态分析。根据 J 曲线效应可知，在短期内，贬值并不能立即引起贸易数量的变化，从而进出口商品相对价格的变动到贸易数量变动需要一定时间。在这一时期内，贬值并不能带来国际收支改善，反而可能导致其恶化。

③ 弹性分析法忽略了汇率变化对收入、支出的变化，属于一种局部分析法。实际上，货币贬值对收入也会产生一定影响。收入作为贬值的结果，可能上升也可能下降。一旦收入发生变化，反过来又对汇率产生影响。此外，即便总货币收入不变，但是收入分配仍然可能变化。

④ 该理论忽略了预期的作用。该理论事实上假设贬值是一次性的。但是在现实生活中，一旦政府采取贬值政策，便会启动人们对汇率变动的预期。预期会对贬值的效力产生很大影响。

29. (1) 国际收支的货币分析法的出现与20世纪60年代在美国兴起的货币主义学说有关，它从货币的角度而不是从商品的角度，考察国际收支失衡的原因并提出相应的调节主张。货币分析法强调国际收支本质上是一种货币现象，决定国际收支的关键是货币需求和供给之间的关系。

货币分析法首先假定：①从长期看，一国处于充分就业状态，货币供给不影响实际产量；②货币需求是收入、价格和利率等少数几个变量的稳定函数；③国内价格、利率和收入等变量都是外生的，不同国家的商品或金融资产价格维持在同一的水平上，即存在所谓"一价定律"；④由国际储备资产变化引起的货币供给增减不会为货币当局的政策活动所冲销，来自货币市场的任何失衡都反映在国际储备收支上。

根据上述假定，货币分析法采用最简单的数学模型来表示其中心理论，即：$M^s=R+D$，式中M^S代表货币供给，R代表国际储备，D代表货币当局持有的国内金融资产即国内信贷。从上式可以看出，一国的货币供给分成两部分：国内创造部分D和来自国外的部分R。国内货币供给的变化既可由于国内信贷的变化造成，也可以由国际储备资产的变化造成。假定在较长时期货币供给M^s等于货币需求M^d，对上式稍加变化，则有：$R=M^s-D=M^d-D$。即国际收支差额=货币供给-国内信贷=货币需求-国内信贷。该方程式表明：

第一，国际收支是一种货币现象，国际收支逆差实际上就是一国国内名义货币供应量超过了名义货币需求量。当价格水平不变时，多余的货币要寻找出路，对企业和个人来说就会增加货币支出，对整个国家来说就会表现为货币外流，即国际收支逆差。

第二，国际收支的调节实际上就是实际货币余额对名义货币供应量的调整过程。当国内名义货币供应量与实际经济变量所决定的实际货币需求相一致时，国际收支便处于平衡。

(2) 在小国经济中，它的可交易商品面临一个无限弹性的需求和供给函数，也就是说，这个国家被假定为世界市场价格的接受者。在小国经济条件下，本国货币贬值将引起国内价格上涨，本国货币供给相对不足、货币需求相对过大，国际储备增加，本国的国际收支将出现顺差。本国的顺差情况意味着外汇市场中的外汇供给大于外汇需求，于是本国货币升值。本币升值使得本国国内价格下降，引起货币需求的减少。在货币市场趋于平衡的过程中，国际收支顺差逐渐减小，直至消失。

考点2 国际储备

1. B 外汇储备是国际储备的主体，指各国货币当局持有的外汇资产。商业银行不属于一国货币当局。

2. C 融通国际收支赤字是持有国际储备的首要作用。当一国发生国际收支困难，通过动用外汇储备，减少在基金组织的储备头寸和特别提款权持有额，在国际市场上变卖黄金来弥补国际收支赤字所造成的外汇供求缺口，能够使国内经济免受采取调整政策产生的不利影响，有助于国内经济目标的实现。

3. A 一国国际储备的主要来源有收购黄金、经常项目顺差和央行外汇干预。其中，经常项目顺差是国际储备的主要来源。该顺差中最重要的是贸易顺差，其次是劳务顺差。

4. C 国际清偿能力是一国现有的对外清偿能力和可能有的对外清偿能力之和。一国直接掌握的在必要时可以用于调节国际收支、清偿国际债务的国际流通资产。主要包括：①自有储备，包含黄金、外汇储备、在IMF(国际货币基金组织)中的储备地位和SDR(特别提款权)；②借入储备，包含备用信贷、互惠信贷、支付协议及其他类似安排；③诱导储备，是指商业银行的对外短期可兑换货币资产。

5. B　国际储备的一大作用就是干预汇率。如果一国采用固定汇率制，并且政府不愿意经常性地改变汇率水平，那么，相应地将，它就需要持有较多的储备，以应付国际收支可能产生的突发性巨额逆差或外汇市场上突然的大规模投机。反之，一个实行浮动汇率制的国家，其储备的保有量就可相对较低。与这个概念有关的是外汇管制状况。实行严厉外汇管制的国家，储备保有量可相对较低；反之，则较多。

6. C　外汇储备是各国货币当局所持有的外汇资产。在信用货币制度下，外汇储备构成国际储备的主体，这体现在两个方面：第一，外汇储备的使用频率最高；第二，外汇储备的数额最大。

7. C　狭义的国际储备包括一国的货币用黄金储备、外汇储备、在国际货币基金组织的储备地位，以及在国际货币基金组织的特别提款权余额。其中，特别提款权有以下特征：(1)价值稳定；(2)仅限于会员国政府之间和 IMF 与会员国之间使用；(3)不是一种完全的货币，不能执行货币的流通手段的职能。

8. D　综合账户差额是指经常账户与资本和金融账户中的资本转移、直接投资、证券投资、其他投资账户所构成的余额，也就是将国际收支账户中的官方储备账户剔除后的余额。由于综合账户差额必然导致官方储备的反方向变动，所以可以用它来衡量国际收支对一国储备造成的压力。

9. D　特别提款权不是一种完全的世界货币，不能被私人用来直接媒介国际商品的流通，因此它不具备货币流通手段的职能。

10. B　第一次世界大战前国际货币制度是“金本位制”，因此黄金为主要国际储备资产。

11. D　普通提款权(GDR)又叫在国际货币基金组织的储备头寸，是国家外汇储备的一部分。储备头寸是指一成员国在基金组织的储备部分提款权余额，再加上向基金组织提供的可兑换货币贷款余额。

【科兴提示】特别提款权与普通提款权有以下三点重要区别：

第一、特别提款权是国际货币基金组织根据份额分配给会员国的一重资产，会员国可自由支配和使用；普通提款权是基金组织根据会员国交纳份额给予提款的权利，最大额度不超过所交份额的125%，其信用部分不能自由提取。

第二、使用特别提款权等于在行使使用资金的权利，是种支出，是资产的减少。使用普通提款权等于在使用取得信贷的权利，是种借入，是负债的增加。

第三、使用特别提款权后不用偿还，普通提款权通常3~5年后需要偿还。

12. B　2016年10月1日人民币加入 SDR 篮子货币后，新的货币篮子权重如下：美元占比 41.73%；其次是欧元，30.93%；再其次是人民币，10.92%；再其次是日元，8.33%；最后是英镑 8.09%。

13. C　SDR(特别提款权)，是指 IMF(国际货币基金组织)分配给成员国的在原有的普通提款权之外的一种使用资金的权利，它是相对于普通提款权而言的。SDR 不具有内在价值，是 IMF 人为创造的账面上的资产。A 项，目前，SDR 是由美元、欧元、英镑和日元四种货币来定值的；B 项，到 2009 年，IMF 共进行了三期 SDR 分配，其中第一期和第二期分别有 3 次分配；D 项，SDR 具有严格限定的用途，可用于偿付国际收支逆差或偿还 IMF 贷款，但不能直接用于贸易或非贸易的支付。

14. A　国际储备管理的原则：安全性，即储备资产本身价值稳定、存放可靠；流动性，即储备资产要容易变现，可以灵活调用和稳定地供给使用；盈利性，即储备资产在保值的基础上有较高的收益。选项 D 属于币种管理应遵循的主要原则。

15. D　当本币被高估时，精明的投机者也会预期到这种情况。他们将在外汇市场上抛出这种货币，用另一种预期收益更高的货币或者债券来替代。这样本币就面临着贬值的风险。因为汇率是固定的，当局也就要购买本币，以维持现有的汇率价格。

16. 国际储备是一国货币当局者为弥补国际收支逆差、维持本国货币汇率的稳定以及应付各种紧急支付而持有的、为世界各国所普遍接受的资产。一个国家的国际清偿力是指该国无须采取任何影响本国经济正常运行的特别调节措施即能平衡国际收支逆差和维护其汇率的总体能力。它们的区别是：

（1）从内容上看，国际清偿力除了包括该国货币当局直接掌握的国际储备资产外，还包括国际金融机构向该国提供的国际信贷以及该国商业银行和个人所持有的外汇和借款能力。因此，国际清偿力的范围要比国际储备大。

（2）从性质上看，国际储备是一个国家货币当局直接掌握持有的，其使用是无条件的。而对于其他的国际清偿力的构成部分的使用，通常是有条件的。因此，从总体来讲，可以认为一个国家国际清偿力的使用是有条件的。

（3）从两者数量关系上看，一个国家的国际清偿力是该国政府在国际经济活动中能动用的一切外汇资源和总和，而国际储备只是其中的一部分。

17. 国际储备管理是一国政府或货币当局根据一定时期内本国的国际收支状况和经济发展的要求，对国际储备的规模、结构和储备资产的使用进行调整、控制，从而实现储备资产的规模适度化、结构最优化和使用高效化的整个过程。从一国的角度来看，国际储备的管理主要涉及两个方面：第一是数量管理；第二是币种管理。数量管理讲的是一国应保持多少储备才算合理；币种管理讲的是怎样搭配不同种类的储备货币，才能使风险最小或收益最大。

（1）储备需求的数量管理

罗伯特．特里芬教授在 1960 年出版的《黄金和美元危机》一书中，通过大量的数据分析得出这样的结论：一国国际储备的合理数量，约为该国年进口额的 20%—50%。他认为决定一国最佳储备量的因素主要包括：①进口规模；②进出口贸易差额的波动幅度；③汇率制度；④国际收支自动调节机制和调节政策的效率；⑤持有储备的机会成本；⑥金融市场的发育程度；⑦国际货币合作状况；⑧国际资金流动状况。

（2）储备资产的币种管理

储备资产币种管理应遵循的主要原则是：

① 币值的稳定性。以什么储备货币来保有储备资产，首先要考虑币值的稳定性。在这里，主要考虑不同储备货币之间的汇率以及相对通货膨胀率。一种储备货币的贬值，必然对应另外一种储备货币的升值。其次，不同储备货币的通货膨胀率也是不一样的。管理的任务就是要根据汇率和通货膨胀率的实际走势和预期走势，经常地转换货币，搭配货币，以达到收益最大或损失最小。

② 盈利性。不同储备货币资产的收益率高低不同，它们的名义利率减去通货膨胀率再减去汇率的变化，即为实际收益率。币种管理的任务不仅仅是要研究过去，更重要的预测未来，观测利率、通货膨胀率、汇率的变化趋势，以决定自己的币种选择。另外，同一币种的

不同投资方式，也会导致不同的收益率。有的投资工具，看上去收益率较高，但风险较大；有的看上去收益较低，但风险较小。盈利性要求适当地搭配币种和投资方式，以求得较高的收益率或较低的风险。

③ 国际经贸往来的方便性。方便性管理是指在储备货币币种的搭配上，要考虑对外经贸和债务往来的地区结构和经常使用清算货币的币种。

18.(1) 特别提款权(Special Drawing Right，SDR，亦称纸黄金)是国际货币基金组织创设的一种储备资产和记账单位，亦称“纸黄金(Paper Gold)”。它是基金组织分配给会员国的一种使用资金的权利。会员国在发生国际收支逆差时，可用它向基金组织指定的其他会员国换取外汇，以偿付国际收支逆差或偿还基金组织的贷款，还可与黄金、自由兑换货币一样充当国际储备。但由于其只是一种记账单位，不是真正货币，使用时必须先换成其他货币，不能直接用于贸易或非贸易的支付。因为它是国际货币基金组织原有的普通提款权以外的一种补充，所以称为特别提款权。

(2) 加入 SDR 不会改变影响人民币汇率的基本面因素和形成机制。因此，加入 SDR 并不意味着人民币汇率将持续升值或贬值，央行也反复强调人民币不具备持续贬值的基础。可以预见的是，央行将进一步增大人民币汇率弹性，特别是人民币对美元汇率弹性，使市场机制在人民币汇率形成中发挥更大作用。这种政策选择是推进人民币国际化的需要，更是中国经济结构调整的需要。

(3) ①人民币纳入 SDR，有利于促进我国资本市场双向开放，推动资本市场进一步深化改革，提振市场投资者的信心和预期，进而促进我国资本市场稳定健康发展。

②人民币纳入 SDR，市场预期将产生示范效应与倒逼效应，进一步带动、倒逼相关金融改革开放的深化。

不管是双向开放，还是深化改革，对于资本市场而言，都是长期的制度建设。从短期或中长期角度看，人民币纳入 SDR，有助于提振市场投资者信心，形成良好预期。综合来看，人民币加入 SDR 短期内难以对市场直接产生大量资金供给，更多的是提升市场的信心，尚无法改变资本市场整体宽幅振荡的格局。从中长期看，随着市场投资者结构的改善和风险偏好的改变，资本市场的投资理念将逐渐趋于成熟，有助于形成良好预期。

19.(1) 外汇储备是一个国家货币当局所持有的，用于国际贸易中对外支付、弥补国际收支逆差以及维持该国货币稳定，国际间普遍接受的外国货币，是国际储备的一部分。外汇储备是衡量一个国家经济实力的重要指标，表现了一个国家购买力的强弱，在国际支付和稳定汇率方面都有重要作用，合理的外汇储备量是一个国家对外经济平稳发展的基础。2014年中国外汇储备总量达 3.84 万亿美元，居全球首位。但 2015 年开始中国外汇储备量突然出现持续下降的势头，其原因有：

① 对外投资。近年来，我国吸收外国直接投资规模基本稳定，而对外直接投资持续增长。随着“一带一路”倡议实施和企业走出去意愿增强，我国对外投资规模增长有加速趋势。2014 年以来，我国企业进行海外大规模并购，中国对外投资已经超过外商直接投资。海外并购相关的资金外流给人民币汇率造成巨大影响，使得人民币汇率面临贬值的巨大压力。而维持人民币汇率和汇率预期稳定是我国央行重要政策取向。当汇率出现大幅波动时，央行将动用外汇储备对汇率市场进行一定的干预。

② 资本外流。我国经济当前面临结构性问题，从 2014 年开始，我国的 GDP 增速就出现逐步放缓的态势，中长期经济发展仍存在较大的下行压力，大多投机者并不看好我国经

济，预期人民币面临贬值风险，于是资本向国外转移。近期股市下跌导致大量资金从股市撤离，这部分资金也可能会流向海外。央行被迫动用外汇储备来捍卫人民币。随着资本外流的加剧，使用的外汇储备也在逐步增加。

③ 藏富于民。藏富于民指在“意愿结售汇”制度下，放款出口收汇企业的留汇制度，从而增加企业和个人的外汇储备、减少国家外汇储备的机制。2014 年第二季度以来，随着人民币汇率由单边升值变为双向波动，境内机构和个人也开始优化资产负债的币种结构，其中一种重要的趋势是，他们开始增加外汇存款和对外资产，同时减少外汇贷款和对外负债，这也影响了我国的外汇储备。

④ 会计重整。外汇储备会计重整对以美元计价的外汇储备额度产生影响。由于美国经济逐渐复苏及美联储加息的影响，美元汇率在国际市场上走强。由于我国官方储备以美元计价，以其他货币形式持有的外汇储备要受汇率变化的影响，一些非美元资产折算成美元就有减少。

（2）目前外汇储备规模的下降给了中国确立必要的外汇储备规模一定的时间窗口。降低我国集中的外汇储备存量，由此可以减轻人民币升值压力，促进国际收支平衡，有效带动中国国内企业的蓬勃发展。首先需要稳定人民币汇率，并且加强我国的货币政策及汇率制度的透明度，增强我国宏观经济政策调整的准确性和稳定性；其次还需要加强人民币离岸市场的建设，推进金融市场的创新和改革，拓展人民币的对外投资渠道。在实现人民币国际化之后，我国便可以大幅提升利用本币在国际间进行融资的能力，同时还可以避免外汇储备过多而引发的资产减值损失。

20.（1）国际储备货币分散化又称“储备货币多元化”，指储备货币由单一美元向多种货币分散的状况或趋势。多元化国际储备体系的形成直接源于美元在 20 世纪 70 年代的两次贬值，引起美元信誉下降。多元化储备体系的发展变化也基本上由美元地位与信誉的沉浮而引起。

（2）储备货币多元化的原因有：

① 特里芬难题的出现及其补救措施的失败，是促使国际储备体系多元化的一个重要原因。特里芬难题，指一种主权货币作为国际储备货币的货币制度的两难处境，即信心和清偿力之间的矛盾。为解开这个“难题”，国际货币基金于 1969 年 10 月创设了特别提款权，试图以此作为国际储备资产的补充，减轻不断增长的国际储备需求对美元的压力，缓和美元危机，并最终取代黄金和美元而成为中心储备货币。但由于特别提款权的“纸黄金”性质以及其他局限性，这一措施未能从根本上解决这个“难题”，美元危机仍不断产生。

② 日元、马克等货币地位的上升。随着战后日本、西欧经济的恢复与发展，相应地，这些国家的货币也被人们不同程度地看好而成为硬通货。当美元信用逐渐削弱而使美元危机迭生时，这些硬货币也就成了人们作为中心储备货币的最佳选择。因此，许多国家在预期到美元贬值时，就纷纷将美元储备兑换成日元、马克、瑞士法郎等硬货币，甚至还抢购黄金，从而使国际储备资产分散化和多元化。

③ 西方主要国家国际储备意识的变化。联邦德国和日本这些国家最初是不愿本国货币成为中心储备货币的。但自 1979 年遭到第二次石油危机冲击后，这些国家改变了态度，放松了对资金的管制，鼓励外资内流以及外国中央银行持有本国货币的增加，加速了这些货币作为国际储备货币的进程。

④ 保持国际储备货币的价值。从 1973 年开始，浮动汇率制成了国际汇率制度的主体，

随之而来的是汇率剧烈波动，且波幅很大。为了防止外汇风险，保持储备货币的价值，各国就有意识地把储备货币分散化，以此分散风险，减少损失。这种主观保值行为也推动了国际储备体系走向多元化。

(3) 在现有国际货币体系下，国际储备货币同时也是主权国家货币，国际储备货币价值稳定的基础是该主权国家公共财政的可持续性。未来发展方向将是以美元、欧元、人民币为主导的国际储备货币多元化格局。人民币加入 SDR(特别提款权)货币篮子是多赢选择，有利于 IMF(国际货币基金组织)和 SDR 在全球金融稳定中发挥更重要作用，并将强化人民币的国际货币功能。

① 人民币将成为重要的国际储备货币选择。SDR 是 IMF 分配给各成员国用于国际收支逆差时的一种备用支付手段，在某种意义上等同于储备货币。同时，SDR 篮子货币的权重也是各国央行管理外汇的重要参考，各国和地区央行持有人民币意愿将会大增。

② 各国政府和中央银行对人民币债券投资快速增加。央行配置外汇储备将直接影响到全球投资人的意愿及兴趣，由于 SDR 被公认为是最安全的金融资产，各国政府和央行将增加投资人民币债券，金融机构、企业财务管理甚至个人投资者也都会在投资组合中纳入一定比例。人民币相对于其他 SDR 篮子货币比较稳定，投资回报率也较高，人民币资产对全球投资人的吸引力提升。

③ 人民币加入 SDR 将刺激人民币外汇交易量及支付量。作为 SDR 篮子货币，人民币及人民币资产需求不断增加，在各国之间经贸活动的使用规模也会持续上升，必然会带动外汇交易及支付的进一步发展。人民币加入 SDR 还会带来其他变化。在贸易方面，中国在与其他国家开展结算业务、远期贸易支付、保证金业务等服务时，可提供人民币、SDR 双重选择，间接加强人民币功能。此外，人民币加入 SDR 后，全球对人民币及人民币资产的需求增加，有助于稳定人民币汇率，从而有利于人民币国际化。

考点 3　国际资本流动

1. B　按照资本跨国界流动的方向，国际资本流动可以分为资本流入和资本流出。资本流入是指外国资本流入本国，即本国资本输入，其主要表现为：①外国在本国的资产增加。②外国对本国的负债减少。③本国对外国的债务增加。④本国在外国的资产减少。资本流出指本国资本流到外国，即本国资本输出。其主要表现为：①外国在本国的资产减少。②外国对本国的债务增加。③本国对外国的债务减少。④本国在外国的资产增加。

2. D　短期债务比率是指当年外债余额中，一年及一年以下短期债务所占比重。这是衡量一国外债期限结构是否安全合理的指标，它对某一年债务还本付息额影响较大，一般不宜超过 20%。选项 D 正确。偿债率指当年中长期外债还本付息额加上短期外债付息额与当年货物和服务项下外汇收入之比，用以反映一个国家当年所能够承受的还本付息能力，警戒线为 20%。债务率指年末外债余额与当年货物和服务贸易外汇收入之比，用以反映一国国际收支口径的对外债总余额的承受能力，警戒线为 100%。负债率指外债余额与国民生产总值之比，用于反映国民经济状况与外债余额相适应的关系，警戒线为 20%。

3. C　外国债券和欧洲债券主要区别是发行债券的计价货币不同。外国债券发行人 A 以发行地国家的货币 B 为面值货币发行的债券。比如，美国在中国发行债券，以人民币为计价货币，就称为外国债券。欧洲债券是以发行人 A 和发行地国家之外的第三国货币 C 为面值货币发行的债券。比如美国在中国发行债券，以英镑为计价货币，所发行的债券就被称为欧洲债券。

4. B　欧洲货币市场，就是经营欧洲美元和欧洲一些主要国家境外货币交易的国际资金借贷市场。这里所谓的“欧洲”一词，实际上是“非国内的”“境外的”“离岸的”或“化外的”意思。

5. C　欧洲货币市场特点之一是利率结构独特，存款利率相对高，贷款利率相对低。

6. C　一个国家货币受到投机性攻击，一般是因为本币被高估。此时央行必须动用国际储备购买本币以保持汇率稳定。如果发展到动用外汇储备也无济于事，那么该国货币只有贬值。

7. 托宾税是指对现货外汇交易课征全球统一的交易税。托宾认为，由于流动性不同，商品和服务依据国际价格信号做出反应的速度要比金融资产价格变动缓慢很多。国际资本市场上由投机引起的国际金融市场震荡，会传递到商品和服务市场。商品和服务市场的反应速度慢，来不及做出合适的反应，于是导致商品和服务市场的扭曲。为此，他于 20 世纪 70 年代末建议，在快速运转的国际金融飞轮下面撒些沙子，即对短期流动资本课税，使之转得慢一点，对稳定经济是绝对必要的。托宾税的益处，是有助于减轻国际投机对本国经济的支配程度，而且对贸易和长期投资不会有太大的冲击。

8. 这两者并不存在矛盾。它们都与货币的职能稳定性有关。

有金银复本位制下，金银都是法定货币，并且有官方的兑换比率，因此，白银仍然能够执行流通手段职能，但是，在白银产量增长速度高于黄金，其作为商品的价格下降的情况下，居民对未来白银购买力的稳定性存在质疑，因此选择以白银作为流通手段，用黄金作为储藏手段，流通中的货币呈现出“劣币驱逐良币”的情形。

在某些发展中国家出现的货币替代现象分为两个层次。第一个层次是外国货币代替本国货币充当储藏手段，这和“劣币驱逐良币”描述是同一个情况，只是视角相反而已；第二个层次是外国货币代替本国货币充当流通手段和价值尺度，这是因为本国通货膨胀率过高，货币当局又对货币使用缺乏足够控制，从而市场自发地排斥本国货币，使用外国货币，这种情况其实是货币价值不稳定程度进一步提高所带来的结果——如果货币在短期内具备稳定购买力或可兑换性，在长期内不稳定，则还能充当流通手段，如果在短期内也不具备稳定性，则在交易中就不会被接受，势必被具有稳定价值的外国货币全面代替职能。（另一种情况是官方实行固定汇率制度甚至是货币局制度，从而官方或半官方地允许外国货币的流通，但这一情况的起因，仍然是过去本国货币价值的高度不稳定）

9.（1）从题干中的图可以看出，希腊国债收益率曲线呈陡峭的向上倾斜的走势，国债 CDS 的走势也大致相同。这表明市场认为长期国债具有较大风险，需要有更高的收益率进行补偿。产生这样困境的原因主要是因为希腊国内萧条的经济环境导致的。

希腊人面临的困境不单纯是因过大的赤字而导致的经济问题，其背后折射出欧元区各国经济严重失衡对欧元区统一金融体系的冲击，进而又加剧实体经济分化程度，这最终导致本来并不牢固的欧元区经济联盟面临重重考验。经过两年多的时间，现在欧债危机的核心已非单一国家的违约，而是基于对欧元存续的担忧导致资本由边缘国家向核心国家流动对区内银行体系与实体经济的冲击，与对持有欧元资产风险溢价的上升。短期而言，不论选举结果如何，希腊还是会尽力留在欧元区，在权衡希腊债务违约对其他欧洲国家的扩散效应，“三驾马车”应考虑在财政紧缩上适度放宽，同时欧洲央行通过降息或再融资以稳住边缘国家债券收益率。中长期若边缘国家不能重回经济增长，欧元区仍要面临如何推动财政联盟、银行联盟与发行欧元债券的考验，否则最终仍难逃解体的命运。

（2）欧洲主权债务危机爆发的根本原因：欧元区经济政策结构不平衡。欧元区现阶段实行的是统一的货币政策和分散的财政政策，欧元运作和共同货币政策的执行，标志着欧洲一体化程度达到了一个新的水平。然而货币政策与财政政策常年的不对称性使得各项矛盾和问题得以积累，在短时间内没有暴露出来，但随着现代经济社会的发展，尤其是在 2008 年全球次贷危机的冲击之下，矛盾开始暴露，并把矛头直指主权债务危机。尽管货币一体化为欧元区成员国政府搭建了更大的融资平台和竞争优势，也出现了以德国为基准的有利于欧元区政府债券市场整体扩充的收敛特征，但是，由于经济状况的差异而形成的不对称冲击，在一定程度上削弱了这些优势。另一方面，欧元区建立时所签订的《稳定与增长公约》并没有完全遵循最优货币区的要求，因此，在欧元启用后，虽然欧元区各国金融市场在共同货币政策下走上了加速一体化的道路，各国的实体经济结构却不尽相同，具有较强的内生性特征。在这样的背景下，更容易遭遇“不对称冲击”的影响。由于各成员国经济周期不同步，欧元的诞生未能显著缩小这种差异。同时欧洲中央银行在货币政策的选择上，无法也不可能满足成员国不同的货币政策偏好，从而增加了危机蔓延的可能性。

（3）欧洲主权债务危机对中国经济发展的影响 虽然欧债危机是局部的、暂时的，但是全球经济一体化使得任何国家和地区都会受到传染效应的影响：

① 受美国次贷危机和欧债危机的影响，国际热钱又再一次以中国内地作为目标，而香港则成为热钱涌入内地的跳板。欧债危机最直接的方法就是寻求财政收入，而中国无疑是其最好的出口买家，人民币持续升值的预期，吸引了国际热钱的眼光。

② 人民币国际化进程的被迫加快。对于人民币国际化进程的推进，各方观点不一。但是，无论中国政府是否主动推动人民币国际化的进程，受欧债危机的影响，人民币国际化进程在无形中被迫加快。在次贷危机的影响下，投资者对美元失去了信心，欧洲债务的爆发，使得欧元也失去了投资者的青睐。因此，在美元、欧元的疲软下，人民币成为最优选择。但是，如果人民币国际化进程被不合理地加快推进，人民币很有可能重蹈美元、欧元的覆辙。

③ 欧债危机使得我国外汇资产蒸发。欧元汇率的变动直接造成我国外汇资产的蒸发。一国的外汇储备代表了该国的综合经济实力和防风险能力。美国次贷危机的爆发使得美元大幅贬值，已经使我国外汇资产流失了许多。欧洲主权债务危机的出现放缓了全球经济复苏的步伐，很多外汇储备随着人民币的被迫升值而蒸发消失，对我国财富造成了巨大的损失。

总之，我们应该全面审视欧元区的主权债务问题，引以为戒。特别是对于现在正在推行的地方政府发行债务的试点工作，我们需要深刻认识到由于地方政府收入来源有限且不稳定，在医疗和教育方面又要加大开支，地方政府的财政赤字压力持续扩大，地方政府债务的无序扩张，一旦出现违约风险，将会对经济实体的复苏和经济社会协调发展产生间接但是巨大的影响。

第10章 金融监管

一、考查要点

1. 金融监管是指中央银行或其他金融监管当局根据国家法律法规的授权对整个金融业实施的监督管理。广义的金融监管是在上述监管之外，还包括了金融机构的内部控制和稽核、同业自律性组织的监管、社会中介组织的监管，也就是四位一体的“大监管”。金融监管本质上是政府对市场干预行为的一种，具有行政行为和经济行为的双重性。

2. 金融监管的三道防线：存款保险制度，预防性风险管理，最后贷款人制度。

3. 金融监管的主要内容包括：市场准入监管、业务运作过程中的监管、市场退出监管。

4. 金融监管的主要原则是：依法监管、适度竞争、自我约束与外部监针相结合、安全稳定与社会经济效益相结合的原则。

5.《巴塞尔资本协议》是世界各国银行监管中普遍采用的准则。从1988年的《巴塞尔资本协议》、2005年的《新巴塞尔资本协议》到2010年的《巴塞尔资本协议Ⅲ》，《协议》始终代表着最先进的风险管理技术和监管理念与实践。《巴塞尔协议Ⅰ》规定商业银行的资本充足率不低于8%，其中核心资本至少达到4%的标准，即附属资本不得超过核心资本的总额。《巴塞尔协议Ⅱ》由三大支柱组成：一是最低资本要求，二是监管当局对资本充足率的监督检查，三是信息披露。《巴塞尔协议Ⅲ》对之前的《巴塞尔协议》的缺陷进行了全面修订：(1)更加强调资本吸收损失的能力，大幅度提高了对高质量的核心一级资本的最低要求；同时要求银行在达到最低核心资本4.5%的基础上，需进一步分别满足2.5%的资本储备和0~2.5%的逆周期资本要求。(2)引入杠杆率监管要求，采用简单的表内外资产加总之和替代风险加权资产衡量资本充足程度，防范风险加权资产计算过程的模型风险。由于排除了杠杆率计算的人为判断参数，也就在一定程度上规避了经济繁荣与衰退对预期的影响，具有一定的逆周期调节作用。(3)构建宏观审慎监管框架，加强对系统重要性金融机构的监管，防范“大而不倒”导致的道德风险和系统性风险。(4)引入新的流动性监管标准，更加管制压力情形下的流动性管理，防范流动性危机。

6. 股票发行注册制主要是指发行人申请发行股票时，必须依法将公开的各种资料完全准确地向证券监管机构申报。证券监管机构的职责是对申报文件的全面性、准确性、真实性和及时性作形式审查，不对发行人的资质进行实质性审核和价值判断而将发行公司股票的良莠留给市场来决定。注册制的核心是只要证券发行人提供的材料不存在虚假、误导或者遗漏，即使该证券没有任何投资价值，证券主管机关也无权干涉，因为自愿上当被认为是投资者不可剥夺的权利。这类发行制度的代表是美国和日本。这种制度的市场化程度最高。

7. 核准制，是指发行人申请发行证券，不仅要公开披露与发行证券有关的信息，还必须符合法律所规定的发行条件，政府有权对证券发行人资格及其所发行证券做出审查和决定，只有符合条件的发行人经证券监督机构的核准方可在证券市场上发行证券。因此该制度以维护公共利益和社会安全为出发点，发行人必须符合法定条件，否则申请将被否决。在这个意义上，它并不将个人的自主性放在首位，而是更多从社会稳定与福利角度出发进行制度安排，为经济活动提供可预见性的保障措施，排除不良证券的发行，防止投资人蒙受无谓伤害。新兴市场国家多数采取证券发行核准制。

8. 2018 年 3 月 13 日，根据国务院发布的机构改革方案，银监会和保监会合并，组建中国银行保险监督管理委员会，作为国务院直属事业单位。至此，“一行三会”成为历史，“一委一行两会”形成新的监管格局。一委一行两会的金融监管框架包括国务院金融稳定发展委员会(金稳委)、中国人民银行(央行)、中国银行保险监督管理委员会、中国证监会。

二、2023 年命题预测

随着“资管新规”的发布，金融监管成为近年来的热点。金融监管本身能考核的知识点并不是很多，一般会结合货币政策、金融创新、金融科技等知识点来命制论述题进行考查。本章的重点是巴塞尔协议Ⅲ，流动性监管的很多术语都可以命制成名词解释。

考点 1　金融监管理论

(一) 命题思路

金融监管理论不是考试的重点，就命题角度而言，主要的命题思路是(1)考查金融监管的基本原则、必要性；(2)考查历史上不同的监管理论之间的联系与区别。

(二) 习题精编

1. (复旦大学 2011)以下不属于金融抑制内容范围的是(　　)。

   A. 金融市场不健全　　B. 金融产品单调
   C. 金融监管　　D. 金融贷款额度管理

2. (对外经贸 2012)银行监管对银行进行的骆驼评级，主要评估包括资本充足率、资本质量、管理、盈利、流动性和(　　)六个方面。

   A. 安全性　　B. 经营的稳健性
   C. 对市场风险的敏感度　　D. 信息披露程度

3. 金融监管的公共利益理论认为，金融监管的出发点是(　　)。

   A. 降低金融业的风险　　B. 保护信息劣势方的利益
   C. 得到对自身政绩更广泛的认可　　D. 维护社会公众的利益

4. (对外经贸 2011)名词解释：监管套利
5. 简述最后贷款人制度的内涵及原则。
6. 金融监管的理论依据是什么?
7. 试析存款保险制度隐含的道德风险问题。

考点 2　巴塞尔协议

(一) 命题思路

巴塞尔协议是国际金融监管的重要依据，是命题的重点。就命题角度而言，主要的命题思路是：(1)考查巴塞尔协议Ⅰ、Ⅱ、Ⅲ的内容、意义，命题形式多为选择题和论述题。(2)计算简单的银行核心资本充足率。

（二）习题精编

1. 根据《巴塞尔协议》的相关规定，以下资本属于商业银行核心资本的是(　　)。
A. 普通准备金　B. 股本　C. 未公开储备　D. 累计优先股
2. (对外经贸 2016)巴塞尔协议的核心内容是通过资本金管理来控制金融风险，下列(　　)是国际金融危机后的《巴塞尔协议Ⅲ》中被明确纳入风险管理框架之中的。
A. 信用风险　B. 市场风险　C. 流动性风险　D. 操作风险
3. (上海财大 2014)根据《巴塞尔协议Ⅲ》，系统重要性银行的最低总资本充足率要求为(　　)。
A. 8%　B. 10.5%　C. 11.5%　D. 12%
4. (上海理工 2017)关于《巴塞尔资本协议》下列说法错误的是(　　)。
A. 银行核心资本充足率必须超过 4%　B. 银行资本充足率必须超过 8%
C. 银行资本占总资产的比重必须超过 8%　D. 银行附属资本充足率必须超过 4%
5. (湖南大学 2015)巴塞尔新资本协议规定的信用风险计量方法有(　　)。
A. 内部评级法和标准法　B. 基本指标法和内部评级法
C. 基本指标法和标准法　D. 内部评级法和 VaR 法
6. (清华大学 2017)银行监管指标中，不能反映银行流动性风险状况的是(　　)。
A. 流动性覆盖率　B. 流动性比例　C. 拨备覆盖率　D. 存贷款比例
7. (中山大学 2013)名词解释：资本充足率
8. (湖南大学 2013)简述《巴塞尔新资本协议》三大支柱的内容及其关系。
9.《巴塞尔协议Ⅲ》包含了宏观审慎监管的因素，请问什么是宏观审慎监管？宏观审慎监管与微观审慎监管有什么不同？
10. (对外经贸 2013)在全球金融危机余波未了，欧美经济仍在衰退边缘挣扎的时候，巴塞尔银行监管委员会于 2010 年底通过了《巴塞尔协议Ⅲ》，成为 2008 年金融危机后首个全球范围内的重磅监管改革产物。针对《巴塞尔协议Ⅲ》的出台，业内议论纷纷，请根据你的理解，回答一下问题：
(1)《巴塞尔协议Ⅲ》的主要内容是什么？
(2) 对西方商业银行和我国商业银行的影响有何不同？
11. (上海财大 2020)已知某银行的核心资本 70 亿元人民币，附属资本为 30 亿元人民币，市场风险的资本需求为 10 亿元人民币，操作风险的资本要求 20 亿元人民币。该银行资产负债表内表外项目如下：

项　　目	金额(亿元)	风险权重(%)	转换系数(%)
现金	50	0	
短期政府债券	300	0	
国内银行存款	50	20	
居民抵押贷款	100	50	
企业贷款	700	100	
备用信用证	100	20	100
贷款承诺	200	100	50
商业信用证	100	100	20

计算：

(1)该行表内风险加权资产和表外风险加权资产各为多少？

(2)该行核心资本充足率和总资本充足率各为多少？

(3)该行有无达到巴塞尔协议 III 的要求？为什么？

考点 3 金融机构监管

(一) 命题思路

金融机构监管一般是指金融监管体制。随着我国监管体制的改革，双支柱框架成为考查的热点。

(二) 习题精编

1. (中央财大 2016) 属于我国证监会监管的金融机构是(　　)。

A. 信托投资公司　B. 金融租赁公司　C. 期货公司　D. 融资担保公司

2. 金融危机后，实施双峰监管的国家是(　　)。

A. 英国　B. 美国　B. 日本　D. 俄罗斯

3. (中国人大 2018) 我国在 2017 年 7 月成立了金融稳定发展改革委员会，下列哪项不是它的目标？(　　)

A. 强化金融监管　B. 防范系统性风险

C. 促进分业管理向混业管理　D. 加强宏观审慎监管

4. (中国人大 2018) 明斯基时刻指的是(　　)。

A. 杠杆率大幅度上升的时刻　B. 资产价格开始暴涨的时刻

C. 经济出现 U 型反转的时刻　D. 资产价格崩溃的时刻

5. (对外经贸 2022) 中国双支柱监管框架下宏观审慎政策的主要目标是(　　)。

A. 防范系统性金融风险　B. 经济增长

C. 充分就业　D. 国际收支平衡

6. 名词解释：监管沙箱

7. 什么是双峰监管？双峰监管有什么优势？

考点 4 金融市场监管

(一) 命题思路

金融市场监管包括货币市场监管、保险市场监管、证券市场监管、外汇市场监管、金融衍生工具市场监管等内容。一般而言，本知识点可考查的内容不多。

(二) 习题精编

1. 简述我国金融衍生品市场监管的不足之处。

2. 金融创新、金融管制和金融风险之间存在怎样的关系？

3. (上外 2021 年) 蚂蚁集团暂停上市，这在金融市场上引发了很多讨论。一种观点认为：蚂蚁集团是新兴的科技公司，其所从事的新兴金融代表着未来发展方向，国家应该大力支持；另外一种观点认为：蚂蚁集团利用零准备金率的优势进行高杠杆信贷扩张，其金融业务本质上仍然是传统金融业务。请问：

(1) 你认为，近年来金融科技行业的快速扩张代表着历史发展方向，还是仅仅是短期的制度套现现象？

(2) 计算机互联网不断融入金融行业，你认为这对金融业造成的机遇和挑战有哪些？面对这些机遇和挑战，我国的金融监管和货币政策该如何应对？

参考答案

考点1　金融监管理论

1. C　金融抑制是指一国的金融体系不健全，金融市场机制未充分发挥作用，经济生活中存在过多的金融管制措施，而受到压制的金融反过来又阻滞着经济的成长与发展。选项A和B是金融抑制的表现，选项D是金融抑制的手段。金融监管的主要目的维持金融业健康运行的秩序，不能简单地归入金融抑制的范畴。

2. C　从1991年开始，美国联邦储备委员会及其他监管部门对骆驼评价体系进行了重新修订。增加了第六个评估内容，即市场风险敏感度，主要考察利率、汇率、商品价格及股票价格的变化，对金融机构的收益或资本可能产生不良影响的程度。

3. D　公共利益论奠定了金融监管的理论基础。该理论认为，金融体系同样存在着自然垄断、外部效应和信息的不对称等导致市场失灵的因素，监管目的是促进市场竞争、防止市场失灵，追求全社会福利最大化。

4. 监管套利是指被监管的金融机构利用监管制度之间的差异获利。如果一个国家金融监管过于严格，该国的金融机构和业务活动会被其他监管宽松的国家所吸引而转往他国。尤其是在国际资本流动自由化的条件下，这种移动就更为迅捷和方便。使本国金融机构和业务活动外移的监管套利，将导致本国对金融机构所实施的金融监管失效，同时使本国的金融机构数量达不到理想中的竞争状态，影响资源的有效配置。

5. (1) 最后贷款人，是一国中央银行履行银行的职能，向暂时出现流动性困难的银行提供紧急援助的一种制度安排，其目的是防止暂时流动性危机向清偿危机和系统性危机的转化。

(2) 中央银行作为最后贷款人，向可能或已经发生信用危机的银行提供流动性支持是世界各国的普遍做法。如《美国联邦储备法》规定，作为最后借款人，美联邦储备银行可以向会员银行提供临时性抵押贷款。

(3) 在央行充当LOLR角色时，既可以是出于对正遭受流动性危机银行的关注，并向其提供紧急流动性支持更利；也可以是出于系统安全考虑，向正经历大量现金挤提的所有银行供应超额准备，以维持银行系统整体的稳定性。

(4) 最后贷款人的一般原则。归纳起来，最后贷款人为：第一，最后贷款人的首要职责是防止恐慌造成的货币储备减少。第二，最后贷款人的主要目标是稳定整个金融体系，而不是单个金融机构。第三，最后贷款人的存在不是为了避免危机的发生，而是缓解危机冲击的影响。第四，最后贷款人应为一切有良好资产抵押的银行提供贷款，而不应拯救不好的银行，其目的是防止恐慌蔓延到好银行。第五，中央银行紧急援助资金的数量不受限制，并执行惩罚性高利率。

6. 金融监管理论，是在政府管制理论的基础上，结合对金融业特殊性的分析，发展和完善起来的。目前，金融监管的理论依据主要有：社会利益论、金融风险论、投资者利益保护论及管制供求论与公共选择论。它们的论证各有自己的侧重点，但相互之间也有一定交叉。

(1) 公共利益理论。该理论是建立在政府拥有完全信息、政府为社会福利服务以及政府具有完全信用三个假设基础上，认为由于市场存在着信息不对称、交易成本以及不完全竞争等问题，私人不可能去监管那些实力雄厚的金融机构，只有通过政府对金融机构的监管，才能够克服市场失灵所带来的负面影响，并改善金融机构的治理水平，从而提高金融运行的效率以及维护金融体系的稳定。

公共利益论认为，金融监管的基本出发点首先是要维护社会公众的利益。而社会公众利益的高度分散化和市场缺陷的存在，有必要让代表公众利益的政府在一定程度上介入金融经济生活，通过管制来纠正或消除市场缺陷，以达到提高社会资源配置效率的目的。

当然，管制也会带来额外的成本，可能会对金融体系运行的效率生产不利影响。但该理论认为，只要监管适度，就可以在增进社会公众整体利益的同时，将管制带来的成本降到最低水平。

(2) 金融风险论。该理论主要从关注金融风险的角度，论述了对金融业实施监管的必要性。首先，由于金融业高负债率的特点，金融业是一个特殊的高风险行业。以银行为例，其资本只占很小的比例，大量的资产业务都要靠负债来支撑，并通过资产负债的匹配来达到营利目的。在其经营过程中，利率、汇率、负债结构和规模、借款人偿还能力等因素的变化，使得银行业时刻面临着利率风险、汇率风险、流动性风险等，成为风险聚集的中心。而且．金融机构为获取更高收益而盲目扩张资产的冲动，更加剧了金融业的高风险和内在不稳定性。其次，金融业具有发生支付危机的连锁效应。作为整个国民经济中枢的金融体系，其中任一环节出问题，都会引起牵一发而动全身的后果。不仅单个金融机构陷入某种危机，极易给整个金融体系造成连锁反应，进而引发普遍的金融危机，更进一步地，由于现代信用制度的发达，一国的金融危机还会影响到其他国家，并可能引发区域性甚至世界性的金融动荡。

金融风险的这些内在特性，决定了必须有一个权威机构对金融业实施适当的监管，以确保整个金融体系的安全与稳定。

(3) 投资者利益保护论。在经济生活中，由于信息不对称的存在，会导致交易的不公平性，即拥有信息优势的一方可能利用这一优势来损害信息劣势方的利益。如，对于银行和保险公司的经营管理者来说，对自己所在金融机构的风险，会比存款人和投保人更加了解，他们就有可能利用这一信息优势为自己牟取利益，而将风险或损失转嫁给投资者。因此，这就要求政府对信息优势方(主要是金融机构)的行为加以规范和约束，为投资者创造一个公平、公正的投资环境。

(4) 管制供求论。管制供求论将金融监管本身看成是存在供给和需求的特殊商品。从管制的需求看，金融监管是那些想从监管获得利益的人所需要的。比如，现有的金融机构可能希望通过金融监管来限制潜在的竞争者；消费者需要通过监管促使金融机构提高服务质量、降低服务收费。从管制的供给看，政府官员提供管制是为了得到对自身政绩更广泛的认可。由此可见，是否提供管制以及管制的性质、范围和程度最终取决于管制供求双方力量的对比。根据管制供求论，监管者具有通过过度监管来规避监管不力的动机。但这样却可能增加被监管者的成本，降低被管制行业的效率，并从而受到抵制。

(5) 公共选择论。供给选择论与管制供求论有很多相似之处：它同样运用供求分析法来研究各利益集团在监管制度提供过程中的相互作用。不同之处在于，该理论强调“管制寻租”的思想，即监管者和被监管者都寻求管制以牟取私利。监管者将管制当作一种“租”，主动地向被监管者提供以获益；被监管者则利用管制来维护自身的既得利益。

7. 存款保险制度中的道德风险，是指由于信息不对称，存款保险制度在对银行存款提供保护和对危机银行进行救助时，改变了存款者、投保银行、存款保险机构之间的激励和约束机制，其实施过程可能会激化全面的道德风险，这便是存款保险制度的根本缺陷。存款保险制度错误的激励在下列几方面体现出来：

① 存款者的道德风险。作为保险受益人的存款者对存款保险公司和外部社会存在着道德风险，这是存款保险制度固有的缺陷。假如没有存款保险制度，因为存款可能因银行的倒闭而血本无归，存款者会积极对存款银行的风险和经营状况进行分析，并据此对银行进行监督与制约。但是，由于存款保险制度的存在，存款人失去了关注银行风险状况的动力，存款保险制度所提供的错误的激励机制把存款人的监督责任转移给了存款保险公司。

② 存款银行的道德风险。就投保银行而言，存款保险制度强化了道德风险。金融市场上众多的金融工具使银行能够在承担过度风险的同时，通过投资分散化来降低总体风险水平。这就使银行产生了承担风险的冲动。而多数银行的组织性质为有限公司制，这又为风险操作提供了进一步保障。但是，由于银行始终面临存款人的监督和挤兑的威胁，有限责任公司的这种副作用会被限定在一定范围内。来自存款人的威胁已足以使银行主动约束其投资行为、有效控制经营和财务风险。然而建立存款保险制度以后，存款保险对存款人的保护意味着对吸收存款的机构施加的惩戒不复存在，在银行倒闭时存款者可以获得来自存款保险机构的赔偿。市场约束的弱化导致投保银行在制定经营策略时将存款保险视为一种可以依赖的重要因素，倾向于从事高风险高利润的业务，从而增大了其承受的不适当的风险，最终引发更严重的道德风险。

③ 监管机构的道德风险。存款保险制度进一步激化了包括存款保险公司在内的金融监管机构的道德风险。由于监管机构主要向政府负责，工作重心是确保银行体系的稳定，而稳定的主要标志又是银行不倒闭。若一国的银行有相当大比重为国有银行的话，由于政府能从银行的盈利中获得大量的税利，会更倾向于用存款保险基金来支持银行，拖延银行倒闭的时间。结果反而会延误纠正金融机构错误，停止损失的时机，使损失进一步扩大。

考点2　巴塞尔协议

1. B　《巴塞尔协议》将银行资本分为核心资本(core capital)和附属资本(supplementary capital)，并且规定附属资本总额不得超过核心资本总额的100%。核心资本是完全意义上的银行资本，也是协议达成之前各国银行资本定义中唯一相同的部分。它主要包括：①股本，包括已发行并完全缴足的普通股和永久性非累计优先股，但不包括累计优先股。②公开储备，它是指银行通过留存收益或其他盈余(如股票发行溢价)转化而来的，并且在银行资产负债表中公开标明的那部分储备。③对于合并报表的银行持股公司来说，还包括在不完全拥有的子银行公司中的少数股东权益。

2. C　《巴塞尔协议Ⅲ》中提到了建立流动性风险监管标准建立流动性风险监管标准，增强银行体系维护流动性的能力。目前我国对于银行业流动性比率的监管，已经存在一些较为明确的指标要求，如要求存贷比不能超过75%，流动性比例大于25%，核心负债依存度大于60%，流动性缺口率大于-10%，以及限制了最大十户存款占比和最大十户同业拆入占比，超额存款准备金制度等，这些指标对于监控银行业的流动性起到了较好的作用。

【科兴提示】《巴塞尔协议Ⅰ》把信用风险纳入了风险管理框架，《巴塞尔协议Ⅱ》把市场风险和操作风险纳入风险管理范围。

3. C 《巴塞尔协议Ⅲ》对于银行的最低总资本充足率要求保持8%不变，对于系统重要性银行的最低总资本充足率要求提高到11.5%。

4. D 《巴塞尔协议Ⅱ》规定：银行的资本金由核心资本和附属资本构成，资本对风险加权资产的最低目标标准比率为8%，其中核心资本成分至少为4%，其中附属资本总额不得超过核心资本总额的100%，次级长期债务不得超过核心资本的50%。坏账准备金最多不超过风险资产的1.25%。

5. A 新巴塞尔协议提出了两种处理信用风险办法：标准法和内部评级法。标准法以1988年巴塞尔协议为基础，采用外部评级机构确定风险权重，使用对象是复杂程度不高的银行。将内部评级法用于资本监管是新巴塞尔协议的核心内容。该方法继承了1996年市场风险补充协议的创新之处，允许使用自己内部的计量数据确定资本要求。

6. C 拨备覆盖率=贷款损失准备/不良贷款，这是一个衡量商业银行信用风险的指标。

7. 资本充足率，指资本总额与加权风险资产总额的比例。资本充足率反映商业银行在存款人和债权人的资产遭到损失之前，该银行能以自有资本承担损失的程度。规定该项指标的目的在于抑制风险资产的过度膨胀，保护存款人和其他债权人的利益、保证银行等金融机构正常运营和发展。《巴塞尔协议》规定，两部分之间应维持一定比例，即核心资本应占银行全部资本的50%以上。另外，《巴塞尔协议》还规定银行的资本充足率应保持在8%以上，核心资本与银行风险资产的比率，即核心资本充足率应保持在4%以上。

8.（1）新巴塞尔协议三大支柱是：最低资本要求，监管当局对资本充足率的监督检查和信息披露。

① 最低资本要求。新协议延续了以资本充足率为核心的监管思路，将资本金要求视为最重要的支柱。根据新协议的要求，有关资本比率的分子(即监管资本构成)的各项规定保持不变。同样，8%的最低比率也保持不变。新协议的修改重点体现在对风险资产的界定方面，即修改反映银行各类风险的计量方法。

② 监管部门的监督检查。新巴塞尔协议强化了各国金融监管当局的职责，强调银行和监管当局都应提高风险评估能力，并提出了较为详尽的配套措施。

③ 市场约束。新协议更多地从公司治理的角度来看待银行，强调以市场的力量来约束银行。使市场纪律发挥作用的重要手段就是制定一套信息披露规定，以便市场参与者掌握有关银行的风险轮廓和资本水平的信息。

（2）新巴塞尔协议对于统一银行业的资本及其计量标准作出了卓有成效的努力，在信用风险和市场风险的基础上，新增了对操作风险的资本要求；在最低资本要求的基础上，提出了监管部门监督检查和市场约束的新规定，形成了资本监管的“三大支柱”。市场约束是对第一支柱、第二支柱的补充。

9.（1）宏观审慎监管是为了维护金融体系的稳定，防止金融系统对经济体系的负外部溢出而采取的一种自上而下的监管模式。宏观审慎监管包括三个方面：一是识别系统风险，即发现、监测和计量系统风险及其潜在影响；二是降低系统风险的发生概率，即通过提高监管标准和采取针对性监管措施等，预防系统风险爆发；三是缓解对金融体系和实体经济的溢出效应，即在系统风险爆发后，限制破坏的程度和范围，尽可能降低经济损失。

（2）宏观审慎监管和微观审慎监管的不同表现在：

① 目的不同：宏观审慎监管的目标是防范系统性风险，维护金融体系的整体稳定，防止经济增长(如GDP)受影响；而微观审慎监管的目的在于控制个体金融机构或行业的风险，

保护投资者利益。

② 内容不同：宏观审慎监管侧重在对金融机构的整体行为以及金融机构之间相互影响力的监管上，同时关注宏观经济的不稳定因素；而微观审慎监管侧重于对金融机构的个体行为和风险偏好的监管。

③ 对象不同：宏观审慎监管更关注具有系统重要性金融机构(如银行和金融集团)的行为，金融市场整体趋势及其与宏观经济的相互影响；而微观审慎监管则更关注于具体金融机构的合规与风险暴露情况，避免使投资者和储户等个体遭受不应有的损失等事件。

④ 措施不同：宏观审慎监管会因为强调整体的稳定性而忽略对个体利益的保护，而微观审慎监管则相反，首先关注的是个体风险控制。

10. (1)2010 年底，巴塞尔协议Ⅲ正式出台，这是巴塞尔银行监管委员会(BCBS)在反思国际金融危机和巴塞尔协议Ⅱ缺陷的基础上，对银行业提出的新的监管要求，其目的在于增强银行业吸收冲击和损失的能力，降低金融业对实体经济的溢出风险，确保银行经营稳健和整个金融体系的稳定。巴塞尔协议Ⅲ的主要内容包括：

① 强化资本充足率监管标准。

(a) 提高监管资本的损失吸收能力。2010 年 7 月巴塞尔委员会确定了监管资本工具改革的核心要素。一是恢复普通股(含留存收益)在监管资本中的主导地位；二是对普通股、其他一级资本工具和二级资本工具分别建立严格的合格标准，以提高各类资本工具的吸收损失能力；三是引入严格、统一的普通股资本扣减项目，确保普通股资本质量。

(b) 扩大资本覆盖风险的范围。一是大幅度提高证券化产品(特别是再资产证券化)的风险权重；二是大幅度提高交易业务的资本要求；三是大幅度提高场外衍生品交易和证券融资业务的交易对手信用风险的资本要求。

(c) 提高资本充足率监管标准。巴塞尔委员会确定了三个最低资本充足率监管标准：普通股充足率为 4.5%，一级资本充足率为 6%，总资本充足率为 8%。为缓解银行体系的亲周期效应，打破银行体系与实体经济之间的正反馈循环，巴塞尔委员会还建立了两个超额资本要求：留存超额资本和反周期超额资本。

② 引入杠杆率监管标准。巴塞尔委员会引入基于规模，与具体资产风险无关的杠杆率监管指标，作为资本充足率的补充。自 2011 年初按 3%的标准(一级资本/总资本)开始监控杠杆率的变化，2013 年初进入过渡期，2018 年正式纳入第一支柱框架。

③ 建立流动性风险量化监管标准。巴塞尔委员会引入了两个流动性风险监管的量化指标。一是流动性覆盖率，用于度量短期压力情景下单个银行流动性状况，目的是提高银行短期应对流动性中断的弹性。二是净稳定融资比例，用于度量中长期内银行解决资金错配的能力，它覆盖了整个资产负债表，目的是激励银行尽量使用稳定资金来源。

④ 确定新监管标准的实施过渡期。巴塞尔委员会决定设立为期 8 年(2011—2018 年)的过渡期安排。各成员国应在 2013 年之前完成相应的国内立法工作，并从 2013 年初开始实施新的资本监管标准，随后逐步向新标准接轨，2018 年底全面达标。2015 年初成员国开始实施流动性覆盖率，2018 年初开始执行净稳定融资比例。

⑤ 强化风险管理实践。除提高资本与流动性监管标准外，危机以来巴塞尔委员会还发布了一系列与风险管理相关的监管原则、指引和稳健做法等。

(2) 巴塞尔协议Ⅲ确立之后，欧洲的银行受到的冲击最大，对于银行来说，新协议要求银行缩小资产负债表规模和业务范围。银行必须提高储蓄资金以避免潜在的资产损失，而投资者得到的贷款额将相应减少。受冲击最大的应该是某些欧洲大型银行。经过多方注资后，美国银行业在短期内资本充足率较高，但在长期内，它们与欧洲银行业类似，也将面临资本短缺和盈利能力下降。与国外的同行相比，中国的银行业处境要轻松很多，因为目前中国的银行监管部门所设定的监管要求已经可以覆盖巴塞尔协议Ⅲ的要求，而且多数银行都已经满足了这些要求。2010 年中报数据显示，中国的大中型银行资本充足率均超过 10%，核心资本充足率也在 8%以上，平均拨备覆盖率则是超过 150%。

11. (1)表内加权风险资产总额 = 50×0% + 300×0% + 50×20% + 100×50% + 700×100% = 760 万元

表外加权风险资产总额 = 100×20%×100+200×100%×50%+100×100%×20% = 140 万元

则总的风险加权资产 = 760+140 = 900 万元

(2) 商业银行资本充足率的计算公式：

资本充足率 = (资本-扣除项)/(风险加权资产+12. 5 倍的市场风险资本+12. 5 倍的操作风险资本)×100% = (70+30)/(900+12. 5×10+12. 5×20)×100% = 100/1275×100% = 7. 8%

核心资本充足率 = (核心资本-核心资本扣除项)/(风险加权资产+12. 5 倍的市场风险资本+12. 5 倍的操作风险资本)×100% = 70/(900+12. 5×10+12. 5×20) ×100% = 5. 5%

(3) 根据巴赛尔协议Ⅲ的要求，总资本充足率不低于 8%，7. 8%<8%，总资本充足率不足。核心资本充足率不低于 6%，5. 5%<6%，核心资本充足率不足。

考点 3　金融机构监管

1. C　选项 ABD 属于银保监会监管的范畴。

2. A　早在 1995 年，英国经济学家迈克尔·泰勒最早提出了一手抓金融系统稳定、一手抓市场行为规范的“双峰”监管模式，泰勒当时呼吁成立两类监管机构，一是金融稳定委员会，负责防范风险、维护金融稳定，二是金融产品消费者保护委员会，负责防止投机行为、保护消费者权益。国际上双峰型的金融监管模式一直备受关注，但在 2008 年国际金融危机以前，只有澳大利亚和荷兰两个国家实施此种监管模式。危机过后，澳大利亚、荷兰两国经济迅速复苏，尤其是澳大利亚的表现可谓“一枝独秀”，很大程度上受益于其双峰监管模式。鉴于此，英国在危机后改革金融监管模式，于 2013 年 4 月正式踏上双峰监管的道路，成为金融监管史上具有里程碑意义的事件。

3. C　我国设立国务院金融稳定发展委员会，是为了强化人民银行宏观审慎管理和系统性风险防范职责，强化金融监管部门监管职责，确保金融安全与稳定发展。

4. D　明斯基时刻是指美国经济学家海曼·明斯基所描述的时刻，即资产价格崩溃的时刻。明斯基观点主要是经济长时期稳定可能导致债务增加、杠杆比率上升，进而从内部滋生爆发金融危机和陷入漫长去杠杆化周期的风险。

5. A　双支柱包含货币政策和宏观审慎政策两个支柱，其中货币政策主要是“总量”政策，主要用于调节总需求，侧重于维护物价稳定，平抑经济周期波动；宏观审慎政策主要是“结构性”政策，更多针对加杠杆行为，侧重于防范化解系统性风险、维护金融体系稳定，逆周期调节金融周期。

6. 沙箱源自英文 sandbox 这个概念，它喻指一种推演试验，因为在沙箱中的一切都可以推倒重来。最初应用于计算机和军事等领域，在计算机领域中是指一种用于计算机安全的虚拟技术，软件在沙箱中运行，如其中含有恶意行为，则会被禁止运行，保证系统的整体安全。英国最早将这个概念引入金融监管的领域，试行监管沙箱，为金融科技公司提供良好的，测试创新产品的监管机制和政策环境。监管沙箱的存在使一些符合条件的公司可以在一段时间内对一定范围的消费者测试其创新产品；这整个过程受到政府部门的监管，并需要遵守保护消费者的有关规定。这样的测试使这些金融科技公司可以安心地进行金融科技的创新，同时也可以避免由这类创新造成的金融安全风险以及对消费者利益的不利影响。监管沙箱旨在为新兴的金融科技创新提供空间，并不断调整既有监管框架，探索新的监管边界。

7.（1）按照金融监管所需要达到的目标不同，可划分为行为监管和审慎监管。前者主要是防范金融机构可能出现的道德风险、欺诈和不公正交易，保护消费者权益；后者主要是以维护金融稳定、实现金融机构稳健经营、防范和化解系统性风险为目标。双峰监管模式即由承担上述两个监管目标的监管机构构成，各监管机构职责明晰、体制分明，故双峰监管又被称之为目标型监管模式。

（2）双峰监管的主要优势有：

一是监管目标得以明确，有利于实现“双赢”。双峰监管将金融监管目标一分为二，审慎监管维护金融系统安全稳健，行为监管保护金融消费者的合法权益，促使两个目标能同时实现。

二是职责权限划分明确，避免功能重复。审慎监管和行为监管机构各司其职，各自制定具有针对性、行之有效的监管规则和制度。从目前金融业混业经营现状看，双峰监管在信息掌握、监管边界确定方面优势明显。

三是行为监管使得金融消费者合法权益得以维护，有利于构建公平、公正的市场环境。

因此国际金融危机过后，美财政部在发布的《金融监管结构现代化蓝图》中认为，双峰监管将是未来最理想的金融监管模式。

考点4　金融市场监管

1.（1）我国现行的法律监管不完善。金融衍生产品监管方面禁止、限制性的规范居多，支持、鼓励性的规范较少。这是因为我国的监管当局对待金融衍生产品的态度是小心谨慎的，在开办金融衍生业务之初的政策是严禁投机，与其有关的绝大部分法规也是以禁止、限制性规范为主。我国现行的与金融衍生品有关的法规，由《期货交易管理条例》、《最高人民法院关于审理期货纠纷案件若干问题的规定》、“若干规章和规范性文件”以及相关自律规则如《中国证券期货市场场外衍生品交易主协议（2014 年版）》组成，基本上都是各监管机构针对具体的衍生产品制定的，缺少统一的金融衍生品监管法律，存在重复监管或监管不到位的局面。

（2）金融衍生产品监管模式存在问题。目前，我国基本上采用分业监管模式，证券保险银行业监管当局各司其职。然而金融衍生交易往往涉及多个领域，若采用此种监管模式则需要三个部门之间的协调，会产生极高的协调成本，会导致监管效率的低下，甚至出现监管措施上的真空。

（3）自律型监管组织机构不完善。金融衍生产品的整个行业自律监管还没有形成完整的体系，缺乏诸多的相关管理措施。第一，现阶段的监管流于形式，真正起到的作用很小。第二自律组织的规定太过概括，没有相关的细化规定和防范措施，成员一旦违规，自律组织没法采取具体制裁措施来规制，最终也将导致其整体威信和影响力减弱。第三，自律组织的组织形式松散，内部管理不完善，人员素质较低。管理人员往往由监管机构派出，由于不了解相关行业的经营情况，难以对行业内部的问题和风险进行管理。

2.（1）金融创新是指金融业各种要素的重新组合。具体指金融机构和监管当局出于对微宏观利益的考虑而对机构设置、业务品种、金融工具及制度安排所进行的创造性变革和开发活动。金融管制是指一国政府为维持金融稳定而对金融机构的业务范围、利率、信贷规模、区域分布等方面采取的一系列管理办法。

（2）金融创新与金融管制的关系。①金融管制对金融创新具有直接诱发作用。因为金融管制是对金融企业的一种成本附加，追求利润最大化的金融企业必然要摆脱这种局面，通过创新来规避政策管制。但当金融创新危及金融稳定和货币政策时，政府会更严厉地管制，结果是：管制—创新，创新—管制，两者互为因果。②金融创新对完善金融管制也有一定的促进作用。金融创新使以往的金融管制失去效力，并推动金融自由化的进程，但金融自由化和金融创新也增大了金融风险，因此，各国政府必然会完善金融管制。

（3）金融创新与金融风险的关系。①金融创新具有转移和分散金融风险的功能。70年代以来创新的金融工具，如NOW账户、可转让贷款合同等，在提高金融资产流动性的同时，规避了利率风险及信用风险等。②金融创新也制造了新的金融风险。表现在：金融创新使金融机构的经营风险增大；增加了表外业务的风险；推动了金融同质化、自由化和国际化；为金融投机活动提供了手段和场所。

3.（1）我认为，近年来金融科技行业的迅速扩张仅仅只是短期制度套利。由于互联网监管环境相对宽松，部分互联网金融业务游离于金融监管之外或利用现有分业监管的空白进行套利。例如，部分大型互联网企业通过新设机构、控股或参股金融企业等方式，已演化为事实上的金融控股集团，但其本身并不直接受到监管。其中，一些互联网企业以单纯获取金融牌照为目的，将所控金融机构作为资本运作平台，追逐高额金融投资回报，偏离服务实体经济。

从目前的几家金融科技公司来看，其最赚钱的业务依旧是消费信贷，而其本质也依旧是变相“吃利差”模式，这一点蚂蚁集团也不例外。公开资料显示，蚂蚁集团基本的业务模式仍然是支付（支付宝）、吸收存款（网商银行、支付宝）、发放贷款（网商银行、花呗借呗）、货币市场基金（天弘基金的余额宝）、代销金融产品等业务。从业务模式上，蚂蚁收取的“服务费”，与传统银行的业务并无本质区别。既然本质上是一家金融企业，享受着金融行业的红利，又不愿意接受金融监管，这不是一种赤裸裸的制度套利吗？

（2）近年来，阿里、腾讯、百度、京东等科技公司成长迅速，并不断向金融领域渗透发展，利用其长期服务积累的客户数据和新兴的大数据处理技术，一定程度上改变了我国金融服务生态，特别是在一些小额、零售行业，起到了积极助推作用。

① 在电子支付领域，推动我国支付服务深刻变革。2020年二季度，我国电子支付业务中，非银支付机构电子支付业务笔数是商业银行的3.52倍。

② 在信贷领域，大型互联网企业积极开展小额信贷业务，促进服务重心不断下沉，金融服务可获得性提升。蚂蚁小贷“花呗”的用户量超过1亿，其中约50%分布在三线以下城市。

③ 在征信服务领域，大型互联网企业开创了以线上数据为基础的信用评价和征信业务。如蚂蚁科技为我国超过3亿“信用白户”建立了数字信用记录，开展线上实时风控。

④ 在资产管理领域，大型互联网企业以良好的线上体验，有效提升用户黏度，有力推动网络资产和财富管理业务。

但与此同时，也给金融业带来了一定的挑战：

① 垄断和不公平竞争。首先，大型互联网企业凭借技术优势掌握大量数据，辅以互联网技术的外部性特征，容易形成市场主导地位。其次，竞争优势可使得大型互联网企业在资源配置中权力过度集中，并逐步强化为市场垄断。第三，大型互联网企业还可能导致维护市场公平竞争的传统措施失效。

② 产品和业务边界模糊。若大型互联网企业大量开展金融业务，但却宣称自己是科技公司，不仅是逃避监管，更容易无序扩张，造成风险隐患，不利于公平竞争，也不利于消费者保护。

③ 信息技术可控性、稳定性风险。大型互联网企业使用前沿信息技术往往给监管机构风险识别、监测与处置造成困难。

④ 数据泄露与侵权风险。大型互联网企业从事金融业务意味着消费者各种金融和非金融信息的集中采集和暴露。一旦保管不当或遭受网络攻击造成数据泄露，稍加分析便可获得客户精准画像，导致大量客户隐私泄露，进而造成重大财产损失和人身安全隐患。

⑤ 系统性风险。首先，大型互联网企业“大而不能倒”。其次，大型互联网企业集团内跨行业、跨领域金融产品相互交错，关联性强，顺周期性更显著，其风险隐蔽性与破坏性会更严重。

面对可能出现的风险和问题，应加快建立我国大型互联网企业有效的监管框架，具体措施有：

① 加强顶层设计，完善监管制度体系。明确监督管理原则，以立足金融消费者保护、促进市场公平竞争、提高资源配置效率、维护金融市场健康发展、确保金融稳定安全和更好服务实体经济为目的，建立健全有效监管框架。

② 严格市场准入，全面推行功能监管。坚持监管一致性原则，即在现有法律框架下，只要从事相同的金融业务，就要接受同样的监管，以维护公平竞争、防止监管套利。

③ 加强消费者权益保护，在平衡个人信息保护的基础上，加强数据管理，防止数据垄断。在不影响国家信息安全和用户隐私保护的前提下，制定金融科技行业数据标准，推动数据标准的统一，提升数据的机器可读性。

④ 发展监管科技，提升风险识别、防范与处置能力。

⑤ 强化宏观审慎管理，防范系统性风险。科技巨头进入到金融科技领域并发展成为“大而不能倒”的系统重要性大型互联网企业巨头，应明确其金融企业属性，应将其纳入金融控股公司监管框架。

第二部分　公司财务

第1章　公司财务概述

一、考查要点

（一）公司财务研究的问题

1. 公司应投资什么样的长期资产？资本预算来描述长期资产的投资和管理过程。

2. 公司如何筹集所需的资金？这涉及资本结构，即公司短期及长期负债与所有者权益的比例。

3. 公司应如何管理短期经营活动产生的现金流？现金流的短期管理与净营运资本有关。净营运资本是指流动资产与流动负债之差。

4. 财务现金流量

公司创造的现金流必须超过它所使用的现金流。公司支付给债权人和股东的现金流必须大于债权人和股东投入公司的现金流。

现金流量由企业的业务活动产生，并向债权人和股东支付，它可以分为：

经营活动产生的现金流量；资本性(如固定资产变动)产生的现金流量；营运资本变动产生的现金流量。

（二）公司财务的目标

1. 利润最大化：利润指的是“利润表”中税后净利润，该目标有其合理性，但其弊端：

（1）没有考虑利润的取得时间，例如；今年获利100万元和明年获利100万元，哪一个更优呢？

（2）没有考虑所获利润和投入资本之间的关系。不考虑利润和投入资本的关系，会使投资决策优先选择高投入的项目，而不是高效率项目的选择。

（3）没有考虑获取利润和所承担风险的大小。不考虑风险，会使企业财务决策选择高风险的项目，一旦不利的情况出现，企业将陷入困境，甚至可能破产。

2. 每股收益(EPS)最大化：该目标克服了上述目标的第二个弊端，但其他两个弊端仍然存在。

3. 股东财富最大化：最大化现有所有者权益的市场价值。

（三）公司治理：股东、经营者和债权人的冲突与协调

1. 公司制企业

（1）股份有限公司：是依据法律规定成立的“人为实体”，拥有资产并承担债务。1819年马歇尔法官(Justice Marshall)把股份有限公司归纳为：股份有限公司是一个人为设立、可见的、具体的、只有在法律的审查下才能存在的实体。股份有限公司作为法律的产物，只拥有那些按章程中的协议所投入的资产，而不管这些协议是在公司成立时明确规定的还是附带规定的。

股份有限公司的首要特点是它独立于所有者而单独存在，公司所有者的责任仅以其投资额为限。股份有限公司可以以自己的名义筹集资金，而无须所有者对债务负连带责任，股份可以进行转让，所以股份有限公司的寿命不受所有者生命的限制。有限责任、易于转让所有权和永续经营是股份公司制企业组织形式的主要优点。

股份有限公司可能存在的不足之处与税收有关，即公司的利润要双重纳税(公司所得税、个人所得税)，还有设立的程序复杂、相关的设立费用大等。

(2) 有限责任公司：适用于中小型企业，(美国)其所有者享受双重好处：股份有限公司的有限责任和合伙企业的税收待遇。

一般来讲，企业的标准特征有四个：有限责任；集权式管理；永续存在；在不损害其他所有者利益下，所有权较易转让。(美国)有限责任公司所具有的特征一般不超过上述特征中的两个。

但是，它也有缺点，一般不具有永续存在的特点，另外，某个股东转让其股份，必须得到多数股东的同意；并且从事服务行业(会计师、律师、医师等)的有限责任公司，必须采用平行式结构。

2. 公司治理：公司中各种利益相关者之间利益冲突与协调。

(1) 股东和经营者：

代理成本：股东和管理层利益冲突的成本，有直接和间接的代理成本。

经营者(经理)的目标：增加报酬，包括物质和非物质，如社会地位等；增加闲暇时间，包括较少的工作时间，有效工作时间中较小的工作强度等；避免风险，风险指的是努力工作可能得不到应有的报酬。

经营者对股东目标的背离：道德风险(消极运作)：不求无功，但求无过；逆向选择：实际上涉及法律风险，如贪污、挪用公款等。

防止经营者背离股东目标的方法：激励，但存在激励成本与激励效益的问题；监督，其最普遍的形式是审计，但全面监督实际上行不通的，并且成本相当高昂。

(2) 股东和债权人：

股东通过经营者为了自身利益而伤害债权人的利益，其常用的方式是：

股东不经债权人同意，投资于比债权人预期风险要高的项目。如果高风险项目成功，则超额利润归股东所有；如果不成功，则损失可能由股东和债权人共同承担。

股东为了提高公司的利润，不征得债权人同意而发行新债，致使旧债券的价值下降，使旧债权人蒙受损失。旧债券价值下降的原因是发行新债后，使公司的负债比增加。

债权人为了防止其利益被伤害，除了寻求立法保护，如破产时优先接管，优先于股东分配剩余财产外，通常采取以下措施：

在借款合同中加入限制性条款，如规定资金的用途，规定不得发行新债或限制发行新债的规模等；

发现公司有剥夺其财产意图时，拒绝进一步合作，不再提供新的借款或提前收回借款。

二、2023 年命题预测

本章主要的知识点有公司财务的目标、公司财务的关注领域(研究内容)、公司治理(各种利益相关者的制度安排等)。就命题形式看来，主要考查基本的概念或定义，公司财务的目标、研究内容、公司制的特征等，总的看来，考生要认真理解本章的基本内容才行。

考点 1 公司财务的目标

(一) 命题思路

公司财务的目标属于基础知识点，难度不大。从命题角度来看，主要命题思路是：考查三种目标的优劣对比分析。在实际考试中，常会给出若干具体目标，要求辨析这些目标可能对公司发展的影响。

(二) 习题精编

1. (中央财大 2022)股东财富最大化是指(　　)最大。

A. 公司净利润　　B. 每股收益
C. 公司资源　　D. 现有股票价值

2. 影响财务管理目标实现的两个最基本因素是(　　)。

A. 时间价值和投资风险　　B. 经营现金流量和资本成本
C. 投资项目和资本结构　　D. 资本成本和折现率

3. 每股利润最大化相对于利润最大化作为财务管理目标，其优点是(　　)。

A. 考虑了资金的时间价值　　B. 考虑了风险价值
C. 反映了投资效率　　D. 反映了投入资本与收益的对比关系

4. 股东价值的创造是由(　　)。

A. 企业降低风险的能力决定的　　B. 企业提升股价的能力决定的
C. 企业筹资能力决定的　　D. 企业长期的现金创造能力决定的

5. (中山大学 2013)公司财务管理的目标是(　　)。

A. 利润最大化　　B. 风险最小化
C. 公司价值最大化　　D. 每股收益最大化

6. 相对于每股收益最大化目标而言，企业价值最大化目标的不足之处是(　　)。

A. 没有考虑资金的时间价值　　B. 没有考虑投资的风险价值
C. 不能反映企业潜在的获利能力　　D. 某些情况下确定比较困难

7. 与普通合伙企业相比，下列各项中，属于股份有限公司缺点的是(　　)。

A. 筹资渠道少　　B. 承担无限债务责任
C. 企业组建成本高　　D. 所有权转移较困难

8. 有人认为：管理者不应该只关注现在的股票价值，因为这样做将会导致过分强调短期利润而牺牲长期利润。你同意这种观点吗?

9. 最大化未来股票价格作为公司理财的目标恰当吗?

考点2 公司财务的研究内容

(一) 命题思路

“公司财务的研究内容”属于基础知识点，难度不大，但非常重要，易出选择题、简答题。从命题角度来看，主要命题思路是：(1)考查每个研究内容的基本理论；(2)考查各个研究内容之间的关系。此外，公司财务的研究内容还包括金融投资学的基本理论，例如，CAPM理论、有效市场理论等。

(二) 习题精编

1. 下列各项经济活动中，属于证券投资的是(　　)。

A. 购买设备　　B. 购买零部件　　C. 购买专利权　　D. 购买国库券

2. 下列各项中既属于筹资活动又属于资本营运活动的有(　　)。

A. 偿还借款　　B. 购买国库券

C. 支付利息　　D. 利用商业信用

3. (多选)下列经济行为中，属于企业财务活动的有(　　)。

A. 资金营运活动　　B. 利润分配活动　　C. 筹集资金活动　　D. 投资活动

4. 公司金融的三个重要的关注领域是什么？

考点3 公司治理

(一) 命题思路

“公司治理”属于重要的知识点，有一定难度，主要是考查公司中相关利益者的冲突和协调。从命题角度来看，主要命题思路是：(1)考查不同利益相关者各自的目标。(2)考查协调各个利益相关者的措施。(3)考查对代理问题的分析与处理。(4)考查对金融市场的理解与把握。

(二) 习题精编

1. 公司金融关系中最为重要的关系是(　　)。

A. 股东与经营者　　B. 股东与债权人

C. 股东、经营者、债权人之间的关系　　D. 经营者与政府有关部门之间的关系

2. 债权人为了防止其利益被伤害，通常采取的措施不包括有(　　)。

A. 寻求立法保护　　B. 规定资金用途

C. 提前收回借款　　D. 不允许发行股票

3. (对外经贸2017)以下哪种情况下，股东和管理层的代理问题最大？(　　)

A. 普通股全部由公司创始人持有，创始人已退休并聘用职业经理人代为经营企业

B. 公司的普通股由很多分散的股东持有，没有股东持股超过1%

C. 某家族企业，家族持股50%，其他50%由5个共同基金持有

D. 公司的高管团队持有较高比例的股票和期权

4. (山东大学2018)什么是公司治理结构，其主要机制有哪些？

5. 什么是代理问题？其表现形式有哪些？如何解决这些问题？

6. 公司治理为什么要考虑金融市场？金融市场是如何分类的？构成要素有哪些？

7. (复旦大学2017)股东与管理者之间的代理成本与股东和债权人之间的代理成本是如何产生的？债务融资和这些代理成本有什么关系。

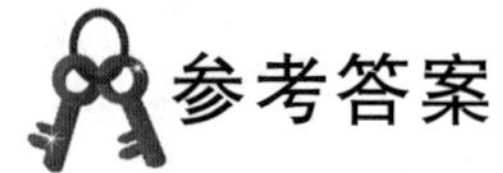

参考答案

考点 1　公司财务的目标

1. D　股东财富最大化、股价最大化和企业价值最大化含义相同，指增加股东财富。

2. B　财务管理的目标是增加股东财富。股东价值的创造是由企业长期的现金创造能力决定的。创造现金的最基本途径，一是提高经营现金流量，二是降低资本成本。

3. D　此题的考点是财务管理目标相关表述优缺点的比较。因为每股利润等于税后净利与股数之比，是相对数指标，所以每股利润最大化比利润最大化的优点在于它反映了创造利润与投入资本的关系。

4. D　风险和收益是均衡的，在降低风险的同时也降低了收益，所以不是风险越低越好，所以 A 不对；公司与股东之间的交易也会影响股价，如股票回购，股价上升，但不影响股东财富，因此 B 不对；筹资能力强，并不能表明增加股东财富能力强，所以 C 不对；创造现金可以提高经营现金流量降低资本成本，提升股东价值，因此只有 D 是正确表述。

5. C　企业价值最大化充分考虑了资金的时间价值、风险价值和资金流量的质量差异对企业资产的影响，因而是企业财务管理的最优目标。

6. D　对于非股票上市企业，只有对企业进行专门的评估才能真正确定其价值。而在评估企业的资产时，由于受评估标准和评估方式的影响，这种估价不易做到客观和准确，这也导致企业价值确定的困难，因此选项 D 正确。企业价值是企业所能创造的预计未来现金流量的现值，反映了企业潜在的获利能力，考虑了资金的时间价值和投资的风险价值，因此选项 A、B、C 错误。

7. C　股份有限公司等公司制企业的优点是容易转让所有权、有限债务责任、可以无限存续、融资渠道较多，更容易筹集所需资金；缺点是组建公司的成本高、存在代理问题、双重课税。

8. 不同意这种观点。在公司理财的一般假设之下，股票价值可以反映风险、时间以及所有的未来现金流量，包括短期的和长期的现金流量，所以上述观点就是错误的。

9. 最大化未来股票价格作为公司理财的目标是不恰当。最大化现在股票的价格与最大化未来股票的价格实际上都是一样的，因为股票的价值取决于公司未来的现金流量。从另一个角度来说，除非有大额的现金支付给股东，否则股票的未来价格必须高于现在的价格。但最大化未来股票价格的财务决策很难在实际中操作，且不易被投资者接受，而最容易被股东接受的是最大化股票现在的价值。

【归纳总结】公司财务管理的目标定位为增加股东财富价值、股东财富最大化对公司财务有着重要意义，它决定了投资决策中净现值法(NPV)的核心，即判断一投资是否可行，关键看该投资是否能带来正的净现值，也就是这一投资是否为股东增加价值；这个目标也是资本结构理论讨论的核心，资本结构理论的争议集中于融资是否增加企业价值，而 MM 理论正是围绕该焦点，在不同的假设条件下，衍生出不同的版本。

考点2 公司财务的研究内容

1. D 证券投资指购买资本市场中的有价证券。选项A、B、C属于资本预算性的生产投资。

2. D 选项B属于投资活动，选项A只属于筹资活动，选项C属于筹资活动和广义的分配活动。

3. ABCD 本题的考点是财务活动的内容。财务活动是指资金的筹集、投放、使用、收回及分配等一系列行为。财务活动的内容包括：筹资活动、投资活动、资金营运活动及分配活动。

4. 公司金融的三个重要的关注领域：

(1) 公司应投资什么样的长期资产？资本预算来描述长期资产的投资和管理过程。

(2) 公司如何筹集所需的资金？这涉及资本结构，即公司短期及长期负债与所有者权益的比例。

(3) 公司应如何管理短期经营活动产生的现金流？现金流的短期管理与净营运资本有关。

具体内容可见表1-1。

表1-1 公司财务研究的内容

公司金融	内 容
资本预算	资本预算包括购置流动资产、固定资产、无形资产等，证券投资包括购买股票、债券、基金等。
筹资活动	确定筹资规模、筹资方式和筹资结构，以降低筹资成本和风险。支付利息、股利可以视为融资的反方向，所以筹资活动也包括利息、股利的支付。
营运活动	因企业日常经营而引起的财务活动，称为资金营运活动。包括现金管理、应收账款管理和存货管理。

考点3 公司治理

1. C 公司的利益相关者很多，但是最为重要的相关者是股东、经营者、债权人。

2. D 本题的考点是公司治理中利益相关者之间的协调。债权人为保护自身利益不受伤害除了寻求立法保护外，还可规定资产用途、不发行新债或限制发行新债数额。D选项是债权人所希望的，因为借款人发行股票能增加其偿债能力。

3. B 在所有权分散的公司中，由于“搭便车”问题，所有者监督管理者的意愿降低，因此，代理问题与所有权分散程度成正向关系。

4. (1) 所谓公司治理结构，是指为实现资源配置的有效性，所有者(股东)对公司的经营管理和绩效进行监督、激励、控制和协调的一整套制度安排，它反映了决定公司发展方向和业绩的各参与方之间的关系。典型的公司治理结构是由所有者、董事会和执行经理层等形成的一定的相互关系框架。

(2) 公司治理机制主要有：

① 董事会监督。对大型公司来说，对管理者的监督可以委托公司董事会来执行。董事会制度是最常见的公司治理机制。

② 股票期权激励制度。根据股票期权激励合同，公司管理者的报酬至少包括两个部分：固定年薪和按约定价格在未来购买一定数量公司股票的股票期权。

③ 大股东治理。代理问题与所有权分散成正比关系。从这个角度而言，培育大股东，有助于减少或遏制代理问题。

④ 跨国股票上市。公司将其股票跨国上市可以提高它在新的资本市场上的知名度，从而为公司在需要从投资者那里筹集新的股权或者债务资本时铺平了道路。

⑤ 债权人监督。一方面，债权人会主动跟踪借款公司的资产、利润和现金流；另一方面，债权人要求债务人按时还本付息。

⑥ 接管威胁。并购市场的接管威胁可以对公司管理者起到威慑作用，促使管理者用心经营，努力提高公司效率。

⑦ 订立累积投票机制。累积投票机制可以显著增强弱小股东用手投票的激励，减轻控制权和剩余索取权错配程度。

5. 以企业价值最大化作为财务管理的目标，并不意味着与企业相关的经济利益者的目标一致。事实上，股东、债权人、管理者、国家等的目标各不相同，股东和债权人是企业资本的提供者，但这种提供不是无偿的；管理者是企业资本的使用者，需要企业支付一定报酬；国家是企业利益的分配者，由此不可避免地引起各方利益者的相互冲突，由此形成代理问题。所谓代理问题，是指由于企业相关经济利益者利益目标的不一致而导致的冲突与背离。

在公司制下，代理问题主要表现在三个方面：股东与管理者、股东与债权人、企业与社会。

(1) 股东与管理者。在所有权和经营权分离的情况下，股东与管理者有着不同的利益目标。股东要求资本保值与增值，最大限度地提高资本收益，其目标集中表现为货币性收益；而管理者作为所有者的代理人，除了追求高工资、高奖金等货币性收益外，还包括一些非货币性收益目标，如增加闲暇时光、豪华的办公条件、配备车辆等一些享受成本。

财务管理以企业价值最大化为其目标，这一目标可以直接反映所有者的利益，但与管理者没有直接的利益关系，由此可能会使经营者为了自身的目标而背离股东的利益，从而“逆向选择”，追求较高的享受成本。另外，不尽最大的努力工作，产生职业怠慢，出现“道德风险”。为此，股东可采取以下措施：

a. 监督与解聘。如聘请注册会计师等对管理者实施全面监督，当管理者未达到股东预定目标时，股东可以解聘管理者以增加其工作动力。

b. 接受兼并威胁。如果管理者经营不力、管理不当，未能提高企业效益，企业将面临被兼并的威胁，届时管理者将被解聘。为此，管理者为了避免被接受，会采取一切措施促使企业价值的上升。

c. 激励。将管理者的报酬与其业绩挂钩，实施激励计划，如给予管理者一定数量的公司股票。管理者将会为自己的股权收益而努力提高企业价值。

(2) 股东与债权人。企业向债权人借入资金后，两者的委托代理关系形成。债权人希望企业能够如期足额还本付息，而企业借入资金的目的是为了扩大经营，增加股东财富。由于利益不一致，可能出现股东伤害债权人利益的行为：一是企业不经债权人同意，改变资金用途，投资风险更高的项目，造成债权人投资风险与收益的不对称；二是未征得债权人同意发行新债券或举借新债，致使企业原有债务的价值降低。为此，理性的债权人可采取如下措施：

a. 借款合同中增加各种限制性条款。如规定借款的用途、借款的担保条款、不得发行新债等。

b. 提前收回借款或停止借款。当债权人发行企业有侵蚀其债权价值的意图时，将拒绝进一步的合作，提前收回借款或不再提供新的借款。

(3) 企业与社会。企业价值最大化目标与社会目标在许多方面是一致的，企业在追求企业价值最大化的同时，股东财富在增加，自然社会也会受益，如扩大就业人数、提高公众生活质量、增加税收等。但企业目标与社会目标还有一些不一致的地方。社会不允许企业为了自身利益而生产假冒伪劣产品、污染环境的产品等，社会要求企业考虑职工的健康和利益而不能不顾其安危等。显然，如果企业考虑社会公众利益，则会降低股东的收益。这部分的目标不一致需要靠国家以法律形式进行规范。目前我国已颁布了一系列保护公众利益的法律，如《中华人民共和国环境保护法》、《中华人民共和国消费者权益保护法》、《中华人民共和国产品质量法》等，通过这些法律来调节股东与社会公众的利益，企业必须在追求企业价值的同时，遵纪守法。

6. 筹资、投资构成了财务管理的基本内容，对于一个企业来讲，内部资金十分有限，因此企业常需要考虑外部融资的问题。企业对外的筹资与投资必然与金融市场发生关系，因此要做好公司治理，必须熟悉金融市场。

金融市场是指资金的供应者和需求者通过金融工具融通资金的场所。金融市场可以按不同标志进行分类：(1)以交易对象为标志划分，金融市场可以分为资金市场、外汇市场和黄金市场。资金市场的交易对象是货币、各种票据和有价证券等；外汇市场的交易对象是外国货币；黄金市场的交易对象是黄金。从筹资与投资的角度来看，资金市场与企业财务管理的关系最为密切。(2)以交易期限为标志划分，金融市场可以分为货币市场和资本市场。货币市场是指期限不超过 1 年的资本交易市场。通常包括银行同业拆借、票据的承兑与贴现、大额定期存单等，交易目的是解决短期资本的需求。资本市场是指期限在 1 年以上的资本交易市场。一般指债券及股票的交易，交易目的是满足长期资本的需求。(3)以交易时间为标志划分，金融市场可分为即期市场和远期市场。即期市场又称为现货市场，是指买卖双方成交后，当场或几天之内进行交割的市场。远期市场又称为期货市场，是指买卖双方成交后，在双方约定的未来某一特定的时日才进行交割的市场。(4)以交易阶段为标志划分，金融市场可分为一级市场和二级市场。一级市场又称为初级市场或发行市场，是指从事新证券和票据等金融工具买卖的市场。二级市场又称为次级市场或流通市场，是指从事已上市的旧证券或票据等金融工具买卖的市场。(5)综合分类。由于金融市场分类的多样性，导致各种分类之间存在着内容上的重叠或遗漏。为了便于理解或相互交流，在西方金融市场实务中，通常采用以金融工具大类为标志的综合分类法，将金融市场分为六大市场：股票市场、债券市场、货币市场、外汇市场、期货市场和期权市场。其中前三个市场可以归为有价证券市场，这三个市场都具有筹措资金与投放资金的功能，无论从市场的功能上，还是从交易规模上看，这三个市场构成了整个金融市场的核心部分；外汇市场是一国有价证券市场和另一国有价证券市场的纽带，对于筹资和投资只具有辅助性功能；期货市场和期权市场的辅助性则更强，因为期权期货市场主要是用来防范因市场价格和市场利率剧烈波动而给筹资与投资活动造成巨大损失的保护性机制。

金融市场是一个庞大的系统，它由金融市场的参加者、金融工具、金融交易场所、市场利率四要素构成。(1)金融市场的参加者即金融市场交易的主体。包括个人、经济实体、政府和金融机构。(2)金融工具是金融市场交易的客体，即金融市场的参加者进行金融交易的对象，它是证明金融交易的合法凭证，也称为金融资产。(3)金融交易场所是进行金融工具交易的地方。金融交易场所既可以是有形的，也可以是无形的。有形的金融交易场所通常有固定的地方和设施，如证券交易所、银行等；无形的金融交易场所通常没有固定的场所，形式灵活，如利用电脑、电传、电话等设施通过经纪人进行的资金融通活动，这种形式可以跨越不同的城市和国家。(4)市场利率是金融市场的价格机制，它是金融市场调节资本供求，引导资本合理流动的杠杆。

7. 现代企业理论认为，企业是一种契约关系的联结。契约关系的各方成为企业的利益相关者，各利益相关者之间的利益和目标并不完全一致，在信息不对称的情况下，企业各利益相关者之间形成诸多委托-代理关系。在委托-代理关系中，委托人与代理人之间存在信息不对称，代理人拥有内部信息，处于信息优势地位，委托人处于信息劣势地位，在双方利益不一致的情况下，代理人可能会利用其信息优势危害委托人的利益，这就产生了代理问题。代理问题会降低企业效率，增加企业成本，这种成本在经济学上称为代理成本。代理成本理论是由詹森和麦克林提出的。他们区分了两种公司利益冲突：股东与经理层之间的利益冲突和债权人与股东之间的利益冲突。

(1) 股东与经理层之间的代理成本。在股份有限公司中，股东作为公司的投资者并不直接参与公司的经营管理活动，而是聘用经历从事经营管理活动，这样，在股东和经理之间便形成了委托-代理关系。经理作为代理人比股东更了解公司的经营状况和发展前景，并且掌握公司的经营决策权，经理在进行经营决策时并非总是以股东的利益最大化为目标，他们可能会出于自身的利益做出有违股东利益的行为，例如将大量的现金用于追求个人奢侈的在职消费、盲目地扩张企业规模、进行缺乏效率的并购等，这就增加了公司的代理成本。

(2) 股东与债权人之间的代理成本。由于股东拥有公司控制权，而债权人一般不能干涉公司的经营活动，这样股东会利用其控制权的优势影响债权人的利益，以使自身利益最大化，例如股东可能会要求公司支付高额现金股利，从而减少公司的现金持有量，增加了债权人的风险。这种代理问题也会产生代理成本，通常债权人可能会要求在借款合同中规定限制性条款，或者要求公司对债务提供担保，从而增加了公司的成本费用。

(3) 债务融资是指企业通过向个人或机构投资者出售债券、票据筹集营运资金或资本开支。债务融资可以有效降低上述两种代理成本，提高企业资金使用效率。

① 提高债务融资比例能够降低企业自由现金流，提高资金使用效率

企业向债权人按期还本付息是由法律和合同规定了的硬约束。企业经营者必须在债务到期时，以一定的现金偿还债务本息，否则面临的将是诉讼与破产。负债融资对经营者的这种威胁，促使经理有效地担负支付未来现金流的承诺。因此，因负债而导致还本付息所产生的现金流出可以是红利分配的一个有效替代物，从而更好地降低自由现金流量的代理成本，提高资金使用效率。

② 提高债务融资比例能够优化股权结构

如果债权人对公司的约束是硬的，那么在股权分散，法人或管理层持股比例较小的情况下，增加负债融资，一方面能相对提高公司的股权集中度和管理者持股比例，增加大股东的监督力度和管理者与股东利益的一致性；另一方面，使债权人特别是大债权人能更好地发挥对大股东，管理层的监督和约束的职能。因此，在相对分散的股权结构中，负债融资一方面增加了管理层的激励，对约束经营者行为、防止经营者过度投资，降低股权代理成本、改善公司治理结构、提高公司业绩起着积极的治理效应；另一方面，债权人的监督约束了大股东

的私利行为，避免大股东对中小股东的侵害。

而当股权过于集中时，大股东利用手中的控制权通过董事会中的绝对多数来直接控制经营者。此时，经营者为了保住自己的职位，往往会迎合大股东一起来侵占债权人、其他股东(尤其是小股东)利益。大股东的股权集中优势越明显，这种可能性就越大。此时外部融资的困难将会加大。因为当债权人和其他中小股东事先预料到大股东这种利益侵占行为时，要么就拒绝融资，要么就要求提高投资收益。从公司治理的角度看，如果外部负债融资不能到位，这种负债的监督和约束功能将无从发挥，从而影响公司治理效率。

③ 提高债务融资比例可以激励经营者努力工作

经营者与所有者有不同的风险偏好，即经营者更倾向于不冒风险，因为他们的财富同公司正常运转相联系。就公司所有者而言，他们更关注股市的系统性风险对公司股价的影响，因为对于一个分散化投资者来讲，这种风散化的投资组合策略已大大降低了行业或单个企业所特有的非系统性风险。相反，经营者却无法有效地分散化风险。对于他们来说，其拥有财富的大部分都同其所在公司的绩效有关。他们的工资收入、股票期权及人力资本的价值在很大程度上有赖于公司的正常运转。而当公司出现问题时，经营者的财富很难在公司间转移。从这一点上讲，他们所遭遇的风险更像是一个债权人的风险而非股东的风险。增加上市公司的负债资本比率，提高了流动性风险和发生财务危机的可能性，提高了经营者不当决策的成本，即债务可作为一种担保机制。

第 2 章　财务报表分析

一、考查要点

（一）会计报表

1. 资产负债表亦称财务状况表，表示企业在一定日期(通常为各会计期末)的财务状况(即资产、负债和所有者权益的状况)的主要会计报表。其编制基础是：资产=负债+所有者权益。资产的价值按照成本与市价孰低计算，一般成本的价值总会低于市场价值，因此账面价值反映的是资产的成本。负债是企业所承担的在规定的期限内偿付现金的责任，大多涉及在一定的期限内偿还约定本息的合同义务。所有者权益是对企业剩余资产的索取权，它是不固定的。所有者权益等于资产与负债之差：资产-负债=所有者权益。

2. 利润表(income statement)用来衡量企业在某一特定时期(如一年)的业绩。利润的会计定义为：收入-费用=利润。

3. 会计现金流量表由三个部分组成：经营活动所产生的现金流量、投资活动所产生的现金流量以及筹资活动所产生的现金流量。

确定企业现金变动的步骤：

(1) 计算经营活动产生的现金流量，即经营活动和生产活动带来的现金流入或者流出；

(2) 考虑投资活动产生的现金流量；

(3) 考虑筹资活动产生的现金流量，即当年对债权人和所有者的净支出(不包括利息费用)。

（二）财务分析

1. 财务分析的方法

(1) 趋势分析法：是将两期或连续数期财务报告中相同指标进行对比，确定其增减变动的方向、数额和幅度，以说明企业财务状况或经营成果的变动趋势的一种方法。

(2) 比率分析法：通过计算各种比率指标来确定经济活动变动程度的分析方法。

构成比率=某个组成部分数额/总体数额

效率比率=所得/所费

相关比率=某一指标/另一相关指标

(3) 因素分析法：依据分析指标与其影响因素的关系，从数量上确定各因素对分析指标影响方向和影响程度的一种分析方法。

2. 基本财务比率

流动比率=流动资产/流动负债

速动比率(酸性试验比率)=(流动资产-存货)/流动负债

现金比率=现金及现金等价物/流动负债

3. 长期偿债能力指标(财务杠杆比率)

负债比率=(总资产-总权益)/总资产

负债权益比=总负债/总权益

权益乘数=总资产/总权益=1+负债权益比

利息倍数=EBIT/利息

现金对利息的保障倍数=(EBIT+折旧)/利息

4. 资产管理或资金周转率指标

存货周转率=产品销售成本/存货

存货周转天数=365 天/存货周转率

应收账款周转率=销售额/应收账款

应收账款周转天数=365 天/应收账款周转率

总资产周转率=销售额/总资产

资本密集度=总资产/销售额

5. 盈利性指标

销售利润率=净利润/销售额

资产收益率(ROA)=净利润/总资产

权益收益率(ROE)=净利润/总权益

ROE=(净利润/销售额)×(销售额/资产)×(资产/权益)

6. 市场价值的度量指标

(1) 市盈率：市盈率=每股市价/每股收益

市盈率衡量投资者愿意为当前每股利润支付多少钱，因此，较高的市盈率通常意味着公司未来的成长前景不错。当然，一家公司没有什么利润，其市盈率也有可能会很高，所以，解释这个比率时应多加小心。

(2) 市净率：市净率=每股市价/每股账面价值

市净率通常又称市账率，它反映普通股股东愿意为每 1 元净资产支付的价格。

(3) 市销率：市销率=每股市价/每股销售收入

市销率又称收入乘数，它反映普通股股东愿意为每 1 元销售收入支付的价格。

7. 杜邦分析

净资产收益率=总资产净利率×权益乘数=销售净利率×资产周转率×权益乘数

二、2023 年命题预测

财务报表分析是公司财务的基础章节。这个部分对没有会计基础的考生来说是难点，好在一般学校考查的并不深，只要能够理解区分各种财务指标就能应对大多数试题。当然，有些注重财务分析的高校对此章节比较重视，考生务必要弄清楚三大报表之间的关系。

考点 1　财务报表

(一) 命题思路

财务报表属于基础知识点，难度不大。从命题角度来看，主要命题思路是：考查三种报表项目的计算。

（二）习题精编

1. (复旦大学 2020)下列关于“自由现金流量”的表述中，正确的是(　　)。

A. 税后净利+折旧

B. 经营活动产生的现金流量净额

C. 经营活动产生的现金流量净额+投资活动产生的现金流量净额+筹资活动产生的现金流量净额

D. 企业履行了所有财务责任和满足了再投资需要以后的现金流量净额

2. 某公司的销售额为527000元，付现成本为280000元，折旧费用为38000元，利息费用为15000元，所得税税率为35%。该公司的净利润是多少？若分派48000元的现金股利，留存收益会增加多少？

3. 某驾校2006资产负债表上的固定资产净额为420万元，2007年资产负债表上的固定资产净额为470万元，2007的利润表上有折旧费用925000元。其2007年的净资本性支出是多少？

4. 某网球店2006年和2007年的长期负债分别为280万元和310万元，2007年利息费用为340000元。该公司2006年普通股为820000元，股本溢价为680万元，2007年这两项分别为855000元和760万元，2007年支付现金股利600000元。该公司2007年净资本性支出为760000元，净营运资本减少165000元。该公司2007年的经营性现金流量(即OCF)是多少？

5. Schwert公司2015年利润表上显示了如下信息：销售额为215000美元，成本为117000美元，其他费用为6700美元，折旧费用为18400美元，利息费用为10000美元，税为25370美元，股利为9500美元。另外，你还了解到公司2015年发行了8100美元的新股，赎回了7200美元的长期债务。

(1) 2015年经营性现金流量是多少？

(2) 2015年流向债权人的现金流量是多少？

(3) 2015年流向股东的现金流量是多少？

(4) 如果该公司当年固定资产净额增加28400美元，净营运资本增加额是多少？

6. Ritter集团公司的会计师为2010年年末准备了以下财务报表：

Ritter 集团公司 2010 年利润表　　单位：美元

收　入	600	净利润	105
费　用	405	股　利	45
折　旧	90		

Ritter 集团公司资产负债表(12 月 31 日)　　单位：美元

	2010	2009		2010	2009
资产			负债与所有者权益		
现金	50	35	应付账款	85	95
其他流动资产	155	140	长期负债	135	105
净固定资产	340	290	所有者权益	325	265
资产总计	545	465	负债和所有者权益合计	545	465

（1）请阐释2010年的现金变动。

（2）请确定公司在2010年的净营运资本变动。

（3）请计算2010年公司资产的现金流量。

7.（浙江工商2020）为什么一个盈利的公司会走向破产？而一个亏损的公司会发放股利？

8. 会计利润与现金流量的区别是什么？

考点2　财务比率

（一）命题思路

“财务比率”属于基础知识点，难度不大，但非常重要。从命题角度来看，主要命题思路是：(1)考查每个财务指标的含义；(2)考查各个指标的计算；(3)杜邦分析。

（二）习题精编

1. 下列对产权比率与权益乘数的关系表述正确的是(　　)。

A. 产权比率×权益乘数=1　　B. 权益乘数=1/(1-产权比率)

C. 权益乘数=(1+产权比率)/产权比率　　D. 权益乘数=1+产权比率

2. 在下列财务业绩评价指标中，属于企业盈利能力基本指标的是(　　)。

A. 营业利润增长率　　B. 总资产报酬率

C. 总资产周转率　　D. 利息保障倍数

3. A上市公司2008年实现的净利2750万元，年初发行在外的普通股10000万股，2008年5月1日新发行6000万股，11月1日回购1500万股，以备将来奖励职工之用，则该上市公司基本每股收益为(　　)。

A. 0.1元　　B. 0.2元　　C. 0.3元　　D. 0.4元

4.（中山大学2013）某企业原流动比率大于1，速动比率小于1，现以银行存款支付以前的应付账款，则企业的(　　)。

A. 流动比率下降　　B. 速动比率下降　　C. 两种比率均不变　　D. 两种比率均提高

5.（复旦大学2015）甲公司现有流动资产500万元(其中速动资产200万元)，流动负债200万元。现决定用现金100万元偿还应付账款，业务完成后，该公司的流动比率和速动比率将分别______和______。(　　)

A. 不变，不变　　B. 增加，不变　　C. 不变，减少　　D. 不变，增加

6.（上海财大2012）在下列指标中反映企业营运能力的是(　　)。

A. 销售利润率　　B. 总资产报酬率　　C. 速动比率　　D. 存货周转率

7.（上海财大2013）已知2007年R公司营运净利润为550万元，资产总额为4800万元，应收账款总额为620万元，债务权益比为1.25。那么2007年该公司的股权回报率ROE为(　　)。

A. 23.76%　　B. 24.28%　　C. 24.11%　　D. 25.78%

8. 在计算速动资产时，之所以要扣除存货等项目，是由于(　　)。

A. 这些项目价值变动较大　　B. 这些项目质量难以保证

C. 这些项目数量不易确定　　D. 这些项目变现能力较差

9. 某公司年末会计报表上部分数据为：流动负债80万元，流动比率为2.5，速动比率为1.2，销售成本200万元，年初存货96万元，则本年度存货周转次数为(　　)。

A. 1.8次　　B. 2次　　C. 2.5次　　D. 1.45次

10. 有时速动比率小于 1 也是正常的，比如(　　)。

A. 存货过多导致速动资产减少　　B. 应收账款不能实现

C. 大量采用现金销售　　D. 速动资产小于流动负债

11. (　　)是最能衡量企业偿还流动负债能力的。

A. 资产负债比率　B. 速动比率　C. 流动比率　D. 利息保障系数

12. 下列各项中，关于每股收益的说法正确的是(　　)。

A. 每股收益高则每股股利也高

B. 每股收益高则股票市盈率就低

C. 每股收益包含了股票中的风险因素

D. 每股收益是衡量上市公司获利能力时最常用的财务分析指标

13. 以下关于市盈率和市净率的表述，不正确的是(　　)。

A. 市盈率=每股价格÷每股收益

B. 市净率=每股价格÷每股净资产

C. 每股净资产的数额越大，表明公司内部积累越雄厚，抵御外来因素影响的能力越强

D. 市盈率与市净率相比，前者通常用于考察股票的内在价值，多为长期投资者所重视；后者通常用于考察股票的供求状况，更为短期投资者所关注

14. 关于相对价值估价模型适用性的说法中，错误的是(　　)。

A. 市盈率估价模型不适用于亏损的企业

B. 市净率估价模型不适用于资不抵债的企业

C. 市净率估价模型不适用于固定资产较少的企业

D. 市销率估价模型不适用于销售成本率较低的企业

15. (复旦大学 2017)根据杜邦分析框架，A 公司去年净资产收益率(ROE)下降，可能是由于(　　)引起的。

A. 销售利润率上升　　B. 总资产周转率下降

C. 权益乘数上升　　D. 股东权益下降

16. (南京大学 2011)下列各项展开式中不等于每股收益的是(　　)。

A. 总资产收益率×平均每股净资产

B. 股东权益收益率×平均每股净资产

C. 总资产收益率×权益乘数×平均每股净资产

D. 主营业务净利率×总资产周转率×权益乘数×平均每股净资产

17. (南京大学 2013)某大型企业的 CEO 向基金经理介绍，他们企业的目标是通过提高公司的股权收益率，为股东创造最大价值。他的如下说法中错误的是(　　)。

A. 降低企业的财务杠杆可降低利息成本，提高股权收益率

B. 在既有资产水平上加大营销力度，提高资产周转率可提高资本使用效率，提高股权收益率

C. 在一个高度竞争的市场中通过生产及销售的成本节约可提高产品毛利水平，提高股权收益率

D. 通过控制管理费用可提高净利水平，提高股权收益率

18. (江西财大 2016)杜邦财务分析法的核心指标是(　　)。

A. 资产收益率　B. EBIT　C. ROE　D. 负债比

19.（中国海洋 2018）已知某公司 2016 年有关资料如下表所示：

金额单位：万元

项　目	年初数	年末数	本年数或平均数
存货	7200	9600	
流动负债	6000	8000	
总资产	15000	17000	
流动比率		1.5	
速动比率	0.8		
权益乘数			1.5
流动资产周转率（次）			4
净利润			2880

假设该公司流动资产由速动资产和存货组成，要求：

（1）计算该公司 2016 年销售（营业）收入净额和总资产周转率。

（2）计算该公司 2016 年销售净利率和净资产收益率。

20.（浙工商 2017）阐述杜邦分析体系可以揭示企业哪些方面的财务信息？该体系是否能够体现公司价值最大化的财务管理目标？

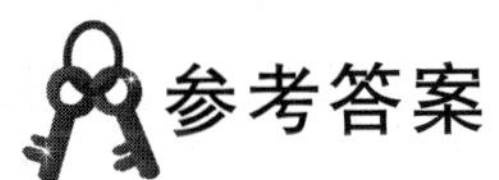

参考答案

考点 1　财务报表

1. D　FCFF=税后净利+折旧-资本性支出-净营运资本的增加，选项 A 错误；自由现金流的另外一种近似表达方式是：FCFF=经营活动产生的现金流量净额-投资活动产生的现金流量净额，选项 B 和 C 错误；选项 D 是自由现金流的概念，正确。

2. 该公司的利润表是：

利润表

销售额	527000	利息费用	15000
付现成本	280000	税前利润	194000
折旧	38000	所得税费用	67900
息税前利润	209000	净利润	126100

留存收益的增加=净利润-股利=126100-48000=78100（元）。

3. 资本性支出=期末固定资产净额-期初固定资产净额+折旧=4700000-4200000+925000=1425000（元）。

4. 向债权人支付的现金流量=利息费用-借款净额=340000-（3100000-2800000）=40000（元）。

向股东支付的现金流量=支付的股利-权益筹资净额=600000-[（855000+7600000）-（820000+6800000）]=-235000（元）。

资产现金流出量=向债权人支付的现金流量+向股东支付的现金流量=40000-235000=-195000 元。

资产现金流量=经营性现金流量-净资本性支出-净营运资本增加，

经营性现金流量=资产现金流量+净资本性支出+净营运资本增加

经营性现金流量=-195000+760000-165000=400000(元)。

5. 为求出经营性现金流量，我们首先计算净利润：

利润表　（单位：美元）

销售额	215000	应税利润	62900
成本	117000	所得税	25370
其他费用	6700	净利润	37530
折旧	18400	股利	9500
息税前利润	72900	留存收益增加额	28030
利息	10000		

（1）经营性现金流量=息税前利润+折旧-所得税=72900+18400-25370=65930 美元

（2）因为公司偿还了部分长期负债，所以新增长期负债净额是负的。流向债权人的现金流量=利息-新增长期负债净额=10000-(-7200)=17200 美元。

（3）流向股东的现金流量=股利-新增权益净额=9500-8100=1400 美元。

（4）来自资产的现金流量=流向债权人的现金流量+流向股东的现金流量=17200+1400=18600 美元。同时，来自资产的现金流量=经营性现金流量-净资本性支出-净营运资本变化额。净资本性支出=固定资产净值的增加额+折旧=28400+18400=46800 美元。则18600=65930-46800-净营运资本变化额，计算可得净营运资本变化额=530 美元。

6.（1）2010 年的现金变动可以用现金流量表来表示，如下：

会计现金流量表　单位：美元

经营活动		购置固定资产	-140
净利润	105	投资活动产生的现金流量	-140
折旧	90	筹资活动	
其他流动资产的变动	-15	长期负债增加	30
应付账款	-10	股利支付	-45
经营活动产生的现金流量	170	筹资活动产生的现金流量	-15
投资活动		现金变动额(资产负债表上)	15

（2）净营运资本变动=期末净营运资本-期初净营运资本=(期末流动资产-期末流动负债)-(期初流动资产-期初流动负债)=(50+155-85)-(35+140-95)=40 美元

（3）经营性现金流量=净利润+折旧=105+90=195 美元

资本性支出=期末固定资产-期初固定资产+折旧=340-290+90=140 美元

资产产生的现金流量=经营性现金流量-资本性支出-净营运资本变动=195-140-40=15 美元

7. 企业破产界限是企业不能支付到期债务。一个企业盈利多少并不代表企业拥有多少可以用于支付债务的现金。有时，企业会由于应收账款变成呆账或者资本周转不灵而难以支付到期债务，这时企业就有可能走向破产。亏损企业发放股利会出于以下两个方面的考虑：(1)发放股利可以向外界树立这样一个企业形象，即企业处于正常发展时期，这样可以稳定公司股票的价格。(2)企业可能会因实施固定股利政策而需发放股利。

8. 会计利润亦称“利润总额”“账面利润”“会计收益”，是指企业出售产品的总收益减去以显性成本(会计成本，与显性成本相对)之差额，它是由营业利润、投资净收益、补贴收入和营业外收支净额组成的；反映企业在一定时期内的经营成果。

现金流量是指企业在一定时期内的现金流入总量和现金流出总量，包括企业经营活动、投资活动、筹资活动和特殊项目所产生的现金流入和现金流出。

会计利润和现金流量的主要区别在于：非现金支出(比如折旧支出)是包括在会计利润之中的，但在现金流量中却得不到体现，因为从现金流量的概念出发，这些支出并不能够代自企业目前的实际支出水平。在投资发生并实际支付现金时，现金流量就把投入的全部成本一次扣除，而会计利润则将投资成本按其受益期间进行摊销。回到先前提到的折旧问题，由于折旧是一笔非现金支出，它只能通过影响税收进而影响企业的现金流量。

考点2　财务比率

1. D　权益乘数=资产/所有者权益=(负债+所有者权益)/所有者权益=1+负债/所有者权益，而产权比率=负债/所有者权益，所以权益乘数=1+产权比率。

2. B　财务业绩评价指标中，企业盈利能力的基本指标包括净资产收益率、总资产收益率和总资产报酬率。营业利润增长率是企业经营增长的指标；总资产周转率是企业资产质量的基本指标；利息保障倍数是反映企业长期偿债能力的基本指标。

3. B　发行在外普通股加权平均数股数=10000+6000×8/12−1500×2/12=13750 万股，基本每股收益=2750/13750=0. 2 元。

4. B　以银行存款支付以前的应付账款则流动比率和速动比率的分子和分母都同时减少了相同的数目，根据数学知识可知流动比率会上升，速动比率会下降。

5. B　因为现金是速动资产也是流动资产，现金偿还应付账款后，速动资产减少 100 万，流动负债减少 100 万，本来流动比率是 5 : 2，现在是 4 : 1，故增加。原来速动比率是 2 : 2，现在是 1 : 1，可知没变。所以选 B。

6. D　营运能力是反映企业运用资产经营和利润的效率，一般用各类资产的周转率为指标反映，与经营能力、盈利能力是不同的。本题中存货周转率反映企业的营运能力。

7. D　权益资本是 4800/2. 25=2133. 33，所以 $ROE=\frac{550}{2133.33}=25.78\%$ 。

8. D　是否计入速动资产主要是从资产的变现能力考虑的。

9. B　易算出年末的存货为 104 万，年初存货为 96 万，可知平均存货为 100 万，又销售成本 200 万元，可得年存货周转次数为：销售成本/存货=200/100=2。

10. C　大量采用现金销售，减少了应收账款，导致速动比率小于 1。

11. B　偿还流动负债能力，更看重的是变现能力强的流动性资产，一般更看中的是速动资产与流动负债的比率，即速动比率。

12. D　每股收益是衡量上市公司获利能力时最常用的财务分析指标，它反映了股票的获利水平；每股收益不反映股票所含有的风险；每股收益高，不一定意味着多分股利，还要看公司的股利政策；每股收益高，若股价上涨更快，市盈率会提高。

13. D　市净率与市盈率相比，前者通常用于考察股票的内在价值，多为长期投资者所重视；后者通常用于考察股票的供求状况，更为短期投资者所关注。

14. D　市销率估价模型主要适用于销售成本率较低的服务类企业，或者销售成本率趋同的传统行业的企业。

15. B　杜邦分析框架中，净资产收益率＝销售净利率×资产周转率×权益乘数，因此 ROE 下降的可能原因只有 B。

16. A　每股收益＝股东权益收益率×平均每股净资产＝总资产收益率×权益乘数×平均每股净资产＝主营业务净利率×总资产周转率×权益乘数×平均每股净资产。

17. A　根据杜邦分析指标体系可以看出，ROE 与权益乘数呈线性相关性。在不考虑破产成本的情况下，由于有税盾作用，合适的财务杠杆可以提高股权收益率。

18. C　权益净利率，也称权益报酬率，是一个综合性最强的财务分析指标，是杜邦分析系统的核心。

19.（1）速动比率是指企业速动资产与流动负债的比率，则：

期初速动资产＝速动比率×流动负债＝0.8×6000＝4800 万元

期初流动资产＝期初速动资产+期初存货＝4800+7200＝12000 万元

流动比率是流动资产对流动负债的比率，则：

期末流动资产＝流动比率×流动负债＝1.5×8000＝12000 万元

则：本年平均流动资产＝12000 万元

销售（营业）收入净额＝流动资产周转率×平均流动资产＝4×12000＝48000 万元

本年平均总资产＝（15000+17000）/2＝16000 万元

则：总资产周转率＝销售收入/总资产＝48000/16000＝3 次

（2）销售净利率＝净利润/销售收入＝2880/48000＝6%

由杜邦分析法可知：

净资产收益率＝销售净利率×总资产周转率×权益乘数＝6%×3×1.5＝27%

20.（1）杜邦分析法，又称杜邦财务分析体系，简称杜邦体系，是利用各主要财务比率指标间的内在联系，对企业财务状况及经济效益进行综合系统分析评价的方法。该体系是以净资产收益率为龙头，以资产净利率和权益乘数为核心，重点揭示企业获利能力及权益乘数对净资产收益率的影响，以及各相关指标间的相互影响作用关系。

杜邦分析法中的几种主要的财务指标关系为：

净资产收益率＝资产净利率×权益乘数

而：资产净利率＝销售净利率×资产周转率

即：净资产收益率＝销售净利率×资产周转率×权益乘数

（2）从杜邦分析系统可以了解到以下财务信息：

① 权益净利率是一个综合性最强的财务分析指标，是杜邦分析系统的核心；

② 资产报酬率是反映企业获利能力的一个重要财务比率，它揭示了企业生产经营活动的效率；

③ 从销售方面看，销售净利率反映了企业净利润与销售收入之间的关系；

④ 权益乘数表示企业的负债程度，反映了公司利用财务杠杆进行经营活动的程度。

（3）杜邦分析法有助于企业管理层更加清晰地看到权益资本收益率的决定因素，以及销售净利润率与总资产周转率、债务比率之间的相互关联关系，给管理层提供了一张明晰的考察公司资产管理效率和是否最大化股东投资回报的路线图。

（4）杜邦分析法是企业财务管理中重要的分析方法。但是，杜邦分析法仍然存在部分的不足之处，使其不能满足对实现企业价值最大化的财务管理目标的财务分析。从企业绩效评价的角度来看，杜邦分析法只包括财务方面的信息，不能全面反映企业的实力，有很大的局限性，主要表现在如下方面。

① 对短期财务结果过分重视，有可能助长公司管理层的短期行为，忽略企业长期的价值创造。

② 财务指标反映的是企业过去的经营业绩，衡量工业时代的企业能够满足要求。但在目前的信息时代，顾客、供应商、雇员、技术创新等因素对企业经营业绩的影响越来越大，而杜邦分析法在这些方面是无能为力的。

③ 在目前的市场环境中，企业的无形知识资产对提高企业长期竞争力至关重要，杜邦分析法不能解决无形资产的估值问题。

第3章　长期财务规划

一、考查要点

（一）销售百分比法

1. 销售百分比法是假设有些项目随销售额的变动而变动，目的在于提出一个生成预测财务报表快速实用的方法。

股利支付率=现金股利/净利润

留存比率（利润再投资率）=留存收益的增加额/净利润

资本密集率=总资产/销售额，指的是产生1美元销售额所需要的资产金额，比率越高，公司的资本密集度越高。

2. 外部资金需要量（*EFN*）=[（资产/销售额）-（自发增长的负债/销售额）]×Δ销售额-*PM*×预计销售额×（1-*d*）

其中Δ销售额指预计的销售增加额，*PM*和*d*分别表示销售利润率和股利支付率。

*EFN*的计算包括三个步骤：

第一步是利用资金密集率计算的预计资产增加额；

第二步是负债中自发增长负债的增加额；

第三步是根据销售利润率和预计销售额计算出来的预计净利润诚意留存比率，即预计留存收益的增加额。

（二）外部融资与增长

1. 内部增长率是指企业完全依靠内部融资，不进行任何形式的外部融资时所达到的资产的最大增长率。内部增长率的计算公式为：

$$内部增长率=(ROA\times b)/(1-ROA\times b)$$

其中，*ROA*是资产收益率；*b*是利润再投资率，即留存比率。

2. 可持续增长率是指公司在没有外部股权融资且保持负债权益比不变（即不改变其发行在外的股票数量）的情况下，仅利用内部股权融资（主要指留存收益）所能达到的最高增长率。可持续增长率可按以下公式计算：

$$可持续增长率=(ROE\times b)/(1-ROE\times b)$$

由于，*ROE*=净利润/总权益=销售利润率×总资产周转率×权益乘数

所以，可持续增长率还可以用下式表示：

$$可持续增长率=\frac{留存比率\times销售利润率\times总资产周转率\times权益乘数}{1-留存比率\times销售利润率\times总资产周转率\times权益乘数}$$

【科兴提示】当*ROE*是使用期末股东所持股权来计算时，我们才采用$g=(ROE\times b)/(1-ROE\times b)$；如果使用的是期初数据，我们一般使用$g=ROE\times b$。由于误差很小，一般教材中默认$g=ROE\times b$。

一家公司的可持续增长能力直接取决于以下四个因素：

（1）销售利润率：销售利润率的增加会提高公司内部生成资金的能力，所以能提高可持续增长率。

（2）股利政策：净利润中用于支付股利的百分比下降会提高留存比率，增加内部股权资金，从而增加可持续增长率。

（3）融资政策：提高负债权益比即提高公司的财务杠杆，这使得公司获得额外的债务融资，从而增加可持续增长率。

（4）总资产周转率：提高总资产周转率（即降低资本密集度）使得公司每单位资产能带来更多的销售额，在销售额增长的同时降低公司对新增资产的需求，从而增加可持续增长率。

二、2023 年命题预测

长期财务规划，是 CPA 财务管理考试里的热点。在 431 考试中，除了中山大学，其他高校在该章节命题都是很少的。本章考生务必要会利用销售百分比法进行计算，并且能够有效区分内部增长率和可持续增长率的内涵。

考点 1　销售百分比法

（一）命题思路

“销售百分比法预测融资需求”属于基本知识点，难度适中。从命题角度来看，主要命题思路是：运用销售百分比法计算外部融资需求。本知识点主要命题题型为选择题。

（二）习题精编

1.（上海财大 2012）作为整个预算编制起点的是（　　）。

A. 现金收入预算　　B. 生产预算　　C. 销售预算　　D. 产品成本预算

2.（四川大学 2017）下列各项中属于销售百分比法所称的敏感项目的是（　　）。

A. 对外投资　　B. 固定资产净值　　C. 应付票据　　D. 长期负债

3. 销售百分比法是预测企业未来融资需求的一种方法。下列关于应用销售百分比法的说法中，错误的是（　　）。

A. 根据预计存货销售百分比和预计营业收入，可以预测存货的资金需求

B. 根据预期应付账款销售百分比和预计营业收入，可以预测应付账款的资金需求

C. 根据预计金融资产销售百分比和预计营业收入，可以预测可动用的金融资产

D. 根据预计营业净利率和预计营业收入，可以预测净利润

4. 某公司 2011 年预计营业收入为 50000 万元，预计销售净利率为 10%，股利支付率为 60%。据此可以测算出该公司 2011 年内部资金来源的金额为（　　）。

A. 2000 万元　　B. 3000 万元　　C. 5000 万元　　D. 8000 万元

5. 某公司 2012 年的经营性资产为 1360 万元，经营性负债为 520 万元，销售收入为 2400 万元，经营性资产、经营性负债占销售收入的百分比不变，预计 2013 年销售增长率为 5%，销售净利率为 10%，股利支付率为 75%，则 2013 年需要从外部筹集的资金为（　　）万元。

A. 21　　B. 20　　C. 9　　D. 0

考点2　外部融资与增长

（一）命题思路

“外部融资与增长”主要命题思路是区分内部增长率和可持续增长率的经济学含义。本知识点的命题题型一般为选择题和计算题。

（二）习题精编

1.（南京大学 2013）H 公司的净利润为 66 美元，总资产 500 美元。66 美元的净利润中有 44 美元被留存下来，则其内部增长率为（　　）。

A. 13.2%　　B. 66.67%　　C. 8.8%　　D. 9.65%

2.（对外经贸 2012）企业可以从如下哪些行为提高自己的可持续增长率？（　　）

A. 回购股份　　B. 增加留存收益　　C. 增加并购　　D. 减少债务

3.（对外经贸 2013）企业 2011 年的销售净利率为 8%，总资产周转率为 0.6 次，权益乘数为 2，利润留存 为 40%，则可持续增长率为（　　）。

A. 3. 99%　　B. 4.08%　　C. 5.14%　　D. 3.45%

4.（上海财大 2013）F 公司的资产与销售收入之比为 1.6，自然增加的负债和销售收入之比为 0.4，利润率为 0.1，留存收益比率为 0.55，去年公司的销售收入为 2 亿元。假定这些比率保持不变，运用额外融资需求公式计算公司在不增加非自然性外部资金情况下的最大增长率为（　　）。

A. 4.8%　　B. 3.9%　　C. 5.4%　　D. 8.1%

5. 甲公司无法取得外部融资，只能依靠内部积累增长，在其他因素不变的情况下，下列说法中，错误的是（　　）。

A. 净经营资产周转次数越高，内含增长率越高

B. 经营负债销售百分比越高，内含增长率越高

C. 股利支付率越高，内含增长率越高

D. 营业净利率越高，内含增长率越高

6. Stieben 公司确定的下一年度有关指标如下：

T=总资产对销售收入的比率=1；

P=销售净利润率=5%；

D=股利支付率=50%；

L=负债-权益比=1。

（1）Stieben 公司销售的可持续增长率是多少？

（2）Stieben 公司能使其实际增长率与可持续增长率不同吗？为什么？

（3）Stieben 公司如何改变其可持续增长率？

7. 大西洋运输公司股利支付率为 60%，负债-权益比为 50%，权益回报率（ROE）为 16%，资产-销售比为 175%。

（1）它的可持续增长率是多少？

（2）如果要实现可持续增长率，那么其销售利润率应该为多少？

8.（中山大学 2017）蓝山公司 2015 年的利润表显示其销售收入为 200 万元，净利润为 40 万元，分红为 10 万元。资产负债表显示其流动资产为 40 万元，固定资产为 360 万元。流动负债为 20 万元，长期负债为 100 万元，普通股 200 万元，留存收益 80 万元。请回答如下问题：

（1）蓝山公司的可持续增长率是多少？

（2）如果2016年蓝山公司希望其销售收入达到240万元，那么该公司需要多少外部融资？假设蓝山公司2015年生产能力已经达到极限。净利润与销售收入的比例和分红净利润的比例保持不变。

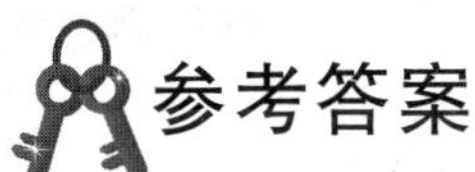

参考答案

考点1　销售百分比法

1. C　预算编制要以销售预算为起点，再根据“以销定产”的原则确定生产预算。生产预算又是编制直接材料、直接人工和制造费用预算的依据。现金预算是以上预算的汇总。

2. C　在资产负债表中，有一些项目金额会因销售额的增长而相应地增加，通常将这些项目称为敏感项目，包括货币资金、应收账款、存货、应付票据、应付账款、应付费用、其他应付款、预付费用，等等。而对外投资、固定资产净值、短期借款、非流动负债、实收资本等项目，其金额一般不会随销售额的增长而增加，因此将其称为非敏感项目。

3. C　在销售百分比法下，经营资产和经营负债通常和营业收入成正比例变动，但是金融资产和营业收入之间不存在正比例变动的关系，因此不能根据预计金融资产销售百分比和预计营业收入来预测可动用的金融资产。

4. A　预测期内部资金来源＝预测期销售收入×预测期销售净利率×（1－股利支付率），则本题2011年内部资金来源的金额＝50000×10%×（1－60%）＝2000（万元）。

5. D　2013年需要从外部筹集的资金＝（1360－520）×5%－2400×（1＋5%）×10%×（1－75%）＝42－63＝－21（万元），外部筹集资金为负数，说明不需要从外部筹集资金，而且有多余的资金可用于增加股利或进行短期投资。

考点2　外部融资与增长

1. D　根据题意可知 $ROA=66/500=0.132$，$b=44/66=0.667$，则内部增长率为：

$$g=\frac{ROA\times b}{1-ROA\times b}=\frac{0.132\times 0.667}{1-0.132\times 0.667}=9.65\%$$

2. B　由于可持续增长率＝销售净利率×总资产周转率×利润留存率×权益乘数/（1－销售净利率×总资产周转率×留存利润率×权益乘数），所以增大以上任何一项都可以提高可持续增长率。

3. A　可持续增长率是指不增发新股并保持目前经营效率和财务政策条件下公司销售所能增长的最大比率。

ROE＝销售利润率×总资产周转率×权益乘数＝0.08×0.6×2＝0.096

由于 $b=0.4$，那么，可持续增长率＝$\frac{(ROE\times b)}{(1-ROE\times b)}=\frac{0.096\times 0.4}{1-0.096\times 0.4}=3.99\%$。

4. A　根据外部融资需求量的计算公式：

$$EFN=\left(\frac{资产-负债}{销售额}\right)\times\Delta 销售额-PM\times(销售额+\Delta 销售额)\times 留存比例$$

令 $EFN=0$，设此时的增长率为 g，代入数据得 $(1.6-0.4)\times g-0.1\times(1+g)\times0.55=0$，可解得 $g=4.8\%$。

5. C　外部融资销售增长率=经营资产销售百分比-经营负债销售百分比-预计营业净利率×[(1+增长率)/增长率]×(1-预计股利支付率)=经营资产销售百分比-经营负债销售百分比-预计营业净利率×(1+1/增长率)×(1-预计股利支付率)。内含增长率是依据“外部融资销售增长比=0”计算的，即内含增长率与经营资产销售百分比和预计股利支付率呈反向变动，而与经营负债销售百分比和预计营业净利率呈同向变动。净经营资产周转次数越高，其倒数“净经营资产销售百分比”越低，内含增长率越高。

6.（1）根据公式计算可持续增长率：

$$\frac{\Delta S}{S}=\frac{P\times(1-D)(1+L)}{T-P\times(1-D)(1+L)}=\frac{0.05\times0.5\times2}{1-0.05\times0.5\times2}=5.26\%$$

（2）公司能使实际增长率与可持续增长率不同。如果参数（比如 P，T，L 或者 d）发生变化，那么实际增长率将与可持续增长率发生偏离。

（3）Stieben 公司可以通过以下途径提高可持续增长率：发行新股；通过出售更多债务或回购提高公司负债-权益比率；提高销售利润率；降低总资产对销售收入的比率；降低股利支付率。

7.（1）由题意可知：

$$\text{可持续增长率}=\frac{ROE\times(1-b)}{1-ROE\times(1-b)}=\frac{16\%\times(1-60\%)}{1-16\%\times(1-60\%)}=6.84\%$$

（2）设销售利润率为 P，由题意可知：

$$\frac{P(1-60\%)(1+50\%)}{175\%-P(1-60\%)(1+50\%)}=6.84\%$$

求得销售利润率 $P=18.67\%$。

8.（1）根据题意可知：

$$ROE=\frac{\text{净利润}}{\text{销售收入}}\times\frac{\text{销售收入}}{\text{资产}}\times\frac{\text{资产}}{\text{权益}}=\frac{40}{200}\times\frac{200}{360+40}\times\frac{360+40}{200+80}=\frac{1}{7}$$

而再投资率 $b=30/40=3/4$，此时蓝山公司的可持续增长率为：

$$\text{可持续增长率}=\frac{ROE\times b}{1-ROE\times b}=\frac{\frac{1}{7}\times\frac{3}{4}}{1-\frac{1}{7}\times\frac{3}{4}}=12\%$$

（2）总资产=固定资产+流动资产=360+40=400 万元

变动销售额=240-200=40 万元

销售利润率 PM=净利润/销售额=40/200=0.2

股利支付率 D=现金分红/净利润=10/40=0.25

则外部融资需求为：EFN=经营资产销售百分比-经营负债销售百分比-预计营业净利率×[(1+增长率)/增长率]×(1-预计股利支付率)=400×0.2-20×20%-40×1.2×0.75=80-4-36=40 万元。

第 4 章　折现与价值

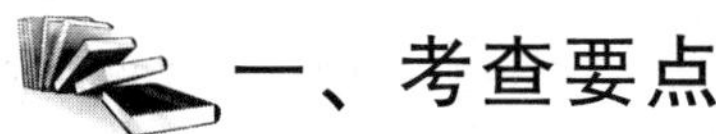

一、考查要点

（一）现金流与折现

1. 终值和现值互为倒数的关系，PV 表示现值，是未来资金在当前的价值，把未来的现金流量按照一定的贴现率贴现到当前的价值。r 为年折现率或贴现率，C_1 是一期后的现金流量，C_T 是在 T 期末的现金流量。

（1）一期后的现金流量现值：$PV = C_1(1+r)^{-1}$。

（2）在多期的情况下，$PV = C_T(1+r)^{-T}$。

（3）产生 N 期现金流量的投资项目的净现值为：$PV = C_0/(r-g)$，其中 $-C_0$ 是初始现金流量，由于其是现金流出，所以是负值。

（4）名义利率与实际利率。名义年利率(APR)是不考虑年内复利计息的，而实际利率(EAR)是考虑年内复利计息的。

2. 年金是指一系列稳定有规律的、持续一段固定时期的现金收付活动。定义 C 为每年的现金流量，r 为年折现率或贴现率，T 为时期。年金有普通年金、永续年金、递延年金、先付年金等形式。下面的各个公式的分子是从现在起一期以后收到的现金流，即普通年金的形式。

（1）普通年金：期末发生现金流量 C。

年金现值的计算公式为：$PV = C\left[\frac{1-(1+r)^{-T}}{r}\right]$。

年金终值的计算公式为：$FV = C\left[\frac{(1+r)^{T}-1}{r}\right]$。

（2）永续年金是一系列无限持续的恒定的现金流。其现值计算公式为：

$$PV = \sum_{T=1}^{\infty} C(1+r)^{-T} = C/r$$

（3）永续增长年金：如果一笔现金流预计会以每年一定的速度增长，且这种增长趋势将永远持续下去，这种现金流序列就称作永续增长年金。其现值公式为：$PV = C/(r-g)$，其中，C 是现在开始一期以后收到的现金流，g 是每期的增长率，且 $r > g$。

（4）增长年金是一种在有限时期内增长的现金流。其现值计算公式为：

$$PV = C\left[\frac{1}{r-g} - \frac{1}{r-g}\left(\frac{1+g}{1+r}\right)^{T}\right] = C(r-g)^{-1}\left[1-\left(\frac{1+g}{1+r}\right)^{T}\right]$$

其中，g 是每期的增长率，且 $r > g$。

3. 住房贷款的偿还方式分为等额本金和等额本息两种方法。

（1）等额本息贷款采用的是复合利率计算。在每期还款的结算时刻，剩余本金所产生的利息要和剩余的本金(贷款余额)一起被计息，也就是说未付的利息也要计息，这好像比“利滚利"还要厉害。在国外，它是公认的适合放贷人利益的贷款方式。设贷款金额为 P，月利率为 r，按月计算的贷款期限为 n 期，月还款额为 A，则：

$$A = P \times \frac{r(1+r)^n}{(1+r)^n - 1}$$

(2) 等额本金贷款采用的是简单利率方式计算利息。在每期还款的结算时刻，它只对剩余的本金(贷款余额)计息，也就是说未支付的贷款利息不与未支付的贷款余额一起作利息计算，而只有本金才作利息计算。我们设 A_n 为第 n 期月还款额，P 为贷款总额，H 为贷款期数，M 为还款第 n 期，公式为：

$$A_n = \frac{P}{H} + \left(1 - \frac{M-1}{H}\right) \times P \times r$$

(二) 债券的估值

1. 纯贴现债券：这是一种最简单地债券，承诺在未来某一确定的日期做一笔支付。其中，债券发行者支付最后一笔款项 F 的日期称为债券到期日，债券在它到期支付的金额称为面值。纯贴现债券的价值：$PV = F/(1+r)^T$。

2. 平息债券：其价格为：$PV = C \times A_r^T + F/(1+r)^T$，其中 C 为每期支付的利息，A_R^T 为贴现率 R、时期 T 的年金现值系数。

3. 金边债券：也称永久债券，既没有到期日也从不停止支付票面利息，永不到期。

其价格公式：$PV = C/r$，其中 C 为每期支付的利息。

4. 利率与债券价格：债券价格随市场利率上升(下降)而下降(上升)。平息债券一般按以下方式发行：

(1) 如果票面利率等于市场利率，则债券平价销售；

(2) 如果票面利率低于市场利率，则债券折价销售；

(3) 如果票面利率高于市场利率，则债券溢价销售。

5. 可以用零息债券组合复制息票支付债券，根据一价定律，基于零息收益曲线确定息票支付债券的价格为：

$$P = PV(\text{债券的现金流}) = \frac{C}{1+YTM_1} + \frac{C}{(1+YTM_2)^2} + \cdots + \frac{C}{(1+YTM_n)^n}$$

6. 久期与债券的期限之间存在 6 个定理：

(1) 只有贴现债券的久期等于它们的到期时间。

(2) 直接债券的久期小于或等于它们的到期时间。

(3) 统一公债的久期等于 $1 + \frac{1}{y}$，其中 y 是计算现值采用的贴现率。

(4) 在到期时间相同的情况下，息票率越高，久期越短。

(5) 在息票率不变的情况下，到期时间越长，久期一般也越长。

(6) 在其他条件不变的情况下，债券的到期收益率越低，久期越长。

7. 久期与债券价格的关系：

(1) 久期(也称持续期、麦考利久期)用于对固定收益产品的利率敏感程度或利率弹性的衡量。它的定义为：

$$D = \frac{\sum_{i=1}^{n} PV(c_i) \times t}{P}$$

其中，D 为久期；P 为债券当前的市场价格；$PV(c_i)$ 为债券各期现金流的现值；P 为债券当前的市场价格。当市场利率发生变化时，债券的价格将发生反比例的变动，其变动程度取决于久期的长短，久期越长，其变动幅度也就越大。

(2) 修正久期(D^*)与久期之间的关系式为：

$$D^* = \frac{D}{1+y}$$

用久期近似估计收益率变动与价格变动率之间的关系：

$$\frac{\Delta P}{P} = -D^* \Delta y$$

(3) 凸性(C)是指在某一到期收益率下，到期收益率发生变动而引起的价格变动幅度的变动程度。凸性是对债券价格曲线弯曲程度的一种度量。凸性越大，债券价格曲线弯曲程度越大，用修正久期度量债券的利率风险所产生的误差越大。

凸性的计算公式为：

$$C = \frac{1}{P} \cdot \frac{\partial^2 P}{\partial y^2}$$

考虑了凸度问题后，收益率变动幅度与价格变动率之间的关系可以重新写为：

$$\frac{\mathrm{d}P}{P} = -D^* \mathrm{d}y + \frac{1}{2}C(\mathrm{d}y)^2 \approx -D^* \Delta y + \frac{1}{2}C(\Delta y)^2$$

（三）股票的估值

1. 普通股的现值

公司股票价格等于未来所有股利的现值，股利增长模型的一般表达式为：

$$P = \frac{Div_1}{1+r} + \frac{Div_2}{(1+r)^2} + \frac{Div_3}{(1+r)^3} + \cdots = \sum_{t=1}^{\infty} \frac{Div_t}{(1+r)^t}$$

其中，Div 为年底支付的股利。公司的股利一般呈现以下的基本模式：零增长，持续增长，不同的增长率。

(1) 零增长(股利是固定的)股票定价，股票价格公式为：$P = Div_1/r$。

(2) 固定增长率股票定价：如果股利以固定比率 g 增长，其价格公式为：

$$P = Div_1/(r-g)$$

(3) 变动增长率股票定价：其价格公式为：

$$P = \sum_{t=1}^{T} \frac{Div(1+g_1)^t}{(1+r)^t} + \frac{Div_{T+1}/(r-g_2)}{(1+r)^T}$$

2. 增长机会

如果一家公司将所有的盈利都支付给投资者，并且每股盈利 EPS 恒定，则有 $EPS=Div$，这种类型的公司被称为现金牛。

现金牛类型公司的股票价格：$EPS/r = Div/r$

公司承担新项目后的股票价格：$EPS/r + NPVGO$

其中，EPS/r 是公司满足于现状而简单地将所有盈利都分发给投资者时的股票价格，第二部分是保留盈余投资于新项目新增加的价值。

3. 股利增长模型和 NPVGO 模型

(1) g 和 r 参数估计

公司增长率公式：g=留存收益比率×留存收益的回报率

总收益的计算公式：$R = \frac{DIV_1}{P} + g$

(2) 股利增长模型：$R = \frac{DIV_1}{r - g}$

(3) NPVGO 模型：为了采用 NPVGO 定价，必须在每股的基础上计算：

① 单一增长机会的净现值；

② 所有增长机会的净现值；

③ 公司作为现金牛的股票价格。

公司股票价格就是②与③之和。

(4) 市盈率

市盈率是指每股价格与每股收益的比值。由上述 NPVGO 模型可推导出，

$$市盈率 = P/EPS = 1/r + NPVGO/EPS$$

4. 折现自由现金流模型

公司有杠杆时，使用折现自由现金流模型价值更可靠。在这个模型中：

(1) 估计公司的未来自由现金流($FCFF$)如下：

$$自由现金流 = EBIT(1 - T) + 折旧 - 资本性支出 - 净营运资本的增加$$

其中，$EBIT(1 - T)$ 为无杠杆净收益，资本性支出-折旧为净投资。

【科兴提示】$OCF=EBIT(1-t)$+折旧，可见 OCF 是 $FCFF$ 在资本性支出和净营运资本增加默认为 0 时的特例。

(2) 企业价值(股权的市场价值加上债务的价值，减去超额现金)等于公司的未来自由现金流的现值：

$$P_0 = PV(公司的未来自由现金流)$$

(3) 使用加权平均资本成本折现现金流，它是公司必须支付给投资者以补偿其持有公司债务和股权的风险的期望收益率。

(4) 可假定自由现金流按不变的比率增长，从而估计明确预测期期末的企业价值。

(5) 将企业价值减去债务，加上超额现金，然后再除以公司的初始流通股股数，即可确定股票的价格：

$$P_0 = \frac{V_0 + 0\,期超额现金 - 0\,期债务}{0\,期流通股股数}$$

二、2023 年命题预测

本章是公司财务的基础知识，是考查重点。其中，债券久期的计算和股票市盈率的计算是难点，复旦大学、上海财经大学和中山大学等高校会经常考查。

考点 1　现金流与折现

(一) 命题思路

折现属于基础知识点，难度不大，但非常重要。从命题角度来看，主要命题思路是：(1)考查不同年金价值的计算。(2)住房贷款两种方式：等额本金和等额本息计算方法。

（二）习题精编

1.（浙江财经 2016）唐朝的 1 元钱历经一千多年，按年利率 5%计算，至今本息可达天文数字，这体现(　　)金融学原理。

A. 货币有时间价值　　B. 分散化投资可以降低风险

C. 金融市场是有效的　　D. 高风险伴随

2. 普通年金终值系数的倒数是(　　)。

A. 偿债基金系数　　B. 复利现值系数　　C. 资本回收系数　　D. 年金现值系数

3.（中央财大 2017）某项目每半年支付 1000 元现金流，并按照同样的模式持续到永远(假定年利率为 16%)。该项目的当前价值最接近(　　)元。

A. 6250　　B. 12981　　C. 12360　　D. 13560

4.（江西财大 2016）普通年金属于(　　)。

A. 永续年金　　B. 预付年金

C. 每期期末等额支付的年金　　D. 每期期初等额支付的年金

5.（南京大学 2015）某一项年金前 4 年没有流入，后 5 年每年年初流入 4000 元，则该项年金的递延期是(　　)年。

A. 4　　B. 3　　C. 2　　D. 1

6.（中央财经 2013）根据时间价值计算的“72 法则”，假如你在 20 岁时存入 100 元，以 9%的年利率存 40 年，并以复利计息，则 40 年后这 100 元钱的终值约为(　　)。

A. 1120 元　　B. 3200 元　　C. 4800 元　　D. 5400 元

7.（上海财大 2020）A 投资项目的年利率为 10%，每半年复利一次。B 投资项目每季度复利一次，如果要与 A 投资项目的实际年利率相等，则其名义利率应是多少？(　　)

A. 11%　　B. 10%　　C. 9. 88%　　D. 9. 58%

8. 假设叉车的购买价格为 20000 美元，4 年后的剩余价值确定为 6000 美元，不存在承租方的违约风险。无风险利率为 6%(APR)，每月复利一次。在完美资本市场中，4 年期租赁的月租金为(　　)美元。

A. 277. 41　　B. 357. 01　　C. 477. 41　　D. 457. 01

9. 假如你是洛克菲勒艺术捐赠基金的负责人，你决定为旧金山湾区的一所艺术学校提供永续年金。每隔 5 年，你都会为学校提供 100 万美元。第一笔捐款从今天开始的 5 年后支付。如果年利率是 8%，你的这份厚礼的现值是(　　)万美元。

A. 213. 0833　　B. 223. 0833　　C. 218. 0833　　D. 228. 0833

10.（上海财大 2019）你正在考虑购买一件 50000 美元的艺术品。经销商提议：他借给你钱，你要在未来 20 年内，每隔 2 年等额偿付 1 次(即总共支付 10 次)。如果年利率是 4%，你每隔 2 年要偿还多少钱？(　　)

A. 7451. 47　　B. 7505. 34　　C. 7358. 18　　D. 以上都不对

11.（上海财大 2020）你富有的姑妈承诺从今天起的 1 年后给你 5000 美元。而且，从那之后的每一年，她都将付给你比上一次多 5%的金额(时间间隔为 1 年)。她会慷慨地支付 20 年，即总共支付 20 次。如果利率是 5%，她的承诺的现值是多少？(　　)

A. 98269 美元　　B. 94278 美元　　C. 95238 美元　　D. 100000 美元

12.（湖南大学 2014）商业银行住房抵押贷款偿还方式中，适合于目前收入一般，但未来收入预期会增加人群的偿还方式为(　　)。

A. 等额本息还款法　　B. 等额本金还款法　　C. 等比例还款法　　D. 等比例还本法

13. (中央财经 2016)李先生购买一处房产价值为 100 万元，首付金额为 20 万，其余向银行贷款。贷款年利率为 12%(年度百分率)，按月还款，贷款期限为 20 年。如果按照等额本金的方式还款，则李先生第一个月大约需要向银行偿还(　　)。

A. 11333 元　　B. 12333 元　　C. 13333 元　　D. 14333 元

14. 正如教材中讨论过的，先付年金除了其支付时点为每期期初时非期末外，与普通年金完全相同。请证明在其他条件均相同的情况下，一份普通年金的价值与一份先付年金的价值符合以下关系：

$$先付年金的价值=普通年金的价值\times(1+r)$$

请运用现值与终值分别进行证明。

15. 你正为退休储蓄。为了退休后生活舒适，你决定到 65 岁时攒够 200 万美元。今天是你 30 岁生日，你决定从今天就开始储蓄，在到 65 岁之前(包括 65 岁生日)的每个生日都存入相同的金额。如果利率是 5%，你每年要存入多少钱，才能确保到 65 岁生日时账户上的钱将达到 200 万美元。

16. 假如你刚到 30 岁，获得 MBA 学位，得到你的第一份工作。现在你决定为你的第一份工作存钱。计划是这样的：退休储蓄计划里的每 1 美元能赚得 7%的年利率。直到你在 65 岁生日那天退休时，你才可回收资金。到退休那天后，你可以按适合自己的方式领取回报。你预计将活到 100 岁，可一直工作到 65 岁退休时。为了退休后过得舒适，你估计从你退休后的第 1 年底到你 100 岁生日这段时间，每年将需要 100000 美元。你要在你工作年度的每年年末为这一计划存入等额的钱。为了你的退休计划提供资金，你每年年末需要存入多少钱?

17. (上海财大 2020)刚出售房屋，收到 100 万元现金。已售房屋按揭贷款年限 30 年，按月还款，初始借款额为 80 万元，目前借款已过 18 年半，最近一期还款刚完成，如果贷款年利率是 5.25%，在你还清未偿付的贷款后，将从这笔卖房交易中获得多少现金?

18. 你在经营一家热门的互联网公司。分析师预测，在未来的 5 年内公司收益将会每年增长 30%。其后，由于竞争的加剧，预期收益增长率将下降为每年的 2%，并且永久性地维持在这一水平上。公司刚宣布盈利 100 万美元。如果利率是 8%，所有未来收益的现值是多少?(假设所有现金流都发生在年末)

19. 两年前，你公司利用 30 年期的分期贷款购置小办公室。这笔贷款的 APR 为 4.80%，按月支付，每月支付 2623.33 美元。公司当前还欠款多少?在刚过去的一年里，支付的贷款利息是多少?

考点 2　债券估值

(一) 命题思路

债券的估值是重点知识点。本知识点主要以选择题和计算题形式命题。本知识点命题的焦点在债券价格的估算和久期的性质及计算。个别高校甚至考查一价定律，这就更难了。

(二) 习题精编

1. 下列关于债券收益率的说法中，正确的是(　　)。

A. 享受税收优惠待遇的债券的收益率比较高

B. 流动性高的债券的收益率比较高

C. 违约风险高的债券的收益率比较高

D. 易被赎回的债券的名义收益率比较低

2. (中山大学 2011)某债券的风险溢酬为 1%，若经济状况好其现金流为 1100 元，若经济状况差则其现金流为 1000 元，两种情况发生的概率均为 50%。若无风险收益率为 4%，则该债券当前的价格应为(　　)。

A. 1050 元　　B. 1000 元　　C. 1010 元　　D. 1019 元

3. (对外经贸 2016)收益率曲线所描述的是(　　)。

A. 债券的到期收益率与债券的到期期限之间的关系

B. 债券的当期收益率与债券的到期期限之间的关系

C. 债券的息票收益率与债券的到期期限之间的关系

D. 债券的持有期收益率与债券的到期期限之间的关系

4. (中央财大 2011)面值为 100 元的永久性债券票面利率是 10%，当市场利率为 8%时，该债券的理论市场价格应该是(　　)元。

A. 100　　B. 125　　C. 110　　D. 1375

5. (上海财大 2014)有一份 10 年期附息债券，票面利率 6%，面值 100 元，每年付息一次，折现率 7%，则债券市场价格为(　　)元。

A. 92. 98　　B. 95. 38　　C. 100　　D. 116. 22

6. (上海财大 2021)某债券全价为 1097. 71 元。该债券票面利率为 8%，每半年复利一次。该债券原有的 182 天的持有时间还剩余 100 天，则该债券净价为(　　)元。

A. 1000　　B. 1038. 69　　C. 1054. 69　　D. 1079. 69

7. IBM 公司刚按面值发行了 5 年期、息票利率为 8%的可赎回债券，每年付息一次。债券可在一年后或者在其后的任何付息日按面值赎回。债券面值为 100 美元，现价为 103 美元。该债券的到期收益率和赎回期收益分别是(　　)。

A. 4. 85%；7. 26%　　B. 7. 26%；4. 85%　　C. 5. 27%；8. 19%　　D. 8. 19%；5. 27%

8. 假设一价定律成立。假设无风险收益率为 4%，则根据下表可得证券 B 的价格约为(　　)。

证券	当前市价	1 年后的现金流	
		经济衰弱	经济强劲
市场指数	1000	800	1400
证券 B	?	100	0

A. 346　　B. 246　　C. 148　　D. 58

9. 上市公司 A 按面值发行债券，该债券息票率为 6%，期限为 2 年，每年支付利息 2 次，则该债券的久期为(　　)。

A. 1. 91　　B. 2. 30　　C. 2. 85　　D. 2. 94

10. (复旦大学 2014)下列具有最长久期的债券是(　　)。

A. 8 年期，10%息票利率　　B. 8 年期，零息票利率

C. 10 年期，10%息票利率　　D. 10 年期，零息票利率

11. (北京航空航天 2014)一个年度付息的债券票面利率为 6%，该债券的修正久期为 10 年，债券价格为 800 元，该债券的到期收益率为 8%。如果到期收益率增加到 9%，则该债券的价格将如何变化？(　　)

A. 减少 60 元　　B. 增加 60 元　　C. 减少 80 元　　D. 增加 80 元

12. 设某张可转换债券的面值为 100 元，票面利率为 5%，期限 5 年，转换比例为 5。预计 2 年后的标的股票价格为 22 元/股，折现率为 6%，则该投资者认为该可转换债券的合理价格为多少元？

13. 一种年初发行的国债，期限为 3 年，面值 100 元，每年年末支付利息 4 元，1 年期存款年利率是 2.5%，2 年期是 3.5%，3 年期是 4.4%。问该国债的发行价是多少？

14. (湖南大学 2011) 当前一年期零息债券的到期收益率为 7%，二年期零息债券的到期收益率为 8%，财政部计划发行两年期债券，息票率为 9%，每年付息，债券面值为 100 元。求该债券售价应为多少？

15. M 公司已经发行了带有以下特征的一种债券：面值，1000 元；到期日，20 年后；息票率，8%；半年支付一次息票。在 8%、10%、6%的到期收益率下，该债券的价格分别是多少？

16. 资料：2007 年 7 月 1 日发行的某债券，面值 100 元，期限 3 年，票面年利率 8%，每半年付息一次，付息日为 6 月 30 日和 12 月 31 日。

要求：

(1) 假设等风险证券的市场利率为 8%，计算该债券的实际年利率和全部利息在 2007 年 7 月 1 日的现值。

(2) 假设等风险证券的市场利率为 10%，计算 2007 年 7 月 1 日该债券的价值。

(3) 假设等风险证券的市场利率 12%，2008 年 7 月 1 日该债券的市价是 85 元，试问该债券当时是否值得购买？

(4) 某投资者 2009 年 7 月 1 日以 97 元购入，试问该投资者持有该债券至到期日的收益率是多少？

17. (中山大学 2011) A 公司拟购买某公司债券作为长期投资(打算持有至到期日)，要求的必要报酬率是 6%。现有三家公司同时发行 5 年期，面值为 1000 元债券。其中：甲公司债券的票面利率为 8%，每年付息一次，到期还本，债券发行价格为 1040 元；乙公司债券的票面利率为 8%，单利计息，到期一次还本付息，债券发行价格为 1050 元；丙公司债券的票面利率为 0，债券发行价格为 750 元，到期按面值还本。

(1) 请评价甲、乙、丙三种债券是否值得投资，并为 A 公司做出购买哪种债券的投资决策。

(2) 假如 A 公司购买并持有甲公司债券，但由于市场形势的变化，A 公司决定不再持有该债券至到期日，而是在 2 年后将其以 1050 元的价格出售，请计算该项投资实现的复利收益率。

18. (上海财大 2019) 推导永续年金久期。提示：

$$\sum_{n=1}^{\infty} n x^{n} - x \sum_{n=1}^{\infty} n x^{n} = \frac{x}{1-x}$$

19. (复旦大学 2020) 一张面值 100 元，息票率为 6%，每年付息一次，期限为 3 年的债券，其到期收益率为 6%。试求：

(1) 债券的久期和修正久期。

(2) 请计算凸度。

(3) 请根据凸度和久期来计算，如果收益率下降 1%，债券的价格怎样变化？

20. (上海财大 2019) 无违约息票债券收益率曲线信息如下：

到期期限	1	2	3
息票利率(按年付)	0	10%	6%
YTM 到期收益率	2%	3.908%	5.84%

(1) 试用一价定律计算 2 年期零息票债券 YTM。

(2) 3 年期年息票利率 10%(按年付)面值为 1000 元，计算无违约债券价值。

21. 今天你观察到市场上两个票息债券的信息。两个债券的面值都是 \$1000，都还有两年到期。债券 A，票息率是 10%，现在价格 \$1039.20；债券 B，票息率是 2%，现在价格 \$893.72。两个债券都是每年付息一次。

(1) 期限结构中的即期利率分别是多少 (r_1和 r_2)?

(2) 债券 A 的到期收益率是多少 (Yield to Maturity)?

(3) 如果有第三个证券。它是一个两年期的年金，每年支付 \$500 (在第一年和第二年的年底，各支付 \$500)。那么他的合理价格应该是多少?

(4) 假设你观察到(3)中的那个年金的价格为 \$800。另外假设，你能买入和做空所有的证券(债券 A，债券 B，年金)。你能不能构建一个投资组合来实现无风险套利? 如果可以，应该怎么做?

考点 3 普通股估值

(一) 命题思路

"普通股估值"属于重要的知识点，难度大，主要是考查股票价值的计算。从命题角度来看，主要命题思路是：(1) 结合 CAPM 模型和股利折现模型考查不同股利类型的股票定价。(2) 运用 NPVGO 模型求市盈率。

(二) 习题精编

1. (复旦大学 2018) 估算股利价值时的贴现率，不能使用(　　)。

A. 股票市场的平均收益率　　B. 债券收益率加上适当的风险溢价

C. 国债的利息率　　D. 投资者要求的必要报酬率

2. (对外经贸 2013) 股票回报率由(　　)组成。

A. 票面利息与资本利得　　B. 利息与到期收益率

C. 股利收益率和资本利得　　D. 股利收益率与到期

3. (上海理工 2017) 如果公司每年支付的股利是 7 元，折价率为 4%，则该股票的内在价值为(　　)元。

A. 116.66　　B. 180　　C. 41.66　　D. 175

4. (清华大学 2018) 某上市公司今天股票价格为 25 元，该公司预期一年后对每股支付 0.75 元现金股息，到时除息后股票价格为 26.75 元，该公司的股息收益率和股权成本为(　　)。

A. 3.0%和 7.0%　　B. 2.8%和 10%　　C. 2.8%和 7.0%　　D. 3.0%和 10%

5. (对外经贸 2013) AAA 公司今年支付了 0.5 元现金股利，并预计股利明年开始会以 10%每年的速度一直增长下去，该公司的 beta 为 2，无风险回报率为 5%，市场组合的回报率为 10%。该公司的股价应最接近于(　　)。

A. 10 元　　B. 11 元　　C. 25 元　　D. 75 元

6. (中山大学 2013)某公司当年每股收益为 4 元，每股支付的股利为 2 元，如果每股净资产为 25 元，则期望的股利增长率为(　　)。

A. 16%　　B. 12%　　C. 8%　　D. 4%

7. (对外经贸 2011)某公司发展非常迅速，股利在今后 3 年预期将以每年 25%的速率增长。其后增长率下降为每年 7%。假如要求收益率是 11%，公司当前每股支付 2.25 元的股利，当前价格为(　　)。

A. 94.55 元　　B. 86 元　　C. 109 元　　D. 126.15 元

8. (上海财大 2013)2012 年底，D 公司预期红利为 2.12 元，且预期红利以每年 10%的速度增长，如果该公司的必要收益率为每年 14.2%，其股票现价＝内在价值，下年预期价格为(　　)元。

A. 55.53　　B. 46.98　　C. 38.75　　D. 28.82

9. (南京大学 2015)甲公司以 10 元的价格购入某股票，假设持有半年之后以 10.2 元的价格售出，在持有期间共获得 1.5 元的现金股利，则该股票的持有期年均收益率是(　　)。

A. 34%　　B. 9%　　C. 20%　　D. 35%

10. (中央财经 2011)一般而言，在红利发放比率大致相同的情况下，拥有超常增长机会(即公司的再投资回报率高于投资者要求回报率)的公司，(　　)。

A. 市盈率(股票市场价格除以每股盈利，即 P/E)比较低

B. 市盈率与其他公司没有显著差异

C. 市盈率比较高

D. 其股票价格和红利发放率无关

11. (东华大学 2017)某只股票股东要求的回报率是 15%，固定增长率为 10%，红利支付率为 45%，则该股票的价格-盈利比率为(　　)。

A. 3　　B. 4.5　　C. 9　　D. 11

12. 原石英黄金开采公司预期将在来年分派 8 美元的红利。预计的每年红利减少率为 2%。无风险回报率为 6%，预期的市场资产组合回报率为 14%。原石英黄金开采公司的股票贝塔系数是-0.25。那么股票的内在价值是(　　)。

A. 80.00 美元　　B. 133.33 美元　　C. 200.00 美元　　D. 400.00 美元

13. (电子科大 2016)考虑下一年每股盈利均为每股￥10 和市场资本化率(Market Capitalization Rate)均为 10%的三家公司：公司 A 以后每年都将盈利作为股利进行分配；公司 B 以后每年将盈利的 60%投资于回报率为 20%的项目；公司 C 以后每年将盈利的 80%投资于回报率为 10%的项目。那么，关于三家公司股票市盈率的判断，正确的是(　　)。

A. 公司 A 的市盈率最高　　B. 公司 B 的市盈率最高

C. 公司 C 的市盈率最高　　D. 三家公司的市盈率相同

14. (南京大学 2015)ABC 企业计划进行长期股票投资，企业管理层从股票市场上选择了两种股票：甲公司股票和乙公司股票，ABC 企业只准备投资一家公司的股票。已知甲公司股票现行市价为每股 6 元，上年每股股利为 0.2 元，预计以后每年以 5%的增长率增长。乙公司股票现行市价为每股 8 元，每年发放的固定股利为每股 0.6 元。当前市场上无风险收益率为 3%，风险收益率为 5%。要求：

(1) 利用股票估价模型，分别计算甲、乙公司股票价值并为该企业作出股票投资决策。

(2) 计算如果该公司按照当前的市价购入(1)中选择的股票的持有期收益率。

15. (上海财大 2017)已知无风险资产收益率为 6%，市场组合收益率为 14%，某股票的 β 系数为 1.2，派息比率为 60%，最近每股盈利 10 美元。每年付一次的股息刚刚支付。预期该股票的股东权益收益率为 20%。

(1) 求该股票的内在价值。

(2) 假如当前的股价是 80 美元/股，预期一年内股价与其价值相符，求持有该股票一年的回报率。

16. 某公司预计来年的每股收益是 2.5 元。公司不打算将这些收益再投资，而是计划将所有的收益都作为股利支付给股东。在公司未来没有增长这种预期下，公司当前的股价是 50 元。要求：

(1) 计算公司的股权资本成本。

(2) 假设在可预见的将来，公司可以削减其股利支付率到 80%，并用留存收益投资。如果所有未来收益的增加，都只来自用留存收益进行的新投资，预期新投资的报酬率是 10%。假设公司的股权资本成本保持与第(1)问一致，新政策对公司的股价会产生什么影响?

(3) 设在可预见的将来，公司可以削减其股利支付率到 80%，并用留存收益投资。如果所有未来收益的增加，都只来自用留存收益进行的新投资，预期新投资的报酬率是 10%。假设公司的股权资本成本为 8%，新政策对公司的股价会产生什么影响?

17. (湖南大学 2017)某公司最近一年的股票收益每股 3 元，公司 ROE 估计为 9%，市场资本化率为 8%。公司的再投资率为 2/3。要求：

(1) 估计该公司当前的股权价值；

(2) 计算市盈率；

(3) 计算 PVGO。

18. 某公司是一个无负债，全股权融资的公司，每股账面值年初是 5 元，股东权益收益率是 15%，投资者要求的收益率是 10%。问：

(1) 在无增长发展策略下，公司的股票价格是多少? 股票的市盈率是多少?

(2) 当公司采取增长发展策略时，在 60%的留存比率下，公司的股票价格和市盈率分别是多少? 此时公司增长机遇的现值是多少?

19. 甲企业今年的每股净利是 0.5 元，分配股利 0.35 元/股，该企业净利润和股利的增长率都是 6%，β 值为 0.75。政府长期债券利率为 7%，股票市场的平均风险附加率为 5.5%。要求：(1)计算该企业的本期市盈率和预期市盈率。

(2) 如果 ABC 公司与甲企业是类似企业，今年的实际每股收益为 1 元，未来每股收益增长率是 6%，分别采用本期市盈率和预期市盈率计算 ABC 公司股票价值。

20. Small Fry 公司发明了一种马铃薯，它的外表和口感都像法式炸薯条。市场对这一产品的反应格外热烈，公司决定将所有收益进行再投资以扩大经营。在过去的一年，公司的每股收益是 2 美元，期望以后每年的收益增长率是 20%，直到第 4 年年末。到那时，其他公司很可能也推出有竞争力的类似产品。分析师预计，在第 4 年年末，Small Fry 公司将消减投资，开始将以 60%的收益作为股利支付，于是公司的增长将放缓，长期增长率变为 4%。如果公司的股权资本成本是 8%，今天的每股价值是多少?

21. IDX 科技公司是一家私人拥有的高级安全系统的开发商，位于芝加哥。作为你的业务战略的一部分，2008 年的晚些时候，你针对可能在 2008 年年末收购 IDX 公司的有关事项，与 IDX 的创始人进行了讨论。利用折现自由现金流法和 IDX 的以下数据，估计 IDX 的每股价值。

债务：3000 万美元

超额现金：11000 万美元

流通股：5000 万股

2009 年的期望自由现金流：4500 万美元

2010 年的期望自由现金流：5000 万美元

2010 年以后的未来自由现金流增长率：5%

加权平均资本成本：9.4%

22. 肯尼尔·科尔(KCP)公司 2005 年的销售收入为 51800 万美元。假设你预期公司 2006 年的销售收入将增长 9%，但是以后每年的销售收入增长率将逐年减少 1%，直到 2011 年及以后，达到成衣行业 4%的长期增长率。基于 KCP 过去的盈利能力和投资需求，你预计每年的 EBIT 为当年销售收入的 9%，净营运资本需求的增加为当年销售收入增加额的 10%，净投资(资本性支出减去折旧)为销售收入增加额的 8%。假设 KCP 有现金 10000 万美元，债务 300 万美元，流通股 2100 万股，公司所得税率为 37%，加权平均资本成本是 11%，你估计 2005 年年初 KCP 的股价为多少？

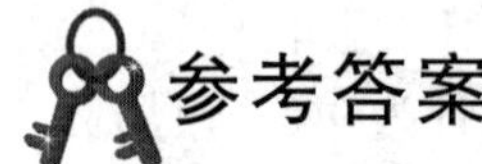

参考答案

考点 1　现金流与折现

1. A　货币时间价值是指货币随着时间的推移而发生的增值，也称为资金时间价值。

2. A　普通年金终值系数与偿债基金系数互为倒数；普通年金现值系数与资本回收系数互为倒数；复利终值系数与复利现值系数互为倒数。

3. B　根据名义利率和真实利率换算方法，将年折现率 16%调整到半年的真实利率：

$$(1 + r_{半年})^2 = 1 + 16\% \Rightarrow r_{半年} = 7.7033\%$$

则永续年金的现值为：$PV = 1000/7.7033\% \approx 12981.45$ 元。

4. C　普通年金，又称“后付年金”，是指每期期末有等额的收付款项的年金。这种年金形式是在现实经济生活中最为常见。普通年金终值犹如零存整取的本利和，它是一定时期内每期期末等额收付款项的复利终值之和。

5. B　前 4 年没有流入，后 5 年指的是从第 5 年开始的，第 5 年年初相当于第 4 年年末，这项年金相当于是从第 4 年末开始流入的，所以，递延期为 3 年。

【科兴提示】递延期的确定这个问题非常容易掌握，下面简单介绍一下：

(1)首先搞清楚该递延年金的第一次年金发生在第几年末(假设为第 W 年末)；

(2)然后根据(W-1)的数值即可确定递延期间 s 的数值；

在确定“该递延年金的第一次年金发生在第几年末”时，应该记住“上一年的年末就是下一年的年初”这个非常容易理解的道理。

下面举例说明：

(1)假如某递延年金为从第 4 年开始，每年年末支付 A 元，则，显然递延期间为 4-1=3；

(2)假如上述递延年金为从第 4 年开始，每年年初支付 A 元，则递延期间为 3-1=2。

6. B “72 法则”是计算一笔投资需多少年可以倍增的简单公式。用 72 除以投资的年利率，结果就是投资倍增所需的年数。则投资倍增的时间是 72/9 = 8(年)，根据 72 规则，如果投资 40 年，则这笔投资翻了五倍，所以终值为 $100\times2^5=3200$(元)。

7. C A 项目的实际年利率为：$EAR=\left(1+\frac{10\%}{2}\right)^2-1=10.25\%$

则 B 项目的名义利率为：$APR=\left(\sqrt[4]{1+10.25\%}-1\right)\times4\approx9.88\%$

8. B 由于所有现金流都是无风险的，故可利用无风险利率进行折现，每月的折现利率为 6%/12 = 0.5%，4 年共需支付租金：

$$PV(\text{租金支付})=20000-\frac{6000}{1.005^{48}}=15277.41\text{ 美元}$$

设每月需要支付的租金为 L，则可将租金支付看成年金。首次租金支付是从签约当时开始的，可将租金现金流看成首笔租金 L，再加上 47 个月的普通年金 L，运用年金公式有：

$$15277.41=L+L\times\frac{1}{0.005}\times\left(1-\frac{1}{1.005^{47}}\right)\Rightarrow L=357.01\text{ 美元}$$

9. A 先求出 5 年期年利率 $1.08^5-1\approx46.93\%$，则该永续年金的现值是：100/46.93% = 213.0833 万美元。

10. B 假设每隔两年要还款的金额为 x 元，则第一个两年要还的金额现值为 $\frac{x}{(1+4\%)^2}$，第二个两年要还的金额现值为 $\frac{x}{[(1+4\%)^2]^2}$，第三个两年要还的金额现值为 $\frac{x}{[(1+4\%)^2]^3}$，以此类推可得：$50000=\sum_{t=1}^{10}\frac{x}{[(1+4\%)^2]^t}\Rightarrow x=7505.34$ 美元。

11. C 这是一个求第一次支付 5000 美元的 20 年期限的年金现值的题目。但是，我们不能使用永续增长年金现值的公式，因为 $r=g$。因此，只能求出每期现金流的现值然后相加。

$$PV_{GA}=\frac{5000}{1.05}+\frac{5000\times1.05}{1.05^2}+\frac{5000\times1.05^2}{1.05^3}+\cdots+\frac{5000\times1.05^{19}}{1.05^{20}}$$

$$=\frac{5000}{1.05}+\frac{5000}{1.05}+\frac{5000}{1.05}+\cdots+\frac{5000}{1.05}=\frac{5000}{1.05}\times20=95239$$

12. A 由于等额本息产生的利息相较于等额本金更多，前期偿还的利息占比较大，而本金并没有偿还多少。所以，该种还款方式适合目前收入一般，未来收入预期增加的人群。

13. A 按照等额本金偿还方式，则每月需向银行偿还 $80/(12\times20)+80\times12\%/12=1.1333$ 万元 = 11333 元。

14. (1)运用现值

普通年金现值：$PV=\frac{C}{1+r}+\frac{C}{(1+r)^2}+\cdots+\frac{C}{(1+r)^T}$

先付年金现值：$PV_{\text{先付}}=C+\frac{C}{1+r}\cdots+\frac{C}{(1+r)^{T-1}}=(1+r)\left[\frac{C}{1+r}+\frac{C}{(1+r)^2}+\cdots+\frac{C}{(1+r)^T}\right]=(1+r)PV$

(2) 运用终值

普通年金终值：$FV=C+C(1+r)+C(1+r)^2+\cdots+C(1+r)^{T-1}$

先付年金终值：$FV_{\text{先付}}=C(1+r)+C(1+r)^2+\cdots+C(1+r)^T=(1+r)[C+C(1+r)+\cdots+C(1+r)^{T-1}]=(1+r)FV$

15. 根据题意可知，每期存款现值的和等于 200 万的现值。假设每年要存入 C 美元，则：

$$\frac{C}{0.05}\left(1-\frac{1}{1.05^{35}}\right)+C=\frac{2000000}{1.05^{35}}\Rightarrow C=20868.91 \text{ 美元}$$

16. 成本的现值必须等于收益的 PV。首先把问题分成两部分，成本和收益。

$$PV_{\text{benefits}}=\frac{100000}{0.07\times1.07^{35}}\left(1-\frac{1}{1.07^{35}}\right)$$

$$PV_{\text{costs}}=\frac{C}{0.07}\left(1-\frac{1}{1.07^{35}}\right)$$

联立上述两式可得：$C=9366.29$ 美元。

17. 5.25%的年利率转化成月度利率为：5.25%÷12=0.4375%

每月的还款额为：$C=\dfrac{800000\times0.4375\%}{1-\dfrac{1}{(1+0.4375\%)^{360}}}=4417.63$ 元

剩余 11 年半的贷款是 11.5×12=138 期的年金，这些年金的现值为：

$$PV=\frac{4417.63}{0.4375\%}\times\left(1-\frac{1}{(1+0.4375\%)^{138}}\right)=456931.41 \text{ 元}$$

因此，你将获得的现金为 1000000−456931.41=543068.59 美元。

18. 先画出时间线

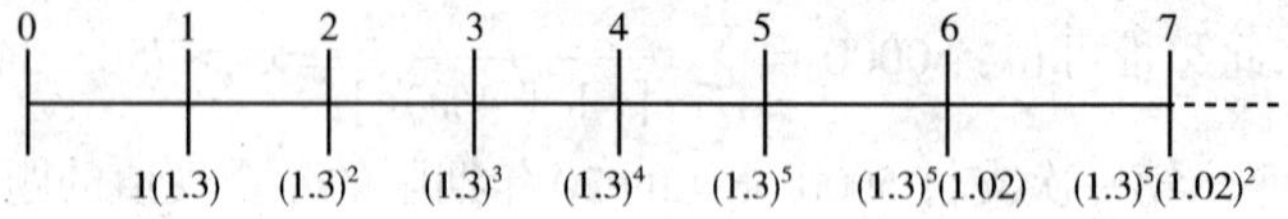

这个问题包含两个部分：(1)以 30%增长的普通增长年金；(2)5 年后以$1.3^5\times2\%$增长的永续年金。

先求出(1)的现值：

$$PV_{GA}=C\times\frac{1}{r-g}\left[1-\left(\frac{1+g}{1+r}\right)^n\right]=\frac{1.3}{8\%-30\%}\times\left[1-\left(\frac{1.3}{1.08}\right)^5\right]=9.02\text{million}$$

然后求出(2)的现值，即第 5 年年底永续增长年金现值为：

$$PV_5=C\times\frac{1}{r-g}=\frac{1.3^5\times1.02}{8\%-2\%}=63.12\text{million}\Rightarrow PV_0=\frac{63.12}{1.08^5}=42.96\text{million}$$

将(1)和(2)的现值相加得出未来收益的现值：9.02+42.96=51.98million。

19. 贷款的未偿付余额也称为未尝付本金，它等于以贷款利率折现的剩余的未来偿付的现值。经过两年后，贷款偿付还剩 28 年(336 个月)，贷款的未偿付余额就是这些现金流的现值，每月的贷款利率是 4.8%/12=0.4%。

$$2 \text{ 年后的贷款余额}=\frac{C}{r}\left[1-\frac{1}{(1+r)^n}\right]=\frac{2623.33}{0.004}\times\left(1-\frac{1}{1.004^{336}}\right)=484332 \text{ 美元}$$

在去年一年里，公司共偿付贷款 2623.33×12=31480 美元。为确定这其中的利息额，最简单的方法是，首先确定其中用于偿付本金的数额。在一年前，这笔贷款还有 29 年(348 个月)到期，则一年前的贷款余额为：

$$经过 1 年后的贷款余额=\frac{2623.33}{0.004}\times\left(1-\frac{1}{1.004^{348}}\right)=492354 美元$$

在刚过去的一年，贷款余额减少了 492354－484332＝8022 美元。去年一年的支付总额中，有 8022 美元用于偿还本金，剩余的 31480－8022＝23458 美元是用来偿付利息的。

考点 2　债券估值

1. C　决定债券收益率的主要因素有债券票面利率、期限、面值、持有期限、购买价格和出售价格，此外，债券收益率也会受到债券的可赎回条款、税收待遇、流动性及违约风险等属性也会不同程度的影响，其中，税收待遇和流动性与债券的收益率负相关，可赎回条款和违约风险则与债券的收益率正相关。

2. B　该债券的价格应为债券期望收益率的现值，则该债券当前的价格为：

$$P=0.5\times\frac{1100}{1+0.04+0.01}+0.5\times\frac{1000}{1+0.04+0.01}=1000 元$$

3. A　收益率曲线是反映风险相同但期限不同的债券到期收益率或利率与期限关系的曲线。到期收益率就相当于投资者按照当前市场价格购买并且一直持有到满期时可以获得的年平均收益率。

4. B　根据债券价格计算公式：$P=\frac{C}{r_m}$，该债券的理论市场价格应该是 $P=\frac{100\times 10\%}{8\%}=$ 125(元)。

5. A　根据债券定价公式可知：$P=100\times 6\%\times A_{7\%}^{10}+\frac{100}{(1+7\%)^{10}}=92.98$ 元。

6. D　债券交易中，报价是指每 100 元面值债券的价格，以下两种报价均较为普遍：

(1) 全价报价。此时，债券报价即买卖双方实际支付价格。

(2) 净价报价。此时，债券报价是扣除累积应付利息后的报价。

本题中，距离上一次付息日为：182－100＝82 天，则应扣除的利息为：40×82/182＝18.02 元，则净价为 1097.71－18.02＝1079.69 元。

7. B　令债券承诺支付的现值等于债券的现价：

$$103=\frac{8}{YTM}\left[1-\frac{1}{(1+YTM)^5}\right]+\frac{100}{(1+YTM)^5}\Rightarrow YTM=7.26\%$$

赎回期收益率是指假设可赎回债券被最早赎回时的年度收益率。如果债券在第一次出现可赎回机会时就被赎回，令未来支付的现值与债券的现价相等：

$$103=\frac{108}{1+YTC}\Rightarrow YTC=4.85\%$$

8. D　买 6 份证券 B 与 1 份市场指数构成组合，可得无论经济衰退或强劲，该组合 1 年后的现金流均为 1400，可得该组合目前价值为 1400/1.04＝1346。购买 6 份债券 B 的价格为 1346－1000＝346，则 1 份债券 B 的价格为 57.67。

9. A　由于债券是平价发行，则价格和面值是相等的，可设为 P，则：

$$D=\sum_{t=0.5}^{2}\left[\frac{PV(c_t)}{P}\times t\right]=\frac{P\times 3\%\times 0.5}{P(1+3\%)}+\frac{P\times 3\%\times 1}{P\,(1+3\%)^2}+\frac{P\times 3\%\times 1.5}{P\,(1+3\%)^3}+\frac{P\times(1+3\%)\times 2}{P\,(1+3\%)^4}$$

计算可得：$D \approx 1.91$ 年。

10. D　根据久期的定义可知，到期时间越久，息票率越低，债券的久期越长。

11. C　债券价格与修正久期的关系式为：

$$\frac{\Delta P}{P} = - D^{*} \Delta y = - 10 \times 1\% = - 0.1 \Rightarrow \Delta P = 800 \times (- 0.1) = - 80$$

即该债券价格将减少 80 元。

12. $P = \sum_{t=1}^{2} \frac{5}{(1 + 6\%)^{t}} + \frac{22 \times 5}{(1 + 6\%)^{2}} = 107.07$ (元)

13. $P = \frac{4}{1 + 2.5\%} + \frac{4}{(1 + 3.5)^{2}} + \frac{104}{(1 + 4.4)^{3}} = 99.03$ 元

14. 根据债券定价公式可知：

$$P = \frac{100 \times 9\%}{1 + 7\%} + \frac{100 \times 9\%}{(1 + 8\%)^{2}} + \frac{100}{(1 + 8\%)^{2}} = 101.86 \text{ 元}$$

15. (1) $P = 40 \times \{1 - [1/(1 + 0.04)]^{40}\} / 0.04 + 1000 \times [1/(1 + 0.04)^{40}] = 1000$

(2) $P = 40 \times \{1 - [1/(1 + 0.05)]^{40}\} / 0.05 + 1000 \times [1/(1 + 0.05)^{40}] = 828.41$

(3) $P = 40 \times \{1 - [1/(1 + 0.03)]^{40}\} / 0.03 + 1000 \times [1/(1 + 0.03)^{40}] = 1231.15$

【科兴提示】由此可以看出，当到期收益率和票面利率相等时，债券将按面值出售；当到期收益率高于票面利率时，债券将按折价出售；当到期收益率低于票面利率时，债券将溢价出售。

16. (1) 该债券的实际年利率：$\left(1 + \frac{8\%}{2}\right)^{2} - 1 = 8.16\%$

该债券全部利息的现值：4×(*P/A*，4%，6)＝4×5.2421＝20.97(元)

(2) 2007 年 7 月 1 日该债券的价值：

$4 \times (P/A, 5\%, 6) + 100 \times (P/F, 5\%, 6) = 4 \times 5.0757 + 100 \times 0.7462 = 94.92$(元)

(3) 2008 年 7 月 1 日该债券的价值为：

$4 \times (P/A, 6\%, 4) + 100 \times (P/F, 6\%, 4) = 4 \times 3.4651 + 100 \times 0.7921 = 93.07$(元)

该债券价值高于市价，故值得购买。

(4) 该债券的到期收益率：

先用 10%，则半年期收益率为 5%，试算：4×1.8594+100×0.9070＝98.14(元)

再用 12%，则半年期收益率为 6%，试算：4×1.8334+100×0.8900＝96.33(元)

用插值法计算：$10\% + \frac{98.14 - 97}{98.14 - 96.33} \times (12\% - 10\%) = 11.26\%$

即该债券的到期收益率为 11.26%。

17. (1) 甲公司债券的价值＝1000×(*P/F*，6%，5)+1000×8%×(*P/A*，6%，5) ＝1000×0.7473+1000×8%×4.2124 ＝1084.29(元) 因为发行价格 1041 元<1084.29 元。所以甲债券收益率大于 6%。下面用 7%再测试一次，其现值计算如下：*P*＝1000×8%×(*P/A*，7%，5)+1000×(*P/F*，7%，5)＝1000×8%×4.1002+1000×0.7130＝1041(元) 计算出现值为 1041 元，等于债券发行价格，说明甲债券内部收益率为 7%。

乙公司债券的价值＝(1000+1000×8%×5)×(*P/F*，6%，5)＝1046.22(元) 因为发行价格

1050 元>债券价值 1046.22 元，所以乙债券内部收益率小于 6%。下面用 5%再测试一次，其现值计算如下：(1000+1000×8%×5)×(P/F，5%，5)= 1096.90(元) 因为发行价格 1050 元<债券价值 1096.90 元，所以乙债券内部收益率在 5%～6%之间，利用插值法可知：(R-6%)/(5%-6%)=(1050-1046.22)/(1096.90-1046.22) 解之得：R=5.93%。

丙公司债券的价值=1000×(P/F，6%，5)= 1000×0.7473=747.3(元)

因为甲公司债券内部收益率高于 A 公司的必要收益率，发行价格低于债券价值，所以甲公司债券具有投资价值。因为乙公司债券内部收益率低于 A 公司的必要收益率，发行价格高于债券价值，所以乙公司债券不具有投资价值。因为丙公司债券的发行价格 750 元高于债券价值，所以丙公司债券不具有投资价值。决策结论：A 公司应当购买甲公司债券。

(2) 假设该债券的持有期收益率为 r，则：

$$1040 = \frac{80}{1+r} + \frac{80}{(1+r)^2} + \frac{1050}{(1+r)^2}$$

利用插值可以得 $r \approx 8\%$ 。

【科兴提示】插值法求内含报酬率的公式为：$IRR = i_2 + (i_1 - i_2) \times \dfrac{NPV_2}{NPV_2 - NPV_1}$。

18. 久期是债券各期现金流支付所需时间的加权平均值，用公式可以表示为：

$$D = \frac{\sum_{t=1}^{T} \frac{c_t}{(1+r)^t} \times t}{P}$$

永续年金是无限期等额收付的特种年金，其每年的现金流为：

$$P = \frac{C}{r} \tag{1}$$

则永续年金久期为：

$$D = \frac{C}{1+r} \cdot \frac{1}{P} + \frac{C}{(1+r)^2} \times 2 \times \frac{1}{P} + \cdots + \frac{C}{(1+r)^n} \times n \times \frac{1}{P} \tag{2}$$

把式(1)代入式(2)可得：

$$\begin{aligned} D &= \frac{r}{1+r} + \frac{2r}{(1+r)^2} + \frac{3r}{(1+r)^3} + \cdots + \frac{nr}{(1+r)^n} \\ &= r\left[\frac{1}{1+r} + \frac{2}{(1+r)^2} + \frac{3}{(1+r)^3} + \cdots + \frac{n}{(1+r)^n}\right] \end{aligned} \tag{3}$$

假定 $x = \dfrac{1}{1+r}$，则式(3)可以写为：

$$D_n = r(x + 2x^2 + 3x^3 + \cdots + nx^n) = r\sum_{n=1}^{\infty} nx^n \tag{4}$$

$$xD_n = r(x^2 + 2x^3 + \cdots + (n-1)x^n + nx^{n+1}) = rx\sum_{n=1}^{\infty} nx^n \tag{5}$$

由式(4)、式(5)得：

$$(1-x)D_n = r\frac{x}{1-x} \Rightarrow D_n = \frac{r \cdot \frac{1}{1+r}}{(1-\frac{1}{1+r})^2} = \frac{1+r}{r}$$

19.（1）该债券的久期为：

$$D=\frac{\sum_{t=1}^{T}\frac{C_t}{(1+y)^t}\times t}{P}=\frac{\frac{6}{1.06}\times 1}{100}+\frac{\frac{6}{1.06^2}\times 2}{100}+\frac{\frac{106}{1.06^3}\times 3}{100}\approx 2.83\text{ 年}$$

修正久期为：$D^*=\frac{D}{1+y}=\frac{2.83}{1.06}\approx 2.67$ 年

（2）该债券的凸度为：

$$C=\frac{1}{P}\times\frac{\partial^2 P}{\partial y^2}=\frac{1}{100}\times\left(\frac{6\times 2}{1.06^3}+\frac{6\times 2\times 3}{1.06^4}+\frac{106\times 3\times 4}{1.06^5}\right)\approx 9.89\text{ 年}$$

（3）所以有根据久期法则有债券收益率每下降1%，债券价格变化为：

$$\frac{\Delta P}{P}=-D^*\times\Delta y=-2.67\times(-0.01)=2.67\%$$

根据久期-凸性法则，债券收益率每下降1%，债券价格变化为：

$$\frac{\Delta P}{P}=-D^*\times\Delta y+\frac{1}{2}C(\Delta y)^2=2.67\%+0.5\times 9.89\times 0.01\%\approx 2.72\%$$

20.（1）期限为 n 期的附息债券（假设面值为1000元，票面利率为 i）的价值可以拆成 n 只零息债券的价值之和。若 y_1、y_2 和 y_3 分别表示剩余期限是1期、2期至 n 期的零息债券的YTM，则：

$$P=\frac{1000i}{1+y_1}+\frac{1000i}{(1+y_2)^2}+\cdots+\frac{1000i+1000}{(1+y_n)^n}$$

代入数据可得：

$$P=\frac{1000\times 10\%}{1+2\%}+\frac{1000\times 10\%+1000}{(1+y_2)^2}=\frac{100}{1+3.908\%}+\frac{1100}{(1+3.908\%)^2}\Rightarrow y_2=4\%$$

（2）同理可以求出三年期零息债券的收益率：

$$\frac{60}{1+2\%}+\frac{60}{(1+4\%)^2}+\frac{1060}{(1+y_3)^3}=\frac{60}{1+5.84\%}+\frac{60}{(1+5.84\%)^2}+\frac{1060}{(1+5.84\%)^3}$$

$$\Rightarrow y_3=6\%$$

票面利率10%的三年期债券价格为：

$$P=\frac{100}{1+2\%}+\frac{100}{(1+4\%)^2}+\frac{1100}{(1+6\%)^3}$$

21.（1）设 DF_1 和 DF_2 分别为1年期和2年期的折现因子。由债券价格可以得出：

$$1039.20=100\,DF_1+1100\,DF_2$$

$$893.72=20\,DF_1+1020\,DF_2$$

计算可得：$DF_1=0.9612$，$DF_2=0.8573$。

然后有：

$$\frac{1}{1+r_1}=0.9612$$

$$\frac{1}{(1+r_2)^2}=0.8573$$

计算可得：$r_1 = 4.04\%$，$r_2 = 8\%$。

（2）设 $x = \dfrac{1}{1+y}$，其中 y 是债券 A 的到期收益率，则：

$$1039.20 = 100x + 1100x^2 \Rightarrow x = 0.9276 \Rightarrow y = 7.81\%$$

（3）年金的合理价格为：

$$P_0 = 500\,DF_1 + 500\,DF_2 = 500 \times 0.9612 + 500 \times 0.8573 = \$909.25$$

（4）年金的市场价格是 \$800，小于理论价格 \$909.25，所以，可以构建交易策略实现无风险套利。我们可以买入年金，卖空一个投资组合。这个投资组合必须复制年金的现金流。

设 x_A 和 x_B 为债券 A 和债券 B 在投资组合中的数量，复制年金的现金流，我们需要：

$$500 = 100x_A + 20x_B$$

$$500 = 1100x_A + 1020x_B$$

计算可得：$x_A = 6.25$，$x_B = -6.25$。

这个投资组合的价格为：$6.25 \times 1039.20 - 6.25 \times 893.72 = 909.25$

这个价格就是年金的理论价额。所以，买入年金，卖空这个投资组合，我们今天就能获利：909.25-800=109.25。同时，在未来我们没有任何负债。

考点 3　普通股估值

1. C　国债的利息率基本上是无风险的，相当于一个无风险收益率，而股票在投资的时候是由风险的，没有风险溢价报酬，投资者没有理由进行该投资。

2. C　股票回报率由两个部分组成，一个是持有期间的股利收益，一个是卖出股票时由于卖价与买价的差额形成的资本利得。

3. D　贴现现金流模型是运用收入的资本化定价方法来决定普通股票的内在价值的。按照收入的资本化定价方法，任何资产的内在价值是由拥有这种资产的投资者在未来时期中所接受的现金流决定的。一种资产的内在价值等于预期现金流的贴现值。根据股利零增长模型可知该股票的内在价值等于 $\dfrac{D_0}{k} = \dfrac{7}{4\%} = 175$ 元。

4. D　计算可知股息收益率=0.75/25=3.0%，股权成本=股息收益率+股息增长率=3.0%+(26.75-25)/25=10%。

5. B　根据 CAPM 模型，$r = r_f + \beta(r_M - r_f) = 0.05 + 2 \times (0.1 - 0.05) = 0.15$。对于永续增长的现金流，$P = \dfrac{C_1}{(r-g)} = \dfrac{0.5 \times 1.1}{0.15 - 0.1} = 11$。

6. C　股利增长率 g=ROE×b=(4/25)×(2/4)=8%。

7. A　我们计算前三年的股利：

$$D_1 = 2.25 \times (1 + 25\%) = 2.8125 \text{ 元}$$

$$D_2 = 2.25 \times (1 + 25\%)^2 = 3.5156 \text{ 元}$$

$$D_3 = 2.25 \times (1 + 25\%)^3 = 4.3945 \text{ 元}$$

3 年后的股利增长率降为 7%，此时的股价 P_3 为：

$$P_3 = \frac{D_3 \times (1+g)}{r-g} = \frac{4.3945 \times 1.07}{0.04} \approx 117.58 \text{ 元}$$

为了计算股票的当前价格，我们必须确定这三期股利和未来价格的现值。

$$P_0 = \frac{D_1}{1+r} + \frac{D_2}{(1+r)^2} + \frac{D_3}{(1+r)^3} + \frac{P_3}{(1+r)^3}$$

$$= \frac{2.8125}{1.11} + \frac{3.5156}{1.11^2} + \frac{4.3945}{1.11^3} + \frac{117.58}{1.11^3} \approx 94.55 \text{ 元}$$

8. A　根据戈登模型可知：$P = D_1/(r-g) = 2.12 \times (1+10\%)/(14.2\%-10\%) = 55.53$ 元。

9. A　半年期持有期收益率为：

$$E(r) = \text{红利收益率} + \text{资本利得率} = \frac{D_1}{P_0} + \frac{P_1 - P_0}{P_0} = \frac{1.5}{10} + \frac{10.2 - 10}{10} = 17\%$$

则持有期年均收益率为 17%/0.5＝34%。

10. C　根据市盈率的计算公式推导得出：$\frac{\text{每股价格}}{EPS} = \frac{1}{R} + \frac{EPVGO}{EPS}$，其中，左边是市盈率的计算公式，*EPS* 表示每股盈利；*R* 为公司股票的折现率；*NPVGO* 代表了增长机会的(每股)净现值。这个等式显示了市盈率与增长机会的净现值相关，即当其他条件不变时，公司增长机会的净现值越大，其市盈率就越高。

11. C　设股票的每股利润为 *EPS*，则股票红利为 0.45*EPS*，此时可知股价

$$P = \frac{0.45EPS}{15\% - 10\%} = 9EPS$$

根据市盈率定义可得 $P/E = 9$。

12. B　先求股票的资本成本率 $k = 6\% + (-0.25) \times (14\% - 6\%) = 4\%$，然后利用戈登模型求股票的内在价值 $P = \frac{D}{r-g} = \frac{8}{0.04-(-0.02)} = 133.33$ 美元。

13. B　市盈率衡量投资者愿意为每股当前利润支付多少钱，因此，一般来说较高的市盈率通常意味着公司未来的成长前景不错。股票的市盈率公式为：

$$\frac{P}{E} = \frac{1}{R} + \frac{NPVGO}{EPS}$$

由于股票市场资本化率和每股盈利相同，故 R 和 EPS 相同。A 公司的盈利机会为 0；B 公司的盈利机会为：60%×20%＝12%；C 公司的盈利机会为：80%×10%＝8%。故 B 公司拥有更高的盈利机会，从而 B 公司的市盈率最高。

14. (1)甲公司股票的股利预计每年均以 5%的速度增长率增长，上年每股股利为 0.2 元，投资者要求的必要报酬率为 3%+5%＝8%。根据不变增长模型，我们可知：

$$V_{\text{甲}} = \frac{D_1}{r-g} = \frac{0.2 \times 1.05}{(3\% + 5\%) - 5\%} = 7 \text{ 元}$$

乙公司每年股利稳定不变，每股股利 0.6 元，根据零增长模型，我们可知：

$$V_{\text{乙}} = \frac{D_0}{r} = \frac{0.6}{3\% + 5\%} = 7.5 \text{ 元}$$

由于甲公司股票现行市价 6 元，低于其投资价值 7 元，故该企业可以购买甲公司股票。乙公司股票现行市价为 8 元，高于其投资价值 7.5 元，故该企业不应购买乙公司股票。

(2) 持有甲公司股票的收益率为：

$$y = \frac{\text{持有期资本利得+持有期所获得的红利}}{\text{期初投资额}} = \frac{7-6+0.2}{6} = 20\%$$

15.（1）$g=b\times ROE=0.4\times 0.2=0.08$

$$r=0.06+1.2\times(0.14-0.06)=0.156$$

$$P_0=10\times 0.6\times(1+0.08)/(0.156-0.08)=85.26\text{ 美元}$$

（2）$P_1=10\times 0.6\times(1+0.08)^2/(0.156-0.08)=92.08$ 美元

$$\text{回报率}=[92.08-80+10\times 0.6\times(1+0.08)]/80=23.2\%$$

16.（1）股权资本成本=2.5/50=5%

（2）如果公司将股利支付率降到80%，来年的股利将下降到2.5×80%=2(元)。同时，由于公司现在要留存20%的收益进行投资，其增长率为：g = 留存收益比率 × 新投资的报酬率=20%×10%=2%。则P=2/(5%-2%)=66.67(元)，即股价将从50元增加到66.67元。

（3）g = 留存收益比率 × 新投资的报酬率 = 20%×10%=2%，

$$P=2/(8\%-2\%)=33.33(\text{元})。$$

17.（1）根据股利折现模型可知 $g=ROE\times b=9\%\times 2/3=6\%$。

当 $EPS_0=3$ 时，分配股利为 $D_1=EPS_0\times(1+g)\times(1-b)=3\times 1.06\times 1/3=1.06$ 美元

则公司当前的股价为：

$$P_0=\frac{D_1}{r-g}=\frac{1.06}{8\%-6\%}=53\text{ 美元}$$

（2）市盈率一般特指内在市盈率或预期市盈率，则：

$$P/E_1=53/(3\times 1.06)=16.67\text{ 美元}$$

（3）公司未来预期增长机会现值为：

$$NPVGO=P_0-\frac{EPS_1}{r}=53-\frac{3\times 1.06}{8\%}=13.25\text{ 美元}$$

18. 根据已知条件，可以得到公司年末的每股盈利是：

$$EPS_1=5\times 15\%=0.75\text{ 元}$$

（1）在无增长发展策略下，公司的股价是

$$P_0^{5-NG}=\frac{EPS_1}{r_E}=\frac{0.75}{0.1}=7.5\text{ 元}$$

此时股票的市盈率为：

$$\frac{P_0^{5-NG}}{EPS_1}=\frac{7.5}{0.75}=10$$

（2）当公司留存比率为60%时，公司的股价是：

$$P_0^{5-G}=\frac{EPS_1\times(1-b)}{r_E-b\times ROE}=\frac{0.75\times(1-0.6)}{0.1-0.6\times 0.15}=30\text{ 元}$$

此时股票的市盈率为：

$$\frac{P_0^{5-G}}{EPS_1}=\frac{30}{0.75}=40$$

由于 $ROE>r_E$，该公司是一个成长型公司，它的股票是成长型股票。此时公司增长机遇的现值为：

$$PVGO=P_0^{5-G}-P_0^{5-NG}=30-7.5=22.5\text{ 元}$$

19.（1）甲企业股利支付率=每股股利/每股净利=0.35/0.5×100%=70%

甲企业股权资本成本=无风险利率+β×股票市场平均风险附加率

=7%+0.75×5.5%= 11.125%

甲企业本期市盈率=[股利支付率×(1+增长率)]÷(股权资本成本-增长率)

=[70%×(1+6%)]÷(11.125%-6%)= 14.48

甲企业预期市盈率=股利支付率/(资本成本-增长率)= 70%/(11.125%-6%)= 13.66

(2)采用本期市盈率计算：ABC公司股票价值=目标企业本期每股收益×可比企业本期市盈率=1×14.48=14.48(元/股)。

采用预期市盈率计算：预期每股收益=1×(1+6%)= 1.06元。

ABC公司股票价值=目标企业预期每股收益×可比企业预期市盈率=1.06×13.66=14.48(元)。

20. 用公司的预期收益率增长率和股利增长率，预测未来收益和股利，结果如下表所示：

	年	0	1	2	3	4	5	6
EPS的增长率			20%	20%	20%	20%	4%	4%
EPS		2.00	2.40	2.88	3.46	4.15	4.31	4.49
股利支付率			0%	0%	0%	60%	60%	60%
股利						2.49	2.59	2.69

使用不变股利增长率模型估计第3年年末的股价，给定股权资本成本为8%：

$$P_3 = \frac{D_4}{r-g} = \frac{2.49}{8\% - 4\%} = 62.25 \text{ 美元}$$

则运用股利折现模型可得今天的每股价值为：

$$P_0 = \frac{D_1}{1+r} + \frac{D_2}{(1+r)^2} + \frac{D_3}{(1+r)^3} + \frac{P_3}{(1+r)^3} = \frac{62.25}{1.08^3} = 49.42 \text{ 美元}$$

21. 由于从2010年以后的FCFF增长率是固定的，因此我们可以采用永续增长公式求出IDX在2009年的价值，即：

$$V_{2009} = \frac{FCFF_{2010}}{r-g} = \frac{5000}{9.4\% - 5\%} = 113636.37 \text{ 万美元}$$

这样可以求出2008年公司的价值：

$$V_{2008} = \frac{113636.37 + 4500}{1 + 9.4\%} = 107985.71 \text{ 万美元}$$

根据题意可以求出IDX在2008年的股权价值：

$$S_{2008} = 107985.71 - 3000 + 11000 = 115985.71 \text{ 万美元}$$

则2008年IDX公司的股价为：

$$P = \frac{115985.71}{5000} = 23.20 \text{ 美元}$$

【科兴提示】在股利折现模型中，公司的现金和债务通过利息收入和费用对收益的影响，间接地被包含在模型里。而在自由现金流模型中，不考虑利息收入和费用(自由现金流的计算是基于息税前收益的)。本知识点请查看乔纳森·伯克《公司理财》上册P268—269。

22. 根据自由现金流的公式：自由现金流 = $EBIT(1-T)$ - 净投资 - 净营运资本的增加，可以预测 KCP 的未来现金流如下：

	2005	2006	2007	2008	2009	2010	2011
销售收入	518.0	564.6	609.8	652.5	691.6	726.2	755.3
与上年相比的增长率		9.0%	8.0%	7.0%	6.0%	5.0%	4.0%
EBIT（销售收入的 9%）		50.8	54.9	58.7	62.2	65.4	68.0
减：所得税（EBIT 的 37%）		18.8	20.3	21.7	23.0	24.2	25.1
减：净投资（销售收入增量的 8%）		3.7	3.6	3.4	3.1	2.8	2.3
减：净营运资本的增加（销售收入增量的 10%）		4.7	4.5	4.3	3.9	3.5	2.9
自由现金流		23.6	26.4	29.3	32.2	35.0	37.6

预期 KCP 的自由现金流在 2011 年后，以不变的速度增长，故可用折现现金流模型预算出 2011 年公司的价值：

$$V_{2011}=\left(\frac{1+g_{\text{FCF}}}{r_{\text{WACC}}-g_{\text{FCF}}}\right)\times FCF_{2011}=\left(\frac{1.04}{0.11-0.04}\right)\times 37.6=558.6\text{ 百万美元}$$

KCP 当前的企业价值为其自由现金流的现值加上期末价值的现值：

$$V_0=\frac{23.6}{1.11}+\frac{26.4}{1.11^2}+\frac{29.3}{1.11^3}+\frac{32.2}{1.11^4}+\frac{35.0}{1.11^5}+\frac{37.6+558.6}{1.11^6}=424.8\text{ 百万美元}$$

则 KCP 股票的每股价值为：

$$P_0=\frac{424.8+100-3}{21}=24.85\text{ 美元}$$

第5章 资本预算

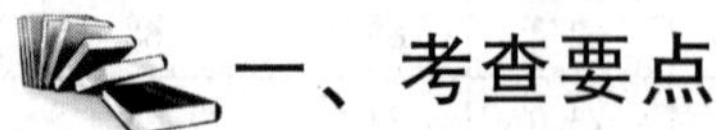

一、考查要点

（一）投资决策方法

1. 净现值法(NPV)

（1）净现值是指投资项目寿命期内各年的预期现金流量、按一定的折现率折现成现值后与原始投资额的差价。用公式表示为：

$$NPV = \sum_{t=1}^{N} \frac{C_t}{(1+R)^t} - C_0$$

式中为 C_t 现金流量，C_0 为初始投资额，R 为折现率，N 为项目寿命期。

（2）净现值法决策准则：如果按照投资者要求的收益率 R 折现，$NPV \geq 0$，项目是可行的；$NPV < 0$，项目是不可行的。

（3）净现值法的优点：

① 考虑了现金流量发生的时间；

② 提供了一个与企业价值最大化目标相一致的客观决策标准；

③ 理论上是最为正确的方法。

2. 内部收益率法(IRR)

（1）内部收益率是指投资收益现值与其初始投资额相等时的收益率，即净现值为零时的折现率，用公式表示为：

$$NPV = -C_0 + \frac{C_1}{1+IRR} + \frac{C_2}{(1+IRR)^2} + \cdots + \frac{C_t}{(1+IRR)^t} = 0$$

（2）内部收益率法决策准则：如果 $IRR \geqslant R$，项目可行；$IRR < R$，则项目不可行。

（3）内部收益率法的优点：作用类似于净现值法，经常得出与净现值法一致的结论；容易理解。

（4）内部收益率法的缺点：可能会出现多个内部收益率的问题；在互斥项目比较中可能给出错误的评价。此时，我们一般会运用增量现金流量的内部收益率来进行决策。

3. 盈利指数率法(PI)

（1）盈利指数指初始投资以后所有预期未来现金流量的现值和初始投资的比值，用公式表示为：

$$PI = 1 + \frac{NPV}{C_0}$$

（2）盈利指数法决策准则：如果 $PI \geqslant 1$，项目是可行的；$PI < 1$，项目是不可行的。

（3）盈利指数法的优点：作用类似于净现值法，经常得出与净现值法一致的结论；容易理解。

（4）盈利指数法的缺点：在互斥项目比较中，有时会得出与净现值法不一致的结论。

4. 平均会计收益率法(AAR)

(1) 平均会计收益率法是用投资项目经济周期内的平均收益率来评估投资项目的一种方法。其计算方法是将税后平均收益除以平均账面投资额。

(2) 平均会计收益率法的决策准则：平均会计收益率越高越好。项目平均会计收益率应高于企业所要求的目标平均会计收益率。

(3) 平均会计收益率法的优点：计算简便，数据易取得。

(4) 平均会计收益率法的缺点：忽视了货币的时间价值；缺乏客观性；没有反应市场信息。

5. 投资回收期法

(1) 投资回收期是指收回全部初始投资所需要的年限，其计算公式为：

$$\sum_{t=1}^{T} C_t - C_0 = 0$$

(2) 投资回收期法决策准则：回收期越短越好，回收期应小于所要求的回收期，但回收期不应用于项目的取舍。

(3) 投资回收期法优点：概念明确、使用简便；初步衡量了项目风险；衡量了项目的变现能力。

(4) 投资回收期法缺点：没有考虑现金流量发生的时间；忽视了回收期后的现金流量；不是一个客观的决策标准。

6. 折现投资回收期法

(1) 折现投资回收期是指用该项目的折现现金流量偿清初始投资所需的时间。

(2) 折现投资回收期法决策准则：回收期越短越好，回收期应小于所要求的回收期，但回收期不应用于项目的取舍。

(3) 折现投资回收期法优点：概念明确、使用简便；初步衡量了项目风险；衡量了项目的变现能力；考虑了现金流量发生的时间。

(4) 折现投资回收期法缺点：忽视了回收期后的现金流量；没有考虑现金流量的时间序列。

(二)增量现金流

1. 在估算现金流量时，只有增量现金流量才能被用于投资分析中

所谓增量现金流量是指由于接受或放弃某个投资项目所引起的现金流量变动部分。为了正确计算投资项目的增量现金流量，要注意：(1)不能考虑沉没成本；(2)充分关注机会成本；(3)考虑项目对净营运资金的影响；(4)考虑项目对公司其他部门的影响。

2. 所得税是一种现金流出，由利润和税率决定

而利润又受折旧(含无形资产、开办费的摊销)的影响。所以，应考虑所得税和折旧对投资项目现金流量确定的影响。

(1) 企业负担的成本应是扣除了所得税影响后的费用净额，即税后成本，其计算公式为：税后成本 = 实际支付额 ×(1 - 所得税率)。与税后成本对应的是税后收入。所得税对企业营业收入也会产生影响，使得营业收入的一部分流出企业。这样企业实际的现金流入就是纳税后的收入，即税后收入，其计算公式为：税后收入 = 营业收入 ×(1 - 所得税率)。

(2) 折旧是企业的成本，但不是付现成本。企业对固定资产计提折旧会引起成本增加，利润减少，从而使所得税减少。所以折旧可以起到减少税负的作用，即会使企业实际少缴所得税，也就是减少了企业现金流出量，增加了现金净流量。折旧抵税的计算公式为：折旧抵税额 = 折旧额 × 所得税率。

3. OCF的三种计算方法

（1）自上而下法。从利润表的顶端开始，逐渐向下依次减去成本、税收以及其他费用。计算公式为：OCF=销售收入-现金成本-税收=销售收入-现金成本-（销售收入-现金成本-折旧）×税率。

（2）自下而上法。从会计的最低端（净利润）开始，然后加非现金支出，如折旧。计算公式为：OCF=净利润+折旧=（销售收入-现金成本-折旧）×（1-税率）+折旧。

（3）税盾法。税盾法实际上是自上而下法的一个变种。OCF=销售收入-现金成本-税收=销售收入-现金成本-（销售收入-现金成本-折旧）×税率=（销售收入-现金成本）×（1-税率）+折旧×税率。

（三）净现值运用

1. 资本限额下的资本预算决策

在讨论资本预算方法时，我们都基于一个假设前提，即如果公司接受每一个具有正净现值的项目，则公司的价值可以最大化。然而，在某些情况下，由于资金有限，企业无法选择所有净现值大于0的投资项目，这就是资本限额。当存在资本限额时，如何在资源许可的范围内选择项目，尽可能地使项目净现值最大化，就是资本限额决策问题。在资本有限的情况下，我们可以运用盈利指数法来选择投资项目。但当资本的约束条件不止一个时，盈利指数法将不会有效。

2. 不同寿命期的资本预算决策

在许多情况下，公司必须在具有不同寿命期的项目中进行选择。此时，公司就不能仅依赖于净现值进行判断，因为项目的期限越长，未来产生的现金流量可能越多，其净现值可能就越大。如果在两个具有不同寿命期的互斥项目中进行选择，那么久必须在相同的寿命期内评价项目。我们一般使用等价年度成本（EAC）来对不同寿命期项目进行决策。等价年度成本是指某项资产或某项目在其整个寿命期间每年收到或支出的现金流量。运用等价年度成本进行项目决策时，如果在项目寿命期内是收到现金流量，则等价年度成本大的项目可以被采纳；如果在项目寿命期内是支出现金流量，则等价年度成本小的项目应该被接受。

3. 更新决策

更新决策指是否用一个具有相同功能的新资产取代现有资产的决策。它包括两个方面的问题：一个是决定是否更新；另一个是决定选择什么样的资产来更新。这两个问题紧密相连。一般而言在更新决策中，现金流量的变化有以下几种：

（1）因为购置新设备的金额将超过任何出售旧设备所得到的金额，所以用新设备置换旧设备将导致现金流出。

（2）使用新设备会降低经营成本或提高经济效益，从而在新机器的使用期内产生现金流出。同时，新机器的使用会增加折旧的节税收益，这也使得现金流入有所增加。

（3）新设备使用期末的残值表现为差别残值，即新设备的残值与旧设备不被置换并继续使用至期末时的差额，残值收入也是一种现金流入。

4. 扩展决策

扩展决策将考虑增加额外的投资，从而扩大现有的项目，以增加未来的现金流。与扩展决策有关的现金流量包括：

（1）当现有设施被扩大，新设备被购买时，就产生了现金流量。

（2）作为扩展决策的结果之一，当增加的生产能力使公司能够满足现有生产能力无法满足的需求时，该公司将会产生额外的收益。

（3）在项目期末，因扩展投资而产生的增量残值也是一种资金流入。

5. 投资时机决策

投资时机决策是决定何时采用项目的决策。在等待时机的过程中，企业能够得到更充分的市场信息或等到更高的产品价格，或者有时间继续提高产品质量。但是，这些决策有时还可能伴随着因等待而引起的时间价值的损失，以及竞争者抢占市场的危险。另外，成本也会随着时间的延长而增加。

（四）资本预算中的风险分析

1. 敏感性分析

（1）敏感性分析是指研究投资决策方法对项目假设条件变动的敏感性的一种分析方法。

（2）敏感性分析的缺陷：

首先，在进行敏感性分析时，只允许一个假设发生变动，而其他假设必须保持不变。但在实际中，这些变量常会一其变动。

其次，在敏感性分析中，基础变量可能会相互影响。

再次，对敏感性分析结果的应用也存在主观性。针对同一敏感性分析结果，某决策者可能会因此而拒绝该项目，而其他决策者可能会接受这一项目。这种态度上的区别可能取决于决策者对项目风险的厌恶程度。

（3）场景分析是对不同情况下投资项目的效益状况的分析，是一种改进的敏感性分析方法。这种方法考察一些可能出现的不同场景，每种场景综合了各种变量的影响。一般而言，场景分析至少要分析基本状况、最佳状况和最差状况。

2. 盈亏平衡分析

（1）会计盈亏平衡分析是确定某一产品或公司的销售量，在该销售量上收入正好弥补成本，该产品或公司的净收益为零。如果项目的成本可以被分为固定成本和变动成本，并且单位边际贡献等于单位销售价格减去单位变动成本，那么会计盈亏平衡点的计算公式如下：

$$\text{会计盈亏平衡点}=\frac{(\text{固定成本}+\text{折旧})(1-T_C)}{(\text{销售单价}-\text{单位变动成本})(1-T_C)}$$

（2）净现值盈亏平衡分析。在公司的投资决策进行盈亏平衡分析时，需要寻求该项投资未来的现金流入正好弥补现金流出时的销售量，即寻求项目的净现值为零时所必需的销售量。这就是净现值盈亏平衡分析。净现值盈亏平衡点的计算公式为：

$$\text{净现值盈亏平衡点}=\frac{\text{投资额的等价年度成本}+\text{固定成本}\times(1-T_C)-\text{折旧}\times T_C}{(\text{销售单价}-\text{单位变动成本})(1-T_C)}$$

3. 决策树分析和实物期权

（1）决策树可以帮助公司分析项目的不确定性，把握未来决策对项目现金流的影响。我们可以把某个项目分解成几个阶段来进行分析，每个阶段的决策将依赖于前一个阶段的结果。决策树直观地表示了一个多阶段项目决策中每个投资决策和可能发生的结果，及发生的概率。

（2）公司在选择项目时，有时只需经过一次决策过程，这就无须考虑可能出现的相关后续决策。但有时，当前决策会受到未来决策的影响。例如，公司经营者将资金投入到新项目后，他们仍会关注未来形势。如果项目进行得顺利，他们有可能会拓展项目；如果形势逆转，他们则有可能收缩甚至放弃项目。这种调整项目的选择机会就是实物期权。实物期权的出现增加了一个投资项目的价值，一个项目的价值可以被视为其用传统方法计算的净现值与一些期权的价值之和。可能的实物期权一般包括扩张期权、放弃期权和延期期权。

二、2023 年命题预测

毋庸置疑，本章是命题重点，而投资决策方法则是重中之重。投资决策方法中，IRR 法是命题的热点。因为在互斥项目决策中使用 IRR 法会因为规模问题和时间序列问题而产生错误的投资决策。因此应该能熟练使用调整的内部收益率法来进行项目决策。增量现金流也是考查的热点，但一般会集中在判断某一现金流是否是增量现金流，掌握基本概念则难度不大。特殊情况下的资本预算决策的知识点中，EAC 是热点，更新决策是难点。资本预算中的不确定分析中，会计盈亏平衡点和净现值盈亏平衡点的计算是考查的热点。

考点 1　投资决策方法

（一）命题思路

"资本预算决策的方法"属于重要知识点，难度大。从命题角度来看，主要命题思路是：(1)运用不同的方法进行资本预算决策；(2)考查不同决策方法的主要特点。(3)考查内部收益率法在互斥项目决策中存在的问题。

（二）习题精编

1. 从项目投资的角度看，将企业为使项目完全达到设计生产能力、开展正常经营投入的全部现实资金称为(　　)。

A. 投资总额　　B. 现金流量　　C. 原始总投资　　D. 项目总投资

2. (上海财大 2011)采用回收投资期法进行决策分析时易产生误导，使决策者接受短期利益大而舍弃长期利益高的投资方案，这是因为(　　)。

A. 该指标忽略了收回原始投资以后的现金流状况

B. 该指标未考虑货币时间价值因素

C. 该指标未利用现金流量信息

D. 该指标在决策上伴有主观臆断的缺陷

3. (中山大学 2017)以下哪个不是净现值法的优点(　　)。

A. 考虑了资金的时间价值　　B. 考虑了项目计算期的全部净现金流量

C. 考虑了投资风险　　D. 可从动态上反映项目的实际投资收益率

4. 在其他条件不变的情况下，若企业提高折现率，数字大小不会因此受到影响的指标是(　　)。

A. 净现值　　B. 获利指数　　C. 净现值率　　D. 内部收益率

5. (中山大学 2017)某投资方案贴现率为 16%时，净现值为 6.12，贴现率为 18%时，净现值为-3.17，则该方案的内部收益率为(　　)。

A. 14.38%　　B. 18.42%　　C. 17.32%　　D. 19.53%

6. 某投资项目原始投资为 12000 元，当年完工投产，有效期 3 年，每年可获得现金净流量 4600 元，则该项目内含报酬率为(　　)。

A. 7.33%　　B. 7.68%　　C. 8.32%　　D. 6.68%

7. (南京航空航天 2014)若净现值为负数，表明该投资项目(　　)。

A. 投资报酬率不一定小于 0，也有可能是可行方案

B. 为亏损项目，不可行

C. 投资报酬率没有达到预定的贴现率，不可行

D. 投资报酬率小于 0，不可行

8. 某投资项目在建设期内投入全部原始投资，该项目的获利指数为 1.25，则该项目的净现值率为(　　)。

A. 0.25　　B. 0.75　　C. 0.125　　D. 0.8

9. (上海财大 2017)考虑一个项目，1 年后的自由现金流为 130000 元或 180000 元，出现每一种结果的概率相等。项目的初始投资为 100000 元，项目资本成本为 20%，无风险利率为 10%，则该项目的 NPV 最接近以下哪个选项(　　)。

A. 29000　　B. 22000　　C. 28000　　D. 26900

10. (上海财大 2015)你正考虑投资一个项目，经过计算项目的相关信息如下：内部收益率 8.7%，盈利比率 0.98，净现值-393，回收期 2.44，必要回报率 9.5%，以下哪种说法是正确的？(　　)

A. 用于计算净现值的折现率小于 8.7%

B. 用于计算盈利比率的折现率等于内部收益率

C. 根据盈利比率应该接受并投资此项目

D. 根据内部收益率应该拒绝投资此项目

11. (中央财经 2015)某项目的现金流如下表所示：

年份	0	1	2	3	4
现金流	-5000	1900	1900	2500	2000

那么，该项目的回收期最接近(　　)。

A. 2 年　　B. 2.5 年　　C. 3 年　　D. 3.5 年

12. (上海财大 2011)对于互斥项目，资本预算中以下方法可能失效的是(　　)。

A. NPV 法　　B. 增量 NPV 法　　C. 增量 IRR 法　　D. IRR 法

13. (华东师大 2018)在单一方案决策过程中，与净现值评价结论最可能发生矛盾的评价指标是(　　)。

A. 净现值率　　B. 获利指数　　C. 投资回收期　　D. 内部收益率

14. 下列关于项目投资决策的表述中，正确的是(　　)。

A. 两个互斥项目的期限相同但初始投资额现值不一样，在权衡时选择净现值高的项目

B. 使用净现值法评估项目的可行性与使用内含报酬率法的结果是一致的

C. 使用现值指数法进行投资决策可能会计算出多个现值系数

D. 静态投资回收期主要测定投资方案的盈利性而非流动性

15. 泰坦尼克造船公司有一个不可撤销的合同，要建造一艘小型货轮。造船的费用包括两年中每年年末现金支出 250000 美元，第 3 年年末公司将收到船主的付款 650000 美元。公司也可以通过加班加快建造速度，这样的话，第 1 年年末发生现金支出 550000 美元，第 2 年年末收到付款 650000 美元。利用 IRR 法则，说明资本机会成本在什么范围时，公司应该安排加班？

16. (上海外国语 2016)假如你正在考察一个 3 年期的项目，其今后 3 年的预测净利润是：100 万元(第 1 年)、200 万元(第 2 年)、300 万元(第 3 年)，项目的成本是 600 万元，它将以直线法在项目的 3 年的存续期间内折旧完毕，则平均会计报酬率(AAR)是多少？

17. (华东师大 2011) 某企业拟投资一个新的项目，项目期限 3 年，初期投入 1000 万元，未来三年末的税后现金流分别为 500 万元，600 万元和 800 万元。假设该项目的必要报酬率为 10%，请计算项目的静态回收期、动态回收期和净现值。

18. 作为东方快讯的首席财务官，你面临两个互斥的项目。

现金流量 单位：美元

年份	项目 A	项目 B
0	-5000	-100000
1	3500	65000
2	3500	65000

(1) 两个项目的内部收益率各是多少？

(2) 如果只告诉你项目的内部收益率，那么你会选择哪个项目？

(3) (2) 问的选择中你忽视了什么？

(4) 这个问题怎么补救？做相关的计算。

(5) 在(4)问的基础上，假设贴现率为 15%，你选择哪个项目？

(6) 根据净现值法，假设贴现率为 15%，应该选择实施哪个项目？

19. Mahjong 公司有下列两个互斥项目：

(单位：美元)

年　份	现金流量(A)	现金流量(B)
0	-43000	-43000
1	23000	7000
2	17900	13800
3	12400	24000
4	9400	26000

(1) 这两个项目的 IRR 分别是多少？如果你采用 IRR 法则，公司应该接受哪一个项目？这样的决定一定正确吗？

(2) 如果必要报酬率是 11%，这两个项目的 NPV 分别是多少？如果你采用 NPV 法则，应该接受哪个项目？

(3) 贴现率在什么范围之内，你会选择项目 A？在什么范围之内，你会选择项目 B？贴现率在什么范围之下，这两个项目对你而言没有区别？

考点 2　增量现金流量

(一) 命题思路

增量现金流量属于资本预算的基础知识点，其命题思路主要有：(1) 在进行项目投资时，判断哪些属于增量现金流；(2) 有税的前提下，计算投资的增量现金流量。

(二) 习题精编

1. (上海财大 2015) 当公司在评估项目时，以下哪些现金流是和项目有关的增量现金流？(　　)

A. 已经支出的和项目相关的研发费用

B. 已经发生的为评估项目所作的市场调研费用

C. 为项目融资向银行借款所支付的利息

D. 由项目折旧带来的税收节省

2. (中山大学 2013)折旧具有抵减所得税的作用，由于计提折旧而抵减的所得税可用(　　)计算。

A. 折旧额×所得税率　　B. 折旧额×(1-所得税率)

C. (付现成本+折旧)×所得税率　　D. (付现成本+折旧)×(1-所得税率)

3. 某项目经营期为 5 年，预计投产第一年初流动资产需用额为 150 万元，预计第一年流动负债为 115 万元，投产第二年初流动资产需用额为 180 万元，预计第二年流动负债为 130 万元，预计以后每年的流动资产需用额均为 180 万元，流动负债均为 130 万元，则该项目终结点一次回收的营运资金为(　　)。

A. 35 万元　　B. 15 万元　　C. 95 万元　　D. 50 万元

4. 某投资项目运营期某年的总成本费用(不含财务费用)为 1100 万元，其中：外购原材料、燃料和动力费估算额为 500 万元，工资及福利费的估算额为 300 万元，固定资产折旧额为 200 万元，其他费用为 100 万元。据此计算的该项目当年的付现经营成本估算额为(　　)。

A. 1000 万元　　B. 900 万元　　C. 800 万元　　D. 300 万元

5. ABC 公司对某投资项目的分析与评价资料如下：该投资项目适用的所得税率为 30%，年税后营业收入为 700 万元，税后付现成本为 350 万元，税后净利润 210 万元。那么，该项目年营业现金流量为(　　)万元。

A. 350　　B. 410　　C. 560　　D. 500

6. (中国海洋 2018)许多地方政府将允许企业加速折旧作为扶持某些产业发展的优惠政策，请从公司财务视角分析其合理性。

7. BM 公司正在考虑一项新的投资机会。所有的财务数据列示于下表中，公司的所得税率为 34%，假设所有的销售收入都用现金结算，所有的税收和营运成本费用都用现金结算，所有的现金流发生在期末，所有的营运资本在项目终止时回收。(单位：元)

	第 0 年	第 1 年	第 2 年	第 3 年	第 4 年
投　资	10000	—	—	—	—
销售收入	—	7000	7000	7000	7000
营运成本	—	2000	2000	2000	2000
折　旧	—	2500	2500	2500	2500
净营运资本需求	500	250	300	200	?

(1) 计算该投资项目每年净利润。

(2) 计算该投资项目每年的增量现金流量。

考点 3　净现值的运用

(一) 命题思路

净现值的运用是本章最难的考点，对考生最基础的要求就是能够熟练运用 EAC 进行不同生命周期的互斥项目决策。其他诸如限额决策、扩张决策、更新决策一般高校并不会涉及。

（二）习题精编

1.（中央财经 2016）R 公司目前有 1000 万元的资金可用于投资，因此需要从 10 个期限均为 5 年、投资额均为 200 万元，且净现值均大于 0 的项目中选择 5 个项目进行投资。那么公司应该按照哪一种标准进行选择？（　　）

A. 内部收益率最高　　B. 回收期之和最短

C. 盈利指数之和最大　　D. 贴现回收期之和最短

2.（中央财经 2011）河海公司目前有 7 个投资项目可供选择，每一项目的投资额与现值指数如下表：

项　目	投资额(万)	现值指数
A	400	1.18
B	300	1.08
C	500	1.33
D	600	1.31
E	400	1.19
F	600	1.20
G	400	1.18

河海公司目前可用于投资的总金额为 1200 万，根据资本限量决策的方法，河海公司的最优投资组合方案(假设投资于证券市场的净现值为 0)（　　）。

A. A+B+C　　B. C+D，剩下的钱投资于证券市场

C. D+E，剩下的钱投资于证券市场　　D. D+F

3. 在设备更换不改变生产能力且新旧设备未来使用年限不同的情况下，固定资产更新决策应该选择的方法是(　　)。

A. 净现值法　　B. 平均年成本法

C. 折现回收期法　　D. 内含报酬率法

4.（华东师大 2022）某公司拟购买新机器替换旧机器，新机器需要花费 120 万元，旧机器目前账面价值 40 万元，若出售则市值 30 万元。旧机器剩余 4 年使用时间，新机器也只能使用 4 年，4 年后新旧两台机器都没有残值。使用新机器可以每年省去 45 万元经营成本。使用新机器还需要花费 2.5 万元净营运资本。该投资项目必要回报率为 10%，税率为 39%。求使用新设备替换旧设备的净现值。

5.（上海财大 2014）假设有两种机器 A 和 B，公司必须从中选用一种。两种机器的设计虽然不同，但生产能力完全相同，只能从事完全相同的工作。机器 A 的购置费为 15000 元，可以使用 3 年，每年的使用费为 5000 元。机器 B 的购置费为 10000 元，但它只能使用 2 年，每年的使用费是 6000 元。假设折现率为 10%，公司该购买哪一种机器？

6. 阿马罗罐装水果公司的财务人员，计划项目 A、B 和 C 的现金流量如下：

（单位：美元）

年份	项目 A	项目 B	项目 C
0	-100000	-200000	-100000
1	70000	130000	75000
2	70000	130000	60000

假设年贴现率为 12%。

(1) 计算各项目的盈利指数。

(2) 计算三个项目的净现值。

(3) 假设三个项目是独立的，根据盈利指数投资决策的原则，应该选择哪个项目？

(4) 假设三个项目是互斥的，根据盈利指数投资决策的原则，应该选择哪个项目？

(5) 假设阿马罗公司的资本预算为 300000 美元，项目不可分，那么阿马罗公司应该投资哪些项目？

7. A 公司现进行 X、Y 两个独立项目的投资决策，这两个项目的经营期均为 4 年，预计未来产生的现金流量以名义现金流量如下表所示：

年限 / 项目	0	1	2	3	4
X	-80000	30000	25000	24000	20000
Y	-100000	20000	25000	40000	50000

上表中项目 X 的现金流量以实际现金流量(即以不变价格，不考虑通货膨胀因素)表示，而项目 Y 的现金流量以名义现金流量(即以时价，包括通货膨胀因素)表示。试计算：

(1) 如果实际折现率为 10%，通货膨胀率为 1%，分别对两个项目做出投资评价。

(2) 如果名义折现率为 11%，通货膨胀率为 2%，分别对两个项目做出投资评价。

8. (上海财大 2015) P 公司正考虑一个项目，此项目可以使公司在第一年年末税后节省 450 万，之后每年年末节省的现金以 4%的速度永续增长。这一项目由 P 公司聘请的一家咨询公司提议，咨询公司同时指出此项目的期初投入成本为 2700 万。咨询公司为评估此项目收取 200 万咨询费。公司的目标“债务/股权”比率为 0.5，股权 β 值为 1.2。市场组合的预期收益率为 12.4%，无风险资产的收益率为 4.4%，P 公司的税后债务资本成本为 7%。根据咨询公司特别风险提示，此项目的风险要高于公司的主营业务，因此公司管理层认为用于此项目的折现率应比通常使用的折现率高 2%以体现额外风险。

(1) P 公司的加权平均资本成本是多少？

(2) 新项目的净现值是多少？P 公司应该上马此项目吗？

考点 4 资本预算中的风险分析

(一) 命题思路

资本预算的风险分析并不是各大高校 431 命题的重点。本知识点命题思路是：(1) 计算和区分会计盈亏平衡点和净现值盈亏平衡点；(2) 了解实物期权的内涵。(3) 利用决策树方法简单计算净现值。

(二) 习题精编

1. 会计盈亏平衡分析是确定某一产品或公司的销售量使(　　)。

A. 净现值为零　　B. 净收益为零　　C. 内部收益率为零　　D. 总成本最小

2. 如果某项目的净现值盈亏平衡点是销售量为 1000，则销售量为 1200 时，净现值为(　　)。

A. 正　　B. 零　　C. 负　　D. 不能确定

3. (清华大学 2017) 敏感性分析评价净现值通过(　　)。

A. 改变计算净现值假设　　B. 改变一个变量同时其他变量不变

C. 考虑不同的经济形势　　D. 以上全部

4. (清华大学 2016)假设某公司拥有实物期权，可以投资具有正 NPV 的项目，那么公司市场价值和实体资产价值关系为(　　)。

A. 市场价值<实体资产价值　　B. 市场价值=实体资产价值

C. 市场价值>实体资产价值　　D. 不确定

5. (复旦大学 2012)某公司与政府签订一项公路协议，公路建成 5 年后若运行良好，该公司有权力扩建，其他公司无权参与，则该公司拥有(　　)类型的实物期权。

A. 扩张期权　　B. 延迟期权　　C. 转换期权　　D. 放弃期权

6. 公司正在评估一投资项目，购置生产设备需 720000 元，使用年限为 8 年，采用直线法计提折旧，期满无残值。每年产品销售量 120000 件，单价 18 元，单位变动成本 12 元，年固定成本(不包含折旧)500000 元，所得税税率 25%，该项目投资必要收益率 10%。试计算：

(1) 该投资项目的现金净流量和净现值。(计算结果保留整数)

(2) 当销售量减少 1000 件时，求净现值相对于销售量变化的敏感程度。(计算结果保留小数点后两位)

7. (对外经贸 2017)估计一个项目投资成本为 896000 美元，期限为 8 年，没有残余价值。假设计提折旧采用直线折旧法，折旧期限为 8 年，无残值。每年销售量为 100000 件，每件价格为 38 美元，可变成本为每件 25 美元，固定成本为每年 900000 美元，税率为 35%，并且要求这个项目的投资报酬率为 15%。假定项目所给定的价格、数量、可变成本以及固定成本都在正负 10%的范围内浮动，写出最优和最差的 NPV 表达式。

8. (华东师大 2017)某家电企业打算生产一款智能电器，但公司市场部认为应该首先进行市场调研以测试顾客的反应。企业若不进行市场调研，直接推出产品，该项目的成功概率为 60%，若成功该项目的 NPV 为 450000 美元，若失败，NPV 为-100000 美元。若企业进行市场调研，期初投资 50000 美元，耗时 2 年。若成功该项目 NPV 也为 450000 美元，但成功率提高到 80%，若失败该项目 NPV 为-100000 美元。假设采取负债与权益混合融资，融资比例为 1∶1，税后成本分别为 8%和 16%，试用 NPV 法则确定该企业是否应该进行市场调查?

9. E 公司正在准备引进一种新的营养饮品。将该饮品推向市场将花费 2500 万美元，并在未来 5 年内每年带来税后销售现金流 760 万美元。这种类型的项目折现率为 20%。

(1) 请问在这些基本情况下，该项目的净现值为多少?

(2) E 公司进一步研究发现，市场需求高的可能性有 60%，这将使公司现金流达到每年 1000 万美元；另外有 40%的可能性是市场需求低，将导致公司每年只有 400 万美元的现金流。第一年的销量将能说明市场的需求是高还是低，如果市场需求低，那么公司将在第一年后以 200 万美元的价格出售设备。如果考虑了公司的拓展期权，那么项目的净现值又为多少?

10. A 公司拟开发一种新的新的绿色食品，项目投资成本为 2400 万元。该产品的市场有较大不确定性，与政府的环保政策、社会的环保意识以及其他环保产品的竞争有关。预期该项目可以产生平均每年 250 万元的永续现金流量；如果消费需求量较大，经营现金流量为 312.5 万元；如果消费需求量较小，经营现金流量为 200 万元。如果延期执行该项目，一年后则可以判断市场对该产品的需求，并必须做出弃取决策。等风险项目的资金成本为10%，无风险的利率为5%。要求：

(1) 计算不考虑期权的项目净现值；

(2) 采用风险中性概率法计算延迟决策的期权价值，并判断应否延迟执行该项目。

11. (上海财大2012)D食品公司正考虑一个新项目的可行性，项目初始投资额为160万元，预计项目寿命为期10年，期末无残值。每年的广告费用预计为15万元，单位产品成本2元，预期售价每件6元，假设折现率为10%，公司所得税25%。试分别计算该项目会计盈亏均衡点和净现值盈亏平衡点。

12. (中国人大2014)某杂志社计划发行一种新月刊，需要投资2000万元购买新设备，按直线折旧法折旧(10年)。发行的新月刊，每本售价20元，广告收入15元，印刷成本10元。预计每期能卖20000本。设备10年后账面价值为500万元(市值也是500万元)，按市值出售。由于新项目不招新的工作人员，要在当前现有工作人员每年500万元工资的基础上增加10%。适用税率是25%。该项目的必要收益率是18%。

(1) 该期刊每年带给公司的经营性现金流量是多少？

(2) 求投资该项目的净现值。

(3) 预计每期至少卖多少本才能实现盈亏平衡。

参考答案

考点1　投资决策方法

1. C　从项目投资的角度看，企业为使项目完全达到设计生产能力、开展正常经营而投入的全部现实资金是原始总投资，包括建设投资和流动资金投资；项目总投资是原始总投资与建设期资本化利息之和(反映项目投资总体规模的价值指标)。

2. A　投资回收期法的缺陷之一是未考虑回收期以后的现金流，如果回收期以后的现金流较大，可能会导致决策失误，即投资者只看重短期利益。

3. D　NPV法则唯一的弱点就是不能揭示投资项目的实际收益率是多少。

4. D　项目投资决策评价指标分类按是否考虑时间价值分为非折现指标和折现指标，非折现的指标包括投资利润率和投资回收期，它们不受折现率的变动的影响；折现指标包括净现值、净现值率、获利指数和内部报酬率，其中，当折现率发生变化时，净现值、净现值率、获利指数会发生变化。

5. C　内含报酬率就是使投资方案净现值为零的贴现率。设内含报酬率为x，使用插值法可得：$(18\%-16\%)/(18\%-x)=(-3.17-6.12)/(-3.17-0)$解得$x=17.32\%$。

6. A　原始投资=每年现金净流量×年金现值系数，则年金现值系数=原始投资÷每年现金净流量，即(P/A，i，3)＝12000÷4600＝2.6087。查表与2.6087接近的现值系数，2.6243和2.5771分别指向7%和8%，用插值法确定该项目内含报酬率$=7\%+\frac{2.6243-2.6087}{2.6243-2.5771}\times(8\%-7\%)=7.33\%$。

7. C　内部收益率是指投资收益现值与其初始投资额相等时的收益率，即净现值为零时的折现率，用公式表示为：$NPV=-C_0+\frac{C_1}{1+IRR}+\frac{C_2}{(1+IRR)^2}+\cdots+\frac{C_t}{(1+IRR)^t}=0$。观察公式可知，当折现率 R 大于 IRR 时，NPV 会小于零。可见，净现值为负，该投资项目的内部收益率小于必要报酬率，方案不可行，但不表明亏损或内部报酬率小于零。

8. A　获利指数=1+净现值率，因此净现值率=1.25-1=0.25。

9. A　1 年后 FCF 的期望=(130000+180000)/2=150000，则该项目的净现值为：NPV=155000/(1+20%)-100000=29166.67 元。

10. D　由于 NPV<0，故折现率>内部收益率，A 和 B 错误；由于 PI<1，应该拒绝接受此项目，C 错误；内部收益率<必要回报率，应该拒绝此项目，D 正确。

11. 前两年的现金流小于最初资本流出，前三年的现金流之和大于最初的现金流出。所以回收期大于 2 小于 3。具体为(5000-1900-1900)÷2500+2=2.48 年。

12. D　对于互斥项目，由于 IRR 法存在规模问题和时间序列问题，往往会得出错误的投资决策。

13. C　净现值法，内含报酬率法和获利指数法均属于折现现金流量法，在进行独立方案决策时，得出的结论往往是一致的。而投资回收期法只考虑了回收期之前的现金流量对投资收益的贡献，未能考虑回收期标准之后产生的现金流量。这样，在回收期后仍有现金流量的项目可能被拒绝，而现金流量集中在前几年并未达到回收期标准年限的方案可能被采纳。

14. A　在多方案比较决策时要注意，内含报酬率高的方案净现值不一定大，反之也一样，选项 B 错误；使用现值系数法进行投资决策只会计算出一个现值系数，当运营期大量追加投资时，有可能导致多个内含报酬率出现，选项 C 错误；静态投资回收期主要测定投资方案的流动性而非盈利性，选项 D 错误。

15. 两种情况下的现金流如下：

	C_1	C_2	C_3
不加班	-250000	-250000	+650000
加班	-550000	+650000	

加班相对于不加班的增量现金流的 *IRR*：

$$NPV=\frac{-550000-(-250000)}{1+IRR}+\frac{650000-(-250000)}{(1+IRR)^2}+\frac{0-650000}{(1+IRR)^3}$$

$$=\frac{-300000}{1+IRR}+\frac{900000}{(1+IRR)^2}+\frac{-650000}{(1+IRR)^3}$$

因为现金流方向发生了两次改变，因此有两个 *IRR*。增量现金流的 *IRR* 为 21.13%和 78.87%。资本成本介于在这两个收益率之间时，*NPV* 大于零，泰坦尼克公司应该安排加班。

16. 平均会计收益率法有两种计算方法，答案也不一样，但不改变项目的优先次序。

方法一：$AAR=\frac{\text{平均净收益}}{\text{平均账面投资额}}=\frac{\frac{100+200+300}{3}}{\frac{600+0}{2}}=66.67\%$

方法二：$AAR=\frac{平均净收益}{原始投资额}=\frac{\frac{100+200+300}{3}}{600}=33.33\%$

17. 静态投资回收期是指以投资项目经营净现金流量抵偿原始总投资所需要的全部时间。静态回收期不考虑资金的时间价值。本题中，静态回收期=1+500/600=1.83 年。

动态投资回收期是把投资项目各年的净现金流量按基准收益率折成现值之后，再来推算投资回收期，这就是它与静态投资回收期的根本区别。动态投资回收期就是净现金流量累计现值等于零时的年份。

$$NCF_1=\frac{500}{1.1}=454.55\ NCF_2=\frac{600}{1.1^2}=495.87\ NCF_3=\frac{800}{1.1^3}=601.05$$

动态回收期=(累计净现金流量现值出现正值的年数−1)+$\frac{上一年累计净现金流量现值的绝对值}{出现正值年份净现金流量的现值}$

$$=2+\frac{1000-454.55-495.87}{601.05}=2.08\text{ 年}$$

$NPV=-1000+454.55+495.87+601.05=551.47$ 万元。

18.（1）计算项目 A 的内部收益率：

$$NPV_A=-5000+\frac{3500}{1+IRR_A}+\frac{3500}{(1+IRR_A)^2}=0$$

解得：$IRR_A=25.69\%$，同理可得 $IRR_B=19.43\%$。

（2）项目 A 的内部收益率较项目 B 的高，因此选择项目 A。

（3）忽视了规模上的差异。项目 B 的初始投资额更大，简单的内部收益率不能作出最佳决策，需要使用增量内部收益率进行比较。

（4）使用增量内部收益率进行调整(单位：美元)。

	C_0	C_1	C_2
B−A	−95000	61500	61500

令调整后的净现值为 0，得

$$NPV=-95000+\frac{61500}{1+r}+\frac{61500}{(1+r)^2}=0$$

计算可得增量内部收益率 $r=19.1\%$。

（5）对于投资型项目而言，当增量内部收益率大于适当贴现率时，应选取规模较大的投资项目。在该题中，适当贴现率 15%<增量内部收益率 19.01%，因此，选择项目 B。

（6）根据净现值法，$NPV_A=-5000+\frac{3500}{1+0.15}+\frac{3500}{(1+0.15)^2}=689.98$ 美元。同理可得$NPV_B=$ 5671.08 美元。项目 B 的净现值大于项目 A 的净现值，按照净现值法，应该选择项目 B。

19.（1）IRR 就是 NPV 等于 0 时的贴现率。

A 公司：$4300=\frac{23000}{1+r_1}+\frac{17900}{(1+r_1)^2}+\frac{12400}{(1+r_1)^3}+\frac{9400}{(1+r_1)^4}$ 所以 $r_1=20.44\%$

B 公司：$4300=\frac{7000}{1+r_2}+\frac{13800}{(1+r_2)^2}+\frac{24000}{(1+r_2)^3}+\frac{26000}{(1+r_2)^4}$所以 $r_2=18.84\%$

如用 IRR 法则，公司应接受项目 A，但不一定正确。

（2）A 公司现值：$\frac{23000}{1+11\%}+\frac{17900}{(1+11\%)^2}+\frac{12400}{(1+11\%)^3}+\frac{9400}{(1+11\%)^4}$

$=20720.721+14528.042+9066.77+6192.07=50507.60$(美元)

$NPV_1=50507.60-43000=7507.60$(美元)

B 公司 $NPV_2=\frac{7000}{1+11\%}+\frac{13800}{(1+11\%)^2}+\frac{24000}{(1+11\%)^3}+\frac{26000}{(1+11\%)^4}-4300=9182.29$(美元)

如用 NPV 法则，公司应该接受项目 B。

（3）当 A，B 公司的 NPV 相等时

$\frac{23000}{1+r}+\frac{17900}{(1+r)^2}+\frac{12400}{(1+r)^3}+\frac{9400}{(1+r)^4}-4300=\frac{7000}{1+r}+\frac{13800}{(1+r)^2}+\frac{24000}{(1+r)^3}+\frac{26000}{(1+r)^4}-4300$，得 $r=15.30\%$

当贴现率大于 15.30%时，选项目 A；当贴现率小于 15.30%时，选项目 B；当贴现率为 15.30%，两个项目没有差别。

考点 2　增量现金流量

1. D　A、B 为沉没成本，不应考虑，C 为融资利息，评估项目时不考虑融资结构，D 为折旧带来的节税收益，可减少现金流出，应考虑为增量现金流。

2. A　折旧是企业的成本，但不是付现成本。企业对固定资产计提折旧会引起成本增加，利润减少，从而使所得税减少。所以折旧可以起到减少税负的作用，即会使企业实际少缴所得税，也就是减少了企业现金流出量，增加了现金净流量。折旧抵税的计算公式为：折旧抵税额=折旧额×所得税率。

3. D　第一年所需营运资金=150-115=35(万元)

首次营运资金投资额=35-0=35(万元)

第 2 年所需流动资金=180-130=50(万元)

第 2 年营运资金投资额=本年营运资金需用额-上年营运资金需用额=150-135=15(万元)

营运资金投资合计=15+35=50(万元)

4. B　某年付现经营成本=该年不含财务费用的总成本费用-该年折旧额=1100-200=900(万元)；或者：付现经营成本=外购原材料+燃料和动力费+工资及福利费+其他费用=500+300+100=900(万元)。

5. B　营业收入=700/(1-30%)=1000(万元)

付现成本=350/(1-30%)=500(万元)

(1000-500-折旧)×(1-30%)=210(万元)

所以，折旧=200(万元)

现金流量=税后净利+折旧=210+200=410(万元)

或：营业现金流量=税后收入-税后付现成本+折旧抵税=700-350+200×30%=410(万元)

6. 加速折旧是指政府为鼓励特定行业或部门的投资，允许纳税人在固定资产投入使用初期提取较多的折旧，以提前收回投资。地方政府将允许企业加速折旧作为扶持某些产业发展的优惠政策是基于以下考虑：

第一，固定资产在使用前期的使用效率比后期高，具有较高的经济效用，按照配比原

则，固定资产的使用前期应计提较多的折旧费，后期应计提的折旧费较少；

第二，固定资产使用时间段不同，其损耗程度也可能不同，一般情况下固定资产使用后期阶段生产能力下降，维修支出等相应增加，所以，在其使用后期计提较少的折旧费用，这符合固定资产损耗的客观事实。

很显然，对于价值一定的固定资产而言，在确定的折旧期限内，无论固定资产是否加速折旧，其折旧费用总额没有发生变化，企业的所得税和利润总额也不会改变。但加速折旧使得固定资产前期折旧费用较高，利润减少，应缴纳的所得税也较少；而随着其使用期的延长，折旧费用降低，相应利润增加，应缴纳的所得税会随之增加，反映出企业折旧费用、所得税、利润和现金流分布在一定的折旧年限内发生了相应变化，而且会因不同的加速折旧方法而不同。显然，因为推迟了缴纳企业所得税的时间，企业等于从政府手上获得了一笔若干年的无息贷款，再考虑货币时间价值，加速折旧所带来的财务收益无疑是相当可观的，且有利于增强企业发展的后劲，推动企业的技术进步。

7. 计算第 4 年的回收的营运资本为 500+250+300+200＝1250 元。分步计算每年的现金流，总的现金流如下表所示：

	第 0 年	第 1 年	第 2 年	第 3 年	第 4 年
销售		7000	7000	7000	7000
成本		2000	2000	2000	2000
折旧		2500	2500	2500	2500
EBIT		2500	2500	2500	2500
税收		850	850	850	850
净利润		1650	1650	1650	1650
OCF	0	4150	4150	4150	4150
资本性支出	-10000	0	0	0	0
净营运资本	500	-250	-300	-200	1250
增量现金流	10500	3900	3850	3950	5400

考点 3　净现值的运用

1. C　由于 10 个项目的净现值均大于 0，即原则上都是可行的。但这道题目是限额决策，我们应该选择盈利指数之和最大的 5 个项目。

2. B　如果一组投资方案既不属于相互独立，又不属于相互排斥，而是可以实现任意组合或排队，则这些方案称作组合或排队方案。在这种投资方案决策中，除了首先评价所有方案的财务可行性，淘汰不具备财务可行性的方案外，还需要反复衡量和比较不同组合条件下评价指标的大小，从而做出追踪决策。

这类决策分两种情况：一种是资金总量不受限制的情况下，可按每一项目的净现值大小排队，确立有限考虑的项目顺序；二是在资金总量受到限制时，则需要按净现值率或现值指数大小，结合进行各种组合排队，从中选出能使净现值总额最大的最优组合。

这道题目的七个方案中，C 和 D 的现值指数最大，二者投资额相加为 1100 万，小于资金总量 1200 万，因此是可行的。剩下的 100 万投资于证券市场即可，因为此时证券市场的投资内部报酬率和折现率是相等的。

3. B　对于使用年限不同且不能改变生产能力的互斥方案，应当选用平均年成本法。

4. ①初始阶段。因出售旧设备而产生的税后现金流=售价-税率×出售利得=售价-税率×(售价-账面价值)=30-(30-40)×39%=33.9万元。差量现金流量=-新设备的投资额+(旧设备的变现收入+变现损失抵税)-净营运资本的支出=-120+33.9-2.5=-88.6万元。

② 经营阶段。差量现金流量=Δ新旧设备付现营运成本×(1-所得税税率)+Δ新旧设备折旧额×所得税税率=45×(1-39%)+(120/4-40/4)×39%=35.25万元。

③ 终结阶段。差量现金流量=(新设备残值收入+处置净损失抵税)-(旧设备残值收入+处置净损失抵税)+净营运资本的回收=35.25+2.5=37.75万元。

则使用新项目替换旧项目的净现值为：

$$NPV=-88.6+\frac{35.25}{1.1}+\frac{35.25}{1.1^2}+\frac{35.25}{1.1^3}+\frac{37.75}{1.1^4}=24.85\text{ 万元}$$

5. 由于这两种机器生产完全相同的产品，那么选择的依据只能是机器的成本。因为两种机器的使用期不一样，所以我们需要计算两种机器的等价年度成本。先求出两个机器的成本现值P，再将成本的现值总额分解为每年的成本，得到等价年度成本。

对于机器A：

$$C_A=\frac{PV_A}{A_{10\%}^3}=\frac{15000+\frac{5000}{1.1}+\frac{5000}{1.1^2}+\frac{5000}{1.1^3}}{A_{10\%}^3}=11031.61\text{ 元}$$

对于机器B：

$$C_B=\frac{PV_B}{A_{10\%}^2}=\frac{10000+\frac{6000}{1.1}+\frac{6000}{1.1^2}}{A_{10\%}^2}=11762.16\text{ 元}$$

由于机器A的等价年度成本低于机器B的等价年度成本，因此公司应该选择机器A。

6. (1)计算可得：

$$PI_A=\frac{\frac{C_1}{1+r}+\frac{C_2}{(1+r)^2}}{C_0}=\frac{\frac{70000}{1.12}+\frac{70000}{1.12^2}}{100000}=1.183$$

同理可得$PI_B=1.099$，$PI_C=1.148$。

(2) $NPV_A=-100000+\frac{70000}{1.12}+\frac{70000}{1.12^2}=18303.57$ 美元

同理可得$NPV_B=19706.63$ 美元，$NPV_C=14795.92$ 美元

(3) 因为三个项目的盈利指数都大于1，因此三个项目都可以接受。

(4) 根据盈利指数的法则，项目A和C初始投资相同，但项目C盈利指数小，因此项目C应放弃。下面计算项目A和B调整后的盈利指数。

	现金流量/美元			贴现率为10%时初始投资产生的后续现金流量的现值/美元	盈利指数	净现值@100%美元
项目	C_0	C_1	C_2			
A-B	-100000	60000	60000	101406	1.014	1.406

调整后的盈利指数大于1，因此应选择项目B。

(5) 资本预算为300000美元，项目不可分，因此可供选择的组合有：A和B；B和C；A和C。因为项目A的净现值大于C的净现值，B的净现值最大，因此选择项目A和B。

7.(1)若实际折现率为10%，通货膨胀率为1%，则

名义折现率=(1+10%)×(1+1%)−1=11.10%

$$NPV_X=-80000+\frac{30000}{1+10\%}+\frac{25000}{(1+10\%)^2}+\frac{24000}{(1+10\%)^3}+\frac{20000}{(1+10\%)^4}=-374.29(\text{元})$$

$$NPV_Y=-100000+\frac{20000}{1+11.10\%}+\frac{25000}{(1+11.10\%)^2}+\frac{40000}{(1+11.10\%)^3}+\frac{50000}{(1+11.10\%)^4}$$

$$=242.73(\text{元})$$

因为对于独立项目而言，只要其净现值大于零，该项目就具备财务可行性。经计算，项目X的净现值小于零，不应投资，而项目Y的净现值大于零，可以进行投资。

(2)若名义折现率为11%，通货膨胀率为2%，则

实际折现率=(1+11%)/(1+2%)−1=8.82%

$$NPV_X=-80000+\frac{30000}{1+8.82\%}+\frac{25000}{(1+8.82\%)^2}+\frac{24000}{(1+8.82\%)^3}+\frac{20000}{(1+8.82\%)^4}$$

$$=1561.21(\text{元})$$

$$NPV_Y=-100000+\frac{20000}{1+11\%}+\frac{25000}{(1+11\%)^2}+\frac{40000}{(1+11\%)^3}+\frac{50000}{(1+11\%)^4}$$

$$=492.78(\text{元})$$

因为项目X和项目Y的净现值均大于零，这两个项目均具备财务可行性，都可以进行投资。

8.(1)先利用CAPM求出权益资本成本：

$$r_s=r_f+\beta(r_m-r_f)=4.4\%+1.2\times(12.4\%-4.4\%)=14\%$$

再求公司的加权平均资本成本：

$$r_{WACC}=\frac{B}{B+S}\times r_B\times(1-T_C)+\frac{S}{B+S}\times r_S=\frac{1}{3}\times 7\%+\frac{2}{3}\times 14\%=11.67\%$$

(2)加上2%的风险溢价成本，故该项目的折现率为$r=11.67\%+2\%=13.67\%$。由于之后每年末节省的现金流为永续增长，则根据永续增长年金现值公式可得：

$$PV=\frac{C}{r-g}=\frac{450}{13.67\%-4\%}\approx 4553.57\text{万}$$

则该项目的净现值为：$NPV=-2700+4553.57=1953.57$万。由于该投资项目的净现值大于零，所以应该投资该项目。

考点4　资本预算中的风险分析

1. B　会计盈亏平衡分析是用于确定公司会计盈亏平衡(即净收益为零)时所需达到的销售量，是敏感性分析方法的有效补充，这是因为它同样揭示了错误预测的严重性。

2. A　净现值盈亏平衡点销量是使净现值为零时的销量，若实际销量大于净现值盈亏平衡点销量，则净现值为正。

3. B　敏感性分析是指在其他经济解释变量保持不变时，第i个经济解释变量X_i的变动给目标项目Y造成的影响以及影响程度的一种分析方法。根据敏感度的定义，敏感度可以定义为：敏感度$=\frac{\Delta NPV}{NPV}/\frac{\Delta X}{X}$，即某一选定变量变动1个百分点，项目NPV相应变动多少个

百分点。

4. C　传统的 NPV 分析往往过于保守，因为它忽略了一些可盈利的选择，如扩大有利可图的项目或者放弃无利可图的项目。改变一个已经被接受的项目是有价值的，它增加了项目的净现值。市场价值考虑了实物期权，从这个角度而言 NPV 分析法低估了项目的真实价值。

5. A　实物期权是以实物资产为标的物的期权。实物期权主要包括扩张期权、延迟期权、放弃期权、转换期权等。

(1) 扩张期权是指项目持有人在项目未来存续期内扩大项目投资规模的权利。如买入未曾开发的土地、为获得先发优势而进行的项目投资。

(2) 延迟期权是指为了解决当下投资项目所面临的不确定性，项目持有人推迟对项目进行投资的权利。例如，油田开采项目、房地产开发项目虽然特别有价值，但是这些项目投资额大、周期长、不确定性强，待不确定得到解决或确认后，投资者才会实施投资。

(3) 放弃期权是指当项目的继续经营价值小于放弃价值时，项目持有人拥有的放弃该项目的权利。例如，开发期长、不确定性很高的制药项目以及软件项目通常嵌入有效放弃期权。

(4) 转换期权是指项目持有人在未来拥有可在多项决策之间进行转换的权利。例如，投资可使用多种能源的设备、投资通用性的生产线，投资者将为此获得转换期权。

6. (1)项目的初始投资现金流出量为 720000 元，则项目的年折旧额 = 720000/8 = 90000 (元)，每年的现金净流量 = [120000×(18−12)−500000−90000]×(1−25%)+90000 = 187500 (元)故净现值 = 187500×(P/A，10%，8)−720000 = 280299(元)。

(2) 每年的现金净流量 = [119000×(18−12)−500000−90000]×(1−25%)+90000 = 183000 (元)则净现值 = 183000×(P/A，10%，8)−720000 = 256292(元)。

通过敏感性分析可知：

销售量变动百分比：(−1000)÷120000×100% = −0.83%

净现值变动百分比：(256292−280299)÷280299×100% = −8.56%

可见，销售量下降 0.83%，引起净现值下降 8.56%

7. (1)最优时

价格为 3.8×1.1 = 41.8，数量为 100000×1.1 = 110000，可变成本为 25×0.9 = 22.5，固定成本为每年 0.9×900000 = 810000。此时：

$$OCF = (41.8 \times 110000 - 22.5 \times 110000 - 810000) \times (1 - 35\%) + 896000/8 \times 35\% = 892650$$

$$NPV = -896000 + \sum_{i=1}^{8} \frac{892650}{(1 + 15\%)^i} = 3109607.54$$

(2) 最差时

价格为 3.8×0.9 = 34.2，数量为 100000×0.9 = 90000，可变成本为 25×1.1 = 27.1，固定成本为每年 900000×1.1 = 990000。此时：

$$OCF = (34.2 \times 90000 - 27.5 \times 90000 - 990000) \times (1 - 35\%) + 896000/8 \times 35\% = -212350$$

$$NPV = -896000 + \sum_{i=1}^{8} \frac{-212350}{(1 + 15\%)^i} = -1848882.72$$

8. 若不进行市场调研，则项目的净现值为：

$$NPV_{\text{不调研}} = 0.6 \times 480000 - 0.4 \times 100000 = 248000 \text{ 元}$$

项目的加权平均资本为：$r_{WACC}=0.5\times16\%+0.5\times8\%=12\%$

若进行市场调研，则项目的净现值为：

$$NPV_{调研}=-50000+\frac{450000\times0.8+(-100000)\times0.2}{(1+12\%)^2}=221045.92\text{ 元}$$

对比可知，公司不应该进行市场调研。

9.（1）在基本情况下，E 公司的项目净现值为：

$$NPV=-25+\frac{7.6}{0.20}\left(1-\frac{1}{1.20^5}\right)=-2.27\text{ 美元}$$

由于该净现值为负，因此该项目不应该继续。

（2）E 公司对更多细节的分析显示，如果项目的市场需求高，将在下一年产生 1000 万美元的现金流，并在其后的 4 年内维持该水平。在这种情况下，项目现金流的净现值为：

$$PV(高)=\frac{10.0}{0.20}\left(1-\frac{1}{1.20^5}\right)=29.91\text{ 万美元}$$

如果市场需求少，第一年的现金流将为 400 万美元，其后 E 将以 2000 万美元的价格出售设备。在这种情况下，项目现金流的现值为：

$$PV(低)=\frac{4+20}{1.20}=20.00\text{ 万美元}$$

市场需求高的可能性为 60%，市场需求低的可能性为 40%，考虑了放弃期权的净现值为：

$$NPV=-25000000+0.60\times29910000+0.40\times20000000=950000\text{ 美元}$$

因此，在考虑了放弃期权的情况下，该项目的净现值为正，应当继续。

10.（1）净现值=250/10%-2400=100（万元）

（2）S=250/10%=2500（万元）

$$S_U=312.5+312.5/10\%=3437.5(\text{万元})$$

$$S_D=200+200/10\%=2200(\text{万元})$$

上行概率=[(1+5%)×2500-2200]/(3437.5-2200)=0.3434

延期投资上行时净现值=312.5/10%-2400=725（万元）

上行时期权价值 $C_U=725$（万元）

延期投资下行时净现值=200/10%-2400=-400（万元）

下行时期权价值 $C_D=0$

期权价值=(725×0.3434)/(1+5%)=237.11（万元）

因为延迟投资的净现值大，所以应延期。

11. 根据会计盈亏平衡点公式求解：

$$会计盈亏平衡点=\frac{\left(150000+\frac{1600000}{10}\right)\times(1-25\%)}{(6-2)\times(1-25\%)}=77500\text{ 件}$$

根据净现值盈亏平衡点公式求解：

$$净现值盈亏平衡点=\frac{\frac{1600000}{A_{10\%}^{10}}+150000\times(1-25\%)-160000\times25\%}{(6-2)\times(1-25\%)}=111033\text{ 件}$$

12.(1)因购买新设备投资2000万元，按直线法折旧(10年)，设备10年后账面价值为500万元，则新设备的每年折旧额为150万元。

EBIT=收入-成本-折旧=(20+15)×2万×12-10×2万×12-10%×500万-150万=400万元

税=400万×25%=100万元

故可得OCF=EBIT-税+折旧=450万元。

(2) $NPV=-2000+450\times A_{18\%}^{10}+\frac{500}{(1+18\%)^{10}}=-2000+2022.339+95.532=117.871$ 万元

(3) 所谓的盈亏平衡就是 NPV 刚好为零，设每期至少卖出 X 本才能够盈亏平衡，则：

EBIT=收入-成本-折旧=(20+15)×X×12-10×X×12-10%×500万-150万=300X-200

税=(300X-200)×25%

经营性现金流量=EBIT-税+折旧=0.75×(300X-200)+150

$$NPV=-20000000+[(300X-2000000)\times(1-25\%)+1500000]\times A_{18\%}^{10}+\frac{5000000}{(1+18\%)^{10}}=0$$

可解得 $X=18834.2520$，故至少要卖出18835本才能实现盈亏平衡。

第6章　风险与收益

一、考查要点

（一）风险与收益的度量

1. 收益率的度量

（1）持有期收益率

一项投资被拥有的时间被称为持有期。在此期间内，从现金收入和资产价格变动中获得的收益称为持有期收益。假设单一资产 i 的期末价格为 P_1，购买时的期初价格为 P_0，I 为投资者在投资期间所得到的收入，则该项资产的收益率可表达为：

$$r=\frac{P_1-P_0+I}{P_0}$$

对于一项资产组合，MV_1表示组合的期末市场价值，MV_0表示组合的期初市场价值，组合收益率可表达为：

$$r_p=\frac{MV_1-MV_0+I}{MV_0}$$

（2）历史收益率的测量

关于历史收益率的度量，一般采用算术平均收益率和几何收益率。在证券收益率的波动很大时，两种收益率的差异随之增加。几何收益率考虑了资金的时间价值。应用几何收益率计算方法的一个显著优点是，它能够减少无意义的收益率出现的可能性。

（3）期望收益率

对某项资产而言，该资产的预期收益率是证券各种可能的收益率与其对应概率的乘积的加权平均值。用公式表达如下：

$$E(r)=\sum_{i=1}^{n} r_i p_i$$

式中，r_i代表各种状态下可能的收益率，p_i代表各收益率的发生概率。

2. 风险的度量

（1）方差与标准差

方差(variance)，作为风险测度的一种方法，可以用来估计实际收益率与预期收益率之间可能的偏离程度。也就是说，收益率的方差是一种衡量资产的各种可能收益率相对预期收益率的分散化程度的指标。方差通常用σ^2表示，其计算公式如下：

$$\sigma^2=\sum_{i=1}^{n} p_i\,[r_i-E(r)]^2$$

式中，p_i代表收益率发生的概率；r_i表示资产在 i 种状态下的收益率；n 表示资产有可能产生 n 种不同的收益率，$E(r)$表示资产的期望收益率。

标准差(standard deviation)，是方差的平方根，常用 σ 来表示，计算公式为：

$$\sigma = \left[\sum_{i=1}^{n} p_i \ [r_i - \bar{r}]^2 \right]^{1/2}$$

（2）风险资产之间的关联性：协方差与相关系数

① 协方差（covariance）是测算两个随机变量之间相互关系的统计指标。其计算公式为：

$$\sigma_{ij} = E[(r_i - \bar{r}_i)(r_j - \bar{r}_j)]$$

在投资组合理论中，协方差测度的是两个风险资产收益的相互影响的方向的程度，协方差σ_{ij}可以为正，可以为负，也可以为零。如果两个收益率变量之间协方差为零，即$\sigma_{ij}=0$，我们称这两个收益率变量之间不相关，这意味着两个随机变量相互独立。在这种情况下，我们不能从一个随机变量的信息中得出另一个随机变量的任何信息。正的协方差，表示两种资产收益同向变动；负的协方差，表示两种资产收益反向变动。

② 相关系数是从资产回报相关性的角度对协方差进行重新标度，以便于对不同组随机变量的相对值进行比较分析。由于两个随机变量间的协方差等于这两个变量之间的相关系数与其标准差的乘积，即$\sigma_{ij}=\rho_{ij}\sigma_i\sigma_j$，从而可得：

$$\rho_{ij} = \frac{\sigma_{ij}}{\sigma_i \sigma_j}$$

ρ_{ij}就为证券i和证券j的收益回报率之间的相关系数。相关系数ρ_{ij}总处于+1和−1之间，即$|\rho| \leqslant 1$。这样，我们就可以得到协方差边界，这时两个随机变量满足：

$$|\sigma_{ij}| \leqslant \sigma_i \sigma_j$$

在上述等式中，若$\sigma_{ij}=\sigma_i\sigma_j$，则表示完全正相关，此时$\rho_{ij}=1$；相反，若$\sigma_{ij}=-\sigma_i\sigma_j$，则表示$r_i$和$r_j$完全负相关，此时$\rho_{ij}=-1$。如果两个变量完全独立，无任何关系，即零相关，则它们之间的相关系数等于零。

3. 资产组合的收益率与方差

（1）资产组合收益率：资产组合的预期回报率等于证券组合中各种证券的平均收益率与各种投资比重乘积之和。即：

$$E(R_P) = \overline{R_P} = \sum_{i}^{n} w_i \bar{r}_i$$

其中，n代表证券组合中所包含资产类别的数量；$\bar{r}_i$代表第i种资产的期望收益率；w_i代表第i种资产的投资权重。

（2）资产组合的方差

证券组合的方差是利用单个资产的方差和资产间的协方差进行计算，即先计算单个资产的方差和资产间的协方差，然后再计算出资产组合的方差。计算由证券A、B组成的证券组合的方差时，其公式为：

$$\sigma_P^2 = w_A^2\sigma_A^2 + w_B^2\sigma_B^2 + 2\,w_A w_B \sigma_{A,B}$$

4. 投资者风险偏好及其效用函数

在金融市场上，投资者对待风险的态度风险可以分为三类：风险厌恶型、风险中性型和风险偏好型。投资者的目标是投资效用的最大化，而效用的大小取决于投资的预期收益率和风险。一般情况下，我们假定大多数投资者是风险厌恶的。因此，预期收益率带来正的效用，而风险带来负的效用。一个被众多金融理论者和CFA机构采用的投资效用函数为：

$$U=E(r)-\frac{1}{2}A\sigma^2$$

式中，U 表示效用值，A 为投资者的风险厌恶系数。1/2 只是约定俗成的系数项。对于风险厌恶者来说，$A>0$；对于风险中性者来说，$A=0$；对于风险偏好者而言，$A<0$。

（二）均值–方差模型

1. 均值–方差准则（MVC）

马科维茨研究发现，投资者在选择证券组合时，并非只考虑期望收益率最大，同时还考虑收益率方差尽可能小，由此提出了所谓的“期望收益–收益方差”法则，并且认为投资者应该按照这一法则进行投资。这样，针对理性投资者的风险厌恶特征，投资者在进行投资目标选择时必然存在一定的风险约束，这种风险收益关系可以表达为均值–方差准则（MVC）。均值–方差准则的核心就是如何确定w_i，使得证券组合的期望收益率一定时，风险最小。为简洁起见，在此可以用矩阵进行表达：

$$w=(w_1,\ w_2,\ \cdots,\ w_n)^T$$

$$\mu=(\mu_1,\ \mu_2,\ \cdots,\ \mu_n)^T,\ \mu_i=E[r_i],\ i=1,\ 2,\ \cdots,\ n$$

$$\sigma=\sigma_{ij}=(\operatorname{cov}[r_i,\ r_j])_{i,j=1,2,\cdots n}$$

在此，不妨将 w 称为组合，$\mu_w=w^T\mu$ 称为组合的收益，$\sigma_W=(w^T\sigma_W)^{1/2}$称为组合的风险。这样，马科维茨的均值–方差证券组合选择问题可以表达为：

$$\begin{cases}\min \sigma_w^2=w^T\sigma w=\sum\limits_{i,\ j=1}^{n}\sigma_{ij}w_i w_j\\ s.t.\ w^T=w_1+w_2+\cdots+w_n=1\\ \mu_w=w^T\mu=\bar{\mu}\end{cases}$$

这里，min 表示资产组合收益率方差σ_w^2的最小值，其中约束条件其解$\bar{w}$，所对应的组合期望收益为。其实际上是数学上的二次规划，即它是在两个线性等式约束条件下的二次函数的求最小极值问题。

2. 资产组合的最优化

资产组合最优化问题可以主要分为三步：第一，使用风险资产构建可行的风险–收益组合，即描绘出投资组合的风险机会集；第二，通过计算投资组合中各风险资产的权重，找到最优风险组合，与此同时，资本配置线达到最大斜率；最后，我们在投资组合中引入无风险资产，通过投资者效用最大化来确定资产组合中风险资产的比例，从而确定最优完备组合。

（1）投资组合的风险机会集

假设资产 A 和资产 B 是两种风险资产，其预期收益率分别为 $E(r_1)$和 $E(r_2)$，收益率标准差分别为σ_1和σ_2，在资产组合中的权重分别为w_1和w_2，两者的相关系数为ρ_{12}。利用资产 A 和资产 B 来构建风险投资组合，组合收益率为：

$$E(r_P)=w_1E(r_1)+w_2E(r_2)$$

资产组合的方差为：

$$\sigma_P^2=w_1^2\sigma_1^2+w_2^2\sigma_2^2+2w_1w_2\rho_{12}\sigma_1\sigma_2$$

风险机会集中存在一个最小方差投资组合，其求解过程如下：

$$\begin{cases}\min \sigma_P^2=w_1^2\sigma_1^2+w_2^2\sigma_2^2+2w_1w_2\rho_{12}\sigma_1\sigma_2\\ s.t.\ w_1+w_2=1\end{cases}$$

$$\frac{\partial \sigma_{\mathrm{P}}^{2}}{\partial w_{1}}=0$$

解得：

$$w_{1}^{*}=\frac{\sigma_{2}^{2}-\operatorname{cov}(r_{1}, r_{2})}{\sigma_{1}^{2}+\sigma_{2}^{2}-2\operatorname{cov}(r_{1}, r_{2})}$$

(2) 不允许无风险借贷时的资产组合最优化

投资者的目标是投资效用最大化，假设不存在无风险借贷，且风险厌恶系数为 A，则资产组合最优化求解过程如下：

$$\begin{cases}\max U=E(r_{\mathrm{P}})-\dfrac{1}{2}A\,\sigma_{\mathrm{P}}^{2}\\ s.t.\ \ w_{1}+w_{2}=1\end{cases}$$

$$E(r_{\mathrm{P}})=w_{1}E(r_{1})+w_{2}E(r_{2})$$

$$\sigma_{\mathrm{P}}^{2}=w_{1}^{2}\sigma_{1}^{2}+w_{2}^{2}\sigma_{2}^{2}+2\,w_{1}w_{2}\rho_{12}\sigma_{1}\sigma_{2}$$

解得：

$$w_{1}=\frac{E(r_{1})-E(r_{2})+A(\sigma_{2}^{2}-\rho_{12}\sigma_{1}\sigma_{2})}{A(\sigma_{1}^{2}+\sigma_{2}^{2}-2\,\rho_{12}\sigma_{1}\sigma_{2})}$$

(3) 允许无风险借贷时的资产组合最优化

引入无风险借贷后，投资者的资产组合可以分为两部分：无风险资产和风险资产组合。风险资产组合是由资产 A 和资产 B 按一定比例构建而成的。风险机会集上面的任意一点，都代表着一种特定风险资产组合。选定风险机会集上的一点，就代表着投资者已经决定了投资组合中资产 A 与资产 B 的相对权重。随后，投资者只要决定无风险资产和风险资产组合的权重就可以得到最终的完全资产组合。

资本配置线就是一条连接无风险利率与风险机会集上特定一点的直线。资本配置线代表特定风险组合与无风险资产按照不同权重配比所形成的组合。为了确定最优的投资组合，我们需要找到无差异曲线与资本配置线的切点，并且使得切点位置尽可能靠近坐标系西北方向。因为理性投资者一般都是风险厌恶的，无差异曲线越靠近坐标系西北方向，则表示投资者效用越大，这样才能实现投资者效用的最大化。

引入无风险资产后，最优风险组合的确定是通过最大化资本配置线的斜率来实现的。资本配置线的斜率也称为报酬-风险比率或夏普比率，其公式为：

$$S=\frac{E(r_{\mathrm{P}})-r_{\mathrm{f}}}{\sigma_{\mathrm{P}}}$$

引入无风险资产后资产组合最优化分为两步：

第一步，确定最优风险组合，其过程如下：

$$\begin{cases}\max S=\dfrac{E(r_{\mathrm{P}})-r_{\mathrm{f}}}{\sigma_{\mathrm{P}}}\\ s.t.\ \ w_{1}+w_{2}=1\end{cases}$$

$$E(r_{\mathrm{P}})=w_{1}E(r_{1})+w_{2}E(r_{2})$$

$$\sigma_{\mathrm{P}}^{2}=w_{1}^{2}\sigma_{1}^{2}+w_{2}^{2}\sigma_{2}^{2}+2\,w_{1}w_{2}\rho_{12}\sigma_{1}\sigma_{2}$$

解得：

$$w_1=\frac{[E(r_1)-r_f]\sigma_2^2-[E(r_2)-r_f]\mathrm{cov}(r_1,\ r_2)}{[E(r_1)-r_f]\sigma_2^2+[E(r_2)-r_f]\sigma_1^2-[E(r_1)-r_f+E(r_2)-r_f]\mathrm{cov}(r_1,\ r_2)}$$

第二步，确定无风险资产与风险组合的比例，即找到无差异曲线与 CAL 的切点。假设最优完全资产组合中风险资产组合的比例为 x，求解过程如下：

$$\begin{cases}\max U=E(r_c)-\frac{1}{2}A\sigma_c^2\\ E(r_c)=(1-x)r_f+xE(r_P)\\ \sigma_C^2=x^2\sigma_P^2\end{cases}$$

解得：

$$x=\frac{E(r_P)-r_f}{A\sigma_P^2}$$

（三）CAPM 模型

1. CAPM 的前提假设

CAPM 的推导是建立在以下严格条件之上的：

① 投资者以资产组合在某段时间内的预期收益率和标准差进行资产组合评价。

② 投资者都是风险厌恶的，按照均值方差原则进行投资选择，即在风险既定条件下选择收益最大化，或收益既定条件下选择风险最小化。

③ 所有资产持有者处于同一单一投资期，市场上的投资者就可以按照相同的无风险利率进行无限制的借入和贷出。

④ 资本市场是一个完全的市场，不存在信息流障碍，无税收和交易成本。

⑤ 资产无限可分，投资者可以按照任何比例分配其投资。

⑥ 投资者具有相同的预期，即均值期望，对预期收益率、标准差、资产之间的协方差均有相同的理解。

2. 分离定理

投资者对风险和收益的偏好状况与该投资者最优风险资产组合的构成是无关的。也就是说，融资的方式(即无风险资产的数量)依赖于投资者对风险的回避程度。风险回避程度高的投资者将贷出更多的无风险资产，风险回避程度低的投资者将借入资金更多地投资于市场组合。

3. 资本市场线(CML)

CML 线上的任何一个投资组合都满足：

$$E(r)=r_f+[E(r_M)-r_f]\frac{\sigma_P}{\sigma_M}$$

CML 实质上是一个新的有效集，它是从无风险利率出发通过市场组合 M 的延伸线。所有位于 CML 上的投资组合都是有效的，其他的任何资产组合或单项资产都是无效的。

4. 证券市场线(SML)

SML 描述的是单个资产与市场组合的风险收益关系：

$$E(r_i)=r_f+\beta_i[E(r_M)-r_f]$$

（四）APT 模型

套利定价理论认为，套利组合要满足三个条件：投资者不追加资金；套利组合对任何因素的敏感度均为零；套利组合的预期收益率大于零。

当所有证券均得到合理定价，以致不存在无风险套利机会时，我们就称其满足无套利条件。无套利定价法是金融学最为重要的方法之一。

套利定价理论认为，一种证券的预期收益率等于无风险利率r_f加上 k 个因素风险报酬(δ_k-r_f)：

$$\bar{r}_i=r_f+(\delta_1-r_f)b_{i1}+(\delta_2-r_f)b_{i2}+\cdots+(\delta_k-r_f)b_{ik}$$

二、2023 年命题预测

本章是投资学的核心章节，考投资学的考生要务必关注本章内容。本章的内容博大精深，但实际上每个学校对本章考查的要求是不同的。北大、清华、复旦、上财、中山等名校对本章的要求很高，建议考生结合博迪《投资学》进行深度学习。至于其他一般高校，能够熟练利用 CAPM 模型进行定价即可。

考点 1　风险与收益的度量

（一）命题思路

收益与风险属于投资学基础知识点，难度不大。本章命题的主要角度是：(1)计算投资组合的收益与方差。(2)理解和运用投资者的效用函数。

（二）习题精编

1.（清华大学 2017）算术平均收益率和几何平均收益率的差值（　　）。

A. 随每年收益率波动增大而增大　　B. 随每年收益率波动增大而减小

C. 恒为负值　　D. 0

2. 历史上，HP 公司的算术平均收益率是 16%，而几何平均收益率为 14%。如果收益率是正常分布的，那么这只股票收益率的波动值是（　　）。

A. 6%　　B. 5%　　C. 4%　　D. 2%

3. 某公司 2012 年年初以 50 元/股的价格购买股票，2012 年发放现金股利 3 元/股。2013 年以 55 元/股出售该股票，则该股票的离散型实际收益率为（　　）。

A. 6%　　B. 10%　　C. 14. 55%　　D. 16%

4.（中山大学 2013）证券组合风险的大小不仅与单个证券的风险有关，还与各个证券收益间的（　　）有关。

A. 协方差　　B. 标准差　　C. 离差率　　D. 贝塔系数

5.（湖南大学 2011）投资者把他的财富的 30%投资于一项语气收益为 0. 15，方差为 0. 04 的风险资产，70%投资于收益为 6%的国库券，他的资产组合的预期收益和标准差分别为（　　）。

A. 0. 114；0. 12　　B. 0. 087；0. 06　　C. 0. 295；0. 12　　D. 0. 087；0. 12

6.（清华大学 2016）投资者效用函数 $U=E(r)-A\sigma^2$，在这个效用函数里 A 表示（　　）。

A. 投资者的收益要求　　B. 投资者对风险的厌恶

C. 资产组合的确定等价利率　　D. 对每 A 单位风险有 1 单位收益的偏好

7. 假设某投资者的效用函数为：$U=\bar{R}-\frac{1}{2}A\sigma^2$。国库券的收益率为 6%，而某一种资产组合的预期收益率和标准差分别为14%和20%。要使该投资者更偏好风险资产组合，其风险厌恶系数不能超过(　　)。

A. 4　　B. 6　　C. 8　　D. 10

8. 假设股票A和股票B的期望收益和标准差分别是：

$$E(R_A)=0.15,\ E(R_B)=0.25,\ \sigma_A=0.40,\ \sigma_B=0.65$$

(1) 当A收益和B收益之间的相关系数为0.5时，计算由40%股票A和60%股票B组成的投资组合的期望收益和标准差。

(2) 当A收益和B收益之间的相关系数为-0.5时，计算由40%股票A和60%股票B组成的投资组合的期望收益和标准差。

(3) A收益和B收益的相关系数是如何影响投资组合的标准差的?

9. (华东师大2022)目前有资金100万元，计划投资于一个由股票X、股票Y和无风险资产构成的投资组合，要求该组合有10.7%的收益率且风险只有市场风险的80%。如果股票X的期望收益率为17.2%，贝塔值为1.8，股票Y的期望收益率为8.75%，贝塔值为0.5，无风险收益率为7%，求投资于股票X的资金。

10. (复旦大学2016)某公司进口美国电脑，成本100美元/台，30天后付款，当前汇率一美元等于6.5元人民币(E=6.5)，公司每台可得利润50美元。

(1) 若30天后即期汇率为一美元等于6元人民币($E=6$)，试计算公司利润π? 若30天后即期汇率为一美元等于7元人民币($E=7$)，试计算公司利润π?

(2) 若单位利润带来的效用为$U=\sqrt{\pi}$，预计一个月后的汇率有50%的概率为6，50%的概率为7，远期协议约定汇率为6.7，不考虑远期的交易成本，问是否应该进行远期交易。

考点2　均值-方差模型

(一) 命题思路

均值-方差模型是本章的重点和难点。一般高校只要求考生能构造最小风险组合即可。而对投资学要求较高的高校则会要求构造最优化的资产组合。本章题型侧重选择题和计算题，计算题涉及的公式比较繁杂，考生最好熟记。

(二) 习题精编

1. (对外经贸2014)按照马科维茨的描述，下面的(　　)资产组合不会落在有效边界上。

资产组合	期望收益率(%)	标准差(%)
W	12	15
X	5	7
Y	15	36
Z	9	21

A. W　　B. X　　C. Y　　D. Z

2. (南京大学2011)市场中存在资产A和资产B，根据均值一方差准则，投资者选择资产A而不选择资产B作为投资对象的条件是(　　)。

A. 资产A的收益率大于或等于资产B的收益率，且资产A收益率的方差小于资产B收益率的方差，即$E(R_A)\geqslant E(R_B)$且$\sigma_A^2<\sigma_B^2$

B. 资产 A 的收益率大于资产 B 的收益率，且资产 A 收益率的方差大于资产 B 收益率的方差，即 $E(R_A)>E(R_B)$ 且 $\sigma_A^2>\sigma_B^2$

C. 资产 A 的收益率小于资产 B 的收益率，且资产 A 收益率的方差大于或等于资产 B 收益率的方差，即 $E(R_A)<E(R_B)$ 且 $\sigma_A^2\geqslant\sigma_B^2$

D. 资产 A 的收益率小于或等于资产 B 的收益率，资产 A 收益率的方差大于资产 B 收益率的方差，即 $E(R_A)\leqslant E(R_B)$ 且 $\sigma_A^2>\sigma_B^2$

3. (复旦大学 2018) 两种资产 i 和 j 构成的资产组合中，资产组合的标准差可能降到最低的是(　　)。

A. $\rho_{ij}=-1$　　B. $\rho_{ij}=0$　　C. $\rho_{ij}=0.3$　　D. $\rho_{ij}=1$

4. 两只风险证券所构成的投资组合的可行集不可能是(　　)。

A. 抛物线　　B. 折线　　C. 双曲线的一支　　D. 直线

5. 有一种特殊的投资组合，同时是可行集和有效集，则该投资组合只能是(　　)。

A. 两种不是完全正相关的风险证券构建的投资组合

B. 多种风险证券构建的投资组合

C. 一种无风险证券和一种风险证券构建的投资组合

D. 一种无风险证券和多种风险证券构建的投资组合

6. 股票 A 和股票 B 近 6 年的收益率如下表所示：

年份	股票 A 的收益率/%	股票 B 的收益率/%
2013	36	−6
2014	−12	18
2015	−10	17
2016	34	−5
2017	−6	15
2018	30	3

则 2019 年如何用这两只股票构建无风险组合？(　　)

A. 无法构建无风险组合

B. 将 1/3 资金投资于股票 A，2/3 资金投资于股票 B

C. 将 2/3 资金投资于股票 A，1/3 资金投资于股票 B

D. 将 1/2 资金投资于股票 A，1/2 资金投资于股票 B

7. 假如你是一个低风险厌恶型投资者，你的最优投资组合应该(　　)。

A. 在 F 点上　　B. 在 E 点上　　C. 在 M 点上　　D. 在 N 点上

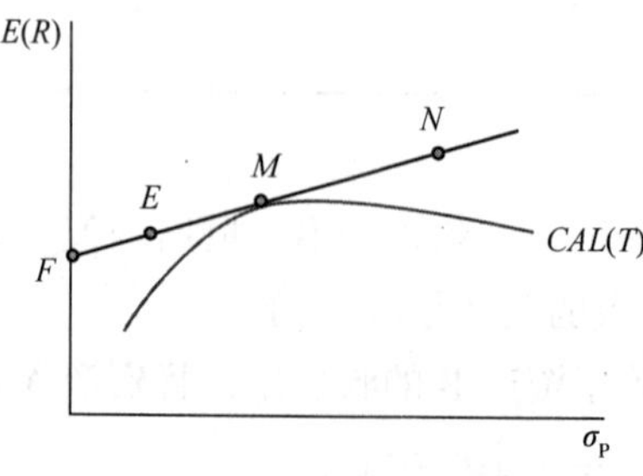

8. (上海财大 2012) 市场上有两只股票。股票 A 标准差 30%，股票 B 标准差 20%，不允许卖空。若两只股票相关性系数为 1，怎样的投资组合可以使风险最小？若两只股票相关系数为-1，风险最小的投资组合又应如何构建？

9. 已知无风险证券收益率是 5%，有风险的两只证券预期收益分别为 0.1 和 0.2，标准差为 20%和 40%，相关系数为 0.3，效用函数为 $U=\mu-\sigma^2$，求允许卖空时投资者的最大效用。

10. 给出以下风险资产组合：

	资产组合							
	A	B	C	D	E	F	G	H
预期收益率(r,%)	10	12.5	15	16	17	18	18	20
标准差(σ,%)	23	21	25	29	29	32	35	45

(1) 在以上资产组合中，有 5 个是有效资产组合，有 3 个不是。哪些是无效资产组合？

(2) 假如你可以按照 12%的利率借入或者借出资金。以上哪个资产组合的夏普比率最高？

(3) 假设你愿意承担的标准差为 25%，如果不能借或者贷，你可以得到的最高的预期收益率是多少？

(4) 如果可以自由借或者贷，你愿意承担的标准差为 25%，最优投资策略是什么？在这样的风险水平下，你获得的最高预期收益率是多少？

11. (复旦大学 2017) 假设无风险收益 $R_f=5\%$，投资人最优风险资产组合的预期收益 $E(R_t)=15\%$，标准差为 25%，试求：

(1) 投资人承担一单位风险所要增加的预期收益率是多少？

(2) 假设投资人需要构造标准差为 10%的投资组合，则投资最优风险组合的比例是多少？构造的投资组合预期收益率是多少？

(3) 假设投资人将 40%的资产投资于无风险证券，则该投资组合的预期收益率和标准差是多少？

(4) 假设投资人需要构造预期收益率为 19%的投资组合，则如何分配最优风险资产组合和无风险证券比例？

(5) 假设投资人资产总额为 1000 万，需要借入多少无风险证券以构造预期收益率为 19%的投资组合？

12. 假设你有机会购买 AT & T 和 Microsoft 的股票：

	AT&T	Microsoft
均值	0.10	0.21
标准差	0.15	0.25

(1) 如果 AT & T 和 Microsoft 股票的相关系数为 0.5，求两者的最小方差组合。求出的最小方差组合的期望收益率和方差是多少？

(2) 如果无风险资产的收益率是 4.5%，两只股票的相关系数为 0.5，求这两种证券的最优组合。每一个最优证券组合的期望收益率和方差是多少？

(3) 假设这两种证券的相关系数为 0.5，请推导最优证券组合的风险-收益曲线。如果所承担的风险增加一个单位，你预期你的期望收益率会增加多少？

考点 3　CAPM 模型

（一）命题思路

CAPM 模型在投资学和公司理财两个科目中都是核心知识点。从命题角度而言，本考点的命题思路有：(1)熟练运用 CAPM 模型计算股票的理论收益率；(2)区分 β 系数和标准差的区别；(3)区分 SML 和 CML 曲线的概念；(4)熟练运用 α 系数，判断股票低估还是高估；(5)区分系统性风险和非系统性风险。

（二）习题精编

1. (中央财经 2011)下列哪个不是 CAPM 的假设？(　　)

A. 投资者风险厌恶，且其投资行为是使其终期财富的期望效用最大

B. 投资者是价格承受者，即投资者的投资行为不会影响市场上资产的价格运动

C. 资产收益率满足多因子模型

D. 资本市场上存在无风险资产，且投资者可以无风险利率无限借贷

2. 从资本资产定价理论的假设中可以看出该模型建立的基础是(　　)。

A. 社会公正性　B. 资产分散性　C. 市场完善性　D. 结果正确性

3. (中央财经 2011)对于 i，j 两种证券，如果 CAPM 成立，那么下列哪个条件可以推出 $E(R_i)=E(R_j)$？(　　)

A. $\rho_{im}=\rho_{jm}$，其中ρ_{im}，ρ_{jm}分别代表证券 i，j 与市场组合回报率的相关系数

B. $\text{cov}(R_i, R_m)=\text{cov}(R_j, R_m)$，其中 R_m 为市场组合的回报率

C. $\sigma_i=\sigma_j$，σ_i，σ_j 分别代表证券 i，j 的收益率的标准差

D. 以上都不是

4. (中央财经 2012)下面对资本资产定价模型的描述中错误的是(　　)。

A. 某个证券的期望收益率由两部分组成，无风险利率以及风险溢价

B. 风险溢价的大小取决于 β 值的大小

C. β 越大，单个证券的风险越高，得到的风险补偿也越高

D. β 度量的是单个证券的全部风险，包括系统性风险和非系统性风险

5. (上海财大 2014)根据 CAPM 模型，防御型证券的贝塔系数为(　　)。

A. 小于 0　B. 等于 0　C. 小于 1　D. 大于 1

6. 当股票投资的必要收益率等于无风险收益率时，β 系数应(　　)。

A. 大于 1　B. 等于 1　C. 小于 1　D. 等于 0

7. (对外经贸 2015)以下关于资本市场线 CML 和证券市场线 SML 的表述中，错误的是(　　)。

A. 在 SML 上方的点是被低估的资产

B. 投资者应该为承担系统性风险而获得补偿

C. CML 能为均衡时的任意证券或组合定价

D. 市场组合应该包括经济中所有的风险资产

8. (中山大学 2013)如果一个股票的价值是高估的，则它应位于(　　)。

A. 证券市场线的上方　B. 证券市场线的下方　C. 证券市场线上　D. 在纵轴上

9. (清华大学 2019)证券市场线的斜率为(　　)。

A. 无风险收益率　B. 市场超额收益率　C. 1　D. 贝塔系数

10. (复旦大学 2017)若目前无风险收益率为 5%，整个股票市场的平均收益率为 15%，B 公司的股票预期收益率与整个市场平均收益率的协方差为 250，整个股票市场平均收益率的标准差为 20，则 B 公司股票必要收益率为(　　)。

A. 15%　　B. 12%　　C. 11.25%　　D. 8%

11. (上海财大 2018)下列哪一个指标可以衡量基金经理的能力？(　　)

A. α 系数　　B. β 系数　　C. 波动率　　D. 费用

12. (华东师大 2018)一对股票 A 和股票 B，A 的期望收益率为 0.12，β 值为 1.2，B 的期望收益率为 0.14，β 值为 1.8，无风险收益率为 0.05，市场期望收益率为 0.09，应该投资的股票及原因是(　　)。

A. 股票 A，因为 A 的超额收益率 2.2%大于股票 B 的超额收益率 1.8%

B. 股票 B，因为 B 的超额收益率 2.2%大于股票 A 的超额收益率 1.8%

C. 股票 A，因为 A 的超额收益率 5%大于股票 B 的超额收益率 3.8%

D. 股票 B，因为 B 的超额收益率 5%大于股票 B 的超额收益率 3.8%

13. (华东师大 2018)下列金融市场风险中通常不属于系统性风险的是(　　)。

A. 经营风险　　B. 政策风险　　C. 利率风险　　D. 市场风险

14. 假定证券收益由单指数模型确定，即$R_i=\alpha_i+\beta_i R_M+e_i$。

式中，R_i为证券 i 的超额收益；R_M为市场超额收益；无风险利率为 2%。

假定有两种证券 A、B，其特征的数据如下表所示：

证券	β_i	$E(R_i)$	$\sigma(e_i)$
A	0.8	10%	25%
B	1.0	12%	10%

如果 $\sigma_M=20\%$，则证券 A、B 的方差为(　　)。

A. 0.0781；0.05　　B. 0.0881；0.05　　C. 0.0881；0.04　　D. 0.0781；0.04

15. (中山大学 2013)随着一个投资组合中股票种类的增加(　　)。

A. 非系统风险下降并趋近 0　　B. 市场风险下降

C. 非系统风险下降并趋近市场风险　　D. 总风险趋近 0

16. 假定一个风险证券投资组合中包含大量股票，它们有相同的分布 $E(r)=15\%$，$\sigma=60\%$，$\rho=0.5$。构造一个标准差≥43%的有效投资组合至少需要(　　)只股票。

A. 35　　B. 36　　C. 37　　D. 38

17. 某公司投资组合中有 A、B、C、D、E 五种股票，所占的比例分别是 10%、20%、20%、30%、20%；其中 β 系数分别为 0.8、1、1.4、1.5、1.7；股票平均风险的必要收益率为 16%，无风险收益率为 10%。要求：

(1) 计算各种股票各自的必要收益率；

(2) 计算该投资组合的综合 β 系数；

(3) 计算该投资组合的风险收益率；

(4) 计算该投资组合的必要收益率。

18. 某公司股票的 β 系数为 2.5，目前无风险收益率为 6%，市场上所有股票的平均报酬率为 10%，若该股票为固定成长股，逐年增长率为 6%，预计一年后的股利为 1.5 元，要求：

(1) 测算该股票的风险收益率；

（2）测算该股票投资人要求的必要投资收益率；

（3）该股票的价格为多少时可购买？

（4）若股票目前的市价为 14 元，预期 1 年后的市价为 15 元，若投资人持有一年的持有期收益率为多少？

19.（对外经贸 2011）已知，市场证券组合（Market Portfolio）的预期回报为 0.12，无风险利率 0.05，市场证券组合的标准差为 0.1。用下列数据计算：

	与市场组合回报的相关系数(ρ)	标准差(σ)	权重
A	0.4	0.25	0.4
B	0.3	0.3	0.6

（1）计算由 A、B 组成的投资组合的 β。

（2）根据 CAPM，计算该组合的预期收益率。

（3）计算这一资产组合的风险溢价。

20.（复旦大学 2018）假定你正在考虑投资某股票，该股票的永续红利为 6 元/股。根据你的调查，股票的 β 系数为 0.9。当前的无风险收益率为 4.3%，市场期望收益率是 13%。

（1）如果选择用 CAPM 模型进行估计，计算你对该股票的期望收益率是多少？

（2）根据期望收益率，你愿意为该股票支付多少钱？

（3）假设你的调查出了错误，该股票的实际 β 值为 1.3，则如果你以（2）中的价格购买该股票，则你是高估其价格还是低估其价格？

21. 下表给出了一证券分析家预期的两个特定市场收益情况下的两只股票的收益。

市场收益(%)	激进型股票(%)	防守型股票(%)
5	−2	6
25	38	12

（1）两只股票的 β 值是多少？

（2）如果市场收益为 5% 与 25% 的可能性相同，两只股票的预期收益率是多少？

（3）如果国库券利率为 6%，市场收益为 5% 与 25% 的可能性相同，画出这个经济体的证券市场线。

（4）在证券市场线图上画出这两只股票，其各自的 α 值是多少？

（5）激进型企业的管理层在具有与防守型股票相同的风险特性的项目中使用的临界利率是多少？

22.（复旦大学 2013）X 公司与 Y 公司股票的收益风险特征如下：

	期望收益(%)	标准差(%)	β 值
股票 X	14.0	36	0.8
股票 Y	17.0	25	1.5
市场指数	14.0	15	1.0
无风险利率	5		

（1）计算每只股票的必要收益率和 α 值；

（2）识别并判断哪只股票能够更好地满足投资者的如下需求：

a. 将该股票加入一个风险被充分分散的投资组合；

b. 将该股票作为单一股票组合来持有。

23.（中山大学 2015）假设股票 A 和 B 的一年期收益率遵从下述指数模型：

$$r_A = 2\% + 0.5r_M + e_A$$

$$r_B = -2\% + 2.0r_M + e_B$$

投资者甲预测 $\sigma(r_M) = 20\%$（标准差）$\sigma(e_A) = 30\%$，$\sigma(e_B) = 10\%$，$E(r_M) = 8\%$（期望）。拥有 10 万元人民币预算的甲计划做一年期的投资，并打算按照 1∶1 的比例将部分资金投资于 A、B 股票（风险资产组合），其余资金购买年利率为 5%的国库券（无风险资产）。

（1）计算甲的风险资产组合的均值与方差。

（2）最优投资策略在风险资产组合和无风险资产之间选取。假设甲的效用函数为 $E(r_p) - 2.5\sigma^2(r_p)$，计算甲在风险资产组合上的最优投资比例。

（3）甲的最优投资组合的系统风险和非系统风险各为多少？

考点 4　APT 模型

（一）命题思路

APT 模型是投资学的难点，也是清华、北大、复旦、上财等名校考查的重点。APT 模型通常以计算题模型进行考查，一般难度较大。

（二）习题精编

1. 考虑单因素 APT 模型。因素组合的收益率方差为 6%。一个充分分散风险的资产组合的贝塔值为 1.1，则它的方差为（　　）。

A. 3.6%　　B. 6.0%　　C. 7.3%　　D. 10.1%

2.（清华大学 2017）考虑有两个因素的多因素 APT 模型。股票 A 的期望收益率为 16.4%，对因素 1 的贝塔值为 1.4，对因素 2 的贝塔值为 0.8。因素 1 的风险溢价为 3%，无风险利率为 6%。如果无套利机会，因素 2 的风险溢价为（　　）。

A. 2%　　B. 3%　　C. 4%　　D. 7.75%

3. APT 与 CAPM 的不同之处在于 APT（　　）。

A. 更重视市场风险　　B. 把分散投资的重要性最小化了

C. 认识到了多个非系统风险因素　　D. 认识到了多个系统风险因素

4. 假设市场上可以从事卖空交易，有三种证券的期望收益率和系数如下表所示：

证券名称	证券 A	证券 B	证券 C
期望收益率	10%	40%	70%
β 系数	1	2	4

那么，下列所述的套利组合中有效的是（　　）。

A. 卖空 C，所得资金的 30%和 70%分别用于购买 A 和 B

B. 卖空 B，所得资金的 50%用于购买 A，另 50%用于购买 C

C. 卖空 A，所得资金的 2/3 用于购买 B，另 1/3 用于购买 C

D. 分别卖空 2/3 和 1/3 的 A 和 C，所得资金用于购买 B

5.（上海财大 2020）对华创公司的月度回报率单因素模型回归得出下面结论：$R_i = 0.1\% + 1.1R_M + e$，R_i 是华创月度回报率；R_M 是市场回报率；e 是噪声项，这一回归结果不随时间改变。如果市场未来一年的回报率是 8%，而华创公司的回报率是 7%，这段时期华创的非正常收益是多少？

6. 假设一个三因素模型适于描述股票的收益。关于三因素的信息如下表所示。

因素	β	预期值	实际值
国民生产总值	0.000586	5396	5436
通货膨胀	-1.40	3.1%	3.8%
利　率	-0.70	9.5%	10.3%

(1) 股票收益的系统风险的收益是多少?

(2) 假设有关公司未预期的坏消息的宣布将导致股票价格下跌 2.6%。如果股票的期望收益是 9.5%，那么股票的总收益是多少?

7. 假设下面的市场模型充分描述了风险资产收益产生的方式：$R_{it}=\alpha_i+\beta_i R_{Mt}+\varepsilon_{it}$，其中，$R_{it}$ 是第 i 种资产在时间 t 的收益；R_{Mt} 是一个以某种比例包括了所有资产的投资组合在时间 t 的收益。R_{Mt} 和 ε_{it} 在统计上是独立的。市场允许卖空(即持有量为负)。你所拥有的信息如下表所示。

资产	β_1	$E(R_i)$	$Var(\varepsilon_i)$
A	0.7	8.41%	0.0100
B	1.2	12.06%	0.0144
C	1.5	13.95%	0.0225

市场的方差是 0.0121，且没有交易成本。

(1) 计算每种资产收益的标准差。

(2) 假定无风险利率是 3.5%，市场的期望收益是 10.6%。理性投资者不会持有的资产是哪个?

(3) 无套利机会出现的均衡状态是怎样的? 为什么?

8. 市场上有两种基金 A 和 B，它们的收益都与两个因子有关。A 对因子 1 的敏感度是 0.5，对因子 2 的敏感度为 0.8；B 对因子 1 的敏感度为 1.5，对因子 2 的敏感度为 1.4。基金 A 的期望收益率为 16.52%，基金 B 的期望收益率为 21.96%，无风险利率为 10%。

(1) 如果一个投资者投资 1000 元购买基金 A、基金 B 和无风险债券，此时因子 1 和因子 2 各是多少?

(2) 如果投资者希望自己的收益率在任何情况下都不受因子 2 的影响，而且对因子 1 的变动 100%反映在组合收益上，那么你应该如何为他做出决策使他的收益率最大? 投资者获得的收益率是多少?

9. (对外经贸 2017) 套利定价理论与资本资产定价理论的最重要区别有哪些?

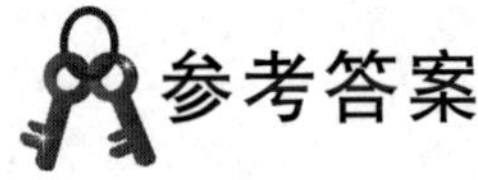

参考答案

考点 1　风险与收益的度量

1. A　在正态分布前提下，$r_G=r_A-\frac{1}{2}\sigma^2$，可知算术平均数与几何平均数之间的差值随着收益率波动而增大。

2. C　根据公式$r_G = r_A - \frac{1}{2}\sigma^2$，可得$\sigma^2 = 2\times2\% = 4\%$。

3. D　实际收益率$=\left(\frac{3}{50}+\frac{55-50}{50}\right)\times100\% = 16\%$

4. A　投资组合的方差取决于组合中各种证券的方差和两种证券之间的协方差。每种证券的方差度量每种证券收益的变动程度；协方差度量两种证券收益之间的相互关系。在证券方差给定的情况下，如果两种证券收益之间的相互关系或协方差为正，组合的方差就上升；如果两种证券收益之间相互关系或协方差为负，组合的方差就下降。

5. B　$E(r) = 0.3\times0.15+0.7\times0.06 = 0.087$，$\sigma_p = \sqrt{0.04}\times0.3+0\times0.7 = 0.06$。

6. B　在各种各样的效用函数中，目前金融理论界使用最广泛的函数是：$U = \frac{1}{2}A\sigma^2$，其中 A 表示投资者的风险厌恶程度，其典型值在 2～4 之间。A 越高，说明风险厌恶程度越大，说明要求的风险补偿越多。

7. A　风险资产组合的效用为：$14\%-0.5\times A\times20\%^2$，而国库券的效用为 6%。为了使他更偏好风险资产组合，$14\%-0.5\times A\times20\%^2$必须大于 6%，即 A 必须小于 4。

8. (1)投资组合的期望收益$=0.4\times0.15+0.6\times0.25 = 21\%$

投资组合的方差为：

$$\sigma_P^2 = w_1^2\sigma_1^2+w_2^2\sigma_2^2+2w_1w_2\rho_{12}\sigma_1\sigma_2$$
$$=0.4^2\times0.4^2+0.6^2\times0.65^2+2\times0.4\times0.6\times0.4\times0.65\times0.5 = 0.24010$$

标准差为：$\sigma = \sqrt{0.24010} = 49\%$

(2) 由投资组合的期望收益$=0.4\times0.15+0.6\times0.25 = 21\%$

投资组合的方差为：

$$\sigma_P^2 = w_1^2\sigma_1^2+w_2^2\sigma_2^2+2w_1w_2\rho_{12}\sigma_1\sigma_2$$
$$=0.4^2\times0.4^2+0.6^2\times0.65^2+2\times0.4\times0.6\times0.4\times0.65\times(-0.5) = 0.11530$$

标准差为：$\sigma = \sqrt{0.11530} = 33.96\%$

(3) 随着股票 A、B 相关性的减弱，组合的标准差下降。

9. 设投资于 X 股票的比例为 x，投资于 Y 股票的比例为 y，投资于无风险资产的比例是 z，则根据题意可得如下三个式子：

$$17.2\%x+8.75\%y+7\%z = 10.7\%$$
$$1.8x+0.5y = 0.8$$
$$x+y+z = 1$$

联立计算可得：$x = 23\%$，$y = 77.2\%$，$z = -0.2\%$。

则投资于股票 X 的资金为 $100\times23\% = 23$ 万元。

10. (1)当汇率为 6.5 时，每台电脑可得利润 50 美元，则每台电脑当前售价为人民币为 $(100+50)\times6.5 = 975$ 元。

当 30 天后的汇率为 6 时，公司利润为 $975-100\times6 = 375$ 元。

当 30 天后的汇率为 7 时，公司利润为 $975-100\times7 = 275$ 元。

(2) 签订远期合约的公司利润为：$\pi = 975-100\times6.7 = 305$ 元

则单位利润带来的效用$U_1 = \sqrt{\pi} = \sqrt{305}$

不签订远期合约的公司利润为：π=975-(100×6×50%+100×7×50%)=325 元。

则单位利润带来的效用$U_2=\sqrt{\pi}=\sqrt{325}$

因为$U_1<U_2$，所以不签订这份协议。

考点 2　均值-方差模型

1. D　根据马科维茨的描述，落在有效边界上的资产组合当期望收益率相等时，标准差一定是最小的；当标准差相等时，期望收益率一定是最大的。且期望收益率与标准差是正相关关系，Z 组合的期望收益率低于 W 组合，标准差却大于 W 组合，所以不会落在有效边界上。

2. A　均值方差模型认为收益率越高，方差越小的资产组合越好。

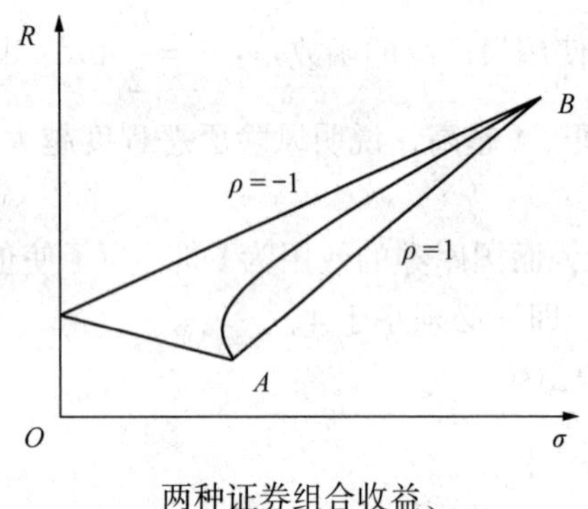

两种证券组合收益、风险与相关系数的关系

3. A　A、B 两种证券组合收益率的方差，用公式表示为：

$$\sigma_P^2=X_A^2\sigma_A^2+X_B^2\sigma_B^2+2X_AX_B\rho_{AB}\sigma_A\sigma_B$$

如左图所示，当$\rho_{AB}=1$时，两种证券 A、B 的组合 P 的风险和收益落在直线 AB 上。当$\rho_{AB}<1$时，组合 P 的收益和风险是一条向后弯曲的曲线，这表明在同等风险水平下收益更大或者说在同等收益水平下风险更小，而且ρ_{AB}越小，往后弯曲的程度越大；当$\rho_{AB}=-1$时，其实是一条往后弯的折线，此时资产组合的标准差可能会降到 0。

4. A　根据投资的风险与收益匹配原则，两个风险证券所构成的投资组合的可行集不可能出现某个对应风险水平下的最小收益或最大收益。

5. C　一种无风险证券和一种风险证券构建的投资组合正是资本配置线，既是有效集又是可行集。

6. B　通过简单的计算可知两只股票的相关系数为-1，可以构建无风险组合，通过计算股票 A 和 B 的标准差可知：$w_A=\dfrac{\sigma_B}{\sigma_A+\sigma_B}=1/3$，则$w_B=2/3$。

7. D　对于低风险厌恶者而言，投资的有效集已经变为 FN 这条射线，在 N 点可以通过无风险借款来投资于风险组合，此时的收益率明显高于 CAL 上的点。

8. 若两只股票的相关系数为 1，那么选择标准差小的股票进行选择会得到风险最小的股票组合。即投资组合全选择股票 B。

若两只股票的相关系数为-1，假设有 x 投入到 A 股票中，有 $1-x$ 投入到 B 股票中，则两只股票的方差为：$\sigma^2=(0.3x)^2+[0.2(1-x)]^2-2x[(1-x)]\times0.3\times0.2$。

令一阶导数为 0，可得 $x=0.4$，也就是说最小方差的投资组合是 40%投入到 A 股票中，60%投入到 B 股票中。

9. 先用这两种风险债券组成最优风险组合，则：

$$x_A=\frac{(r_A-r_f)\sigma_B^2-(r_B-r_f)\mathrm{cov}(A,B)}{(r_A-r_f)\sigma_B^2+(r_B-r_f)\sigma_A^2-(r_A-r_f+r_B-r_f)\mathrm{cov}(A,B)}$$

$$=\frac{5\%\times0.4^2-15\%\times0.024}{5\%\times0.4^2+15\%\times0.2^2-20\%\times0.024}\approx47.83\%$$

则 $x_B = 1 - 47.83\% = 52.17\%$。

该最优风险组合的预期收益率和方差分别为：

$$u_T = 47.83\% \times 0.1 + 52.17\% \times 0.2 \approx 15.22\%$$

$$\sigma_T^2 = 47.83\%^2 \times 0.1^2 + 52.17\%^2 \times 0.4^2 + 2 \times 47.83\% \times 52.17\% \times 0.024 = 0.0647$$

结合效用函数可知 $A=2$，则最优风险资产的比例为：

$$y = \frac{\mu_T - r_f}{A\sigma_T^2} = \frac{15.22\% - 5\%}{2 \times 0.0647} = 0.7898$$

则整个投资组合的预期收益率为：$\mu = 15.22\% \times 0.7898 + (1 - 0.7898) \times 0.05 = 0.1307$，整个组合的方差为 $0.7898^2 \times 0.0647 \approx 0.0404$，故此时投资者的效用为 $U = 0.1307 - 0.0404 = 0.0903$。

10.（1）资产组合 A、D、G 是无效资产组合。A 是无效组合，因为投资者如果投资资产组合 B，会得到比 A 更小的标准差和更高的收益率。D 是无效组合，如果投资者投资资产组合 E，可以在相同的风险水平上获得更高的预期收益率。G 是无效组合，投资者如果投资资产组合 F，在同样的预期收益率下，承担的风险更小。

（2）资产组合的夏普比率，等于该投资组合的预期收益率减掉无风险利率，然后除以各自的标准差。下表是每个资产组合的夏普比率，资产组合 F 的夏普比率更高。

	资产组合							
	A	B	C	D	E	F	G	H
预期收益率(r,%)	10	12.5	15	16	17	18	18	20
标准差(σ,%)	23	21	25	29	29	32	35	45
夏普比率 $[(r-r_f)/\sigma]$	-8.7	2.4	12.0	13.8	17.2	18.8	17.1	17.8

（3）如果愿意承担的最大标准差为 25%，标准差不大于 25% 而预期收益率最高的资产组合是资产组合 C。

（4）如果可以自由借款，投资夏普比率最高的资产组合 F，把 25/32 的资金投资资产组合 F，以 12%的利率借出剩余的资金，这样，

该资产组合的标准差：$\sigma = \frac{25}{32} \times 32\% = 25\%$

预期收益率：$E(r) = \frac{25}{32} \times 18\% + \frac{7}{32} \times 12\% = 16.7\%$

11.（1）利用夏普指数，可以计算出单位风险收益率 $=\frac{R_t-R_f}{\sigma}=\frac{15\%-5\%}{25\%}=0.4$，即所承担的风险增加一个单位，预期的收益率要增加 0.4 的风险补偿。

（2）设风险资产投资比例为 w，则无风险资产的投资比例为 $1-w$。根据题意可知 $w\times\sigma_t+(1-w)\times\sigma_f=25\%w=10\%$，解得 $w=40\%$，$1-w=60\%$。即该投资组合 40% 于风险资产，60% 于无风险资产。此时该投资组合的预期收益率为 $R_P=0.4\times15\%+0.6\times5\%=9\%$。

（3）若投资人将 40% 的资产投资于无风险证券，则该投资组合的期望收益率为：$R_P=0.6\times15\%+0.4\times5\%=11\%$，标准差为 $\sigma_P=0.6\times25\%=15\%$。

（4）设风险资产投资比例为 w，则无风险资产的投资比例为 $1-w$。根据题意可知 $w\times R_t+$

$(1-w)\times R_f=15\%w+5\%(1-w)=19\%$，解得 $w=140\%$，即140%投资于最优风险资产组合，此时需借入40%无风险证券。

（5）投资总额为1000万时，需借入1000×40%=400万无风险证券。

12. 设AT&T股票为资产1，Microsoft股票为资产2。

（1）在最小方差组合中，AT&T股票（证券1）权重可以使用如下公式计算：

$$w_1^*=\frac{\sigma_2^2-\mathrm{cov}(r_1,\ r_2)}{\sigma_1^2+\sigma_2^2-2\mathrm{cov}(r_1,\ r_2)}=\frac{0.25^2-0.5\times0.15\times0.25}{0.15^2+0.25^2-2\times0.5\times0.15\times0.25}=92.1\%$$

因此，在相关系数为0.5的前提下，这个最小风险组合包括92.1%的AT&T股票和7.9%的Microsoft股票。

代入数据可知，最小风险组合的期望收益率=92.1%×0.10+7.9%×0.21=10.869%。可得最小风险组合的方差为：

$$\begin{aligned}\sigma_P^2&=w_1^2\sigma_1^2+w_2^2\sigma_2^2+2w_1w_2\sigma_1\sigma_2\rho\\&=0.921^2\times0.15^2+0.079^2\times0.25^2+2\times0.921\times0.079\times0.15\times0.25\times0.5\\&\approx0.0222\end{aligned}$$

（2）在最优组合中，AT&T股票（证券1）的比重计算可使用公式：

$$\begin{aligned}w_1&=\frac{[E(r_1)-r_f]\sigma_2^2-[E(r_2)-r_f]\mathrm{cov}(r_1,\ r_2)}{[E(r_1)-r_f]\sigma_2^2+[E(r_2)-r_f]\sigma_1^2-[E(r_1)-r_f+E(r_2)-r_f]\mathrm{cov}(r_1,\ r_2)}\\&=\frac{(0.10-0.045)\times0.25^2-(0.21-0.045)\times0.5\times0.15\times0.25}{(0.10-0.045)\times0.25^2+(0.21-0.045)\times0.15^2-(0.10+0.21-2\times0.045)\times0.5\times0.15\times0.25}\\&=11.4\%\end{aligned}$$

因此，该最优组合包括11.4%的AT&T股票和88.6%的Microsoft股票。计算可得，该最优组合的期望收益率为19.75%，方差为0.0531。

（3）该最优证券组合的风险-收益曲线计算如下：

$$r_P=0.045+\frac{0.1975-0.045}{\sqrt{0.0531}}\sigma_P=0.045+0.66\sigma_P$$

即所承担的风险每增加一个单位，预期的收益率要增加0.66的风险补偿。

考点3　CAPM模型

1. C　由于CAPM模型以资产组合理论为基础，因此它除接受马科维茨的全部假设条件以外，还附加了一些自己的假设条件，主要有：①投资者具有同质预期，即市场上的所有投资者对资产的评价和对经济形势的看法都是一致的，他们对资产收益和收益概率分布的看法也是一致的；②存在无风险资产，投资者可以无风险利率无限制地借入或者贷出资金。C项，套利定价模型（APT）假设资产收益率满足多因子模型。

2. C　从资本资产定价理论的假设中可以看出，该理论是建立在市场完善性和环境没有摩擦的基础上。

3. B　根据CAPM模型，股票的期望收益率为：$E(R_s)=R_f+\beta\times(R_m-R_f)$。式中，$R_f$是无风险利率，$R_m-R_f$是市场组合的期望收益率与无风险利率之差。通过观察CAPM公式可知，对于 i 和 j 两种证券，只有二者的 β 系数相等，期望收益率才能相等。由 β 系数的概念可知，对于证券n，其 β 系数的计算公式为：

$$\beta_n = \frac{cov(R_n, R_m)}{var(R_m)} = \frac{\sigma_{nm}}{\sigma_m^2}$$

观察可知，当 $cov(R_i, R_M) = cov(R_j, R_M)$时，$E(R_i) = E(R_j)$。

4. D　根据CAPM模型可知单个证券的期望收益率由两部分组成，一是资金的时间价值，即无风险利率；二是投资者因承担系统风险而得到的风险报酬，即风险溢价。其中风险溢价的大小取决β值的大小，是用来度量系统风险的。β越大，单个证券的风险越高，得到的风险补偿也越高。

5. C　防守型股票是一种典型的贝塔值远低于1的股票，通常在0.5左右，既当整个市场上涨时它的表现要落后于大盘，而在市场下跌时，其跌幅也要比整个市场小，甚至还有上涨表现，因此是在熊市或牛市接近结束时投资者选择持有规避风险的最佳品种。防守型股票之所以有这种特性一是因为公司处在防守型行业，很少受商业及经济周期的影响，二是这类股票通常股利发放丰厚稳定，确保了收益。理论上的防守类股票是公用事业如水、电、煤气供应板块、交通运输、食品、医药、零售等。

6. D　根据资本资产定价模式 $R=R_f+\beta(R_m-R_f)$，因 $R=R_f$，所以β应等于0。

7. C　资本市场线是描述无风险资产与市场组合构成的组合的预期收益率与组合回报标准差之间关系的直线，不能为单个证券进行定价。

8. B　资本资产定价模型(CAPM)的图示形式称为证券市场线(SML)，它主要用来说明投资组合报酬率与系统风险程度贝塔系数之间的关系。当股票被高估时，其应在证券市场线下方；其被低估时，应在证券市场线上方。

9. B　证券市场线的表达式为：股票要求的收益率=无风险收益率+股票的贝塔系数×(平均股票的要求收益率-无风险收益率)，证券市场线的纵轴是要求的收益率，横轴是贝塔系数，截距是无风险收益率，由于贝塔系数=0时，股票要求的收益率=无风险收益率+0×(平均股票的要求收益率-无风险收益率)=无风险收益率，贝塔系数=1时，股票要求的收益率=无风险收益率+1×(平均股票的要求收益率-无风险收益率)=平均股票的要求收益率，所以，证券市场线的斜率=(平均股票的要求收益率-无风险收益率)/(1-0)=平均股票的要求收益率-无风险收益率。

10. C　先计算出β系数：

$$\beta_B = \frac{cov(B, M)}{\sigma_M^2} = \frac{250}{20^2} = 0.625$$

使用证券市场线公式可以计算出期望收益率：

$$r_B = r_f + \beta_B \times (r_M - r_f) = 5\% + 0.625 \times (15\% - 5\%) = 11.25\%。$$

11. A　α系数是一投资或基金的绝对回报(Absolute Return)和按照β系数计算的预期风险回报之间的差额。绝对回报或额外回报是基金/投资的实际回报减去无风险投资收益(在中国为1年期银行定期存款回报)。绝对回报是用来测量一投资者或基金经理的投资技术。

12. A　计算两只股票的超额收益率：

A股票：12%-[5%+1.2×(9%-5%)]=2.2%

B股票：14%-[5%+1.8×(9%-5%)]=1.8%

对比可得A股票的超额收益率更高。

13. A　系统性风险是指金融机构从事金融活动或交易所在的整个系统(机构系统或市场系统)因外部因素的冲击或内部因素的牵连而发生剧烈波动、危机或瘫痪，使单个金融机构不能幸免，从而遭受经济损失的可能性。系统性风险包括政策风险、经济周期性波动风险、利率风险、购买力风险、汇率风险等。这种风险不能通过分散投资加以消除，因此又被称为不可分散风险。

14. B　由$\sigma^2=\beta^2\sigma_M^2+\sigma^2(\varepsilon)$可得 A、B 的方差分别为：

$$\sigma_A^2=(0.8^2\times0.20^2)+0.25^2=0.0881$$

$$\sigma_B^2=(1.0^2\times0.20^2)+0.1^2=0.05$$

15. A　通过投资组合可以分散风险，分散的是非系统性风险。系统风险不可分散，不能为零。总风险包含了系统风险和非系统风险，所以总风险也不能为零。

16. C　因为股票是同质的，有效投资组合是等权重的。

$$\sigma_p^2=\frac{1}{n}\sigma^2+\frac{n-1}{n}\text{cov}\Rightarrow43^2=\frac{60^2}{n}+\frac{n-1}{n}\times60^2\times0.5\Rightarrow n=36.73$$

所以，至少需要 37 只股票才能达到目标。

17. (1) 根据资本资产定价模型计算各种股票的预期收益率

$R_A=10\%+0.8\times(16\%-10\%)=14.8\%$

$R_B=10\%+1\times(16\%-10\%)=16\%$

$R_C=10\%+1.4\times(16\%-10\%)=18.4\%$

$R_D=10\%+1.5\times(16\%-10\%)=19\%$

$R_E=10\%+1.7\times(16\%-10\%)=20.2\%$

(2) 综合β系数$=10\%\times0.8+20\%\times1+20\%\times1.4+30\%\times1.5+20\%\times1.7=1.35$

(3) 该投资组合的风险收益率$=1.35\times(16\%-10\%)=8.1\%$

(4) 该投资组合的必要收益率$=10\%+8.1\%=18.1\%$

18. (1) 根据资本资产定价模型：$K=R_f+\beta\times(R_M-R_f)$，该股票的风险收益率$=2.5\times(10\%-6\%)=10\%$。

(2) 该股票的必要投资收益率$=6\%+10\%=16\%$。

(3) 股票的价值$=1.5/(16\%-6\%)=15$(元)，则当股票价格低于 15 元时，可以购买。

(4) 持有期收益率$=[(15-14)+1.5]/14\times100\%=17.86\%$。

19. (1) 根据相关系数的公式$\sigma_{iM}=\rho_i\times\sigma_i\sigma_M$，可知：

$$\sigma_{AM}=0.4\times0.25\times0.1=0.01$$

$$\sigma_{BM}=0.3\times0.3\times0.1=0.009$$

我们知道$\beta_{iM}=\dfrac{\sigma_{iM}}{\sigma_M^2}$，代入上述数可得：

$$\beta_{AM}=\frac{0.01}{0.1\times0.1}=1$$

$$\beta_{BM}=\frac{0.009}{0.1\times0.1}=0.9$$

则$\beta_{组合}=\beta_A\times W_A+\beta_B\times W_B=1\times0.4+0.9\times0.6=0.94$

(2) 根据 CAPM 可知，$E(R)=R_f+\beta(R_m-R_f)$，代入数据可得组合的预期收益率为$0.05+0.94\times(0.12-0.05)=11.58\%$

(3) 风险溢价即为预期收益率与无风险利率之间的差值，即：$11.58\%-5\%=6.58\%$。

20. (1) 根据 CAPM 模型，我们知道：

$$r_P = r_f + \beta(r_M - r_f) = 4.3\% + 0.9 \times (13\% - 4.3\%) = 12.13\%$$

（2）根据零增长模型，我们可知：

$$P = \frac{D_0}{r_P} = \frac{6}{12.13\%} \approx 49.46(\text{元})$$

（3）重新运用 CAPM 模型对该股票的期望收益率进行估值：

$$r'_p = r_f + \beta'(r_M - r_f) = 4.3\% + 1.3 \times (13\% - 4.3\%) = 15.61\%$$

$$P' = \frac{D_0}{r'_p} = \frac{6}{15.61\%} \approx 38.44(\text{元})$$

对比可知，以(2)中的价格购买该股票是高估了该股票的价格。因为在同样的风险溢价报酬下，风险却大大增加了。

21.（1）β 是股票的收益对市场收益的敏感程度。一般用 β 表示市场收益每变化一个单位股票收益的相应变化。因此，我们可以通过计算在两种假设情况下股票的收益差别除以市场的收益差别来计算出该股票的 β 值。

$$\beta_A = \frac{-2-38}{5-25} = 2.00$$

$$\beta_B = \frac{6-12}{5-25} = 0.30$$

（2）在每种情况的可能性相等的情况下，预期收益率是两种可能结果的平均数。

$$E(r_A) = 0.5 \times (-2\% + 38\%) = 18\%$$

$$E(r_B) = 0.5 \times (6\% + 12\%) = 9\%$$

（3）证券市场线由市场预期收益 $0.5 \times (25\% + 5\%) = 15\%$ 决定，此时 $\beta = 1$；国库券的收益率为 6%时，$\beta = 0$。此时的证券市场线为：

$$E(r) = 6\% + \beta(15\% - 6\%)$$

（4）激进型股票的公平收益 $E(r_A) = 6\% + 2 \times (15\% - 6\%) = 24\%$，而专家分析的预期收益为 18%，因此，该股票的 α 值 $= 18\% - 24\% = -6\%$。同理可得保守性股票的 α 值 $= 9\% - 8.7\% = +0.3\%$。

（5）边界利率由项目的 β 值 0.3 决定，而不是由企业的 β 值决定。正确的折现率为 8.7%，即防守型股票公平的收益率。

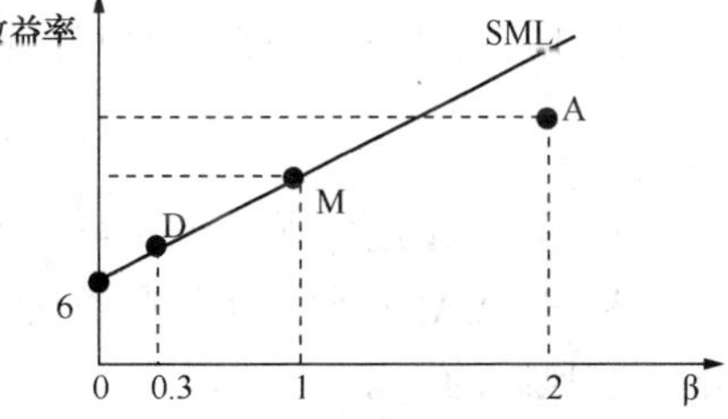

22.（1）①根据 CAPM，股票 X 的期望收益率

$$r_X = r_f + \beta_X(r_m - r_f) = 5\% + 0.8 \times (14\% - 5\%) = 12.2\%$$

则股票 X 的 α 值 $= 14\% - 12.2\% = 1.8\%$。

② 股票 Y 的期望收益率

$$r_Y = r_f + \beta_Y(r_m - r_f) = 5\% + 1.5 \times (14\% - 5\%) = 18.5\%$$

则股票 Y 的 α 值 $= 17\% - 18.5\% = -1.5\%$。

（2）a. 在风险被充分分散的投资组合中，没有非系统风险，仅有系统风险，可以运用特雷诺指数的思想。

$$T_X = \frac{R_X - R_f}{\beta_X} = \frac{14\% - 5\%}{0.8} = 11.25\%$$

$$T_Y=\frac{R_Y-R_f}{\beta_Y}=\frac{17\%-5\%}{1.5}=8\%$$

由于$T_X>T_Y$，意味着 X 股票每单位风险获得的风险溢价大于 Y 股票，因此 X 股票更适合加入一个系统风险被充分分散的投资组合。

b. 作为单一股票组合来持有，既有系统风险和非系统风险，可以运用夏普指数的思想。

$$S_X=\frac{R_X-R_f}{\sigma_X}=\frac{14\%-5\%}{0.36}=25\%$$

$$S_Y=\frac{R_Y-R_f}{\sigma_Y}=\frac{17\%-5\%}{0.25}=48\%$$

由于$S_Y>S_X$，意味着 Y 股票每一单位风险可给予的超额报酬多于 X 股票，因此 Y 股票更适合作为单一股票组合来持有。

23. (1)依题意，风险资产组合 P 由股票 A、B 各占一半，即：$r_P=\frac{1}{2}r_A+\frac{1}{2}r_B$。故风险资产的均值为：$R_T=0.5E(r_A)+0.5E(r_B)=0.5(0.5+2.0)E(r_M)=10\%$。方差：$\sigma_T^2=0.5^2\sigma_A^2+0.5^2\sigma_B^2+2\times0.5\times0.5\sigma_{AB}=0.25\text{var}(\beta_A R_M+e_A)+0.25\text{var}(\beta_B R_M+e_B)+2\times0.5\times0.5\beta_A\beta_B\sigma_M^2=0.25[\beta_A^2\sigma_M^2+\sigma^2(e_A)]+0.25[\beta_B^2\sigma_M^2+\sigma^2(e_B)]+2\times0.5\times0.5\beta_A\beta_B\sigma_M^2=0.025+0.0425+2\times0.5\times0.5\times2\times0.5\times0.2^2=0.025+0.0425+0.02=0.0875$。

(2) 根据常见效用函数公式可知风险厌恶系数 $A=5$。设该组合中风险资产的比重为 y，则：

$$y=\frac{R_T-R_f}{A\sigma_T^2}=\frac{10\%-5\%}{5\times0.0875}=11.43\%$$

(3) 对投资组合而言，总风险为 $\sigma^2(r_P)=0.0875w^2=0.001143$

非系统风险为 $w^2[0.5^2\sigma^2(e_A)+0.5^2\sigma^2(e_B)]=0.025w^2=0.000327$

系统风险=总风险-非系统风险=0.001143-0.000327=0.000816

考点 4　APT 模型

1. C　根据因素组合的方差公式可知，当非系统性风险为零时，$\sigma_i^2=\beta_i^2\sigma_m^2=1.1^2\times6\%=7.26\%$。

2. D　多因素的 APT 模型定价公式为：

$$\bar{r}_i=r_f+(\delta_1-r_f)b_{i1}+(\delta_2-r_f)b_{i2}+\cdots+(\delta_k-r_f)b_{ik}$$

这里是双因素，则$\bar{r}_i=16.4\%=6\%+1.4\times3\%+0.8b_{i2}$，计算可得$b_{i2}=7.75\%$。

3. D　CAPM 假设市场收益代表系统风险，APT 则认为还有其他宏观经济因素可能是影响系统风险的因素。

4. D　根据套利组合成立的三个条件：零投入、无风险、正收益可得如下方程：

$$\begin{cases}x_1+x_2+x_3=0\\x_1+2x_2+4x_3=0\\10\%x_1+40\%x_2+70\%x_3>0\end{cases}\Rightarrow\begin{cases}x_1<0\\x_2>0\\x_3<0\end{cases}$$

5. 市场未来一年的月度回报率为 8%/12=0.667%

华创公司的月度回报率为 7%/12=0. 583%

在单因素模型中，非系统风险的预期 $e=0$，则华创公司的月度必要回报率为：

$$R_i = 0.1\% + 1.1 \times 0.667\% = 0.8337\%$$

则其年度必要回报率为：12×0. 8337%=10. 0044%。

而华创公司的实际年度回报率是 7%，则这段时期华创的非正常收益率为 7%-10. 0044%=-3. 0044%。

6. (1) 股票收益的系统风险 $=\beta_{GNP}\Delta NPG+\beta_{Inflation}\Delta$ 通货膨胀率 $+\beta_r\Delta$ 利率

=0. 000586×(5436-5396)-1. 4×(3. 8%-3. 1%)-0. 67×(10. 3%-9. 5%)= 0. 63%

(2) 非系统收益是指由于公司特有的因素，本题中股票的非系统收益是-2. 6%。股票的总收益是期望收益加上非预期收益，这两部分分别是由系统风险和非系统风险带来的收益。所以，股票的总收益为：

$$R=\overline{R}+m+\varepsilon=9.5\%+0.83\%-2.6\%=7.73\%$$

7. (1)根据题意可知，问题表述为形成资产收益过程的方程为：

$$R_{it}=\alpha_i+\beta_1 R_M+\varepsilon_{it}$$

$$Var(R_j)=\beta_i{}^2 Var(R_M)+Var(\varepsilon_i)$$

得到每种资产的方差和标准差：

$\sigma_A^2=0.7^2\times 0.0121+0.01=0.015929$ $\sigma_A=\sqrt{0.015929}=12.62\%$

$\sigma_B^2=1.2^2\times 0.0121+0.0144=0.031824$ $\sigma_B=\sqrt{0.031824}$

$\sigma_C^2=1.5^2\times 0.0121+0.0225=0.049725$ $\sigma_C=\sqrt{0.049725}=22.30\%$

(2) 利用市场组合为单个因素时的套利定价模型：$\overline{R_i}=R_F+(R_M-R_F)\beta_i$

$$\overline{R_A}=3.3+(10.6\%-3.3\%)\times 0.7=8.41\%$$

$$\overline{R_B}=3.3+(10.6\%-3.3\%)\times 1.2=12.06\%$$

$$\overline{R_C}=3.3+(10.6\%-3.3\%)\times 1.5=14.25\%$$

将以上预期资产收益结果与原题表格中的预期收益相比较可知，说明资产 A 和 B 的定价是正确的，但是资产 C 的定价过高(资产 C 的预期收益高于实际收益，意味着 C 资产定价过高)，所以理性投资者应放弃对资产 C 的持有。

(3) 若允许卖空，理性投资者将卖空资产 C(即借入资产 C，以当前的高价卖出，在未来的某时刻，从资本市场买入资产 C，偿还给原来的出借者)，直到不再有套利机会出现，资产 C 的价格下降使得收益率上升为 14. 25%的水平。

8. (1)设因子 1 的期望收益率为 x，因子 2 的期望收益率为 y，则根据套利定价模型。

对于基金 A 有：$16.52\% = 10\% + 0.5 \times (x - 10\%) + 0.8 \times (y - 10\%)$

对于基金 B 有：$21.96\% = 10\% + 1.5 \times (x - 10\%) + 1.4 \times (y - 10\%)$

联立可得：$x = 10.85\%$，$y = 17.6\%$ 。

(2)设投资者投资基金 A 的比重为 m，投资基金 B 的比重为 n，由于要求不受因子 2 的影响，所以 $0.8m + 1.4n = 0$。

由于要求因子 1 的变动 100%反映在投资组合上，所以 $0.5m + 1.5n = 1$。

联立可得：$m =- 2.8$，$n = 1.6$。

则投资无风险债券的比率为：$1 - m - n = 2.2$。

所以投资者应该做出如下决策：每卖空 2.8 份基金 A，则买进 1.6 份基金 B，同时投资风险债券 2.2 份。则投资者的期望收益率为：

$$r = 1.6 \times 21.96\% - 2.8 \times 16.52\% + 2.4 \times 10\% = 12.88\%$$

9. (1)对风险的解释度不同。在资本资产定价模型中，证券的风险只用某一证券和对于市场组合的 β 系数来解释。它只能告诉投资者风险的大小，但无法告诉投资者风险来自何处，它只允许存在一个系统风险因子，那就是投资者对市场投资组合的敏感度；而在套利定价模型中，投资的风险由多个因素来共同解释。

(2) 资本资产定价模型与套利定价模型的基本假设有诸多不同之处，概括地说，资本资产定价模型的假设条件较多，在满足众多假设条件的情况下，所得出的模型表达式简单明了；套利定价模型的假设条件相对要简单得多，而其得出的数学表达式就比较复杂，仅从其需要估计的参数较多就可以知道了。具体地说，资本资产定价模型中对投资期、投资者类型、投资者预期等方面的假设都是套利定价模型中不做任何规定的。资本资产定价模型和套利定价模型对投资者类型的假定不同。前种模型假定了投资者属于风险回避型；而后者并没有对投资者对待风险的偏好做出规定。由此可见，套利定价模型在投资者群体上的实用性大大增加了。

(3) 在资本资产定价模型和套利定价模型下，市场保持平衡的均衡原理不同。在前一种模型下，它已基本假定了投资者对每种证券的收益和风险的预期都相同，都为理性投资者。他们在选择投资或投资组合的过程中，所有人都会选择高收益、低风险的组合，而放弃低收益、高风险的投资项目，直到被所有投资者放弃的投资项目的预期收益达到或超过市场平均水平为止；而在套利定价模型中，并没有假定所有投资者对每项资产的风险和收益预期相同，它允许投资者为各种类型的人，所以他们选择各自投资项目的观点不尽相同，但是由于部分合理性的投资者会使用无风险套利的机会，卖出高价资产、证券，买入低价资产、证券，而促使市场恢复到均衡状态。

(4) 从实用性的角度来比较，尽管资本资产定价模型是目前证券市场分析的主要工具之一，但它在实际应用中的缺陷是非常明显的。这种缺陷的主要来源是推导这一理论所必需的假设条件。比如，该模型假设投资者对价格具有相同的估计，这显然是不现实的。因为正是由于投资者对价格的不同预期，才使得证券市场有供有求，价格上下波动，并且其对投资者的理性预期假设也是脱离实际的。至于其他假设，如：证券市场是完备的，有序竞争的等等，都给该理论在实际中的应用带来了偏差。总之，资本资产定价模型把收益的决定因素完全归结于外部原因，它基本上是在均衡分析和理性预期的假设下展开的，这从实用性的角度来看是不能令人信服的。

(5) 资本资产定价模型与套利定价模型的适用范围不同。通过对资本资产定价模型与套利定价模型的比较分析，尤其是对两种模型不同点的分析，可以得知，资本资产定价模型可适用于各种企业，特别适用于对资本成本数额的精确度要求较低，管理者自主测算风险值能力较弱的企业；而套利定价模型适用于对资本成本数额的精确度要求较高的企业，其理论自身的复杂性又决定了其仅适用于有能力对各自风险因素、风险值进行测量的较大型企业。

第7章 加权平均资本成本

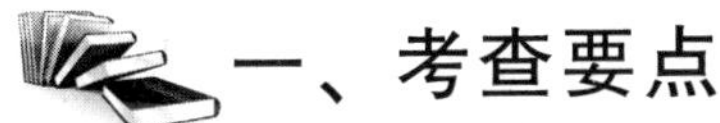

一、考查要点

(一) β系数的估计

1. β的计算公式

某公司的β是其个别证券收益率与市场收益率的协方差除以市场收益率的方差。

$$\beta_i=\frac{\operatorname{cov}(R_i,\ R_{\mathrm{m}})}{\operatorname{var}(R_{\mathrm{m}})}=\frac{\sigma_{i,\mathrm{m}}}{\sigma_{\mathrm{m}}^2}$$

2. 影响β的因素

公司的β系数不是与生俱来的，而是由其公司的特征决定的。有三个影响β的因素：收入的周期性、经营杠杆、财务杠杆。

(1) 收入的周期性

由于贝塔衡量的是公司股票相对于市场指数的风险，那么，公司业务对市场状况越敏感，贝塔值就会越大。周期性公司的经营收入和收益往往随经济的波动而剧烈波动。经济繁荣时，公司业绩很好；而经济衰退时，公司业绩就很差。因此，在其他条件一定的情况下，周期性公司会比非周期性公司具有更大的贝塔值。例如，房地产、汽车和零售业公司将比公用事业、烟草和食品类的公司有更大的贝塔值，因为房地产、汽车和零售业公司对市场状况很敏感，而公用事业、烟草和食品公司则不太敏感。

(2) 经营杠杆与经营风险

经营杠杆是(EBIT的变动/EBIT)×(销售收入/销售收入的变动)，它反映了销售收入变动百分比给定的条件下，EBIT的变动。

在产出或销售量为Q件时的营业杠杆系数，简写为DOL_{Q}。

$DOL_{\mathrm{Q}}=\frac{\Delta EBIT}{\Delta Q}$，其中$\Delta EBIT$为EBIT变动百分比，$\Delta Q$为销售量的变动百分比。

经过简单的代数运算后，可得：

$$DOL_{\mathrm{Q}}=\frac{Q(P-VC)}{Q(P-VC)-FC}=\frac{Q}{Q-Q_{\mathrm{BE}}}$$

其中，P为产品价格；VC为单位变动成本；FC为固定经营成本；Q_{BE}为盈亏临界点销售量，其计算公式为：

$$Q_{\mathrm{BE}}=\frac{FC}{P-VC}$$

DOL_{Q}的公式也可写为：

$$DOL_{\mathrm{Q}}=\frac{EBIT+FC}{EBIT}$$

经营风险(Business risk)：企业有形经营的内在的不确定性，它的影响表现在企业的营业利润(EBIT)的可变性上，包括销售和生产成本的变化性或不确定性(即收入的周期性)以及营业杠杆的大小，而销售或收入的周期性是经营风险的根本来源。

营业杠杆仅是企业总的经营风险的一个组成部分，营业杠杆放大了收入周期性对 EBIT 变化性的影响。若某公司的营业杠杆系数高，则收入发生周期性变动时，其 EBIT 的波动性更剧烈，因此，该公司的收益率与市场收益率的协方差就更大，即 β 系数越大。

(3) 财务杠杆

财务杠杆反映了公司对债务融资的依赖程度。或者说公司对固定融资成本的使用，固定融资成本包括负债的利息和优先股股利，一般情形下，很多公司不发行优先股，所以不考虑优先股股利。

财务杠杆系数(Degree of Financial leverage，DFL)：营业利润(EBIT)变动1%所引起的企业每股收益(EPS)变动百分比。假设销量为 Q、EBIT 为 X、利息为 I 时，其财务杠杆系数为：

$$DFL_X=\frac{\Delta EPS}{\Delta EBIT}=\frac{EBIT}{EBIT-I}=\frac{X}{X-I}$$

其中，I 为债务利息。

总杠杆(Degree of Total leverage，DTL)是产出(销售)变动 1%所导致的企业每股收益变动百分比。它等于在某个产出(销售)水平上，是企业的营业杠杆系数与财务杠杆系数的乘积。

在产出或销售量为 Q 件、EBIT 为 X 时，总杠杆系数为

$$DTL_Q=\frac{\Delta EPS}{\Delta Q}\text{，其中 }\Delta EPS\text{ 为 EPS 变动百分比。}$$

$$DTL_Q=DOL_Q\times DFL_X$$

$$DTL_Q=\frac{Q\times(P-VC)}{Q\times(P-VC)-FC-I}$$

$$DTL_Q=\frac{EBIT+FC}{EBIT-I}=\frac{X+FC}{X-I}$$

DTL_Q是销售量 Q 的函数，当销售量 Q 超过盈亏临界点销量时，DTL_Q是 Q 的减函数。

对于某个特定企业，税前财务成本(如债务利息)越多，与没有财务成本时相比，总杠杆系数也越大。

因此财务杠杆是对经营风险的放大，当公司的债务水平高时，其收益率的波动性越强，其与市场收益率的协方差就越大，因此，其 β 系数越大。

3. 根据财务杠杆调整 β 系数：

一家具有财务杠杆的公司的普通股 β 系数既反映了公司的经营风险，又反映了公司的财务风险，在试图计算某个公司或项目的权益资本成本时，我们需要采用一个经营风险与该公司或项目相似的代表公司，但代表公司的债务融资比例可能与该公司或项目有差异，这时，就必须对代表公司的 β 系数进行调整。

$$\beta_{资产}=\frac{S}{B+S}\beta_{权益}+\frac{B}{B+S}\beta_{负债}$$

其中，S 为权益价值，B 为债务价值。实际中，$\beta_{负债}$很低，可忽略，因此有

$$\beta_{资产}=\frac{S}{B+S}\beta_{权益}\text{，即 }\beta_{权益}=\beta_{资产}\left(1+\frac{B}{S}\right)$$

（二）加权平均资本成本

1. 资本成本计算的基本模式

（1）一般模式

为了便于分析比较，资本成本通常不考虑时间价值的一般通用模型计算，用相对数即资本成本率表达。计算时，将初期的筹资费用作为筹资额的一项扣除，扣除筹资费用后的筹资额称为筹资净额，通用的计算公式是：

资本成本率=年资金占用费/(筹集的资本额-筹集费用)

（2）折现模式

对于金额大、时间超过一年的长期资本，更准确一些的资本成本计算方式是采用折现模式，即将债务未来还本付息或股权未来股利分红的折现值与目前筹资净额相等时的折现率作为资本成本率。即：

由：筹资净额现值-未来资本清偿额现金流量现值=0

得：资本成本率=所采用的折现率

2. 债务成本

令债务发行的市价减去资金筹集费等于利息和本金支付的现值，解出贴现率（显示成本）K_b，然后再将所得的显示成本进行利息支付减税方面的调整，求出债务的税后成本 $\tilde{K}_b$。

$$P_0 \times (1-f) = \sum_{t=1}^{n} \frac{I_t + P_t}{(1+K_b)^t}$$

$$\tilde{K}_b = K_b(1-T)$$

其中，P_0 为债务的发行市价（不是票面金额），f 为筹集费用率，I_t 为第 t 期的利息支付，P_t 为第 t 期的本金支付，如果本金只在最后一期支付，则只有 P_n 发生；T 为所得税税率。

3. 普通股资本成本

普通股资本成本的估计一般采用 CAPM 模型和 DDM 模型。CAPM 模型侧重从历史角度来估算资本成本，认为普通股的资本成本是无风险收益率和风险补偿收益率的之和。用公式可以表述为：

$$K_s = R_f + \beta \times (R_m - R_f)$$

DDM 模型侧重从未来角度来估算资本成本，认为资本成本是当前股利收益率和未来股利增长率之和。用公式可以表示为：

$$K_e = \frac{D_1}{P_0 \times (1-f)} + g$$

其中，D_1 为预计的第一期股利，P_0 为股票当前的价格。

4. 加权平均资本成本

企业平均资本成本，是以各项个别资本在企业总资本中的比重为权数，对各项个别资本成本率进行加权平均而得到的总资本成本率，其公式为：

$$K_w = \sum_{j=1}^{n} K_j w_j$$

其中 K_j 是第 j 种融资方法的税后成本，w_j 是第 j 种资本占总资本的权重。平均资本成本的计算，存在着权数价值的选择问题，即各项个别资本按什么权数来确定资本比重。通常，可供选择的价值形式有账面价值、市场价值等。

二、2023 年命题预测

本章的核心是如何确定投资项目的资本成本，而其中权益资本成本的确定尤其关键。我们一般通过 CAPM 模型和股利折现模型进行估计。本章是公司财务部分的核心章节，是后续研究公司价值、资本结构的基础，因此也是命题的重点。

考点1 β系数的估计

（一）命题思路

β系数的估计是基础知识点，难度适中。从命题角度看，本考点的命题重点有：(1)分析和计算财务杠杆系数对β系数的影响；(2)计算不同财务杠杆情况下的权益β系数。

（二）习题精编

1. 企业目前销量为 10000 件，盈亏临界点的作业率为 40%，则企业的销量为 10000 件时的经营杠杆系数为(　　)

A. 1.67　　B. 1.53　　C. 1.48　　D. 1.62

2.（南京航空航天 2012）某企业生产一种产品，该产品的边际贡献率为 60%，企业平均每月发生固定性费用 20 万元，当企业年销售额达到 800 万元时，经营杠杆系数等于(　　)。

A. 1.04　　B. 1.07　　C. 2　　D. 4

3.（上海财大 2013）假设甲公司的固定成本占总成本比例高于乙公司的固定成本占总成本比例，且两家公司的周期性和资本结构相似，以下说法正确的是(　　)。

A. 甲公司的贴现率低于乙公司的贴现率　　B. 甲公司的贴现率高于乙公司的贴现率%

C. 甲公司的贴现率等于乙公司的贴现率　　D. 无法判断

4.（上海财大 2016 年）一个贝塔系数大于 1 的股票，其所属的产业往往是(　　)。

A. 防御性产业　　B. 非周期性产业　　C. 劳动密集型产业　　D. 资本密集型产业

5.（上海财大 2014 年）乙公司全部资本为 200 万元，负债比率为 40%，利率为 12%，每年支付优先股股利 1.44 万元，所得税 40%，每年息税前利润 32 万元，则该公司的财务杠杆是(　　)。

A. 1.43　　B. 1.53　　C. 2.67　　D. 1.60

6. 企业的财务风险是指(　　)。

A. 因还款而增加的风险　　B. 筹资决策带来的风险

C. 因生产经营变化带来的风险　　D. 外部环境变化风险

7. 财务杠杆说明(　　)。

A. 增加息税前利润对每股利润的影响　　B. 增加销售收入对每股利润的影响

C. 扩大销售对息税前利润的影响　　D. 企业的融资能力

8. 某企业销售收入为 500 万元，变动成本率为 65%，固定成本为 80 万元，其中利息 15 万元。则经营杠杆系数为(　　)。

A. 1.33　　B. 1.84　　C. 1.59　　D. 1.25

9. (中央财经 2011) X 公司的损益数据如下表所示：

销售额	12000000	利息费用	200000
变动成本	9000000	税前利润	800000
固定成本前收益	3000000	所得税	400000
固定成本	2000000	净利润	400000
息税前收益	1000000		

企业目前的营业杠杆和财务杠杆分别是多少？(　　)

A. 营业杠杆为 3.5，财务杠杆为 1.25　　B. 营业杠杆为 3.5，财务杠杆为 1.5

C. 营业杠杆为 3，财务杠杆为 1.25　　D. 营业杠杆为 3，财务杠杆为 1.5

10. (清华大学 2017) 某公司经营杠杆为 2，财务杠杆为 3，则以下说法正确的是(　　)。

A. 如果销售收入下降 5%，则 EBIT 将下降 10%

B. 如果 EBIT 增加 10%，EPS 将增加 20%

C. 如果销售收入增加 20%，EPS 将增加 130%

D. 如果 EPS 增加 20%，EBIT 需要增加 5%

11. 下列关于财务杠杆的说法中，错误的是(　　)。

A. 财务杠杆系数越大，财务风险越大

B. 如果没有利息和优先股利，则不存在财务杠杆效应

C. 财务杠杆的大小是由利息、优先股利和税前利润共同决定的

D. 如果财务杠杆系数为 1，表示不存在财务杠杆效应

12. (华东师大 2019) 某企业生产 A 产品，年固定成本为 100 万元，变动成本率为 50%。当企业的销售额为 400 万时：

(1) 计算经营杠杆系数。

(2) 下一年销量增长 20%，公司息税前利润增长多少？

13. 2012 年 7 月思科公司的股票总市值为 1024 亿美元，债务为 162 亿美元，现金和短期投资的价值为 486 亿美元。公司的股权贝塔为 1.23，债务贝塔近似为 0。

(1) 公司在当时的总价值为多少？

(2) 给定无风险利率为 2%，市场风险溢价为 5%，估计思科公司的资产的无杠杆权益资本成本。

14. 对上市公司 X 的估值过程中，需要合理估计 X 的权益贝塔。根据过去两年的数据得到的回归结果是权益贝塔值为 1.2。在此期间，X 公司一直保持 25% 的负债权益比率，并在化工和钢铁两个行业从事经营活动。但是由于钢铁行业的不景气，X 公司在上个月将其钢铁业务进行了剥离，并将出售钢铁业务所得用于偿还债务和回购股票。因此，你对能否使用基于历史数据得到的权益贝塔债产生了怀疑。

(1) 计算剥离钢铁业务前无杠杆公司的贝塔(β)。已知 X 公司的所得税税率为 25%。公司债务为无风险债务。

(2) 假设钢铁业务价值占公司价值的 30%，钢铁业务无杠杆贝塔值为 0.8。请计算化工业务对应的无杠杆贝塔值。

(3) 假设公司将出售钢铁业务所得三分之一偿还债务，三分之二回购股票。请计算 X 公司业务重组后的权益贝塔。

15. 乙公司是一家上市公司，该公司 2014 年末资产总计为 10000 万元，其中负债合计为 2000 万元。该公司适用的所得税税率为 25%。相关资料如下：

资料一：预计乙公司净利润持续增长，股利也随之相应增长。相关资料如下表所示：

2014 年末股票每股市价	8.75 元	2014 年市场组合的收益率	10%
2014 年股票的 β 系数	1.25	预计股利年增长率	6.5%
2014 年无风险收益率	4%	预计 2015 年每股现金股利(D1)	0.5 元

资料二：乙公司认为 2014 年的资本结构不合理，准备发行债券募集资金用于投资，并利用自有资金回购相应价值的股票，优化资本结构，降低资本成本。假设发行债券不考虑筹资费用，且债券的市场价值等于其面值，股票回购后该公司总资产账面价值不变，经测算，不同资本结构下的债务利率和运用资本资产定价模型确定的权益资本成本如下表所示：

方案	负债（万元）	债务利率	税后债务资本成本	按资本资产定价模型确定的权益资本成本	以账面价值为权重确定的平均资本成本
原资本结构	2000	(A)	4.5%	×	(C)
新资本结构	4000	7%	(B)	13%	(D)

注：表中“×”表示省略的数据。

要求：

(1) 根据资料一，利用资本资产定价模型计算乙公司股东要求的必要收益率；

(2) 根据资料一，利用股票估价模型，计算乙公司 2014 年末股票的内在价值；

(3) 根据上述计算结果，判断投资者 2014 年末是否应该以当时的市场价格买入乙公司股票，并说明理由；

(4) 确定资料二表中英文字母代表的数值(不需要列示计算过程)；

(5) 根据(4)的计算结果，判断这两种资本结构中哪种资本结构较优，并说明理由；

(6) 预计 2015 年乙公司的息税前利润为 1400 万元，假设 2015 年该公司选择债务为 4000 万元的资本结构，2016 年的经营杠杆系数(DOL)为 2，计算该公司 2016 年的财务杠杆系数(DFL)和总杠杆系数(DTL)。

考点 2 加权平均资本成本

(一) 命题思路

“加权平均资本成本”属于基础知识点，难度不大，但非常重要。从命题角度来看，主要命题思路是：(1)考查每种融资形式的资本成本；(2)计算加权平均资本成本。

(二) 习题精编

1. (华东师范 2013)某公司按照市场价格计算的目标资本结构为 60%的长期债务、40%的普通股，普通股的成本为 12%，公司所得税率为 25%，公司的加权平均资本成本是 8.4%，则该公司长期债务的税前成本是(　　)。

A. 6%　　B. 7%　　C. 8%　　D. 9.6%

2. (中央财经 2016)公司发行在外的期限 10 年，面值为 1000 元，息票利率为 8%的债券，目前出售价格为 1000 元，公司所得税率为 30%，则该债券的税后资本成本为(　　)。

A. 4.2%　　B. 5.1%　　C. 5.6%　　D. 6.4%

3. 某公司发行债券，票面利率为10%，偿还期限5年，发行费率3%，所得税税率为33%，则债券资金成本为(   )。

A. 10%　　B. 6.7%　　C. 6.91%　　D. 7%

4. 一般而言，企业资金成本最高的筹资方式是(   )。

A. 发行债券　　B. 长期借款　　C. 发行普通股　　D. 发行优先股

5. 某公司股票目前的股利为每股2元，股利按6%的比例固定递增，据此计算出的资金成本为15%，则该股票目前的市价为(   )元。

A. 23.56　　B. 24.66　　C. 28.78　　D. 32.68

6. 已知某企业目标资金结构中长期债务的比重为20%，债务资金的增加额在0~10000元范围内，其利率维持5%不变。该企业与此相关的筹资总额分界点为(   )元。

A. 5000　　B. 20000　　C. 50000　　D. 200000

7. 四方公司拟发行优先股50万股，发行总价150万元，预计年股利率8%，发行费用6万元，则通过测算可得四方公司该优先股的资本成本率为(   )。

A. 8.33%　　B. 10.26%　　C. 9.25%　　D. 10%

8. (对外经贸2016)一家公司估计其平均风险的项目的WACC为10%，低于平均风险的项目的WACC为8%，高于平均风险的项目的WACC为12%。假设以下项目相互独立，请判断该公司应该接受哪个项目？(   )

A. 项目X风险低于平均值，内部收益率(IRR)为9%

B. 项目Y具有平均水平的风险，内部收益率(IRR)为9%

C. 项目Z风险高于平均水平，内部收益率(IRR)为11%

D. 以上项目均不能被接受

9. (重庆大学2016)某企业共有资金100万元，其中债券(W_b)30元，优先股(W_p)10万元，普通股(W_s)40万元，留存收益(W_e)20万元。假设各种资金的成本分别为：5%、12%、10%和15%。根据上述材料，请按要求计算：

(1) 在不考虑企业税收的情况下，试计算该企业的加权平均资本成本(WACC)；

(2) 若企业的所得税率为20%，试计算该企业的加权平均资不成本(WACC)。

10. (浙江财经2013)万山集团正在考虑一个初始投资为1500万元的项目，未来3年项目每年年末产生650万元税后现金流。公司负债/权益比为1。权益资本成本为15%，债务资本成本为7.69%。公司所得税为35%。项目的风险和公司整体风险相同。那么，万山集团应否接受该项目？

11. A公司正在确定公司的债务资本成本，公司有在外发行的12年到期的长期债券，该债券面值1000元，发行价格1050元。该债券每半年付息一次，其息票利率为每年8%。A公司的税前债务资本成本为多少？如果公司所得税税率为35%，则公司的税后债务资本成本为多少？

12. 一家全权益公司正考虑以下项目：

项目	贝塔值	预期收益率/%	项目	贝塔值	预期收益率/%
W	0.75	10.0	Y	1.20	12.0
X	0.90	10.2	Z	1.50	15.0

国库券的利率为 5%，市场的预期收益率为 11%。

(1) 请问哪个项目的预期收益率高于公司 11%的资本成本？

(2) 请问应该接受哪个项目？

(3) 请问如果以公司整体的资本成本 11%作为最低收益率，哪个项目将会被错误的接受或是拒绝？

13. 某公司拥有 3 亿元无风险债券，其普通股市值为 9 亿元。公司的权益贝塔值为 1.2，无风险利率为 5%，市场收益率为 14%。假定公司的债务资本成本为 6%，公司所得税率为 25%。目前公司有一项拓展业务规模的投资项目，项目耗资 300 万元，并将在未来每年都产生 40 万元的税后现金流。公司未来将保持其负债比率的稳定。那么：

(1) 不考虑税收，该公司的资本贝塔值为多少？

(2) 公司的加权平均资本成本是多少？

(3) 该项目的净现值是多少？

14. 某公司在金融市场上用三种融资工具进行融资：

(1)该公司发行的 3 年期债券总市值 9000 万元，息票率为 7%，每半年支付一次，平价发行；(2)该公司目前有 1000 万流通股股票，每股市价 10 元，预计年股息增长率为 8%，刚支付股息 0.5 元/股(一年支付一次)；(3)该公司优先股总市值 1000 万元，即将支付利息总额达 100 万元。已知该公司所得税税率为 25%。问：

(1) 分别计算该公司三种融资方式的资本成本。

(2) 该公司投资项目的必要报酬率为多少？

(3) 某项目的 β 值为 1.6，市场无风险利率为 3.5%，市场组合的预期收益率为 7%，该公司是否应该进行这项投资？

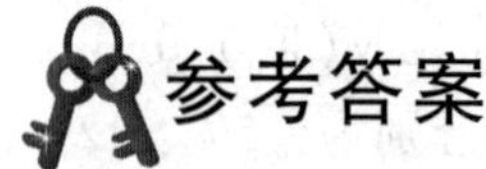

参考答案

考点1 β 系数的估计

1. A 盈亏临界点的销量 = 10000×40% = 4000(件)

经营杠杆系数 = 10000/(10000−4000) = 1.67

2. A 经营杠杆系数 = $(EBIT+F)/EBIT=(P-VC)Q/[(P-VC)Q-F]$，根据题目有 $F=20$，$PQ=800$，$(P-VC)=0.6P$，算得经营杠杆系数 = 480/(480−20) = 1.04

3. B 固定成本比例高则经营杠杆高，故而公司的贝塔值高，根据 CAPM 可知对应公司的资本收益率高，故而贴现率高。选 B

4. D 资本密集型企业的风险往往大于市场组合，因此其贝塔系数也大于市场组合的贝塔系数。

5. D $DFL=\dfrac{EBIT}{EBIT-I-\dfrac{D}{1-T}}=\dfrac{32}{32-200\times40\%\times12\%-\dfrac{1.44}{1-40\%}}=1.60$

6. B 财务风险是指因借款而增加的风险，是筹资决策带来的风险，也程筹资风险。

7. A 选项 B 所述指的是复合杠杆，选项 C 所述是指经营杠杆，选项 D 与本题毫无关系。

8. C 经营杠杆系数 = 500×(1−65%)/[500×35%−(80−15)] = 1.59。本题的关键在于，

计算经营杠杆系数的分母是息税前利润，必须扣除利息。

9. C　根据营业杠杆的计算公式：营业杠杆系数=(息税前利润 EBIT+固定成本)/息税前利润 EBIT，企业目前的营业杠杆系数=(1000000+2000000)/1000000=3；根据财务杠杆的计算公式为：DFL=EBIT/(EBIT-I)，企业目前的财务杠杆=1000000/(1000000-200000)=1.25。

【科兴提示】这个题目关键在于区分息税前利润和税前利润的区别。息税前利润=利润总额+利息支出。

10. A　经营杠杆系数为：$DOL=\frac{\Delta EBIT}{EBIT}/\frac{\Delta Q}{Q}$，根据题意可知，A 选项正确。财务杠杆系数为：$DFL=\frac{\Delta EPS}{EPS}/\frac{\Delta EBIT}{EBIT}$，B 选项中，如果 EBIT 增加 10%，EPS 将增加 30%。D 选项中，EPS 增加 20%，EBIT 需要增加 6.7%。总杠杆系数为：$DTL=DOL\times DFL=\frac{\Delta EPS}{EPS}/\frac{\Delta Q}{Q}$，C 选项中，如果销售收入增加 20%，则 EPS 将增加 120%。

11. C　所得税率也会影响财务杠杆系数，故答案 C 不正确；财务杠杆系数反映财务风险，系数越大，财务风险越大，故 A 正确；如果不存在利息和优先股利，或者财务杠杆系数为 1，则不会导致息税前利润变动对每股收益的放大效应，即不存在财务杠杆效应，故 B 和 D 正确。

12.(1) 根据经营杠杆系数公式可知：

$$DOL=\frac{\Delta EBIT/EBIT}{\Delta Q/Q}=\frac{S-VC}{S-VC-FC}=\frac{400-400\times 50\%}{400-400\times 50\%-100}=2$$

(2) 下一年销量增长 20%，公司息税前利润增长为：

$$\Delta EBIT/EBIT=\Delta Q/Q\times DOL=2\times 20\%=40\%$$

13.(1)可以将企业的现金视为负债务，则企业的净债务为 162-486=-324 亿美元。企业价值(EV)=1024-324=700 亿美元。

(2) 给定净债务的贝塔为 0，则公司的无杠杆贝塔为：

$$\beta_U=\frac{S}{B+S}\beta_S+\frac{B}{B+S}\beta_B=\frac{1024}{700}\times 1.23+\frac{-324}{700}\times 0=1.80$$

则思科公司的无杠杆权益资本成本为=2%+1.8×5%=11%。

14.(1)含税情况下权益乘数与财务杠杆的关系为：

$$\beta_S=\beta_U\left[1+(1-T_C)\frac{B}{S}\right]\Rightarrow 1.2=\beta_U[1+(1-25\%)\times 25\%]\Rightarrow \beta_U=1.0105$$

(2) 根据贝塔的可加性可得：

$$\beta_U=0.3\beta_{U钢铁}+(1-0.3)\beta_{U化工}\Rightarrow 1.0105=0.3\times 0.8+0.7\beta_{U化工}\Rightarrow \beta_{U化工}=1.1007$$

(3) 公司出售钢铁业务前的负债权益比率为 25%，钢铁业务价值占公司价值的 30%，化工业务价值占公司价值的 70%。现在公司对钢铁业务进行了剥离，将出售钢铁业务所得的三分之一用于偿还债务，三分之二用于回购股票，则公司现在只拥有化工业务，并且负债权益比率变为$\frac{2-1}{8-2}=\frac{1}{6}$。

15.(1) 必要收益率=4%+1.25×(10%-4%)=11.5%

(2)股票内在价值=0.5/(11.5%-6.5%)=10(元)

(3)由于股票内在价值10元高于股票市价8.75元，所以投资者2014年末应该以当时的市场价格买入乙公司股票。

(4) A=4.5%/(1-25%)=6%

B=7%×(1-25%)=5.25%

C=4.5%×(2000/10000)+11.5%×(8000/10000)=10.1%

D=5.25%×(4000/10000)+13%×(6000/10000)=9.9%

(5)新资本结构更优，因为新资本结构下的平均资本成本更低。

(6) 2015年的利息=4000×7%=280(万元)

2016年财务杠杆系数(DFL)=2015年息税前利润/(2015年息税前利润-2015年利息)=1400/(1400-280)=1.25

2016年总杠杆系数(DTL)=经营杠杆系数×财务杠杆系数=2×1.25=2.5。

考点2　加权平均资本成本

1. C　$r_{WACC}=B/(B+S)\times R_b\times(1-t)+S/(B+S)\times R_s$，即$8.4\%=60\%\times R_b\times(1-25\%)+40\%\times 12\%$，得出$R_b=8\%$。

2. C　平价债券，所以税前资本成本=息票率=8%，故税后资本成本=8%×(1-30%)=5.6%。

3. C　债券资金成本=[10%×(1-33%)]/(1-3%)=6.91%。债券资金成本与债券的发行期限无关。

4. C　由于普通股股利由税后利润负担，不能抵税，且其股利不固定，求偿权居后，普通股股东投资风险大，所以其资金成本较高。一般来说个别资金成本由低到高的排序为长期借款、债券、优先股、留存收益、普通股。

5. A　由于普通股资金成本=$D_1/V_0(1-f)+g$，在筹资费用率为0的情况下，股价(V_0)=D_1/(普通股资金成本-g)=2×(1+6%)/(15%-6%)=23.56(元)。

6. C　筹资总额分界点=10000/20%=50000(元)。

7. A　可按下列公式测算：

$$K_P=\frac{D_P}{P_P}=\frac{\dfrac{8\%\times 150}{50}}{\dfrac{150-6}{50}}=\frac{0.24}{2.88}=8.33\%$$

8. A　把WACC看成折现率就可以了。对于投资型项目，内部收益率大于折现率是可行的。项目X风险低于平均值(对应的折现率为8%)，内部收益率9%大于8%，所以A是正确答案。

9. (1)无税$r_{WACC}=\frac{30}{100}\times 5\%+\frac{10}{100}\times 12\%+\frac{40}{100}\times 10\%+\frac{20}{100}\times 15\%=9.7\%$

(2)有税$r_{WACC}=\frac{30}{100}\times 5\%\times(1-25\%)+\frac{10}{100}\times 12\%+\frac{40}{100}\times 10\%+\frac{20}{100}\times 15\%=9.325\%$

10. 公司的$r_{WACC}=0.5\times 15\%+0.5\times 7.69\%\times(1-35\%)=10\%$

该项目的$NPV=-1500+650\times P(A,10\%,3)=116.45$(万元)

由于$NPV>0$，所以应该接受该项目。

11. 每半年利息 40 元，债务的税前半年资本成本等于债券的半年到期收益率：

$$P=40\times PVIFA_{R,24}+1000\times PVIFA_{R,24}=1050$$

半年税前资本成本 $R=3.683\%$

所以税前债务资本成本 $=2\times3.683\%=7.37\%$，

税后债务资本成本 $=0.0737\times(1-0.35)=4.79\%$

12. (1) Y 项目和 Z 项目。

(2) $r_W=5\%+0.75\times(11\%-5\%)=9.50\%<10\%$，因此接受 W 项目；

$r_X=5\%+0.90\times(11\%-5\%)=10.40\%<10.2\%$，因此拒绝 X 项目；

$r_Y=5\%+1.20\times(11\%-5\%)=12.20\%<12\%$，因此拒绝 Y 项目；

$r_Z=5\%+1.50\times(11\%-5\%)=14\%<15\%$，因此接受 Z 项目。

(3) W 项目会被错误地拒绝，Y 项目会被错误地接受。

13. (1) 因为债务是无风险的，因此债务贝塔为 0，公司的资产贝塔为：

$$\beta_A=\frac{S}{B+S}\times\beta_S=\frac{9}{3+9}\times1.2=0.9$$

(2) 根据 CAPM 可得：

$$r_S=r_f+\beta(r_M-r_f)=5\%+1.2\times(14\%-5\%)=15.8\%$$

则公司的加权平均资本成本为：

$$r_{WACC}=\frac{S}{B+S}\times r_S+\frac{B}{B+S}\times r_B\times(1-T_C)=\frac{9}{3+9}\times15.8\%+\frac{3}{3+9}\times6\%\times75\%=12.975\%$$

(3) 该项目的净现值为：

$$NPV=CF_0+\frac{CF_1}{r_{WACC}}=-300+\frac{400}{12.975\%}=8.29\text{ 万元}$$

14. (1) 平价发行，债券的融资成本 r_B 等于息票率，即 7%。

根据股利折现模型可得普通股资本成本 $r_S=\frac{D_1}{P_0}+g=\frac{0.5(1+8\%)}{10}+8\%=13.4\%$

优先股资本成本 $r_P=\frac{100}{1000}=10\%$

(2) 由题意可知，公司债务融资比例为 9000/(9000+10000+1000)=9/20，普通股和优先股的融资比例为 10/20，优先股的融资比例为 1/20，则该公司的加权平均资本成本为：

$$r_{WACC}=\frac{9}{20}\times7\%\times(1-25\%)+\frac{10}{20}\times13.4\%+\frac{1}{20}\times10\%\approx9.56\%$$

此即为该公司投资项目的必要报酬率。

(3) 根据 CAPM 模型可知此项目预期收益率为：$3.5\%+1.6\times(7\%-3.5\%)=9.1\%$，小于公司的资本成本 9.56%，所以不能投资。

第8章　有效市场假说

一、考查要点

（一）有效资本市场的概念

1. 有效资本市场，是指资产现有的市场价格能够充分反映所有有关、可用信息的资本市场。这意味着证券的现有市场价格反映它的基本价值或内在价值，因此不存在利用有关、可用的信息谋取或赚取超常或剩余利润的任何方法。

2.“随机漫步”：有效市场假说成立的佐证

所谓“随机漫步”，是指将来的步骤和方向无法根据过去的行为进行预测，应用到股市就是指股票价格的短期波动无法预测。因而，投资咨询服务、公司盈利预测、复杂的图标分析全无用处。基于EMH成立并有效，指数化投资策略是一种适用性策略选择。指数型基金存在的理由就是市场的有效性理论。这种理论认为，有效市场最有效率的投资组合是“市场组合”，任何积极型股票投资策略都不可能长期取得高于其风险承担水平的超额收益。

3. 技术分析是指以市场行为为研究对象，以判断市场趋势并跟随趋势的周期性变化来进行股票及一切金融衍生物交易决策的方法的总和。所有的技术分析都是建立在三大假设之上的：①市场行为包容消化一切；②价格以趋势方式演变；③历史会重演。

（二）有效资本市场的类型

1. 弱型有效市场

如果某一资本市场的证券价格充分反映其历史价格的信息，那么该资本市场就达到弱型有效。下面的股票价格公式可以表示弱型有效市场：

$$P_t = P_{t-1} + \text{期望收益} + \text{随机误差}_t$$

上述公式表明：某种证券今天的价格等于“最近的观测价格”加上“证券的期望收益值”，再加上这段时间发生的“随机收益值”。

2. 半强型有效市场

如果某一资本市场上的证券价格充分地反映了所有公开可用的信息，包括如公司公布的财务报表和历史上的价格信息，那么该资本市场就达到了“半强型有效”。

3. 强型有效市场

如果某一资本市场上的证券价格充分地反映了所有的信息，包括公开的和内幕的信息，那么该资本市场就达到了“强型有效”。

4. 三种类型的有效市场之间的关系

历史价格的信息集是公开可用信息集的一个子集，反过来，公开可用信息集又是所有相关信息集的一个子集。正因如此，强型效率包含着半强型效率，半强型效率包含着弱型效率。由此可见，半强型效率与弱型效率之间的差别在于半强型效率说明资本市场上的证券价格不仅充分地反映了历史的信息，而且充分地反映了所有公开发布的可用信息。

强型有效市场的状态包含了弱型有效市场和半强型有效市场的状态。强型效率假设理论强调指出，任何与股票价值有关的信息，即使是只有一个投资者知道的信息，实际上都已经充分地反映在股票价格之中。

（三）有效资本市场与公司财务

1. 会计与有效市场

会计方法的改变不应该影响股票的价格。第一，年度财务报告应该提供足够的信息，从而使得财务分析师能够采用不同的会计方法测算盈利。第二，市场必须是半强型有效。换言之，市场必须恰当地使用所有的会计信息来确定股票的市场价格。

2. 选择时机的决策

如果市场有效，证券的定价总是准确的。由于有效市场意味着股票总是按照它的实际价值出售，因此选择时机的决策无关紧要。

3. 价格压力效应

假设公司要出售大宗股票，公司能否要出售多少就出售多少而不造成价格下跌呢？

如果市场有效，公司可以出售多少就出手多少而不会造成价格下跌。

（四）行为金融理论对有效市场假说的挑战

行为金融理论对传统有效性理论的挑战，正是基于对有效市场假说理论基础的挑战，主要表现在：(1)投资者并非理性；(2)投资者的非理性行为并不一定相互抵消；(3)套利充满风险且作用有限。

二、2023年命题预测

本章主要的知识点是有效资本市场假说的含义、类型，以及其与公司财务的关系。就命题形式看来，主要考查基本的概念或理论。

考点1　有效资本市场的概念

（一）命题思路

有效资本市场的概念和投资策略是本章命题的重点，考生适度掌握即可。

（二）习题精编

1. 在有效市场互不重叠的两个时期，股票收益的相关系数应是(　　)。

A. 正的而且很大　　B. 正的而且很小　　C. 0　　D. 负的而且很大

2. (湖南大学2013)有效市场的支持者极力主张(　　)。

A. 主动性的交易策略　　B. 投资于封闭式基金

C. 投资于指数基金　　D. 技术分析法比基本分析法更有效

3. (湖南大学2011)当(　　)情形发生时，会出现“随机漫步”。

A. 股票价格对新的与旧的信息均反应迟缓　　B. 股票价格随机变动但可以预测

C. 以往信息对于预测未来的价格是有用的　　D. 未来价格变化与以往价格变化无关

4. (浙江大学2012)什么是证券投资的技术分析？它的理论基础和市场条件是什么？

5. (北大经院2017)谈谈“积极投资”“消极投资”及与“有效市场假说”的关系。

考点2　有效资本市场的类型

（一）命题思路

三种有效市场假说的概念及其投资策略是知识点的重点考查内容。

（二）习题精编

1.（重庆大学 2016）在有效市场假说中，认为只要达到这个层次技术分析就是无用的市场是（　　）。

A. 强有效市场　　B. 半强有效市场
C. 弱有效市场　　D. 无效市场

2.（浙江财经 2016）在有效市场假说中，认为基本面分析是徒劳的、无用的市场是（　　）。

A. 强有效市场　　B. 半强有效市场
C. 弱有效市场　　D. 无效市场

3.（华东师大 2018）在进行股票投资时，一位投资者只基于公司披露的年报信息进行分析与选择股票就可以获得超额利润，这与哪种有效市场假说相符？（　　）

A. 弱有效市场　　B. 半强有效市场
C. 强有效市场　　D. 以上都不对

4. 简述有效资本市场的三种形式和证券投资分析有效性之间的关系。

考点3　有效资本市场与公司财务

（一）命题思路

财务管理的主要理论都以市场有效为假设前提。投资组合理论、资本资产定价模型、期权理论、资本结构理论等，在论证和建立模型时都以假设市场是有效的。如果市场是无效的，一切财务管理理论都会失去存在基础。因此，从理论上来说，本知识点是非常重要的，但实际在各大高校 431 命题中，却经常被忽略。

（二）习题精编

1. 从天气预报中得知，一场难以预料的毁灭性降温今晚降临佛罗里达，而此时正值柑橘收获季节。那么，在有效市场中柑橘的股票价格会（　　）。

A. 立刻下跌　　B. 保持稳定
C. 立刻上升　　D. 在接下来的几周内慢慢下跌

2.（上海财大 2016）某 A 公司的股票的贝塔值为 1.2，昨天公布的市场年回报率为 13%，现行的无风险利率是 5%，某投资者观察到昨天该股票的年回报率为 17%，假设市场是强有效的，那么（　　）。

A. 昨天公布的是有关 A 公司的好消息　　B. 昨天公布的是有关 A 公司的坏消息
C. 昨天没有公布有关 A 公司的任何消息　　D. 无从判断消息的好坏

3.（中国人大 2011）在下列描述中，对有效资本市场含义描述不正确的是（　　）。

A. 公司股票的价值不会因为选择不同的会计方法而受到影响
B. 公司价值与所选择的资本结构无关
C. 财务经理无法选择债券和股票的发行时机
D. 增加股票发行不会压制公司现有股票价值

4. TT 公司改变了它的存货记账方式，税收未受影响，但是本季度披露的利润比在旧的会计系统下的利润增加了20%。在这份盈利报告中，没有其他意外，并且会计处理公开披露过。如果市场是有效的，当市场获悉报告利润变高时，股价是否会上升？

5. Roybus公司是一家闪存制造商，公司刚报道说，公司在台湾的主要生产设施毁于一场大火。尽管公司参加了全额保险，但由于生产损失，公司今年年底的自由现金流将减少18000万美元，下一年末将减少6000万美元。

(1) 如果公司有3500万股流通股，加权平均资本成本是13%，在上述消息宣布后，你预期公司的股价将怎样变化？(假设公司的债务价值不受这个事件的影响。)

(2) 一听到这个消息，你预期能够通过立即购买该股票而获利吗？请解释。

6. 有效市场假说意味着所有的共同基金应该获得同样的风险调整收益，因此我们可以随机挑选共同基金。这种说法对吗？请解释。

7. (浙江财经2012)简述有效资本市场对于公司理财的启示。

考点4　行为金融理论对有效市场假说的挑战

(一) 命题思路

教育部考试中心的431大纲里面并没有行为金融学这个考点，但有不少名校经常考查相关的内容，我们就把它单独列出来了。

(二) 习题精编

1. (复旦大学2017)若甲公司股值从10元上升到25元，乙公司结构、竞争能力等与甲公司相同。现在估计乙公司明年股票价值上升150%以上，请问这是什么经济学行为？(　　)

A. 心理账户　　B. 历史相关性

C. 启发性思维　　D. 锚定效应

2. (浙江财经2016)在不确定环境下的决策中，理性经济人依照(　　)原则作出选择。

A. 预期效用、资产分散和风险中立　　B. 即期效用、资产分散和厌恶风险

C. 预期效用、资产整合和厌恶风险　　D. 即期效用、资产整合和厌恶风险

3. (上海财大2018)请简述动量效应，并说明是否违背了有效市场？请解释。

4. (复旦大学2014)什么是行为金融理论？为何行为金融学对传统效率市场理论造成严峻挑战？

5. (复旦大学2022)简述前景理论(Prospect Theory)的基本内容及其与传统期望效用理论的区别。

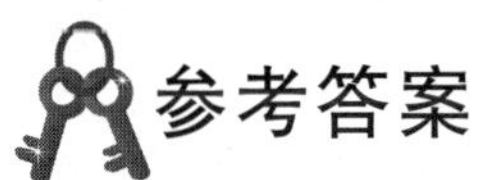

参考答案

考点1　有效资本市场的概念

1. C　在一个有效的市场中，非交互期的收益率之间，不存在持续性的相关关系。

2. C　有效市场的支持者认为投资者无法战胜市场，所以应投向指数基金。

3. D　随机游走假说是金融学上的一个假说，认为股票市场的价格，会形成随机漫步模式，因此它是无法被预测的。综合看几个选项，仅有D选项有股价无法预测的含义。

4. (1)技术分析是指以市场行为为研究对象，以判断市场趋势并跟随趋势的周期性变化来进行股票及一切金融衍生物交易决策的方法的总和。

（2）技术分析的理论基础为：①市场行为包容消化一切影响价格的任何因素：基本面、政治因素、技术分析、心理因素等等因素都要最终通过买卖反映在价格中，也就是价格变化反映供求关系，供求关系决定价格变化。②价格以趋势方式演变对于已经形成的趋势来讲，通常是沿现存趋势继续演变。例如：牛顿惯性定律（物体在不受外力作用时保持其静止或匀速直线运动状态）。③历史会重演。技术分析和市场行为学与人类心理学有一定关系，价格形态通过特定的图表表示了人们对某市场看好或看淡的心理。

（3）技术分析的市场条件可以认为是有效市场假说中所描述的弱有效市场不成立。因为，无论如何技术分析都是通过对证券以往的价格走势来预测证券未来的价格走势，因此弱这样的预测可以成功，说明以往的价格走势对于股票价格的趋势有预测作用，弱有效市场不成立。

5.（1）积极投资策略指证券组合管理人员根据证券市场不是完全有效市场的假设，采用积极投资策略管理债券组合的方法。这种方法是积极交易证券组合试图得到附加收益的一种策略。这就需要预测未来的利率走向，然后选择证券和决定市场的时机，或者识别错定价格的证券。消极投资策略是证券组合管理者不积极寻求交易的可能性而企图战胜市场的一种策略。它的基本假设是证券市场是半强式有效市场，证券的现时价格准确地反映了所有公开能获得的信息。

（2）如果投资者认为市场是有效的，那么意味着任何一种证券的价格都不可能，持续地被低估和高估从而都能带来正常的头一次收益率所以他们倾向于中长线投资。这就是被动的投资策略又称指数化投资策略。反之，如果投资者认为市场是无效的那么他们相信通过正确分析可以挖掘出价格被低估和高估的证券从而获得超常的投资收益率这就是主动的投资策略。与被动的投资策略相比，采取主动策略的投资者大多倾向于短线投资。

考点2　有效资本市场的类型

1. C　如果市场未达到弱式下的有效，则当前的价格未完全反映历史价格信息，那么未来的价格变化将进一步对过去的价格信息作出反应。在这种情况下，人们可以利用技术分析和图表从过去的价格信息中分析出未来价格的某种变化倾向，从而在交易中获利。如果市场是弱式有效的，则过去的历史价格信息已完全反映在当前的价格中，未来的价格变化将与当前及历史价格无关，这时使用技术分析和图表分析当前及历史价格对未来作出预测将是徒劳的。如果不运用进一步的价格序列以外的信息，明天价格最好的预测值将是今天的价格。因此在弱式有效市场中，技术分析将失效。

2. B　（1）如果弱式有效市场假说成立，则股票价格的技术分析失去作用，基本分析还可能帮助投资者获得超额利润；（2）如果半强式有效假说成立，则在市场中利用技术分析和基本分析都失去作用，内幕消息可能获得超额利润。（3）在强式有效市场中，没有任何方法能帮助投资者获得超额利润，即使基金和有内幕消息者也一样。

3. A　如果弱式有效市场假说成立，则股票价格的技术分析失去作用，基本分析还可能帮助投资者获得超额利润。

4.（1）有效市场和技术分析

如果市场未达到弱式下的有效，则当前的价格未完全反映历史价格信息，那么未来的价格变化将进一步对过去的价格信息作出反应。在这种情况下，人们可以利用技术分析和图表从过去的价格信息中分析出未来价格的某种变化倾向，从而在交易中获利。如果市场是弱式有效的，则过去的历史价格信息已完全反映在当前的价格中，未来的价格变化将与当前及历史价格无关，这时使用技术分析和图表分析当前及历史价格对未来作出预测将是徒劳的。如果不运用进一步的价格序列以外的信息，明天价格最好的预测值将是今天的价格。因此在弱式有效市场中，技术分析将失效。

(2) 有效市场和基本分析

如果市场未达到半强式有效，公开信息未被当前价格完全反映，分析公开资料寻找误定价格将能增加收益。但如果市场半强式有效，那么仅仅以公开资料为基础的分析将不能提供任何帮助，因为针对当前已公开的资料信息，目前的价格是合适的，未来的价格变化与当前已知的公开信息毫无关系，其变化纯粹依赖于明天新的公开信息。对于那些只依赖于已公开信息的人来说，明天才公开的信息，他今天是一无所知的，所以不用未公开的资料，对于明天的价格，他的最好的预测值也就是今天的价格。所以在这样的一个市场中，已公布的基本面信息无助于分析家挑选价格被高估或低估的证券，基于公开资料的基础分析毫无用处。

(3) 有效市场和证券组合管理

如果市场是强式有效的，人们获取内部资料并按照它行动，这时任何新信息(包括公开的和内部的)将迅速在市场中得到反映。所以在这种市场中，任何企图寻找内部资料信息来打击市场的做法都是不明智的。这种强式有效市场假设下，任何专业投资者的边际市场价值为零，因为没有任何资料来源和加工方式能够稳定地增加收益。对于证券组合理论来说，其组合构建的条件之一即是假设证券市场是充分有效的，所有市场参与者都能同等地得到充分的投资信息，如各种证券收益和风险的变动及其影响因素，同时不考虑交易费用。但对于证券组合的管理来说，如果市场是强式有效的，组合管理者会选择消极保守型的态度，只求获得市场平均的收益率水平，因为区别将来某段时期的有利和无利的投资不可能以现阶段已知的这些投资的任何特征为依据，进而进行组合调整。因此在这样一个市场中，管理者一般模拟某一种主要的市场指数进行投资。而在市场仅达到弱式有效状态时，组织管理者则是积极进取的，会在选择资产和买卖时机上下功夫，努力寻找价格偏离价值的资产。

考点 3　有效资本市场与公司财务

1. A　在一个有效的市场中，当不利的消息被公布于众后，股价会立即下跌。如果随后又有了关于佛罗里达种橘业的新消息，股价会随之再次调整。这种逐渐发生的变化是对有效市场的破坏。

2. A　异常回报率 = 17% − [5% + 1.2 × (13% − 5%)] = +2.4%。正向的异常回报率表明产生了与公司相关的好消息。

3. B　有效市场假说：价格反映了根本价值；财务经理不能很好地选择股票和债券的销售时机；管理者不能从外币投机中获利；管理者不能通过改变会计方法提升股票价格。

4. 根据半强有效市场假说，股价应该保持稳定。会计核算方法变更是公开信息，投资者是理性的，知道公司现在和未来的现金流都没有变化，因此公司的价值并没有增加，相应的股价也不应该变动。所以存货核算方法变更导致收益增加这一消息发布后，股价并不会变化。

5. (1) 由于自由现金流的减少，使得 Roybus 公司的企业价值减少：

$$PV=\frac{-18000}{1.13}+\frac{-6000}{1.13^2}=-20600\text{ 万美元}$$

由于公司的债务价值不受这个事件的影响，则股价会下跌 20600/3500 = 5.89 美元/股。

（2）如果这是一个有效市场的公开信息，股价将立即下跌以反映新闻，没有交易获利的可能性。

6. 因为每一个投资者都有不同的风险偏好。尽管多种证券的投资组合进行风险调整后的预期收益相等，但投资者还需要选择他们能接受的风险水平下的基金进行投资。

7. 有效资本市场对公司理财有四个意义：

（1）管理者不能通过改变会计方法来愚弄市场；

（2）公司不能成功选择发行股票和债券的时机；

（3）管理者不能通过投资外币和其他投资工具来获利；

（4）管理者通过关注市场价格可以获得很多好处。

考点 4　行为金融理论对有效市场假说的挑战

1. D　证券市场股票的价值是不明确的，人们很难知道它们的真实价值。在没有更多的信息时，过去的价格(或其他可比价格)就可能是现在价格的重要决定因素，通过锚定过去的价格来确定当前的价格。本题中的情况即通过其他可比价格甲公司的股价确定乙公司的股价，属于锚定效应。

2. C　在不确定环境下的决策中，理性经济人依照预期效用、资产整合和厌恶风险原则作出选择。

（1）预期效用：总预期效用是它的各个可能性结果的预期效用的综合，而各个结果的预期效用被加权处理，其权重为各个结果发生的概率。

（2）资产整合：作出决策后的预期效用要大于原赋资产给他带来的收益。

（3）厌恶风险：当在确定性的期望和不确定的但预期效用是一样的期望之间进行选择时，人们偏好前者。

3. 动量效应一般又称“惯性效应”，是指股票的收益率有延续原来的运动方向的趋势，即过去一段时间收益率较高的股票在未来获得的收益率仍会高于过去收益率较低的股票。基于股票动量效应，投资者可以通过买入过去收益率高的股票、卖出过去收益率低的股票获利，这种利用股价动量效应构造的投资策略称为动量投资策略。

如果市场是有效的，人们获取内部资料并按照它行动，这时任何新信息(包括公开的和内部的)将迅速在市场中得到反映。所以在这种市场中，任何企图寻找内部资料信息来打击市场的做法都是不明智的。这种有效市场假设下，任何专业投资者的边际市场价值为零，因为没有任何资料来源和加工方式能够稳定地增加收益。

显然，动量效应违背了有效市场。

4. (1)行为金融理论力图揭示金融市场的非理性行为和决策规律。行为金融理论认为，证券的市场价格并不只由证券内在价值所决定，还在很大程度上受到投资者主体行为的影响，即投资者心理与行为对证券市场的价格决定及其变动具有重大影响。它是和有效市场假说相对应的一种学说。

（2）在法玛教授提出有效市场假说的整个 70 年代，有效市场假说一直被看作是 20 世纪经济学中的一项标志性研究成果，经济学基于证券市场大量的数据和证券价格资料所进行的实证检验也几乎都肯定了该理论的正确性。80 年代中期以来，金融市场上出现了许多“异常现象”，如日历效应、封闭式基金折价之谜、权益溢价之谜、羊群行为、反应不足和过度反应等。对上述“异常现象”，有效市场假说并不能提出令人信服的解释，于是人们对有效市场假说提出了怀疑。在这样的背景下，行为金融理论对有效市场假说发起了挑战：

① 理性投资者假设缺陷。在行为金融学诞生前，标准金融学中理性投资者至少要满足三个要求，即无限理性、无限意志和无限自私，并具有理性预期、风险回避和效用最大化三个特点。但实际研究表明，投资者的行为方式与理性假设并不相符，现实中的投资者往往有五大心理特征不满足理性假设：一是过度自信；二是避害大于趋利；三是追求时尚与从众心理；四是为避免由于投资决策失误导致收益损失，投资者倾向选择能够减少后悔心理的投资方式；五是在决策过程中并不是按照贝叶斯规律不断修正自己的预测概率，而是对最近发生的事件和最新的经验给予更多的权重，导致过度反应发生。投资者在投资过程中的以上五种心态和情绪，将使其实际决策系统性偏离经典金融理论所描述的最优决策。因此，如果有效市场理论的成立以理性投资者的存在为前提，那么这些心理学证据将会对该理论提出较大甚至是致命的挑战。

② 随机交易假设缺陷。有效市场假说认为，如果投资者是非理性的，由于他们之间的交易是随机的，所以他们的错误会相互抵消。2002 年诺贝尔经济学奖得主丹尼尔·卡尼曼的理论推翻了有效市场假说的这一观点。心理学的研究已经表明，人们并不是偶然偏离理性，而是经常以同样的方式偏离。入市不深的投资者在多数情况下是按照自己的投资理念来买卖股票的，他们的买卖行为之间有很大相关性。他们之间的交易也并非随机进行的，而是在大致相同的时间大家都试图去买或卖同样的股票。福罗特、斯切夫斯坦和史泰因称证券短期投资者为“大街上的羊群”。羊群行为往往造成与证券基本价值有关的信息不能完全从价格中反映出来，使证券价格经常偏离其基本价值，使证券市场处于无效状态。

③ 有限套利缺陷。有市场假说认为，即使一些非理性投资者具有相同的投资行为，使证券价格偏离其基本价值，理性套利者会使证券价格恢复到其基本价值。但行为金融理论认为，当理性套利者进行套利时，不仅要面对基础性因素变动的风险，还要面对非理性投资者非理性预期变动的风险。作为风险厌恶者，他可能会放弃套利机会，不与非理性投资者的错误判断相对抗，从而使非理性投资者获得高于理性套利者的收益。例如，当非理性投资者目前对某一证券持悲观态度时，会使证券价格下跌，理性套利者此时进行交易是因为他认为价格在不久就会恢复。如果非理性投资者的看法并非扭转反而更加悲观时，对于短期理性套利者来说就有可能遭受损失。由于这种风险的存在，理性套利者对非理性投资者的对抗力会削弱，从而可能使证券价格明显偏离其基本价值，使证券市场丧失有效性。

5. (1) 前景理论是一种研究人们在不确定的条件下如何做出决策的理论，主要针对解释的是传统理论中的理性选择和现实情况相背离的现象，它是由卡尼曼和特维尔斯基共同在 1979 年提出来的，并在其后得到了不断的补充和修正。其主要理念一方面一定程度上继承了传统金融理论关于人类具有根据成本收益采取效用最大化的倾向，另一方面又提出，由于有限理性、有限自制力和有限自利的存在，人们不完全像主流理论所假设的那样，在每一种情境下都清楚地计算得失和风险概率，人们的选择往往受到个人偏好、社会规范、观念习惯的影响，因而未来的决策存在着不确定性。

(2) 前景理论将违反传统理论的部分用以下三个效应进行说明。

① 确定效应。这是指相对不确定的结果而言，投资者对确定性结果表现出高度重视，

这表明在特定情况下，投资者的效用函数会低估一些只是可能性的结果而高估确定性的结果，它直接导致面临条件相当的盈利前景时则更倾向于接受确定性的盈利。

② 反射效应。这表示投资者对利得和损失的偏好相反现象，即面对损失时存在风险偏好的倾向，而对于利得则有风险规避的倾向。

③ 分离效应。人们在分析评价不同的“待选择前景时”，经常暂时剔除各种前景中的相同因子，但在通常情况下一组前景预期可用多种方法分解成共同和不同的因子，这种分解方式的多样性会导致人们偏好和选择的不一致性。

为了解释这三种效应，他们提出了前景理论作为预期效用理论的替代理论。这是因为大多数的投资者并非是标准金融投资者，而是行为投资者，他们的行为并不总是理性的，他们的效用不是单纯财富的函数，他们也并不是规避风险的。在预期效用理论中，决策是基于财富总量和相应的概率；而在前景理论中，决策是基于价值函数和决策权重，即：

$$V = \sum \pi(p_i) \cdot v(x_i)$$

式中，决策权重函数 $\pi(p_i)$ 是概率的函数，是主观概率。

第 9 章　资本结构与公司价值

一、考查要点

（一）债务融资与股权融资

1. 债务融资

（1）长期借款

① 长期借款是指企业向银行或其他非银行金融机构借入的使用期超过 1 年的借款，主要用于购建固定资产和满足长期流动资金占用的需要。

② 长期借款筹资的优点：筹资速度快，借款弹性好。

③ 长期借款筹资的缺点：财务风险大，限制条款多。

（2）长期债券筹资

① 债券是发行人依据法定程序发行，约定在一定期限内还本付息的有价证券。这里所说的债券，指的是期限超过 1 年的公司债券，其发行目的通常是为建设大型项目筹集大笔长期资金。

② 长期债券筹资的优点：筹资规模较大，具有长期性和稳定性，有利于资源优化配置。

③ 长期债券筹资的缺点：发行成本高，信息披露成本高，限制条件多。

2. 股权融资

（1）公开发行有两种方法：普通现金发行和配股发行。现金发行指出售给所有感兴趣的投资者，配股发行则是出售给现有股东。第一次公开发行股票被称为首次公开发行（IPO）。所有的首次公开发行都是现金发行，这是因为如果公司现有股东都需要买股票，那公司就不必公开出售它们了。

（2）新股发行成本包括承销费用、其他直接费用、间接费用、折扣和绿鞋选择权。绿鞋选择权是发行公司赋予承销商按发行价格买入额外股份的权利。如果股票发行价格低于市场价格，这一选择权就会更有价值，但对于公司来说，就是一种发行成本。

（3）增发股票分为公开增发和配股发行两种方式。公司采用公开增发新股时，新股的定价如果不能合理地反应股票的价格，必然会造成新老股东之间的财富转移。而进行配股发行时，只要所有股东都按照配股比例认购新股，则新股定价的高低不会影响公司股东财富的变化。

（4）优先股是一种混合证券。在公司利润分配和公司破产清算时分配公司资产的权利优先于普通股，但位于债务之后。不过，优先股股东没有投票权。公司发行优先股通常会受到许多条件的限制。

（二）资本结构

1. 资本结构理论

（1）早期资本结构理论

① 净收益观点：这种观点认为，在公司的资本结构中，债权资本的比例越大，公司的

净收益或税后利润就越多，从而公司的价值就越高。按照这种观点，公司获取资本的来源和数量不受限制，并且债权资本成本率和股权资本成本率都是固定不变的，不受财务杠杆的影响。

② 净营业收益观点：这种观点认为，在公司的资本结构中，债权资本的多寡，比例的高低，与公司的价值就没有关系。按照这种观点，公司债权资本成本率是固定的，但股权资本成本率是变动的，公司的债权资本越多，公司的财务风险就越大，股权资本成本率就越高；反之亦然。经加权平均计算后，公司的综合资本成本率不变，是常数。因此，资本结构与公司价值无关。从而，决定公司价值的真正因素应该是公司的净营业收益。

（2）MM 资本结构理论

① MM 资本结构理论的基本观点：MM 资本结构理论的基本结论可以简要的归纳为：在符合该理论的假设之下，公司的价值与其资本结构无关。公司的价值取决于其实际资产，而不是其各类债权和股权的市场价值。

② MM 资本结构理论的修正观点：修正观点认为若考虑公司所得税的因素，公司的价值会随财务杠杆系数的提高而增加，从而得出公司资本结构与公司价值相关的结论。

（3）新的资本结构理论

① 代理成本理论。代理成本理论是经过研究代理成本与资本结构的关系而形成的。这种理论通过分析指出，公司债务的违约风险是财务杠杆系数的增函数；随着公司债权资本的增加，债权人的监督成本随之上升，债权人会要求更高的利率。这种代理成本最终要由股东承担，公司资本结构中债权比率过高会导致股东价值的减低。根据代理成本理论，债权资本适度的资本结构会增加股东的价值。

② 权衡理论。权衡理论认为，随着公司债权比例的提高，公司的风险也会上升，因而公司陷入财务危机甚至破产的可能性也就越大，由此会增加公司的额外成本，降低公司的价值。因此，公司最佳的资本结构是对税盾效应和破产概率增加所导致的各种相关成本上升进行均衡的结果。

③ 优序融资理论。优序融资理论放宽 MM 理论完全信息的假定，以不对称信息理论为基础，并考虑交易成本的存在，认为权益融资会传递企业经营的负面信息，而且外部融资要多支付各种成本，因而企业融资一般会遵循内源融资、债务融资、权益融资这样的先后顺序。

2. 最优资本结构

最优资本结构是指企业在一定时期内，筹措的资本的加权平均资本成本 WACC 最低，使企业的价值达到最大化。它应是企业的目标资本结构。最优资本结构的存在性问题，即是否存在最优资本结构。一派观点否认最优资本结构的存在，早期资本结构理论中的净营运收益理论，MM 定理，都否定了最优资本结构的存在。另一派观点则肯定最优资本结构存在，早期资本结构理论中的净收益理论，修正的 MM 定理，权衡理论，控制权理论，代理成本理论等都肯定了最优资本结构的存在。

3. 资本结构决策的每股收益分析法

每股收益分析法是利用每股收益无差别点来进行资本结构决策的方法。每股收益无差别点是指两种或两种以上筹资方案下普通股每股收益相等时的息税前利润点。每股收益分析法的测算公式为：

$$\frac{(\overline{EBIT}-I_1)(1-T)}{N_1}=\frac{(\overline{EBIT}-I_2)(1-T)}{N_2}$$

其中，$\overline{EBIT}$表示息税前利润平衡点，即每股收益无差别点；I_1，I_2表示两种筹资方式下的长期债务年利息；N_1，N_2表示两种筹资方式下的普通股股数。

（三）MM 定理

1. 无税的 MM 定理

假设：(1)无税；(2)无交易成本；(3)个人和公司的借贷利率相等。

结论：命题Ⅰ：$V_L=V_U$(杠杆企业的价值与无杠杆企业的价值相等)

命题Ⅱ：$R_S=R_0+\frac{B}{S}(R_0-R_B)$

推论：命题Ⅰ：通过自制的财务杠杆，个人能复制或消除公司财务杠杆的影响。

命题Ⅱ：权益成本随财务杠杆而增加，这是因为权益的风险随财务杠杆而增大。

2. 有税的 MM 定理

假设：(1)公司的息后所得税率为t_c；(2)无交易成本；(3)个人和公司的借贷利率相等。

结论：命题Ⅰ：$V_L=V_U+t_cB$(对有永续性债务的公司)

命题Ⅱ：$R_S=R_0+\frac{B}{S}(1-t_c)(R_0-R_B)$

推论：命题Ⅰ：由于公司税可扣除利息支付但不能扣除股利支出，公司的财务杠杆使税收支付减少。

命题Ⅱ：权益成本随财务杠杆而增加，这是因为权益的风险随财务杠杆而增大。

【科兴提示】有税 MM 定理命题Ⅱ的使用有着严格的限定条件：不变的永久性债务。可惜，不少教材中都存在滥用这个公式的情况。

二、2023 年命题预测

资本结构和公司价值是公司财务最核心的知识点。可以说，前面章节所有的陈述都是为说明这个知识点做铺垫。资本结构理论，尤其是 MM 定理，是公司价值评估的基础，是本章的重点和难点，经常命制计算题和论述题。

考点 1　债务融资和股权融资

（一）命题思路

资本结构中所谈论的债务融资都是指长期融资。考生应能熟练掌握长期借款筹资和长期债券筹资的优缺点。资本结构中的股权融资，一般特指普通股。普通股融资分为新股发行和配股发行，考生应能熟练掌握这二者的区别。

（二）习题精编

1. 与长期借款相比，发行债券进行筹资的优点是(　　)。

A. 筹资速度快　B. 筹资规模较大　C. 筹资费用较小　D. 筹资灵活性较好

2. 从公司理财的角度看，与长期借款筹资相比，普通股筹资的优点是(　　)。

A. 筹资速度快　　B. 筹资风险小　　C. 筹资成本小　　D. 筹资弹性大

3. 配股是上市公司股权再融资的一种方式。以下关于配股的说法中，正确的是(　　)。

A. 配股价格一般采取网上竞价方式确定

B. 配股价格低于市场价格，会减少老股东的财富

C. 配股权是一种看涨期权，其执行价格等于配股价格

D. 每股股票配股权价值等于配股除权参考价减配股价格

4. (中央财经 2014)下列关于权益性融资与债务性融资表述正确的是(　　)。

A. 作为外源融资，权益性融资与债务性融资都不需要对外支付融资成本

B. 债务性融资的成本一般高于权益性融资，但融资风险却低于权益性融资

C. 权益性融资没有固定偿还日期

D. 债务性融资成本是不断变化的

5. (南京大学 2012)下列筹资活动中，不会加大财务杠杆作用的是(　　)。

A. 增发普通股　　B. 增发优先股　　C. 增发公司债券　　D. 增加银行借款

6. (上海财大 2014)投资机会较大的高增长企业和投资机会较小的低增长企业相比，B/S 的值(　　)。

A. 较低　　B. 较高　　C. 相同　　D. 无法判断

7. 出于优化资本结构和控制风险的考虑，比较而言，下列企业中最不适宜采用高负债资本结构的是(　　)。

A. 电力企业　　B. 高新技术企业　　C. 汽车制造企业　　D. 餐饮服务企业

8. 某公司向银行借入短期借款 10000 元，支付银行贷款利息的方式同银行协商后的结果是：

方案一：采用收款法付息，利息率为 14%；

方案二：采用贴现法付息，利息率为 12%；

方案三：利息率为 10%，银行要求的补偿性余额比例为 20%。

请问：如果你是该公司财务经理，你选择哪种借款方式，并说明理由。

9. (华南理工 2017)海美有限公司最近为电视节目发行证券募集资金。项目成本为人民币 1400 万元，公司支付了人民币 725000 元的发行成本。另外，股票发行成本为募集资金的 7%，即股票发行成本为 7%，而债务为 3%。如果公司是按它的目标资本结构来发行新的证券，那么该公司的目标负债权益比是多少？

10. (上海理工 2017)某公司欲通过配股方式发行普通股，已知配股前公司普通股为 55 万股，公司计划以每股 17 元的配股价格配售 15 万股新股，此后市场股价为每股 31 元，现忽略发行费用和市场炒作因素，问配股前该公司的股价是多少？

11. 某公司决定发行面值 1000 元、票面利率 8%的永续债券，这些利息每年支付一次，一年的利息率为 8%，下一年，35%的可能性利息率增加到 9%，65%的可能性利息率下跌至 6%。(1)如果债券不包含赎回条款，那么债券的当前市场价值是多少？(2)如果公司决定发行 1 年后可以赎回的债券，债券以面值出售时，债券的票面利率应是多少？(3)假设利率下降时，债券被赎回，赎回溢价等于每年的票面利息，赎回条款的价值是多少？

12. 假设今天是 2012 年 7 月 1 日，FI 公司目前共有股票 500 万股，预期 FI 公司的红利每股每年约增长 5%。今年的年终分红是每股 8 元，市场资本化率为每年 10%，此外，FI 公司在今天发行了 3 年期的债券，面值 100 元，票面年利率 8%，每半年付息一次，付息日是 6 月 30 日和 12 月 31 日，发行面值总额是 5000 万元，除此之外，FI 公司无其他债

券。利用股利折现模型(DDM)计算公司当前的价值。

13. (上海财大 2022)某公司为全权益无负债。现有一个新的投资项目，公司需要再投资 2 亿元的资金用于项目投资。公司现在流通在外的股票数量为 2000 万股，且公司预计该项目投资后，每年会有永久性的 $EBIT=6000$ 万元。公司预计若要以股权融资则会以每股 20 元的价格发行新股，若以债权融资会以 5%的利率融资。

(1) 若公司选择以股权融资，那融资后的公司资本成本是多少？

(2) 若公司以 5%的利率债权融资 1 亿元，那融资后的公司股权资本成本是多少？

(3) 两种融资方式对公司的股价有何影响？为什么？

14. (山东大学 2017)名词解释：荷兰式拍卖发行(股票发行方式)

15. (对外经贸 2015)名词解释：绿鞋条款

16. 对 IPO 折价之谜的解释有哪些？

17. (复旦大学 2021)简述送股和转增的区别。

18. (中央财经 2013)国内外的实证研究都表明，增发公告会带来显著为负的价格效应，请用三种理论对这种市场现象进行解释。

考点 2　资本结构

(一) 命题思路

资本结构理论是各高校 431 命题的热门知识点，就命题思路而言，一般有：(1)什么是最佳资本结构？哪些理论认为存在最佳资本结构？(2)简述资本结构理论的区别与联系。(3)运用资本结构决策的每股收益分析法，计算每股收益无差别点。

(二) 习题精编

1. (东华大学 2017)最佳的资本结构是指(　　)。

A. 每股利润最大时的资本结构

B. 企业风险最小时的资本结构

C. 企业目标资本结构

D. 综合资金成本最低、企业价值最大时的资本结构

2. (华东师大 2018)下列有关“优序融资理论”的理解，不正确的有(　　)。

A. 债务融资优于内部融资　　B. 内部融资优于外部融资

C. 债务融资优于权益融资　　D. 内部融资优于权益融资

3. (上海财大 2020)你所在公司正在考虑发现 1 年期债券，公司估计不同水平债务对应利息税盾现值，以及面临的财务困境的概率如下表：

	债务水平						
	0	25	50	60	70	80	90
利息税盾现值(百万)	0	0.4	1	1.2	1.5	1.7	2
陷于财务困境概率	0%	0%	1%	2%	7%	17%	32%

如果公司在陷入财务困境时，财务困境成本 1000 万，那么表中(　　)债务水平最优。

A. 60　　B. 25　　C. 70　　D. 50

4. (中山大学 2011)盈利能力强的公司应该具有更高的负债率，这一表述比较符合下述何种

理论的预期？(　　)

A. 优序融资理论　　B. 权衡理论　　C. 代理理论　　D. 市场择时理论

5. 下列各项中，运用普通股每股利润(每股收益)无差别点确定最佳资金结构时，需计算的指标是(　　)。

A. 息税前利润　　B. 营业利润　　C. 净利润　　D. 利润总额

6. 巴克斯特有一笔100万美元年末到期的贷款。如果公司的策略不变，到年末，公司资产的市值将只有90万美元，公司将对其债务违约。

(1) 巴克斯特的管理层正在考虑一项新的策略。新策略不需要预先投资，但是只有50%成功的可能性。如果成功，它将使公司资产的价值增加到130万美元。如果失败，公司资产的价值将下降到30万美元。则该策略的期望支付为多少？比较股东和债权人的期望支付，你有什么启示？

(2) 假设巴克斯特公司不采取风险策略。相反，管理者考虑引进一个有吸引力的投资机会，该投资要求股东提供10万美元的初始投资，预期将产生50%的无风险回报率。比较股东和债权人的期望支付，你有什么启示？

(3) 如果巴克斯特公司有较少的40万美元债务，而不是原来的100万美元债务，重新分析(1)和(2)的情况，那么还会产生代理成本吗？

7. (复旦大学2020)某公司希望通过发行股票为一项活动筹资4000万元，该项活动每年能为企业带来2000万的自由现金流。目前公司在外流通的股票为500万股，没有其他资产和投资机会。假设公司未来自由现金流适用的折现率是15%，唯一存在的资本市场摩擦是公司税和财务成本困境成本。

(1) 该项投资的净现值是多少？

(2) 给定这项计划，公司当前的每股价值是多少？

(3) 假设公司选择借款4000万元，每年只为这项贷款支付借款利息，并将维持4000万的贷款(未偿还)余额。假设公司适用的所得税率为40%，预期每年的自由现金流仍是2000万元。如果用借债的方式为投资筹集资金，公司当前的股价是多少？

(4) 现在假设公司有杠杆时，由于销售收入减少和其他财务困境成本，公司每年的预期自由现金流将减少到1200万，假设公司未来自由现金流的折现率仍为15%。考虑杠杆引发的财务困境成本，公司当前的股价是多少？

8. 八发公司2005年长期资本总额为1亿元，其中普通股6000万元(240万股)，长期债务4000万元，利率10%。假定公司所得税率为40%。2006年公司预定将长期资本总额增至1.2亿元，需要追加筹资2000万元。现有两个追加筹资方案可供选择：(1)发行公司债券，票面利率12%；(2)增发普通股8万份。预计2006年息税前利润为2000万元。试测算该公司：

(1) 两个追加方案下无差别点的息税前利润和无差别点的普通股每股收益；

(2) 两个追加方案下2006年普通股每股收益，并据以作出选择。

9. (对外经贸2013)请结合资本结构的权衡理论，阐述企业在进行长期融资决策时应考虑的基本因素。

10. (北大经院2018)分别阐述优序融资理论和资本结构均衡理论的含义及不同之处。

11. (复旦大学2012)新优序融资理论认为，公司融资的顺序是：内部融资，债券融资，股权融资。请结合我国股票市场谈谈我国公司的融资顺序是否符合新优序融资理论，并分析原因。

考点3 MM定理

（一）命题思路

MM定理是各大高校431命题的核心考点，从命题角度而言，主要命题思路有：(1)理解和阐述MM定理的概念；(2)运用MM定理进行计算。

（二）习题精编

1.(中国人大2011)在下列描述中，对MM命题1(无税)的描述不正确的是(　　)。

A. 对于MM世界中的投资者，尽管所持有股票公司可能处于不同资本结构下，但总能获得相同的权益期望收益率

B. MM世界中的投资者可以通过自制杠杆的方式达到任何杠杆公司可能实现的收益

C. 在MM世界中，杠杆公司的价值等同于无杠杆公司的价值

D. 在MM世界中，公司的价值与资本结构选择无关

2.(复旦大学2013)甲乙两公司财务杠杆不一样，其他都一样。甲公司的债务资本和权益资本分别占50%和50%；乙公司债务资本和权益资本分别占40%和60%。某投资者8%甲公司股票，根据无税MM理论，什么情况下投资者继续持有甲股票？(　　)

A. 公司甲的价值高于公司乙　　B. 无套利均衡

C. 市场上有更高期望收益率的同风险项目　　D. 迫于竞争压力

3. Schwarts公司有5000万股流通股，股票的总市值(股权价值)是12.5亿美元。它还有7.5亿美元的未偿还债务。管理者决定通过发行新股来偿清债务，使公司去杠杆化。假设你持有100股该公司股票，你不赞同该公司去杠杆的决定，并打算消除公司去杠杠对你的影响，那么你可以在完美资本市场上(　　)。

A. 卖出32股股票，并同时贷出800　　B. 借入1000并同时买入40股股票

C. 卖出40股股票，并同时贷出1000　　D. 借入1500，并同时买入60股股票

4.(中央财经2012)公司债务权益比为1，其权益资本成本为16%，公司债务成本为8%。如果公司所得税为25%，那么在公司债务权益比为0时，其权益成本为多少？(　　)

A. 11.00%　　B. 12.00%　　C. 12.57%　　D. 13.33%

5.(上海财大2016)根据MM定理作答，两个公司资产项目相同，A公司是全权益公司，发行在外的股票数是100亿股，股价24元，B公司发行在外股票数200亿股，并且以5%的利率借债1200亿元，请问该公司股价最接近(　　)元。

A. 6　　B. 8　　C. 12　　D. 24

6.(中央财大2014)F公司是一家无负债公司，其每年税息前收益是10000元，股东要求的权益回报率为16%。M公司所得税率为35%，但没有个人所得税，设所有交易是在完善资本市场中进行。如果M公司借入面值为无负债公司价值一半的利率为10%的债务并用于赎回股票，其他情况不变，问M公司的价值为(　　)元。

A. 47734　　B. 40625　　C. 35428　　D. 32500

7.(上海财大2021)根据有税MM定理，则(　　)。

A. 随着财务杠杆的增加，公司价值会下降

B. 随着财务杠杆的增加，权益资本成本会下降

C. 随着财务杠杆的增加，WACC会下降

D. 以上都对

8. (上海财大 2022)现实中上市公司资本结构是否符合 MM 定理？如果不符合，请列出区别。资本结构理论是如何扩展解释这个问题的？

9. Nina 集团公司未运用任何负债。加权平均资本成本为 11%。如果权益当前的市场价值为 4300 万美元，并且没有任何税收，请问 EBIT 是多少？假设公司税率为 35%。请问本案例中 EBIT 是多少？WACC 是多少？请阐释。

10. Maxwell 公司是全权益融资。公司正考虑进行一笔 140 万美元的贷款。该贷款将在未来的两年中每月等额清偿，同时其利息率为 8%。公司税率为 35%。根据 MM 定理Ⅰ(有税)，请问公司贷款后的价值提升为多少？

11. Rolston 公司正比较两种不同的资本结构，全权益计划(计划Ⅰ)与杠杆计划(计划Ⅱ)。在计划Ⅰ中，Rolston 公司将发行 240000 股股票。在计划Ⅱ下，公司将发行 160000 股股票以及 310 万美元的负债。负债的利率为 10%，假设不存在税收。

(1) 如果 $EBIT=750000$ 美元，请问哪个计划对应的 EPS 更高？

(2) 如果 $EBIT=1500000$ 美元，请问哪个计划对应的 EPS 更高？

(3) 盈亏平衡点对应的 $EBIT$ 是多少？

(4) 在第(3)问中运用 MM 定理Ⅰ求出两个计划所对应的每股股价是多少？请问公司价值是多少？

12. Kurz 制造公司当前是一家全权益公司，有 2000 万股流通股，每股价格为 7.5 美元。当前投资者预计公司仍将为全权益公司，但公司计划宣布将借入 5000 万美元，并用这些资金回购股票。公司将只支付债务利息，没有进一步增加或减少债务的计划。公司税率为 40%。

(1) 在计划宣布前，公司现有资产的市值是多少？

(2) 在借债之后、股票回购之前，公司资产(包括所有税盾)的市值是多少？

(3) 在股票回购之前，公司的股价是多少？公司将回购多少股票？

(4) 股票回购完成后，编制公司的市值资产负债表，股价又将是多少？

13. (中国人大 2011)如果我们分别用 B 和 Tc 表示一个公司债务的价值和公司需要缴纳的所得税率，且债务利息率为 R_b。

(1) 写出该公司税盾的表达式。

(2) 假定公司的税盾构成一项永续年金，计算该公司税盾的现值。

(3) 如果已知该公司无杠杆时的价值为 V_u，对于税盾构成的一项永续年金的情形，计算公司引入杠杆后的价值。

14. (中央财大 2013)在无公司所得税和个人所得税的经济环境中，L 公司(负债公司)和 U 公司(无负债公司)除资本结构外，其他各方面完全相同。L 公司负债 400 万元，利率为 7.5%，U 公司只有权益资本。两个公司的 EBIT 均为 90 万元，两个企业处于同一经营风险等级。假设初始时两个公司的股东权益收益率相等，均为 10%，此时，L 公司和 U 公司的市场价值是否处于均衡状态？如果不是，如何构造一个套利组合，并从中获利？

15. Mercer 公司是一家全权益公司。它有 1000 万流通股及 10000 万美元的未偿还债务。公司当前的股价为每股 75 美元。该公司的股权资本成本为 8.5%。公司刚刚宣布，将发行 35000 万美元的债务，用以清偿现有的债务，并且用剩余的 25000 万美元立即支付股利。假设资本市场是完美的。

(1) 估算就在公司刚宣布资本重整的消息后的股价。

(2) 估算资本重整交易结束后的股价。

(3) 假设公司现有的债务无风险，债务的期望回报率是 4. 25%。公司新发行的债务是有风险的，它的期望回报率是 5%。计算交易结束后公司的股权资本成本。

16. Yerba 是一家全权益公司，其股票的贝塔为 1. 2，期望回报率为 12. 5%。假设公司以 5%的收益率新发行无风险债务，并回购 40%的股票。假设资本市场是完美的。

(1) 交易完成后，股票的贝塔是多少?

(2) 交易完成后，股票的期望回报率是多少?

(3) 假设在交易前，公司预计来年的每股收益为 1. 50 美元，预测 P/E(即用股价除以来年的每股收益)比率为 14。交易完成后，预期每股收益是多少? 这种变化对股东有益吗? 为什么?

(4) 接第(3)题，完成交易后，公司的预测 P/E(或远期市盈率)是多少? P/E 比率的变化较合理吗? 为什么?

17. Locomotive 集团公司计划通过发行负债回购部分普通股。因此，公司的负债权益比率预期将由 40%升至 50%。公司目前发行在外的负债价值为 430 万美元。相应的债务资本成本为每年 10%。Locomotive 公司年收益为 168 万美元，未支付任何税款。

(1) Locomotive 公司在回购宣告前和宣告后的市场价值各是多少?

(2) 公司宣告回购计划前公司权益的期望收益率是多少?

(3) 如果是一家在其他方面情况都相同的全权益公司，那么相应的权益收益率又是多少?

(4) 公司宣告回购计划后公司权益的期望收益率是多少?

参考答案

考点 1　债务融资与股权融资

1. B　长期债券筹资的优点：筹资规模较大，具有长期性和稳定性，有利于资源优化配置。

2. B　普通股筹资没有固定到期还本付息的压力，因此其筹资风险小。

3. C　配股一般采用网上定价发行的方式，配股价格由主承销商和发行人协商确定，选项 A 错误；配股价格低于市场价格，只能表明配股权是实值期权，并不能判断老股东财富是否发生增减变动，要判断是否引起老股东财富的增减变动需要根据配股后市场价格与配股除权参考价的比较，以及老股东是否参与配股综合分析得出，选项 B 错误；拥有配股权的股东有权选择配股或不配股，其执行价格就是配股价格，选项 C 正确；每股股票配股权价值=(配股除权参考价-配股价格)/购买一股新配股所需的原股数，选项 D 错误。

4. C　债务性融资有固定的偿还时间，而权益性融资没有固定的偿还日期。公司进行债务融资有可能造成公司的财务失败，而权益资本融资则不会增加财务失败的可能。

5. A　财务杠杆作用是负债和优先股筹资在提高企业所有者收益中所起的作用，财务杠杆系数的计算公式为：$DFL=EBIT/[EBIT-I-PD/(1-T)]$，其中 $EBIT$ 为息税前利润、I 为利息、T 为所得税税率、PD 为优先股股息。因此在息税前利润不变的条件下，增发优先股、增发公司债券和增加银行借款均会加大财务杠杆的作用。

6. A 关键是理解增长，增长意味着大量的股权融资。股权融资有利于促进企业增长，债券融资不利于企业成长。因为股利的发放和企业经营联系在一起，经营不好的时候不用发放股利，而债券需要定期支付利息，这对成长性的企业来说无法承受。

7. B 不同行业资本结构差异很大。高新技术企业的产品、技术、市场尚不成熟，经营风险高，因此可降低债务资本比重，控制财务杠杆风险。因此高新技术企业不适宜采用高负债资本结构。

8. 采取收款法：实际利率=名义利率=14%

采取贴现法时实际利率为：(10000×12%)/[10000×(1-12%)]=13.6%

采取补偿性余额实际利率为：(10000×10%)/[10000×(1-20%)]=12.5%

三者比较，采取方案三的实际利率最低，因此应选用第三方案。

9. 由题意可知，发行证券筹集资金的总量为 1400+72.5=1472.5 万元。设加权平均筹资费率为 f_t，则

$$1472.5\times(1-f_t)=1400$$

计算可得 $f_t\approx4.92\%$。

设公司发行权益证券筹集的资金量为 E，公司发行债务证券筹集的资金量为 D，则：

$$4.92\%=7\%\times\frac{S}{B+S}+3\%\times\frac{B}{B+S}$$

整理可得，$\frac{B}{S}\approx1.0794$。

10. 设股价为 x 元，则有 $55x+17\times15=(55+15)\times31$，解得 $x=34.82$ 元/股。

11. (1)若利率上涨，一年后债券价格 $P_1=80+80/0.09=968.89$ 元；若利率下跌，一年后债券价格 $P_1=80+80/0.06=1413.33$ 元。现在的债券的价格 $P_0=(0.35\times968.89+0.65\times1413.33)/1.08=1164.61$ 元。

(2) 若利率上涨，债券价格将降低，公司不会赎回债券，假设票面利息为 C，一年后债券价格 $P_1=C+C/0.09$；若利率下降，债券会被赎回，一年后债券的价格为 $P_1=(1000+C)+C=1000+2C$。现在债券按照面值出售，则有 $P_0=1000=[0.35\times(C+C/0.09)+0.65\times(1000+2C)]/1.08$，所以有 $C=77.63$ 元，即票面利率为=77.633/1000=7.76%。

(3) 相同票面利率的不可赎回债券的价值=77.63/0.06=1293.88，可赎回债券的价值=1077.63 元，赎回条款的价值=0.65(1293.88 - 1077.63)/1.08=130.15 元。

12. 公司当前的股价为：$P_0=\frac{D_1}{r-g}=\frac{8}{10\%-5\%}=160$ 元

则公司的股权价值为：160×5000000=800000000 元。

面额为 100 元的债券价值：

$$4\times(P/A,\ 5\%,\ 6)+100\times(P/F,\ 5\%,\ 6)=94.92\text{ 元}$$

则公司的债权价值为：94.92×50000000/100=47460000 元。

故公司当前的价值为：800000000+47460000=847460000 元。

13. (1)NPV 属于老股东的净利润，假设股权资本成本为 r_s，则：

$$NPV=-C_0+\frac{FCFF}{r_s}\Rightarrow-20000+\frac{6000}{r_s}=20\times2000\Rightarrow r_s=10\%$$

(2) 如果以 5%的利率债务融资，则：

$$NPV=-C_0+\frac{FCFF}{r_s}\Rightarrow-10000+\frac{6000-10000\times5\%}{r_s}=20\times2000\Rightarrow r_s=11\%$$

（3）两种融资方式对公司的股价是没有影响的。资本结构的增加会提升预期的每股净收益，但由于额外风险的增加，股东要求更高的投资回报率。这些效应相互抵消，使得每股价格保持不变。

14. 荷兰式拍卖是一种特殊的拍卖形式。亦称“减价拍卖”，它是指拍卖标的的竞价由高到低依次递减直到第一个竞买人应价（达到或超过底价）时击槌成交的一种拍卖。荷兰式拍卖定价的基本原则是出价最高者得标、全部得标者都用最低的得标价买进。举例来说，如果有 10 个人竞标四箱苹果，10 个人的出价分别是 20 元、18 元、18 元、17 元、16 元，15 元、14 元，13 元，10 元，9 元，则出价最高的 4 个人得到购买苹果的机会，而他们的买入价都是 4 人当中出价最低的 17 元。荷兰式拍卖定价法允许个人投资者进行拍卖确定股价。拍卖的目的是确立更加精确反映市场需求的价格，有效避免股票在首次交易时暴涨暴跌。

15.“绿鞋”由美国名为波士顿绿鞋制造公司 1963 年首次公开发行股票（IPO）时率先使用而得名，是超额配售选择权制度的俗称。超额配售选择权是指发行人在股票上市后一段时间内授予主承销商的一项选择权。按照惯例，获此授权的主承销商按同一发行价格超额发售不超过包销数额 15%的股份，即主承销商按不超过包销数额 115%的股份向投资者发售。在本次增发包销部分的股票上市之日起 30 日内，当股票股价上扬时，主承销商即以发行价行使绿鞋期权，从发行人购得超额的 15%股票以冲掉自己超额发售的空头，并收取超额发售的费用；当股价下跌时，主承销商将不行使该期权，而是从股票二级市场上购回超额发行的股票以支撑价格并对冲空头（平仓），以赚取中间差价。

16. IPO 折价之谜指的是股票首次公开发行一般要按低于市场真实价格的 11%出售。折价发行有助于新的股东从他们所买的股票里获得较高的收益率。不过，发行公司已有的股东从折价发行中却不能得到帮助。对他们而言，折价发行是新股发行的一种间接成本。

IPO 折价之谜一种可能的解释：

（1）大部分折价的情况集中在较小的发行中。折价倾向于发生在前一年中没有销售或者销售额很少的公司，这些公司往往是未来不确定的年轻公司，这种不确定性的增加仅当折价存在时才能吸引投资者；

（2）当新股的定价太低时，发行的股票经常被超额认购。这意味着投资者将无法买到他们所要的全部股票，于是承销商就要在投资者之间分配股票数量。由于没有足够的股票数量进行分配，投资者在正常情况下会发现很难在超额认购的发行中得到股票。尽管平均而言，首次公开发行会有正的初始收益率，但有相当部分 IPO 的价格会下跌。一个投资者交上一份认购所有新股的认购单，可能会看到分到其手里的更多的是价格往下跌的股票。

17.（1）送股和转增的概念

股票分红有送股和转股两种方式。送股则是采用公司没有分配的利润来折算成股票的形式送股。转股指的是采用的公司的资本公积金按照权益折成股份来进行转账。

（2）二者的主要区别在于：

① 资金的来源不同。送股是一种分红的形式，资金来源于上市公司的利润，它其实是上市公司将利润留在公司里，然后向股东发放股票作为红利，从而将利润转化为股本。转股则是上市公司直接将公积金转化为股本，即先把一部分公积金转换为公司的股份，再将增加的股份赠送给股东。

② 是否受到利润的限制。上市公司能否向股东送股，受到公司是否盈利的限制。只有在上市公司产生盈利后，公司才能通过送股的形式将未分配的利润分配给公司的股东。转股则不受上市公司是否盈利的限制，只需要公司的会计将公司账面上的公积金减少一部分，然后在公司的注册资本里增加相应的金额即可。

③ 是否收税。上市公司赠送给股东的红股属于股息、红利。对于股东来说，自己获得的红股是个人所得的一部分，国家会向股东获得红股征收个人所得税。而转股是上市公司用公积金转赠股本，所以转股的性质不是股息、红利。对于股东来说，自己获得的转增不属于个人所得范畴，国家不会向股东获得的转增股本征收个人所得税。

18. 公开增发新股是上市公司再融资的方式之一，上市公司再融资是指上市公司首次公开发行股票之后，再次在证券市场上募集资金的行为，增发的公告效应，是指上市公司增发新股引起的二级市场股价的变化，国内外的实证研究都表明，增发公告会带来显著为负的价值效应，下面分别用最优资本结构假说、不对称信息假说和新优序融资假说三种理论对这种市场现象进行解释。

（1）最优资本结构假说

现代的资本结构理论研究始于 Modigliani 和 Miller 提出的 MM 定理。该定理在一系列严格的假设下推导出资本结构和企业价值无关的结论。后来，人们在修正的 MM 定理中引入了税盾的作用，推出企业价值随债务的增加而上升，直至企业百分之百地采取债务融资为止。之后的学者又考虑到债务的增加也会带来企业经营的风险，所以又引入了破产成本理论，得出企业的最优资本结构应根据债务带来的企业价值增加与债务引起的破产成本增加权衡而定。以 MM 理论为基础的最优资本结构假说指出，债券和股票的发行是公司在税收屏蔽好处与财务困境成本之间，股权与债权代理成本之间，并考虑到债务对公司竞争战略的影响后的权衡。税盾理论认为新股发行引起了财务杠杆的下降，减少了税收屏蔽的好处，从而导致股价的下跌，且跌幅与发行规模直接相关。

（2）不对称信息假说

Ross 率先将信息不对称问题引入资本结构的研究中，他认为管理者本身是内幕者，也可以看作是“内幕信息的处理者”。内幕人通过适当的企业行为向市场传递有关信号，外部投资者理性地接受和分析内幕人的这种行为。这样一来，管理者会根据情况选择不同的“行为”。Ross 指出：“任何公司债务和权益的运用都是与公司动机——筹资结构所传递的信息相对应的”。如负债的增加向金融市场传递企业财务结构变动的信号，投资者接收到这个信号并认为企业有意图增加自身价值，因而增加了投资者对企业的信息，使企业价值随之增加。

（3）新优序融资假说

新优序融资理论由 Myers 在信息不对称模型基础上提出的，他认为，既然发行新股筹资会因信息不对称而使公司陷入放弃投资项目或股价下跌的窘境，那么公司应该利用内部资金投资新的项目，而不是股权融资，这样也就不存在信息不对称问题了，因此所有净现值为正的项目都会被公司所采纳。当内部资金不足时，公司会优先考虑低风险的证券如债券，最后才会考虑股权融资。Myers 的新优序融资理论的中心思想是：公司厌恶发行新股票，偏好使用内部留存收益，外部筹资中债券筹资是首选，最后才是增发股票。一般来说，企业债务资本水平的变化向市场传递了一个关于企业价值变化的信号，当企业权益资本随着债务资本增加而减少时，企业的再融资能力增强，企业的价值也随之增加。反之亦然。当公司管理者得知财务困境的可能性已经加大的内部信息时，则更愿意通过发行新股而不是债务来筹集资本。如果市场推断出公司的负债能力下降，股票价格将随着发行新股的公告而下降。

考点 2　资本结构

1. D　一般认为最优资本结构是指能使企业资本成本最低且企业价值最大并能最大限度地调动利益相关者积极性的资本结构。

2. A　优序融资理论(Pecking Order Theory)是指放宽 MM 理论完全信息的假定，以不对称信息理论为基础，并考虑交易成本的存在，认为权益融资会传递企业经营的负面信息，而且外部融资要多支付各种成本，因而企业融资一般会遵循内源融资、债务融资、权益融资这样的先后顺序。

3. A　根据资本结构的权衡理论可知，可知借债的净收益取决于利息税盾的现值和财务困境成本的现值之差。每一期的债务水平为(单位：百万)：

债务	0	25	50	60	70	80	90
净收益	0	0.4	0.9	1	0.8	0	-1.2

4. B　权衡理论主要认为要在债务融资收益和财务困境成本两者中进行权衡取舍。市场择时理论认为，对企业而言，没有一个最优的资本结构，企业的资本结构只是企业历史上有意的市场择时行为的累积结果。

5. A　每股收益无差别点法就是利用预计的息税前利润与每股收益无差别点的息税前利润的关系进行资金结构决策的。

6. (1)在新策略下，公司资产的期望价值为：50%×130+50%×30=80 万美元，与原先的 90 万美元相比，公司价值减少了 10 万美元。虽然公司的期望支付为负，但是公司管理层仍然会执行该策略。因为，一旦新策略成功，公司在偿付债务后，股东将得到 30 万美元。由于策略成功的可能性是 50%，则股东的期望支付是 15 万美元。如果新策略失败，股东没什么可损失的，遭到损失的是债权人。如果项目成功，债权人得到全部偿付 100 万美元。如果项目失败，他们只能收到 30 万美元。总体来说，债权人的期望支付是 65 万美元，与原先的 90 万美元相比，损失了 25 万美元。可见，在公司遭遇财务困境时，即使投资项目的净现值为负，股东仍可从公司的高风险投资决策中获利。由于杠杆的存在激励股东用风险更高的资产替换低风险资产，这一结论通常被称为资产替代问题。

(2) 如果股东为项目提供 10 万美元，那他们只能回收 5 万美元。项目产生的另外 10 万美元流向债权人，债权人收到的支付从 90 万美元增加到 100 万美元。由于债权人得到该项目的大部分收益，所以尽管该项目为公司提供了正的净现值，但对股东来说这是一项净现值为负的投资机会。这就是投资不足问题：公司面临财务困境时，它可能不会为净现值为正的项目融资。

(3) 如果公司没有新投资或不改变投资策略，其价值为 90 万美元。这样一来公司仍将有偿付能力，股权价值将为 90-40=50 万美元。

如果公司采取风险策略，其资产价值将不是 130 万美元就是 30 万美元，股东将得到支付 90 万美元或者 0 美元。在这种情况下，股东的期望支付只有 45 万美元，低于没有新投资时的 50 万美元。因此，股东将会拒绝风险策略。

如果公司向股东筹集 10 万美元作为新投资融资，它将使公司资产的价值增加到 15 万美元，于是，股权机制将为：90+15−40=65 万美元。此时，股东的收益将比不投资时收到的 50 万美元多出 15 万美元。相对于其初始的 10 万美元的投资，股东的支付增加了 15 万美元，所以股东愿意投资于新项目。

7. (1) 该项投资的净现值为：

$$NPV = -C_0 + \frac{FCFF}{r} = -4000 + 2000/15\% = 9333.33 \text{ 万元}$$

（2）给定这些计划，公司当前的每股价值是：$\frac{9333.33}{500} = 18.67$ 元／股。

（3）如果采用借款的方式为公司筹集资金，则此时增加 4000×40%=1600 万的利息税盾。公司的原股东可以通过自制杠杆分享这多出来的收益，因此此时的股价是：$\frac{9333.33+1600}{500} = 21.87$ 元／股。

（4）考虑杠杆引发的财务困境成本，该项投资的净现值为：

$$NPV = -C_0 + \frac{FCFF'}{r} = -4000 + 1200/15\% = 4000 \text{ 万元}$$

则公司当前的股价是：$\frac{4000+1600}{500} = 11.2$ 元／股。

8. (1) 设两个方案下的无差别点利润为：$\overline{EBIT}$。

发行公司债券情况下公司应负担的利息费用为：4000×10%+2000×12%=640 万元

增发普通股情况下公司应负担的利息费用为：4000×10%=400 万元

根据每股收益分析法的公式可知：

$$\frac{(\overline{EBIT}-400)(1-40\%)}{240+8} = \frac{(\overline{EBIT}-640)(1-40\%)}{240}$$

计算可得 $\overline{EBIT}$=7840 万元。

无差别点下的每股收益为：

$$\frac{(7840-640)(1-40\%)}{240} = 18 \text{ 元/股}$$

（2）发行债券下公司的每股收益为：

$$\frac{(2000-640)(1-40\%)}{240} = 3.4 \text{ 元/股}$$

发行普通股下公司的每股收益为：

$$\frac{(2000-400)(1-40\%)}{240+8} = 3.87 \text{ 元}$$

由于发行普通股条件下公司的每股收益较高，因此应选择发行普通股作为追加投资方案。

9. 权衡理论认为，企业只要运用负债经营，就可能会发生财务拮据成本和代理成本。在考虑以上两项影响因素后，运用负债企业的价值应按以下公式确定：运用负债企业价值=无负债企业价值+运用负债减税收益−财务拮据预期成本现值−代理成本预期现值。上式表明，负债可以给企业带来减税效应，使企业价值增大；但是，随着负债减税收益的增加，两种成本的现值也会增加。只有在负债减税利益和负债产生的财务拮据成本及代理成本之间保持平衡时，才能够确定公司的最佳资本结构。即最佳的资本结构应为减税收益等于两种成本现值之和时的负债比例。

权衡理论对于企业的长期融资具有很大的启示作用，首先企业要在一定程度上利用负债筹资，增加运用负债减税收益；其次，由于过度的负债融资往往增加财务拮据成本和代理成本，因此企业不能一味地选择低成本的负债融资，合理确定负债融资和权益融资的平衡点；最后，还要考虑影响长期筹资的其他几个方面。

（1）负债筹资是成本最低的筹资方式。在企业的各项资金来源中，由于债务资金的利息在企业所得税前支付，而且，债权人比投资者承担的风险相对较小，要求的报酬率较低，因此，债务资金的成本通常是最低的。当存在公司所得税的情况下，负债筹资，可降低综合资本成本，增加公司收益。

（2）成本最低的筹资方式，未必是最佳筹资方式。由于财务拮据成本和代理成本的作用和影响，过度负债会抵消减税增加的收益。因为，随着负债比重的增加，企业利息费用在增加，企业丧失偿债能力的可能性在加大，企业的财务风险在加大。这时，无论是企业投资者还是债权人都会要求获得相应的补偿，即要求提高资金报酬率，从而使企业综合资本成本大大提高。因此企业在进行长期融资决策时，应当合理确定负债融资和权益融资的比重，寻求两者之间最佳平衡点。

（3）在实际工作中除要考虑上述负债筹资和权益筹资的均衡外，还要考虑以下几个相关因素：

① 经济周期因素。在市场经济条件下，任何国家的经济都既不会较长时间的增长，也不会较长时间的衰退，而是在波动中发展的。这种波动大体上呈现复苏、繁荣、衰退和萧条的阶段性周期循环，即为经济周期。一般而言，在经济衰退、萧条阶段，由于整个宏观经济不景气，多数企业经营举步维艰，财务状况常常陷入窘境，甚至恶化，经济效益较差。在此期间，企业应尽可能压缩负债，甚至采用“零负债”策略，不失为一种明智之举。而在经济复苏、繁荣阶段，一般来说，由于经济走出低谷，市场供求趋旺，大部分企业的销售顺畅，利润水平不断上升，此时，企业应增加负债，以抓住机遇，迅速发展。

② 市场竞争环境因素。即使处于同一宏观经济环境下的企业，因各自所处的市场竞争环境不同，其负债水平也不应一概而论。一般来说，在市场竞争中处于垄断性行业的企业，如我国目前的煤气、自来水、电力等企业，以及在同行业中处于垄断地位的企业，由于这类企业的销售不会发生问题，生产经营不会产生较大的波动，利润稳中有升，因此，可适当提高负债比率，以利用债务资金，提高生产能力，形成规模效益，巩固其垄断地位；而对于一般竞争性企业，由于其销售完全由市场来决定，价格易于波动，利润难以稳定，因此，不宜过多地采用负债方式筹集资金。

③ 行业因素。不同的行业，由于生产经营活动的内容不同，其资金结构相应也会有所差别。商品流通企业因主要是为了增加存货而筹资，而存货的周转期较短，变现能力较强，所以其负债水平可以相对高一些；而对于那些高风险、需要大量科研经费、产品试制周期特别长的企业，过多地利用债务资金显然是不适当的。

④ 预计的投资效益情况。如果预计投资效益好，且该行业或产品处于上升时期，应适当提高负债比率，扩大生产经营规模，利用财务杠杆利益；反之，如果预计生产经营及效益将要下滑，应适当减少负债，缩减生产经营规模，防止财务杠杆风险。此外，企业对待风险的态度也是影响企业负债比率高低的重要因素。那些对经济发展前景比较乐观，喜欢冒风险

的企业往往会安排比较高的负债比率；而那些对宏观经济未来趋势持悲观态度，则会只使用较少的债务资金。

10.（1）优序融资理论放宽 MM 理论完全信息的假定，以不对称信息理论为基础，并考虑交易成本的存在，认为权益融资会传递企业经营的负面信息，而且外部融资要多支付各种成本，因而企业融资一般会遵循内源融资、债务融资、权益融资这样的先后顺序。1989 年 Baskin 以交易成本、个人所得税和控制权的研究角度对优序融资理论作出了解释，指出由于留存收益提供的内部资金不必承担发行成本，也避免了个人所得税，因此内部资金要优于外部资金。与权益性资金相比较，负债融资由于具有节税效应，发行成本低，又不会稀释公司的控制权，所以对外融资来说负债融资又优于权益性融资。

（2）均衡理论认为，随着公司债权比例的提高，公司的风险也会上升，因而公司陷入财务危机甚至破产的可能性也就越大，由此会增加公司的额外成本，降低公司的价值。因此，公司最佳的资本结构是对税盾效应和破产概率增加所导致的各种相关成本上升进行均衡的结果。用公式表示为：

$$V_L = V_u + PVTS - PVFD$$

式中，*PVTS* 和 *PVFD* 分别表示税盾效应现值和破产成本现值。资本结构与公司价值的关系可以用下图来表示。

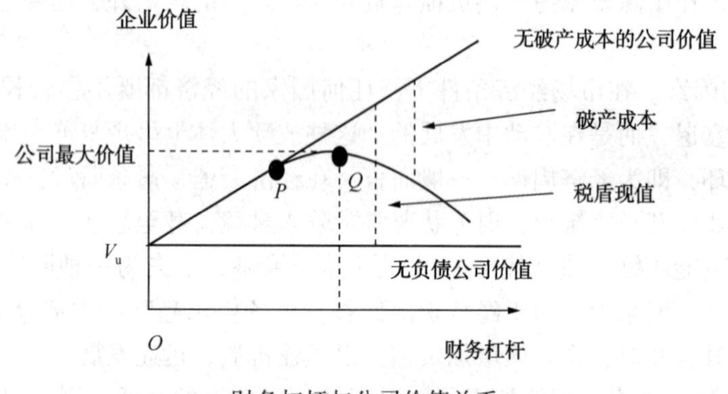

财务杠杆与公司价值关系

如图所示，如果公司资本均为权益资本，即公司财务杠杆为零，在公司的市场价值为 V_u。随着公司债务资本的增加，公司财务杠杆开始发挥效应，税盾效应使公司价值提高。在公司价值低于 *P* 时，不发生破产成本，公司的价值是无杠杆企业价值与企业税盾效应现值之和，公司价值与杠杆之间的关系可视同线性关系。但是，当企业价值超高 *P* 时，财务杠杆的负面影响开始起作用，出现了破产成本，公司价值与杠杆呈现出非线性关系，由于边际税盾效应大于边际破产成本，公司会继续增加债务成本。当公司价值处于 *Q* 点时，由于边际税盾效应等于边际破产成本，此时公司价值达到最大化，杠杆水平反映的是最佳资本结构。过了 *Q* 点，边际税盾效应小于边际破产成本，公司价值开始呈下行趋势。

（3）权衡理论和优序融资理论的区别

① 前提条件不同

权衡理论考虑税收、财务困境成本、代理成本如何影响企业的融资决策，而假定信息是完全的，讨论的核心是举债的利弊及其如何达到均衡。而优序融资理论则认为，不对称信息和融资成本超过了权衡理论中举债的税收和代理方面对资本结构的影响。由于前提的不同，两者对企业的融资决策虽然可能会有相同的建议，却有不同的原因解释。

② 财务杠杆比例的生成原因不同

权衡理论认为最佳资本结构取决于债务的边际成本等于边际收益时的水平，债务的成本收益会驱使低负债企业提高杠杆比例、高负债企业降低杠杆比例，因此企业存在一个理想的财务杠杆比例目标和回复到该目标的趋势。在权衡理论中，企业负债比例的变化是对举债利弊进行权衡的结果，因此，在一定的投资机会下，盈利能力强的企业有更高的杠杆比例。优序融资理论则认为，企业融资决策的依据是一边倒的，即尽量使用低成本的融资方式，不存在一个理想的杠杆比例目标。因此，当企业投资超过留存利润时，企业负债相应增加，反之则减少，企业负债比例的变化是净现金流变化的结果。在优序融资理论中，企业在经营好的时候要储备现金或举借少量债务，以避免将来投资时采用昂贵的外部融资方式，因此，在一定的投资机会下，盈利能力强的企业反而有更低的杠杆比例，高的利润留存和低的负债比例是拥有高融资能力的表现。

③ 股利的性质和作用不同

权衡理论认为，发放股利和举借债务可以互相替代，其效果都能减少自有现金流量，从而降低权益的代理成本。优序融资理论则认为，由于某些原因，股利发放是稳定的，企业现金流的变化主要靠债务的收缩来解决。

④ 负债的性质和作用不同

在权衡理论中，负债的作用主要体现在对税收和委托代理关系等方面的影响上，因而各种负债内部种类之间并无大的区别。在优序融资理论中，在负债内部，低风险债务（如抵押贷款或债券）较之高风险债务（如信用债券）更能传递积极信息，能够降低融资成本，因而得到优先考虑，成为仅次于内源融资的方式。

11. 企业的资金来源主要包括内源融资和外源融资两个渠道，外源融资是指公司通过公司以外的其他经济主体筹集资金以转化为自己投资的过程，其方式包括：银行贷款、发行股票、企业债券等；内源融资是指公司经营活动结果产生的资金，即公司不断将内部融通的资金转化为投资的过程。其中外源融资主要包括直接融资和间接融资两类方式。直接融资指拥有闲置资金的单位与资金短缺需要补充资金的单位，相互之间直接进行协议，或者在金融市场上前者购买后者发行的有价证券，将货币资金提供给所需要补充资金的单位使用，从而完成资金融通的过程。间接融资指拥有闲置货币资金的单位通过存款的形式或购买银行、信托、保险等金融机构发行的有价证券，将其暂时闲置的资金先行提供给这些金融中介机构，然后再由这些金融机构以贷款、贴现等形式，或通过购买需要资金的主体发行的有价证券向其提供资金，从而实现资金融通的过程。

从近几年来看，我国上市公司在融资方式的选择上，严重依赖外源融资，在外源融资里更侧重于股权融资，其次是债务融资，最后是内源融资。当前我国大多数的上市公司的融资顺序并不符合新优序融资理论。其原因主要为以下几点：

（1）当前我国股权融资成本较低。我国资本市场发展尚不完善，上市公司的股票分红支出少，新股发行的市盈率高，从而使同样股利水平条件下，股权融资成本低。另外，很多上市公司主要股东，一股独大，不怕股权分散稀释，发行股票而带来的控制权降低现象基本不存在。

（2）我国债券市场发展滞后。在股票市场迅速扩张的同时，债券市场都没有得到相应的发展，二者发展极不平衡。债券市场管理较为严格，发展滞后，市场程度化低。在规模有限的债券市场中，交易品种也是以国债为主，企业债券不仅品种少，规模相对也很少。企业通过债券融资的可能性实质上受到抑制。

(3) 公司治理因素。我国上市公司的支付率较低，小股东投资于证券市场的主要目的是为了买卖股票差价从而赚取收益，对公司治理的意愿很低，弱化了上市公司加强管理的动机。而管理层也不愿稀释自己的权力，发行债券的债权人往往出于保护自身的利益，会对管理层进行较为被动的监督，使得管理层一些隐性利益受到损害，可能会使各种利益丧失殆尽。所以在一定程度上，管理层厌恶债务融资。

(4) 股票市场监管力度不够。我国证券市场还处于萌芽和发展阶段，近年来上市公司造假事件频发，我国的证券监督机构在上市公司信息披露监管方面的制度建设还不够，导致了相关的法制法规建设不够完善，发现问题不能够及时、准确，处罚力度不够等问题。而发行债券或银行债券，其审批主要是依据新项目的预期收益率，对它的审查较为严格。在这种情况下，上市公司显然喜好选择股权融资这种方式。

总而言之，我国上市公司融资顺序与发达国家融资顺序的不同主要还是由于我国资本市场发展不完善。目前监管部门应当完善上市公司的治理结构、大力发展与完善市场、增强内源融资能力，提高企业盈利水平，来规范资本市场，使其更有效率，为经济发展做出贡献。

考点3　MM 定理

1. A　根据无税 MM 定理可知，资本结构的变化对公司价值是没有影响的。但是，权益的期望收益率会随着财务杠杆的增加而增加。完善资本市场下财务杠杆与资本成本的关系图如下：

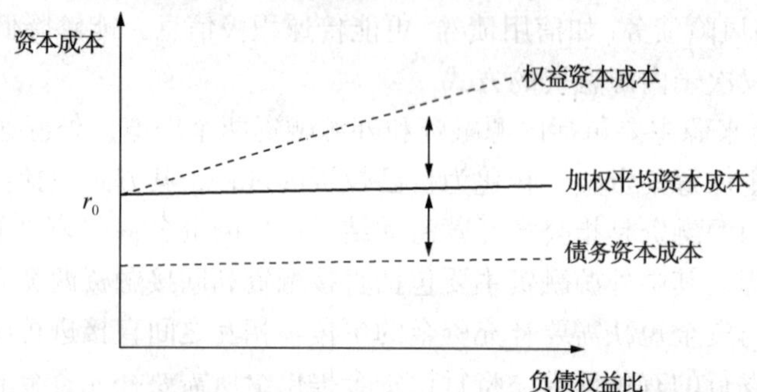

2. B　根据无税 MM 理论的观点，不存在最优的资本结构，即上述甲乙两公司的价值应该是相等的。唯一使投资者继续持有甲公司股票的理由是甲公司股票价格低于其真实的内在价值，一段时间后，甲公司股价达到无套利均衡水平，投资者获得收益。

3. D　$S=12.5$ 亿，股数为 5000 万股，所以每股价格为 25 元。要赎回 7.5 亿债券，需发行 7.5 亿的股票，也就是 3000 万股。原来该股东持股比例 100/5000 万，所以该股东需借款购入相同比例股票，即 100/5000 万×3000 万 = 60 股，即需要借入 60×25 = 1500 元。

4. C　根据有税的 MM 定理的命题Ⅱ，$R_s=R_0+B/S\times(1-t)\times(R_0-R_B)$，即 $16\%=R_0+1\times75\%\times(R_0-8\%)$，解上式得到公司的债务权益比为 0 时的权益成本 $R_0=12.57\%$。

5. A　根据无税 MM 定理 1，杠杆企业的价值与无杠杆企业的价值相等，即 $V_L=V_U=24\times100=2400$ 亿元。则 $S=V_L-B=2400-1200=1200$ 亿元，此时 $P=\frac{S}{N}=\frac{1200}{200}=6$ 元。

6. A　F 公司的价值 =(息税前收益 - 税额)/资本成本 =(10000 - 10000×35%)/16% = 40625(元)，M 公司的负债 D = 40625/2 = 20312.5(元)，根据有税条件下的 MM 定理：M 公

司的价值=F 公司价值+利息税盾=40625+20312.5×35%=47734(元)。

7. C　由于利息的节税效应，随着财务杠杆的增加，公司价值会上升，权益资本成本会上升，WACC 会下降。

8.(1)现代资本结构研究的起点是 MM 定理。在完美资本市场的一系列严格假设条件下，得出资本结构与企业价值无关的结论。在现实世界中，这些假设是难以成立的，最初 MM 定理推导出的结论并不完全符合现实情况。后来，有税 MM 定理放松了公司税的假定，认为企业的负债水平越高，其价值就越大，权益的回报率也就越高，以此推论，对每一个追求企业及股东价值最大化的公司，其最优的资本结构自然是 100%的负债。但是，现实情况却并非如此，没有一个公司采用 100%负债的资本结构。

(2) 理论和现实的悖反使人们对 MM 定理的正确性产生了怀疑，在 MM 定理之后，又有很多学者将现实中的其他因素纳入公司资本决策的考虑范畴中，不断放松假设，修正和完善了 MM 定理。

① 权衡理论。权衡理论放松了 MM 定理无破产成本的假设。权衡理论形成于 20 世纪 70 年代，其主要观点是公司的最优资本结构应在税盾效应和破产成本之间进行权衡。权衡理论认为，随着公司债权比例的提高，公司的风险也会上升，因而公司陷入财务危机甚至破产的可能性也就越大，由此会增加公司的额外成本，降低公司的价值。因此，公司最佳的资本结构是对税盾效应和破产概率增加所导致的各种相关成本上升进行均衡的结果。

② 代理成本理论。代理成本理论认为，债务资本和权益资本都存在代理问题，资本结构由各方利息冲突引发的代理成本决定。这意味着最优资本结构可以用代理成本进行解释，而非仅仅是税盾效应和破产成本。

③ 优序融资理论。优序融资理论放松了信息不对称的假设，并考虑交易成本的存在。该理论认为，公司为新项目融资时，将优先考虑使用内部的盈余，其次采用债券融资，最后才考虑股权融资，即遵循内部融资、外部债权融资、外部股权融资的顺序。

9.(1)在不存在税收的情况下，无杠杆公司的价值等于息税前利润除以权益的成本，因此：

$$V_U=\frac{EBIT}{r_{WACC}}\Rightarrow 4300=EBIT/0.11\Rightarrow EBIT=473\text{ 万美元}$$

(2) 无杠杆公司的价值为：

$$V_U=\frac{EBIT\times(1-T_C)}{r_U}\Rightarrow 4300=EBIT\times\frac{(1-0.35)}{0.11}\Rightarrow EBIT=727.69\text{ 万美元}$$

WACC 仍然是 11%。因为有税收，为了使公司的价值仍然为 4300 万美元，全权益公司的 EBIT 比第 1 问要高。

10. 根据有税的 MM 定理Ⅰ，公司价值的增加额是税盾的现值，由于该贷款将在未来的两年中每月等额清偿，就有必要计算出每年的贷款利息和税盾。如下所示：

年数	剩余贷款额	利息	税盾
0	1400000		
1	700000	112000	39200
2	0	56000	19600

公司价值的增加额=39200/1.08+19600/1.08^2=53100.14 美元。

11. (1) 如果 $EBIT=750000$ 美元，则：

$$EPS_{\mathrm{I}}=750000/240000=3.13\text{ 美元/股}$$

$$EPS_{\mathrm{II}}=\frac{750000-10\%\times3100000}{160000}=2.75\text{ 美元/股}$$

很明显，当 $EBIT$ 为 750000 美元时，计划Ⅰ的 EPS 更高。

(2) 当 $EBIT=1500000$ 美元时，计划Ⅰ：

$$EPS_{\mathrm{I}}=1500000/240000=6.25\text{ 美元/股}$$

$$EPS_{\mathrm{II}}=\frac{1500000-10\%\times3100000}{160000}=7.44\text{ 美元/股}$$

很明显，当 $EBIT=1500000$ 美元时，计划Ⅱ的 EPS 更高。

(3) 设盈亏平衡点为$\overline{EBIT}$，则：

$$\frac{\overline{EBIT}}{240000}=\frac{\overline{EBIT}-10\%\times3100000}{160000}\Rightarrow\overline{EBIT}=930000\text{ 美元}$$

(4) 尽管方案Ⅱ的 EPS 更高，但由于额外风险的增加，股东将要求较高的回报。这些效应相互抵消，结果是每股股价保持不变。证明一下：

无税情况下，ROE 等于权益资本成本，因此：

$$ROE=\frac{\text{净利润}}{\text{总权益}}=\frac{N\times EPS}{N\times P}\Rightarrow P=\frac{EPS}{ROE}$$

EPS 和 ROE 是同比率增长的关系，因此 P 不变。

设股价为 P，根据 MM 定理则有：$240000P=3100000+160000P\Rightarrow P=38.75$ 美元。

则此时的公司价值为：$240000\times38.75=9300000$ 美元。

12. (1) 资产 = 股权 = $7.5\times2000=15000$ 万美元

(2) 在借债之后、股票回购之前，公司资产(包括所有税盾)的市值是：

$$A=15000(\text{原市值})+5000(\text{现金})+5000\times40\%(\text{税盾})=22000\text{ 万美元}$$

(3) 在股票回购之前，权益价值为：

$$S=A-B=22000-5000=17000\text{ 万美元}$$

则股价为：$17000/2000=8.50$ 美元

回购股票：$5000/8.5=588.2$ 万股

(4) 股票回购完成后，资产的市值变为：

$$A'=15000(\text{原市值})+5000\times40\%(\text{税盾})=17000\text{ 万美元}$$

债务变为 5000 万美元，则股权的市值变为：$B'=170-50=12000$ 万美元

则新的股价为：$12000/(2000-588.2)=8.50$ 美元

13. (1) 根据有税 MM 定理可知利息税盾为：$T_C\times B\times R_B$。

(2) 当税盾为永续年金，那么，该税盾的现值为：

$$PV=\frac{T_C\times B\times R_B}{R_B}=T_C\times B$$

(3) 根据有税的 MM 定理，在引入杠杆之后，该公司的价值 V_L 为：

$$V_L=V_U+T_C\times B$$

14. 根据 MM 定理 I 可知，在无税的条件下，杠杆公司与无杠杆公司的价值是相等的，即：

$$V_L=V_U=\frac{EBIT}{r_U}=\frac{90}{0.1}=900$$

则 L 公司的债务权益比$\frac{B}{S}=\frac{400}{900-400}=\frac{4}{5}$，则市场均衡下，L 公司的权益成本应为：

$$r_S=r_U+\frac{B}{S}\times(r_U-r_B)=10\%+\frac{4}{5}\times(10\%-7.5\%)=12\%$$

由上可知：L 公司的股东收益率被低估了，即 L 公司的股票被高估了。套利组合：卖空 L 公司的股票，持有 U 公司的股票。

15.（1）根据无税 MM 定理可知，公司资本结构的改变并不影响股价，所以股价仍然是 75 美元。

（2）没有资本重整前的公司价值为：75×10+100＝850 百万美元。新的债务是 350 百万美元，则可得公司重整后的权益市值为 850－350＝500 百万美元，故重整后的股价为 500/10＝50 美元。

（3）公司的无杠杆权益资本成本为：$r_U=\frac{750}{850}\times8.5\%+\frac{100}{850}\times4.25\%=8\%$。

则根据无税 MM 定理 2，可得交易结束后公司的股权资本成本为：

$$r_S=8\%+\frac{350}{500}(8\%-5\%)=10.1\%$$

16.（1）$\beta_S=\beta_U\left(1+\frac{B}{S}\right)=1.2\times\left(1+\frac{40}{60}\right)=2$

（2）$r_S=r_U+\frac{B}{S}(r_U-r_B)=12.5\%+\frac{40}{60}\times(12.5\%-5\%)=17.5\%$

（3）$p=14\times1.5=21$ 美元，每股回购需要债务借款 21×0.4＝8.4 美元，产生的利息是 8.4×5%＝0.42 美元，产生的收益为 1.50－0.42＝1.08 美元，此时的预期每股收益为 1.08/0.6＝1.80 美元。这种变化对股东是没有意义的，因为在完美资本市场资本结构变动并不影响股价。

（4）$\frac{P}{E}=\frac{21}{1.8}=11.67$，市盈率变小了，这是合理的，因为风险增加了。

17.（1）资本结构调整前 $B/S=0.4$，且 $B=430$ 万美元，因此 $S=430/0.4=1075$ 万美元。则此时，公司市场价值为：$V_L=B+S=430+1075=1505$ 万美元。

根据无税的 MM 命题 I，公司资本结构的变化对公司的整体价值没有影响，因此，在股票回购计划宣布之后，公司的价值不会改变，也为 1505 万美元。

（2）在宣布回购计划之前，公司需要支付的利息为：430×10%＝43 万美元，则：

$$ROE=r_S=(168-43)/1075=11.63\%$$

（3）根据有税 MM 定理Ⅱ，可得：

$$r_S=r_U+\frac{B}{S}(r_U-r_B)\Rightarrow11.63\%=r_U+0.4\times(r_U-10\%)\Rightarrow r_U=11.16\%$$

由于该公司是权益公司，因此其权益收益率＝11.16%。

（4）资本结构调整后，公司的权益资本成本为：

$$r_S=r_U+\frac{B}{S}(r_U-r_B)=11.16\%+0.5\times(11.16\%-10\%)=11.74\%$$

第10章 公司价值评估

一、考查要点

（一）公司价值评估的主要方法

1. 资本预算的三种主要方法包括加权平均资本成本法(WACC)、调整净现值法(APV)、股权现金流法(FTE)。

2. WACC估值法的关键步骤如下：

(1) 确定投资的无杠杆自由现金流；

(2) 计算加权平均资本成本：

$$r_{\text{WACC}} = \frac{S}{B+S} \times r_S + \frac{B}{B+S} \times r_B \times (1 - T_C)$$

(3) 用WACC对投资产生的自由现金流折现，计算有杠杆时的投资价值V^L。

3. 使用APV法确定杠杆投资的价值，步骤如下：

(1) 以无杠杆资本成本r_U折现投资的自由现金流，确定投资的无杠杆价值V^U。

(2) 确定利息税盾的现值：

① 给定t期的债务B_t，$t+1$期的利息税盾为$T_C\, r_B\, B_t$。

② 如果债务水平随着投资价值或自由现金流而变动，则用r_U作为折现率(如果债务为预先设定的，则以r_B折现利息税盾。

(3) 将投资的无杠杆价值V^U与利息税盾相加，得到有杠杆时的投资价值V^L。

4. 应用FTE法对杠杆投资进行估值的关键步骤如下：

(1) 确定投资的股权自由现金流：

$$FCFE = FCFF - (1 - T_C) \times \text{利息支付} + \text{净借款}$$

(2) 以股权资本成本对股权自由现金流进行折现，计算股权价值的增加S。

5. 如果项目的风险不同于公司总体的风险，必须分开估计公司的资本成本和项目的资本成本。可参照其他具有相似市场风险的公司的无杠杆资本成本，来估算该项目的无杠杆资本成本。

6. 公司的税前WACC衡量了公司投资者的要求回报率。公司的有效(实际)税后WACC，或简称WACC，则衡量了考虑利息税盾收益后的公司资本成本。税前WACC和WACC的关系式如下：

$$\begin{aligned} r_{\text{WACC}} &= \frac{S}{B+S} \times r_S + \frac{B}{B+S} \times r_B \times (1 - T_C) \\ &= \frac{S}{B+S} r_S + \frac{B}{B+S} r_B - \frac{B}{B+S} r_B T_C \end{aligned}$$

其中，$\frac{S}{B+S} r_S + \frac{B}{B+S} r_B$即为税前WACC，$\frac{B}{B+S} r_B T_C$为利息税盾的递减。

不存在其他市场因素不完备时，WACC随公司杠杆的增加而下降。

当公司维持目标杠杆比率时，其有杠杆时的价值 V^L 等于公司自由现金流使用 WACC 折现的现值，无杠杆时的价值 V^U 等于用无杠杆资本成本或税前 WACC 折现的公司自由现金流的现值。利息税盾 $=V^L-V^U$。如果证券被公允定价，公司的原股东将获得杠杆增加所产生的利息税盾的全部收益。

7. 我们前面关于 WACC 的公式都是依赖于公司保持目标杠杆比率的假设。这种关系成立是因为在那种情形下利息税盾与公司的现金流具有相同的风险。但若根据固定的计划设置某些时期内的债务水平，则预设债务的利息税盾是已知的，是相对安全的现金流。这些安全的现金流将会减少杠杆对公司股权风险的影响。因为这一效应，在评估公司的杠杆时，应从债务中减去这些"安全"的税盾的价值，这与从债务中减去现金的方式一样。也就是说，如果 T^s 表示预先设定的债务的利息税盾的现值，公司股权的风险将取决于预先确定的税盾现值后的债务净额：

$$B'=B-T^S$$

我们使用B'来取代前面公式中的 B，能够得到无杠杆资本成本和股权资本成本之间更一般的关系：

$$r_U=\frac{S}{S+B'}r_s+\frac{B'}{S+B'}r_B$$

或等价于$r_S=r_U+B'/S(r_U-r_B)$。联立 WACC 的定义公式我们可以得到：

$$r_{WACC}=r_U-dT_C\left[r_B-\varphi(r_U-r_B)\right]$$

式中，$d=B/(S+B)$，表示债务对企业价值比率，$\varphi=T^S/(T_CB)$，衡量债务水平 B 的不变性。根据为适应投资增长而调整债务频率的不同，下面列出了公司理财实践中常用的三种情形：

（1）持续调整债务：$T^S=0$，$B'=0$，$\varphi=0$。

（2）每年调整债务：$T^S=\frac{T_Cr_BB}{1+r_B}$，$B'=B\left(1-T_C\frac{r_B}{1+r_B}\right)$，$\varphi=\frac{r_B}{1+r_B}$。

（3）不变的永久性债务：$T^S=T_CB$，$B'=B(1-T_C)$，$\varphi=1$。只有在这种情况下，才能得出有税 MM 定理 2 的公式：$r_s=r_U+\frac{B}{S}(r_U-r_B)(1-T_C)$。

8. 如果公司设定债务水平，以使利息费用成为自由现金流的一个固定比例 k，则称公司保持不变的利息保障比率政策。在此杠杆政策下，有杠杆时的项目价值为：

$$V^L=(1+T_Ck)\ V^U$$

9. 若根据固定的计划设定债务水平：

(1)利用债务资本成本 r_B 来折现预先确定的利息税盾。

(2)此时，无杠杆资本成本不再等于税前 WACC。

10. 如果公司选择保持永久不变的债务水平 B，在这一杠杆政策下，有杠杆时的项目价值为：

$$V^L=V^U+T_C\times B$$

（二）WACC 法、APV 法和 FTE 法的比较

一般，如果公司计划在投资期限内保持目标债务股权比率，则 WACC 法最为简便易行。对于其他杠杆政策，APV 法通常最直接。一般只有在复杂情形下，比如，公司资本结构中其他证券的价值或者利息税盾本身难以确定时，才应用 FTE 法。

二、2023 年命题预测

杠杆企业价值评估是公司理财的难点，罗斯的《公司理财》主要是从 OCF 的角度进行阐述的，很难解决现在不少从自由现金流角度命题的题目。本章的知识要点主要是从自由现金流角度进行阐述，相对而言是罗斯教材的一个良好补充。本章适合出 20 分的计算题，考复旦大学、中国人民大学、上海交通大学的考生应务必关注本章考点。

考点1　公司价值评估的主要方法

（一）命题思路

公司价值评估的方法，是公司财务的难点，题型以计算题为主。除了复旦、上财、人大等名校，多数高校对本知识点不做具体要求。三个方法中，WACC 法最重要，APV 法其次，FTE 法则很少涉及。

（二）习题精编

1. 顶点仓储公司的股权市值为 10000 万美元，未偿付债务的价值为 4000 万美元。公司计划今后维持与此相同的债务股权比率。公司支付的债务利率为 7.5%，公司税率为 35%。如果预计明年的自由现金流为 700 万美元，并且每年按 3%的比率增长，则利息税盾的价值为(　　)美元。

A. 16million　　B. 17million　　C. 18million　　D. 19million

2. 假设 A 公司的自由现金流量增长率固定为 5%，预计本年的自由现金流量为 100 万元，自由现金流量利息保障倍数保持为 10，所得税税率为 25%，项目的无杠杆价值为 800 万元，则项目的有杠杆价值为(　　)。

A. 820 万元　　B. 880 万元　　C. 780 万元　　D. 720 万元

3. Shattered 玻璃公司是一家全权益公司。公司权益资本成本目前为 14%，无风险利率为 6%。公司目前正考虑进行的项目将耗资 1140 万美元，持续时间的为 6 年。项目每年所获得的收入减去支出仍余 380 万美元。如果公司税率为 40%，那么它是否应该接受该项目？

4. Acort 公司有 1000 万股流通股，当前股价是每股 40 美元。公司还有无风险的长期债券，债券面值为 10000 万美元，年息票率为 10%，4 年后到期。剩余息票的第一笔支付将发生在整整一年后。所有期限债务的无风险利率都是 6%。公司的 EBIT 为 10600 万美元，预计每年都保持不变。预计公司每年新的资本性支出等于折旧，每年为 1300 万美元，未来每年的净营运资本预期保持不变。公司税率为 40%，公司在未来将保持债务股权比率不变(随着时间的推移，通过额外发行新债券或者回购部分旧债券来维持)。

（1）根据以上信息估算公司的 WACC。

（2）公司的股权资本成本为多少？

5. 保捷公司通过持续调整资本结构使其债务-权益比率一直保持在 0.20 的水平以上，其流通的普通股总数为 25 亿股。该公司的产品在市场上享有非常稳定的需求。因此，公司有着较低的权益贝塔 0.50。公司的借债成本为 4.20%，仅比 4%的无风险利率高出 20 个基点，市场组合的预期收益率为 10%。保捷公司的所得税率为 35%。保捷公司现在预计一年后的自由现金流为 60 亿美元，并在此基础上逐年增长 2.39%，直到永远。因为其良好的盈利能力，保捷公司相信，提高债务水平不会给公司带来严重的破产风险。如果债务-

权益比率提高到0.50，公司的债务成本会微升至4.5%。假设保捷公司现在宣布它将通过杠杆资本重组，把债务比率提高至0.50。分析计算该公司的股价会因此上升多少？(计算过程保留4位小数)

6. (中国人大2011)假定一个公司正在考虑是否投资生命周期为5年，初始投资额为1000元的项目。已知项目按直线法提取折旧，项目每年净现金流入3500元。公司所得税率 T_c 为34%，无风险利率为10%，完全权益资本成本为 r_U 为20%。

(1) 公司完全权益融资时，该项目是否可行？

(2) 假定该公司能够获得一笔5年期期末一次性偿还的债务7500元，则该项目是否可行？

7. (中国人大2013)第一汽车公司希望向神舟租车公司出售一批轿车。神舟租车公司对其用于租赁业务的轿车有以下规定：按直线法折旧，5年后将其处理并预计无残值。神舟租车公司预期这批轿车每年能带来的税前经营性现金流为100000元，公司的所得税税率为25%。新增的这批轿车不会增加企业风险，全权益资本成本为10%。无风险利率为4%。

(1) 神舟租车公司为购买这批轿车所愿意出的最高价是多少？

(2) 假设第一汽车公司对这批轿车的定价为380000元，神舟租车公司将发行200000元的5年期债券为该项目融资，债券投8%的利率平价发行，假设无发行费用和财务困境成本，按年付息，那么该项目的调整净现值APV是多少？

(3) 政府为促进租车行业的发展，愿意向神州公司提供利率为5%的5年期贴现贷款200000元，那么神舟公司愿意为这批轿车的最高出价又是多少？

8. 假设甲公司正在考虑收购其所在行业中的另一家公司。预计此次收购将在第1年使得甲公司增加60万元的自由现金流量，从第2年起，自由现金流量将以4.8%的速度增长。甲的协议收购价格为1740万元。交易完成后，甲将调整资本结构以维持公司当前的债务与企业价值比率不变。甲公司的股权资本成本为10%，债务利息率为6%，公司始终保持债务与企业价值(市场价值)比率为0.4，公司所得税税率为25%。如果此次收购的系统风险与甲其他投资的系统风险大致相当。要求：利用加权平均成本法

(1) 计算被收购的目标企业的价值为多少？

(2) 此次收购的净现值为多少？

(3) 假设甲在保持债务与企业价值比率不变的前提下，必须为收购举借多少债务？收购成本中的多少要通过股权筹资来实现？

考点2　WACC、APV和FTE法的比较

(一) 命题思路

WACC、APV和FTE法的比较，属于难点知识点，主要命题形式是简答题和计算题。

(二) 习题精编

1. (中央财经2014)比较用于企业价值评估的WACC方法和APV方法。

2. XL体育用品公司预计每年产生1090万美元的自由现金流。公司有永久不变的债务4000万美元，公司税率是40%，无杠杆资本成本是10%。

(1) 采用APV法估算XL公司的股权价值是多少？

(2) 公司的WACC是多少？运用WACC法估算股权价值是多少？

(3) 如果公司的债务资本成本是5%，它的股权资本成本是多少？

(4) 采用FTE法估算公司的股权价值是多少？

3. A 公司是一家无杠杆公司，其预期有永续的税前收益，每年 3500 万元。目前该公司权益的必要报酬率是 20%。该公司每年年末均把所有的收益作为股利发放。公司在外发行的普通股股数为 150 万股。公司税税率为 35%。公司正在计划调整资本结构，按该计划其将发行 4000 万元，利率永远为 9%的债务，并用这些钱回购股票。

(1) 计算资本结构调整计划公告前公司的价值。此时权益的价值是多少？公司每股价格是多少？

(2) 使用 APV 法计算公司资本结构调整计划公告后公司的价值。此时权益的价值是多少？公司每股价格是多少？

(3) 多少股票将被回购？回购完成后，权益的价值是多少？公司每股价格是多少？

(4) 使用 FTE 法计算公司资本结构调整后公司权益的价值？

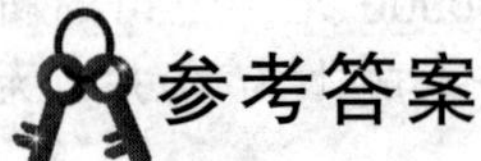

参考答案

考点 1　公司价值评估的主要方法

1. C　先计算出税后 *WACC*：

$$V^L = B + S = 140 = \frac{FCFF}{WACC - g} = \frac{7}{WACC - 3\%} \Rightarrow WACC = 8\%$$

然后求税前 WACC：

$$\text{税前 } WACC = WACC + \frac{B}{B+S} \times r_B \times T_C = 8\% + \frac{40}{140} \times 7.5\% \times 0.35 = 8.75\%$$

则无杠杆公司的价值为：

$$V^U = \frac{FCFF}{\text{税前 } WACC - g} = \frac{7}{8.75\% - 3\%} = 122\text{million 美元}$$

则税盾节税效应为：$PV = 140-122 = 18$million 美元。

2. A　利息保障比率不变时杠杆项目的价值是：

$$V^L = V^U + PV(\text{利息税盾}) = V^U + T_C k \times V^U = (1 + T_C k)\, V^U$$

$$= 800 \times \left(1 + 25\% \times \frac{1}{10}\right) = 820 \text{ 万元}$$

3. 税后收入 = 380×(1-0.40) = 228 万美元

税盾 = 年折旧额×税率 = (1140/6)×0.40 = 76 万美元

NPV = 初始成本+折旧税盾的净现值+税后收入的净现值

= -1140+76(*P/A*, 14%, 6)+228(*P/F*, 14%, 6) = 120.33 万美元

由于净现值为正，因此应该接受该项目。

4. (1) 由于不知道公司的股权资本成本，不能直接使用 WACC 公式进行计算。但是，我们可以间接通过估算公司的市场价值求出折现率。公司的股权市值为：

$$S = 10 \times 40 = 400\text{million}$$

债务的市场价值为：

$$B = 10 \times \frac{1}{0.06}\left(1 - \frac{1}{1.06^4}\right) + \frac{100}{1.06^4} = 113.86\text{million}$$

因此，公司的价值为：$S+B = 400+113.86 = 513.86$millon。

公司的自由现金流为：

$$FCFF = EBIT(1 - T_c) + 折旧 - 资本性支出 - 净营运资本的增加$$
$$= 106 \times (1 - 40\%) = 63.6\text{million}$$

由于公司每年的自由现金流无增长，则：

$$V^L = 513.86 = \frac{63.6}{r_{WACC}} \Rightarrow r_{WACC} = 12.38\%$$

(2) 根据 WACC 公式可知：

$$12.38\% = \frac{400}{513.86} \times r_S + \frac{113.86}{513.86} \times 6\% \times (1 - 40\%) \Rightarrow r_S = 14.88\%$$

5. 杠杆资本重组前，可得公司权益资本成本为：

$$r_S = r_f + \beta(r_M - r_f) = 4\% + 0.5 \times (10\% - 4\%) = 7\%$$

由 $B/S=0.20$，则 $B/(B+S)=1/6$，$S/(B+S)=5/6$，则公司加权平均资本成本：

$$r_{WACC} = \frac{B}{B+S} r_B(1-t) + \frac{S}{B+S} r_S = \frac{1}{6} \times 4.2\% \times 65\% + \frac{5}{6} \times 7\% = 6.29\%$$

运用折现现金流模型可得：

$$公司价值\ V = \frac{60}{6.29\% - 2.39\%} = 1538.4615\ 亿美元$$

可以使用税前 WACC 求出公司的无杠杆收益率 r_0：

$$税前\ WACC = \frac{B}{B+S} r_B + \frac{S}{B+S} r_S = \frac{1}{6} \times 4.2\% + \frac{5}{6} \times 7\% = 6.53\% = r_0$$

杠杆资本重组后：$\frac{B'}{S'} = \frac{1}{2}$，$r'_B = 4.5\%$，则可以求出此时的股权资本成本：

$$r'_S = r_U + \frac{B'}{S'}(r_U - r'_B) = 6.53\% + \frac{1}{2} \times (6.53\% - 4.5\%) = 7.55\%$$

则此时的加权平均资本成本为：

$$r'_{WACC} = \frac{2}{3} \times 7.55\% + \frac{1}{3} \times 4.5\% \times 0.65 = 6\%$$

此时，运用折现现金流模型可得：

$$公司价值\ V' = \frac{60}{6\% - 2.39\%} = 1662.0499\ 亿美元$$

税盾的价值为：1662.0499－1538.4615＝123.5884 亿美元。则股价上升 123.5884/25＝4.9435 美元。

【科兴提示】这个题目的r_U不能通过有税 MM 定理 2 的公式计算，因为本题中每年的自由现金流是增长的。

6. (1)项目每年的现金流预测如下：(单位：元)

	C_0	C_1	C_2	C_3	C_4	C_5
初始投资	−10000					
折旧节税		0.34×2000＝680	680	680	680	680
收入减支出		(1−0.34)×3500＝2310	2310	2310	2310	2310

我们知道一个项目的 APV 等于其余全权益价值和负债的连带效应之和，即：

$$NPV=-10000+\frac{680}{10\%}\times\left[1-\left(\frac{1}{1+10\%}\right)^5\right]+\frac{2310}{20\%}\times\left[1-\left(\frac{1}{1+20\%}\right)^5\right]\approx-513.95\text{ 元}$$

如果是全权益融资，这个项目就不可行，因为 NPV 为负值，而股票发行的成本只会使 NPV 更小。但债务融资则使项目的价值增大，有可能变为可行。

【科兴点评】需要注意的是，折旧节税额按无风险利率 10%折现，而现金收入和支出则按较高的利率 20%折算。

（2）若债务融资，则：

$$NPV(\text{借款})=\text{借入款项}-\text{税后利息现值}-\text{本金偿还现值}$$
$$=7500-\frac{7500\times10\%\times(1-34\%)}{10\%}\times\left[1-\left(\frac{1}{1+10\%}\right)^5\right]-\frac{7500}{(1+10\%)^5}$$
$$\approx966.54\text{ 元}$$

在这种融资情形下，该项目的调整净现值为：

$$APV=\text{全权益价值}+NPV(\text{借款})=-513.95+966.54=452.59>0$$

此时，项目可行。

7.（1）所谓愿意支付的价格，就是求 NPV 盈亏平衡点。假设神舟租车公司为购买这批轿车所愿意的最高出价是 P，则每年折旧额是 $0.2P$。

$$NPV=-P+100000\times(1-25\%)\times A_{10\%}^5+0.2P\times25\%\times A_{4\%}^5=0$$

可得出 $P=365717.7871$

（2）假定项目融资全部来自权益，其价值为：

$$NPV=-380000+100000\times(1-25\%)\times A_{10\%}^5+\frac{380000}{5}\times25\%\times A_{4\%}^5=-11106.3680\text{ 元}$$

融资负效应的净现值：

$$NPVF=200000-200000\times8\%\times A_{8\%}^5+200000\times8\%\times A_{8\%}^5\times25\%-\frac{200000}{(1+8\%)^5}=15970.8401$$

在此融资情形下，该项目的调整净现值是：

$$APV=NPV+NPVF=-1106.3680+15970.8401=4864.4721\text{ 元}$$

（3）设最高愿意出价为 X，负债的净现值为：

$$NPV=200000-200000\times5\%\times(1-25\%)\times\frac{1-\frac{1}{1.08^5}}{8\%}-200000\times\frac{1}{1.08^5}=33938.04\text{ 元}$$

$$APV=-X+100000\times(1-25\%)\times\frac{1-\frac{1}{1.1^5}}{10\%}+\frac{X}{5}\times25\%\times\frac{1-\frac{1}{1.04^5}}{4\%}+33938.04=0$$

计算可得 $X=409373.60$ 元。

8.（1）$r_{\mathrm{WACC}}=10\%\times0.6+6\%\times(1-25\%)\times0.4=7.8\%$

收购的目标企业有杠杆的价值 $V_L=\dfrac{60}{7.8\%-4.8\%}=2000$（万元）

（2）收购的净现值=2000−1740=260（万元）

（3）需要增加债务筹资 $D_t = d \times V_t^L = 40\% \times 2000 = 800$（万元）

收购成本中股权筹资额 = 1740−800 = 940（万元）。

考点2　WACC、APV和FTE法的比较

1. 加权平均资本成本（WACC）是公司各种形式的个别资本（或称资本的各组成部分）的成本与该类资本在企业资本总额中所占的权重的乘积之和。在WACC方法中，分子是全权益融资下的税后现金流量UCF，分母是权益资本成本和负债资本成本的加权平均，债务的影响没有体现在分子中，而是体现在分母上，分母中的债务资本成本是税后的，反映了负债的节税效应。

APV即“调整现值法”是一种绝对值估值方法，其原理为将未来的现金流进行折现。在APV方法中，分子为全权益融资下的税后现金流量UCF，分母为全权益情况下的折现率，在此基础上，加上负债连带效应的净现值。负债连带效应包括节税效应、发行成本、财务困境成本和利息补贴等。

WACC方法和APV方法分子都采用了UCF。但是APV方法采用了全权益资本成本折现得到无杠杆项目的价值，然后加上负债的节税现值，得到杠杆情况下的项目价值。WACC将UCF按照加权平均资本成本来贴现，而加权平均资本成本低于无负债情况下的权益资本成本，两者只有在满足资产负债率可变或资产负债率恒定时才能等同。在用于企业价值评估时的比较：①从时间范围来看，债务水平可以预测时，适用于APV法；②财务杠杆是不稳定的时候用APV法较好，当负债率是固定的时候，用WACC法较好。

2.（1）公司的无杠杆价值是：

$$V^U = \frac{10.9}{10\%} = 109\text{millon}$$

利息税盾的价值为：0.40×40 = 16millon

则根据APV法，可知公司的价值是：$APV = 109 + 16 = 125$millon

因此股权价值是125−40 = 85million

（2）根基税前WACC和税后WACC的关系可知：

$$r_{WACC} = r_U - \frac{B}{B+S} r_B T_C = 10\% - \frac{40}{125} \times 0.40 \times 10\% = 8.72\%$$

运用WACC法可知公司的价值为10.9/8.72% = 125million，因此公司的权益价值为125−40 = 85million。

（3）本题中，利息税盾的是无风险的，公司股权的风险将取决于扣除预先确定的税盾现值的债务净额 $B - T^S$。如果公司的债务资本成本是5%，则股权资本成本为：

$$r_S = r_U + \frac{B - T^S}{S}(r_U - r_B) = 10\% + \frac{40 - 16}{125 - 40} \times (10\% - 5\%) = 11.412\%$$

（4）根据题意可知，本题的股权自由现金流为：

$$FCFE = FCFF - \text{税后利息} + \text{新增债务} = 10.9 - 5\%(1 - 40\%) \times 40 = 9.7\text{million}$$

因此，股权的价值为：9.7/0.11412 = 85million。

【科兴提示】 $UCF = EBIT(1-t)$，$FCFF = EBIT \times (1-t)$ + 折旧 − 资本性支出 − 净营运资本变动 = UCF + 折旧 − 资本性支出 − 净营运资本变动。可见，当且仅当折旧 = 资本性支出 + 净营运资本变动时，$FCFF = UCF$。也就是说 UCF 是 $FCFF$ 的特殊形式。同理 LCF 与 $FCFE$ 的关系也是如此。

3.(1)完全权益情况下，该公司的价值为：

$$V_U=35000000\times(1-0.35)/0.2=113750000(\text{元})$$

因此，资本结构调整计划公布之前，公司权益的价值为 113750000 元。又已知有 1500000 普通股发行在外，所以，每股价格为 75.83 元(=113750000/1500000)。

(2)由于没有个人税收和财务困境成本的存在，杠杆作用的价值为 $T_C B=0.35\times40000000=14000000$(元)。因此，资本结构调整计划公布之后，该公司的价值为 127750000 元(=113750000+14000000)。

此时，由于公司还没有发行债券，因此，公司权益的价值仍然等于公司的价值，即 127750000 元。因此，股票的价格为每股 85.17 元(=127750000/1500000)。

(3) ①在 85.17 元每股的价格下，来自债券发行的 40000000 元可以使该公司回购的股票数为：40000000/85.17=469649(股)。

② 发行债务使得公司价值增加，新的权益的价值等于新资本结构下公司的总价值减去债务的总价值：新的权益价值=127750000−40000000=87750000(元)。

③ 由于还有 1030333 股(=1500000−469667)仍然发行在外，每股的价格：

$$\text{每股价格}=(127750000-40000000)/1030333=85.17(\text{元})$$

(4)为了运用 FTE 法计算评估公司权益价值，需要计算权益资本成本 r_S。根据 MM 命题 II(公司税)，可得：

$$r_S=r_0+\frac{B}{S}\times(1-T_C)\times(r_0-r_B)=0.2+\frac{40000000}{87750000}\times(0.2-0.09)\times(1-0.35)=0.2326$$

永续的权益现金流量	
息税前利润	35000000
利 息	3600000
税前利润	31400000
所得税(35%)	10990000
税后利润	20410000

所以，公司资本结构调整后的权益=20410000/0.2326=87750000(元)。

第 11 章　股利与股利政策

一、考查要点

（一）股利

1. 公司可以采用的股利支付方式有现金股利、股票股利、股票分割和股票回购。现金股利和股票回购在给投资者发放现金上可以达到同样的效果，但投资者所要缴纳的税收却有很大的差异。股票股利和股票分割只是增加了流通在外的股票数量，理论上不会改变投资者的收益。

2. 股利政策有四种基本类型，即剩余型股利政策、稳定股利额政策、固定股利支付率政策和低正常股利加额外股利政策。

3. 股利发放有几个非常重要的日期：

（1）宣布日：股份公司董事会根据定期发放股利的周期举行董事会会议，讨论并提出股利分配方案，由公司股东大会讨论通过后，正式宣布股利发放方案，宣布股利发放方案的那一天即为宣布日，在宣布日，股份公司应登记有关股利负债（应付股利）。

（2）登记日：由于工作和实施方面的原因，自公司宣布发放股利至公司实际将股利发出要有一定的时间间隔。由于上市公司的股票在此时间间隔内处在不停地交易之中，公司股东会随股票交易而不断易人，为了明确股利的归属，公司确定有股权登记日，凡在股权登记日之前（含登记日当天）列于公司股东名单上的股东，都将获得此次发放的股利，而在这一天之后才列于公司股东名单上的股东，将得不到此次发放的股利，股利仍归原股东所有。

（3）除息日：由于股票产易与过户之间需要一定的时间，因此，只有在登记日之前一段时间前购买股票的投资者，才可能在登记日之前列于公司股东名单之上，并享有当期股利的分配权。一般规定登记日之前的第四个工作日为除息日（逢节假日顺延），在除息日之前（含除息日）购买的股票可以得到将要发放的股利，在除息日之后购买的股票则无权得到股利，又称为除息股。除息日对股票的价格有明显的影响。在除息日之前进行的股票交易，股票价格中含有将要发放的股利的价值，在除息日之后进行的股票交易，股票价格中不再包含股利收入，因此其价格应低于除息日之前的交易价格。

（4）发放日：在这一天，公司用各种方式向规定支付股利，并冲销股利负债。

（二）股利政策理论

本章介绍了五种股利政策理论，即股利无关论、一鸟在手理论、税差理论、追随者效应理论和股利信号理论。

1. 一鸟在手理论：该理论认为，股票价格波动太大，未来具有很大的不确定性，投资者被认为是风险厌恶型的。因此在投资者看来，现金股利比留存收益再投资带来的资本利得更为可靠。

2. 股利无关论：该理论认为，在严格假设条件下，股利政策不会对公司价值产生影响，同时，公司的权益资本成本与股利政策无关。

3. 税差理论：股利在税后列支，因此，公司税与股利政策无关。当引入个人所得税后，情况发生了变化。由于股利收入和资本利得适用不同的税率，因此，投资者可以通过选择合适的股利政策来实现其税后收益最大化。根据税差理论，公司在指定股利政策时，必须采用低股利政策，才能使股东财富最大化。

4. 追随者效应理论：该理论是税差理论的延续，该理论从股东边际所得税出发，认为每个投资者所处的税收等级不同，有的适用高边际税率，有的适用低边际税率。他们对待股利政策的态度就不同，处于高税级的股东偏好低股利政策，处于低税级的股东偏好高股利政策。追随者效应理论认为，股利政策是中性的。

$$\frac{P_B-P_A}{D}=\frac{1-t_d}{1-t_q}$$

P_B表示除权日前的股票价格，t_q表示资本利得税率，P_A表示除权日后的股票价格，D 表示每股股利，t_d表示股利的所得税税率。

5. 股利信号理论：该理论认为信息是不对称的，公司内部人比公司外部人更了解公司。在信息不对称的条件下，股利政策是一种非常好的信号。当公司有良好的预期时，公司就会通过增发股利将这一消息向外部投资者传递，而减少股利支付，可视为公司向外部传递出公司未来预期走弱的信息。

二、2023 年命题预测

本章在 431 大纲中并没有提及，但是在各大高校的命题中却经常出现，因此我们新增了这个章节。本章有很多细节考点可能会被考查，但最核心的还是几个股利政策理论，考生应能熟练掌握其中的区别。

考点 1　股利

（一）命题思路

股利是比较基础的知识点，其中有很多细节都可以被考查，但最经常出现的知识点是考查现金股利和股票股利的区别。

（二）习题精编

1.（南京大学 2014）甲公司发放股利前股东权益：普通股（面值 1 元，已发 6000 万股）6000 万元；资本公积 4000 万元；未分配利润 1 亿元，合计 2 亿元。若 2013 年 12 月 1 日宣布发 10%股票股利，当时甲公司股票市价 10 元/股，则发放股票股利后，甲公司的资本公积是（　　）。

A. 4000 万元　　B. 9400 万元　　C. 6000 万元　　D. 6600 万元

2.（上海财大 2014）甲公司流通在外的股数为 10000 股，每股市场价值 5 元，现以 5%的股利支付率发行股票股利，在股利分配之后甲公司的总价值为（　　）。

A. 52500　　B. 50000　　C. 47619.05　　D. 55000

3.（上海财大 2016）某股票以每 10 股送 2 股向全部股东派发股票股利，已知除权日前一日的收盘价格为 12 元，则除权基准价是（　　）。

A. 9 元　　B. 10 元　　C. 11 元　　D. 2 元

4. (浙江财经 2016)不应采取现金股利和稳定股利或固定股利率等具有刚性特征的股利政策的阶段是(　　)。

A. 公司创业阶段　　B. 公司成长阶段　　C. 公司成熟阶段　　D. 公司衰退阶段

5. (清华大学 2017)以下关于股票股利的说法，不正确的是(　　)。

A. 股票股利在会计处理上可以分为送股和转增两种形式

B. 相对成熟的公司选择股票股利的意愿相对较小

C. 股票股利不会消耗公司的现金

D. 股票股利会降低公司股票的流动性

6. (上海财大 2015)国际游艇股份有限公司目前所有资产的市场价值为 6 亿，其中 7 千万为现金，公司负债 2.5 亿，发行在外的总股份数为 2 千万股。假设资本市场是完美的，如果公司把 7 千万的现金作为股利发给股东，那么发完股利之后公司的股价与以下哪个数字最为接近？(　　)

A. 26.50　　B. 12.50　　C. 14.00　　D. 17.50

7. (上海财大 2014)在考虑税收时，投资者对股票回购与现金股利的态度是(　　)。

A. 回购优于现金股利　　B. 现金股利优于回购

C. 两者等价　　D. 以上都不对

8. (华东师大 2012)能够增加普通股股票发行在外股数，但不改变公司结构的行为是(　　)。

A. 支付现金股利　　B. 增发普通股　　C. 股票分割　　D. 股票回购

9. 下列各项中，受企业股票分割影响的是(　　)。

A. 每股股票价值　　B. 股东权益总额　　C. 企业资本结构　　D. 股东持股比例

10. (上海财大 2012)固定股利政策的优点主要是(　　)。

A. 有利于公司树立良好的形象　　B. 有利于公司保留较多盈余

C. 有利于保持理想资金结构　　D. 股利支付与当期利润挂钩

11. 确定股东是否有权领取本期股利的截止日期是(　　)。

A. 除息日　　B. 股权登记日　　C. 股利宣告日　　D. 股利发放日

12. 名词解释：股利平滑化

13. 公司 2011 实现净利润为 2000 万元，公司的目标资本结构为 20%的负债和 80%的股权。若该公司 2012 年投资计划所需的资本为 2000 万元。要求：按照剩余股利政策预计公司的股利发放额和股利支付率。

14. (中央财经 2017)沙河公司提供了如下财务数据：

① 目标资本结构是 50%负债和 50%股东权益；

② 税后债务成本为 8%；

③ 保留盈余的成本估计为 13.5%；

④ 股权融资成本估计为 20%，如果公司发行新股票；

⑤ 净收入为 2500。

公司现有五个可供选择的项目，项目情况如下表。如果公司执行剩余红利政策，其支付比率是多少？

项　目	项目规模	IRR
A	1000	12.00%
B	1200	11.50%
C	1200	11.0%
D	1200	10.5%
E	1000	10.0%

15. Rally 公司是一家全权益公司，资产的价值是 250 亿美元，流通股的数量是 100 亿股。公司计划借款 100 亿美元回购股票。公司税率是 35%，公司计划永久性地维持 100 亿美元的未偿付债务水平。

(1) 如果没有增加杠杆，公司的股价会是多少？

(2) 假设公司以每股 2.75 美元的价格回购股票，股东会接受这一价格并卖出股票吗？

(3) 假设公司给出的回购价格是 3.00 美元，并且股东按此价格卖出股票。股票回购后，股价是多少？

(4) 公司能够给出的能使股东愿意卖出股票的最低回购价格是多少？在这种情形下，股票回购完成后，股价将是多少？

考点 2　股利政策理论

（一）命题思路

股利政策理论是本章的核心考点，主要命题思路是：(1)对各种股利政策的理解与区分；(2)运用各种股利政策，分析我国股利分配现状。

（二）习题精编

1. (南京航空航天 2017)剩余股利政策的理论依据是(　　)。

A. 信号理论　　B. MM 理论　　C. 税差理论　　D. "一鸟在手"理论

2. 厌恶风险的投资者偏好确定的股利收益，而不愿将收益存在公司内部去承担未来的投资风险，因此公司采用高现金股利政策有利于提升公司价值，这种观点的理论依据是(　　)。

A. 代理理论　　B. 所得税差异理论　　C. 信号传递理论　　D. "手中鸟"理论

3. (中央财经 2016)假设 P_0 是股票除息前的价格，P_X 是除息价格，D 是每股现金股利，T_P 是个人边际税率，T_G 是资本利得的有效边际税率。如果 $T_P - T_G = 0$，股票除息时价格将下跌多少？(　　)

A. $1\times D$　　B. $0.875\times D$　　C. $0.8\times D$　　D. $0.5\times D$

4. (复旦大学 2013)仅考虑税收因素，高现金股利政策对投资者(　　)；仅考虑信息不对称，高现金股利政策对投资者(　　)。

A. 有益，有害　　B. 有益，有益　　C. 有害，有益　　D. 有害，有害

5. (复旦大学 2018)下列关于股利分配理论的说法中，错误的是(　　)。

A. 税差理论认为，当股票资本利得税和股票交易成本之和大于股利收益税时，应采用高现金股利分配率政策

B. 客户效应理论认为，对于高收入阶层和风险偏好投资者，应采用高股利分配率政策

C. “一鸟在手”理论认为，由于股东偏好当期股利收益率胜过未来预期资本利得，应采用高股利分配率政策

D. 代理成本理论认为，为解决控股股东和小股东之间的代理冲突，应采用高现金股利分配率政策

6. 某公司采用剩余股利政策分配股利，董事会正在制订 2020 年度的股利分配方案。在计算股利分配额时，不需要考虑的因素是(　　)。

A. 公司的目标资本结构　　B. 2020 年末的货币资金

C. 2020 年实现的净利润　　D. 2021 年需要增加的投资资本

7. 以下股利分配政策中，最有利于稳定股价的是(　　)。

A. 剩余股利政策　　B. 固定股利政策

C. 固定股利支付率政策　　D. 低正常股利加额外股利政策

8. 股份有限公司为了使已发行的可转换债券尽快地实现转换，或者为了达到反兼并、反收购的目的，应采用的策略是(　　)。

A. 不支付股利　　B. 支付较高股利

C. 支付固定金额的股利　　D. 支付较低的股利

9. 某公司本年实现的净利润为 250 万元，年初累计未分配利润为 500 万元。上年实现净利润 200 万元，分配的股利为 120 万元。计算回答下列互不关联的问题：

(1) 如果预计明年需要增加长期资本 200 万元，公司的目标资本结构为权益资本占 60%，债务资本占 40%。公司采用剩余股利政策，公司本年应发放多少股利？并简要说明采用剩余股利政策的理由。

(2) 如果公司采用固定股利政策，公司本年应发放多少股利？并简要说明这种股利政策的优缺点。

(3) 如果公司采用固定股利支付率政策，公司本年应发放多少股利？并简要说明采用该股利政策的优缺点。

(4) 如果公司采用低正常股利加额外股利政策，规定每股正常股利为 0.1 元，按净利润超过正常股利部分的 30%发放额外股利，该公司普通股股数为 400 万股，公司本年应发放多少股利？并简要说明采用该股利政策的优点。

10. 诺维斯公司有 10000 股票发行在外，且股利支付率为 100%，该公司的净收入为 32000 美元，公司一年的预期价值为 1545600 美元。诺维斯公司适用的折现率为 12%。

(1) 该公司当前的价值是多少？

(2) 如果董事会继续其当前的政策，那么诺维斯公司股票的除息价格是多少？

(3) 在股利宣布大会上，几位董事认为所派发的股利太少，这可能降低诺维斯公司股票的价格。他们提议公司应该发行足够的新股，以筹集资金发放 4.25 美元/股的股利。

① 评述这一认为低股利降低公司股票价格的观点。通过计算支持你的论述。

② 如果提议被采纳，新股的发行价格将是多少？应该发行多少新股？

11. 20 世纪 70 年代，埃尔顿和格鲁贝尔在他们有关股利和税收的论文中指出，股票价格在除息日所降低的数值占股利的百分比应该等于 1 减去一般收入税率(T_0)比上 1 减去资本利得税率(T_C)，即：

$$\frac{P_e-P_b}{D}=\frac{1-T_0}{1-T_C}$$

其中，P_e为除息股票价格；P_b为除息日之前股票交易价格；D 为股利额。

注：由于资本利得的有效税率的实现存在延迟，因此它小于实际税率。事实上，由于投资者会发生不确定延迟，因此有效税率为零。

(1) 如果$T_0 = T_C = 0$，股票的价格将降低多少？

(2) 如果$T_0 \neq 0$ 且$T_C = 0$，股票的价格将降低多少？

(3) 解释你对问题(1)和(2)的答案。

(4) 埃尔顿和格鲁贝尔的研究是否表明公司将通过不支付股利使股东收益最大化？

12. (复旦大学 2011)高股利可以传递上市公司良好的预期信息，请结合中国股市情况评价我国上市公司是否可以通过高股利传递良好信息。

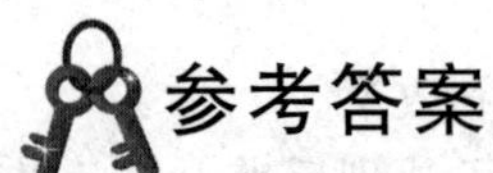

参考答案

考点1 股利

1. B　公司宣布发放 10%的股票股利，每位股东原来持有的 10 股就可另外再得到 1 股。因此，股利发放后，公司发行在外的股票为 6600 万股。因为新增了 600 万股，普通股账户增加 600 万元(=600 万×1 元)，总额达到 6600 万元。市场价格 10 美元高出面值 9 元，因而资本公积账户增加 600 万×9 元=5400 万元，总额达到 9400 万元。

2. B　派发股票股利，股票总价值不变，只是公司所有者权益内部发生变化。

3. B　送股除权价=股权登记日收盘价/(1+送股比例)= 12/(1+0.2)= 10 元。

4. A　公司发展的不同阶段或时期，股利政策的选择会有所侧重：

① 在公司创业阶段，员工数量较少，资产规模不大，市场空间较小，营业利润微薄，往往需要投入大量先驱成本，资金缺口较大，因此对公司股东的回报应多采取股票股利甚至是虚拟股票等非现金的方式，而不应采取现金股利和稳定股利或固定股利率等具有刚性特征的股利政策。

② 在公司成长阶段，市场快速扩张，研发费用较大，利润快速增长，产业内竞争逐现端倪，公司主要着力于产品质量和性能的提升、成本的降低和倾向横向一体化，因此公司应该采取具有长期性的股票股利政策，并附之以剩余股利或低正常股利加额外股利政策，甚至股利规模可以适当扩大。

③ 在公司成熟阶段，市场竞争异常激烈，空间增力不大，发展速度明显放慢，后期可能会出现滑坡趋势，公司产生现金的能力较强但需求偏弱，因此公司应该采取现金性的股利政策，并适当地扩大比率和规模，给股东较高的现金回报。

④ 在公司衰退阶段，市场供求关系发生逆转，短期盈利能力大幅下降，市场占有率骤减，甚至逐步演变成“资金陷阱”，不利的形势迫使公司进行防御性的收缩，并应积极寻求进攻性的多元化资产转产，争取获得新生，因此公司应在保证新产品研发和新市场开拓所必需的资金需要的同时，还应采取较为稳定的现金股利政策以防股东撤资，维护公司转型期的稳定。

5. D　股票股利会降低股票价格，提高公司股票的流动性。

6. C　发放现金股利会导致所有者权益减少。在流通股票数量不变的情况下，股票价格会下降，$P=(6-2.5-0.7)/0.2=14$。

7. A　回购无须缴税，现金股利需要缴税，在考虑税收时，回购优于现金股利。

8. C　支付现金股利不能增加发行在外的普通股股数；增发普通股能增加发行在外的普通股股数，但是由于权益资金增加，会改变公司资本结构；股票分割会增加发行在外的普通股股数，而且不会改变公司资本结构；股票回购会减少发行在外的普通股股数。

9. A　股票分割在不增加股东权益的情况下增加了股份的数量，股东权益总额及其内部结构都不会发生任何变化，变化的只是每股面值和每股市场价值。

10. A　固定股利政策(稳定股利额政策)是公司将每年派发的现金股利固定在某一特定水平上，而在一定时期内，不论公司的盈利状况和财务状况如何，现金股利支付额都不变。固定股利政策向市场传递了稳定的信号。

【科兴点评】固定股利政策和固定股利支付率政策不是一个概念，注意区分。

11. B　股权登记日，即有权领取本期股利的股东资格登记截止日期。

12. 1956 年，美国经济学家 Lintner 观察到两个重要的股利现象：第一，现实生活中，公司通常设定一个长期的股利支付率目标。当公司的现金不足且拥有很多净现值为正的投资项目时，可能设定较低的股利支付率；当公司的现金充分但净现值大于零的投资项目有限时，设定的股利支付率会较高。第二，公司经理知道利润变化中只有部分是永久的。由于经理需要一定的时间来评估利润增加的持久性，因而股利变化通常要滞后于利润变化一定的时间。

林特纳观察认为，股利政策取决于两个参数：目标支付利率 t 和现期股利对目标值的调整系数 s。股利变化按照下列模型进行：

$$股利变化 \equiv Div_1 - Div_0 = s.\ (t\ EPS_1 - Div_0)$$

式中，Div_1和Div_0分别是下一年度和本年度的股利；EPS_1是下一年度的每股收益。

$s=0$ 和 $s=1$ 是两种极端情况。如果 $s=1$，实际股利变化就等于目标股利变化，此时，股利将全额调整。如果 $s=0$，$Div_1=Div_0$，也就是说，根本没有任何股利变化。在实际工作中，公司设定的调整系数 s 位于 0-1 之间。

林特纳模型意味着，当公司开始进入困境时，股利支付率会提高；当公司达到繁荣时，股利支付率会下降。股利变化小于利润变化，也就是说，公司尽量使股利平滑化。

13. 资本预算所需要的股权资本 = 2000×80% = 1600(万元)

股利发放额 = 2000-1600 = 400(万元)

股利支付率 = 400÷2000×100% = 20%

14. 根据题意可知，如果不发行新股 $WACC$ = 0.5×8%+0.5×13.5% = 10.75%，如果发行新股 $WACC$ = 0.5×8%+0.5×20% = 14%。对比可知，若发行新股，则没有项目可以选择，所有项目的 IRR 均小于 14%。若不发行新股，则可选择项目 ABC。这三个项目的项目规模是 3400，而根据题意可知，股权融资金融为 1700，小于净收入 2500。因此，可分配的股利为：2500-1700 = 800，此时支付比：800/2500 = 32%。

15. (1)无杠杆情况下，公司的股价是 25/10 = 2.5 美元/每股。

(2)在回购之前，公司的总价值为：25(原市值)+10(现金)+35%×10(利息税盾) = 38.5billion。因此，股权市值 E = 38.5 - 10 = 28.5 billion，此时股价是 28.5/10 = 2.85 美元/股。

因此，股东不会接受 2.75 美元每股的回购价格。

(3)股票回购后，公司的总价值=25+35%×10=28.5 billion，因此股权市值=28.5-10=18.5 billion。此时市场上流通 10-10/3=6.667billion，因此股价为 18.5/6.667=2.775 美元每股。

(4)通过第(2)题的计算可知，股票的合理定价是 2.85 美元。在这个价格下，公司可以回购 10-10/2.85=6.49 billion 的流通股，回购后的股价是 18.5/6.49=2.85 美元。

考点 2　股利政策理论

1. B　剩余股利政策的理论依据是 MM 股利无关理论。根据 MM 股利无关理论，在完全理性状态下的资本市场中，公司的股利政策与普通股每股市价无关，故而股利政策只需随着公司投资、融资方案的制定而自然确定。剩余股利政策首先确定企业内部资金需要，然后将剩余的收益分配给股东。剩余股利就是满足自身资金需要后，有多少分多少，即股利无关论。

2. D　“手中鸟”理论认为，用留存收益再投资给投资者带来的收入具有较大的不确定性，并且投资的风险随着时间的推移会进一步加大，因此，厌恶风险的投资者会偏好确定的股利收入，而不愿将收入留存在公司内部，去承担未来的投资风险。

3. A　根据追随者效应理论公式可知：$\frac{P_X-P_0}{D}=\frac{1-t_P}{1-t_G}$，当 $T_P=T_G=0$ 时，股票价格 $P_X-P_0=D$。

4. C　根据税差理论，投资者更偏好资本利得部分的收益。根据信号理论，高股利支付是一种积极信号，对股价有正面影响。

5. B　客户效应理论认为，各种群体客户对现金股利和资本利得有不同偏好和需求，即使是投资者本身，因其所处不同阶级的边际税率，对企业股利政策的偏好也是不同的。收入高的投资者因其拥有较高的税率表现出偏好低股利支付率的股票，希望少分现金股利或不分现金股利，以更多的留存收益进行再投资，从而提高所持有的股票价格。而收入低的投资者以及享有税收优惠的养老基金投资者表现出偏好高股利支付率的股票，希望支付较高且稳定的现金股利。

6. B　采用剩余股利政策时，应遵循四个步骤：①设定目标资本结构；②确定目标资本结构下新增投资资本所需的股东权益数额；③最大限度地使用留存收益来满足投资方案所需的权益资本数额；④投资方案所需权益资本已经满足后若有剩余利润，再将其作为股利发放给股东。其中①是有关公司目标资本结构的内容；②是要考虑 2021 年需要的投资资本；③、④考虑了 2020 年实现的净利润，其中并没有考虑到货币资金。

7. B　虽然固定或持续增长的股利政策和低正常股利加额外股利政策均有利于保持股价稳定，但最有利于股价稳定的应该是固定或持续增长的股利政策。由于在低正常股利加额外股利政策下，如果公司一直发放额外股利，股东会误认为是正常股利，一旦取消，容易给投资者造成公司状况逆转的负面印象，从而导致股价下跌。

8. B　多发股利，可使股价上涨，使已发行的可转换债券尽快地实现转换，从而达到调整资金结构的目的；此外通过支付较高股利可刺激公司股价上扬，从而达到反收购、反兼并的目的。

9. (1)预计明年投资所需的权益资金=200×60%=120(万元)

本年发放的股利=250-120=130(万元)

理由：公司采用剩余股利政策的根本理由是为了保持理想资本结构，使加权平均资本成本最低。

（2）本年发放的股利=上年发放的股利=120（万元）

优缺点：采用固定股利政策，有利于树立公司良好形象，增强投资者对公司的信心，稳定股票价格；有利于投资者安排股利收入和支出。该股利政策的缺点在于股利的支付与盈余相脱节。当盈余较低时仍要支付固定的股利，这可能导致资金短缺；同时不能像剩余股利政策那样保持较低的资本成本。

（3）固定股利支付率=120/200×100%=60%

本年发放的股利=250×60%=150（万元）

优缺点：采用固定股利支付率政策，能使股利与公司盈余紧密地配合，以体现多盈多分、少盈少分、无盈不分的原则，才算真正公平地对待了每一位股东。但是，在这种股利政策下，各年的股利变动较大，极易造成公司不稳定的感觉，对于稳定股票价格不利。

（4）正常股利额=400×0.1=40（万元）

额外股利额=（250−40）×30%=63（万元）

本年发放的股利=40+63=103（万元）

优点：使公司具有较大的灵活性，并在一定程度上有利于稳定股价；使那些依靠股利度日的股东每年至少可以得到虽然较低但比较稳定的股利收入，从而吸引住这部分股东。

10.（1）公司当前的价值即是现金流的现值：$V=32000+1545600/1.12=1412000$（美元）

（2）当前公司股票的价格为141.20美元每股（=1412000/10000），除息日该股票价格将降低相当于股利价值的幅度，所以股票的除息价格将为138美元/股（=141.2−32000/10000）。

（3）①根据MM定理，低股利降低股票价格的说法是错误的。由于股利政策是无关的，因此股利水平的高低也应该不影响股票价格。任何没有作为股利分配的资金都会增加公司的价值，进而影响股票价格。题中的这几位董事只是希望改变股利派发的时间，使现在分配的股利更多而将来的更少。根据以下的计算可知，他们的提议并不能改变公司的价值，因此，股票的价格也不发生变化。

为了支付4.25美元每股的股利，必须发行新股，且新股的总价值应该为10500美元（42500−32000）。新发行的股票必须也赚取12%的收益率，所以旧股东一年的收益价值必须因此降低11760美元（=10500×1.12）。在这一系列条件下，该公司当前的价值为$V=42500+\frac{1545600-11760}{1.12}=1412000$（美元）。这就意味着股利发放时间的差异只能导致利润在现行股东和未来新股东之间的分配，对公司的价值不会造成任何的影响。

② 新股东是没有资格享有当前的股利的，他们只获取一年该权益的价值。现金流的现值为（1545600−11760）/1.12=1369500（美元），因此股票的价格将为136.95美元（=1369500/10000），且要发行76.67股（=10500/136.95）。

11.（1）如果$T_0=T_C=0$，则$\frac{P_e-P_b}{D}=1$。因此，股票价格将降低相当于股利价值的幅度。

（2）如果$T_0\neq 0$且$T_C=0$，则$\frac{P_e-P_b}{D}=1-T_0$。因此，股票价格将降低相当于股利税后收益

的幅度。

（3）在问题(1)中，股利不存在税收方面的劣势。此时，投资者以价格P_b购买股票并获取股利，与以价格P_e购买股票是没有差别的。在股利需要征税的情况下，为了使投资者无差别，税后收益必须相等。由于来自股利的税后收益为$D=1-T_0$，因此股票价格将降低的幅度即是$D=1-T_0$。

（4）埃尔顿和格鲁贝尔的研究并没有表明公司将通过不支付股利使股东收益最大化，他们的论文并不是关于股利政策规则的论文。在考虑税收的情况下，公司不应该为了支付股利而发行股票，但是税收的存在并不意味着公司不可以利用剩余现金来支付股利。对一家谨慎的公司而言，当它面临其他的财务制约和法律约束时，仍可能选择利用剩余的现金来支付股利。

12. 我国上市公司普遍存在着不分配股利或分配股利以再融资为目的的现象，这被学术界称为"中国股利政策之谜"，股利政策已成为国内外公司财务、金融领域的一个研究重点。

股利政策理论包括：

（1）"一鸟在手"理论："一鸟在手"理论主要的代表者是戈登，该理论基于投资者偏爱即期收入和即期股利能消除不确定性的特点，认为股票价格变动较大，在投资者眼里股利收益要比留存收益再投资带来的资本利得更为可靠，由于投资者一般为风险厌恶型，宁可现在收到较少的股利，也不愿承担较大的风险等到将来收到更多的股利，故投资者一般偏好现金股利而非资本利得。在这种思想下，该理论认为股利政策与股东财富息息相关，股利支付的提高将会增加股东财富。

（2）股利无关论。最著名的MM股利无关论是由莫迪格利安尼(Modigliani)和米勒(Miller)在1961年提出的。Modigliani和Miller认为，在一个信息对称的完善资本市场里，在公司投资决策既定的条件下，公司的价值和公司的财务决策是无关的，因此，是否分配现金股利对股东的财富和公司价值没有影响，股利政策与股价无关，公司的股利政策不会影响股票的市价。

（3）税收效应理论。法勒和塞尔文通过研究认为，在不存在税收因素的条件下，公司选择何种股利支付方式并不是非常重要。但是，如果现金红利和资本利得可以不同税赋，如现金股利税赋高于资本利得的税赋，那么，在公司及投资者看来，支付现金股利就不再是最优的股利分配政策。由此可见，存在税赋差别的前提下，公司选择不同的股利支付方式，不仅会对公司的市场价值产生不同的影响，而且也会使公司(及个人投资者)的税收负担出现差异，即使在税率相同的情况下，资本利得只有在实现之时才缴纳资本增值税，相对于现金股利课税而言，仍然具有延迟纳税的好处。

（4）追随者效应理论。追随者效应理论是税差理论的进一步发展。该理论认为股东的税收等级不同，导致他们对待股利水平的态度不同。有的税收等级高，而有的税收等级低。公司应据此调整股利政策，使其符合股东的愿望达到均衡。高股利支付率的股票将吸引一类追随者，由处于低边际税率等级的投资者持有；低股利支付率的股票将吸引另一类追随者，由处于高边际税率等级的投资者持有。

（5）信号传递理论。股利具有信息内涵的思想萌芽于Lintner，由MM最早提出。Bhattacharya(1979)建立了第一个股利的信号传递模型。该学派从放松理论的投资者和管理当局拥有相同的信息假定出发，认为当局与企业外部投资者之间存在着信息不对称，管理当局占有更多的有关企业前景方面的内部信息。

在当前的中国股市中，我国上市公司可以通过高股利传递良好信息。现阶段的我国股市还未达到成熟，总体的股息率偏低，一个公司的高股利政策较容易得到投资者的关注，因此在市场也有“炒股息”的说法。有实证分析验证得出结论，我国股票市场中现金股利和股票股利都具有信号作用，股利的增加都能引起股价的上涨。但是观察到的一些现象与国外成熟市场观察到的现象并不一致这事实说明，我国上市公司的运作还很不规范，证券市场中还存在有较多的“噪声”因素，尚未达到半强式有效。

第 12 章　期权与期货定价

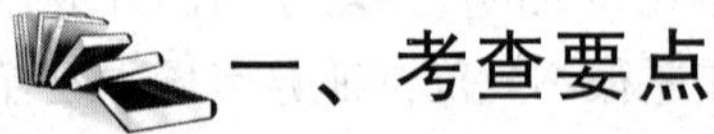

一、考查要点

1. 无收益欧式看涨-看跌期权平价关系：

$$c+Xe^{-r(T-t)}=p+S$$

式中，c 表示欧式看涨期权的价格；p 表示欧式看跌期权的价格；X 表示零息票债券的执行价格；S 表示标的资产的价格。

2. 有收益欧式看涨-看跌期权平价关系：

$$c+D+Xe^{-r(T-t)}=p+S$$

式中，D 表示在期权有效期内所有红利的现值。

3. 对冲比率的算式为：

$$H=\frac{C_u-C_d}{S_0(u-d)}$$

式中，H 为期权对冲比率(或德尔塔系数、套期保值比率)；S_0为股票当前价格；C_u-C_d 表示可能的期权价格变化幅度；$S_0(u-d)$表示可能的股价变化幅度。

4. 风险中性原理：

假设投资者对待风险的态度都是中性的，所有证券的期望收益率都是无风险报酬率。风险中性的投资者不需要额外的收益补偿其承担的风险。在风险中性的世界里，将期望值用无风险报酬率折现，可以获得现金流量的现值。即：期望收益率=上行概率×上行时收益率+下行概率×下行时收益率。

5. 单期二叉树期权定价公式为：

$$f=e^{-r\Delta t}[pf_u+(1-p)f_d]$$

其中：

$$p=\frac{e^{r\Delta t}-d}{u-d}$$

6. 当无风险利率恒定，且对所有到期日都不变时，具有相同交割日的远期价格与期货价格相等。当标的资产价格与利率呈正相关时，期货价格应高于远期价格；当标的资产价格与利率呈负相关时，期货价格应低于远期价格。但在现实生活中，由于远期和期货价格与利率的相关性很低，以致期货价格与远期价格之间的差别可以忽略不计。因此，在大多数情况下，我们假定远期价格和期货价格相等，并都用 F 来表示。

7. 无收益资产的现货-远期平价定理：

$$F=S\,e^{r(T-t)}$$

式中，F 是远期价格和期货价格；S 是标的资产在 t 时的价格；r 为无风险年利率；T 为期货合约的到期时间；t 为现在的时间。该公式表明：对于无收益资产而言，远期价格等于其标的资产现货价格的终值。

8. 支付已知现金收益资产的现货-远期平价定理：

$$F=(S-I)e^{r(T-t)}$$

式中，I 是现金收益的现值。该式表明：支付已知现金收益资产的远期价格等于标的证券现货价格与已知现金收益现值差额的终值。

9. 支付已知收益率资产的现货-远期平价定理：

$$F=(S-I)e^{(r-q)(T-t)}$$

式中，q 为标的资产的收益率。该式表明：支付已知收益率资产的远期价格等于按无风险利率与已知收益率之差计算的标的资产现货价格在 T 时刻的终值。

10. 最佳套期比例：

$$\text{最佳套期比例}=\frac{\text{现货价格变化和期货价格变化的相关系数}\times\text{现货价格变化的标准差}}{\text{期货价格变化的标准差}}$$

二、2023 年命题预测

期权与期货的定价在 431 考试大纲中并没有做出要求。但是，在不少名校的实际考试中，相关的考题经常出现，而且难度较大。相对期货而言，期权定价更为重要。

考点 1　期权定价

（一）命题思路

期权定价，是衍生品定价中最常见的一个考点。其主要命题思路是考查各种类型的期权定价原理：常见的是复制原理（即看涨-看跌平价关系）、风险中性原理和二叉树原理。本知识点经常以选择题和计算题的形式命题，难度较大。

（二）习题精编

1. （复旦大学 2021）股票期权的货币时间价值在到期日之前总是（　　）。

A. 为正　　B. 为负　　C. 为零　　D. 股票价格减去执行价格

2. 当股票预期红利上升时，欧式看涨期权价值（　　），美式看跌期权价值（　　）。

A. 增加；增加　　B. 降低；增加　　C. 增加；降低　　D. 降低；降低

3. 对于欧式期权，下列说法正确的是（　　）。

A. 股票价格上升，看涨期权的价值降低

B. 执行价格越大，看涨期权价值越高

C. 到期期限越长，欧式期权的价格越大

D. 期权有效期内预计发放的红利越多，看跌期权价值越高

4. 微软股份为 28.1 美元，欧式看涨期权价格（有效期 6 个月，$X=35$）为 1 美元，欧式看跌期权价格（有效期 6 个月，$X=35$）为 6 美元，无风险利率为年利率 5%。试验证看涨-看跌期权平价关系，如何制定套利策略？

5. （上海财大 2022）现有一标的股票价格为 50 元，预期在 2 个月后价格可能变为 53 元或 48 元，执行价格为 49 元，且两种变化率是等可能的。假设无风险利率是 10%，请利用无套利原理求出 2 个月欧式看涨期权的价格。（$e^{0.1\times2/12}=1.0168$）

6. 狗舌草公司的股价在未来一年中可能从目前的 100 美元下降到 50 美元，或者上升到 200 美元。1 年期利率为 10%。

(1) 狗舌草公司股票认购期权，1 年期，行权价格为 100 美元，该期权的 δ 是多少？

(2) 利用复制期权组合方法对这只认购期权进行估值。

(3) 在风险中性世界中，狗舌草公司股票价格上升的概率是多少？

(4) 利用风险中性方法检验你对狗舌草公司股票期权的估值。

7. (中科大 2020) 某股票的当前价格是 50 美元，在未来 6 个月里，预期每 3 个月股票价格或上涨 6%或下跌 5%。无风险利率是 5%(考虑连续复利情况)。请问：执行价格为 51 美元，6 个月期的欧式看涨期权和看跌期权的价格分别为多少？

考点 2　期货定价

(一) 命题思路

期货定价是较难的知识点。从命题角度而言，本考点的命题重点是：运用现货-远期平价公式计算期货合约的价值。

(二) 习题精编

1. (复旦大学 2019 年) 下列关于远期价格和远期价值的说法中，错误的是(　　)。

A. 远期价格是使得远期合约价值为零的交割价格

B. 远期价格等于远期合约在实际交易中形成的交割价格

C. 远期价值是由远期实际价格和远期理论价格共同决定

D. 远期价格与标的物的现货价格紧密相连，而远期价值是指合约本身的价值

2. (中央财大 2015) 假设黄金现货的价格为 200 元/克，市场无风险利率为 4%，那么，不考虑黄金仓储成本，6 个月后交割的黄金期货合约理论价格应该是(　　)。

A. 200 元/克　　B. 204 元/克　　C. 198 元/克　　D. 202 元/克

3. 假设今天沪深 300 指数收盘于 3200 点，指数期望收益率为 8%，无风险利率为 4%，那么，一年后交割的沪深 300 指数期货合约理论点位是(　　)。

A. 3200.04　　B. 3300.59　　C. 3328.01　　D. 3074.53

4. 某企业 3 个月后将收到一笔美元货款总价值 200 万美元，为防范美元兑人民币贬值，企业决定利用美元兑人民币期货进行保值(合约单位为 10 万美元)。当前即期汇率为 1 美元=6.5264 元人民币，开仓卖出美元兑人民币期货的价格为 6.5267，3 个月后人民币即期汇率为 1 美元=6.3239 元人民币，美元期货价格为 6.3228，企业将所持头寸平仓。若美元期货保证金比例为 1.5%，企业所需保证金和套保后损益为(　)。

A. 1.5 万美元，现货盈利 40.5 万人民币

B. 1.5 万美元，期货亏损 40.78 万人民币

C. 3 万美元，现货和期货总盈利 0.28 万人民币

D. 3 万美元，总损益为 0

5. 在签署无股息股票 1 年期的远期合约时，股票当前价格为 40 美元，连续复利的无风险利率为每年 10%。

(1) 远期合约的初始价值和期货价格分别为多少？

(2) 6 个月后，股票价格变为 45 美元，无风险利率仍为每年 10%。这时远期价格和远期合约的价值分别为多少？

6. (中科大 2019) 一个约定期间不支付的股票 B 的远期合约，假定股票的当前价格是 40 美元，三个月的无风险利率为每年 4%，请回答如下问题：

(1) 该远期合约的合理价格是多少?

(2) 如果远期合约价格为 30 美元，投资者如何借助股票和远期合约进行套利交易(假设股票市场可以买空和卖空)?

(3) 已知某现货金融工具价格为 100 美元，假设该金融工具的年收益是 10%，融资利率是 12%，该现货金融工具是 180 天，在市场均衡情况下，该金融工具的价格是多少?

7. 美国航空公司将在三个月以后购买 420 万加仑的航空燃料油，并且决定利用取暖油期货合约进行套期保值。取暖油期货合约一份的交易单位是 1000 桶，等于 4.2 万加仑。根据历史数据计算得到如下信息：三个月的时间段内航空燃料油价格变化的标准差为 0.032；三个月的时间段内取暖油期货价格变化的标准差是 0.040；而航空燃料油和取暖油期货价格变化之间的相关系数是 0.8。

(1) 该套期保值该如何做，是多头套期保值还是空头套期保值?

(2) 最优套期保值比率是多少?

(3) 应该买入或卖出的取暖油期货的合约数量是多少?

8. (复旦大学 2022)考虑标准普尔 500 指期合约，6 个月后到期。利率为每 6 个月 3%，红利在未来 6 个月后，价值预期为 10 美元。指数现行水平为 950 点，假定可以卖空标准普尔指数。

(1) 假定市场的期望收益率为每 6 个月 6%，6 个月后预期的指数水平是多少?

(2) 理论上标准普尔 500 六个月期货合约的无套利定价是多少?

(3) 假定期货价格为 948 点，是否有套利机会? 如果有，怎样套利?

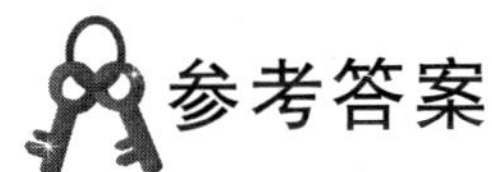

参考答案

考点 1　期权定价

1. A　期权时间价值指期权合约的购买者为购买期权而支付的权利金超过期权内在价值的那部分价值。到期期限越长，则时间价值越大；到期期限越短，则时间价值越小。

2. B　在除息日后，红利的发放引起股票价格降低，看涨期权价格降低。与此相反，股票价格的下降会引起看跌期权价格上升。因此，看跌期权价值与预期红利大小呈正向变动，而看涨期权与预期红利大小呈反向变动。美式期权和欧式期权都是如此。

3. D　股票价格上升，看涨期权的价值提高；执行价格越大，看涨期权的价值越低；到期期限越长，美式期权的价值越高，欧式期权的价值不一定。看跌期权价值与预期红利同向变动。

4. 根据已知条件可知：

$$c+Xe^{-r(T-t)}=1+35\times e^{-5\%\times 0.5}=35.2$$

$$p+S=6+28.1=34.1$$

两个组合的价值不相等，这违背了平价关系，说明市场定价有误，存在套利机会。投资者可以购买便宜的组合(股票加看跌期权)，同时卖出较贵的组合(看涨期权加债券)。于是，买进股票和看跌期权，卖出看涨期权，借款 $35\times e^{-5\%\times 0.5}$ 即 34.1 美元，即可获得 1.1 美元的套利利润。

5. 计算套期保值比率：$H=\frac{\text{期权价值变化}}{\text{股价变化}}=\frac{(53-49)+0}{53-48}=0.8$

购买股票的支出=套期保值率×股票现价=0.8×50=40元

借款数额=(到期日下行股价×股票数量-期权下行价值)$/e^{0.1\times2/12}$=(48×0.8-0)/1.0168=37.77元

期权价值=购买股票支出-借款数额=40-37.77=2.23元

6.(1) $H=\frac{\text{可能的期权价格变动}}{\text{可能的股价变动}}=\frac{100-0}{200-50}=0.6667$

(2) 复制期权的未来现金流如下：

单位：美元

	当前现金流	未来可能的现金流	
		股价下跌	股价上涨
买入0.6667股股票	-66.67	33.33	133.33
借入30.30	30.30	-33.33	-33.33
	-36.36	0	100.00
认购期权	?	0	100

(借款的还款额：0.6667×200-100=33.33美元)

买股票、借款的资产组合的未来现金流与认购期权完全相同，因此认购期权现在的价值应该等于资产组合现在的价值，即36.36美元。

(3) 在风险中性假设下，股价上涨的概率为 p：

$$p\times100\%+(1-p)\times(-50\%)=10\%\Rightarrow p=40\%$$

(4) 用风险中性方法进行定价，期权价值为：

$$C=\frac{0.4\times100+0.6\times0}{1.1}=36.36\text{ 美元}$$

7.(1)看涨期权的二叉树如下图所示：

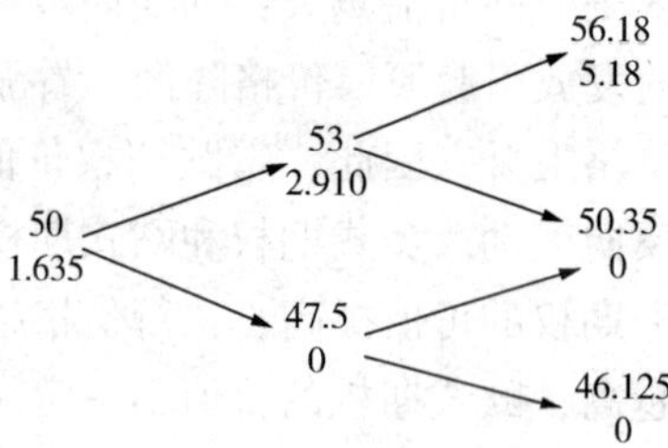

上移的风险中性概率 p 为：

$$p=\frac{e^{r\times\Delta t}-d}{u-d}=\frac{e^{0.05\times3/12}-0.95}{1.06-0.95}=0.5689$$

最高的那个节点对应的期权收益为56.18-51=5.18美元，其余节点均为0。因此，期权价值为：

$$5.18\times0.5689^2\times e^{-0.05\times6/12}=1.635\text{ 美元}$$

(2) 根据看涨-看跌期权平价公式可知：

$$C+X\,e^{-r(T-t)}=P+S\Rightarrow 1.635+51\,e^{-0.05\times 6/12}=P+50\Rightarrow P=1.376\text{ 美元}$$

考点 2　期货定价

1. B　远期价格是使得远期合约价值为零的交割价格，这是一个理论价格，与远期合约在实际交易中形成的实际价格(即双方签约时所确定的交割价格)并不一定相等。

2. B　根据期货定价公式有，不考虑黄金仓储成本，6 个月后交割的黄金期货合约理论价格应该是：$F=200\times e^{4\%\times 0.5}=204$(克)。

【科兴提示】关于 e 的指数的计算，我们一般采用泰勒展开式进行计算。即：

$$e^x=1+\frac{1}{1!}x+\frac{1}{2!}x^2+\frac{1}{3!}x^3+o(x^3)$$

本题中展开两项即可：$e^{4\%\times 0.5}\approx 1+\frac{1}{1}\times(4\%\times 0.5)=1.02$

3. D　根据支付已知收益率资产远期合约的定价公式可知：$F=Se^{(r-q)(T-t)}=3200\times e^{(4\%-8\%)\times 1}\approx 3200\times\left[1+\frac{1}{1}\times(-4\%)+\frac{1}{2}\times(-4\%)^2\right]=3074.56$ 点。

4. C　①首先计算套期保值所需要卖出的外汇期货手数。企业的外汇风险敞口为 200 万美元，期货合约单位为 10 万美元，因此需要卖出 20 手期货(200 万美元/10 万美元)。②计算企业所需保证金 = 20 手×10 万美元×1.5% = 3 万美元。③现货盈亏 = 200 万×(6.3239-6.5264) = -40.5 万人民币。④期货盈亏 = 20×10 万×(6.5267-6.3228) = 40.78 万人民币。⑤套期保值后收益 = 40.78-40.5 = 0.28 万人民币。

5. (1)远期价格 F，可得：

$$F=Se^{rT}=40\,e^{0.1\times 1}=44.21\text{ 美元}$$

远期合约的初始价值为 0。

(2) 合约中的交割价格是 44.21 美元。6 个月后的合约的价值 f：

$$f=S-Ke^{-rT}=45-44.21\times e^{-0.1\times 0.5}=2.95\text{ 美元}$$

远期合约的价格是：

$$F=Se^{rT}=45\,e^{0.1\times 0.5}=47.31\text{ 美元}$$

6. (1)远期合约的理论价格为：

$$F=Se^{r(T-t)}=40\times e^{4\%\times 0.25}=40.4\text{ 美元}$$

(2) 如果远期合约价格为 30 美元，则 $F<Se^{r(T-t)}$，即交割价格小于现货价格的终值，套利者会卖空股票 B，将所得收入以无风险利率 4%进行投资，期限为三个月，同时买进一份该股票的远期合约，价格为 30 美元。三个月后，套利者收到本息 40.4 美元，并以 30 美元购买一份股票 B，用于归还卖空时借入的标的资产，从而实现 40.4-30 = 10.4 美元的收益。

(3) 在市场均衡的条件下，金融期货的理论价格应等于金融现货价格加上合约到期前持有现货金融工具(标的资产)的净融资成本。故该金融工具期货的理论价格为：$F=S\times[1+(r-y)\times t/360]=100\times[1+(12\%-10\%)\times 180/360]=101$ 美元。

7. (1)应该做多头套期保值。多头套期保值是指预先在期货市场上持有多头头寸，以便将来在现货市场上买进现货时不致因价格上涨而给自己造成经济损失的一种套期保值方式。

（2）最优套期保值比率为：

$$h=\frac{\rho\sigma_{\Delta s}}{\sigma_{\Delta z}}=\frac{0.8\times0.032}{0.040}=0.64$$

（3）应该买入取暖油期货合约数量是：

$$N=\frac{420\text{万}}{4.2\text{万}}\times0.64=64\text{份}$$

8.（1）标准普尔 500 指数期货合约的最小变动价位是 0.05 个指数点，每个指数点的价值为 500 美元，最小变动价位是 25 美元。

根据期货-现货平价关系 $F=S_0(1+r_f-d)=S_0(1+r_f)-D$

$$=950\times(1+6\%)-10=997\text{美元}$$

（2）$F=950\times(1+3\%)-10=968.5$ 美元

（3）期货价格太低，应买入期货，卖空指数，将卖空收入投资于国库券。

	现在的 CF	6 个月后 CF
买入期货	0	$S-948$
卖空指数	950	$-S-10$
买入国库券	−950	968.5+10
合计	0	20.50

套利利润等于合约错误定价的差。

第 13 章　营运资本管理

一、考查要点

1. 公司的现金周转期，是指从公司支出现金购买期初存货，到出售利用该存货生产出的产品收回现金，这两者间的时间长度。营业周期，是指从公司最初购买存货到销售产品收回现金，这期间的平均时间长度。

2. 鲍莫尔模型下的最佳现金余额公式：

$$C^{*}=\sqrt{\frac{2FT}{i}}$$

其中，i 为市场利率，F 为出售有价证券的固定成本，T 为年交易量。

3. 经济订货批量模型下的最佳经济订购量公式为：

$$Q^{*}=\sqrt{\frac{2FT}{C}}$$

其中，C 为每件存货的年储存成本，F 为每批订货成本，T 为全年需求量。

4. 设定信用政策包括三个步骤：设定信用标准，设定信用条件，制定收账政策。

5. 当利息在计息期末支付并要求保持补偿性余额时，借款的实际利率就会高于按借款本金计算的利率。补偿性余额减少了实际的借款金额，增加了可用资金的成本。有补偿性余额的实际利率的计算公式为：

$$r_{实际}=\frac{利息支出}{借款金额-补偿性余额}=\frac{名义利率}{1-补偿性余额比例}$$

若借款期限在 1 年以下，实际利率为：

$$r_{实际}=\left(1+\frac{利息支出}{借款金额-补偿性余额}\right)^{m}-1$$

6. 商业票据通常按照面值折价发行，期限一般不超过 270 天。商业票据的实际利率的计算公式为：

$$r_{实际}=\frac{面额-贴现额}{贴现额}\times\frac{360}{m}$$

式中，m 为商业票据的期限。

7. 商业信用是企业短期资金的重要来源，其成本取决于信用期限和现金折扣。例如，“2/10，n/30”这样的表示方法是指如果在 10 天(折扣期)内付款，就能获得 2%的现金折扣，否则应在 30 天(净期限)内全额支付。按照单利计算的放弃现金折扣成本的计算公式为：

$$放弃现金折扣成本=\frac{现金折扣率}{1-现金折扣率}\times\frac{365}{信用期-折扣期}$$

按照复利计算的放弃现金折扣成本的计算公式为：

$$放弃现金折扣成本=\left(\frac{现金折扣率}{1-现金折扣率}\right)^{\frac{365}{信用期-折扣期}}-1$$

二、2023 年命题预测

431 考试大纲中并没有涉及营运资本管理相关的内容。但是，完整的公司财务包含投资决策、融资决策和营运资本管理三部分的内容。而且，现实中确实也有一些学校的真题出现了相关的考题，因此我们在新版本中增添了相关的内容。

考点 1　短期资产管理

（一）命题思路

短期资产管理包含现金管理、存货管理和应收账款管理三部分的内容。现金管理以考查鲍莫尔模型为主，经常命制计算题；存货管理则重点考查经济订货批量模型的计算；应收账款管理则会涉及信用决策的计算。

（二）习题精编

1. 假设某企业明年需要现金 8400 万元，已知有价证券的报酬率为 7%，将有价证券转换为现金的交易成本为 150 元，则最佳现金持有量和此时的相关最低总成本分别为(　　)万元。

   A. 60；4　　B. 60；4.2　　C. 80；4.5　　D. 80；4.2

2. 甲公司采用存货模式确定最佳现金持有量。如果在其他条件不变的情况下，资产市场的报酬率从 4%上升到 16%，那么企业现金管理方面应采取的对策是(　　)。

   A. 将最佳现金持有量提高 29.29%　　B. 将最佳现金持有量降低 29.29%

   C. 将最佳现金持有量提高 50%　　D. 将最佳现金持有量降低 50%

3. 应用“5C”系统评估信用标准时，客户“能力”是指(　　)。

   A. 偿债能力　　B. 盈利能力　　C. 营运能力　　D. 发展能力

4. 假设某企业预测的年赊销额为 2000 万元，应收账款平均收账天数为 45 天，变动成本率为 60%，资本成本为 8%，一年按 360 天计算，则应收账款的机会成本为(　　)万元。

   A. 250　　B. 500　　C. 15　　D. 12

5. 假设 C 公司 2017 年的销售收入为 620 万元，销售成本为 530 万元，存货为 50 万元，应收账款为 140 万元，应付账款为 72 万元；2018 年的销售收入为 860 万元，销售成本为 770 万元，存货为 60 万元，应收账款为 150 万元，应付账款为 85 万元。计算该公司的经营周期和现金周期。

6. 假设某公司每年销售打印机 1000 台。每台的订货成本是 400 元，每台打印机的年储存成本是 80 元。那么，该公司的经济订货批量、平均存货水平、存货的相关成本分别是多少？

7. 你的邻居每月去一次邮局，同时拿回两张支票，其中一张是 17000 美元，另一张是 6000 美元。数额较大的支票清算时间为其存款日后的 4 天；而数额较小的支票则需要 5 天。

   (1) 请问该月的总浮差是多少？

   (2) 平均日浮差是多少？

   (3) 请问平均每天收到的支票金额以及加权平均延迟期是多少？

8. Harrington 集团公司正考虑改变其只收现金的销售政策。新的信用条件将有一期的信用期。基于以下信息，请决定 Harrington 集团公司是否应该改变其销售政策。每期必要收益率为 2.5%。

（单位：美元）

	现行政策	新政策
单位价格	91	94
单位成本	47	47
每月销售单位	3850	3940

考点 2　短期筹资管理

（一）命题思路

短期筹资管理主要是指短期债务筹资，主要涉及短期借款、商业票据、商业信用等。本知识点主要是考查各种筹资方式的资本成本计算，多以选择题形式进行命题。

（二）习题精编

1.（上海财大 2018）某公司借款 100 万元，年利率为 8%，银行要求维持贷款限额 20%的补偿性余额，那么公司实际承担的贷款成本为（　　）。

A. 6.67%　　B. 8%　　C. 10%　　D. 11.67%

2. 某企业取得银行为期一年的周转信贷协定，金额为 100 万，年度内使用了 60 万元（使用期平均 8 个月），假设利率为每年 12%，年承诺费率为 0.5%，则年终企业应支付利息和承诺费共为（　　）万元。

A. 5　　B. 5.1　　C. 7.4　　D. 6.3

3. 在下列各项中，不属于商业信用融资内容的是（　　）。

A. 赊购商品　　B. 预收货款

C. 办理应收票据贴现　　D. 用商业汇票购货

4. 丧失现金折扣的机会成本的大小与（　　）。

A. 折扣百分比的大小呈反向变化

B. 信用期的长短呈同向变化

C. 折扣百分比的大小、信用期的长短均呈同向变化

D. 折扣期的长短呈同向变化

5. 供应商向甲公司提供的信用条件是“2/20，*n*/90”。一年按 360 天计算，不考虑复利，甲公司放弃现金折扣的成本是（　　）。

A. 8%　　B. 8.16%　　C. 10.28%　　D. 10.5%

6. 某公司拟采购一批零件，价值 5400 元，供应商规定的付款条件如下：

立即付款，付 5238 元；

第 20 天付款，付 5292 元；

第 40 天付款，付 5346 元；

第 60 天付款，付全额；

每年按 360 天计算。

要求：回答以下互不相关的问题：

(1) 假设银行短期贷款利率为15%，计算放弃现金折扣的成本(比率)，并确定对该公司最有利的付款日期和价格。

(2) 假设目前有一短期投资报酬率为40%，确定对该公司最有利的付款日期和价格。

参考答案

考点1　短期资产管理

1. B　根据鲍莫尔模型有：$C^*=\sqrt{\frac{2FT}{i}}=\sqrt{\frac{2\times8400\times(150/10000)}{7\%}}=60$ 万元

机会成本=(60/2)×7%=2.1 万元，交易成本=(8400/60)×(150/10000)=2.1 万元

相关总成本=2.1+2.1=4.2 万元。

2. D　根据最佳现金持有量确定的存货模式：$C^*=\sqrt{\frac{2FT}{i}}$，如果其他条件不变，i 从4%上升到16%，则：

$$C_1^*=\sqrt{\frac{2FT}{4\%}}\qquad C_2^*=\sqrt{\frac{2FT}{4\%\times4}}=\frac{1}{2}C_1^*$$

可见，最佳现金持有量将降低50%。

3. A　“5C”系统包括品质、能力、资本、抵押和条件，其中，能力指顾客的偿债能力，即其流动资产的数量和质量以及与流动负债的比例。

4. D　应收账款的机会成本=年赊销收入/360×平均收账期×变动成本率×资本成本=2000/360×45×60%×8%=12 万元。

5. (1)存货

平均存货=(50+60)/2=55 万元

存货周转率=销售成本/平均存货=770/55=14 次(这表明在一年中，存货周转了14次)

存货天数=365/14=26 天

(2) 应收账款和应付账款

平均应收账款=(140+150)/2=145 万元

平均应收账款周转率=销售收入/平均应收账款=860/145=5.93 次

应收账款天数=365/5.93=61.6 天

平均应付账款=(72+85)/2=78.5 万元

平均应付账款周转率=销售成本/平均应付账款=770/78.5=9.81 次

应付账款天数=365/9.81=37.2 天

(3) 经营周期和现金周期

经营周期=存货天数+应收账款天数=26+61.6=87.6 天

现金周期=经营周期-应付账款天数=87.6-37.2=50.4 天

6. 经济订货批量模型下的最佳经济订购量公式为：

$$Q^*=\sqrt{\frac{2FT}{C}}=\sqrt{\frac{2\times400\times1000}{80}}=100 \text{ 台}$$

平均存货水平 = 100/2 = 50 台

每年的订货次数 = 1000/100 = 10 次

年订货成本 = 400×(1000/10) = 4000 元

年储存成本 = 80×(100/2) = 4000 元

相关总成本 = 4000+4000 = 8000 元

7. (1) 总浮差 = 4×17000+5×6000 = 98000 美元

(2) 平均日浮差 = 98000/30 = 3266.67 美元

(3) 平均每天收到的支票金额 = (17000+600)/30 = 766.67 美元

加权平均延迟期 = 4×17000/23000+5×6000/23000 = 4.26 天

8. 原策略的现金流 = (91−47)×3850 = 169400 美元

新策略的现金流 = (94−47)×3940 = 185180 美元

增量现金流 = 185180−169400 = 15780 美元

净现值 = −[91×3850+47×(3940−3850)]+15780/0.025 = 276620 美元

因为净现值为正，所以该公司应该改变销售政策。

考点 2　短期筹资管理

1. C　有补偿性余额的实际利率的计算公式为：

$$r_{实际}=\frac{名义利率}{1-补偿性余额比例}=\frac{利息支出}{借款金额-补偿性余额}=\frac{8\%}{1-20\%}=10\%$$

2. B　企业应支付利息 = 60×12%×(8/12) = 4.8 万元，企业应支付的承诺费 = 40×0.5%+60×0.5%×(4/12) = 0.3 万元。

3. C　商业信用是企业之间的一种直接信用关系。选项 C 属于企业与银行之间的一种信用关系。

4. D　根据放弃现金折扣成本率的计算公式可推导出 A、B、C 均不符合要求，只有 D 答案正确。

5. D　甲公司放弃现金折扣的成本为：

$$放弃现金折扣成本=\frac{2\%}{1-2\%}\times\frac{360}{90-20}=10.5\%$$

6. (1) 立即付款：折扣率 = (5400−5238)/5400 = 3%

第 20 天付款，折扣率 = (5400−5292)/5400 = 2%

第 40 天付款，折扣率 = (5400−5346)/5400 = 1%

付款条件可以写为 3/0，2/20，1/40，*n*/60

放弃(立即付款)折扣的资金成本 = [3%/(1−3%)]×[360/(60−0)] = 18.56%

放弃(第 20 天)折扣的资金成本 = [2%/(1−2%)]×[360/(60−20)] = 18.37%

放弃(第 40 天)折扣的资金成本 = [1%/(1−1%)]×[360/(60−40)] = 18.18%

因为放弃折扣的资金成本均大于银行短期贷款利率 15%，所以企业不应放弃折扣；又因为放弃立即付款折扣的资金成本最高，即企业享受立即付款折扣的收益最大，所以企业应选择立即付款，付款额为 5238 元。

(2) 因为短期投资收益率 40% 比放弃折扣的成本高，所以应放弃折扣去追求更高的收益，即应选择第 60 天付款，付款额为 5400 元。

科兴教育 2023 年金融硕士辅导课程设置

科兴从事 431 金融学考试辅导 10 多年，帮助众多考生步入复旦、上财等金融名校。2023 年，为满足不同考生的学习需要，科兴推出两大课程体系：一是针对上海地区 431 招生单位开设全程定向班，一校一课、定向辅导；二是针对《金融学综合复习指南》推出配套强化课程，精准高效、吃透教辅。想了解辅导课程的同学可拨打 021-65111511 或者加微信 kexingkaoyan、QQ2228764643 联系咨询。

一、上财 431/复旦 431

课程	上课时间	授课内容	授课课时
前置导学	2021 年 9 月	会计财务基础	8 课时
教材导学	2022 年 1 月	核心教材导读	4 课时
教材精讲	2022 年 3—6 月	核心教材精讲	64 课时
重难点提高	2022 年 7—8 月	模块化精讲	48 课时
习题精讲	2022 年 9—10 月	经典习题讲解	16 课时
真题精讲	2022 年 9—10 月	历年真题讲解	16 课时
延申拓展	2022 年 11 月	课外补充讲解	8 课时
热点精讲	2022 年 11 月	热点归纳精讲	8 课时
技巧点拨	2022 年 11 月	答题方法讲解	4 课时
预测模考	2022 年 12 月	考前模拟预测	4 课时

二、上海其他高校 431 课程

课程	上课时间	授课内容	授课课时
前置导学	2021 年 9 月	会计财务基础	8 课时
教材导学	2022 年 1 月	核心教材导读	4 课时
教材精讲	2022 年 3—6 月	核心教材精讲	64 课时
重难点提高	2022 年 7—8 月	模块化精讲	32 课时
习题精讲	2022 年 9—10 月	经典习题讲解	8 课时
真题精讲	2022 年 9—10 月	历年真题讲解	8 课时
热点精讲	2022 年 11 月	热点归纳精讲	8 课时
技巧点拨	2022 年 11 月	答题方法讲解	4 课时
预测模考	2022 年 12 月	考前模拟预测	4 课时

三、《金融学综合复习指南》配套课程

本课程共计 64 课时，以黄达《金融学》(第 5 版) 和罗斯《公司理财》(第 11 版) 知识框架进行讲解。其中罗斯《公司理财》仅讲解第 1—20 和第 26—28 章节。本课程适用于绝大多数高校的第二轮备考复习。

关于科兴

科兴成立于 2000 年，地处上海，与复旦、上财为邻，办学历史已超过二十年，主要涉足考研和插班生等大学生考试辅导培训。身处经济金融中心，科兴既与城市高速发展同向而行，又得百年名校书香浸润，收购翔高教育后，其考研专业课继承先进辅导理念和优质辅导资料，始终保持教育辅导初心，遵循“精准、高效、专业、深度”的办学宗旨，坚持在 431 金融学领域深耕，已成为上海地区金融硕士培训的领导品牌。